Guttentag'sche Sammlung
Nr. 62. Deutscher Reichsgesetze. Nr. 62.
Text-Ausgaben mit Anmerkungen.

Gesetz, über die privaten Versicherungsunternehmungen.

Vom 12. Mai 1901.

Text-Ausgabe mit Anmerkungen und Sachregister

von

H. Könige,
Reichsgerichtsrat.

Zweite Auflage.

Berlin 1910.
J. Guttentag, Verlagsbuchhandlung,
G. m. b. H.

Inhaltsübersicht.

Die Abkürzungen

sind die vom Deutschen Juristentag vorgeschlagenen mit folgenden Besonderheiten:

AA. = Kaiserliches Aufsichtsamt für Privatversicherung.

Begr. = Begründung zum Entwurf eines Gesetzes über die privaten Versicherungsunternehmungen vom 14. Nov. 1900, Reichstagsvorlage, Nr. 5 der Drucksachen, 10. Legisl.Per., II. Session 1900/01.

KomBer. = Bericht der VII. Kommission des Reichstags betr. den Entwurf eines Gesetzes über die priv. Versicherungsunternehmungen, Nr. 244 der Drucksachen, 10. Legisl.Per., II. Session 1900/01.

LZ. = Leipziger Zeitschrift für Handels-, Konkurs- und Versicherungsrecht (J. Schweitzer Verlag).

OLGR. = Rechtsprechung der Oberlandesgerichte, herausgegeben von Mugdan und Falkmann.

Prot. = Protokolle des Reichstags, 10. Legisl.Per., II. Session 1900/01.

SA. = J. A. Seufferts Archiv für Entscheidungen der obersten Gerichte in den deutschen Staaten, herausgegeben von Schütt.

Staub = Staubs Kommentar zum Handelsgesetzbuch, 8. Auflage. Berlin. J. Guttentag.

v. Staudinger = Kommentar zum BGB., herausg. in Gemeinschaft usw. von J. v. Staudinger. 5./6. Aufl. J. Schweitzer Verlag.

V. = Versicherung und Versicherungs . . . .

VA. = Veröffentlichungen des Kaiserlichen Aufsichtsamts für Privatversicherung. Berlin. J. Guttentag.

VAG. = Gesetz über die privaten Versicherungsunternehmungen vom 12. Mai 1901.

VU. = Versicherungsunternehmung und Versicherungsunternehmungen.

VV. a. G. = Versicherungsverein auf Gegenseitigkeit.

VVG. = Reichsgesetz über den Versicherungsvertrag vom 30. Mai 1908, RGBl. 305.

ZHR. = Zeitschrift für das gesamte Handelsrecht, begründet von L. Goldschmidt.

Einleitung.

Entstehungsgeschichte des Gesetzes.

Nach Art. 4 Nr. 1 der Reichsverfassung unterliegt das gesamte V.wesen der Beaufsichtigung und der Gesetzgebung des Reichs. Nur Bayern hat sich für seine Immobiliarversicherung in dem Versailler Schlußprotokoll einen Vorbehalt gewahrt (§ 125 Anm. 1). Nach Ges. v. 20. Dez. 73, RGBl. 379, wurde die Gesetzgebung über das gesamte bürgerliche Recht dem Reich zugesprochen. Eine weitere Folgerung aus der Reichseinheit ist durch das Gesetz v. 13. Mai 70, BGBl. 119, wegen Beseitigung der Doppelbesteuerung gezogen worden. Von dieser seiner Zuständigkeit hat das Reich im Gebiet der PrivatV. folgenden Gebrauch gemacht:

Die Gewerbeordnung nimmt in § 6 das V.wesen von seiner Zuständigkeit aus und legt nur hinsichtlich der Feuerv. eine Pflicht zur Anzeige der Betriebseröffnung auf (§§ 14, 148 Nr. 2 GewO.); die unbefugte Errichtung einer V.anstalt wird durch § 360 Nr. 9 StGB., der nun von § 108 VAG. aufgehoben ist, unter Strafe gestellt. Das StGB. enthält einige hier nicht interessierende Vorschriften über Gesundheitsatteste (§§ 277—280) und V.-betrug (§ 265).

Auf dem Gebiete des Privatrechts war die Tätigkeit des Reichs eine etwas weitergreifende; die Seev. wurde in §§ 778—900, 905 HGB. geregelt, die Prämienv. in

§ 1 Abs. 2 Nr. 3 HGB. unter die Grundhandelsgeschäfte eingereiht und in §§ 1045, 1046, 1127—1130 BGB. der V.vertrag gestreift.

Hiernach war für das private V.wesen sowohl in verwaltungs- als in privatrechtlicher Hinsicht im allgemeinen noch das Landesrecht maßgebend. Die privatrechtliche Seite des V.wesens war zufolge des Art. 75 EG. z. BGB. dem Landesrecht überlassen. Darüber, daß dieser Zustand, welcher die verschiedenartigsten landesrechtlichen Gestaltungen bestehen ließ und damit eine große Rechtsunsicherheit in alle V.verhältnisse trug, mit der sonst vorhandenen Rechtseinheit in Widerspruch stehe und nicht mehr aufrecht erhalten werden könne, herrschte allseitige Uebereinstimmung. Der Weg der partikularrechtlichen Reform, den Preußen mit seinen Gesetzentwürfen vom 1. Febr. 1869, betreffend das Feuerversicherungswesen und den Geschäftsverkehr der V.anstalten, betrat, führte nur dazu, daß das preußische Abgeordnetenhaus mit Beschluß vom 28. Jan. 1878 (Nr. 158 der Drucksachen, II. Session 1877/78) die Notwendigkeit reichsgesetzlicher Regelung anerkannte. Am 1. März 1869, § 39 der Protokolle, hat der Bundesrat den Reichskanzler zur Vorlage eines Gesetzentwurfs aufgefordert, aber schon damals darauf hingewiesen, daß die privatrechtliche Seite des V.vertrags nicht ins Auge gefaßt sei; auch einzelne Regierungen bemühten sich um Beschleunigung. Inzwischen steigerte sich das Interesse der V.anstalten an dem Zustandekommen eines Reichsgesetzes so sehr, daß der Verband deutscher Privat-Feuerversicherungsgesellschaften und der Verein deutscher Lebensversicherungsgesellschaften mit Delegierten der Internationalen Transportversicherungs-Gesellschaften zu gemeinsamer Beratung in Heidelberg, am 7. Juni 1876, sich zusammenfanden. Das Ergebnis waren die sogenannten Heidelberger Beschlüsse, worin sich diese drei Verbände über die Grundzüge des zu erwartenden Gesetzes einigten. Der Reichstag drängte mehrfach, zuletzt beim Abschluß des BGB. am 11. Dez. 1896, stenogr. Bericht über die 44. Sitzung S. 1193, auf Fertigstellung eines Entwurfs. Durch Rundschreiben vom 4. Aug. 1879 und 17. Nov. 1881 teilte der Reichskanzler die Hauptgesichtspunkte, welche dem Entwurf zur Grundlage dienen sollten, den Bundesregierungen zur Aussprache mit. Aus diesen Vorarbeiten ging der erste Gesetzesentwurf hervor, welcher im Reichsanzeiger vom 26. Nov. 1898 Nr. 280 Beil. I u. II mit Erläuterungen bekanntgegeben wurde und in seinen wesentlichen Teilen bereits mit dem jetzigen VAG. übereinstimmte. Zu dieser Kundgebung nahmen Handelstag, Juristentag, V.verbände und Literatur Stellung. Ein danach umgearbeiteter Entwurf wurde am 14. Nov. 1900 dem Reichstag mit Begründung vorgelegt und von diesem in seiner 10. Sitzung am 29. Nov. 1900 an seine VII. Kommission verwiesen. Die zweite Beratung im Plenum fand am 25., 29. und 30. April 1901 statt. Die dritte Beratung folgte am 2. Mai 1901. Berichterstatter war der Abgeordnete Zehnter, Kommissionsvorsitzender der Abgeordnete Büsing. Am 12. Mai 1901 wurde das Gesetz vollzogen und im RGBl. Nr. 18 S. 139 veröffentlicht. Nach § 125 sind Reichsaufsichtsamt und Landesaufsichtsbehörden am 1. Juli 1901 in Funktion getreten. Auf denselben Zeitpunkt sind die §§ 70, 98 Satz 1, 101 Abs. 3 in Kraft gesetzt. Im übrigen wurde der Zeitpunkt des Inkrafttretens Kaiserlicher Verordnung vorbehalten. Diese VO. ist am 24. Nov. 1901 (RGBl. 489) erschienen und bestimmte den 1. Jan. 1902 als Zeitpunkt des Inkrafttretens.

Inzwischen ist auch das Reichsgesetz über den Versicherungsvertrag vom 30. Mai 1908 (RGBl. 305) zustande gekommen. Das VVG. trat (an einem durch Kaiserl. VO. zu bestimmenden Tag, spätestens) am 1. Jan. 1910 in Kraft, weil zuvor die VU. ihre Bedingungen dem neuen Rechtszustande anpassen und zu diesen Aenderungen die Genehmigung der Aufsichtsbehörde erwirken mußten. Das VVG. umfaßt das ganze Gebiet des Privatversicherungsrechts mit Ausnahme der Seev. und der Rückv. (§ 186 VVG.); läßt aber die öffentlichen Anstalten ohne Zwangsv. nicht unberührt (§ 192 VVG.). Das VVG. geht grundsätzlich davon aus, daß volle Vertragsfreiheit besteht; es hat jedoch diesen Grundsatz unbeschränkt nur durchgeführt bei der Transportv. von Gütern, bei der Kreditv., bei der V. gegen Kursverlust, bei der sog. laufenden V. (§ 187 VVG.; vgl. § 116 VAG.) und bei der im Anfang der Entwicklung stehenden Arbeitslosenv.;*) jedoch ist ein Eingreifen des Staates auch hier vorgesehen (§ 188 VVG.; vgl. § 117 VAG.). Das VVG. enthält im übrigen

*) Ueber deren neueste Entwicklung Leo, ZVersW. **07**, 600 u. Stieda LZ. **09**, 615.

eine Reihe von zwingenden Vorschriften, die teils ausdrücklich als solche kenntlich gemacht sind, teils nach ihrem Inhalt sich als solche kennzeichnen. Es entsteht hierdurch ein eigentümliches Verhältnis des VVG. zum VAG. (hierüber gegen Schluß der Grundzüge).

Grundzüge des Gesetzes.

Das VAG. läßt es hinsichtlich der privatrechtlichen Seite des V.wesens, also hinsichtlich des V.vertrags, bei dem seitherigen Rechtszustand der sich vom 1. Jan. 1910 an nach dem VVG. und dessen Uebergangsbestimmungen richtet. Nur da, wo der unlösliche Zusammenhang der Dinge die Beantwortung privatrechtlicher Fragen zu einer Notwendigkeit macht, wie z. B. bei dem Recht der VV. a. G. (§§ 15 ff.) und bei gewissen konkursrechtlichen Einflüssen (§ 61) finden sich vereinzelte Vorschriften privatrechtlicher Natur; vgl. noch §§ 9, 10.

Im übrigen beschränkt sich das VAG. auf die gewerbe- und wirtschaftspolizeiliche Behandlung der privaten (sog. freien) VU. im Gegensatz zu den Anstalten, welche wegen ihrer öffentlich-rechtlichen Beziehungen den Charakter unmittelbarer oder mittelbarer Staatsanstalten besitzen (hierüber § 1 Anm. 1). Staatliche V.anstalten sind somit, abgesehen von der nebensächlichen Vorschrift des § 119, durchaus dem Landesrecht unterworfen; selbst ihre Monopole und ihr V.zwang bestehen weiter und können beliebig geordnet werden (§ 120; vgl. §§ 192, 193 VVG.). Vom Gesetz werden ferner nicht berührt die eingeschriebenen oder auf Grund landesrechtlicher Vorschriften errichteten Hilfskassen (§ 122; vgl. §§ 190 f. VVG.). Endlich ist aus dem VAG. das ganze Gebiet des Steuerrechts, insbesondere die Frage der Doppelbesteuerung, ausgeschieden; ihre Lösung durch Reichsgesetz steht bevor. Die finanziellen Belastungen der Anstalten, Agenten und V.abschlüsse werden vom Reichsrecht also nicht angetastet. Das Gesetz trägt in §§ 115, 86 Abs. 2 Nr. 3 und in § 121 Abs. 2 sogar zu einer Stärkung der derzeitigen steuerlichen, vielfach auf eine Doppelbesteuerung hinauslaufenden Verhältnisse bei. Ohne diese Selbstbeschränkung würde auch die dringlichere Aufgabe, nämlich die öffentlich-rechtliche Regelung der Privatv., zu einer unerfüllbaren geworden sein.

Der oberste Grundsatz, von dem das VAG. beherrscht wird, ist das der Staatsaufsicht mit Konzessionspflicht. Ihm sind sämtliche Privatunternehmungen ohne Rücksicht auf ihre Form unterworfen, mit alleiniger Ausnahme der V. gegen Kursverlust, die Transportv. und die reine Rückv., wenn der Betrieb nicht durch einen VV. a. G. stattfindet (§§ 1, 4, 15, 92 ff., 103 ff., 116). Unternehmen, die sich in Konkurs oder Liquidation befinden, bleiben unter ihrem bisherigen Recht (§ 104).

In der Ausgestaltung der staatlichen Oberaufsicht finden sich vielfache Anklänge an die österreichische Gesetzgebung; noch mehr aber an das freier gedachte schweizerische Bundesgesetz vom 25. Juni 1885 und die in Bern erscheinenden Berichte des eidgenössischen V.amtes, welchen in § 83 VAG. eine ähnliche Schöpfung an die Seite gestellt wurde.

Die Oberaufsicht ist zwischen Reich und Bundesstaaten in der Weise abgeteilt, daß die kleineren Anstalten,

d. h. diejenigen, deren Geschäftskreis sich innerhalb der Grenzen eines Bundesstaats hält, und die keine Auslandsv. pflegen, der Landesaufsicht, deren Verfahren in § 84 teilweise geordnet ist, unterstehen (§§ 2, 3, 93). Alle anderen Unternehmungen, also alle größeren Anstalten, sind wegen der Notwendigkeit gleichmäßiger Behandlung der Reichsaufsicht zugewiesen (§§ 2, 3, 93).

Die Reichsaufsicht wird durch das Aufsichtsamt für Privatv. ausgeübt mit Unterstützung eines V.beirats. Diese Verhältnisse sind in den §§ 70—82 und, was die laufende Aufsicht angeht, in den §§ 64—69 zusammenhängend geregelt. Der Einfluß der Bundesstaaten auf die reichsrechtliche Ueberwachung ist geringfügiger Natur. Abgesehen davon, daß die Gewährung der Rechtshilfe naturgemäß in den Händen von Landesbehörden ruht (§ 79), und in § 115 Abs. 1 eine gewerbliche Anzeigepflicht aufgestellt ist, können die Einzelstaaten auf Berufung ihrer Landesbeamten in das Reichsaufsichtsamt, im Nebenamt oder als nicht ständige Mitglieder nach § 70 Abs. 2 und zu Reichskommissaren (§ 71) hinwirken, und die Aufstellung eines Hauptbevollmächtigten von jeder Anstalt nach § 115 Abs. 2 beanspruchen. Die Tätigkeit der Aufsichtsbehörde ist mehr verwaltender als rechtsprechender Natur in Uebereinstimmung mit dem wesentlich volkswirtschaftlichen und sozialen Inhalt des angenommenen Aufsichtsystems. Dessen leitende Gesichtspunkte beschäftigen sich mit den Fragen: unter welchen Voraussetzungen ein Unternehmen V.geschäfte im Inland betreiben darf (§§ 4—14, 85—91, 92 ff.), welchen Bedingungen die Verfassung sowie die finanziellen und technischen Unterlagen eines Unternehmens gerecht werden müssen, um einen dauernden Bestand der Anstalt und einen vertrauenswürdigen, gemeinnützigen Geschäftsbetrieb zu gewährleisten (§§ 4, 7), insbesondere wie der Prämienreservefonds den Versicherten zu erhalten ist (§§ 56—63), nach welchen Grundsätzen die Verwaltung des Anstaltsvermögens einzurichten und die Rechnungslegung zu bewirken ist (§§ 54, 55, 59—61), wie weit eine öffentliche Darlegung der wichtigsten Tatsachen des Betriebs und der Vermögenslage zu erfolgen hat, um den Interessenten ein Urteil über die Sicherheit einer Anstalt zu ermöglichen (§ 55), endlich nach welchem Maßstab der Aufsichtsbehörde Machtbefugnisse zugeteilt werden müssen, damit sie allen diesen Anforderungen zu genügen vermag. Die Machtvollkommenheit, welche das Gesetz zu den angegebenen Zwecken der Aufsichtsbehörde zuteilt, geht erheblich weiter als die irgendeiner anderen Reichsbehörde. Die Aufsichtsbehörde besitzt nicht nur das Recht des Einblickes und der Einwirkung auf alle Verhältnisse und ausreichende Strafbefugnis zur Erzwingung ihrer Anordnungen (§§ 64, 65), sondern sie kann bis zur Konzessionsentziehung vorschreiten (§§ 67, 91 Abs. 1), mit Ausschluß aller anderen Beteiligten allein den Konkurs beantragen (§ 68), anderseits aber auch alle Maßregeln zur Sanierung einer ins Wanken geratenen Anstalt ergreifen (§ 69). Am Schluß der Entstehungsgeschichte des VAG. ist bereits auf das eigenartige Verhältnis hingewiesen, welches sich aus der Aufsichtspflicht des Staates zu dem Grundsatz der Vertragsfreiheit des VVG. ergibt. Die Lösung findet sich damit, daß die Aufsichtsbehörde von zwingenden Vorschriften des VVG. nicht entbinden, wohl aber die Vertragsfreiheit mit Hilfe der §§ 7, 13, 64 Abs. 2, 67 weiter einschränken darf, als es das VVG. vorsieht. Den Versicherungsvereinen auf Gegenseitigkeit widmet das Gesetz einen besonderen Abschnitt (§§ 15—53). Es schuf damit dieser wichtigsten Form der Vergesellschaftung des V.rechts das rechtliche Gewand. Abgesehen von Sachsen und Elsaß-Lothringen besaßen solche Vereinigungen, wie dies in der Vorbemerkung vor § 15 ausgeführt ist, nach Maßgabe des bürgerlichen Rechts über Korporationen und Gesellschaften Rechtsfähigkeit nur durch besondere staatliche Verleihung; daneben gab es noch zahlreiche V.gesellschaften a. G. ohne Korporationsrechte. Die daraus entstandene Rechtsunsicherheit ist nun beseitigt, indem die Konzessionserteilung nach §§ 6, 15 die Rechtsfähigkeit ohne weiteres mit sich bringt. Daneben besteht nach handelsrechtlichem Vorbild die Pflicht der Eintragung zum Handelsregister (§ 16). Den so geordneten eingetragenen VV. a. G. (§§ 15—52) stellt das Gesetz in § 53 die Vereine gegenüber, welche sachlich, örtlich oder hinsichtlich des Personenkreises einen eng begrenzten Wirkungskreis haben. Diese kleineren Vereine unterliegen der Eintragungspflicht nicht; für sie sind im Anschluß an die §§ 24—52 BGB. in § 53 die für alle Vereine gegebenen allgemeinen Vorschriften für maßgebend erklärt, weil nur einfachere Verhältnisse in Betracht kommen. Auch sonst können ihnen Erleichterungen gewährt werden (§§ 114, 124; vgl. § 189 VVG.). Zum Betrieb gegenseitiger V. dürfen künftighin Unternehmungen in der Form der Genossenschaft, des nicht rechtsfähigen Vereins oder der gewöhnlichen Gesellschaft (§§ 54, 705 ff. BGB.) nicht mehr zugelassen werden. Für die bestehenden Genossenschaften und Vereine sind in den §§ 101—103, 113 Uebergangsbestimmungen getroffen.

Im allgemeinen sind die Vorschriften des Aktienrechts auf die eingetragenen Vereine übertragen, welche einerseits Mißbräuche verhüten, anderseits eine Konkurrenz mit den Aktiengesellschaften ermöglichen; diesen beiden Formen, nämlich dem VV. a. G. und der V.aktiengesellschaft gehört die Zukunft (vgl. §§ 6, 117). Die Existenz des eingetragenen Versicherungsvereins ruht auf seiner von Aufsichts wegen zu prüfenden Satzung (§§ 4, 8). Für die Regelung der Rechtsverhältnisse der Mitglieder namentlich hinsichtlich der Beitrags- und Nachschußpflicht, für das Erfordernis eines Gründungs- und eines Reservefonds, für Bestimmungen über Verfassung und Geschäftsführung, über Satzungsänderungen, Liquidation und Konkurs, über die Verantwortlichkeit der Vorstands- und Aufsichtsratsmitglieder sowie der Liquidatoren muß die Satzung in dem Gesetz ihre Grundlage haben. Das VAG. hat in dieser Richtung bewährte aktienrechtliche Grundsätze verwendet, indem zugleich den Eigentümlichkeiten der neuen Rechtsbildung Rechnung getragen wurde. Vgl. Vorbem. vor § 15.

(Nr. 2761.)

Gesetz über die privaten Versicherungsunternehmungen.

Vom 12. Mai 1901. (RGBl. Nr. 18 S. 139 ff.)

Wir Wilhelm, von Gottes Gnaden Deutscher Kaiser, König von Preußen ꝛc.

verordnen im Namen des Reichs, nach erfolgter Zustimmung des Bundesrats und des Reichstags, was folgt:

I. Einleitende Vorschriften.

Diese beginnen mit Voranstellung des Systems der Staatsaufsicht mit Konzessionspflicht. Das Gesetz befaßt sich in keiner Weise mit den öffentlich-rechtlichen V.anstalten (§§ 1, 120). Nur § 119 gibt eine Bestimmung nebensächlicher Art, während das VVG. umgekehrt seine Grundsätze auch auf die öffentlichen V.anstalten Anwendung finden läßt und nur in §§ 192, 193 das Landesrecht in gewissen Grenzen schützt. Ueber die räumliche Herrschaft des Gesetzes ist zu bemerken, daß das VAG. nicht für die deutschen Schutzgebiete gilt (§ 2 Anm. 1), wohl aber befaßt es sich mit den ausländischen VU. (§§ 86 ff.). Die Gewerbeordnung findet nach § 6 GewO. auf das V.gewerbe keine Anwendung; also gelten auch nicht die Vorschriften der GewO. über Sonntagsruhe (§§ 41 a u. b, 55 a, 105 a ff., 136, 146 a GewO.). Die staatliche Aufsicht wird zwischen Reich und Einzelstaat so geteilt, daß ersterem die größeren, letzterem die kleineren Anstalten zufallen (§ 2); ausnahmsweise können unerhebliche Abweichungen von dieser Zuständigkeitsgrenze zugelassen werden (§ 3). Die zuständigen Landesbehörden und der Instanzenzug sind landesrechtlich geordnet (§ 125). Die Reichsaufsicht wird vom AA. ausgeübt (§§ 70 ff.).

§ 1. Privatunternehmungen, welche den Betrieb von Versicherungsgeschäften zum Gegenstande haben, unterliegen, vorbehaltlich der in den §§ 116, 117, 122 gegebenen Vorschriften, der Beaufsichtigung nach Maßgabe dieses Gesetzes.

Als Versicherungsunternehmungen im Sinne dieses Gesetzes sind solche Personenvereinigungen nicht anzusehen, die ihren Mitgliedern Unterstützung gewähren, ohne ihnen einen Rechtsanspruch darauf einzuräumen.

1 Abs. 1 des vorliegenden Paragraphen umschreibt den sachlichen Geltungsbereich des Gesetzes dahin, daß dem Gesetze nur Privatunternehmungen unterstehen (1 a); diese aber ohne Ausnahme (1 b), wenn sie den Betrieb von V.geschäften zum Gegenstand haben (2). Alsdann findet Beaufsichtigung nach Maßgabe des Gesetzes statt (3).

Abs. 2 stellt eine Ausnahme für Unterstützungsvereine auf (4).

1. a) **Nur Privatunternehmungen** hat das Gesetz im Auge. Es fallen somit außerhalb dieses Gesetzes alle VU., die kraft Reichsrechts öffentlich-rechtlichen Charakter besitzen; hierher gehört die ganze Arbeiterv. mit ihren Anstalten für Unfall-, Alters- und Invalidenv.; es zählen hierher ferner die im Krankenversicherungsgesetz vorgesehenen Kassen, einschließlich der Gemeindekrankenversicherungskassen. Der öffentlich-rechtliche Charakter dieser reichsrechtlichen Einrichtungen zeigt sich deutlich in ihrem

V.zwang. Aber auch die auf Landesrecht beruhenden öffentlichen V.anstalten sind durch § 119 der Aufsicht entzogen. Hierher gehören die unter der Verwaltung und Leitung staatlicher, provinzieller, gemeindlicher oder ständischer Behörden stehenden Anstalten, wie z. B. die öffentlichen Hagel-, Vieh-, Altersrenten- und Feuerversicherungsanstalten, welch' letztere nach der Begr. zu § 192 des E. z. VVG. und nach dem Verzeichnis des KomBer. über den E. z. VVG. von 1907 S. 218 bald mit einem Monopol, bald auch noch mit V.zwang ausgestattet sind.[1] Ferner gehören hierher die für die Arbeiter der staatlichen Eisenbahnverwaltungen in Preußen und Bayern bestehenden Pensionskassen und zwar auch soweit sie nicht als sog. besondere Kasseneinrichtungen (§ 8 InvVG.), sondern als Zuschußkassen auftreten. Zur Abschneidung von Zweifeln sind in § 122 als dem VAG. entzogen ausdrücklich aufgezählt: die in § 75 KrankVG. bezeichneten landesrechtlichen Hilfskassen, die auf Grund des HilfsKG. errichteten Kassen, die auf Grund von § 81 b Nr. 3 GewO. von Innungen und Innungsverbänden errichteten Unterstützungskassen und die Knappschaftskassen. Auf diese Kassen nehmen auch die §§ 190, 191 VVG. Rücksicht.

Ungeachtet dieser Umschreibung bleiben noch Zweifel, wann im einzelnen Falle einer VU. der öffentlich-rechtliche Charakter zuzuerkennen ist. Denn entscheidend ist es nicht für den öffentlich-rechtlichen Charakter, ob eine Anstalt freiwilliger V. dient oder mit V.zwang oder mit einer Monopolstellung (§ 120) ausgestattet ist, oder ob sie mit Privatunternehmungen in freiem Wettbewerb steht. Deshalb kommt es auf eine sichere Begriffsbestimmung des öffentlich-rechtlichen Charakters an. Als öffentliche VU. sind nun solche VU. zu bezeichnen, die

[1]) v. Knebel-Doeberitz, Das Feuerversicherungswesen in Preußen, Berlin, 1903. Die Arbeiten, um diese Anstalten in ihren Einrichtungen sowohl dem VAG. als auch dem VVG. anzunähern, sind im Laufe; hierüber Thiesing LZ. 10, 530.

behördlich oder von einem einer Behörde gleichstehenden unmittelbaren oder mittelbaren staatlichen Organ (als welches auch eine Gemeinde- oder Kirchenbehörde zu gelten hat) geleitet und derart in die öffentlichen Einrichtungen des Staates eingegliedert sind, daß sie als dessen Bestandteile erscheinen (RGSt. **40**, 297; Bayer. VerwGer. Samml. **24**, 379). Diese Eingliederung in den staatlichen Organismus ist deutlich, wenn die VU. der Durchführung eines gesetzlichen, öffentlich-rechtlichen V.zwanges dient (PrOVG. **45**, 354 u. in VA. **06** Anh. 78: Schlachtviehv. einer Innung), oder wenn der VU. die Eigenschaft eines Vereins des öffentl. Rechts ausdrücklich verliehen ist, wie der Lebensversicherungsanstalt für Armee und Marine (VA. **03**, 103), oder wenn die VU. als landeskirchliches Institut ins Leben getreten ist oder diesen Charakter nachträglich erhalten hat (pr. Minist. der geistl. Ang. u. des Inn.; Reger **24**, 205: Pfarr-Witwen- u. Waisenkasse). Damit, daß die staatlichen Verwaltungsbehörden die Aufsicht führen, ist der öffentliche Charakter noch nicht hergestellt; wohl aber, wenn der Staat die unmittelbare Geschäftsführung übernimmt, wie bei der preuß. Rentenversicherungsanstalt (VA. **03**, 105). Unterstützungen oder Zuschüsse des Staates oder öffentlicher Korporationen, dienstliche Anordnung des Beitrittes entscheiden noch nicht; wohl aber entscheidet es für den öffentlichen Charakter, wenn die Gemeinde Verwaltung und Vertretung einer städtischen Dienstbotenkrankenkasse führt und die Haftung für deren Verbindlichkeiten trägt oder für ihre Angestellten eine von ihr verwaltete Witwen- und Waisenkasse mit Beitrittszwang gründet, mögen auch die Mittel nicht ganz von der Gemeinde aufgebracht sein (VA. **03**, 104). Gerade so verhält es sich, wenn der Staat zwar nicht unmittelbar das VU. verwaltet, jedoch so leitet, daß er jeden nicht genehmen Beschluß verhindern kann, wie dies bei Beamtenunterstützungskassen die Regel bilden wird (PrOVG. **45**, 354;

preuß. u. sächs. Min. d. Innern, Reger **24**, 194: staatsforstl. Holzhauerunterstützungskasse). Die öffentlichen Anstalten bleiben nicht nur unbeeinflußt vom VAG., sondern sie dürfen ihre Monopolstellung auch auf bisher nicht betriebene V.zweige ausdehnen (§ 120) und können nicht einfach durch Aenderung ihres Reglements die auf Grund eines alten Reglements abgeschlossenen V.verträge einseitig ändern (RG. in VA. **07** Anh. 29 Nr. 293). Eine Aufsicht des Reichs findet nicht statt (§§ 119, 121). Auch nach §§ 192, 193 VVG. nehmen die öffentlichen Anstalten eine Ausnahmsstellung ein.

Zuständig zur Beurteilung des öffentlich-rechtlichen Charakters ist jede Behörde, bei welcher diese Frage zur Entscheidung gebracht wird, auf Grund selbständiger Prüfung. Es kann nicht von einem Beteiligten eine Aussetzung der Entscheidung begehrt werden, damit zunächst die zuständige Aufsichtsbehörde sich über die öffentlich-rechtliche Natur ausspreche. Hat aber das AA. oder die Landesaufsichtsbehörde nach §§ 2, 3 VAG. die VU. als eine öffentliche Anstalt mit allen sich aus dieser Rechtsstellung ergebenden Folgen anerkannt, so ist dieser Ausspruch kraft ausdrücklicher Vorschrift des § 192 Abs. 3 VVG. für jedermann und für alle Behörden, auch für die Gerichte, bindend. Lehnt die Aufsichtsbehörde die Anerkennung des öffentlich-rechtlichen Charakters ab, so steht jeder Behörde die selbständige Prüfung der Frage ungeschmälert zu. 2

b) **Alle privaten Versicherungsunternehmungen** fallen unter das VAG. (wegen des bayer. Vorbehalts s. § 125 Abs. 4), ohne Rücksicht auf Umfang, Unternehmungsform und Gegenstand ihres Betriebs. Es gehören also unter das VAG. alle V. gegen Beschädigung durch Feuer, Wasser, Hagel und Unfälle, die Lebensv. in allen Formen als V. auf den Todes- und den Erlebensfall, Leibrentenv., Invaliditäts-, Alters-, Witwen-, Waisen-, 3

Aussteuer- und Militärv., die Sterbekassen; ferner die V. gegen Verluste von Vermögenswerten, also die Vieh-, Hypotheken-, Kredit-, Diebstahls-, Haftpflichtv. in allen Formen. Gleichgültig ist es, ob es sich um große oder kleine VU., um Einzelunternehmungen oder um Gesellschaften des bürgerlichen oder des Handelsrechts handelt. Ausnahmen von diesem Grundsatz sind nur zulässig, soweit das VAG. selbst solche gewährt. So findet das Gesetz überhaupt keine Anwendung auf VU., die sich am 1. Jan. 1902 in Liquidation oder im Konkurse befanden (§ 104), auch nicht auf VU., die V. gegen Kursverlust, die Transportv. oder die Rückv. betreiben — vorausgesetzt, daß diese VU. nicht VV. a. G. sind, und daß der Bundesrat nicht anders verfügt (§ 116). Ferner bedürfen nur die nach dem 1. Jan. 1902 erfolgten Neugründungen der Zulassung (§§ 92, 125). Den kleineren Vereinen sind gewisse Erleichterungen zugestanden, die aber zum Teil wieder in das Ermessen der Aufsichtsbehörde gestellt sind (§§ 53, 124). Die VV. a. G. ohne Rechtsfähigkeit nehmen eine Zwitterstellung ein (§ 103). Ferner darf nicht jede V.art von jedermann betrieben werden. So ist die Lebensv. in allen Formen, die Unfall-, Haftpflicht-, die Feuer- und Hagelv. den VV. a. G. und den Aktiengesellschaften ausschließlich vorbehalten (§ 6 Abs. 2 u. 3). Die Ausdehnung dieses Monopols auf andere V.zweige steht im Ermessen des Bundesrats (§ 117 Nr. 2). Endlich darf der Bundesrat das Gesetz ganz oder teilweise für alle V.zweige außer Kraft setzen; vorausgesetzt jedoch, daß es sich nicht um die Lebens-, Unfall-, Haftpflicht-, Feuer- oder Hagelv. handelt (§ 117 Nr. 2). Für ausländische VU. bestehen besondere Vorschriften (§§ 85 ff.).

4 2. **Der Betrieb von Versicherungsgeschäften** muß den **Gegenstand der privaten Unternehmung** bilden. Das Gesetz gibt keine Begriffsbestimmung des V.geschäfts. Einer solchen bedarf es jedoch, weil mit Inkrafttreten des VAG. das Landesrecht aufgehoben ist und von einer

zutreffenden Begriffsbestimmung des Betriebs von V.geschäften die Konzessionspflicht, die Aufsichtsführung und zum Teil auch die Anwendung der Strafvorschriften der §§ 105 ff. abhängt. Als Voraussetzung einer solchen Begriffsbestimmung ist die richtige Umschreibung des Begriffs eines V.vertrages anzusehen. Anerkanntermaßen ungenügend sind die vorhandenen Gesetzesdefinitionen eines V.vertrags.[1]) Der Inhalt des § 360 Ziff. 9 StGB., der die gesetzeswidrige Errichtung einer V.anstalt bestraft, läßt selbst mit Zuhilfenahme seiner Entstehungsgeschichte und der Rechtsprechung (Goldt. Arch. **7**, 124; **37**, 371; RG. **1**, 115; PrOVG. **17**, 422; KG. Jahrb. **11**, 199) keine Schlüsse zu. Denn § 360 Ziff. 9 StGB. hat solche Anstalten im Auge, welche Zahlungen an Kapital oder Rente leisten. Es gibt aber VU., welche keine Zahlung, sondern Ersatz in Natur, wie z. B. bei der Glasscheibenv., oder Leistungen anderer Art als Geld, z. B. ärztliche Hilfe, gewähren.

Sieht man von den Meinungen ab, welche die Möglichkeit einer Begriffsbestimmung leugnen[2]) oder jede Uebernahme fremder Vermögensgefahr als V. betrachten,[3]) so stehen sich in der Wissenschaft hauptsächlich zwei Lehr-

---

[1]) Über die preußische, holländische, belgische und italienische Gesetzgebung s. Lewis Lehrb. des Versicherungsrechts 1899 S. 20 u. Ehrenberg Versicherungsrecht I 93; dort. weitere Lit. Die österr. neuere Gesetzgebung steht ebenso wie das VVG. von jeder Definition ab. Der französ. Entwurf eines VVG. definiert in Auseinanderhaltung der Schadens- u. der Personenv. in seiner Fassung vom 18. Februar 1907: L'assurance est un contrat par lequel l'assureur s'oblige, moyennant une remunération appelée prime ou cotisation, à certaines prestations au cas ou se réaliseraient certaines éventualités relatives aux biens ou à la personne de l'assuré; dagegen Schneider in LZ. 07, 546. Über die englische Auffassung s. Behrend, Zeitschr. Vers.W. 08, 552.

[2]) König in Endemann, Handb. des Deutschen Handels-, See- und Wechselrechts. Leipzig, 1885, III 744.

[3]) Hahn, Komm. z. HGB., 2. Aufl., art. 281 § 8; Thöl, Handelsrecht I § 301 Anm. 3 u. anscheinend ROHG. 5, 336, 356, 12, 154, RG. 28, 142 u. KG. in OLGR. 5, 35.

meinungen gegenüber. Die eine [1]) fügt letzterer Begriffsbestimmung die Einschränkung hinzu, daß wenigstens die **Möglichkeit** eines auf eine ganze Reihe von V.verträgen gerichteten, planmäßigen, auf statistischer Grundlage beruhenden Betriebes gegeben sein muß, indem einem ausnahmsweise vereinzelt abgeschlossenen Geschäft der Charakter eines V.vertrages nicht abgesprochen werden soll. Die andere Lehrmeinung [2]) gesteht dem Erfordernis planmäßigen Betriebes nur wirtschaftliche Bedeutung zu; sie bezeichnet den V.vertrag als einen selbständigen Vertrag, kraft dessen der eine Teil (der Versicherer) seinem Vertragsgegner (dem V.nehmer) gegen Entgelt eine Vermögensleistung für den Fall des Eintritts einer ungewissen, wirtschaftlich nachteiligen Tatsache (d. i. des V.falls) verspricht. Das Entgeld kann eine einmalige Leistung oder eine im voraus zahlbare Prämie oder eine durch Nachschuß zu erhebende Umlage sein. Die Vermögensleistung des Versicherers kann eine einmalige (eine V.summe) sein oder in einer wiederkehrenden Rente bestehen. Der Eintritt des V.falles muß mindestens zeitlich seinem Eintritt nach ungewiß sein, wie bei der Lebensv. Diese Ungewißheit muß nicht nur im Augenblick des Vertragsschlusses vorhanden sein, sondern sie muß auch bis zum tatsächlichen Eintritt des V.falles fortdauern.[3]) Endlich muß der Versicherte ein Interesse an dem Nichteintreten des V.falles haben; sonst liegt Spiel oder Wette vor (RG. **36**, 134; ROHG. **23**, 159).

---

[1]) Goldschmidt, Handb. des Handelsr., 2. Aufl. § 49, S. 582 u. ZHR. 28, 181; 35, 280; Beseler, Deutsches Privatrecht, 4. Aufl., I 557, Lewis Lehrb. des Vers.r. § 3 S. 20; Vivante in ZHR. 39, 474; Ehrenberg, ebenda 32, 434 (jetzt anders siehe folgende Anm.). Noch weiter geht Regelsberger in Endemann, Handb. 2 § 256 S. 524, wonach die Gefahrenübernahme Bestandteil eines planmäßigen Unternehmens sein muß; ebenso Dernburg, Preuß. Privatr. II § 282.

[2]) Ehrenberg, Versicherungsrecht I § 6 S. 55 u. 61 ff. und in LZ 07, 170 u. 174; Lehmann-Ring, Handelsgesetzb. 1902, § 1 Nr. 55.

[3]) Hierauf macht Georgii in LZ. 07, 778 mit Recht aufmerksam.

Das VAG. will den Betrieb von V.geschäften im wirtschaftlichen Sinne aufgefaßt wissen. Von diesem Standpunkt aus ist allerdings der Begriff eines V.-vertrags zunächst ins Auge zu fassen. Das wesentliche ist jedoch, daß es sich um den dauernden Abschluß solcher Verträge, d. h. um den Betrieb solcher Geschäfte in Form einer VU. handelt.

Das wesentliche bildet von diesem vorwiegend wirtschaftlichen Gesichtspunkt aus die unter den Versicherten begründete Gefahrengemeinschaft, durch welche die Folgen zufälliger nachteiliger Ereignisse, die den einzelnen Versicherten treffen, auf die ganze Zahl der V.nehmer, d. h. der von dieser Gefahr Bedrohten, umgelegt wird. Daraus ergibt sich die Notwendigkeit eines auf Wahrscheinlichkeitsrechnungen aufgebauten, rationellen Betriebs, also als notwendige Grundlage jeder VU. das sog. Prinzip der großen Zahlen.[1]) Denn die Vertragschließenden beabsichtigen die Herstellung einer Interessengemeinschaft, welche dem V.geschäft durch die große Zahl der Beteiligten und die Gleichmäßigkeit der Gefahr seinen gewagten Charakter benimmt. Durch diese Begriffsbestimmung, die wesentlich wirtschaftlicher Art ist, wird nicht ausgeschlossen, daß auch beim Fehlen planmäßigen Betriebs doch ein V.vertrag im einzelnen Falle abgeschlossen sein kann.[2]) Ist das Unternehmen auch klein begonnen, so fällt es doch unter das VAG., sobald die einzelnen V.geschäfte den Keim möglichen Großbetriebs in dem soeben erörterten Sinne an sich tragen.[3]).

---

[1]) Besonders klar Goldschmidt, Universalgesch. des HR. 1881, Lieferg. I 354 und Wagner in Schönberg, Handb. der polit. Ökonomie [4] II 2, 359. Dieser Ansicht auch VA. 02, 190 [4]; 03, 31 [10] u. 103.

[2]) Aus diesem Grunde haben sich die Kommentare zum VVG. nicht mit dem Begriff einer VU. zu beschäftigen; vgl. z. B. den Gerhard'schen Kommentar S. 8 ff. u. Hagers Komm. z. VVG. z. § 1.

[3]) Daher geht Cosack HR. [6] § 129, zu weit, wenn er immer Abschluß auf Grund einer mathematisch-statistischen Berechnung fordert.

Ferner gehört es zum Begriff einer VU., daß die abgeschlossenen Geschäfte den Betrieb von V.geschäften zum Gegenstand haben, nicht den Charakter von Nebengeschäften in sich tragen und Rechtsansprüche verleihen.

Diese Erfordernisse müssen zusammentreffen, damit der Betrieb von V.geschäften im Sinne dieses Gesetzes gegeben ist.

5 a) Versicherungsgeschäfte müssen also betrieben werden. Der V.zweck ist hierfür entscheidend; er braucht nicht der einzige Zweck zu sein, wohl aber muß er Hauptzweck sein. An diesem Zweck gebricht es einem Verein, der seinen Mitgliedern lediglich ärztliche oder zahnärztliche Hilfe gewährt (VA. **10**, 125) und einem Vertrag, durch den ein Gastwirt die Einquartierungslasten gegen eine gewisse Prämie abnimmt. So werden keine V.geschäfte, sondern Spar- und Darlehnsgeschäfte mit Gewinnbeteiligung der Einleger abgeschlossen, wenn der Unternehmer sich verpflichtet, gegen einmalige oder wiederkehrende Zahlungen (Prämien) zu einem bestimmten Zeitpunkt eine bestimmte Geldleistung zu machen. Wird aber eine solche Sparv. von einer Lebensv. nebenher betrieben, so ist sie ein Teil des Hauptunternehmens (VA. **08**, 84; **10**, 104). Bei Fürsorge- und Wohltätigkeitseinrichtungen, welche, wie die Sterbe-, Pensions- und Krankenkassen von Großbetrieben (Banken, Fabriken, Reedereien) für ihre Angestellten und Arbeiter, kommerziellen Betrieben angegliedert sind, kommt es nicht auf die nebenher verfolgten Zwecke (Wahrung von Standesinteressen usw.), sondern auf den Hauptzweck, d. h. darauf an, ob das kommerzielle Hauptunternehmen mit seinem Vermögen der alleinige Träger dieser Einrichtungen ist (VA. **03**, 96 u. 104). In letzterem Fall handelt es sich nicht um V.geschäfte. Alleiniger Träger der Einrichtung ist das kommerzielle Hauptunternehmen, wenn der betr. Fonds nicht oder doch nur rechnerisch von dem Vermögen der Firma geschieden ist und letztere für die Ansprüche

der „Versicherten" haftet, mögen die „Versicherten" auch zu Beiträgen herangezogen werden (VA. **07**, 83). Anders wenn die Mittel zu einem nennenswerten Teil von den Begünstigten aufgebracht werden und die Wohlfahrtseinrichtung trotz der Einflußnahme der Firma sich eine selbständige Existenz geschaffen hat (VA. **03**, 104; **07**, 73). Alsdann sind die Zuwendungen der Firma an die Pensionskasse ihrer Angestellten keine Schenkungen, sondern Betätigungen einer sittlichen Pflicht (KG. in VA. **09** Anh. 45 Nr. 451; JW. **08**, 754 Nr. 26; das größte VU. dieser Art ist der Beamtenv.-Verein des deutschen Bank- und Bankiergewerbes und der Beamtenfürsorgeverein der Deutschen Bank (VA. **10**, 105 ff.). Ebenso beurteilt sich die Sachlage, wenn der Hauptzweck der Vereinigung ein idealer ist, wie bei den katholischen Vereinen polnischer Arbeiter; es kommt auch hier darauf an, ob die Fürsorgeeinrichtungen in dem Hauptunternehmen aufgehen, oder ob sie selbständige (V.-) Zwecke verfolgen (OLG. Posen in VA. **05** Anh. 86).

b) Das Versicherungsgeschäft muß selbständige Bedeutung besitzen (vgl. KomBer. 11/12). Dadurch ist nicht ausgeschlossen, daß neben dem V.geschäft, z. B. der Hypothekenv., auch andere Geschäfte betrieben werden (ROHG. **5**, 332; KG. in OLGR. **5**, 36). Der Kürschner, der Pelzwerk in Verwahrung nimmt und gegen Mottenschaden garantiert, macht in der Hauptsache ein Verwahrungsgeschäft, die Garantie gegen Mottenschaden geht in dem Hauptgeschäft auf. Der Verkäufer von Glaswaren, der gegen Gebühren seinen Kunden für Bruchschäden während des Transports einsteht, tut dies im Hauptgeschäft, dem Betrieb des Glasgeschäfts (VA. **04**, 19 Nr. 17). Der Frachtführer, Lagerhalter, Spediteur, der die Haftung über den gesetzlichen Umfang hinaus, z. B. für Wasser- oder Feuerschaden, übernimmt, hat eine Nebenverabredung zum Hauptgeschäft abgeschlossen; er versichert nicht (RG. **28**, 6

142). So ist auch die Uebernahme des Delkredere durch den Kommissionär bei von ihm vermittelten oder abgeschlossenen Geschäften nur ein Ausfluß seiner Kommissionstätigkeit. Man kann sogar behaupten, daß es sich in allen diesen Fällen nicht einmal um unselbständige Nebenabreden, sondern nur um Bestandteile des Hauptgeschäfts handelt, die gar nichts v.rechtliches an sich haben und nur dann zu einem V.geschäft werden, wenn sie von einem Dritten gewerbsmäßig mit den übrigen Merkmalen einer VU. betrieben werden. Anders gestaltet sich die Sachlage, wenn eine V. mit einem gewerblichen Betriebe in selbständiger Weise verbunden wird, wie dies bei der Verbindung eines Warendetailgeschäfts mit einer Lebensv. (VA. **07**, 81), einer Reiseunfallv. mit einem gewerblichen Betriebe als einer Prämie für die Kunden (Reisecouponpolice; VA. **09**, 179) und insbesondere bei der Zeitungsabonnenten- und Inserentenv. der Fall ist.

7 Die Zeitungsabonnentenversicherung (Hagen u. Schneider in Zeitschr. VWiss. **10**, 277 u. 286), die allmählich fast auf alle V.zweige, selbst die Arbeitslosenv., angewendet ist (VA. **05**, 69; **07**, 117; **08**, 80), wird seitens des AA. (VA. **02**, 15; **05**, 68; **08**, 60 u. 106; ebenso KomBer. I zum VVG. S. 2 und KomBer. II zu §§ 154, 155 VVG.) unter allen Umständen als eine selbständige und daher aufsichtspflichtige VU. behandelt; es sollen immer zwei selbständige Betriebe, nämlich ein Zeitungsverlag und eine VU. vorliegen, die den Betrieb von V.geschäften zum Gegenstand hat, und die V. zur Reklame für Zeitungen und Zeitschriften mißbrauche; die V.prämie sei in dem entsprechend erhöhten Abonnementspreis rechnerisch und rechtlich enthalten. Bei der ungeheuern Ausdehnung, welche diese V.art genommen hat, wird die Ansicht des AA. sehr häufig zutreffen. Rechtlich muß jedoch unterschieden werden: Will eine der Aufsicht bereits unterstehende VU. die Abonnentenv. neu ein-

führen, so ist wegen der damit verbundenen Aenderung des Geschäftsplans die Genehmigung erforderlich (§§ 4 u. 13); und es ist dann nicht einmal die Verbindung der Lebensv. mit der Zeitungsabonnentenv. unverträglich (VA. **08**, 81); nur geht es nicht an, daß ein Lebens-VU. selbst eine Zeitschrift herausgibt, um die Abonnenten als Versicherte aufzunehmen (VA. **07**, 142 Nr. 62). Betreibt der Zeitungsverleger die Abonnentenv. so, daß er die V. seiner Abonnenten bei einer VU. nur vermittelt, so daß diese VU. völlig in die Rolle des Versicherers eintritt, so betreibt der Zeitungsverleger keine V.geschäfte — mag er auch bei der Schadensregulierung mitwirken (VA. **02**, 16); man kann dann höchstens sagen, der Verleger schließe zugunsten des V.nehmers mit der VU. ab, so daß die VU. nur so zu zahlen hat, wie sie mit dem Verleger abschließt; dann steht die VU., nicht der Verleger, unter Aufsicht. Gewährt der Zeitungsverleger auf eigenen Namen und auf eigene Rechnung V., so kommt es darauf an, ob die V. nach Umfang und Organisation als Hauptbetrieb anzusehen ist, so daß der Zeitungsverlag nur als ein Hilfsgeschäft erscheint und das Abonnement nur der V. wegen abgeschlossen wird; alsdann betreibt der Verleger V.geschäfte und macht sich aufsichtspflichtig, so daß auf ihn die §§ 6 u. 108 Anwendung finden (RGSt. **35**, 346; **36**, 127; RG. in Fischers Z. **27**, 218; VA. **05**, 68; **07** Anh. 84 Nr. 332; **08**, 106). Wird die V. vom Verleger aber in so geringem Umfang gewährt, daß sie nach ihrer ganzen geschäftlichen Art nicht der Garantien bedarf, die das VAG. vorsieht, so ist die V. ein Nebengeschäft und nicht genehmigungspflichtig. Daß in JW. **03**, 192 Nr. 66 vom RG. ein anderer Standpunkt eingenommen werde, wie VA. **05**, 69 annimmt, ist nicht zuzugeben. Auch ist es nach dem Vorstehenden nicht zutreffend, daß die Konzessionspflicht von einem zufälligen Umstand abhänge; sie hängt nämlich davon ab, ob der Verleger selbst Versicherer ist oder die V. einer VU.

übertragen hat (VA. **05**, 70); das ist kein zufälliger Umstand. Die Praxis des AA. läßt auch auf eine Wandlung in seiner bisherigen Auffassung schließen (VA. **09**, 78).

Die Inserentenversicherung, d. h. die V. der in einer Zeitung Inserierenden, richtet sich nach denselben Grundsätzen wie die Zeitungsabonnentenv. Vorstehendes betrifft nur das Verhältnis des Abonnentenversicherers zur Aufsichtsbehörde. Auf das Verhältnis zwischen Verleger und Abonnent kommen alle Grundsätze über den V.vertrag, also alle Vorschriften des VVG., zur Anwendung. Die Aufsichtsbehörde wirkt darauf hin, daß der Verleger dem Versicherer das vertragliche Recht zur Aufhebung des Vertrags gibt, sobald das AA. dies nach §§ 64, 67 verlangt oder dem VU. den Betrieb untersagt, und daß der Verleger keine Veröffentlichungen ohne Zustimmung des VU. vornehmen darf (VA. **09**, 178). Weitere Maßregeln der Aufsicht s. § 9 Anm. 4 u. 7.

8 c) Ein Betrieb von V.geschäften muß Gegenstand des Unternehmens sein, so daß das Unternehmen der Träger von V.verpflichtungen (nicht nur der Vermittler solcher Verpflichtungen) wird (VA. **10**, 32 Nr. 88). Vorausgesetzt wird also ein Geschäftsbetrieb, d. h. eine gleichmäßige, auf die Dauer berechnete und auf den fortdauernden Abschluß von V.geschäften gerichtete Veranstaltung (KomBer. 11/12; RG. **38**, 20; VA. **03**, 96). Ueber die Nachschußversicherung s. § 24 Anm. 5. Nicht nötig ist ein gewerbsmäßiger (RG. 66; JW. **10**, 803 Nr. 10), d. h. ein auf Erwerbszwecke gerichteter Betrieb. Es kann also die Verwaltung ehrenamtlich, es können die Einrichtungen technisch unvollkommen und die Vorteile auf einen bestimmten Personenkreis beschränkt sein (VA. **04**, 22; **03**, 20, 95 u. 104), und ist auch nicht die Gewährung von Geldleistungen erforderlich (VA. **06**, 113 Nr. 52). Dagegen fehlt es an einem Betrieb, wenn das Unternehmen sich lediglich als eine Vereinigung gesellschaftlicher Art darstellt, die sich zur Umlegung gewisser

Schäden in engem Personenkreis gebildet hat — mag auch ein Rechtsanspruch auf den Ersatz festgelegt sein (VA. **07** Anh. 83 Nr. 331); hierher gehören Vereinigungen zur Tragung von Einquartierungslasten, von Aufwendungen für Schöffen- und Geschworenendienst, zur Gewährung gewisser Naturalleistungen beim Eintritt von Naturereignissen, z. B. Hilfskassen für Abgebrannte als eine Art nachbarlichen Beistands (VA. **03**, 31 Nr. 10 und die sog. Kuhgilden), Beerdigungskassen mit streng örtlicher Begrenzung (VA. **03**, 31), Witwen- und Waisenversorgung seitens des Lehrerkollegiums einer einzelnen Anstalt (VA. **02**, 190 Nr. 4; **03**, 96; sächs. OVG. in VA. **07** Anh. 5 Nr. 272) oder einer begrenzten Beamtenzahl (VA. **05**, 100; **10** Anh. 1 Nr. 491), ferner die Betriebsschädengemeinschaft, welche eine Eisenbahngesellschaft für ihren Gesamtbetrieb einrichtet (VA. **09**, 192; **08**, 148 Nr. 73) und die Vereinigung einer kleinen Zahl von sich persönlich nahestehenden Personen zur Umlegung von Haftpflichtschäden. In allen diesen soeben aufgeführten Beispielen ist die Mitgliederzahl eine geschlossene; die Neuaufnahme von Mitgliedern vollzieht sich im Wege des bürgerlichen Gesellschaftsrechts (§§ 705 ff. BGB.). Jeder Neueintritt erheischt einen neuen Gesellschaftsvertrag unter allen; durch den Neueintritt entsteht immer wieder eine neue Gesellschaft mit dem alten, allerdings auf eine V. hinauslaufenden Zweck; Organisation und Gesellschaftszweck hindert solche Vereinigung am Großbetrieb, d. h. am Betrieb, in dem hier gemeinten besonderen Sinn. Sobald solchen Vereinigungen der Anfang zum Großbetrieb (oben Anm. 4) innewohnt, so liegt auch ein geschäftsmäßiger Betrieb vor, und dies ist der Fall, wenn der Beitritt zu der Vereinigung der großen Oeffentlichkeit freisteht (VA. **03**, 103), wie dies selbst bei örtlichen Viehversicherungsvereinen denkbar ist (VA. **06**, 113 Nr. 52) und bei allen Verbänden zutrifft, die, wie z. B. die kleinen Unterstützungskassen, der Gesellenvereine, Gewerbevereine, Sterbekassenvereine, auf einen wechselnden Mitgliederstand angewiesen sind und neue Mitglieder auf Grund von Normativbestimmungen oder von den Geschäftsführern im voraus erteilter Vollmacht aufnehmen. Solche kleine Gegenseitigkeitsvereine gehören regelmäßig zu den nicht rechtsfähigen Vereinen (§ 54 BGB.), welche nach § 103 jeder Zeit der gesetzlichen Aufsicht unterworfen werden können, weil die Gefahr naheliegt, daß weitere Kreise durch Mißbrauch der Vereinsorganisation betroffen werden.

Im übrigen ist es gleichgültig, in welcher Unternehmerform der Betrieb stattfindet, und welchen V.zweig er zum Gegenstand hat, ob der Betrieb groß oder klein ist, ob es sich um ein Einzel- oder um ein Gesellschaftsunternehmen handelt, ob direkte V. oder Rückv., ob Lebens- oder Feuerv. oder welch sonstige Art von V.geschäften betrieben wird.

9 d) Einen Rechtsanspruch muß das abgeschlossene Geschäft verleihen. Vereinigungen, die bloß freiwillige Unterstützung gewähren, sind keine VU. (§ 1 Abs. 2), wenngleich die Unterstützung oder sonstige Unterstützung bei normalem Verlauf mit vollem Grund erwartet werden durfte. Die bloße Satzungsbestimmung, daß die Leistungen der Kasse freiwillige und nur beim Vorhandensein genügender Mittel zu gewähren seien, reicht zum Ausschluß eines Rechtsanspruchs auf die durch die V. bezweckte Vermögensleistung noch nicht hin (RGSt. **37**, 409); denn es muß der Ausschluß des Rechtsanspruchs ernst gemeint sein; es darf also keine Verschleierung vorliegen, und eine solche ist möglich, trotzdem die Satzung einen Rechtsanspruch ausdrücklich ausschließt (RGSt. **39**, 376; **41**, 326; RG. in VA. **06** Anh. 38 Nr. 198; KG. in VA. **06** Anh. 34 u. 36 Nr. 197; **05** Anh. 29; VA. **05**, 70). Zum Begriff eines Rechtsanspruchs gehört rechtliche Erzwingbarkeit (PrOVG. **17**, 422), aber nicht Klagbarkeit vor den ordentlichen Gerichten; es genügt auch die Möglich-

keit der Geltendmachung vor einem Schiedsgericht (Kom.-Ber. 11/12; KG. in VA. **05** Anh. 29 Nr. 106; **06** Anh. 35f.). Ist die Entscheidung Verbandsorganen anheimgegeben, so ist eine solche Satzungsbestimmung nicht ungültig, sondern es kommt darauf an, ob danach lediglich der gute Wille der Verbandsorgane entscheiden soll; in diesem Falle ist ein Rechtsanspruch verneint — mag selbst dem Versicherten ein Rechtsanspruch auf diese Beschlußfassung und die Ausführung des gefaßten Beschlusses zustehen (OLG. Karlsruhe in VA. **07** Anh. 3 Nr. 271 und KG. in VA. **06** Anh. 38); denn es kommt dann der allgemein gültige Grundsatz zur Anwendung, daß eine nur auf Grund gegenseitigen Vertrauens zu gewährende Entschädigung gerade die Erzwingbarkeit ausschließt (vgl. RGSt. **41**, 321). Ergibt sich aber als Sinn der Bestimmung, daß den Mitgliedern ein vor den Verbandsorganen zu verfolgender Rechtsanspruch gegeben werden sollte, so ist die Bestimmung wiederum nicht ungültig; denn eine Bestimmung, daß der Rechtsweg erst nach einer Vorentscheidung von Verbandsorganen statthaft sein soll, ist nicht zu beanstanden. Allerdings kann für einen Rechtsanspruch der Rechtsweg nicht überhaupt abgeschnitten werden (VA. **03**, 105). Darüber ob ein Rechtsanspruch gewährt ist, entscheidet zunächst der Gesamtinhalt der Satzungen und in zweiter Linie der Zweck und Gesamtcharakter der Unternehmung, wobei das tatsächliche Verhalten der Organe mit in Betracht kommt (VA. **03**, 91; **04**, 79; **05**, 21; **06**, 92); davon hängt es ab, ob der ausdrückliche Ausschluß des Rechtswegs Bedeutung besitzt und ob etwa trotz Fehlens einer solchen Bestimmung der Rechtsweg als stillschweigend ausgeschlossen erscheint, wie z. B. häufig bei den Unterstützungskassen von Kriegervereinen (VA. **06**, 92) und da, wo es sich nur um Gewährung von Krankengeld oder freiwillige Unterstützungen anderer Art in kleinen Kreisen handelt. So ist ihrer Natur nach die Erzwingbarkeit und damit ein Rechtsanspruch zurzeit ausgeschlossen bei den gegenseitigen

Versicherungen der Arbeitgeber gegen Streik und Aussperrung (VA. **05**, 38; **07**, 103 u. 104; Annales de droit commercial **07**, 337; Reichsarbeitsbl. **06**, 343), bei der V. gegen Stellenlosigkeit (VA. **08**, 97); sie hängen von den vorhandenen Mitteln und andern Umständen ab.

Bei Prüfung des Gesamtinhalts der Satzungen darf der Wortlaut nicht gepreßt werden. Es ist frei zu beurteilen, welche Bedeutung das Mitglied unter Berücksichtigung aller Umstände, also der Höhe der Beiträge, der Art der V. (VA. **05**, 93 gegen KG. in VA. **06** Anh. 36), der Beziehung von Leistung und Gegenleistung verständigerweise seiner Mitgliedschaft und den daraus erwachsenden Rechten beimessen mußte (OLG. Dresden VA. **04** Anh. 174 Nr. 80). Die Bestimmtheit von Leistung und Gegenleistung ist für das Vorhandensein eines Rechtsanspruchs noch nicht entscheidend (KG. in VA. **06** Anh. 36 Nr. 197 gegen AA. **04**, 23); auch noch nicht die Bildung eines Reservefonds und einer Betriebsrücklage sowie Gewinnverteilung (KG. in VA. Anh. 36 Nr. 197; **03**, 106; Recht **06**, 962); wohl aber bildet das Angehen des großen Publikums ein schlüssiges Kennzeichen für das Bestehen eines Rechtsanspruchs (RG. in VA. **06** Anh. 33; **07** Anh. 37) sowie die Vereinbarung eines nach Gefahrenklassen und Höhe der Gegenleistung abgestuften Beitragstarifs, Beschränkung der Aufnahme nach Alter und nach Gesundheitsnachweis, formularmäßige Fragebogen, Karenzzeit, Krankmeldungspflicht, Verwirkungsklausel bei Zahlungsverzug und Schiedsgerichtsklausel (VA. **04**, 87). Alsdann kommt es auf die Unvollkommenheit der Einrichtung nicht an. Ein sicheres Kennzeichen gegen das Bestehen eines Rechtsanspruchs liegt in dem Fehlen einer Bestimmung, nach der sich die Gegenleistungen berechnen lassen, sowie in einer Bestimmung, welche dem Mitglied sogar das Anrufen der Mitgliederversammlungen versagt (KG. in VA. **05** Anh. 30; **06** Anh. 36; OLG. Karlsruhe **07** Anh. 3) oder den Rechtsweg verschließt, so daß nicht einmal ein Schiedsgericht angerufen werden kann (Sächs. OVG. in VA. **09** Anh. 73 Nr. 471). Der vereinbarte Ausschluß des Rechtswegs wird dadurch noch nicht sinnwidrig, daß der Verlust der Mitgliedschaft, die Verpflichtung zur Zahlung von Eintrittsgeld und Jahresbeiträgen geregelt und gewisse Auszahlungsvorschriften hinsichtlich eines Sterbegeldes aufgestellt werden (PrOVG. in VA. **09** Anh. 3 Nr. 426). Daß ein Rechtsanspruch in der Absicht ausgeschlossen wurde, um der Staatsaufsicht zu entgehen, ist ohne Belang; denn dieses Mittel ist sogar das einzig gesetzlich zugelassene (KG. in VA. **05** Anh. 30; **06** Anh. 36 Nr. 197; Karlsruhe VA. **07** Anh. 3; PrOVG. in VA. **09** Anh. 3).

Indem das Gesetz sich des Wortes „Unterstützung" **10**
bedient, meint es Leistungen jeder Art, die nicht erzwungen werden können, wie dies in Anm. 9 dargelegt ist; mögen sie auch regelmäßig geleistet werden. Zunächst ist hier an Berufsvereine zu denken, die ihren Mitgliedern gegen Zahlung von Beiträgen Zuschüsse zu den gesetzlichen Krankengeldern, Invalidenrenten, Witwen- und Waisenunterstützungen oder Sterbegeldern gewähren, so daß die Mitglieder gewissermaßen Zuwendungen ohne ein eigentliches Recht entgegennehmen. Von Unterstützung in diesem Sinne kann man nur reden, wenn die Beteiligung sich auf kleinere Kreise beschränkt, bei denen die moralische Seite der Sache im Vordergrund steht, mag auch in den Satzungen von einem „Anspruch" gesprochen werden (PrOVG. **09** Anh. 73 Nr. 47; KG. in VA. **05** Anh. 29). In diesen Grenzen können sich auch Wohltätigkeitsvereine, Vereine, die wesentlich ideale Zwecke verfolgen, die Unterstützungskassen der Gesellenvereine, Militärvereine, Gewerkvereine usw. von der staatlichen Aufsicht frei halten (SächsOVG. in VA. **09** Anh. 73 Nr. 471). Die mit Kriegervereinen verbundenen Sterbekassen müssen in den Satzungen jeden Rechtsanspruch ausdrücklich ausschließen (Ergänzungsvorschrift zu den Normalstatuten pr. MBl. f.

innere Verw. **02**, 216; **03**, 17; dazu VA. **05**, 101 Nr. 32; **06**, 92). Hierher gehören auch die Unterstützungs- und Invalidenkassen, welche von großen Fabrikunternehmungen aus eigenen Mitteln so eingerichtet werden, daß die Leitung und Entscheidung völlig in der Hand des Fabrikherrn bleibt. Mag es dann auch in den Satzungen der Kasse heißen, daß bei Auflösung der Kasse jedem Mitglied sein Guthaben nebst Zinsen ausbezahlt werde (vgl. oben Anm. 5 und RG. im Recht **09** Nr. 3122 u. 3733). Die Beziehungen zwischen Arbeitgeber und Arbeiter sind dann keine solchen aus dem Arbeitsvertrag; daher ist das Gewerbegericht nicht zuständig (JW. **10**, 42 Nr. 67). Sobald jedoch die Ausbildung zum Großbetrieb (oben Anm. 4) nicht ausgeschlossen ist, hört auch der Begriff der Unterstützung auf, und es beginnt der Begriff des aufsichtspflichtigen V.betriebs mit Rechtsanspruch.

11 3. **Die Beaufsichtigung nach Maßgabe dieses Gesetzes** tritt ein, sobald V.geschäfte in dem in den Anm. 3—10 erörterten Sinne betrieben werden und die Zulassung ausgesprochen ist (§ 2 Anm. 2, § 5 Anm. 6). Unter Beaufsichtigung versteht das Gesetz nicht nur die Konzessionserteilung (§§ 4 ff.), die Genehmigung von Geschäftsplanänderung (§ 13), Satzungen und Auflösungsbeschlüssen (§§ 39, 43), sondern auch die laufende Aufsicht, die sich auf die gesamte Geschäftsführung, Jahresbericht und Buchführung (§ 54), die Anlegung des Prämienreservefonds (§§ 99 ff., 114) erstreckt und in §§ 64—67 die erforderlichen Zwangsmittel besitzt. Letztere können bis zur Einstellung des Betriebs und zur Konkurseröffnung führen. Ausländische VU. unterstehen ähnlicher Ueberwachung (§§ 85 ff.). Uebergangsbestimmungen §§ 92 ff. — Diese Aufsicht ist nach Maßgabe des Gesetzes zu handhaben; d. h. es unterliegen alle Privat-VU., wie sie das Gesetz umschreibt, der Aufsicht, und sind nur die im Gesetz selbst bezeichneten Ausnahmen zulässig. Diese Ausnahmen betreffen die V. gegen Kursverluste,

die Transport- und Rückv. (§ 116), die Hilfs-, Unterstützungs- und Knappschaftskassen des § 122 sowie die Erleichterungen, welche der Bundesrat gewissen V.zweigen nach § 117 und das AA. kleineren VV. a. G. nach § 124 gewähren darf. Sodann besagt der § 1, daß die versicherungs **technische** Aufsicht ausschließlich und erschöpfend in diesem Gesetze geregelt ist und widersprechende reichs- und landesgesetzliche Vorschriften aufgehoben sind. Daher ist § 360 Nr. 9 StGB. beseitigt (pr. MBl. f. d. innere Verw. **02**, 87). Alle landesrechtlichen Vorschriften, welche diese Art der Aufsicht nicht betreffen, bestehen weiter. Dasselbe gilt von Vorschriften des Reichsrechts. Insoweit das VAG. nicht entgegensteht, können auch neue landesgesetzliche Vorschriften erlassen werden. Es gelten neben dem VAG. alle Vorschriften, die auch andere Gewerbetreibende beachten müssen (vgl. aber § 6 GewO.), die Vorschriften gegen Doppelv., V.betrug usw. Eine besondere Vergünstigung ist dem Landesrecht in § 121 eingeräumt. „Nach Maßgabe dieses Gesetzes" heißt ferner, daß die Aufsicht nach der in § 2 geordneten Zuständigkeit über die größeren VU. durch das AA. und den V.beirat nach §§ 2 ff., 70 ff., über die kleineren VU. aber durch die Behörden der Bundesstaaten ausgeübt wird (§ 2 Anm. 5).

„Nach Maßgabe dieses Gesetzes" besagt ferner, daß alle Anträge nach Maßgabe dieses Gesetzes vorbeschieden werden müssen, daß also nicht die Aufsichtsbehörde mit Hilfe ihres Aufsichtsrechts eine VU. anhalten kann, Anträge zurückzuziehen, damit diese Anträge nicht sachlich vorbeschieden werden müssen (Könige LZ. **08**, 341 ff.), noch auch kann eine VU. im Aufsichtsweg gezwungen werden, Anträge zu stellen, die sie nicht stellen will. Es kann nur nach Maßgabe dieses Gesetzes gegen Mißstände vorgegangen werden.

„Nach Maßgabe dieses Gesetzes" besagt endlich, daß das Aufsichtsrecht die durch dieses Gesetz nicht geregelten öffentlichen Verhältnisse der VU. nicht erfaßt. Mit anderen Worten: das Aufsichtsrecht beschränkt sich auf die im Gesetze besonders behandelten gewerbe- und wirtschaftspolizeilichen Fragen, berührt aber nicht die in anderen Gesetzen (HGB., StGB.) geordneten Materien noch auch die Zuständigkeit der hierfür bestimmten Behörden, obgleich dadurch mittelbar auch Interessen der Aufsichtsführung betroffen werden. Die Aufsichtsbehörde kann in solchen Fällen nicht unmittelbar selbst eingreifen. Sie kann andern Behörden nur Anregungen geben. In besonderen Fällen ist ihr auch ein Antrags- und Beschwerderecht einzuräumen (hierüber § 64). Daß der Aufsichtsbehörde die Initiative zusteht, um die VU. zu Verbesserungen in gütlichem Wege zu bestimmen, ist selbstverständlich. Das AA. ist in dieser Richtung mit wechselndem Erfolg tätig geworden (VA. **05**, 36: Unterbringung notleidender Risiken). Eine nicht nach Maßgabe dieses Gesetzes vor sich gehende Reichsaufsichtsführung unterliegt, sobald das AA. erkannt hat, keinem weiteren Angriff, weil es an einem Reichsverwaltungsgericht fehlt.

§ 2. Die Beaufsichtigung der Versicherungsunternehmungen wird, sofern ihr Geschäftsbetrieb durch die Satzung oder die sonstigen Geschäftsunterlagen auf das Gebiet eines Bundesstaats beschränkt ist, durch Landesbehörden, anderenfalls durch die hierzu bestellte Reichsbehörde ausgeübt.

1 I. **Nur deutsche VU.** d. h. solche VU. betrifft § 2, die ihren Sitz im Deutschen Reich haben. Ausländische VU. sind in §§ 85 ff. behandelt. Erstreckt sich der geschäftsplanmäßige Wirkungskreis einer deutschen VU. lediglich auf das Ausland, so findet keine Aufsicht statt. Erstreckt er sich auf einen Bundesstaat und das Ausland, so findet Reichsaufsicht statt. Das ergibt sich aus dem Geist des

Gesetzes, wonach die Landesaufsicht nur eintritt, wenn der Geschäftsbetrieb sich auf das Gebiet eines Bundesstaates beschränkt (unten Anm. 3). Aber nicht alle deutschen V U., unterliegen der Aufsicht. Die VU. welche ihren Sitz im Schutzgebiet haben (§ 3 Schutzgebietsges. v. 10. Sept. 00 und § 19 Konsulargerichtsbarkeitsges. v. 7. April 00; VA. **03**, 31) oder sich am 1. Jan. 02 in Liquidation befanden, fallen nicht unter unsern Paragraphen (§ 104). Spätere Liquidation ändert an der Beaufsichtigung an sich nichts (§ 66). Daß nur private VU. hier in Frage kommen, ist in § 1 Anm. 1 dargelegt.

Nur solche deutsche V U. kommen für die Beaufsichtigung in Betracht, die zum Geschäftsbetrieb befugt sind. Gegenüber einer ohne Konzession arbeitenden VU. kommt § 108 zur Anwendung (aber nicht § 2). Außerdem kann die Polizeibehörde (nicht die Aufsichtsbehörde) den ungesetzlichen Betrieb verbieten. Zwang zur Einholung der Zulassung kann auch die Polizei nicht anwenden; sie kann nur die Abwendung der Betriebseinstellung durch Beibringung der Zulassung anheimgeben (PrOVG. in VA. **06** Anh. 75 Nr. 228). 2

II. Die **Abgrenzung** der Zuständigkeit zwischen **Reichs**- und **Landes**aufsicht richtet sich nach dem Geschäftsgebiet. Die Reichsaufsicht bildet die Regel. Ausnahmsweise findet Landesaufsicht statt, wenn sich der Geschäftsbetrieb auf das Gebiet eines Bundesstaates beschränkt. Darüber, ob diese Beschränkung vorliegt, geben die Satzungen oder die sonstigen Geschäftsunterlagen, d. h. der gesamte für den befugten Geschäftsbetrieb maßgebende Geschäftsplan Aufschluß (nicht die tatsächliche Einschränkung des Betriebs; VA. **03**, 107; RGSt. **39**, 377). Für die Frage, ob eine VU. über einen Bundesstaat hinausgehen will und hinausgeht, kommt es darauf an, ob die V.nehmer zur Zeit des Vertragsschlusses in einem anderen Bundesstaat wohnen oder Aufenthalt zur Zeit des Vertragsschlusses haben; nachträgliches Ver- 3 ziehen Versicherter in einen anderen Bundesstaat als den, für welchen die Zulassung nachgesucht oder erteilt ist, hat keine Bedeutung (vgl. VA. **03**, 107). Daß die Mitglieder einer Fabrik-, Invaliden- oder Witwenkasse in verschiedenen Bundesstaaten wohnen, ist unerheblich, wenn ein gemeinsamer Beschäftigungsort (die Fabrik) besteht — mögen sie auch nach Austritt aus dem Fabrikdienst noch Mitglieder bleiben können (VA. **03**, 31 Nr. 11). Dasselbe gilt, wenn die Mitglieder eines Haftpflichtversicherungsvereins der Hausbesitzer in verschiedenen Bundesstaaten wohnen, ihre Grundstücke aber nur in einem Bundesstaate liegen; letzterer Umstand entscheidet (VA. **03**, 32 Nr. 12). Ebenso unterliegt eine Schlachtviehv. nur der Landesaufsicht, wenn nur das im Schlachthof ihres Sitzes geschlachtete Vieh versichert wird, die Gefahr des Transports von oder nach einem anderen Staat aber nicht mitversichert ist; hier wird, wie in den anderen Fällen, die V. nur an einem Orte betrieben (VA. **05**, 100 Nr. 30). Es kommt also darauf an, ob das Hinübergreifen über die Landesgrenze wegen des engen wirtschaftlichen Zusammenhangs mit dem Gebiet, von welchem das Hinübergreifen ausgeht, materiell doch nicht als eine Ausdehnung auf einen andern Bundesstaat anzusehen ist (VA. **09**, 192). Entfaltet eine in einem Bundesstaat zugelassene VU. in einem anderen Staate eine Anwerbetätigkeit — sei es auch nur im Korrespondenzweg —, so betreibt sie das V.geschäft in mehreren Bundesstaaten (VA. **04**, 165). Dasselbe muß gelten, wenn eine solche VU. ihren Betrieb auf das Ausland ausdehnt (VA. **02**, 8). Eine Ueberschreitung des konzessionierten Betriebes hat ein Einschreiten der Landesbehörde zur Folge; nicht aber steht das VU. nun ohne weiteres unter Reichsaufsicht. Ist eine VU. nur für einen Teil des deutschen Reichs zugelassen, so darf über diesen Teil auch nicht durch Anwerben im Korrespondenzweg hinausgegangen werden (VA. **06**, 112). Jedes Ueberschreiten des Zulassungsgebiets zieht, wenn

Reichsaufsicht besteht, Einschreiten gemäß § 64 nach sich. Ein solches Ueberschreiten liegt nicht vor, wenn ein außerhalb des Zulassungsgebiets wohnender V.nehmer gelegentlich eines Aufenthalts im Zulassungsgebiet ohne vorangegangene Anwerbung abschließt (vgl. VA. **06**, 112). Beschränkt eine unter Reichsaufsicht stehende VU. ihren Betrieb auf einen Bundesstaat, so endet damit die Reichsaufsicht nicht von selbst; es bedarf einer Entscheidung des AA. über die Entlassung. Denkbar ist es, daß eine VU. mehrfacher Landesaufsicht und der Reichsaufsicht untersteht; dies ist der Fall, wenn mehrere Einzelvereine, die ihren Sitz in verschiedenen Bundesstaaten haben, sich zu einem größeren Verband der damit unter Reichsaufsicht tritt, ohne Verschmelzung zusammenschließen (VA. **07**, 90).

1. Die Reichsaufsicht wird durch das AA. **4**
nach §§ 70 ff. ausgeübt und zwar nach Maßgabe dieses Gesetzes (§ 1 Anm. 11). Die Landesregierungen haben auf die Reichsaufsicht keinen Einfluß. Sie können nur die Aufstellung eines Hauptbevollmächtigten der VU. für den Einzelstaat nach § 115 erzwingen und besondere Kommissare aus der Zahl der Landesbeamten nach § 71 ernennen lassen. Endlich steht den Einzelstaaten im Bundesrat bezüglich des Vorsitzenden und der ständigen Mitglieder des AA. das Vorschlagsrecht zu (§ 70 Abs. 2).

2. Die Landesaufsicht über private VU. ist **5**
durchaus der Regierung des nach Anm. 3 zuständigen Einzelstaates überlassen. Die Landesbehörden werden von der Regierung bestimmt, welche auch mehrere Aufsichtsbehörden mit räumlicher Abgrenzung aufstellen kann (RGSt. **40**, 296; PrOVG. **49**, 313). Diese Landesbehörden erteilen die nach §§ 4 ff. nötige Konzession und handhaben die Aufsicht nach Landesgesetzen (§ 125). In der Organisation und der Verfahrensordnung haben die Einzelstaaten volle Freiheit mit der Beschränkung, daß eine Rekursinstanz vorhanden sein muß (§ 84). Gewisse landesrechtliche Einrichtungen sind im § 121 besonders geschützt. Die Be-

wegungsfreiheit der Einzelstaaten findet ihre Grenze darin, daß die von ihnen geübte materielle Aufsicht sich nach dem VAG. richten muß, weil Reichsrecht dem Landesrecht vorgeht. Darüber, daß dies geschieht, sorgt Art. 4 Nr. 1 der Reichsverfassung, der die Beaufsichtigung des V.wesens dem Reich unterstellt. Uebergangsbestimmungen s. §§ 92 ff.

Die aufsichtsführenden Landesbehörden und Rekursinstanzen sind durch Bekanntm. des Reichsk. vom 29. Mai 02 bekanntgegeben (RAnz. Nr. 128; VA. **02**, 179). Aufsichtsbehörden sind danach für die VU., die in dem betr. Bezirk ihren Sitz haben: Preußen: RegPräs., für Berlin Polizeipräs., Oberverwaltungsgericht, KVO. 30. 6. 01 GS. 141. Bayern: KreisregKammer d. J., Verwaltungsgerichtshof, AG. z. PrVG. 20. 12. 01 G. u. VOBl. 733. Sachsen: Kreishauptmannschaft, Oberverwaltungsgericht, MinVO. 29. 6. 01 G. u. VOBl. 92 u. 169. Württemberg: Oberamt, Kreisregierung, wenn der Betrieb über den OAbezirk hinausgeht, Verwaltungsgerichtshof, MinVO. 27. 6. 01 RegBl. 154. Baden: Ministerium d. Inn., Verwaltungsgerichtshof, Landesherrl. VO. 28. 6. 01 G. u. VOBl. 449. Mecklenburg-Schwerin: Großh. Gewerbekommission, Ministerium d. Inn., Landesherrl. VO. 17. 7. 01 RegBl. 271. Sachsen-Weimar: Direktor des Verwaltungsbezirks, Bezirksausschuß, MinVO. 28. 8. 01 RegBl. 215. Oldenburg: für das Herzogtum das Staatsministerium, Dep. d. Inn., für die Fürstentümer Lübeck und Birkenfeld die Regierungen, Staatsministerium, Dep. d. Inn., Abt. f. Gewerbesachen, Landesherrl. VO. 27. 6. 01 GBl. 103. Braunschweig: Kreisdirektion, für Braunschweig Polizeidirektion, Verwaltungsgerichtshof, Landesherrl. VO. 16. 2. 03 G. u. VOBl. 13. Sachsen-Meiningen: Staatsministerium, Abt. d. Inn., Oberverwaltungsgericht, Landesherrl. VO. 16. 6. 01 Samml. d. landesh. VO. 97. Sachsen-Altenburg:

Die Landratsämter und der Stadtrat Altenburg je für ihre Bezirke, Ministerium, Abt. d. Inn., landesh. VO. 6. 7. 01 GS. 110. Sachsen-Coburg-Gotha: Ministerial-Abt. zu Coburg und die Ministerial-Abt. Dep. f. innere Verwaltung zu Gotha je nach dem Sitz der VU. in dem einen oder anderen Herzogtum, Verwaltungsgerichtshof, MinVO. 9. 9. 01 GS. 142. Anhalt: Herzogl. Regierung, Abt. d. Inn., Landesverwaltungsgericht, Landesherrl. VO. 3. 6. 01 GS. 201. Schwarzburg-Sondershausen: Ministerium, Abt. d. Inn., Gesamtministerium, MinVO. 21. 6. 01 GS. 168. Schwarzburg-Rudolstadt: Die Landratsämter, Rekurskollegium f. Gewerbesachen, MinVO. 16. 8. 01 GS. 115. Waldeck: Die Kreisamtmänner, Landesdirektorium in Arolsen, Bekanntm. d. Landesdirektors 5. 7. 01 RegBl. 45. Reuß ä. L.: Landratsamt in Greiz, Fürstl. Landesregierung, VO. der Landesregierung 20. 7. 01 GS. 87. Reuß j. L.: Ministerium Abt. d. Inn., Fürstl. Gesamtministerium, MinVO. 4. 12. 01 GS. 301. Lübeck: Das Stadt- und Landamt, Die Rekursbehörde in Gewerbesachen, Bekanntm. des Senats 19. 6. 01 u. 3. 8. 01 G. u. VOS. 66 u. 78. Hamburg: Für die Stadt und die Gebietsteile der Landherrenschaften der Marschlande, in welchen die Landgemeindeordnung keine Geltung hat, die Behörde für V.wesen, für die Landherrschaft Ritzebüttel der Amtsverwalter, für die übrigen Gebiete die betreffend. Landherrenschaften, Der Senat, Bekanntm. d. Sen. 28. 6. 01 u. 7. 10. 01 GS. I 84 u. 121. Elsaß-Lothringen: Die Bezirkspräsidenten, Der Kaiserliche Rat, VO. des Statth. 20. 6. 01 Zentral- u. Bezirks-Amtsblatt 235. Hessen und Bremen haben die Aufsicht nach § 3 dem Reich übertragen (VO. 3. 2. 02, RGBl. 43); desgl. Schaumburg-Lippe (VO. 16. 11. 02, RGBl. 279), Mecklenburg-Strelitz und Lippe (VO. 13. 12. 04, RGBl. 449). Bremen hat die Aufsicht zurückerlangt (VO. 4. 12. 07, RGBl. 772).

§ 3. Die Beaufsichtigung von Versicherungsunternehmungen, deren Geschäftsbetrieb auf das Gebiet eines Bundesstaats beschränkt ist, kann auf Antrag dieses Bundesstaats mit Zustimmung des Bundesrats durch Kaiserliche Verordnung der Reichsbehörde übertragen werden.

Im Einvernehmen mit den beteiligten Landesregierungen kann der Reichskanzler bestimmen, daß Unternehmungen, deren Geschäftsbetrieb sich zwar über das Gebiet eines Bundesstaats hinaus erstreckt, aber sachlich, örtlich oder hinsichtlich des Personenkreises eng begrenzt ist, durch die Landesbehörde desjenigen Bundesstaats beaufsichtigt werden, in dessen Gebiete sie ihren Sitz haben.

1 Es werden hier zwei Abweichungen von der in § 2 aufgestellten Regel, daß auf einen Bundesstaat beschränkte Anstalten der Landesaufsicht, Anstalten mit weitergehendem Betrieb aber der Reichsaufsicht unterstehen, möglich gemacht und zwar in Abs. 1 in zentralisierendem, in Abs. 2 in dezentralisierendem Sinn.

2 Es können in den größeren Bundesstaaten Anstalten von solcher Bedeutung bestehen, daß es angezeigt erscheinen mag, an Stelle der Beaufsichtigung durch den Bundesstaat, auf dessen Gebiet sich der Geschäftskreis der einzelnen Anstalt beschränkt, die Reichsaufsicht durch die mit weiterem Ueberblick ausgestattete Zentralbehörde zu setzen. Es kann auch in einem Bundesstaat das Bedürfnis bestehen, die Aufsicht über alle seine kleinen Anstalten dem Reich zu übertragen. Damit diese Zentralisation vor sich gehe, bedarf es der Zustimmung des Bundesrats zum Antrag des Einzelstaates und kaiserlicher Verordnung. So haben Hessen, Bremen, Schaumburg-Lippe, Mecklen-

burg-Strelitz und Lippe die Aufsicht über alle VU. dem Reiche übertragen (§ 2 Anm. 5). Dieselben Formen sind einzuhalten, wenn der frühere Zustand wieder hergestellt werden soll. So hat Bremen die Landesaufsicht zurückerlangt (§ 2 Anm. 5).

Einfacher ist das Verfahren, wenn entgegen der 3
Regel des § 2 überwiegende Interessen darauf hinweisen, die Aufsicht über eine Anstalt, deren Wirkungskreis sich nach dem Geschäftsplan (§ 2 Anm. 3) weiter als über einen Bundesstaat erstreckt, dem Reich abzunehmen und auf einen Bundesstaat zu übertragen. Es genügt zu einer solchen Maßregel das Einvernehmen der beteiligten Einzelstaaten und die hinzutretende Zustimmung des Reichskanzlers, welcher bei den Einzelstaaten auch die Initiative ergreifen kann. Die Uebertragung kann nicht auf jeden der beteiligten Staaten, sondern nur auf den geschehen, in dessen Gebiet die Unternehmung ihren Sitz hat. Der Sitz einer Unternehmung wird regelmäßig aus den Satzungen hervorgehen; andernfalls ist der Sitz dort, wo sich der Mittelpunkt der Verwaltung befindet (§§ 24, 57, 64 vgl. mit § 7 BGB,. § 17 ZPO., §§ 182 Abs. 2 Nr. 1, 198 Abs. 1, 320 Abs. 3 HGB. ROHG. **21**, 36; RG. **30**, 350, **38**, 20). Voraussetzung ist ferner eine gewisse enge Begrenzung des Unternehmens; sei es, daß das Unternehmen sich sachlich auf geringe Gefahren beschränkt, oder daß es nur wenig über die Grenzen des Bundesstaats hinausreicht und ein nachbarlicher Zusammenhang besteht (wie bei Versorgungskassen von Eisenbahnbeamten), sei es, daß das Unternehmen nur mit bestimmten engeren Berufskreisen arbeitet. Diese Voraussetzungen sind streng auszulegen, damit nicht volkswirtschaftliche Interessen, welche alle auf einheitliche Rechtsaufsicht hinweisen, gefährdet werden (VA. **03**, 108). Das Ermessen des Reichskanzlers gibt an letzter Stelle den Ausschlag. Will eine Anstalt, deren Beaufsichtigung nach Abs. 2 dem Bundesstaat ihres Sitzes übertragen worden ist, ihren Wirkungs-

kreis über das Gebiet eines Bundesstaats ausdehnen, welcher zur Zeit der Anwendung des Abs. 2 des § 3 noch nicht in Betracht kommen konnte, oder in das Ausland sich ausdehnen, so liegt darin eine Aenderung des Geschäftsplans. Die dazu nach § 13 erforderliche Genehmigung ist durch § 2 dem AA. (§§ 70, 73 Abs. 1 Nr. 2) vorbehalten (VA. **03**, 108). Damit bei der alsdann vorhandenen neuen Lage die Landesbehörde des Sitzes der Unternehmung die laufende Aufsicht ausüben kann, bedarf es neuerdings der Erfüllung der in § 3 Abs. 2 gegebenen Voraussetzungen. In allen anderen Fällen kann die einem Bundesstaat einmal nach Abs. 2 übertragene Aufsicht nur auf demselben Wege wieder entzogen werden, auf dem sie übertragen worden. Uebergangsvorschriften §§ 92, 93, 96, 97.

II. Zulassung zum Geschäftsbetrieb.

Das Gesetz beruht auf dem Prinzip der materiellen Staatsaufsicht mit Konzessionspflicht, wie dies schon in der Einleitung entwickelt ist. Betrieb ohne Erlaubnis macht strafbar (§ 2 Anm. 2). Die Konzessionierung soll vor allem unsolide Gründungen verhüten. Zu diesem Zweck bedarf es schon bei der Errichtung einer staatlichen Prüfung der Vertrauenswürdigkeit und der Unterlagen, auf welche hin der Betrieb begonnen werden soll. Deshalb müssen der Aufsichtsbehörde vor der Zulassung die technischen und finanziellen Verhältnisse der Unternehmung aufgedeckt werden. In den §§ 4—14 sind der Aufsichtsbehörde die leitenden Grundsätze an die Hand gegeben. Innerhalb derselben ist soviel Raum gelassen, daß die Weiterentwicklung des V.wesens gewährleistet erscheint. In den §§ 9 u. 10 insbesondere wird Schutz gegen listige Vertragsklauseln gewährt. Die §§ 11 u. 12 schaffen Gewähr für die technisch-mathematische Grundlage des Betriebs, insbesondere für die Prämientarife und gegen übertriebene Zillmerei, und die §§ 13 u. 14 dagegen, daß der ursprüngliche Geschäftsplan mit der Zeit einen anderen Inhalt bekomme oder das Unternehmen sich auf veränderter, gefahrdrohender Grundlage bewege.

§ 4. Versicherungsunternehmungen bedürfen zum Geschäftsbetriebe der Erlaubnis der Aufsichtsbehörde.

Mit dem Antrag auf Erteilung der Erlaubnis ist der Geschäftsplan einzureichen, welcher den Zweck und die Einrichtung des Unternehmens, das räumliche Gebiet des beabsichtigten Geschäftsbetriebs sowie namentlich auch diejenigen Verhältnisse klarzulegen hat, aus denen sich die dauernde Erfüllbarkeit der künftigen Verpflichtungen des Unternehmens ergeben soll.

Als Bestandteile des Geschäftsplans sind insbesondere einzureichen:

1. der Gesellschaftsvertrag oder die Satzung, sofern die Unternehmung auf solchen beruht,
2. die allgemeinen Versicherungsbedingungen und die technischen Geschäftsunterlagen, soweit solche nach der Art der zu betreibenden Versicherungen erforderlich sind.

1. **Zuständige Behörde** ist nach § 2 das AA., 1
wenn nach dem Geschäftsplan der Betrieb über das Gebiet eines Bundesstaats hinausgeht. Andernfalls sind die Behörden des betr. Bundesstaates ausschließlich zur Erteilung der Zulassung berufen; vgl. jedoch § 3. Uebergangsbestimmungen §§ 92 ff.

2 2. Der **Geschäftsplan** muß die V.geschäfte, deren Betrieb beabsichtigt ist, die V.zweige und V.arten, etwa nebenher zu betreibende Geschäfte angeben und die Tatsachen enthalten, welche zu einer vollständigen Beurteilung der rechtlichen und wirtschaftlichen Seite des Unternehmens hinführen und nötig sind. Dazu gehört auch die Bezeichnung des Geschäftsgebiets, einmal von dem Gesichtspunkt der Zuständigkeitsregelung aus (oben Anm. 1), und sodann mit Rücksicht auf die nach der Ausdehnung des Gebiets sich richtende Fundierung.

In den Geschäftsplan gehört ferner die Angabe der finanziellen Geschäftsunterlagen. Zu den letzteren zählt je nach den Umständen die Angabe des Gründungskapitals, der Beiträge der von der Unternehmung an die Versicherten zu machenden Leistungen, der Zuschüsse aus öffentlichen Kassen, der vorgesehenen Reserven (§§ 11, 56), der Grundsätze für die Dividendenverteilung (**VA. 07**, 120; **10**, 125) u. dgl. Insbesondere bilden, wie unter den Ziffern 1 u. 2 des Abs. 3 hervorgehoben ist, die Verfassung, die allgemeinen V.bedingungen, die Prämientarife bei der Lebensv. und den derselben gleichgestellten V. (§§ 11, 12), nicht aber bei der Schadensv. (**VA. 03**, 108), die Einteilung in Altersklassen, die Wahrscheinlichkeitstabellen und anderen technischen Geschäftsunterlagen wesentliche Bestandteile des vorzulegenden Geschäftsplans. Die Antrags- und Policenformulare, Prospekte, Agentenanweisungen, Beamtenverträge, Rückversicherungsverträge, Anordnungen für den inneren Betrieb gehören nicht zum Geschäftsplan (vgl. **VA. 03**, 98); sie sind aber ebenso wie die Prämientarife der Sachv. zur Nachprüfung vorzulegen (vgl. VA. **03**, 108; **08**, 15 u. 90). Das Gesetz verbindet mit dem Ausdruck „Geschäftsplan" überall, wo er sich wiederholt, den hier umschriebenen Begriff. Der Geschäftsplan muß so erschöpfend sein, daß die Aufsichtsbehörde sich daraus die Ueberzeugung zu bilden vermag, ob eine gedeihliche, solide Entwicklung und die dauernde Erfüllbarkeit der künftigen Verbindlichkeiten zu erwarten ist. Der Geschäftsplan setzt sich hiernach aus einer Reihe von Urkunden zusammen. Eine Aenderung des Geschäftsplans bedarf besonderer Genehmigung (§ 13). Wissentlich falsche Angaben stehen unter Strafe (§ 105). Zur Zeit des Inkrafttretens des Gesetzes bereits zugelassene Gesellschaften usw. §§ 92, 98.

a) Satzung und Gesellschaftsvertrag, 3
sofern die VU. auf solchen beruht, sofern also eine VU. gesellschaftlicher Art (§§ 6, 8, 17) in Frage steht, bilden einen Bestandteil des Geschäftsplans. Sie stellen die Verfassung dar, die die Erfüllung sowohl der bürgerlichrechtlichen Vorschriften als auch der Vorschriften des VAG. nachweisen muß. Das AA. hat Mustersatzungen für große und kleinere Vieh-VV. mit allg. V.bedingungen in VA. **09**, 31 u. 55 (vgl. VA. **06**, 1 und **03**, 37 u. 45 und **07**, 45), für Schlachtvieh-VV. in VA. **09**, 66 (vgl. VA. **04**, 124) und für kleinere Kasko-VV. in VA. **04**, 1 u. 89 bekanntgegeben (vgl. VA. **06**, 61). Der preuß. Minister d. Inn. hat Mustersatzungen für Sterbekassen (gedruckt bei E. S. Mittler & Sohn, Berlin) ausgearbeitet (v. Knebel-Döberitz u. Broeker, das Sterbekassenwesen in Preußen, **02**, 17). Ueber Normalstatuten der Sterbekassen von Kriegervereinen s. § 1 Anm. 10. Soweit Einzelunternehmungen in Frage kommen, ist natürlich von Satzung oder Gesellschaftsvertrag keine Rede.

b) Die allgemeinen Versicherungs- 4
bedingungen gehören gleichfalls zum Geschäftsplan. „Allgemein" sind sie im Gegensatz zu den besonderen Bedingungen, welche dem individuellen Charakter des einzelnen V.vertrags Rechnung tragen. Sie haben meist typische Fassung, weil sie gleichmäßig für alle V. der einzelnen VU. gesetzt, daher bei VV. a. G. regelmäßig in die Satzungen aufgenommen (§ 9 Abs. 2), jedem Formular eines V.antrags beigedruckt oder doch in dem Formular in Bezug genommen und dem V.nehmer

fertig vorgelegt werden. „Allgemein“ sind sie auch insofern, als sie auf Grund des Systems der großen Zahlen (§ 1 Anm. 4) und der damit gewährleisteten Gefahrengleichheit ausgearbeitet sind. Der V.nehmer ist, von wenigen V.zweigen abgesehen, meist nicht im Besitz der nötigen Macht gegenüber den großen V.verbänden und nicht im Besitz der nötigen Kenntnisse, um dem Versicherer seine besonderen Bedingungen vorzuschreiben. Das Gesetz macht daher die allgemeinen V.bedingungen zu einem Teil des zu prüfenden Geschäftsplans, um durch die Fürsorge der Aufsichtsbehörde den schwachen V.nehmer gegen Ausbeutung zu schützen. Das VVG. ferner hat die Vertragsfreiheit durch Aufstellung zwingender Rechtssätze eingeschränkt. Aber auch soweit das VVG. gewisse Bestimmungen zuläßt, ist die Aufsichtsbehörde doch nicht gehindert, in Anwendung der §§ 7 u. 13 die Entfernung von Fallstricken, unklaren oder schikanösen, die Ausbeutung des V.nehmers ermöglichenden Bedingungen zu erzwingen (OVG. Dresden in VA. **05** Anh. 46 Nr. 116; näheres über das Verhältnis des VVG. zum VAG. in dieser Beziehung Könige in LZ. **08**, 414). Von demselben Standpunkt aus schreibt § 9 vor, welche Punkte in den V.bedingungen klargestellt sein sollen, und § 10, daß die Bedingungen dem V.nehmer vor Vertragsschluß auszufolgen sind. Durch den Nachsatz des Abs. 3 Ziff. 2 ist die Aufsichtsbehörde ermächtigt, je nach der Eigenart des Betriebs, von der Vorlage abzusehen. Eine solche Nachsicht wird meist bei der Rückv. am Platze sein, weil der Rückversicherer regelmäßig die Bedingungen annehmen wird, die der Rückversicherte eingegangen hat. Bedient sich eine VU. keiner allg. Bedingungen, so kann sie auch keine vorlegen. Die Verhältnisse nötigen die größeren VU. mehr und mehr für einzelne V.zweige allgemeine Verbandsbedingungen aufzustellen. Für das Gebiet der Seev. bestehen so die Hamburger allgemeinen Seeversicherungsbedingungen von 1867 (Komment. v. Voigt-Seebohm) und die Bremer Seeversicherungsbedingungen von 1875. Der Verein für V.wissenschaft hat 1908/10 die V.bedingungen deutscher V.anstalten als Sammlung herausgegeben (I. Teil: Feuerv.; II. Teil: Lebensv., III. Teil: Transport-, Hagel-, Viehv., IV. Teil: Unfall- und Haftpflichtv. Doch werden diese Bedingungen noch verschiedene Aenderungen erfahren mit Rücksicht auf ihre Anpassung an das VVG. Ende 1910 läßt der gedachte Verein die neuen V.bedingungen für alle V.zweige erscheinen. Dem Verband deutscher Lebensv.-Gesellschaften sind Normativbedingungen für die Todesfallv. bereits genehmigt (VA. **09**, 92); ebenso die Bedingungen der Hagelv.-Aktiengesellschaften (VA. **09**, 156; **10**, 111), Mustersatzungen für größere (VA. **09**, 31) und kleinere Viehv.-Vereine (VA. **09**, 55), für die kleineren Kasko-VV. a. G. (VA. **09**, 244), für Schlachtviehv.-Vereine (VA. **09**, 66); allg. Bedingungen für die Vieh-Lebensv. (VA. **09**, 39). Ueber die allgemeinen Bedingungen der dem Unfallv.-Verband angehörigen Gesellschaften für die Einzelunfallv. und für die Haftpflichtv. s. VA. **04**, 92; **10**, 109; für die Kollektivunfallv. (VA. **10**, 110) und die lebenslängliche Eisenbahn- und Dampfschiffunglücksv. (VA. **10**, 110); s. a. Kommentar v. Gerhard 731 u. 621; ebenda die allg. V.bedingungen von 1905 betr. die Haftpflicht von Handel- und Gewerbetreibenden, welche keiner Berufsgenossenschaft angehören. Ein Beispiel allgemeiner V.bedingungen für Feuerv. nebst Zusatzbedingungen für Landwirtschaft s. VA. **09**, 266; dazu VA. **10**, 79, wonach noch andere V.bedingungen genehmigt sind.

c) U n t e r t e c h n i s c h e n G e s c h ä f t s u n t e r - **5**
l a g e n, die gleichfalls einen Teil des Geschäftsplans bilden (Abs. 3 Ziff. 2), sind zunächst die mathematisch-technischen Grundlagen zu verstehen, auf denen der V.betrieb beruhen soll. Hierher gehören bei der Lebens-, Kranken- und Unfallv. (§§ 11, 12) die Prämientarife, der den Berechnungen zugrunde zu legende Zinsfuß,

die Wahrscheinlichkeitstafeln, die Berechnung des Prämienreservefonds, insbesondere für erhöhte Risikos bei Berechnung einer besonderen Reserve, die Rechnungsgrundsätze für Unfallrenten und für V. mit Prämienrückgewähr. Zu den technischen Geschäftsunterlagen gehören ferner alle für den Bestand und die Sicherheit der VU. entscheidende Faktoren (Begr. 26). Die Vorlage ist nur nötig, soweit sie erforderlich ist, um der Aufsichtsbehörde Klarheit zu verschaffen. Deshalb gehören die Prämientarife bei der Sachv. nicht zu den erforderlichen Geschäftsunterlagen (VA. **03**, 108).

§ 5. Die Erteilung der Erlaubnis erfolgt unabhängig von dem Nachweis eines Bedürfnisses und, sofern nicht der Wirkungskreis des Unternehmens nach dem Geschäftsplan auf eine bestimmte Zeit oder auf ein kleineres Gebiet beschränkt ist, ohne Zeitbeschränkung beziehungsweise für den Umfang des Reichs.

1 1. **Die Zulassung** wird für die kleineren Anstalten, §§ 2, 3 Abs. 2, von der Landesbehörde und nach landesgesetzlichem Verfahren ausgesprochen (§ 84; vgl. §§ 92, 93, 96). Die Zulassung der größeren Anstalten erfolgt, soweit erforderlich (§ 1 Anm. 1), durch das AA. nach § 73 Abs. 2 Nr. 1.

Das Zulassungsverfahren ist in §§ 73 ff. geordnet. Die Zulassung darf nur nach Prüfung der formalen, rechtlichen, technischen und wirtschaftlichen Voraussetzungen stattfinden, die einen soliden Betrieb annehmen lassen. Diese Voraussetzungen sind durch Umschreibung der Versagungsgründe in § 7 aufgestellt. In § 5 wird vorausgeschickt, daß der Mangel eines Bedürfnisses kein Versagungsgrund bildet und danach nicht einmal gefragt werden darf. Sodann ordnet § 5 Inhalt und Wirkung erteilter Erlaubnis im Verhältnis zum Antrag auf Zulassung. Die Erlaubnis kann nur schriftlich erteilt werden, weil sie zuzustellen ist (RGSt. **39**, 378). Es gibt daher keine Zulassung in Form stillschweigender Duldung. Die Erlaubnis braucht nicht ausdrücklich erklärt zu werden; sie kann sich aus bestimmten Tatsachen folgeweise ergeben. Das ist wichtig für § 108.

2. Der **Antrag** auf Zulassung muß in gehöriger Form nach § 4 und zwar schriftlich gestellt werden. **2**
Ueber diesen Antrag muß, so wie er gestellt worden ist, auch erkannt werden (und zwar schriftlich; § 73). Es ist nicht zuzugeben, daß die Aufsichtsbehörde die sachliche Vorbescheidung eines formell nicht zu beanstandenden Antrags ablehnen dürfte, um dadurch den Antragsteller zur Stellung anderer Anträge oder zur Erfüllung nicht erzwingbarer, vielleicht wünschenswerter Maßnahmen mittelbar zu nötigen. Ein solches Verfahren widerspräche dem Begriffe des Rechtsstaates und würde auf Beseitigung des in §§ 73 ff. geordneten Rechtsmittelsystems hinauslaufen (hierüber Könige LZ. **08**, 340; a. M. das AA. in VA. **07**, 155).

3. **Inhalt und Wirkung** der erteilten Erlaubnis richtet sich nach Antrag und Geschäftsplan. **3**
Erstreckt sich nach dem Geschäftsplan (§ 4 Anm. 2) der Betrieb nur auf ein kleineres Gebiet als das Deutsche Reich oder auf eine bestimmte Zeit, so gilt die Erlaubnis entsprechend diesem Antrag in seiner Beschränkung erteilt. Ist in dem Geschäftsplan keine Grenze nach Zeit oder Raum angegeben, so ist die danach erteilte Erlaubnis zeitlich unbegrenzt und räumlich für das Reichsgebiet erteilt. Der Sinn des § 5 geht aber noch weiter; der § 5 kennt nämlich keine teilweise (nicht beantragte) Zulassung. Die Zulassung darf nicht auf Widerruf, nicht auflösend oder aufschiebend bedingt, nicht befristet und nicht auf einen Teil des Deutschen Reichs

oder nur auf das Ausland beschränkt werden. Die Zulassung darf also nicht nur vorläufig auf bestimmte oder unbestimmte Zeit, wenn es sich nicht etwa um vorübergehende Verhältnisse handelt, oder unter Vorbehalt ausgesprochen, auch nicht so erteilt werden, daß die Verbindung mit dem oder jenem Nebenbetrieb bis auf weiteres zugegeben, oder daß die Betriebseröffnung aufgeschoben, die Zulassung aber erklärt wird. Der Gesetzgeber hat mit voller Absicht so weitgehende Machtbefugnisse der Aufsichtsbehörde im Interesse der Existenzsicherheit der VU. abgelehnt, indem er das System dauernder Konzessionierung in zeitlicher, räumlicher und auch materieller Beziehung aufstellte und für Zweifelsfälle Sicherheitsleistung fordern ließ (§ 7 Abs. 2). Das Gesetz kennt nur die drei Möglichkeiten: Zulassung, Nichtzulassung, Zulassung gegen Kaution. Die Aufsichtsbehörde kann daher nicht den Betrieb einstweilen zulassen, um sich über die endgültige Erlaubniserteilung erst schlüssig zu machen, wenn der Betrieb dem Geschäftsplan entspricht. Durch diesen Standpunkt des Gesetzgebers ist die Aufsichtsbehörde nicht gehindert, eine Frist zur Ausführung der Unternehmung zu setzen oder gleichzeitig mit der unbedingten Erteilung der Erlaubnis bestimmte Bedingungen oder Auflagen der VU. aufzuerlegen. Das Gesetz enthält zwar nirgends eine den §§ 18, 27 GewO. ähnliche Bestimmung, daß die Erlaubnis unter Bedingungen erteilt werden darf. Allein die Stellung solcher Bedingungen im Sinne von Auflagen läßt sich vielfach gar nicht vermeiden, liegt im Interesse des Antragstellers, der sonst völlig zurückzuweisen wäre, steht prozessual einer Verweigerung der Zulassung gleich, wenn sich die VU. nicht unterwirft und eröffnet den Rekurs nach § 74. Diese Auflagen müssen ihre Begründung in dem VAG. haben. Die Aufsichtsbehörde darf nicht in die Zuständigkeit anderer Behörden eingreifen und nicht Auflagen machen, die nur diese zu treffen befugt sind. So kann es sich ergeben, daß über solche Auflagen nicht nur, wenn sie eine Aenderung der Fassung der Satzung oder des Gesellschaftsvertrages erheischen (§§ 39 Abs. 2, 123), erst noch eine Beschlußfassung der zuständigen Organe der VU. notwendig fällt. Das AA. in VA. **05**, 84 faßt hier die Rechtslage so auf, als sei die Zulassung der VU. durch den Nachweis der Erfüllung dieser Bedingungen bedingt; es habe nun das AA. nicht mehr im Wege eines förmlichen Erkenntnisses, sondern im Verfügungsweg über die Erfüllung der Bedingung zu befinden, so daß nun das AA. durch Verfügung bestimme, ob die Erlaubnis erteilt ist oder nicht. Diese Auffassung widerspricht dem Grundsatze, daß aus der Konzessionsurkunde und deren Unterlagen eine zuverlässige Ermittlung des Inhalts der Konzession sich ergeben muß. Die Bedingungen sind eben keine Bedingungen im privatrechtlichen Sinne, etwa Resolutivbedingungen, sondern öffentlich-rechtliche Auflagen, deren Nichtbefolgung Einschreiten nach §§ 64, 67 nach sich zieht. Die Ansicht des AA. hätte zur Voraussetzung, daß die Zulassung unter einer Resolutivbedingung erteilt, das AA. ohne die Voraussetzungen der §§ 64, 67 die Konzession zurücknehmen könnte. Daher kann die Aufsichtsbehörde die Zulassung nicht davon abhängig machen, daß der Registerrichter, falls die Zulassung ausgesprochen werden sollte, die Eintragung auch wirklich vornehme, und daß darüber eine Bescheinigung beizubringen sei (Sächs. OVG. in VA. **03**, 131; vgl. Staub § 195 Anm. 14). Die Konzessionsurkunde wird durch die Entscheidung nach § 73 dargestellt, welche in Rechtskraft übergeht. Auf ihr beruht die Anwendung der §§ 64, 67. Es widerspricht dem Rechtsmittelsystem, eine Erlaubnis dadurch zu bedingen, daß die Aufsichtsbehörde nun erst nachträglich nach ihrem Ermessen zu befinden hätte, ob es die bedingte Erlaubnis als eine endgültige ansehen will oder nicht. Die gemachten Auflagen müssen auch in der Entscheidung über die Zulassung genau bestimmt sein. Ist diese Bestimmtheit noch nicht möglich, so darf eine Erlaubnis nicht einmal bedingt erteilt werden. Wohl aber wird die Aufsichtsbehörde das Inkrafttreten der Konzession von Erfüllung gewisser Auflagen abhängig machen können, so daß ein Betrieb vorher nicht stattfindet. Aus dem Gesagten folgt auch, daß die Zulassung nicht unter dem Vorbehalt weiterer Bedingungen, falls sie sich als erforderlich erweisen sollten, erteilt werden kann, wenn diese Bedingungen nicht einen bestimmten Fall im voraus genau angeben.

4 Die Wirkung erteilter Zulassung insbesondere äußert sich in der Unwiderruflichkeit und Unabänderlichkeit. Es kann die einmal erteilte Zulassung nur im besonders geordneten Entziehungsverfahren rückgängig gemacht werden (§§ 67, 73 Abs. 1 Ziff. 7). Auch muß dieses Verfahren eingehalten werden, wenn die VU. durch unwahre Angaben die Zulassung erschlichen haben sollte. Ließen sich zur Zeit der Vorbescheidung des Antrags auf Zulassung die Verhältnisse übersehen, so ist eine nachträgliche Aenderung, Ergänzung oder Erläuterung der Zulassungsbedingungen nicht zulässig. Das muß auch gelten, wenn es sich um nicht vorausgesehene, also übersehene Umstände oder um eine Verheimlichung seitens der VU. handelt. In solchen Fällen bleibt nur der Weg der Konzessionsentziehung (§ 67), wenn sich die VU. nicht fügt. Vermag die Aufsichtsbehörde ausnahmsweise keine Sicherheit zu gewinnen, ob die etwa zu setzenden Bedingungen ausreichen, so wird dagegen nichts zu erinnern sein, daß in der Erteilung der Zulassung für bestimmt zu bezeichnende Möglichkeiten eine nachträgliche Aenderung oder Ergänzung der Bedingungen nach bestimmter Richtung vorbehalten werde. Gegen einen solchen Vorbehalt steht der Rekursweg offen, weil er eine Versagung enthält (§ 74). Fehlt es an einem solchen Vorbehalt in der Zulassungsurkunde, so ist eine nachträgliche Aenderung nicht statthaft.

Dies alles ergibt sich aus der Rechtskraft der Entscheidung (näheres über Rechtskraft s. zu § 73; vgl. Begr. 30).

Die erfolgte Zulassung bewirkt ferner, daß jede nachträgliche Aenderung des Geschäftsplans erneuter Genehmigung bedarf (hierüber § 13), und daß von der Zulassung an dauernde Beaufsichtigung der VU. nach § 1 Anm. 11 eintritt. 5

4. **Geschäftsbetrieb ohne Erlaubnis** zieht Bestrafung nach § 108 nach sich. Die Aufsichtsbehörde kann nicht einschreiten, weil ihrer Aufsicht nur zugelassene VU. unterstehen (§ 1 Anm. 11, § 2 Anm. 2, § 64 Anm. 1). Nur die Polizei kann den unerlaubten Betrieb einstellen. Die ohne Erlaubnis und die entgegen dem Umfang und der Art der erteilten Erlaubnis abgeschlossenen Geschäfte sind privatrechtlich gültig; der § 134 BGB. trifft nicht zu, weil es sich nur um Verletzung gewerbepolizeilicher Vorschriften handelt (KG. in VA. **06** Anh. 38; RG. **1**, 115; RG. in PrJMBl. **82**, 2; OLG. Karlsruhe DJZ. **03**, 58; die entgegengesetzte Entscheidung des OLG. Hamburg, LZ. **08**, 250 Nr. 8, beruht auf altem braunschw. Recht). Es gilt hier dasselbe wie bei einem Geschäftsbeginn trotz Versagung und bei Konzessionsentziehung (§ 67 Anm. 4). Ueber den Abschluß von V.verträgen durch nicht zugelassene ausländische VU. s. § 85 Anm. 4. 6

5. **Uebergangsvorschriften** für bestehende VU. s. §§ 92 ff., hinsichtlich zeitlicher Beschränkung § 94, hinsichtlich widerruflicher Zulassung § 95. 7

§ 6. Die Erlaubnis darf Personenvereinigungen, welche die Versicherung ihrer Mitglieder nach dem Grundsatze der Gegenseitigkeit betreiben wollen, nur erteilt werden, wenn diese Vereinigungen in der Form von Versicherungsvereinen auf Gegenseitigkeit (§§ 15 bis 53) errichtet werden.

Zum Betriebe der verschiedenen Arten der Lebensversicherung sowie zum Betriebe der Unfall-, Haftpflicht-, Feuer- oder Hagelversicherung darf die Erlaubnis außer Versicherungsvereinen auf Gegenseitigkeit nur an Aktiengesellschaften erteilt werden.

Als Lebensversicherung im Sinne dieses Gesetzes gilt auch die Invaliditäts-, Alters-, Witwen-, Waisen-, Aussteuer- und Militärdienstversicherung, gleichviel ob auf Kapital oder Renten.

1 Die Unternehmungsformen, in denen künftig neue VU. errichtet werden dürfen, bestimmt § 6 in Abs. 1 nach der Rechtsform des VU. (Anm. 2) und in Abs. 2 u. 3 nach dieser und den V.zweigen (Anm. 3). Hinsichtlich der in Abs. 2 u. 3 nicht aufgezählten V.zweige ist jede Unternehmungsform zulässig (Anm. 4). Bereits bestehende VU. werden durch diese Beschränkungen des § 6 nicht berührt (Anm. 6).

2 Zum Betrieb gegenseitiger V. dürfen VU. nur in Form der vom Gesetz in §§ 15—53 besonders geordneten VV. a. G. neu zugelassen werden (Abs. 1). Es müssen also Personenvereinigungen sein, welche die V. ihrer Mitglieder (nach dem Grundsatze der Gegenseitigkeit also) so betreiben wollen, daß jeder Versicherte zugleich Versicherer, d. h. an den durch seine eigene V. und durch die V. der übrigen Mitglieder bedingten Verbindlichkeiten und Lasten zugleich beteiligt ist (Vorbem. vor § 15). Das Gesetz kennt zwei Formen solcher VV. a. G.; nämlich die großen eintragungspflichtigen Vereine (§ 15) und die kleineren, nicht eintragungspflichtigen Vereine (§53). Letztere sind als Vereine mit engem Wirkungskreis gedacht, wie dies zu § 53 Anm. 1 ausgeführt ist. Ihnen sind besondere Erleichterungen gewährt. Von diesen kleineren VV. a. G. unterscheiden sich noch die ganz

kleinen Vereine in § 1 Anm. 8 und 10, d. h. Verbände, welche zwar nach dem Grundsatz der Gegenseitigkeit Schäden auf ihre Mitglieder umlegen, aber eine geschlossene Mitgliederzahl haben, zu größerem Betrieb nicht vorschreiten wollen, also nicht V.geschäfte betreiben und daher keiner Erlaubnis bedürfen.

Durch dieses den VV. a. G. geschaffene Monopol sind vom Betrieb von V.geschäften auf Gegenseitigkeit die eingetragenen Genossenschaften (vgl. RG. **11**, 179) ebensowohl ausgeschlossen, wie Vereine mit und ohne Rechtsfähigkeit und Gesellschaften des bürgerlichen und des Handelsrechts.

Nur VV. a. G. und Aktiengesellschaften dürfen zum Betrieb der Lebensv. neu zugelassen werden (Abs. 2). Denn nur diese Unternehmungsformen bieten nach dem Ausspruch des Gesetzes die nötigen Garantien. Jede andere Unternehmerform ist damit vom Betrieb ausgeschlossen. Der Begriff einer Lebensv. ist im weitesten Sinne zu nehmen, so daß unter diesen Begriff alle Arten der Lebensv. fallen, wie sie die §§ 159 ff. VVG. im Auge haben; also sowohl die V. auf den Todesfall und für den Lebensfall, die Ueberlebens-, die Risiko-, die Renten- und Tantiemenv. (VA. **03**, 103 u. 119), die große und die kleine Lebensv., die Kinderv. Ausdrücklich ist als Lebensv. nach Abs. 3 die Invaliditäts-, Alters-, Witwen-, Waisen-, Aussteuer- und Militärdienstv. (mögen diese V. auf Kapital oder Rente gehen, vgl. § 11 Abs. 2) anzusehen, weil der Betrieb nach denselben Grundsätzen wie bei der Lebensv. stattfindet. Hierher gehört auch ein Verein, der gegen Leistungen seiner Mitglieder nach deren Tod den Kindern einen Anspruch auf Erziehungsgelder gewährt (PrOVG. **45**, 347). Auch der Betrieb der Unfallv. (§ 179 VVG.), Haftpflichtv. (§ 149 VVG., vgl. VA. **08**, 85), Feuerv. (§ 81 VVG.) und Hagelv. (§ 108 VVG.) ist den VV. a. G. und den Aktiengesellschaften vorbehalten. Die der Lebensv. vielfach (§§ 12, 63, 99) gleichgestellte Krankenv. 3

gehört nicht unter das Monopol; schließt sich an die Krankenv. aber eine V. für dauernde Erwerbsunfähigkeit an, so ist sie Invaliditätsv.

4 In jeder Unternehmungsform können nur die in Anm. 3 nicht aufgeführten V.zweige betrieben werden. Es kann also die Viehv. (Schlachtvieh- u. Trichinenv.), die Kredit- und Diebstahlv. usw. sowohl als Einzelunternehmung, wie in Form einer Handelsgesellschaft oder einer Gesellschaft des bürgerlichen Rechts, einer Genossenschaft, einer Gesellschaft m. b. H. betrieben werden. Jedoch kann der Bundesrat für alle diese V.zweige anordnen, daß Neuzulassungen nur VV. a. G. oder Aktiengesellschaften erteilt werden dürfen (§ 117 Nr. 1). Andererseits darf der Bundesrat VU., die nicht von VV. a. G. oder Aktiengesellschaften betrieben werden müssen, von der Beobachtung einzelner Gesetzesbestimmungen nach Bedürfnis entbinden (§ 117 Nr. 2).

5 Nur für deutsche VU. gelten alle diese Beschränkungen. Für die Schutzgebiete gilt das VAG. nicht (§ 1 Anm. 2). Für ausländische VU. sind in den §§ 85 ff. besondere Bestimmungen aufgestellt.

6 Uebergangsbestimmungen für bestehende Genossenschaften und Vereine sind in den §§ 101—103, für die eingeschriebenen und landesrechtlichen Hilfskassen sowie für die Knappschaftskassen in den §§ 119, 122 gegeben. Im übrigen kommen für unter dem alten Recht bereits bestandene VU. die §§ 92 ff. zur Anwendung.

§ 7. Die Erlaubnis zum Geschäftsbetriebe darf nur versagt werden, wenn

1. **der Geschäftsplan gesetzlichen Vorschriften zuwiderläuft;**
2. **nach dem Geschäftsplane die Interessen der Versicherten nicht hinreichend gewahrt sind**

oder die dauernde Erfüllbarkeit der aus den Versicherungen sich ergebenden Verpflichtungen nicht genügend dargetan ist;

3. Tatsachen vorliegen, welche die Annahme rechtfertigen, daß ein den Gesetzen oder den guten Sitten entsprechender Geschäftsbetrieb nicht stattfinden wird.

Die Erlaubnis kann von der Stellung einer angemessenen Sicherheit abhängig gemacht werden, wobei deren Zweck und die Bedingungen für die Rückgabe festzustellen sind.

I. Die **Verweigerung** der Konzession kann ein ab- 1
lehnender Vorbescheid des Vorsitzenden des AA. vorausgehen, gegen welchen die Entscheidung des AA. innerhalb zweier Wochen anzurufen ist. Alsdann gibt das AA. in der in Abs. 1 des § 73 vorgeschriebenen Besetzung seine Entscheidung, die mit Gründen zu versehen ist. Die Beteiligten haben Anspruch auf mündliches Gehör. Gegen die Entscheidung des AA. findet in den Formen des § 75 der Rekurs an das verstärkte AA. als letzte Instanz statt. Die Verweigerung der Zulassung bedarf der Zustellung. Veröffentlicht wird sie nicht (§ 73 letzter Abs.). Betrieb trotz Versagung der Erlaubnis ist als konzessionsloser Betrieb strafbar (§ 5 Anm. 6). Die in § 7 festgelegten vier Gründe, aus denen allein die Zulassung versagt werden darf, sind nach den drei Gesichtspunkten der Verhütung gesetzwidriger Gründungen (Nr. 1), des Schutzes der Versicherten nach der rechtlichen, wirtschaftlichen und finanziellen Seite (Nr. 2) und des Schutzes der Interessen der Allgemeinheit (Nr. 3) geordnet. Ungeachtet aller Sorgfalt, welche auf eine genaue Fassung verwendet wurde, bleibt der Natur der Sache nach das meiste dem Rechts- und Billigkeitsgefühl der Aufsichts-

behörde anheimgegeben. So erklärt sich die bedingungsweise Zulassung in Form einer Kautionsforderung.

Eine bedingte Verweigerung der Zulassung kennt das Gesetz nicht; es ist hierwegen das im § 5 Anm. 3 f. über die bedingte Zulassung und die unbedingte Zulassung mit Auflagen zu wiederholen.

2 II. **Die einzelnen Versagungsgründe** lassen sich nicht immer scharf voneinander trennen, sondern gehen mehr oder weniger ineinander über. Dies ist namentlich der Fall, wenn die nach § 4 zu fordernden Angaben und Belege entweder überhaupt nicht oder so unvollständig und unklar gegeben werden, daß eine erschöpfende Beurteilung überhaupt nicht möglich ist. Im übrigen bieten die aufgezählten vier Versagungsgründe eine ausreichende Rechtsunterlage, um jede Willkür auszuschließen.

3 1. Der Geschäftsplan darf **gesetzlichen Vorschriften** nicht zuwiderlaufen. (Abs. 1 Nr. 1). Der im § 4 beschriebene Geschäftsplan ist also die Grundlage der Beurteilung. Dieser Geschäftsplan muß mit Gesetzen und Verordnungen sowie sonst zu Recht bestehenden Erlassen, Bekanntmachungen und Verfügungen im Einklang stehen. In erster Reihe ist hier an die Vorschriften des VAG. und dessen zwingende Vorschriften (Mußvorschriften) z. B. §§ 6, 11, 21 usw. gedacht. Die Einhaltung der Sollvorschriften des VAG. (z. B. die der §§ 8, 9, 11, 18, 20, 27) kann von der Aufsichtsbehörde je nach den Umständen des einzelnen Falles zwar nicht nach § 7 Nr. 1 wohl aber nach § 7 Nr. 2 bei der Entscheidung über die Zulassung verlangt werden (vgl. VA. **02**, 12). In zweiter Reihe hat § 7 Nr. 1 die zwingenden Vorschriften des VVG. im Auge. Nicht auf Grund der Nr. 1 wohl aber auf Grund der Nr. 2 des § 7 hat die Aufsichtsbehörde bei Erteilung der Erlaubnis darauf zu bestehen, daß die Dispositivvorschriften des VVG. hinter der Entwicklung des V.wesens nicht zurückbleiben, und daß die vom VVG. gewährte Vertragsfreiheit nicht entgegen Sinn und Geist

des § 7 Nr. 2 mißbraucht werde (OVG. Dresden, VA. **05** Anh. 46; Könige LZ. **08**, 418). Die Ansicht (VA. **03**, 89 u. 109), daß die Aufsichtsbehörde zwingende Vorschriften des VVG. noch verschärfen darf, läßt sich nicht ablehnen, wenn besondere Umstände eine solche Verschärfung dringend fordern. Die zwingenden Vorschriften des VVG. sind also nur das Mindestmaß dessen, was unter allen Umständen verlangt werden muß (Könige LZ. **08**, 414); jedoch bedarf es dann einer Begründung nach § 7 Nr. 2. Der Geschäftsplan darf auch nicht denjenigen Vorschriften des BGB. und der anderen Gesetze widersprechen, deren Einhaltung von Amts wegen zu fordern ist. Hierher gehören vor allem schikanöse (§ 226 BGB.) oder unsittliche Bedingungen (§ 138 BGB.); denn sie sind wegen Verstoßes gegen das Sittengesetz nichtig, wobei übrigens zugleich Nr. 2 u. 3 des § 7 anwendbar werden. Das AA. läßt (VA. **09**, 156) mit Recht eine besondere Regelung der Agentenstellung zu und ist mit Recht (VA. **09**, 158) von seiner Ansicht zurückgetreten, daß der Versicherte bei Verziehen ins Ausland nicht zur Angabe einer europäischen Adresse verpflichtet werden könne. Die dort noch angedeuteten Zweifel über die privatrechtliche Gültigkeit einer solchen V.bedingung dürften grundlos sein (vgl. LZ. **08**, 418 ff.).

2. Der Geschäftsplan muß die **Interessen der Versicherten** hinreichend wahren (Abs. 1 Nr. 2). Unter Versicherten ist hier sowohl der zu verstehen, der versichern soll, als auch der, zu dessen Gunsten die V. genommen werden soll, und der, auf dessen Leben die V. gestellt werden soll. Daß hier nur rechtliche Interessen gemeint seien, im Gegensatz zu materiellen Interessen des zweiten Halbsatzes der Nr. 2 (PrOVG. **50**, 387) ist nicht zuzugeben. 4

a) Die rechtlichen Interessen dieser Versicherten sind durch den Geschäftsplan (§ 4) nicht genügend gewahrt, wenn dem Versicherten durch Satzungen, Gesellschaftsvertrag, allgemeine Bedingungen nicht vollkommene Rechtssicherheit für seine V.ansprüche geboten wird, wenn der Versicherte über erhebliche Punkte (Prämie, Gewinnanteil usw.) im Irrtum versetzt wird oder sich keine Vorstellung von den rechtlichen Schwierigkeiten (z. B. von seiner Beweispflicht) machen kann, welche der dereinstigen Durchführung seiner Ansprüche entgegenstehen (VA. **08**, 31 Nr. 24, 89). Hinsichtlich der Zeitungsabonnentenv. s. VA. **09**, 84 u. 179; hinsichtlich der Unfallv. VA. **08**, 31. So muß bei einer Haftpflichtv., die sich aus einer großen Zahl von Teilrisiken zusammensetzt, volle Klarheit hinsichtlich des übernommenen Risikos in der Police oder im V.antrag geschaffen sein (VA. **07**, 87, **08**, 86 u. **09**, 85 u. 176, 34 Nr. 25). Es darf auch nicht nur die vorteilhafte Seite der V. (z. B. daß keine Nachschüsse erhoben werden) in den Satzungen eines VV. a. G. betont werden, ohne auch der Kehrseite Erwähnung zu tun (VA. **04**, 166). Hinsichtlich der Gewinnbeteiligung der Versicherten muß bestimmt sein, in welcher Weise der Gesamtgewinn auf die einzelnen Verbände der Versicherten verteilt werden soll und nach welchen Grundsätzen die gemeinsamen Einnahmen und Ausgaben auf die Sondergewinnberechnung der einzelnen Versichertenverbände innerhalb der VU. verrechnet werden (VA. **07**, 147 Nr. 22; § 4 Anm. 2). Weiteres siehe oben Anm. 3 und zu § 9 hinsichtlich der V.bedingungen. —

5 b) Die wirtschaftlichen Interessen der Versicherten sind nach Ausspruch des Gesetzes im Falle der zweiten Alternative der Nr. 2 des § 7 nicht gewahrt (unten Anm. 6). Die wirtschaftlichen Interessen der Versicherten sind aber auch dann nicht gewahrt, wenn zwar die dauernde Erfüllbarkeit der aus der V. sich ergebenden Verpflichtungen dargetan ist, auch die rechtlichen Interessen nicht beeinträchtigt sind, aber trotzdem eine Schädigung der berechtigten Ansprüche der Versicherten zu erwarten steht. Alsdann ist der V.zweck beeinträchtigt, so daß die

Aufsichtsbehörde hindernd dazwischen treten muß; so z. B. darf die V. von Waren in Kühlhäusern gegen mittelbaren Schaden nur für solche Waren übernommen werden, die bereits von derselben VU. gegen unmittelbaren Brand-(Explosions-)Schaden versichert sind (VA. **04**, 91); es ist die V. gegen Mietsverlust begrenzt auf die Fälle, in denen auch für den Sachversicherer eine Schadensersatzpflicht besteht (VA. **10**, 119 f.); vgl. VA. **10**, 121 wegen V. gegen Leerstehen von Mietwohnungen. Unter den Begriff der Gefährdung wirtschaftlicher Interessen fällt es, wenn von derselben neuzugründenden VU. mehrere nicht zusammenpassende V.zweige betrieben werden sollen, wie dies bei Verminderung der notwendig auf sicheren mathematischen Grundlagen beruhenden Lebens-, Unfall- oder Haftpflichtv. mit der großen Schadensv. (Kredit-, Feuer-, Transport-, Diebstahlsv. usw.) zutrifft (VA. **04**, 91; **05**, 34 u. 70; **07**, 75; **08**, 78). Die unter sich sehr wohl vereinbarlichen Lebens-, Kranken-, Unfall- und Haftpflichtv. würden in ihren mathematisch genau zu ermittelnden Ergebnissen durch Verknüpfung mit der großen Schadensv. gefährdet werden können. Schon diese Gefahr beeinträchtigt den V.zweck und damit die wirtschaftlichen Interessen der Versicherten. Eine in kleinem Umfang betriebene Schadensv. birgt diese Gefahr nicht in sich (VA. **05**, 34). Derselbe Gesichtspunkt greift durch, wenn die VU. zugleich andere Geschäfte als V.-geschäfte, z. B. Bankgeschäfte, betreiben will und dadurch eine nicht zu beseitigende Gefährdung für die Versicherten eintreten wird. Hier besteht das AA. auf ziffernmäßiger Begrenzung des Nebengeschäfts und vorsichtiger Anlegung der Gelder (VA. **03**, 109). Die Verbindung der Lebensv. mit Spareinlagen ist dagegen zulässig (VA. **10**, 104). — Endlich gehört hierher der Fall, wenn die Leitung der VU. unerfahrenen, leichtsinnigen oder sonst nicht vertrauenswürdigen Händen überlassen werden soll. Alle diese Erfordernisse sind solche der Betriebsart.

6 3. Die **dauernde Erfüllbarkeit** der aus den V. sich ergebenden Verpflichtungen muß genügend dargetan sein (Abs. 1 Nr. 3). Damit ist die finanzielle Ausrüstung, die ganze geschäftsplanmäßige Einrichtung der VU., namentlich die Beschaffung des für Aktiengesellschaften nötigen Grundkapitals, des für VV. a. G. erforderlichen Gründungsfonds (§§ 22, 23) sowie etwaiger Reservefonds, wie eines besonderen Risikofonds z. B. bei der Risikov. auf Lebenszeit oder Umtauschv. (VA. **08**, 79), gemeint. Was als finanziell genügend in diesen Beziehungen anzusehen ist, hängt von vielen Faktoren (Gegenstand, Art, Umfang des Betriebs, Rückv. usw.; vgl. PrOVG. in VA. **09** Anh. 38 Nr. 447) ab, so daß dem gewissenhaften Ermessen eine allgemeine Schranke nicht gesetzt werden kann. Das AA. verzichtet auf Deckung des nicht bar eingezahlten Teils des Aktienkapitals durch Wechsel oder abstrakte Schuldurkunden, wenn die ganze Vermögenslage und Geschäftsführung die nötige Garantie bietet und gehörige Vorsorge getroffen ist, daß, wenn der Anspruch im Ausland verfolgt werden müßte (also bei Verziehen der Pflichtigen), Barzahlung, Bürgenstellung, Hinterlegung oder Benennung geeigneter Schuldübernehmer bei Kaduzierungsvermeiden erfolgt (VA. **10**, 67). Ferner gehört hierher die gehörige Anlegung und Verwaltung des Vermögens, insbesondere des Prämienreservefonds. Es sind hierwegen in § 8 besondere Angaben vorgeschrieben. Vornehmlich kommt es bei der Prüfung der finanziellen Sicherheit auf die Richtigkeit der rechnerischen Grundlagen des VU. an, daher ist ein System der Durchschnittsbeiträge bei Sterbekassen, so daß der Beitrag für alle Mitglieder gleich ist (VA. **04**, 52 Nr. 10; **03**, 97), ebensowenig zulässig als das Umlagesystem, wenn nicht besondere Umstände vorliegen (VA. **03**, 98; MinBl. f. d. g. i. V. in Preußen **02**, 31). Endlich kommt das Maß der Zillmerei (§ 11) in Betracht. Die für die finanzielle Leistungs-

fähigkeit einer VU. maßgebenden Umstände sind so mannigfaltige, daß der Standpunkt des Gesetzes dahin zu bestimmen ist, es komme für eine Versagung nach § 7 Nr. 2 nach seiner zweiten Alternative darauf an, ob die gewählten finanziellen und technischen Unterlagen in ihrer Gesamtwirkung die dauernde Erfüllbarkeit der nach dem Geschäftsplan (§ 4) zu übernehmenden Verpflichtungen nicht hinreichend darzutun scheint (Begr. 28), so daß Feuerv.-Vereine nicht für einen örtlich eng begrenzten Bezirk zugelassen werden (VA. **09** Anh. 38). Von diesem Gesichtspunkt ist auch zu sorgen, daß die Rückzahlung des Grundkapitals nicht beschlossen werden kann, wenn die finanzielle Leistungsfähigkeit beeinträchtigt würde (VA. **08**, 153 Nr. 27).

4. Es dürfen keine Tatsachen vorliegen, welche die Annahme rechtfertigen, daß ein den **Gesetzen** oder den **guten Sitten** entsprechender Geschäftsbetrieb nicht stattfinden wird (§ 7 Nr. 3). Ein hinreichender Verdacht genügt hiernach schon zur Versagung der Erlaubnis. Hinreichend ist der Verdacht aber nur, wenn bestimmte, schlüssige Tatsachen festgestellt sind, welche den Verdacht rechtfertigen. Blos subjektive Meinungen oder Vermutungen sind noch keine Annahme im Sinne des Gesetzes. Die Annahme muß auch eine objektiv begründete sein. Will die Versagung auf Unzuverlässigkeit des Vorstandes der Neugründung gestützt werden, so müssen dafür schlüssige Tatsachen beigebracht werden (PrOVG. in VA. **05** Anh. 72 Nr. 140). Die vom Gesetz geforderte Besorgnis muß entweder dahin gehen, daß der Betrieb kein gesetzlicher sein, oder sich mit den guten Sitten nicht vereinbaren lassen werde. Die erste Alternative hat nicht ein bloß ungesetzliches Verfahren wie die Nr. 1 des § 7 im Auge, sondern sie will sagen: VU., welche durch Verfolgung gesetzlich unzulässiger Zwecke die allgemeine Rechtsordnung bedrohen, 7

können nicht geduldet werden (vgl. § 97 Abs. 1 Nr. 3 GewO.). Dies trifft zu, wenn überhaupt nicht versicherbare Interessen versichert werden sollen; ferner, wenn durch Zulassung der V. die allgemeine Rechtssicherheit gefährdet würde. Dies würde der Fall sein bei V. von Beamten gegen die Folgen von Dienstvergehen, wenn dadurch die Sicherheit des Staates oder die Disziplin untergraben würde (über Haftpflichtv. insbesondere VA. **07**, 86; **08**, 34, 86 u. 150); ferner bei VU., welche die aus außerehelichem Beischlaf, aus vorsätzlicher Brandstiftung, aus strafrechtlicher Verurteilung, V.betrug, Selbstverstümmelung entstehenden Vermögensschaden oder solche Viehschäden unter V. nehmen wollen, für welche wegen absichtlicher Vernachlässigung gesetzlicher Verhaltungsmaßregeln kein Ersatz zu bekommen ist. Solche VU. widersprechen zugleich den guten Sitten, der zweiten Alternative der Nr. 3. Der RegEntw. hatte nicht auf einen Verstoß gegen die guten Sitten abgehoben. Er wollte in Anlehnung an §§ 43, 87 BGB., §§ 51, 97 Abs. 1 Nr. 3 GewO., § 81 GenGes., § 62 GmbHG. die Gefährdung des Gemeinwohls zum Merkmal erheben. Aus Besorgnis, daß dieser Ausdruck zur Verbergung politischer Rücksichten dienen könnte, wurde in Erinnerung an § 138 Abs. 1 BGB. die gute Sitte als ein der Tagesmeinung entrücktes objektives Kennzeichen gewählt. Was gute Sitte ist, bestimmen die allgemein geläufigen Grundbegriffe und die Anschauungen der Interessentenkreise. Ueber das Nähere s. Staub Exk. zu § 346 Anm. 1 ff. Gegen die gute Sitte würde z. B. der Ausschluß der Ansprüche der Krankenkassenmitglieder bei Epidemien verstoßen (SächsOVG. **4**, 242) und die Verbindung des Darlehnsgeschäfts mit der Lebensv. (KG. in VA. **08** Anh. 46 Nr. 379; 47 Nr. 380). Nicht aber verstößt gegen die gute Sitte die Zeitungsabonnenten- und Inserentenv. (§ 1 Anm. 7), die Boykott-, Streik- und Aussperrungsv. (VA. **05**, 38; **07**, 37, 103 u. 104; **10**, 119 u. 121), die Lebensv.

als Prämie und als Rabatt für Wareneinkäufe (VA. **07**, 37 u. 81), die V. auf den Todesfall ohne ärztliche Untersuchung (VA. **07**, 79). Selbst die im Ausland verbotene oder stark eingeschränkte Kinderv. ist nicht zu beanstanden, wenn die Auszahlung der V.summe erst für spätere Lebensjahre, auch eine Karenzzeit festgesetzt und die V.summe auf die gewöhnlichen Beerdigungskosten, bei Kindern reiferen Alters aber auf etwa 1500 Mark für den Todesfall beschränkt (VA. **07**, 76 und 78; vgl. § 159 Abs. 3 VVG.) und ein Höchstbetrag festgesetzt ist (VA. **06**, 60, 10, 17 Nr. 37); das AA. hat eine Stufenleiter eingeführt und muß in dem V.antrag eine Frage danach enthalten sein, ob das Kind schon anderweit auf den Todesfall versichert ist (VA. **09**, 164). Die Prämienrückerstattungen, die für das Ableben in den ersten drei V.jahren vorgesehen zu werden pflegen, dürfen den für das Sterbegeld festgesetzten Höchstbetrag übersteigen (VA. **09**, 164; dazu näheres VA. **10**, 93). Die Haftpflichtv. öffentlicher Beamten und von Rechtsanwälten wegen Außerachtlassung ihrer Amtspflichten ist zulässig, wenn nur 80 Prozent des Schadens vergütet wird. Ueber Kollektiv-, Kautions- und Garantiev. s. VA. **10**, 122 und Meyer in LZ. **10**, 435.

III. **Allein aus diesen vier Gründen darf die Erlaubnis zum V.betrieb versagt werden** (ob ein Bedürfnis 8
zu der beabsichtigten Neugründung besteht, kommt nicht in Betracht, § 5). Sache der Aufsichtsbehörde ist es, die oft flüssige Grenze zwischen dem noch erlaubten und dem unzulässigen im Geiste des Gesetzes so zu ziehen, daß keine Interessen preisgegeben und doch der gesunden Fortentwickelung des V.wesens keine Hemmnisse bereitet werden. In dieser Richtung hat das AA. erwogen, daß zwar das öffentliche Interesse große leistungsfähige V.anstalten erfordert, daß aber trotzdem der Zersplitterung in kleinere VU. für bestimmte Berufe, Stände, Industrien, Bevölkerungsklassen (Beamte, Arbeiter), Konfessionen von Aufsichts wegen nicht entgegengetreten sondern nur die

finanzielle Sicherung genau geprüft und in geeigneten Fällen Rückv. verlangt werden soll (VA. **04**, 91). Umgekehrt wird es nicht Aufgabe der Aufsichtsbehörde sein, der Syndikatsbildung und den Fusionsbestrebungen großer VU. Hindernisse zu bereiten, solange die damit erreichte Monopolstellung den § 7 nicht verletzt. Endlich werden manche Neuerungen dem technischen Standpunkt nicht in allen Feinheiten gerecht werden; solange sie aber das V.bedürfnis befriedigen, besteht für die Aufsicht kein Anlaß zur Versagung (VA. **04**, 90). Für Zweifelsfälle hat das Gesetz das Erfordern einer Sicherheit gestattet.

9 IV. **Die Sicherheitsstellung,** welche von dem VU. verlangt werden kann (Abs. 2), soll Bedenken hinsichtlich der finanziellen Leistungsfähigkeit heben. Diese Maßregel ist vornehmlich für einheimische Einzelunternehmen, Gesellschaften des bürgerlichen Rechts und kleinere Vereine geeignet, welche nicht ganz einwandfreie finanzielle Unterlagen besitzen, auch nicht nachweisen können, daß sie an Mit- oder Rück-VU. den erforderlichen Rückhalt haben, aber doch ein berechtigtes V.bedürfnis befriedigen wollen. VV. a. G. größerer Art und Aktiengesellschaften müssen schon ohnehin ein ausreichendes, übersehbares Grund- und Betriebskapital besitzen. Aber auch für sie kommt Sicherheitsstellung in Betracht, wenn sie einen gemischten Betrieb einrichten und das Nebengeschäft zu Bedenken Veranlassung gibt (vgl. VA. **04**, 91; **05**, 34 u. 70; **07**, 75; **08**, 78), oder wenn die inländische VU. auch Auslandsgeschäfte betreiben will (VA. **05**, 114 Nr. 17). Sodann kommt die Sicherheitsleistung ganz allgemein — und ganz abgesehen von Sicherstellung der Prämienreserve, § 90 — bei ausländischen VU. zur Anwendung, die im Inland zugelassen werden wollen. Denn die Sicherheit soll nach ihrer Bestimmung ein den V.nehmern vorbehaltenes Zugriffsobjekt bilden, die Auffüllung der Prämienreserve erzwingen helfen und der Sicherung öffentlich-rechtlicher Ansprüche dienen (Gerichtskosten, Steuern, Strafen usw.).

Bei ausländischen VU. müßte sich der V.nehmer, wenn eine Sicherstellung fehlen würde, auf Auslandsprozesse einlassen und wäre schwer geschädigt, wenn sich die VU. vom Inlandsgeschäft zurückzieht; ohnehin steht er ihm fremden Verhältnissen gegenüber. Zweck, also Art und Umfang der Sicherheit, und die Rückgabebedingungen müssen in der Zulassungsentscheidung festgestellt sein. Daher sind diese Punkte im Wege der Vorverhandlungen zunächst zu klären. Diese Sicherheit ist dem AA. in jederzeit realisierbaren Werten: Schuldverschreibungen des Deutschen Reichs oder der Bundesstaaten, Eintragung von Forderungen in das Reichs- oder in ein Staatsschuldbuch unter gleichzeitiger Verpfändung, zu leisten. Bei Sinken des Kurses ist Auffüllung nötig. Das AA. kann über diese Kaution selbständig ohne Anrufen der Gerichte verfügen. Die Kaution wird frühestens 2 Jahre nach Einstellung des Inlandsgeschäfts zurückgegeben, wenn alle Verpflichtungen erledigt sind (VA. **04**, 94). Ob und inwieweit diese Kaution auf die Prämienreserve angerechnet werden kann (§ 90), bestimmt das AA. (s. § 97; VA. **05**, 87; **07**, 66). Die älteren Landeskautionen werden in Reichskautionen umgewandelt (hierüber § 97).

V. **Uebergangsbestimmungen** für die am 1. Januar 1902 bereits zugelassenen VU. sind in den §§ 92 ff., 97, 98 gegeben. **10**

§ 8. Der Gesellschaftsvertrag einer Aktiengesellschaft soll die einzelnen Versicherungszweige, auf welche sich der Geschäftsbetrieb erstreckt, sowie die Grundsätze für die Anlegung des Vermögens festsetzen und ersichtlich machen, ob das Versicherungsgeschäft lediglich unmittelbar oder zugleich auch mittelbar (durch Rückversicherung) betrieben werden soll.

Bei Unternehmungen, die durch eine Satzung geregelt sind, sollen die im Abs. 1 bezeichneten Angaben in der Satzung enthalten sein.

1 I. Von den **Gründungsverträgen** gesellschaftlicher Vereinigungen als Bestandteilen des Geschäftsplans (§ 4) behandelt unser Paragraph nur den Gesellschaftsvertrag einer Aktiengesellschaft und die Satzungen. Das Bürgerliche Recht schreibt den notwendigen Inhalt dieser Verträge vor und gibt dazu auch noch Sollvorschriften, deren Nichteinhaltung keine privatrechtlichen Folgen hat, wenn die Eintragung trotzdem erfolgt ist. Eine instruktionelle Vorschrift dieser Art stellt unser Paragraph für VU. auf. Die Aufsichtsbehörde hat die Zulassung von Beobachtung dieser Vorschrift abhängig zu machen. Und ohne Nachweis dieser Zulassung kann der Registerrichter die Eintragung nicht verfügen (§ 32; Staub § 195 Anm. 14). Unwahre Angaben stehen unter Strafe (§ 105).

2 II. Der **Gesellschaftsvertrag einer Aktiengesellschaft** hat nach § 182 HGB. einen unbedingt notwendigen Inhalt. Er kann auch noch weiteres enthalten. Er soll aber angeben:

1. Die einzelnen V.zweige, d. h. die durch die Gefahrenart bestimmten Gebiete der V., auf welche sich der Betrieb erstreckt; also ob Lebens-, Feuer-, Hagel-, Transport-, Vieh-, Glas-, Wasserleitungs-, Unfall-, Kredit-, Kurs-, oder Mietsverlustv. usw. bezweckt wird. Selbständig ist ein V.zweig, wenn er losgelöst von andern V.zweigen betrieben wird. Unselbständig ist ein V.zweig, wenn er in Zusammenhang mit einem andern Hauptv.zweig so betrieben wird, daß er als dessen nebensächliche Erweiterung erscheint, wie z. B. die V. gegen Mietverlust infolge von Wasserleitungsschäden als eine natürliche Folge der Feuersachschadenv.; diese Unterscheidung wird für § 39 Anm. 5 erheblich. Die V.arten d. h. die

Kombination des V.zweigs (z. B. bei der Lebensv., die V. auf den Erlebens- oder Todesfall, Kapital- oder Rentenv. (§ 6 Abs. 2, § 11 Abs. 2), bei der Transportv., See- und Binnenv.) braucht der Gesellschaftsvertrag nicht anzugeben; Angaben über die V.arten gehören in den Geschäftsplan (§ 7). Ueber das Grundkapital s. § 7 Anm. 6.

2. Die Grundsätze für die Anlegung 3
des Vermögens, d. h. des ganzen Vermögens, nicht nur des Prämienreservefonds (§§ 59 ff., 90), weil sonst die dauernde Leistungsfähigkeit des VU. nicht beurteilt werden kann (§ 7 Anm. 6). Von besonderer Bedeutung ist hier die Beteiligung an anderen U. Das AA. läßt mit Recht nur die Beteiligung an anderen VU. zu und verlangt noch besondere, solche Anlegung rechtfertigende Gründe wie Beziehung zwischen Mutter- und Tochtergesellschaft, zwischen Erst- und Rückversicherer, der Bestrebung auf Ausdehnung der VU. in das Ausland (VA. **04**, 107). Auch ein Höchstbetrag für den Erwerb von Aktien anderer VU.: die Beschränkung auf freie Mittel kann vorgeschrieben werden (VA. **06**, 94). Die Anschaffung industrieller Werte (Obligationen, Aktien) ist, wie Spekulationen aller Art, tunlichst zu verhindern und die Anschaffung ausländischer Werte nur gestattet, soweit für das Auslandsgeschäft das Ausland zwingende Vorschriften gibt. Die VU. sollen sich überhaupt nur mit erstklassigen Anlagewerten befassen und dafür bieten die Vorschriften über Anlegung des Prämienreservefonds geeigneten Anhalt (VA. **5**, 70/71). Grundstückserwerb § 54. Strafvorschrift § 106 Nr. 3.

3. Ob das V.geschäft nur unmittelbar 4
oder auch durch Rückv. betrieben werden will. Diese Vorschrift dient zur Ergänzung des § 7 Nr. 2 (§ 7 Anm. 6 u. 9).

III. **Durch Satzung geregelte VU.** sollen dieselben 5
Angaben enthalten (Abs. 2). Durch Satzung sind die

VV. a. G. (§§ 17 u. 53) geregelt. Weiteres über den Satzungsinhalt verfügen die §§ 9 Abs. 2, 18, 21 Abs. 2, 22 Abs. 1 u. 2, 24, 27—29, 35—38. Satzungen haben ferner die rechtsfähigen Vereine des Bürgerlichen Rechts (§ 25 BGB.) mit geregeltem Satzungsinhalt (§§ 57 f. BGB.) und die Genossenschaften (§§ 6 ff. GenGes.). Näheres über Satzungen § 4 Anm. 3.

§ 9. In den allgemeinen Versicherungsbedingungen sollen diejenigen Bestimmungen enthalten sein, welche getroffen werden:

1. über die Ereignisse, bei deren Eintritte der Versicherer zu einer Leistung verpflichtet ist, und über die Fälle, in denen aus besonderen Gründen diese Verpflichtung ausgeschlossen oder aufgehoben sein soll (wegen unrichtiger Angaben im Antrage, wegen Aenderungen während der Vertragsdauer usw.);
2. über die Art, den Umfang und die Fälligkeit der dem Versicherer obliegenden Leistungen;
3. über die Feststellung und Leistung des vom Versicherten an den Versicherer zu entrichtenden Entgelts und über die Rechtsfolgen eines Verzugs in der Entrichtung des Entgelts;
4. über die Dauer, insbesondere eine stillschweigende Verlängerung, über die Kündigung sowie über die sonstige gänzliche oder teilweise Aufhebung des Versicherungsvertrags und die Verpflichtungen des Versicherers in den Fällen der letzteren Art (Storni, Rückkauf, Umwand-

lung der Versicherung, Reduktion und dergleichen);
5. über den Verlust des Anspruchs aus dem Versicherungsvertrag infolge der Versäumung von Fristen;
6. über das Verfahren im Falle von Streitigkeiten aus dem Versicherungsvertrag, über das zuständige Gericht und die Bestellung eines Schiedsgerichts;
7. über die Grundsätze und Maßstäbe, nach denen die Versicherten an den Ueberschüssen teilnehmen;
8. bei Lebensversicherungen über die Voraussetzungen und den Umfang von Vorauszahlungen oder Darlehen auf Versicherungsscheine (Policen).

Bei Versicherungsvereinen auf Gegenseitigkeit können die im Abs. 1 bezeichneten Gegenstände statt in den allgemeinen Versicherungsbedingungen in der Satzung geregelt werden.

Abweichungen von den allgemeinen Versicherungsbedingungen zu ungunsten des Versicherten sind nur aus besonderen Gründen sowie unter der Bedingung statthaft, daß der Versicherungsnehmer vor dem Abschlusse des Vertrags auf diese Abweichungen ausdrücklich hingewiesen worden ist und sich hiernach schriftlich damit einverstanden erklärt hat.

I. Ueber die **grundlegende Bedeutung der all-** 1
gemeinen V.bedingungen in ihrer öffentlich-

rechtlichen Bedeutung als notwendigen Teil des Geschäftsplans siehe § 4 Anm. 4 und darüber, daß die zwingenden Vorschriften des VVG. noch verschärft und seine Dispositivvorschriften von Aufsichts wegen zu zwingenden, je nach Beschaffenheit des Einzelfalles, gemacht werden können, siehe § 7 Anm. 3. Der Bericht der I. Komm. über den Entwurf des VVG. v. 7. 12. 06 S. 216 stellt die zwingenden Vorschriften des VVG. zusammen und hebt dabei hervor, daß es zur Beschränkung der Vertragsfreiheit eines besonderen Ausspruchs bedarf (VVG. §§ 5, 6 Abs. 3, 8 usw.), und daß Rechte, welche das VVG. in einzelnen Vorschriften (§§ 59 Abs. 2, 99—107, 157) dritten Personen, insbesondere den Hypothekengläubigern, einräumt, nicht durch Vereinbarungen zwischen dem Versicherer und dem V.nehmer beschränkt werden können. Die in unserem Paragraphen aufgezählten Bestimmungen sind in der Hauptsache dem § 11 der österr. MinisterialVO. v. 5. März 1896 betr. die Errichtung, die Einrichtung und Geschäftsgebarung von V.anstalten (Baumgartner, Zeitschr. f. V.recht 96, Bd. II, 360) entnommen. Der Gesetzgeber will durch diese Bestimmungen klare, durchsichtige Verhältnisse schaffen, Ausbeutung des Versicherten durch listige, verwickelte Klauseln und unbillige Härten, z. B. durch eine von den allgemeinen Rechtsgrundsätzen zuungunsten des Versicherten zu sehr abweichende Regelung der Beweislast verhindern. Andererseits soll der V.nehmer nicht durch übertriebene Fürsorge der gehörigen Sorgfalt entwöhnt und die freie Entfaltung des V.geschäfts nicht unnötig gestört werden. Von diesem Gesichtspunkt aus ist das erste Erfordernis, daß die allgemeinen Bedingungen in genügend großer lesbarer Schrift gedruckt, übersichtlich geordnet, deutlich und zwar namentlich in ihrer rechtlichen Tragweite klar und verständlich gefaßt sind, soweit sich dies ermöglichen läßt. Namentlich ist Klarheit in den Bedingungen zu fordern, über den Beginn der V., also darüber, wie lange der V.nehmer an seinen Antrag gebunden sein soll (§ 81 VVG.; VA. **09**, 162; vgl. § 10), über die Umstände, welche eine Gefahrerhöhung bedeuten (§ 164 VVG.; VA. **09**, 159; vgl. VA. **07**, 157), über Strafen und alle Verpflichtungen (VA. **07**, 119). Dazu gehört auch die Wiederholung besonders wichtiger Gesetzesbestimmungen, z. B. über den Gerichtsstand (§ 48 VVG.), über den Wegfall des Interesses des V.nehmers nach § 68 Abs. 2 VVG., über die besonderen Rechte des V.nehmers (§ 5 Satz 2, §§ 16 Abs. 3, 17 Abs. 2, 18 Abs. 2, 21 VVG.; VA. **09**, 157). Ferner dürfen dem V.nehmer nicht Fragen so gestellt werden, daß er sich in Widersprüche verwickeln soll (VA. **08**, 30 Nr. 71; vgl. § 4 Anm. 4). Der Rechtsweg darf nicht ausgeschlossen werden (RG. **37**, 419 vgl. unten Anm. 11). Die allgemeinen V.bedingungen bedürfen mit Rücksicht auf das am 1. Januar 1900 in Kraft getretene VVG. bei jeder VU. der Durchsicht und dann auch der neuen Genehmigung (§ 13), weil das VVG. teilweise rückwirkende Kraft hat (art. 3 ff. EG. VVG.). Hierwegen siehe das Rundschreiben des AA. vom 9. Nov. 09 über die Einwirkung des VVG. auf bestehende Verträge (VA. **09**, 241) und hinsichtlich der sog. Begünstigungsverträge VA. **10**, 22. Ueber die Bedeutung der allgemeinen V.bedingungen im übrigen siehe § 4 Anm. 4; dort auch über die vom AA. selbst teils entworfenen teils genehmigten V.bedingungen.

In privatrechtlicher Beziehung sind die all- **2**
gemeinen V.bedingungen notwendiger Bestandteil des V.antrags und des späteren V.vertrags (§ 4 Anm. 4, § 10). Diese Bedingungen mit typischem Inhalt werden von den V.gesellschaften ihren Kunden als gedruckte Formulare zugesendet; schließt der Kunde daraufhin ab, so sind die Einzelbestimmungen nun Vertragsinhalt geworden (hierüber Staub § 346 Anm. 15). Nach Abschluß des V.vertrags können diese Bedingungen daher nicht mehr einseitig vom Versicherer abgeändert werden (§ 41). Daraus folgt, daß der Versicherte, welcher einem VV. a. G. als Mitglied

beigetreten ist und sich der Satzung sowie etwaigen Abänderungen und Nachträgen unterworfen hat, sich den Abänderungen der zum Inhalt der Satzung gemachten allgemeinen V.bedingungen nicht etwa deshalb zu unterwerfen braucht, weil die Generalversammlung im Weg der Satzungsänderung die allgemeinen V.bedingungen geändert hat. Denn durch Satzungsänderung können die wohlerworbenen Rechte des Versicherten nur geändert werden, wenn er diese Aenderung ausdrücklich oder stillschweigend in Kenntnis der Aenderung durch schlüssige Handlungen anerkannt hat (PrOTr. SA. **34**, 120; OLG. Rostock SA. **54**, 207). Nur für die neu abgeschlossenen oder prolongierten V.verträge gilt die Satzungsänderung, auch wenn sie dem Mitglied nicht bekannt war; sie mußte ihm als Mitglied bekannt sein (PrOTr. SA. **32**, 372). Näheres hierüber § 21 Anm. 2 ff. u. § 41 Anm. 2 f. Vielfach begegnet man noch der alten Lehre (RG. in LZ. **07**, 235), daß V.bedingungen im Zweifel zuungunsten des Versicherers auszulegen seien. Es ist zwar nicht am Wort zu haften; es besteht aber kein Grund, die V.bedingungen von der allgemein gültigen Regel, daß der wahre Wille nach §§ 133, 157, 242 BGB. zu erforschen ist, auszunehmen (RG. **10**, 160; VA. **06** Anh. 16 Nr. 184; JW. **02** Beil. 209 Nr. 45; vgl. Staub § 346 Anm. 3). Nur wenn die Fassung der streitigen Bedingung vom Versicherer herrührt und zu Zweifeln Veranlassung gibt, ist die Auslegung zuungunsten des Versicherers berechtigt (JW. **03**, 29 Nr. 30).

3 Die Sollvorschrift unseres Paragraphen enthält eine Anweisung an die Aufsichtsbehörde, auf deren Erfüllung zu bestehen (§ 7 Anm. 3). Zu einer Mußvorschrift konnten diese Bestimmungen nicht erhoben werden, weil an deren Einhaltung keine privatrechtlichen Folgen geknüpft sind; vielmehr behält das richterliche Ermessen volle Freiheit, einen Punkt in den allgemeinen Bedingungen als unsittlich (§ 138 BGB.) oder schikanös

(§ 226 BGB.) zu verwerfen, obgleich die Aufsichtsbehörde die Bedingungen durch Zulassung der VU. genehmigt hatte. Allgemeine V.bedingungen brauchen nicht vorgelegt zu werden, wenn die Vorlage nach der Eigenart des V.betriebs nicht nötig erscheint (§ 4 Anm. 4). Die VV. a. G. nehmen naturgemäß die allgemeinen Bedingungen in ihre Satzung auf. Diesem Umstand trägt Abs. 2 Rechnung (vgl. § 4 Anm. 4).

Zu Nr. 1. Die Ereignisse, die den Versicherer zur Leistung verpflichten und ihn von der Leistung entbinden, müssen klargestellt sein (vgl. VVG. §§ 6, 16—23, 25—32, 38 Abs. 1, 39 Abs. 1 Satz 2, 42, 51, 59 Abs. 3, 61, 71—79, 100 Abs. 3, 101, 125, 126, 128, 154 Abs. 2, 161—164, 169, 170, 172, 181; art. 4 Nr. 8 EG. VVG.; vgl. VA. **09**, 157). Nach dem alten Recht kam es darauf an, ob die Anzeigepflicht schuldhaft verletzt worden war (JW. **09**, 695 Nr. 30; RG. **19**, 132; VA. **10** Anh. 72 Nr. 535). Jetzt ist die Anzeigepflicht gesetzlich geregelt (§§ 6, 16, 17, 33, 41, 19, 20, 92, 110, 121, 146, 153, 163 f., 171, 182 VVG.). Das AA. hat hier ordnend eingegriffen (VA. **10**, 87). Bei der Unfallv. wird auf Beseitigung der meist wertlosen Klausel gehalten, daß der Schaden sich als unmittelbare und ausschließliche Folge des Unfalls darstellen muß (VA. **03**, 110; **04**, 92); es entspricht vielmehr der Billigkeit, daß beim Zusammentreffen des Unfalls mit vorhergegangenen überwiegenden Ursachen (Krankheit, Gebrechen) der Versicherer völlig frei wird, wenn der Tod durch den Unfall herbeigeführt wurde, daß dagegen nur verhältnismäßig gehaftet wird, wenn der Unfall nur Invalidität herbeiführte (VA. **09**, 85 Nr. 31 u. 177). Die Frist, innerhalb welcher die Unfallsfolgen eingetreten sein müssen, soll nicht geringer als auf 1 Jahr bemessen werden. (Bei der Invaliditätszusatzv. darf nicht außer dem Nachweis der Invalidität auch noch der Nachweis der Erwerbseinbuße verlangt 4 werden; VA. **10**, 88). Bei der Zeitungsabonnentenv., die eine kürzere Frist rechtfertigt, sind 30 Tage als zu kurz erachtet (VA. **09**, 84 Nr. 30 und 178). Bei der Unfallv., die nur eintreten soll, wenn der Unfall durch die strafbare Handlung eines dritten herbeigeführt worden ist, kann nicht dem V.nehmer der Beweis für das Vorliegen einer strafbaren Handlung auferlegt werden (VA. **08**, 31 Nr. 24 und 88). Daß der Versicherte unbedingt den Anordnungen des Versicherers Folge zu leisten, z. B. sich in eine Krankenanstalt zu begeben, sich von einem bestimmten Arzt untersuchen oder sich operieren zu lassen habe, kann nicht bestimmt werden. Es muß die Anordnung auf den einzelnen Fall abstellen. Es müssen dabei die beiderseitigen Interessen abgewogen und es muß nach Treu und Glauben mit Rücksicht auf die Verkehrssitte verfahren werden (vgl. JW. **08**, 19), so daß auf Ausspruch eines beamteten Arztes zu halten und auf die Verhältnisse des zu Untersuchenden billige Rücksicht zu nehmen ist (vgl. VA. **10**, 88: Invaliditätszusatzv. Kostenbeitrag 50—100 M.). Soll bei der Todesfallv. eines Dritten der V.nehmer für die Auslagen des Versicherers aufkommen, wenn der Dritte sich nicht untersuchen läßt (§ 159 VVG.), so muß diese Bestimmung auch in den V.bedingungen, nicht nur im Antragsformular, stehen (VA. **10**, 93 Nr. 18; **07**, 119).

Bei der Viehv. ist den größeren VU. die Bedingung gestattet, daß sie den V.vertrag kündigen dürfen, wenn kurz nach Abschluß der V. das Vieh erkrankt. Es soll damit ein Korrektiv gegen ungenügende tierärztliche Atteste geschaffen werden (VA. **10**, 33 Nr. 39). Ueber Zuziehung eines Tierarztes nach § 122 VVG. s. VA. **10**, 91 Nr. 14. Bei der Haftpflichtv. darf die Ausschlußfrist, welche für Spätschäden, d. h. für solche Schäden gesetzt zu werden pflegt, die zwar innerhalb der Vertragsdauer entstanden sind, aber erst nach Ablauf der Vertragsdauer zu Haftungsansprüchen führen, ihren Lauf nicht mit Ende des Schadensjahres, sondern erst mit Ende der Vertragsdauer beginnen (VA. **09**, 181; **08**, 150 Nr. 26). Soll durch Herbeiführung des V.falls seitens des Versicherten der V.anspruch erlöschen, so muß diese Bestimmung auf vorsätzliche oder grob fahrlässige Herbeiführung beschränkt werden (VA. **03**, 111), obgleich § 61 VVG. nicht zwingendes Recht enthält. Das AA. hat es bei der Feuerv. erreicht, daß Verwirkung des V.anspruchs bei Verstößen gegen Sicherheitsvorschriften nur eintritt, wenn der Verstoß ein schuldhafter ist und außerdem von Einfluß auf den Eintritt des V.falls oder den Umfang der Leistungen des Versicherers war (VA. **10**, 115). Die VU. kürzen meist die Frist des § 163 VVG. wegen Verletzung der Anzeigepflicht erheblich ab (§ 172 VVG.); das AA. hielt früher darauf, daß diese Unanfechtbarkeitsklausel für den Fall arglistiger Verletzung der Anzeigepflicht ausgeschlossen wird (VA. **09**, 164; **07**, 119; jetzt anders VA. **10**, 94 Nr. 20). Die Unanfechtbarkeitsklausel einer Lebensv. muß die Zahlungspflicht für den Fall ausschließen, daß der V.nehmer vorsätzlich den Tod des Versicherten herbeiführt, oder daß der Versicherte im ersten V.jahr in zurechnungsfähigem Zustande Selbstmord begeht (§ 169 VVG.), oder daß der Begünstigte (§ 170 Abs. 1 VVG.) den Versicherten vorsätzlich und widerrechtlich tötet (VA. **07**, 119); die V.bedingungen müssen das Recht des Versicherers, den Vertrag wegen Betrugs anzufechten, enthalten (VA. **07**, 119; **05**, 59). Die V.bedingungen enthalten regelmäßig keine Bestimmungen mehr über den Zweikampf, so daß die VU., da § 169 VVG. nicht zutrifft, regelmäßig zahlen muß, wenn nicht § 170 VVG. zutrifft; deshalb muß im V.antrag eine Frage danach enthalten sein, ob der V.nehmer Grund zu der Annahme hat, daß er demnächst zum Zweikampf genötigt werde (VA. **09**, 165 Nr. 13). Bei der Weltpolize (VA. **09**, 159 u. 165 Nr. 13) soll eine Frage nach dem Bevorstehen einer Reise in besonders gefährliche Gegenden gestellt werden (VA. **10**, 94 Nr. 21). Die Bedingung, daß der Versicherte gegen

Zahlung der V.summe seine Ersatzansprüche gegen Dritte der VU. abtreten muß. ist nicht zu beanstanden (RG. **31**, 158; JW. **02**, 193 Nr. 46). Hat der Versicherte eine zu hohe Altersangabe gemacht, so muß ihm ein Ausgleich gewährt werden (VA. **10**, 93 Nr. 19).

Es darf nicht bestimmt werden, daß jede objektiv unrichtige Beantwortung der Frage den Verlust der V.-summe nach sich zieht, sondern die Verwirkung darf erst vorgeschrieben sein, wenn erhebliche Angaben schuldhaft unrichtig gemacht worden sind; nur ein schuldhaftes Verhalten des V.nehmers führt die Verwirkung des V.anspruchs herbei (VA. **03**, 111; §§ 15 ff., 162 VVG.; § 809 Ges. betr. Aenderung der Vorschriften des HGB. v. 30. Mai 08, RGBl. 307; ROHG. **9**, 284; **14**, 413; Bolze 2 Nr. 418; JW. **10**, 193 Nr. 23; RG. in VA. **10** Anh. 39, 517; Nr. 40 Nr. 518). Neben den vertragsmäßig geordneten Rechten aus einer Verwirkungsklausel und dem Rücktrittsrecht wegen Verletzung der die Gefahrumstände betreffenden Anzeigepflicht (§ 16 VVG.), gibt es nicht noch eine Anfechtung des V.vertrags seitens des Versicherers wegen Irrtums, wodurch dem Versicherten der Einwand des Nichtverschuldens abgeschnitten würde (JW. **10**, 155 Nr. 25). Auch kann es nicht in ganz allgemeinen Redewendungen in die Hand des Versicherers gelegt werden, den Verlust des V.anspruchs herbeizuführen. Der Versicherer darf wohl dem V.nehmer die Befugnis entziehen, bei der Kapitalv. einen Dritten als den Bezugsberechtigten zu bestimmen (§ 166 VVG.); aber er darf nicht einen Vermerk auf dem V.schein verweigern, daß der Widerruf seitens des V.nehmers ausgeschlossen ist, wenn der V.nehmer einen solchen Vermerk beantragt (VA. **09**, 165 Nr. 12).

5 Zu Nr. 2. Art, Umfang und Fälligkeit der Leistungen des Versicherers sind anzugeben (VVG. §§ 1 Abs. 1, 11, 49—60, 64—66, 82—89, 94, 95, 97, 108, 112, 116 bis 119, 124, 127, 129—137, 140 f., 144, 149—152, 154 f.,

162, 172, 175, 179, 180; EG. VG. art. 4 Nr. 2 u. 7.) Der Eintritt der Leistungspflicht kann von der Erstattung von Nebenleistungen und Auslagen (Policegebühr, Eintrittsgeld, Stempel) abhängig gemacht werden (über den Beginn der V. s. zu § 10). Vielfach wurde bisher die Fälligkeit und Verzinslichkeit der Leistung von der Feststellung, durch Anerkenntnis, Vergleich oder rechtskräftiges Urteil abhängig gemacht. Diese Bedingung wurde bisher als erlaubt erachtet; nur durfte sie nicht zur Hintanhaltung der Leistung gegen Treu und Glauben oder zur Schikane führen (ROHG. **6**, 412; RG. **32**, 343; VA. **08** Anh. 27 Nr. 368; OLG. Stettin VA. **05** Anh. 77 Nr. 145). Dasselbe ließ man bei Abhängigmachung von einem Schiedsspruch, aber nicht von einer Entscheidung bloßer Schiedsmänner, gelten (RG. bei Gruch. **39**, 35; VA. **08** Anh. 27 Nr. 368). Durch § 11 VVG. sind solche Bedingungen mit rückwirkender Kraft beseitigt (EG. VVG. art. 4 Nr. 2), so daß die Zahlung der V.summe nur noch von Beibringung der erforderlichen Nachweisungen, auch von Rückgabe des V.scheins, der aber nach § 4 Abs. 2 VVG. ersetzt werden kann, abhängig gemacht werden darf. Die VU. jedoch, welche vom VVG. überhaupt (Seev. u. Rückv. § 186 VVG.) oder von dessen die Vertragsfreiheit beschränkenden Vorschriften befreit sind (§§ 187, 188 VVG.), können es beim alten Rechtszustande belassen. Für die Haftpflichtv. gilt Besonderes (§ 154 VVG.). Ueber die Anrechnung von Kurkosten bei der Unfallv. s. VA. **04**, 92, bei der Invaliditätszusatzv. s. oben Anm. 4. Es kann nicht vereinbart werden, daß eine reichsgesetzliche Unfallrente auf die Leistungen anzurechnen ist, die eine private Pensionskasse infolge des gleichen Betriebsunfalls zu gewähren hat (RG. **50**, 232; OLG. Breslau VA. **07** Anh. 19 Nr. 284). Die Bedingung, daß der Versicherte zu einem Teile durch V. ungedeckt bleibe (Selbstv., Eigendeckung), ist bei der Haftpflichtv. eine notwendige; bei anderen V. bildet sie die Regel (Franchise bei der Transportv.) und wird namentlich bei der Feuerv. in der Weise getroffen, daß der Versicherte für gewisse Schäden von geringer Höhe (Bagatellschäden) oder bis zu einem gewissen Prozentsatz selbst aufzukommen hat. Solche Bedingungen unterliegen keiner Beanstandung von Aufsichts wegen, wenn sie in angemessenen Grenzen gehalten werden (VA. **10**, 117 u. 13 Nr. 84; **05**, 112; **07**, 27 Nr. 60). Bei der Viehv. kann nicht bestimmt werden, daß der V.nehmer sich unter allen Umständen einen bestimmten Mindesterlös für ein getötetes Tier anrechnen lassen muß (VA. **10**, 35 Nr. 40); über die Pflichtdauer tierärztlicher Behandlung s. VA. **10**, 35 Nr. 40 und oben Anm. 4. Das AA. hält darauf, daß die Viehv. auch auf Fleisch und Felle nach der Schlachtung sich erstreckt (VA. **10**, 116). An die häufige Vorschrift, daß der Versicherte seine Ansprüche auf den vom Versicherer vorgeschriebenen Formularen unter Vorlage der letzten Prämienquittung anmelden muß, dürfen keine Rechtsnachteile geknüpft werden; jede gehörige Art der Schadensanmeldung muß ausreichen (§ 34 VVG.; VA. **09**, 160). Die Bedingung, daß der Postschein über Einziehung des Geldes bei der Post als Quittung gelten soll, ist weder privatrechtlich noch von Aufsichtswegen zu beanstanden (vgl. VA. **09**, 161); die Bedingung, daß der Schein über Auflieferung des Wertbriefs als Quittung gelte, hat privatrechtlich nur die Bedeutung, daß der Versicherte die Transportgefahr trägt, wenn das Geld wirklich im Wertbrief sich bei der Auflieferung befand. Deshalb dürfte das AA. nach seinem richtigen Grundsatz (VA. **09**, 161), daß der Versicherer dem Versicherten wegen der damit verbundenen Unbilligkeit die Gefahr für Uebermittelung des Geldes nicht auferlegen kann, auch nicht zulassen, daß die Auflieferung eines Wertbriefes als Quittung gelte. Vorauserteilung der Quittung darf der Versicherer nicht vorschreiben (VA. **09**, 160).

6 Zu Nr. 3. Die Leistungen des Versicherten, also die Prämienzahlung und die Verzugsfolgen, sollen angegeben werden (VVG. §§ 1 Abs. 2,

35—42, 43 Nr. 4, 47, 91, 100 Abs. 2, 103, 105, 189; EG. VVG. art. 4 Nr. 4, 5). Es müssen daher die Prämien und Umlagen sowie alle Nebenkosten, die der Versicherte neben der Prämie zahlen soll (z. B. Policegebühren, Umschreibekosten, Agentengebühr), klargestellt werden (VA. **10**, 116; VA. **09**, 161: bei der Feuerv. genügt Aufnahme im Antrag), während sich Eintrittsgelder bei Sterbe- und Pensionskassen, Legegelder bei der Feuer- und Hagelv. von selbst verstehen (VA. **03**, 111; **09**, 106 Nr. 33). Soll eine Vertragsstrafe in einem Prozentsatz der V.summe bestehen, so muß eine Begrenzung auf einen Höchstbetrag stattfinden; soll die Strafe einer Jahresprämie gleich sein, so muß auch der V.schutz auf 1 Jahr übernommen werden (VA. **07**, 119). Eine Vereinbarung, nach der die V. bei nicht rechtzeitiger Prämienzahlung von selbst aufhört, kann nicht mehr stattfinden; es sind künftig die §§ 39, 40 Abs. 2, 42 VVG. zu beobachten. Es bedarf danach schriftlicher Mahnung mit zweiwöchiger Frist und Androhung der Rechtsfolge; die Befreiung von der Entschädigungspflicht tritt nach Ablauf der Mahnfrist ein und steht dem Versicherer, solange der Zahlungsverzug dauert, ein Kündigungsrecht zu (vgl. VA. **10**, 33 Nr. 39). Ueber die Einklagung der ersten Jahresprämie und die Folgen der Nichtzahlung (§§ 38, 40 VVG.) hat das AA. in VA. **10**, 89 Nr. 7 und über die Verzugsfolgen bei Nichtzahlung einer Folgeprämie bei der Viehv. in VA. **10**, 90 Nr. 8 Vorschriften aufgestellt.

Zu Nr. 4. Die Dauer der V. und was davon abhängt, ist anzugeben (VVG. §§ 2, 7—9, 14, 23, 24, 7
26, 27, 29—31, 38 Abs. 2, 39 Abs. 1 Satz 3, 41 Abs. 2, 42, 70, 72, 96, 100 Abs. 1, 113, 114, 138, 142 f., 158, 165, 172—178, 189). Es darf dem V.nehmer bei der Schadensv. nicht unangemessen lange Zeit die Möglichkeit entzogen werden, vom Vertrag loszukommen; bei der Vieh- und Hagelv. sind 5—6 Jahre, bei der Feuerv. 10—12 Jahre als höchste zulässige Dauer anzunehmen (VA. **09**, 158; **04**, 166 Nr. 12). Auch die Kündigungsfristen dürfen nicht

zu lange bemessen werden. Das AA. hält darauf, daß bei der Gebäudev. eine dreimonatige, bei allen anderen V. eine einmonatige Kündigungsfrist dem Versicherten eingeräumt wird (VA. **07**, 12; **06**, 95; **05**, 115); besonderes gilt nur für die Hagelv. (VA. **09**, 158). Sind laufende Prämien zu entrichten, so darf der V.nehmer das V.-verhältnis jederzeit für den Schluß der laufenden V.-periode kündigen (§ 165 Abs. 1 VVG.); es darf daher nicht bestimmt werden, daß ein Ausscheiden aus einer Pensionskasse während der Dauer des Anstellungsverhältnisses unzulässig sei (VA. **09**, 165 Nr. 11). Das AA. empfiehlt bei der mit der Invaliditätszusatzv. verbundenen Lebensv. die selbständige Kündigung der ersteren für die letzten 4—5 Jahre auszuschließen (VA. **10**, 94 Nr. 22). Bei der Zeitungsabonnentenv. (§ 1 Anm. 7) muß dem Versicherten das Recht eingeräumt sein, das V.verhältnis sofort aufzuheben, sobald der zwischen Verleger und Versicherer geschlossene Vertrag erlischt und daß die V. durch Aufhebung des zwischen Verleger und VU. geschlossenen Vertrags noch nicht allein aufhört, sondern daß es noch der Bekanntgabe durch das betreffende Blatt bedarf (VA. **09**, 179). Soll eine Lebensv. automatisch in Kraft erhalten werden, so muß dem V.nehmer darüber und über deren Folgen volle Klarheit gegeben werden (VA. **10**, 14 Nr. 36 unten Anm. 8). Hat eine unvollständige Kündigung einer Feuerv. (z. B. weil die vereinbarte Genehmigung der Hypothekengläubiger fehlte) stattgefunden, so darf die Feuerv.-U. nicht schweigen, sonst muß sie die Kündigung annehmen; daher kann von Aufsichtswegen eine entsprechende Weisung der Feuer-VU. an ihre Vertreter gefordert werden (VA. **07**, 119; **06**, 79 u. Anh. 78). Bei der Schlachtviehv. kann der Versicherte nur verpflichtet werden, die anderweit noch nicht versicherten neuerworbenen Tiere bei seinem Versicherer zu versichern, so daß Doppelv. ausgeschlossen ist (VA. **06**, 95). Von einer Weiter- oder Doppelv. muß dem Versicherer Anzeige gemacht werden, sonst hat der Versicherer ein Kündigungsrecht (§ 58 VVG.); das AA.

wirkt dahin, daß von diesem Recht kein ungehöriger Gebrauch gemacht werde (VA. **10**, 90 Nr. 11; **09**, 266). (Ueber die Verlängerung von V.verträgen s. § 8 VVG. u. VA. **10**, 13 u. 86; **09**, 241). Eine Bedingung, daß bei Einstellung der Prämienzahlung die künftigen Prämien am Rückkaufswert abgehen sollen, ist nicht zulässig (VA. **06**, 26 Nr. 47); soll eine wirkliche Sparv. eingerichtet werden, so genügt allein die Umwandlung in eine prämienfreie V.

Die Umwandlung einer Lebensv. in eine prä- 8
mienfreie V. kann der V.nehmer jederzeit für den Schluß der laufenden V.periode verlangen, wenn das V.verhältnis mindestens 3 Jahre gedauert hat und die Prämie für diesen Zeitraum bezahlt worden ist (VVG. §§ 173, 174, 178). Vom Betrag der V. darf dieses Recht im allgemeinen nicht abhängig gemacht werden, nur bei der großen Lebensv. ist eine Beschränkung auf den Betrag von 200 M. zugelassen (VA. **09**, 166 Nr. 15). Die Umwandlung der Lebensv. findet aber auch statt, wenn der V.nehmer mit der Prämienzahlung nach § 39 VVG. in Verzug gerät und der Versicherer nun kündigt (§ 175 VVG.). Für den Fall, daß diese Kündigung nicht erfolgt, müssen die Bedingungen besagen, daß der Versicherer zur Annahme der unmittelbar an ihn portofrei entrichteten Rückstände mit der Wirkung verpflichtet bleibt, daß die Folgen des Verzugs beseitigt werden und daß der Versicherer keine Prämien über das beim Ablauf der Mahnfrist laufende V.jahr fordern kann (VA. **09**, 167 Nr. 18). Die V.nehmer müssen jederzeit die Umwandlungswerte ersehen können. Deshalb müssen die Bedingungen die entsprechenden Angaben enthalten und klarstellen, ob bei der Umwandlung die z. Zt. des Vertragsschlusses oder die z. Zt. der Umwandlung bestehenden Tarife maßgebend sein sollen, auf welchen Zeitpunkt die Prämienreserve zu berechnen ist, und wie es sich mit den über diesen Zeitpunkt hinaus entrichteten Prämien verhält, ob die einmalige Prämie des § 174 Abs. 2 VVG. als Brutto- oder als Nettoprämie gedacht ist, und wie es

sich mit dem Anspruch auf Dividenden nach der Umwandlung verhält (VA. **09**, 165 Nr. 14—18). Das AA. hat sich in VA. **10**, 36 Nr. 41 u. S. 91 über die Abfindungswerte bei der Umwandlung, in VA. **09**, 93; **10**, 14 u. 96 Nr. 24 über die Arten der automatischen Umwandlung in eine prämienfreie V. und in VA. **10**, 100 Nr. 25 insbesondere hinsichtlich der Risikov. auf den Todesfall ausgesprochen.

8a Die kleineren Vereine des § 53 sind in § 189 VVG. besonders berücksichtigt. Bei ihnen kann nicht auf Einhaltung der Formen der §§ 38, 39 VVG. im Falle des Unterbleibens der Prämienzahlung gedrungen werden. Damit ändern sich auch die Grundsätze, nach denen eine Umwandlung der V. in eine prämienfreie stattfindet. Die Aufsichtsbehörde kann diese Verhältnisse daher abweichend von den §§ 38, 39, 42, 173 ff. VVG. regeln. Das AA. regelt diese Verhältnisse im allgemeinen daher so, daß nachteilige Folgen aus säumiger Prämienzahlung nur eintreten dürfen, wenn der V.nehmer vor oder nach der Fälligkeit auf die nachteiligen Folgen des Unterbleibens der Zahlung hingewiesen wird, und daß in der Lebensv. die vor Eintritt des V.falls ausscheidenden Mitglieder ihrer Einzahlungen nicht völlig verlustig gehen, so daß eine prämienfreie V. nur den Wirkungen nach durch Zurückerstattung der durch das Risiko und die Verwaltungskosten nicht aufgebrauchten Beiträge nach billigem Ermessen herbeigeführt wird (VA. **04**, 84; **07**, 82; **09**, 168 Nr. 19). Diesen kleineren Vereinen des § 53 sind die Lebensv. in kleineren Beträgen, die Volksv., die Sterbegeldv., also Firmen-, Fabrik- und Sterbekassen gleichgestellt, wenn sie auch nicht in den Formen eines kleineren Vereins auftreten (§ 189 Abs. 1 Nr. 2 VVG.).

9 Ueber den Rückkauf bestimmt § 176 VVG., daß bei der Kapitalv. auf den Todesfall dem Versicherten die Prämienreserve als Abgangsentschädigung herauszugeben ist, wenn der V.vertrag vorzeitig durch Rücktritt oder

Kündigung aufgelöst wird (§§ 16 Abs. 2, 17 Abs. 1, 24 Abs. 1, 27 Abs. 1, 25 Abs. 1, 28 Abs. 1, 167 VVG.) und die V. so genommen ist, daß der Eintritt des V.falles gewiß ist. Dies trifft auch zu bei der Rentenv. (Ueberlebensv.). Dieser Grundsatz ist damit gerechtfertigt, daß der Versicherer, wenn er infolge vorzeitiger Aufhebung des Vertrags von einer Leistung frei wird, die bei Abschluß des V.vertrags als sicher eintretend angesehen wird, sonst ohne Grund bereichert würde. War aber bei Abschluß des V.vertrags mit der Möglichkeit zu rechnen, daß der Versicherer überhaupt nicht zu zahlen haben werde, wie bei der Erlebensfallv. und der aufgeschobenen Leibrentenv. ohne Prämienrückgewähr, so fallen diese Rücksichten weg; die Prämienreserve gebührt beim Todesfall dem Versicherer, der sie zur Aufbesserung der Prämienreserve der Ueberlebenden verwendet; deshalb sind die Prämien der Versicherten entsprechend niedrig berechnet; es braucht keine Abgangsentschädigung gewährt zu werden; sie pflegt aber doch gewährt zu werden, wenn die Annahme ausgeschlossen ist, daß die Versicherten den Eintritt des V.falls nicht erlebt hätten. Das AA. verlangt bei der Kapital- und Rentenv. auf den Erlebensfall ohne Prämienrückgewähr im Todesfall die Einführung des Rückkaufs nicht (VA. **10**, 95). In allen Fällen des Rückkaufs muß die V. mindestens 3 Jahre gedauert haben und die Prämie für diesen Zeitraum bezahlt sein (§§ 173, 176, 177, 178 VVG.; VA. **05**, 28). Die Abgangsentschädigung besteht nicht in der vollen Prämienreserve, sondern es wird ein angemessener Abzug gemacht (§ 176 Abs. 4 VVG.). Die Prämienreserve wird zu diesem Zweck für den Schluß der V.periode berechnet (§ 176 Abs. 3 VVG.), und kommen bei der Verzinsung der Prämienreserve im Zweifel Bruchteile von V.jahren nicht in Ansatz (Bolze 11 Nr. 439—441). Im übrigen steigt der Rückkaufswert im Verhältnis zur wachsenden Prämienreserve mit den Jahren nach technisch sehr ausgebildeten Systemen. Nach VA. **10**, 95 soll der Rückkaufswert solange 60 Prozent der Prämienreserve sein, als diese 30 Prozent der V.summe nicht übersteigt; der Rückkaufswert wächst um soviele Prozent der Prämienreserve, als diese mehr als 30 Prozent der V.summe beträgt, bis zu 90 Prozent der Prämienreserve; das AA. läßt aber auch noch einen Rückkaufswert von 75 Prozent der Prämienreserve zu (VA. **10**, 95). Ueber den Rückkaufswert bei V. auf den Todesfall mit Vorbehalt der Ermäßigung der V.summe s. VA. **10**, 36 Nr. 41, über den Rückkauf bei der Kapitalv. auf den Erlebensfall mit Prämienrückgewähr s. VA. **10**, 96 und bei der Risikov. auf den Todesfall s. VA. **10**, 100 Nr. 25. Aus den V.bedingungen muß der Rückkaufswert und dessen Berechnung sich ergeben (VA. **10**, 14 Nr. 36; **09**, 165 Nr. 14 u. 17; **08**, 74). Auf den Prämienquittungen ist der Rückkaufswert zu vermerken; dies ist für die Beleihungsfähigkeit wissenswert (§ 59 Abs. 1 Nr. 3). Den Anspruch auf den Rückkaufswert kann der Konkursverwalter des Versicherten geltend machen (a. M. LG. Berlin VA. **10** Anh. 13 Nr. 497). Für die kleineren VV. a. G. (§ 53) sowie für die Lebensv. in kleineren Beträgen (Sterbegeld- und Volksv., oben Anm. 8) dürfen mit Genehmigung der Aufsichtsbehörde Erleichterungen von den strengen Rückkaufsvorschriften des VVG. eingeführt werden (§ 189 VVG.).

10 Zu Nr. 5. Die Ausschlußfristen (Präklusivfristen) sollen angegeben werden (VVG. § 12 Abs. 2, 33 Abs. 2, 92, 110, 153, 171 f.; EG. VVG. art. 4 Nr. 2). Eine häufige Bedingung war es, daß der Versicherte alle Ansprüche verwirkt, wenn er sie nicht innerhalb einer gewissen Frist nach Ablehnung des Versicherers in bestimmter Form geltend gemacht hat. Diese Fristen sind keine Verjährungsfristen. Deshalb kam es darauf an, ob die Fristversäumung entschuldbar war oder nicht (RG. **10**, 160; **26**, 64; JW. **06**, 111 Nr. 19), insbesondere, ob und wann der Versicherte die wahre Sachlage erkennen und die erforderlichen Schritte tun konnte (vgl. RG. **71**, 431 u. RG. in VA. **10** Anh. 62 Nr. 528, 63 Nr. 529;

RG. in LZ. **10**, 694 Nr. 5). Unrichtige Belehrung des Agenten entschuldigt immer (vgl. § 46 VVG.). Im übrigen ist die Entschuldbarkeit nach dem Zweck der Frist mit Rücksicht auf Treu und Glauben zu beurteilen (RG. **28**, 392; VA. **07**, 21 Nr. 285; KG. in VA. **08**, 76 Nr. 396), so daß bei Anerkennung des Anspruchs (OLG. Stettin VA. **07** Anh. 28 Nr. 292) oder wenn der Versicherer bis zur Erledigung eines Strafverfahrens zu warten wünscht (JW. **10**, 35 Nr. 58), der Einhaltung der Frist nicht bedarf, und bei Versäumung während des Schwebens von Vergleichsverhandlungen eine kurze Nachfrist zu geben war (RG. **22**, 204; VA. **08** Anh. 40; Recht **07**, 389 Nr. 821). Diese Grundsätze sind durch den mit rückwirkender Kraft versehenen § 12 Abs. 2 VVG. (art. 4 Nr. 2 EG. VVG.) für diejenigen VU. teilweise beseitigt, die nur beschränkte Vertragsfreiheit haben (§§ 186—188 VVG.). Ist nämlich in den Bedingungen bestimmt, daß der Versicherer von seinen Verpflichtungen frei sein soll, wenn der Anspruch nicht innerhalb einer bestimmten Frist gerichtlich geltend gemacht wird, so beginnt die Frist erst, nachdem der Versicherer dem Versicherten gegenüber den Anspruch unter Angabe der mit dem Fristablauf verbundenen Rechtsfolge schriftlich abgelehnt hat. Ablehnung gegenüber der nicht vertretungsberechtigten Ehefrau genügt nicht (RG. in VA. **10** Anh. 63 Nr. 529). Diese Frist muß 6 Monate wenigstens betragen; auf eine abweichende Vereinbarung zum Nachteil des Versicherten kann sich der Versicherer nicht berufen. Das AA. bezieht diese Vorschrift des § 12 Abs. 2 u. 3 VVG. nicht auf die Geltendmachung des Anspruchs vor einer Sachverständigenkommission (unten Anm. 11) und läßt daher eine geringere Ausschlußfrist als 6 Monate vereinbaren (VA. **10**, 86). Soweit hiernach obige Grundsätze noch anwendbar bleiben, ist im Aufsichtswege auf eine angemessene Gestaltung, insbesondere auf die Gewährung angemessener Frist, hinzuwirken. Ueber Schadensanzeigen und deren Verspätung s. oben Anm. 4.

11 Zu Nr. 6. Ueber das Verfahren im Falle von Streitigkeiten, den Gerichtsstand und die Bestellung eines Schiedsgerichts sollen sich die Bedingungen verhalten, wenn darüber überhaupt etwas Besonderes vorgeschrieben werden soll (hierüber unten Anm. 12). Durch Annahme der allgemeinen Bedingungen kommt der Schiedsvertrag zustande, wenn die Bedingungen einen solchen vorsehen. Ein solcher Schiedsvertrag erfordert, daß den Schiedsrichtern der ganze Streit anvertraut wird, wie ihn das Gericht zu entscheiden gehabt hätte. Ist dies der Fall, so ist der Rechtsweg vor den ordentlichen Gerichten ausgeschlossen (RG. in LZ. **07**, 63 Nr. 10; JW. **02**, 636 Nr. 18); das Schiedsgericht ist nach § 12 Abs. 2 VVG. anzugehen und richtet sich das Verfahren nach §§ 1025 ff. ZPO. Der VU. oder einem Organ der VU. kann das Schiedsrichteramt nicht übertragen werden (PrOTr. ZHR. **15**, 616; Staub Erl. zu § 346 Anm. 56). Sollen sog. Schiedsrichter jedoch nur über einzelne Elemente des Streits, z. B. nur über den ursächlichen Zusammenhang zwischen Schadensereignis und Tod, Invalidität, Erwerbsfähigkeit oder nur über die Dauer der letzteren, über den Wert des Geretteten usw., entscheiden, so sind sie nur Sachverständige oder Schätzer (Arbitratoren; RG. in LZ. **09**, 326 Nr. 10). Ihre Stellung ist in §§ 64, 184 VVG. geordnet. Es läßt sich hierauf alles anwenden, was bisher zu § 319 BGB. entschieden wurde (vgl. RG. **45**, 350; **67**, 73; LZ. **09**, 326; Schneider in LZ. **09**, 903). Können oder wollen die Schiedsgutachter keine Entscheidung treffen oder verzögern sie dieselbe, so kann das Gericht ohne weiteres in der Sache selbst angegangen werden (§ 64 Abs. 1 VVG.). Welche Folgen es hat, wenn das Verfahren dieser Arbitratoren ergebnislos verläuft oder wegen materieller oder formaler Fehler wirkungslos ist, richtet sich nach dem Parteiwillen, der durch Vertragsauslegung zu ermitteln ist. Dieser Wille wird

regelmäßig und zwar insbesondere, wenn die VU. die Wirkungslosigkeit verschuldet hat (RG. in VA. **08** Anh. 24 Nr. 364), dahin gehen, daß die Parteien sich nicht nochmals diesem Verfahren zu unterwerfen brauchen, sondern, daß nun der Rechtsweg eröffnet ist (vgl. RG. **45**, 350; RG. in LZ. **08**, 239 Nr. 6 und HansGZ. **04** Beibl. 113). Beruft die VU. innerhalb der vereinbarten Frist die Schiedsgutachter nicht, so kann der Versicherte ohne weiteres die Gerichte in der Sache selbst anrufen, er braucht nicht die VU. erst im Rechtsweg anzuhalten, die Schiedsgutachter zu berufen (RG. in LZ. **07**, 663 Nr. 6). Der Spruch der Schiedsgutachter kann wegen offenbarer, erheblicher (nicht: offenbar erheblicher) Abweichung von der wahren Sachlage umgestoßen werden. Offenbare und erhebliche Abweichung ist nur einem in wesentlicher Beziehung offenbar sachlich unrichtigen Spruch vorzuwerfen, also mangelnde Begründung, unklare, nicht erschöpfende Beantwortung der Streitfrage, Ungewißheit des Entschiedenen; RG. in VA. **06** Anh. 93 Nr. 240; kurz solche Mängel, wie sie einem Sachverständigen bei unparteiischer, sachverständiger Prüfung nicht entgehen konnten (RG. **69**, 168) und hierher gehört auch unrichtige Auslegung von V.bedingungen (JW. **10**, 836 Nr. 74). Ein auf ungenügender Aufklärung, flüchtiger Prüfung oder auf Verfahrensverstößen beruhender Spruch weicht nur dann offenbar erheblich ab, wenn durch diese Verstöße der Spruch in einem wesentlichen Punkte sachlich unrichtig geworden ist (RG. in VA. **09** Anh. 37 Nr. 446). Nebensächliche Unrichtigkeit (RG. **10**, 130) schadet nicht. Kann der Spruch nach § 64 VVG. nicht bestehen, so braucht kein Teil ein neues, verbessertes Schiedsgutachten sich gefallen zu lassen (vgl. RG. in VA. **06** Anh. 93 Nr. 240; RG. **45**, 351): bestand die Kommission der Schiedsgutachter jedoch nicht zu Recht, so müssen sich die Parteien auf einen Spruch vor gehörig gebildeter Kommission einlassen (vgl. RG. in VA. **05**, 63 Nr. 131). Es ist nicht unzulässig, daß die VU. als ihren Schiedsgutachter ihren Vertrauensarzt aufstellt, wenn jeder Teil einen Gutachter ernennen darf, für einen Obmann gesorgt ist und der Arzt in keinem Abhängigkeits- oder Unterordnungsverhältnis zur VU. steht (RG. **69**, 167). Aufgabe der Aufsichtsbehörde ist es, ein Auseinanderhalten des schiedsgerichtlichen und des bloß schiedsgutachtlichen Verfahrens in den Bedingungen durchzusetzen und dafür zu sorgen, daß letzteres Verfahren in den einfachsten und billigsten Formen die Interessen aller Beteiligten in unparteiischer Weise wahrt, namentlich, daß nicht schwierige Rechtsfragen, z. B. die Verwirkung des V.anspruchs, Schiedsgerichten überwiesen werden (VA. **08**, 109; **03**, 113).

12 Die Zuständigkeit des Gerichts erster Instanz in vermögensrechtlichen Streitigkeiten können die Parteien frei bestimmen, wenn kein ausschließlicher Gerichtsstand gegeben ist (§§ 38, 40 ZPO.); und zwar gilt dies für die örtliche und die sachliche Zuständigkeit. Enthalten die allgemeinen V.bedingungen keinen gewillkürten Gerichtsstand, so gilt folgendes: der inländische Versicherer ist an seinem Sitz zu verklagen; dort kann der Verein auch gegen seine Mitglieder klagen (§ 18 Anm. 2). Die ausländische VU. muß sich an ihrem inländischen Niederlassungsort verklagen lassen (§ 89), inländische wie ausländische VU. müssen sich auch am Wohnsitz ihres Hauptbevollmächtigten (§ 115 Abs. 3) und an dem Orte verklagen lassen, an dem der abschließende oder vermittelnde Agent z. Zt. des Abschlusses oder der Vermittlung seine gewerbliche Niederlassung oder seinen Wohnsitz hatte (§ 48 VVG.). Diese drei letzteren Gerichtsstände können durch Vereinbarung nicht ausgeschlossen werden. Außerdem wirkt das AA. darauf hin, daß dem Versicherten auch noch ein Gerichtsstand an seinem Wohnort oder am Sitz der nächsten Agentur oder Zahlstelle eingeräumt wird (VA. **03**, 113). Für die Klagen gegen den Versicherten auf Prämie ist ein Gerichtsstand

an seinem Wohnsitz begründet (§ 36 VVG.; § 29 ZPO.). Dieser letztere Gerichtsstand kann durch Vertrag beseitigt werden; es beanstandet das AA. nicht, wenn die V.bedingungen als ausschließlichen Gerichtsstand für die Klage auf Zahlung der Prämie den Wohnsitz des Versicherers bezeichnen (VA. **09**, 162). Die Gerichtsstände, die nach obigem durch Vertrag nicht geändert werden können, sind keine ausschließlichen Gerichtsstände; es können daher neben ihnen und auch im Zweifel neben sonst etwa noch vereinbarten Gerichtsständen (JW. **03**, 45 Nr. 2 u. 46 Nr. 5) alle übrigen Gerichtsstände der ZPO. angegangen werden (Vereinbarungen über Gerichtsstände sind nicht nach Tarifstelle 71 Ziff. 2 PrStempG. besonders stempelpflichtig; VA. **09**, 169). Eine besondere Frage ist es, ob die oben erwähnten Gerichtsstände der §§ 89, 115 und VVG. § 48 durch die Vereinbarung eines Schiedsgerichts nach § 1015 ZPO. beseitigt werden können; diese Frage wird gegen Alexander-Katz (Assek.Jahrb. **04**, 122) nach dem Zweck der Bestimmungen zu bejahen sein, denn es handelt sich in §§ 89, 115 und VVG. § 48 nur um Zweckmäßigkeitsvorschriften im Interesse des Versicherten und nur um den Fall, daß nicht der Rechtsweg durch Schiedsvertrag überhaupt ausgeschlossen wird. Etwas Anderes ist die Vereinbarung, daß der Schaden von einer Kommission festgestellt werden soll. Hierüber oben Anm. 11. Das AA. hält darauf, daß die Bestimmungen über den Gerichtsstand in den V.bedingungen erschöpfend enthalten sind; sollten es auch nur die gesetzlichen Bestimmungen sein (VA. **09**, 157 u. 162).

Zu Nr. 7. Das G e w i n n v e r t e i l u n g s - 13
s y s t e m ist nach seinen versicherungstechnischen Methoden und Maßstäben klarzustellen. Dazu gehört die Darstellung des Dividendensystems für die einzelnen Versichertenkategorien, der Bildung von Gewinnreserve und Ausgleichungsfonds, damit die Aufsichtsbehörde jede willkürliche Behandlung und sprunghafte Gewinnaus-

schüttungen hintanhalten kann (VA. **03**, 113; **04**, 19; **07**, 120 u. 124; § 4 Anm. 2; § 7 Anm. 4). Vgl. § 38.

14 Zu Nr. 8. Voraussetzungen und Umfang der Policedarlehen bei der Lebensv. Die V.scheine (§ 3 VVG.) sind Legitimationspapiere und bleiben, selbst wenn sie auf den Inhaber gestellt werden, inhaberähnliche Namenpapiere (§ 808 BGB.; § 4 VVG.). Der Versicherer wird also nur berechtigt, nicht aber, wie beim eigentlichen Inhaberpapier (§ 793 BGB.), verpflichtet, an den Inhaber zu leisten. Die Forderung ist daher nur durch Abtretung nach §§ 398 ff. BGB. übertragbar. Es ist auch eine fiduziarische Abtretung möglich; letztere berechtigt den Gläubiger zur Kündigung der V., wenn der versicherte Schuldner die Prämie nicht weiterzahlen kann (RG. in LZ. **07**, 437 Nr. 9; Staub § 368 Anm. 101 ff.). Die Einräumung des Besitzes am V.schein hat nicht die Wirkung, daß dadurch ein Faustpfand bestellt wird, wohl aber kann in der Einräumung des Besitzes die Einräumung eines nur obligatorisch wirkenden, im Konkurs bedeutungslosen Zurückbehaltungsrechts gewollt sein (Staub § 368 Anm. 1; § 369 Anm. 15). Dies wird von Bedeutung, wenn der Pfandgläubiger die Prämie auslegt (§ 1216 BGB.). Zu einer Verpfändung bedarf es nicht der Uebergabe der Police, sondern der Verpfändung der Forderung aus dem V.vertrag mit Anzeige an den Schuldner (§§ 1274, 1280 BGB.; vgl. RG. **51**, 86; JW. **04**, 485 Nr. 5; RG. in VA. **08** Anh. 77 Nr. 397). Die Lebensv. betreiben nun die Beleihung ihrer eigenen V.scheine gewerbsmäßig (§ 59 Anm. 7), indem sie dem Versicherten Darlehen mit oder ohne Verpfändung des V.anspruchs oder so gewähren, daß die Quittung auf den V.schein gesetzt wird. In letzterem Falle wird durch den Vermerk kenntlich gemacht, daß das „Darlehen“ als Vorschußzahlung auf den Anspruch aus der V. gelten soll (vgl. § 59 Abs. 1 Nr. 3), so daß der Betrag der Prämienreserve nun als Darlehen

vom Versicherten geschuldet werde (§ 607 Abs. 2 BGB.). Diese „Beleihung" ist oft nötig, um die Mittel zur Zahlung der künftigen Prämie und damit zur Aufrechterhaltung der V. zu gewinnen (VA. **03**, 113). Dieses Verfahren wird erst dann unzulässig, wenn die V. nur genommen wird, um daraufhin ein Darlehen zu bekommen und dann die V. verfallen zu lassen (KG. in OLGR. **15**, 312; vgl. VA. **06**, 58). Ob es sich um eine bloße Vorschußzahlung oder um einen Darlehensvertrag mit Verpfändung (Beleihung der Police) oder um ein Policedarlehen ohne Verpfändung (reines Policedarlehen) handelt, kann im Einzelfall sehr zweifelhaft sein. Ein bloßer Vorschuß wird gewollt sein, wenn der Versicherte nur das Recht, nicht auch die Pflicht, zur Rückerstattung hat. Hat er auch die Pflicht zur Rückzahlung, so wird ein einfaches Darlehen (§ 607 BGB.) vorliegen; ob damit eine Verpfändung der künftigen Forderung auf die V.summe verbunden ist, bleibt Tatfrage. Daraus, daß die VU. den V.schein in Besitz nimmt, ist noch nichts zu schließen; das kann geschehen sein, um den Versicherten an der Verfügung zu hindern. Der Unterschied, ob die eine oder die andere Annahme zutrifft, ist erheblich, weil im Falle eines einfachen Darlehens der Versicherte über die Forderung frei verfügen kann, und Darlehen, nicht aber Vorschußzahlungen, der Konkursmasse zurückzuerstatten sind (VA. **06**, 66; das AA. nimmt in allen Fällen Vorschußzahlungen an; VA. **03**, 113; vgl. auch KomBer. 28). Die Aufsichtsbehörde wird nicht dulden dürfen, daß Darlehen über den Rückkaufswert der Police hinaus gegeben werden (vgl. KomBer. 73 u. oben Anm. 9). Sie kann die Beleihung unter Umständen verbieten (§ 69 Abs. 1). — Bis dahin wurde unterstellt, daß die VU. ihren Versicherten Darlehen gewährt. Es ist aber auch der Fall möglich, daß eine Kreditanstalt den Geldgeber macht und verlangt, daß der Darlehensnehmer sein Leben bei einer verbündeten VU. zugunsten des

Kreditgebers nach § 166 VVG. oder so versichert, daß die Kreditanstalt die V. auf eigenen Namen abschließt oder sich den Anspruch auf die V.summe und den Rückkaufsbetrag verpfänden läßt. Die Genehmigung der Verpfändung seitens der VU. legt der VU. nicht die Verpflichtung auf, den Pfandgläubiger von Nichtzahlung der Prämie zu benachrichtigen (RG. in VA. **08** Anh. 77 Nr. 397). Weiteres über Abtretung und Verpfändung s. § 20 Anm. 1a. Ueber die Verpfändung von Transportv.-Policen des § 363 Abs. 2 HGB. s. Staub § 368 Anm. 19 ff. Den hier leicht möglichen Mißbräuchen tritt die Aufsichtsbehörde entgegen, sobald das Lebensv.-Geschäft zu Kreditgeschäften mißbraucht werden soll (VA. **05**, 40; **06**, 58). Es wird auch verlangt, daß in den V.bedingungen und nicht erst in den Schuldscheinen die Voraussetzungen, der Umfang von Darlehen und Vorauszahlungen, die Kündigungsvorschriften, die Verpfändungsform und die Rechtsfolgen einer Zahlungsverspätung angegeben sind (VA. **09**, 162).

15 II. **Abweichungen von den allgemeinen** (von der Aufsichtsbehörde nach § 7 genehmigten) **Bedingungen,** die dem Versicherten günstig sind, und ebenso Ergänzungen sind immer zulässig. Abweichungen und Ergänzungen dagegen, die dem Versicherten ungünstig sind, wie z. B. die Selbstversicherungs- und Wiederaufbauklausel bei der Gebäudev. (VA. **10**, 14 Nr. 85), dürfen in den V.vertrag nur aufgenommen werden, wenn besondere Gründe, z. B. ein in dem einzelnen Falle besonders geartetes Risiko, vorliegt, und außerdem der besonders aufmerksam gemachte V.nehmer sich mit der Abweichung einverstanden erklärt hat. Es sind somit Abweichungen nur dann unstatthaft, wenn sie nicht auf der Besonderheit des einzelnen Falles beruhen, sondern zur Regel gemacht werden. Zeigt sich das Bedürfnis nach Einführung neuer Bedingungen, so kann die Geschäftsleitung diese neuen Bedingungen nicht einfach anwenden, sondern sie muß die Beschlußfassung der VU. im geordneten Weg (bei VV.

a. G. §§ 41, 53) herbeiführen und außerdem die Erlaubnis der Aufsichtsbehörde einholen, weil in der Aenderung der allgemeinen Bedingungen eine Aenderung des Geschäftsplanes enthalten ist (§ 13). Die Einhaltung dieses Weges soll § 9 Abs. 3 sichern (vgl. VA. 08, 112). Die besonderen Gründe einer Abweichung brauchen nicht im V.schein zu stehen. Abweichungen können für ganze Gefahrenklassen usw. schon in den allgemeinen Bedingungen vorgesehen sein; alsdann kann man eigentlich von einer Abweichung nicht reden. Die Aufsichtsbehörde hat dafür zu sorgen, daß volle Klarheit herrscht, daß und wie abgewichen werden soll (so haben z. B. Krankenkassen deutlich zu machen, wenn sie abweichend von § 54 a KrankVG. auch im Falle der Erwerbsunfähigkeit Beiträge verlangen; VA. 08, 85), sowie, daß die Gründe der Abweichung aktenkundig gemacht werden.

Da hier nur ein Verwaltungsgrundsatz im Sinne einer Anleitung bei der Aufsichtsführung aufgestellt wird, berührt ein Verstoß die privatrechtliche Gültigkeit des V.vertrags nicht, noch macht ein Verstoß schadensersatzpflichtig; denn es wollte der Gesetzgeber etwas anderes als die Nichtigkeit, nämlich nur ein Einschreiten der Aufsichtsbehörde nach §§ 64, 67. Regierung (Begr. 67), Kommission (Ber. 33) und Reichstag (Prot. 2363 ff.) waren hierüber einer Meinung. Einen ganz andern Sinn hat es, wenn die §§ 6, 11, 12, 14, 31, 34, 42, 47, 64 f., 92, 110, 114, 153, 178, 183 VVG. verfügen, daß der Versicherer sich auf eine Vereinbarung nicht berufen kann, durch welche von den dort bezeichneten Vorschriften zum Nachteil des V.nehmers abgewichen wird; diese Abweichungen sind nichtig, während der V.vertrag, abweichend von der Regel des § 139 BGB., im übrigen zu Recht besteht.

§ 10. Vor dem Abschlusse des Versicherungsvertrags ist dem Versicherungsnehmer ein Exemplar

der maßgebenden allgemeinen Versicherungsbedingungen gegen eine besonders auszufertigende Empfangsbescheinigung auszuhändigen. Das gleiche gilt, soweit es sich um Versicherung auf Gegenseitigkeit handelt, auch von der Satzung des Vereins.

Auf solche Feuerversicherungen, deren Abschluß im Börsenverkehr oder nach Börsenusance erfolgt, findet die Vorschrift des Abs. 1 keine Anwendung.

Die Aufsichtsbehörde kann weitere Ausnahmen von den Vorschriften des Abs. 1 zulassen.

1 I. **Vor Abschluß des V.Vertrags**, also ehe sich die Parteien über den Umfang ihrer Verpflichtungen und Rechte geeinigt haben (und das ist der Fall, sobald dem Antragsteller die Annahmeerklärung des Versicherers zugeht, § 145 HGB.), und ehe der V.nehmer gebunden ist, sind dem V.nehmer die a l l g e m e i n e n (nicht die besonderen, § 4 Anm. 4) Bedingungen, soweit sie die abzuschließende V. betreffen, auszuhändigen, damit er volle Klarheit besitzt. Die V.bedingungen sind ein Teil des V.antrags, der Klarheit über alle Nebengebühren geben muß (VA. **10**, 116). Durch dessen Annahme werden die Bedingungen zu einem notwendigen Teil des V.-vertrags (§ 4 Anm. 4; § 9 Anm. 2). Das AA. läßt den Antragsteller an seinen Antrag in den Bedingungen im allgemeinen nicht länger als 2 Wochen binden (VA. **10**, 90 Nr. 10); bei der Todesfallv. läßt das AA. bei einer V.summe bis zu 10 000 M. eine Bindung von 6 Wochen, bei größeren Summen eine Bindung von 2 Monaten und da, wo es sich nicht um ärztliche Zeugnisse handelt, wie bei der Rentenv., andern Erlebensfallv. und bei der Volksv., nur eine Bindung von 1 Monat zu (VA. **10**, 92 Nr. 15). Ist keine Bindungsfrist gesetzt, so gilt § 147 Abs. 2 BGB. (Staub Exk. zu § 361 Anm. 26); ausgenom-

men die Feuerv. (§ 81 VVG.). Ist Todesfallv. (VA. **09**, 97) für den Fall des Todes eines Dritten genommen, so gehört zur Gültigkeit des V.vertrags die schriftliche, vor Vertragsschluß auszustellende Einwilligungserklärung des Dritten (§ 159 Abs. 2 VVG.). Im übrigen ist eine Form für den V.vertrag nicht vorgeschrieben, wenn auch regelmäßig der V.vertrag nach den allgemeinen Bedingungen durch die Ausfolgung oder auch durch die Einlösung des V.scheins, d. h. Zahlung der ersten Prämie, zustande kommt (ROHG. **9**, 38 Nr. 3; VA. **09**, 161). Ueber den V.vertrag muß der Versicherer dem Versicherten eine Urkunde, den V.schein, ausstellen (§§ 3 u. 5 VVG.). Der V.schein ist nur Legitimationsurkunde nach § 808 BGB., auch wenn sie auf den Inhaber lautet (§ 4 VVG.; Staub, Exk. zu § 365 Anm. 10). Geht sie verloren, so kann der V.nehmer eine Ersatzurkunde verlangen; will dafür etwas angesetzt werden, so muß dies und der Betrag in den V.-bedingungen angegeben sein (VA. **10**, 85; § 3 Abs. 2 u. 4 VVG.). Der V.nehmer hat ferner gegen Erstattung der Kosten einen Anspruch auf Erteilung von Abschriften seiner Erklärungen, die er mit Bezug auf den Vertrag abgegeben hat (§ 3 Abs. 3 u. 4 VVG.); auf dieses Recht ist der V.nehmer bei Aushändigung des V.scheins aufmerksam zu machen; dies pflegt durch Anheftung eines roten Zettels mit Aufdruck zu geschehen; ein bloßer Hinweis auf dieses Recht in den V.bedingungen genügt nicht (VA. **10**, 31 Nr. 87). Ueber alles dies kann die Aufsichtsbehörde nach §§ 7, 13, 64 näheres bestimmen (PrOVG. in VA. **06** Anh. 111 Nr. 254), auch strengeres; insbesondere anordnen, daß dem V.schein bei vielen Teilrisiken Abschrift des V.antrags beigegeben werden muß (vgl. § 3 Abs. 3 VVG.), wenn nicht in dem V.schein selbst eine genaue Beschreibung enthalten ist (VA. **07**, 87; **08**, 34 Nr. 25 u. 86); so verlangt das AA., daß die Abschriften die der V.nehmer nach § 3 Abs. 3 u. 4 VVG. verlangen kann, 1,50 M. nicht übersteigen (VA. **10**, 85).

Unser Paragraph gibt noch eine weitere Ordnungsvorschrift, der leicht dadurch nachzukommen ist, daß dem den V.antrag regelmäßig darstellenden Fragebogen (§ 18 VVG.) die allgemeinen Bedingungen aufgedruckt werden. Die Ausfolgung dieser V.bedingungen geschieht gegen vom V.nehmer gleichfalls vor Abschluß des V.vertrags zu erteilende, mit Datum und Unterschrift zu versehende Empfangsbescheinigung. Aus dem Zweck dieser Vorschrift, daß nämlich der V.nehmer nicht eine etwa in dem V.schein befindliche, versteckte Quittungserteilung übersieht, ergibt sich, daß der Empfang auf dem Antragsformular und selbst auf dem V.schein bescheinigt werden kann. Eines besonderen Formulars bedarf es nicht (VA. **02**, 190; **03**, 114). Das AA. empfiehlt es zwar, die V.bedingungen mit dem V.schein zu verbinden; die VU. lassen es aber an einer Bezugnahme auf die V.bedingungen im V.schein genügen, weil die V.bedingungen vor Vertragsschluß ausgefolgt sein müssen (VA. **10**, 84). Die Quittung darf nach VA. **03**, 114, wohl mit Rücksicht auf § 145 BGB., kein späteres Datum als der V.antrag haben; das Gesetz sagt „vor Abschluß des Vertrags" soll die Quittung erteilt sein. Man wird eben die Bindung des Antragstellers nach seinem erkennbaren Willen immer als ausgeschlossen anzusehen haben, solange er die V.bedingungen nicht kennt. Ein Schaden kann also nicht entstehen. Daher bedarf es überall da keiner Aushändigung der allgemeinen V.bedingungen, wo tatsächlich oder rechtlich mit genauer Kenntnis der Bedingungen mit Sicherheit zu rechnen ist, wie bei unveränderten Verlängerungen bestehender V., bei der Nachv. unter denselben Bedingungen, Eintritt eines neuen Erwerbes der versicherten Sache, Universalrechtsnachfolge (VA. **02**, 16; **03**, 32 u. 114) und bei kleinen Sterbekassen, wenn der Vorstand des aufzunehmenden Vereins glaubhaft erklärt, daß die Versicherten die Kenntnis besitzen (VA. **03**, 114). Anders verhält es sich bei Veränderungsgenehmigungen wegen Besitzwechsels (VA.

03, 114). Die Notwendigkeit schleunigen Abschlusses rechtfertigt keine Ausnahme (VA. **07**, 121). Die Ausnahmen sind in Abs. 2 u. 3 besonders geregelt. Ueber Stempelfragen s. Ehrenfried, Stempelsteuer-Bestimmungen und Tarife für V.verträge 2. Aufl., 1910.

Die Satzung eines VV. a. G. enthält regelmäßig die allgemeinen V.bedingungen (§ 9 Anm. 3). Sie sind ebenso gegen Empfangsbescheinigung vor dem Abschluß auszufolgen, wie es für andere VU. in Satz 1 hinsichtlich der allgemeinen V.bedingungen vorgeschrieben ist (Näheres über die Satzung § 17). Es gilt also das zu Anm. 1 bereits Ausgeführte. Die Satzung gilt übrigens den Mitgliedern als bekannt, auch wenn keine Aushändigung stattgefunden hat. Durch den Eintritt in den VV. a. G. unterwerfen sie sich der Satzung, auch wenn sie dieselbe nicht gekannt haben sollten (PrOTr. in SA. **32**, 372). Ueber Satzungsänderung s. §§ 39 u. 41. 2

II. **Zwei Ausnahmen** von diesen Grundsätzen gibt es: 3

1. Feuerv., deren Abschluß im Börsenverkehr oder nach Börsenusance erfolgt, können ihrer Natur nach dem Absatz 1 nicht unterworfen sein.

2. Die Aufsichtsbehörde darf Ausnahmen zulassen d. h. verfügen (nicht stillschweigend dulden). Diese Zulassung wird der VU. allgemein erteilt und kann jederzeit widerrufen werden. Diese Ausnahme wird Platz greifen, wo es sich um Abschlüsse durch den Draht oder Ferngespräch, unter geschäftsgewandten Personen (Kaufleute) oder um Abschlüsse an der Börse (VA. **02**, 190 Nr. 6; **03**, 114), um eine durch den Kauf eines Tikets (VA. **03**, 114) oder einer Zeitungsnummer, eines Zeitungsabonnements (VA. **09**, 265 Nr. 77), einer durch Insertion zustande gekommenen V. handelt und ferner überhaupt da, wo die V.anträge nach dem Wesen des Betriebs unmittelbar vor Inkrafttreten der V. gestellt zu werden pflegen (VA. **03**, 114: Trichinenv.); hierfür gibt es die Kuponpolicen; sie sind nicht zugelassen bei der Feuerv. 4

(VA. **10**, 117); sie sind zugelassen bei der V. gegen Einbruchdiebstahl und gegen Wasserleitungsschäden, wenn die V. als Haushaltsv. genommen worden (VA. **10**, 117; **07**, 121).

5 III. Zuwiderhandlungen sind lediglich Verstöße gegen Ordnungsvorschriften wie bei § 9 Anm. 15. Es lag dem Gesetzgeber ferne, hier eine Formvorschrift nach § 125 BGB. aufzustellen. Dazu hätte es eines ausdrücklichen Ausspruchs bedurft, und wäre hier wo es sich lediglich um Erteilung einer gewerbepolizeilichen Erlaubnis handelt, gar nicht der Ort gewesen, einen solchen Grundsatz abweichend von den im Gewerberecht geltenden Grundsätzen aufzustellen. Der richtige Ort wäre das VVG. gewesen. Auch von einem den Schutz des V.nehmers bezweckenden Gesetz im Sinne des § 823 BGB. oder von einem Verstoß gegen die gute Sitte (§ 826 BGB.) und einer aus § 134 BGB. herzuleitenden Nichtigkeit des unter Verletzung des § 10 abgeschlossenen V.vertrags ist nicht zu denken (LG. Neiße LZ. **09**, 412 Nr. 1; LG. Colmar VA. **05** Anh. 87 Nr. 150; teilweise a. M. Behrend ZHR. **55**, 41; Wörner VV. a. G., Leipz. **04**, 13; Toop, rechtl. Bedeutung der V.bedingungen **05**, 30; Manes 73; auch MasiusZ. **15**, 103). Es findet lediglich ein Einschreiten von Aufsichts wegen nach §§ 64, 67 statt.

6 IV. Privatrechtliche Bedeutung hat die Ausfolgung der allgemeinen V.-bedingungen von einem anderen Gesichtspunkt aus als dem unseres Paragraphen. Der angenommene V.-schein (§ 3 VVG.) hat die Vermutung für sich, daß er alle Abmachungen vollständig enthält und Nebenabreden fallen gelassen sind (RG. in LZ. **09**, 324 Nr. 8; Staub, § 350 Anm. 59). Eine Einführung solcher Abreden gegen den klaren Wortlaut des V.scheins ist nicht statthaft (RG. in LZ. **09**, 325 Nr. 9; Staub, 350 Anm. 68), auch kann der V.nehmer nicht mit dem Einwand gehört werden, daß er die V.bedingungen nicht gelesen habe; er muß

sie lesen. Es verhält sich die Rechtslage ganz ähnlich wie bei Bestätigungsschreiben, wo man sich auch nicht mit Uebersehen deutlichen Vordrucks oder Nichtlesen entschuldigen kann (Staub, Exk. zu § 372 Anm. 38). Der V.nehmer handelt sogar schuldhaft, wenn er die im V.antrag gestellten Fragen unrichtig beantwortet, obgleich er sich im Besitz klarer V.bedingungen befand (OLG. Dresden, SächsArch. **08**, 390). Erhält der V.nehmer die Bedingungen erst mit dem V.schein, so macht der Versicherer damit den deutlichen neuen Antrag, nun diese Bedingungen zum Vertragsinhalt zu machen. Diesen Antrag nimmt der V.nehmer an und schließt den Vertrag, wenn er unter stillschweigender Entgegennahme des V.scheins mit den Bedingungen die Prämie zahlt (RG. in VA. **07** Anh. 40 Nr. 299); der V.nehmer ist nun an die Bedingungen gebunden. Hat der V.nehmer dagegen das Antragsformular, das die allgemeinen Bedingungen enthält, unterschrieben, der VU. eingeschickt, von dieser aber den vollzogenen V.schein mit anderen allgemeinen V.bedingungen daraufhin erhalten und die Prämie bezahlt, so ist der V.vertrag nicht zu den neuen sondern zu den alten Bedingungen zustande gekommen, wenn nicht die VU. auf die Abweichungen aufmerksam gemacht hat; dies ergibt sich aus den Grundsätzen über Treu und Glauben (RG. in VA. **06** Anh. 78 Nr. 230; LZ. **07**, 231 Nr. 14).

Diese Grundsätze ändern sich nicht durch § 5 VVG., wonach der V.nehmer gegenüber der in den V.bedingungen enthaltenen Klausel, daß lediglich der Inhalt des V.scheins maßgebend ist, durch einen innerhalb einer Frist von mindestens einem Monat zu erhebenden Widerspruch sich das Recht zum Beweis erhält, daß der Inhalt des V.scheins dem Inhalt des wirklich abgeschlossenen Vertrags nicht entspricht. Läßt der V.nehmer diese Widerspruchsfrist verstreichen, so ist der Inhalt des V.scheins genehmigt, und muß der V.nehmer zunächst diese Genehmigung wegen Irrtums oder Betrugs (§§ 119, 123 BGB.) mit

Erfolg anfechten, ehe er den Inhalt des V.scheins angreifen kann. Alsdann kann er, auch wenn die Bedingungen gemäß § 10 ausgefolgt worden sind, den V.vertrag wegen Irrtums über den Inhalt der Bedingungen oder wegen Betrugs anfechten (vgl. OLG. Stuttgart VA. **06** Anh. 84 Nr. 234). Das AA. hält auf Beobachtung des § 68 VVG. bei Wegfall des V.interesses (VA. **10**, 91 Nr. 12).

§ 11. Der Geschäftsplan einer Lebensversicherungsunternehmung hat die von ihr angenommenen Tarife sowie die Grundsätze für die Berechnung der Prämien und Prämienreserven vollständig darzustellen, namentlich auch den anzuwendenden Zinsfuß und die Höhe des Zuschlags zur Nettoprämie anzugeben. Auch ist anzugeben, ob und in welchem Maße bei der Berechnung der Prämienreserve eine Methode angewandt werden soll, nach welcher anfänglich nicht die volle Prämienreserve zurückgestellt wird, wobei jedoch der Satz von zwölfeinhalb per Mille der Versicherungssumme nicht überschritten werden darf. Die als Grundlage der Berechnungen dienenden Wahrscheinlichkeitstafeln, insbesondere über die Sterblichkeit und die Invaliditäts- und Krankheitsgefahr, sind beizufügen.

Für jede Versicherungsart (Versicherung auf den Lebensfall — auf den Todesfall, Kapitalversicherung — Rentenversicherung usw.) sind die zur Berechnung der Prämien und der Prämienreserven dienenden Formeln vorzulegen und durch ein Zahlenbeispiel zu erläutern.

Sollen auch Versicherungen mit erhöhter Prämie übernommen werden, so ist in dem Geschäftsplane ferner anzugeben, ob und nach welchen Grundsätzen hierfür eine besondere Prämienreserve gebildet werden soll.

I. **Den Lebens-VU.** im Sinne des § 6 werden hier zur Sicherung ihrer Leistungsfähigkeit und der Durchsichtigkeit ihres Betriebs hinsichtlich der im Geschäftsplan zu machenden Angaben über die Prämienreserve bestimmte Vorschriften gemacht. Diese Vorschriften gelten auch für **Kranken- und Unfall-VU.** im Sinne des § 12 und für die Haftpflichtv. wegen der Gleichheit des Grundes (s. § 12 Anm.); über die Rückv. s. § 58. Kleineren VV. a. G. kann die Aufsichtsbehörde Erleichterungen gewähren (§ 124). Unwahre Angaben sind strafbar (§ 105). Diese Angaben sind im Geschäftsplan, also bei der Zulassung, zu machen (§ 4). Abweichungen von dem genehmigten Geschäftsplan werden durch die §§ 64, 67 verhindert. Für bereits zugelassene VU. kommen die §§ 98, 64 Abs. 3 in Betracht. 1

II. **Der Prämienreserve** und deren Sicherung gelten diese Vorschriften. Grundsätzlich müßte bei der Lebens-, Kranken- und Unfallv. von dem Versicherten eine jährlich steigende Prämie (Risikoprämie) erhoben werden; denn mit jedem Jahr rückt der Eintritt der versicherten Gefahr näher, wird also das Risiko des Versicherers größer. Die V.ansprüche sind ja aus einer Rücklage (Prämienreserve) zu decken, die der Versicherer aus den dazu verfügbaren Beträgen der jährlichen Prämien nach bestimmten Grundsätzen so bildet, daß sie der Höhe der zu erwartenden V.ansprüche gleichkommt. Aus wirtschaftlichen Gründen, die mit der größeren Leistungsfähigkeit des jüngeren Alters zusammenhängen, hat sich jedoch das System gleichbleibender Jahresprämien (mit und ohne Dividenden) eingebürgert. Der Versicherte zahlt daher in jüngeren 2

Jahren eine Prämie, die höher ist, als sie seinem Lebensalter entspricht. Mit steigendem Alter kehrt sich das Verhältnis um; der Versicherte entrichtet eine zu geringe Prämie. Hieraus ergibt sich die Notwendigkeit, die Prämienreserve einschließlich der Zuvielzahlungen des jüngeren Alters mit Zinsen und Zinseszinsen zu einer genau zu berechnenden Rücklage (Prämienreservefonds) anzusammeln, um daraus die künftigen V.ansprüche auch insoweit zu decken, als die Prämien in den späteren Lebensjahren hinter dem Risiko zurückbleiben. Der Prämienreservefonds stellt sich daher als eine aus den Prämien der Versicherten gebildete Ersparnis dar.

Daß diese Ersparnisse ihrem Zweck erhalten werden, liegt im öffentlichen Interesse. Daher stellen die §§ 11 und 56 Grundsätze für Berechnung und Buchung der Prämienreserve auf, und geben die §§ 57—60 und 61 Abs. 1 Vorschriften für Anlegung, Aufbewahrung und Verwaltung des Prämienreservefonds. Da die Mittel zu diesem Fonds aus den Leistungen des Versicherten entnommen werden und der Fonds zur Deckung ihrer Ansprüche bestimmt ist, stehen dem Versicherten gewisse Ansprüche privatrechtlicher Art zu. Der Versicherte kann nämlich jederzeit für den Schluß der laufenden V.periode sobald sein Anteil an der Prämienreserve eine ausreichende Höhe erreicht hat (3 Jahre — § 173 VVG.) die Umwandlung in eine prämienfreie V. erlangen (§ 9 Anm. 7 ff.). Es gewähren die §§ 176, 177 VVG. dem Versicherten aber auch ein Recht, die Herausgabe seiner Prämienreserve zu verlangen, wenn es feststeht, daß der Versicherer die V.summe nicht zu zahlen braucht (Rückkauf), wenn also das einzelne V.verhältnis erlischt (vgl. § 9 Abs. 1 Nr. 4). Erlöschen aber alle V.verhältnisse, was ja nur beim Konkurs des Versicherers zutrifft, so hat der Versicherte einen Anspruch auf den Betrag, der als rechnungsmäßige Prämienreserve z. Z. der Konkurseröffnung auf die Prämienreserve des einzelnen V.verhältnisses entfällt; dieser Anspruch ist mit einem Vorzugsrecht versehen (§ 61 Abs. 2 u. 3 und § 62).

Alle diese Fürsorge des Gesetzgebers wäre vergeblich, wenn die Prämienreserve nach unzutreffenden rechnerischen Grundsätzen bemessen wäre, weil dem Prämienreservefonds dann nicht die nötigen Mittel gesichert werden könnten. Diese Gefahr verhütet unser Paragraph, indem er der Aufsichtsbehörde eine Nachprüfung der mathematischen und v.technischen Grundsätze sowie eine Zurückführung auf das richtige Maß ermöglicht. Es müssen zu diesem Zweck von der VU. folgende Darstellungen gegeben werden:

1. Die Tarife. In seinen Prospekten stellt der 3
Versicherer den Tarif auf, zu welchem er versichert. Zur Aufstellung dieses Tarifs muß er sein Risiko auf Grund von Wahrscheinlichkeitstabellen berechnen, die auf der Annahme beruhen, daß die einzelnen V. ein Teil einer großen Anzahl gleicher Risiken ist (System der großen Zahlen, § 1 Anm. 4, § 4 Anm. 4, nach welchem sich das mittlere Risiko bestimmen läßt). Die gebräuchlichsten Sterblichkeitstafeln sind vom AA. in den Veröffentlichungen des d. V. f. V.wissenschaft Heft XI 1906 zusammengestellt. Sehr große VU. (hierüber J. Karup, die Reform des Rechnungswesens der Gothaer Lebens-V.bank, 1903), wie die Gothaer, Leipziger und teilweise auch die Stuttgarter bedienen sich mit Genehmigung des AA. (VA. **04**, 111; **07**, 74; **08**, 77) Sterblichkeitstafeln, die aus eigenen Erfahrungen gebildet sind. Die Tafel der sog. 17 englischen Gesellschaften, der sächsischen Altersrentenbank von 1892 und der preußischen Rentenanstalt von Semmler (1875) sind für die Rentenv. vom AA. (VA. **08**, 78) für die Zukunft untersagt. — Die so ermittelte Prämie ist die Nettoprämie; sie ist eine rein rechnungsmäßige und bildet die mathematische Grundlage für die Bruttoprämie, auch Tarifprämie genannt, weil sie in dem Tarif als die Prämie angegeben wird, zu welcher der

Versicherer versichert. Die Nettoprämie würde nämlich mit Berücksichtigung von Zinsen und Zinseszinsen nicht zur Deckung der V.ansprüche ausreichen, weil bei der Nettoprämie die Anwerbe- und Verwaltungskosten nicht berücksichtigt sind; auch bedarf es noch der Rücksichtnahme auf außerordentliche Schäden, für deren Deckung durch einen Sicherheitsfonds vorzusorgen ist. Infolge Berücksichtigung dieser drei Ausgabeposten erwächst die Notwendigkeit zur Nettoprämie noch einen Zuschlag für Organisations- und Verwaltungskosten in erfahrungsmäßig notwendiger Höhe sowie einen sog. Sicherheitszuschlag zu erheben. Mit diesen zwei Zuschlägen wird die Nettoprämie zur Brutto- oder Tarifprämie, von der der Versicherer nicht abgehen darf ohne Genehmigung der Aufsichtsbehörde (VA. **08**, 114). Die Aufsichtsbehörde hat zu prüfen, ob diese Zuschläge in der gehörigen Höhe erhoben werden. Ein zu niederer Zuschlag für Verwaltungskosten kann nicht damit gerechtfertigt werden, daß die Deckung durch bloß wahrscheinliche Sterblichkeits- und Zinsgewinne erfolgen solle (VA. **08**, 114) — sollte auch keine Gewinnbeteiligung der Versicherten vorgesehen sein. Diese Gewinnbeteiligung wird nämlich durch Ersparnisse an Verwaltungskosten, Zinsen- und Sterblichkeitsüberschüssen und durch Ueberschüsse aus dem oben erwähnten Sicherheitszuschlag ermöglicht.

4 2. O h n e Z i n s f u ß und o h n e Z i n s e s z i n s r e c h n u n g würden alle diese Angaben ungenügend sein. Die deutschen VU. nehmen einen Zinsfuß von höchstens 3½ Prozent an. Das AA. hält mit Recht darauf, daß die ausländischen VU. für ihr deutsches und außerdeutsches Neugeschäft denselben Zinsfuß zur rechnungsmäßigen Grundlage nehmen (VA. **03**, 114; **04**, 110).

5 3. O b u n d w i e g e z i l l m e r t wird, muß angegeben werden. Die Verschärfung des Wettbewerbs unter den VU. erhöhte die Reklamekosten und insbesondere die von den Agenten durchgesetzte Abschlußprovision. Der

Zuschlag, um welchen die Nettoprämie (oben Anm. 3) zur Deckung der Organisations- und Verwaltungskosten erhöht wurde, erwies sich als ungenügend. Es hätte daher die erste Jahresprämie erhöht werden müssen, weil die Abschlußprovision sofort fällig war. Diese Maßregel hätte aber gerade das Publikum abgewendet. Es blieb deshalb kein anderer Ausweg, als die Abschlußprovision aus der ersten Prämienzahlung des Versicherten selbst zu entnehmen. Reklamekosten und Abschlußprovision verschlangen so die erste Jahresprämie fast ganz. In seinen Beiträgen zur Theorie der Prämienreserve, Stettin 1863, vervollkommnet in seinen mathematischen Rechnungen, 2. Aufl., 1887 zeigte der V.Mathematiker Dr. Zillmer im Gegensatz zu der bisher angewendeten sog. Nettomethode eine in der Folge nach ihm benannte neue Methode, wie der soeben erwähnte Ausfall der von der ersten Prämie zurückzulegenden Prämienreserve mit der Zeit, spätestens mit Ablauf der V., mathematisch genau abgeschrieben werden kann. Diese Zillmersche Methode behandelt die in Verwaltungskosten aufgegangene Nettoprämie als Anleihe beim Versicherten, d. h. beim Prämienreservefonds, und bucht sie als Aktivum. Tatsächlich wird so für das erste V.jahr keine Reserve bestellt. Vom zweiten V.jahr an wird die Reserve so berechnet, wie wenn der Versicherte ein Jahr älter eingetreten wäre, also mit der Nettoprämie des um ein Jahr höheren Alters. Die Bildung der Reserve beginnt somit ein Jahr später, wächst aber zur vollen Reserve an, weil gerade aus der höheren Nettoprämie des um ein Jahr älteren Versicherten die Reservebildung und die V.summe bestritten wird. Die Differenz zwischen diesen zwei verschiedenen Nettoprämien wird aus dem in der Tarifprämie enthaltenen Zuschlag gedeckt, so daß diese Methode in ihrem Endergebnis der Nettomethode gleichkommt. Diese Methode ist vielseitig entwickelt und wird von Höckner, Zeitschr. f. d. ges. V.wissenschaft 1905, 526, sogar als die allein zulässige verteidigt. Die Zillmerei wird damit gerechtfertigt, daß, wie bei Abschreibung des Disagios von Pfandbriefen bei Unterpariemission (§ 25 HypBankG.) und der Einrichtungskosten eines VV. a. G. (§ 36 Abs. 2 Nr. 3) ein einmaliger Geschäftsaufwand vorliege, der auf die ganze Dauer der V. im Amortisationsweg zu verteilen sei.

Wird die Amortisationsperiode zu der durchschnittlichen V.dauer in das richtige Verhältnis gesetzt, so läßt sich mathematisch und logisch gegen das Zillmern insolange nichts einwenden, als das Anfangsaktivum (der Zillmersatz) nicht zu hoch gegriffen wird, ein entsprechender Zugang Neuversichernder stattfindet, die VU. also eine günstige Entwicklung zeigt und tadellos geleitet ist. Das Ausland verhält sich wegen dieser mehrfachen Bedingungen gegen das Zillmern ablehnend (Bericht des eidgen. V.-amtes 1886 S. XXV) oder doch zurückhaltend (§§ 8, 21 u. 28 österr. Regulativ). In Preußen war das Ende des Zillmerns bis zum Jahre 1910 vorbereitet.

In der zweiten Lesung unseres Gesetzes wurde das Zillmern, um den jungen Anstalten das Aufkommen zu ermöglichen, wie in dem jetzigen § 11 gestattet. Als Höchstgrenze wurden 12½ vom Tausend festgesetzt. Das heißt: Die Verkürzung der Prämienreserve (im ersten Jahr) darf den Satz von 12½ vom Tausend der V.summe nicht überschreiten. Diese Bestimmung ist dahin zu verstehen, daß die Aufsichtsbehörde das Zillmern bis zu dieser Höchstgrenze gestatten darf, wenn das höchste Prinzip, nämlich die Erhaltung der Prämienreserve zur dauernden Erfüllung der V.verpflichtungen, gewahrt wird und die Interessen der Versicherten nicht gefährdet sind (§§ 7, 73, 100; Könige im Recht **02**, 198 ff.). Von diesem Standpunkte aus, der zu verschiedenen Abstufungen im Einzelfalle führt, verfährt auch das AA. und veranlaßt die bestehende VU. zur Annahme eines dem Gesetz und dem Ermessen des AA. entsprechenden Zillmersatzes (VA. **02**, 191 Nr. 3; **03**, 115). Für die reine Lebensv., die Aussteuerv. mit Prämienrückgewähr (sog. Sparv.) und die gemischte Militärdienstv. mit Auszahlung der V.summe auch im Nichteinstellungsfalle beim Erreichen eines bestimmten Zeitpunkts versagt das AA. das Zillmern grundsätzlich; dagegen gestattet das AA. das Zillmern bei der reinen Militärdienstv., bei welcher mindestens ein Teil der eingezahlten Prämien im Falle des Todes oder der Nichteinstellung zurückgewährt wird (VA. **09**, 193). Unter den einmal genehmigten Zillmersatz darf die VU. nicht heruntergehen, weil sonst das Vorrecht der Versicherten auf die Prämienreserve (§ 61 Abs. 3) beeinträchtigt würde (VA. **08**, 114). Diesen Vorschriften unterstehen auch ausländische VU., weil die besonderen Bestimmungen über die Prämienreserve auch auf sie Anwendung finden (§ 90).

4. Die Wahrscheinlichkeitstafeln, insbesondere über Sterblichkeit, Invaliditäts- und Krankheitsgefahr müssen dem Geschäftsplan beigelegt werden, weil nur die Anwendung der zutreffenden Wahrscheinlichkeitsrechnung die Aufstellung eines den wirklichen Verhältnissen entsprechenden Tarifs und eine Berechnung des Prämienreservefonds ermöglicht. Ueber diese Tafeln s. oben Anm. 3. **6**

5. Die Formeln, deren sich die VU. zur Berechnung der Prämien und Prämienreserve bedient, sind unter Erläuterung an einem Zahlenbeispiel für jede V.-art (§ 8 Anm. 2) darzustellen. **7**

III. **Versicherungen mit erhöhter Prämie** erfordern besondere Vorsichtsmaßregeln. Der normale Prämientarif gilt nur für mittlere Risiken (oben Anm. 3). Liegen besondere gefahrerhöhende Umstände vor, so gehört die V. zu den sog. schlechten Risiken. Man pflegt diese schlechten Risiken (abnormale V., V. minderwertiger Leben) in vier Klassen einzuteilen. In die erste Klasse werden Frauen und Personen mit verminderter Widerstandskraft, mit gefährlichen Berufen (Kriegsv.) oder gefährdetem Aufenthaltsort (Weltpolice) eingereiht. Zur **8** zweiten Klasse gehört die Volksv. und die V. ohne ärztliche Untersuchung (VA. **07**, 79). Die dritte und vierte Klasse bilden die Abgelehnten und die Tropenversicherten. Das erhöhte Risiko, welches der Versicherer hier zu tragen hat, erfordert ein erhöhtes Deckungskapital für die künftigen V.ansprüche. Diese Deckung kann durch Verminderung der Leistung des Versicherers, durch systematische Alterserhöhung, durch abgekürzte Lebensv., durch V. nach besonderen Sterbetafeln für Abnormale oder auch durch unmittelbaren Zuschlag zur normalen Prämie bewirkt werden. Mitunter muß sich der Versicherer auch durch eine besondere Sicherheitsreserve für schwer zu bemessende Leistungen (Kriegsv.) helfen (VA. **04**, 112). Die Grundsätze, nach denen die VU. verfahren, also die gewöhnliche Prämienreserve erhöhen will, müssen der Aufsichtsbehörde dargelegt werden. Ueber die Technik s. Bericht des V. intern. Kongr. f. V.wissenschaft, Berlin 1906, I 171 u. 449; III 121 u. 183.

§ 12. Soweit Kranken- oder Unfallversicherungsunternehmungen Versicherungen nach Art der Lebensversicherung unter Zugrundelegung bestimmter Wahrscheinlichkeitstafeln betreiben, insbesondere die Versicherung von Renten, Versicherungen mit Prämienrückgewähr oder sonstige die Ansammlung von Prämienreserven erfordernde Versicherungen übernehmen, finden die Vorschriften des § 11 entsprechende Anwendung.

1 1. Der Grund der Gleichstellung der Kranken- und Unfallv. mit der Lebensv. hinsichtlich des Geschäftsplans (§ 11) liegt darin, daß die in § 6 Abs. 3 nicht zu der Lebensv. zählende Krankenv., ebenso wie die Unfallv., den Charakter einer Lebensv. annimmt, wenn das Geschäft auf der Grundlage gewisser, durch die durch-

schnittliche menschliche Lebensdauer bedingter Wahrscheinlichkeitsrechnungen betrieben wird. Namentlich tritt dieser Charakter hervor, wenn als Unfallentschädigung statt eines Kapitals eine demselben nach der Dauer des menschlichen Lebens gleichkommende Rente gewährt wird (VA. **06**, 18 Nr. 18 u. 60), wenn teilweise Rückgewähr von Prämien, Dividenden auf Prämien zugesichert, die regelmäßige Prämienreserve oder Reserven für unvorhergesehene Fälle, Verlust-, Gewinnreserven usw. aus den Prämienbeiträgen angesammelt werden; alle diese Kapitalien sind Ersparnisse der Versicherten und hängen im Prinzip von deren mittlerer Lebensdauer ab. Strafvorschrift § 105. Die eingeschriebenen Hilfskassen des § 122 gehören nicht unter § 12. Ueber den Prämienreservefonds s. § 63; dessen Vorschriften gelten auch für die Eisenbahn- und Dampfschiffunfallv., wenn sie eine lebenslängliche ist (VA. **06**, 18 Nr. 43; **10**, 110) und finden Anwendung auf die Deckungskapitalien der laufenden Unfallrenten (VA. **06**, 27 Nr. 49). Uebergangsbestimmungen § 99. Kleinere Vereine §§ 124, 53.

2. D i e H a f t p f l i c h t v. hat in § 12 keine Er- 2
wähnung gefunden; allein sie besitzt unzweifelhaft, sobald der Versicherer Renten gewährt und die V. eine lebenslängliche ist, durchaus den Charakter der Lebensv. Beide V. können nur auf Grund bestimmter Wahrscheinlichkeitstafeln betrieben werden. Deshalb unterwirft das AA. die Haftpflichtv. hinsichtlich der Rentenreserve und der bei lebenslänglicher Haftpflichtv. zurückzustellende Prämienbeträge den Vorschriften des § 11 und ferner den §§ 63, 56 Abs. 2, 99 Abs. 1 über Rentenreserven und Prämienreservefonds (VA. **06**, 27 Nr. 49; **04**, 113) und derselben Anleitung zur Aufstellung der Gewinn- und Verlustrechnung, wie sie für die Unfallv. gegeben ist (VA. **02**, 95; **06**, 27 Nr. 49). Das AA. hat sich hier durch Ausfüllung einer Lücke des Gesetzes zwar verdient gemacht und darf für sein Vorgehen die Erwägung anführen, daß der Gesetz-

geber die Haftpflichtv. in § 12 offenbar aufgenommen haben würde, wenn sich ihm die Haftpflichtv. von dieser Seite dargeboten hätte. Es hat das AA. zwar in VA. **04**, 113 in freier Auffassung seiner Aufgabe auf Heranziehung des § 7 Nr. 2 verzichtet; allein das Vorgehen des AA. läßt sich nur als eine reine Verwaltungsmaßregel auffassen, die nur auf § 7 Nr. 2 gestützt werden kann. Keinenfalls kann aber auf dem Wege einfacher Verwaltungsanordnung ein Vorrecht auf die Prämienreservefonds (§ 61) geschaffen werden entgegen dem ausdrücklich ausgesprochenen Willen des Gesetzgebers, der auch im VVG. die Haftpflichtv. der Lebens-, Unfall- und Krankenv. nicht gleichstellt sondern sie im allgemeinen als Schadensv. behandelt (§§ 149 ff. VVG.).

§ 13. Jede Aenderung des Geschäftsplans ist der Aufsichtsbehörde anzuzeigen und bedarf, bevor sie in Kraft gesetzt wird, ihrer Genehmigung. Die Genehmigung darf nur aus den Gründen des § 7 versagt werden.

1 1. Jede Aenderung des Geschäftsplans bedarf der Anzeige und Genehmigung, weil das Gesetz das Konzessionssystem in § 4 angenommen hat. Falsche Angaben in der Anzeige machen strafbar (§ 105). Inslebensetzen einer nicht genehmigten Aenderung kann Strafe nach sich ziehen (§ 108). In allen Fällen ist vorzeitiges Inslebentreten nach §§ 64, 67 zu verhindern. Die entgegen § 13 abgeschlossenen V.verträge büßen deshalb an ihrer privatrechtlichen Verbindlichkeit nichts ein (§ 5 Anm. 6). Die Zuständigkeit zur Erteilung der Genehmigung hängt davon ab, wer die Aufsicht führt, also je nachdem die Landesaufsichtsbehörde oder das AA. (§ 2). Beruht die Geschäftsplanänderung darin, daß eine von einer bundesstaatlichen Behörde beaufsichtigte VU. ihren Betrieb auf einen anderen Bundesstaat oder auf

das Ausland ausdehnen will, so findet Ueberführung in Reichsaufsicht statt (vgl. §§ 2, 3, 93). Ueber das Verfahren s. §§ 73 Nr. 2 u. 86.

2. Wann liegt eine Aenderung des Geschäftsplans vor? Der Begriff eines Geschäftsplans ist in § 4 umschrieben und in §§ 11, 12 für die Lebens-, Kranken-, Unfall- und Haftpflichtv., soweit letztere V.zweige der Lebensv. gleichstehen, noch erläutert. Alle Aenderungen bedürfen der Genehmigung. Eine Aenderung des Geschäftsplans, z. B. der allgemeinen V.bedingungen ist daher nicht noch auf ihre Erheblichkeit zu untersuchen; denn jede Aenderung ist schon vom Gesetz für erheblich erklärt. Eine Aenderung des Geschäftsplans liegt in jeder Ausdehnung des Geschäftsgebietes, insbesondere in der Ausdehnung ins Ausland. Eine Ausdehnung in das Ausland findet schon statt, wenn im Ausland Agenturen errichtet werden oder im Ausland brieflich V.geschäfte abgeschlossen werden (VA. **03**, 109 u. 115; **09**, 80 Nr. 29, 194; vgl. VA. **04**, 165; wegen alter VU. s. § 92); es bedarf dann auch der Prüfung, ob die VU. imstande ist, die vom Ausland regelmäßig geforderte Kaution ohne Beeinträchtigung der Interessen der inländischen Versicherten zu stellen (VA. **06**, 61). Zu einer Aenderung gehört auch die Beteiligung an anderen Unternehmungen, also der Erwerb von Aktien (§ 8 Anm. 3). — Selbst dann bedarf es der Genehmigung nach § 13, wenn eine ausländische VU. ihren Geschäftsbetrieb einstellt und nur noch abwickelt, für Aenderungen des Geschäftsplans im Abwickelungsstadium (VA. **02**, 15). Nimmt eine VU. eine ihr bundesstaatlich erteilte, aber nach ihrem am 1. Januar 1902 geltenden Geschäftsplan nicht mehr ausgeübte Konzession wieder auf, so ändert sie den Geschäftsplan und setzt nicht etwa den Geschäftsbetrieb nach § 93 fort (VA. **03**, 33). 2

3. Der Antrag auf Genehmigung der Geschäftsplanänderung muß sachlich vor- 3

beschieden werden. Das bestimmt § 73 Nr. 2 ausdrücklich. Der Gesetzgeber hat es als selbstverständlich erachtet, daß jede Behörde Anträge, die an sie in der gehörigen Form gelangen, sowie sie gestellt sind, auf ihre materielle Begründung zu prüfen hat. Es darf daher die Prüfung einer Geschäftsplanänderung nicht mit der Begründung abgelehnt werden, daß die beantragte Aenderung insolange nicht geprüft und sachlich nicht vorbeschieden werde, bis der Versicherer einem mit der Aenderung nicht zusammenhängenden Verlangen der Aufsichtsbehörde nachgekommen sein werde. Will die Aufsichtsbehörde ein solches Verlangen stellen, so muß es nach § 64 Abs. 2 erzwingbar sein. Ist es nicht erzwingbar, so kann es nicht auf dem Umwege erzwingbar gemacht werden, daß man beantragte Geschäftsplanänderungen solange nicht prüft, bis der Versicherer dem nicht erzwingbaren Verlangen der Aufsichtsbehörde nachgibt. — Der Antrag auf Geschäftsplanänderung hat ferner nicht die Wirkung, daß nun nicht nur die beabsichtigte Aenderung, sondern auch sämtliche übrigen, von der Aenderung nicht berührten Teile des Geschäftsplans in Frage gestellt und trotz bereits erfolgter rechtskräftiger Genehmigung aufs neue durchgeprüft, aufgehoben oder beliebig geändert werden könnten. Dahin geht der zu vorbescheidende Antrag gar nicht; hierüber Genaueres bei Könige in LZ. **08**, 537 ff. und bei § 73 Anm. 4.

§ 14. Jedes Uebereinkommen, wodurch der Versicherungsbestand eines Unternehmens in seiner Gesamtheit oder in einzelnen Zweigen mit den darauf bezüglichen Reserven und Prämienüberträgen auf ein anderes Unternehmen übertragen werden soll, bedarf der Genehmigung der für die beteiligten Unternehmungen zuständigen Aufsichtsbehörden. Die

Genehmigung darf nur aus den Gründen des § 7 versagt werden.

A. **Jedes Uebereinkommen, wodurch der V.bestand eines Unternehmens auf ein anderes Unternehmen übertragen wird, bedarf der Genehmigung der Aufsichtsbehörde.** Nur wenn der V.bestand übertragen wird, nicht wenn einzelne V.verträge übertragen werden, ist die Genehmigung erforderlich. Es macht aber keinen Unterschied, ob der ganze V.bestand (sog. Abtretung des Portefeuilles) abgetreten wird oder nur einzelne V.zweige. Regelmäßig werden damit zugleich die Reserven und Prämienüberträge d. h. die Teile gezahlter, aber noch nicht verdienter Prämien mit übertragen; nicht verdient sind diese Prämien, weil die V.periode, also die Gefahrentragung, für welche die Prämie vorausentrichtet wurde, sich über den Zeitpunkt der Uebertragung des V.bestandes und der bis dahin verdienten Prämien, hinaus erstreckt. Dieser ganze Vorgang bedarf der Genehmigung. Man kann nicht (wie v. Ziegler, Holdheim **09**, 65) sagen, für den aufnehmenden Versicherer sei eine Genehmigung unnötig, weil er nur seinen Betrieb ausdehne. Das Gesetz bedient sich aus guten Gründen des Ausdrucks „jedes Uebereinkommen". Denn die wirtschaftliche Bedeutung der Uebertragung (damit ist auch die Annahme der Uebertragung gemeint) übt einen tiefgreifenden Einfluß auf beide Versicherer aus; nach ihr richtet sich daher auch die rechtliche Bedeutung der Bestandsübernahme nach doppelter Richtung, nämlich nach den privatrechtlichen Voraussetzungen und Wirkungen und nach der öffentlichrechtlichen Seite. 1

I. Der wirtschaftliche Zweck einer Bestandsübertragung besteht einmal darin, dem aufnehmenden Versicherer einen Zuwachs an Versicherten unter Ersparung eines Teils der Akquisitionskosten zuzuführen. Seine dadurch bewirkte Stärkung ermöglicht ihm das 2

Zugeständnis von Vorteilen an die zugeführten Versicherten und an den übertragenden, regelmäßig notleidenden Versicherer, der das Uebereinkommen zu seiner Sanierung trifft. Die übertragende VU. braucht allerdings nicht immer eine notleidende zu sein; denn es können auch zwei oder mehrere VU., die gut stehen, durch Vereinigung zu einer neuen VU. oder durch Verschmelzung mit einer von ihnen ihre Leistungsfähigkeit erhöhen wollen. In allen diesen Fällen begegnen sich die allseitigen Interessen in dem Ziele, die Gesamtheit der Versicherten, also den gesamten V.bestand, für die Verschmelzung zu gewinnen, wenn der übernehmende Versicherer, der ja die Verträge mit den aufzunehmenden Versicherten fortsetzen soll, in seinem eigenen Unternehmen die nötige Gewähr bietet. Unter diesem Gesichtspunkt verdient die Bestandsübertragung rechtliche Förderung. Die Bestandsübertragung verfehlt ihren wirtschaftlichen Zweck, wenn eine erhebliche Anzahl von Versicherten entgegen dem Willen der Mehrheit eine ablehnende Haltung einzunehmen vermag. Der verständige Versicherte besitzt somit, wenn er seine Zustimmung nicht zu erteilen braucht, eine wirksame Waffe, um Verschmelzungsabsichten zum Scheitern zu bringen und durch diesen Druck dem übernehmungsbereiten Versicherer Zugeständnisse abzuringen. Andererseits kann sich dieser Waffe auch eine geschickte Konkurrenz bemächtigen, um eine unbequeme Verschmelzung zu verhindern. Diese Gesichtspunkte müssen bei der rechtlichen Würdigung der Bestandsübertragung berücksichtigt werden.

3 II. Der rechtliche Charakter einer Bestandsübernahme ist einmal der eines Schuldübernahmevertrags (§ 415 BGB.); denn der aufnehmende Versicherer soll als allein Verpflichteter an Stelle des ausscheidenden übertragenden Versicherers in dessen sämtliche Verbindlichkeiten aus den bestehenden V.verträgen eintreten; andererseits sollen dem aufnehmenden Versicherer alle Rechte aus diesen V.verträgen abgetreten werden

(§ 398 BGB.), so daß er als unmittelbar Berechtigter und Verpflichteter erscheint. Dadurch unterscheidet sich die Bestandsübertragung von dem totalen Rückversicherungsvertrag, bei welchem der Rückversicherer dem Rückversicherten lediglich schadlos hält, ohne mit dessen Versicherten in Beziehung zu kommen (RG. **56**, 293). Dadurch unterscheidet sich die Bestandsübertragung auch von der Neubegründung kollektiver V.verhältnisse, wie sie z. B. gegeben ist, wenn eine auf das Umlageverfahren gegründete Sterbekasse ihre Mitglieder bei einer VU. gegen feste Prämien versichert (§ 44 Anm. 2). Zur Schuldübernahme in obigem Sinne gehört also begrifflich, daß der in die Rechte und Verbindlichkeit der übertragenden VU. eintretende Versicherer nun den Versicherten allein gegenübersteht, und daß der bisherige Versicherer von seinen Versicherten aus dem Schuldverhältnis entlassen wird. Zu dieser Entlassung bedarf es der Zustimmung der Versicherten. Ist die Zustimmung erteilt, so wird der ursprüngliche Versicherer frei.

Diese Befreiung des ursprünglichen Versicherers bedeutet, daß nun der an dessen Stelle tretende Versicherer so anzusehen ist, wie wenn er der ursprüngliche Schuldner gewesen wäre. Es gibt, sobald die Zustimmung zur privativen Schuldübernahme erfolgt ist, kein Rücktrittsrecht mehr wegen Unsicherheit des Versicherers oder geänderter Umstände und keinen Anspruch auf getrennte Verwaltung des Vermögens des ursprünglichen Versicherers. Diese Zustimmung zur Schuldübernahme kann jedem der beiden Versicherer wirksam erklärt werden. Diese Zustimmung braucht keine ausdrückliche zu sein, sie kann auch stillschweigend z. B. dadurch erklärt werden, daß der Versicherte mit dem neuen Versicherer eine Prolongation oder eine Aenderung seines V.vertrags vereinbart usw. Weiterzahlung der Prämie ist jedoch keine solche Zustimmung; denn die Prämie muß ohnehin fortbezahlt werden; es besteht nur unter Umständen ein

Zurückbehaltungsrecht an der Prämie (unten Anm. 13 a. E.). Die Zustimmung braucht der Schuldübernahme nicht nachzufolgen; es kann die Einwilligung auch im voraus erteilt werden (RG. **60**, 415). Man wird es auch zulassen müssen, daß in den allgemeinen V.bedingungen eine Bestandsübertragung vorgesehen wird. Diese Bedingungen werden bei einem VV. a. G. durch den Eintritt als Mitglied (unten Anm. 20), bei Aktiengesellschaften durch Abschluß des V.vertrags zu einem Teil dieses Vertrags gemacht (§§ 9 u. 10; vgl. RG. **56**, 292; OLG. Hamburg VA. **06** Anh. 43 Nr. 202). — Damit ist die Zustimmung des Versicherten im voraus erteilt.

Ist die Genehmigung oder Einwilligung in die Schuldübernahme nicht erteilt, so hat die Schuldübernahme die Bedeutung einer Erfüllungsübernahme (§§ 415 Abs. 3, 329 BGB.; ROHG. **21**, 232). Die Versicherten sind an die Schuldübernahme nicht gebunden; sie können den neuen Versicherer auf Erfüllung ihrer Ansprüche auf Grund seines Versprechens belangen, ihn auch infolge der Vermögensübernahme beschränkt haftbar machen (§ 419 BGB.). Auch eine Haftung nach § 25 HGB. ist möglich; und zwar finden § 25 HGB. und § 419 BGB. gerade bei der Fusion des § 303 HGB. nebeneinander Anwendung, wenn das ganze Vermögen der aufgenommenen Aktiengesellschaft übertragen worden ist (RG. **71**, 378; **69**, 284). Die Haftung des bisherigen Versicherers bleibt dann bestehen; denn es braucht sich niemand einen anderen Schuldner aufdrängen zu lassen. Dieser Grundsatz enthält die Schwierigkeiten, die sich einer wirksamen Bestandsübertragung entgegenzustellen pflegen. Die Genehmigung der Bestandsübertragung durch die Aufsichtsbehörde vermag diese Schwierigkeiten nicht zu beseitigen. Daß die Rechte der Garanten (§ 22) und die Rechte der versicherten Nichtmitglieder eines VV. a. G. durch eine Bestandübertragung nicht berührt werden, ergibt sich daraus, daß sie lediglich Gläubiger sind (unten Anm. 21).

III. Die rechtliche Bedeutung der Genehmigung der Aufsichtsbehörde zur Bestandsübertragung ist nur öffentlich-rechtlicher, rein versicherungspolizeilicher Art und hat keinerlei privatrechtlichen Einfluß. Diese Auffassung der Rechtslage wird zwar bestritten (Genaueres unten Anm. 14), sie ist aber richtig. Die Richtigkeit ergibt sich zunächst aus dem KomBer. S. 40, wo in allseitiger Uebereinstimmung ausdrücklich die hier vertretene Auffassung mit der Begründung betont wurde, daß für das Verhältnis zwischen dem bisherigen Versicherer und seinen Versicherten die privatrechtlichen Bestimmungen in Geltung bleiben, wonach niemand ohne seine Zustimmung einen anderen Schuldner anzunehmen braucht. Daß die gewissermaßen gewerbepolizeiliche Genehmigung des § 14 keinerlei privatrechtliche Bedeutung besitzen kann, ergibt sich sodann aus ihrem Wesen (ebenso RG. **72**, 15; s. Genaueres unten Anm. 14). Daher hängt die Gültigkeit einer Bestandsübertragung nicht von der Genehmigung der Aufsichtsbehörde ab (a. M. v. Ziegler, Holdheim **09**, 65) und sind die Aktionäre und die Mitglieder eines VV. a. G. durch die erteilte Genehmigung der Aufsichtsbehörde in keiner Weise in ihrem Anfechtungsrecht beschränkt (§ 36 HGB.; §§ 271, 308). Wohl aber hat der Registerrichter die Eintragung abzulehnen, solange die Genehmigung der Aufsichtsbehörde nicht nachgewiesen ist. Beim Fehlen der Genehmigung kann lediglich nach §§ 64, 67 eingeschritten und unter Umständen noch § 108 (unten Anm. 7) gestraft werden. Unwahre Angaben zwecks Erlangung der Genehmigung fallen unter § 105. Die Aufsichtsbehörde entscheidet nach §§ 73 Abs. 1, 74; sie darf ihre Genehmigung nicht nach ihrem Ermessen erteilen oder versagen, sondern ist an die Grenzen gebunden, welche § 7 für die Konzessionserteilung und -versagung zieht. Endlich darf die Aufsichtsbehörde nur genehmigen oder versagen. Genehmigung setzt einen Antrag auf Genehmigung voraus. Eine 4

Antragstellung kann die Aufsichtsbehörde daher nach § 14 nicht erzwingen; sie kann einen solchen Zwang auch nicht ausüben, indem sie eine Bestandsübertragung als Sanierungsmaßregel nach § 69 anordnet. Der § 69 hat diesen Sinn nicht. Selbstverständlich bedarf der Genehmigung der Aufsichtsbehörde jeder der beiden vertragschließenden Versicherer (unten Anm. 25). Der Antrag auf Genehmigung muß von jeder VU. selbständig gestellt werden; es kann nicht eine VU. für die andere, mit der sie Verschmelzungsverträge abgeschlossen hat, auftreten (PrOVG. in VA. 07 Anh. 6 Nr. 273).

5 B. **Die Arten der Bestandsübertragung** sind in Voraussetzung und Wirkung verschieden, je nachdem der gesamte V.bestand (Portefeuilleabtretung) oder nur ein einzelner V.zweig übertragen wird.

6 I. **Für Uebertragung des gesamten V.bestands** gibt es drei Wege: nämlich einmal den Weg der Uebertragung der Geschäftsführung ohne Aenderung der Gesellschaftsform, sodann den Weg der Verschmelzung der einen VU. mit einer anderen, so daß die erstere untergeht (Fusion) und endlich den Weg der Umwandlung einer VU. in eine neuzugründende Gesellschaftsform anderer versicherungsrechtlicher Art. In allen diesen Fällen bedürfen mit Rücksicht auf § 6 nur die Aktiengesellschaft und der VV. a. G. einer Betrachtung.

7 1. **Die Geschäftsführung wird einer anderen VU. übertragen.** Eine solche Uebertragung hat nur Sinn, wenn die geschäftsführende VU. den ganzen V.bestand auf eigene Rechnung führt. In einer solchen Geschäftsführung liegt eine verdeckte Uebertragung des V.bestandes in der Weise, daß die geschäftsführende VU. die Erfüllung der V.verträge nach § 329 BGB. übernimmt, um diese Erfüllungsübernahme in eine Schuldübernahme und Zession mit der Zeit überzuführen. Daraus folgt das Erfordernis der Genehmigung der Aufsichtsbehörde. Den Versicherten steht ein Rücktrittsrecht wegen veränderter

Umstände nach den Grundsätzen von Treu und Glauben (§§ 157, 242 BGB.) nur zu, wenn ihr Versicherer durch die Entäußerung der Geschäftsführung unsicher geworden ist (OLG. Kassel VA. **07**, 7 Nr. 274). Regelmäßig wird von einer Unsicherheit keine Rede sein können, weil die Versicherten nur Vorteile ziehen, wenn sich ihrer ein leistungsfähiger Versicherer annimmt und sie dadurch einen zweiten Schuldner erhalten.

2. **Die Verschmelzung einer VU. mit einer anderen aufnehmenden VU.** (Fusion im weiteren Sinne), so daß die übergebende VU. untergeht, ist nach den möglichen Einzelfällen zu betrachten. 9

a) Die Verstaatlichung durch Uebertragung des ganzen Vermögens einer Aktiengesellschaft auf das Reich, einen Bundesstaat oder einen deutschen Kommunalverband ist nach § 304 HGB. ohne Liquidation möglich. Die Verstaatlichung müssen sich die Versicherten ohne Weiteres gefallen lassen, weil eine Gesamtrechtsnachfolge wie bei einer Beerbung stattfindet.

b) Die Verschmelzung einer V.aktiengesellschaft mit einer anderen V.aktiengesellschaft geht in verschiedener Weise vor sich, je nachdem die Uebertragung gegen Gewährung von Aktien oder gegen Entgelt anderer Art erfolgt: 10

α) Die Fusion zweier deutschen Aktiengesellschaften gegen Gewährung von Aktien der aufnehmenden Gesellschaft ist in §§ 305, 306 HGB. besonders geordnet. Hierher gehört auch der Fall, in dem den Aktionären ein Wahlrecht gegeben ist, ob sie Vergütung in Aktien oder in anderer Weise haben wollen, wenn sich alle Aktionäre für ersteres entscheiden (ROHG. **14**, 363; RG. **9**, 19). Der Fall dieser bevorzugten Fusion ist nicht gegeben, wenn noch Zuzahlungen stattfinden sollen (Staub § 305 Anm. 3), und er soll nach JW. **06**, 46 Nr. 60 nicht vorliegen, wenn die übernehmende Gesellschaft bereits alle Aktien der aufzunehmenden Gesellschaft besitzt und 11 diese Aktien zum Zweck der Vernichtung zurückzugeben hat (dagegen v. Ziegler Holdheim **09**, 63).

12 Wird das ganze Vermögen einer Aktiengesellschaft von einer anderen Aktiengesellschaft gegen Gewährung neu auszugebender Aktien (also mit Kapitalserhöhung) vorgenommen, so kann diese Vereinigung ohne und mit Liquidation beschlossen werden:

13 αα) Soll Fusion gegen Gewährung von Aktien mit Ausschluß der Liquidation stattfinden, so wird zunächst von den Generalversammlungen der beiden Aktiengesellschaften der Fusionsbeschluß unter Ausschluß der Liquidation gefaßt. Die aufnehmende Gesellschaft beschließt zugleich die Kapitalserhöhung. Durch Auswechslung der Erklärungen der beiderseitigen Vorstände kommt der Fusionsvertrag zustande (JW. **09**, 509 Nr. 44). Zuerst erfolgt sodann die Eintragung dieses letzteren Beschlusses in das Handelsregister, alsdann erfolgt die Eintragung des Fusionsbeschlusses der aufzunehmenden Gesellschaft und schließlich die Eintragung der durchgeführten Kapitalserhöhung. In diesem letzteren Augenblick ist die Vereinigung vollzogen, wenn auch noch einzelne Ausführungsakte nötig sind (über dies alles Staub zu § 306). Eine Rückbeziehung auf den Augenblick der Fassung des Fusionsbeschlusses ist nicht möglich, und können die Fusionsgesellschaften keinen anderen Zeitpunkt als den der Eintragung der Kapitalserhöhung zum Zeitpunkt der Vereinigung bestimmen; sie können den gesetzlichen Zeitpunkt nur durch Hinausschieben der Eintragung der Kapitalserhöhung verzögern. Durch diese Fusion erlöschen weder die V.verträge, noch wird irgendeine Fälligkeit herbeigeführt, noch auch entsteht den Versicherten ein Rücktrittsrecht (RG. in LZ. **09**, 482 Nr. 10 und SA **38**, 311). Denn der Satz, daß niemand sich einen anderen Schuldner aufdrängen zu lassen braucht (oben Anm. 3), wird hier durch positive Gesetzesvorschrift (§ 306 HGB.) beseitigt, derzufolge eben kein Wechsel der

Person eintritt, sondern die Rechtspersönlichkeit des ursprünglichen Schuldners wie bei der Beerbung als fortdauernd zu denken ist, so daß die aufnehmende Gesellschaft nun für Erfüllung der V.verträge einstehen muß, wie wenn sie diese selbst abgeschlossen hätte (RG. **72**, 15 und in LZ. **09**, 482 Nr. 10 und SeuffA. **38**, 314). Es finden daher die für den Tod einer Partei gegebenen prozessualen Vorschriften Anwendung (§ 239 ZPO.; RG. **56**, 331; KG. in VA. **06** Anh. 40 Nr. 200) weil eine Gesamtrechtsnachfolge, nicht eine bloße Schuldübernahme, stattgefunden hat (RG. **28**, 363; **9**, 15). Die Versicherten haben auch kein Rücktrittsrecht, wenn die übernehmende Gesellschaft ihnen nicht sicher genug ist, noch können sie einen Rücktritt mit Unmöglichkeit der Erfüllung begründen; denn das Gesetz hat besondere Schutzvorschriften für sie gegeben. Das Vermögen der aufgenommenen Gesellschaft muß nämlich vorläufig getrennt verwaltet werden, ist dem Zugriff der Gläubiger der aufnehmenden Gesellschaft vorläufig entzogen, und es bleibt auch vorläufig der alte Gerichtsstand bestehen (§ 306 HGB.). Dieser vorläufige Zustand getrennter Verwaltung bleibt während des Sperrjahres des § 301 HGB. erhalten und darf die völlige Vereinigung beider Vermögen d. h. die Ausfolgung des Vermögens an die Uebernehmerin nach §§ 306 Abs. 5, 301 Abs. 3 HGB. nur erfolgen, wenn den Gläubigern, die noch nicht befriedigt werden können, Sicherheit nach §§ 232 ff. BGB. geleistet ist (hierüber Näheres unten Anm. 14). Ebenso liegt die Sache, wenn die Fusion erst im Liquidationsverfahren beschlossen wird. Es unterbleibt dann die fernere Liquidation und kommen die erwähnten Gläubigerschutzvorschriften zur Geltung, auf die die Fusionsgenehmigung der Aufsichtsbehörde ohne Einfluß ist (oben Anm. 4). Zu den Gläubigern gehören alle Versicherten mit laufenden V.verträgen. Sie können diese Sicherheitsleistung im Klageweg erzwingen; sie können aber auch die Vermögensvereinigung bis zu erfolgter

Sicherheitsleistung durch einstweilige Verfügung nach § 938 Abs. 2 ZPO. verhindern (RG. 71; ROHG. **24**, 251). Solange die Sicherheit nicht gestellt ist, können die Versicherten mit ihren Prämienzahlungen zurückhalten (§§ 320, 322 BGB.), wenn sie auf Vertragserfüllung bestehen. Die Versicherten können aber auch, wenn besondere Gründe vorliegen, vom V.vertrage zurücktreten (s. folg. Anm. 14).

14 Die Gläubigerschutzvorschriften, deren in Anm. 13 bereits Erwähnung getan wurde, bestehen in der getrennten Verwaltung des Vermögens der aufgelösten V.gesellschaft (§ 306 Abs. 2 HGB.), so daß die Versicherten der aufgelösten Gesellschaft den Gläubigern der aufnehmenden Gesellschaft in der Befriedigung vorgehen (§ 306 Abs. 3 HGB.; RG. **71**, 380; Staub § 306 Anm. 19), und daß die Vereinigung beider Vermögen nur erfolgen darf, wenn den Versicherten Sicherheit geleistet worden ist (§§ 306 Abs. 5, 301 Abs. 3 HGB.), weil nach der Vereinigung beider Vermögen die Gläubiger der aufnehmenden und der aufgenommenen Gesellschaft sich in nichts mehr unterscheiden (vgl. RG. **71**, 380). Das AA. erachtet diese Vorschriften als undurchführbar, so daß die Versicherten auf Einhaltung dieser Vorschriften verzichten müßten, sobald das AA. die Fusion mit einer leistungsfähigen VU. genehmigt habe (VA. **04**, 96; **05**, 72; **06**, 96; ebenso OLG. Kassel VA. **07**, 8; KG. in VA. **06** Anh. 40 Nr. 200; Dresden VA. **06** Anh. 41 Nr. 201; Emminghaus LZ. **08**, 32; Ehrenberg, Zeitschr. f. V.wissensch. **04**, 45; Behrend ebenda 26 und Hagen § 14 Anm. 4 ff.). Diese Ansicht scheitert an der bestimmten Gesetzesvorschrift (vgl. RG. **9**, 11; **60**, 56; **71**, 376 ff.) und daran, daß die Genehmigung der Aufsichtsbehörde das Privatrecht nicht berührt (oben Anm. 4); es ist nicht zutreffend, daß der Gesetzgeber diese Schutzvorschriften nicht auf VU. habe Anwendung finden lassen können oder wollen. Soll keine getrennte Verwaltung hinsichtlich der der Fusion nicht zustimmenden Versicherten stattfinden, so handelt es sich um die Art,

wie die gesetzliche Sicherheitsleistung gemäß § 232 BGB. einzurichten ist. Daß die Sicherstellung der Prämienreserve in der bei Einleitung der Liquidation sich ergebenden Höhe (Rehm § 14 Bem. 1) keine Sicherheitsleistung nach § 232 BGB. darstellen kann, geht daraus hervor, daß die Versicherten erst mit Eröffnung des Konkurses ein Vorrecht am Prämienreservefonds haben (§§ 60, 61), und daß die Verwaltungsvorschriften der §§ 50—60 hier nicht in Betracht kommen. Anderseits kann nicht (mit OLG. Hamm VA. **09** Anh. 9 Nr. 429; SA. **62**, 182) Sicherstellung in Höhe der ganzen V.summe verlangt werden; ein solches Verlangen wäre für die Lebensv. und die gleichgestellten V.zweige (§§ 11, 12) wegen der aufzunehmenden Mittel nicht durchzuführen (VA. **05**, 72). Die volle V.summe würden die Versicherten doch erst erlangen, wenn sie die Prämie bis zum Schlusse fortentrichten; auch ist zu beachten, daß das Interesse des Versicherten nur gewahrt ist, wenn die aufnehmende Gesellschaft bei geordnetem Betriebe bestehen kann. Legt man danach den Maßstab an, daß die Sicherheit derart geleistet werden muß, als sie nach dem sorgfältigen Ermessen eines ordentlichen Geschäftsmannes nötig erscheint (Staub § 301 Anm. 4), so kommt man zu dem Ergebnis, daß das freie richterliche Ermessen sowohl über die Art, wie über die Höhe der zu leistenden Sicherheit unter Zugrundelegung der Höhe der Prämienreserve zur Zeit der Fusion entscheidet (RG. **72**, 15; OLG. Düsseldorf VA. **09** Anh. 11 Nr. 430; dazu VA. **09**, 194). Diese Sicherheit muß, wenn es sich mit der Zeit herausstellt, daß sie nicht ausreicht, erhöht werden. Es ist nicht zuzugeben, daß es ausreicht, wenn die Uebernehmerin sich verbindlich macht, auch die künftigen Prämien dem Prämienreservefonds nach den Grundsätzen der V.technik zuzuführen; denn dazu ist die Uebernehmerin ohnehin anzuhalten. Das richterliche Ermessen kann sich ohne weiteres überzeugen, daß die Einhaltung der von der

Aufsichtsbehörde gegebenen Vorschriften den §§ 232 ff. BGB. volle Rechnung trägt. Das Gericht kann aber auch Sachverständige hören, und dies wird im Streitfalle die Regel sein müssen. Hiernach hat die Genehmigung der Aufsichtsbehörde nicht einmal die Bedeutung einer tatsächlichen Vermutung und bewirkt auch nicht einmal eine Umkehrung der Beweislast. — Werden die Gläubigerschutzvorschriften nicht beachtet, so können die Versicherten deren Beachtung erzwingen (oben Anm. 13). Sie können aber auch den Rücktritt von ihren V.verträgen erklären, weil ihr ursprünglicher Versicherer infolge der Entäußerung seines Vermögens unsicher geworden ist; es ist nämlich alsdann die Annahme gerechtfertigt, daß der Versicherte den V.vertrag nicht abgeschlossen haben würde, weil er mit derartig veränderten Umständen nicht rechnen konnte und ihm nach den Grundsätzen von Treu und Glauben mit Rücksicht auf die Verkehrssitte nach dem Vertragswillen ein weiteres Ausharren nicht zugemutet werden sollte (§§ 157, 242 BGB.; RG. in LZ. **09**, 482 Nr. 10). Aus diesem Rücktrittsrecht wegen Unsicherheit des ursprünglichen Versicherers erklärt es sich, daß die Versicherten einer ausländischen V.aktiengesellschaft bei deren Fusion mit einer ausländischen VU. vom V.vertrag wegen Unsicherheit ihrer Gesellschaft zurücktreten können, wenn das für die Fusion maßgebende ausländische Recht die Interessen der Versicherten nicht genügend wahrt (vgl. RG. **60**, 56). Will also die übernehmende V.gesellschaft die Sicherheit nicht stellen, so muß sie es bei der getrennten Verwaltung belassen.

15 Aus der getrennten Verwaltung ergibt sich, daß tatsächlich eine Liquidationsmasse weiter besteht, bis auch der V.fall des am längsten laufenden V.vertrags eingetreten oder der Nichteintritt sicher ist (vgl. Staub § 306 Anm. 17 und v. Ziegler bei Holdheim **09**, 176). Neue Abschlüsse für diese Masse sind nicht möglich, obgleich die Masse produktiv weiter arbeitet. Auch Erhöhungen oder Verlängerungen bestehender V. sind ausgeschlossen (für VV. a. G. s. § 46 Abs. 3). Auch eine stillschweigende Verlängerung ist nicht möglich. Die Verwaltung muß daher alle Verträge, die ohne Kündigung stillschweigend verlängert würden, auf den nächstzulässigen Termin, wie bei jeder anderen Liquidation, kündigen, wenn die Versicherten nicht übertreten (s. auch § 46 Anm. 3; Staub § 306 Anm. 19 ff. und § 303 Anm. 14). Das Gesetz schreibt für den besonderen Fall der Fusion gegen Gewährung von Aktien mit Ausschluß der Liquidation getrennte Verwaltung ausdrücklich vor (§ 306 Abs. 2 HGB.). In allen anderen Fällen einer Fusion ergibt sich die Notwendigkeit getrennter Verwaltung von selbst, wenn der aufnehmende Versicherer nicht vorzieht, Sicherheit zu leisten. Die getrennte Liquidationsmasse wird bei der Fusion zweier Aktiengesellschaften gegen Aktiengewährung mit Ausschluß der Liquidation von der aufnehmenden Gesellschaft verwaltet, weil eine Gesamtrechtsnachfolge stattgefunden hat; in allen übrigen Fusionsfällen steht die Verwaltung dem aufgenommenen Versicherer zu. Hieraus ergibt sich, gegen wen der Anspruch auf getrennte Verwaltung zu richten ist.

ββ) Soll die Fusion gegen Gewährung 16
von Aktien mit Liquidation stattfinden, so kommt nicht § 306 HGB. sondern § 305 HGB. zur Anwendung. Die beiden Aktiengesellschaften beschließen den Veräußerungsvertrag, die übernehmende Gesellschaft beschließt die Kapitalserhöhung und läßt diesen Beschluß eintragen. Die übertragende Gesellschaft beschließt nun ihre Zustimmung; durch diesen Beschluß löst sich die übertragende Gesellschaft auf (§ 303 Abs. 2 HGB.); der Beschluß ist zur Eintragung anzumelden. Mit Eintragung dieses Beschlusses ist der Veräußerungsvertrag perfekt. Nun erfolgt die Eintragung der durchgeführten Kapitalserhöhung der übernehmenden Gesellschaft (Staub § 305 Anm. 21). Hieran reiht sich die Liquidation, die sich wesent-

lich auf die getrennte Verwaltung beider Vermögensmassen und auf Einhaltung der in Anm. 13 u. 14 bereits erörterten Schutzvorschriften zugunsten der Versicherten nach § 303 Abs. 3, 301 Abs. 1 u. 3 HGB. beschränkt. Die übernehmende Gesellschaft haftet vorläufig den Versicherten der aufgenommenen Gesellschaft nur mit dem Bestand des übernommenen Vermögens nach § 419 BGB., wenn sich nicht ein weitergehender Haftungsgrund, etwa aus § 25 HGB., einstellt (Staub § 303 Anm. 16). Außerdem kann sie auf Grund ihres Erfüllungsversprechens in Anspruch genommen werden (oben Anm. 3). Die Vereinigung der beiden Vermögen darf erst nach Erledigung der Gläubigerschutzvorschriften, also nach Sicherheitsleistung der noch nicht fälligen Ansprüche der Versicherten, erfolgen. Auch hier bewirkt die Auflösung und Liquidation keine Fälligkeit der Ansprüche der Versicherten, noch auch können die Versicherten einen Rücktritt damit begründen, daß ihr Versicherer sich durch Entäußerung des Vermögens die Erfüllung seiner Verpflichtungen unmöglich gemacht habe, noch können die bis dahin entrichteten Prämien zurückgefordert werden. Diese Rechtslage der Versicherten ist hier nicht, wie in dem Falle der Fusion ohne Liquidation, damit zu begründen, daß eine Art Beerbung stattgefunden habe (oben Anm. 13). Denn eine Gesamtrechtsnachfolge findet hier gerade nicht statt. Die Aktiven müssen besonders übertragen werden (Staub § 303 Anm. 16). Wohl aber rechtfertigt sich diese Rechtslage damit, daß das Gesetz die Forderungen nicht fällig werden lassen will und die Gläubiger durch die Schutzvorschriften der zit. Gesetzesstellen genügend gesichert erachtet (vgl. RG. **5**, 7; ROHG. **24**, 253). Auch hier erhebt sich, wie bei der Fusion ohne Liquidation, die Frage, ob nicht besondere Gründe, insbesondere die Nichtbeobachtung der in §§ 303 Abs. 3, 301 Abs. 3 HGB. gegebenen Gläubigerschutzvorschriften den Versicherten wegen geänderter Umstände ein Rücktrittsrecht gewähren. Diese

Frage ist ebenso zu beantworten (hierüber oben Anm. 14). Wegen der getrennten Verwaltung und der sich daraus ergebenden Folgen siehe oben Anm. 15.

β) Die Fusion zweier deutscher V.-aktiengesellschaften ohne Gewährung von Aktien, also gegen eine Gegenleistung anderer Art, geht nach §§ 301—304 HGB. vor sich. Zunächst wird von beiden Gesellschaften der Veräußerungs- und der Erwerbungsbeschluß, der den bestimmten Kaufpreis enthalten muß, gefaßt und durch die Angebots- und Annahmeerklärung der beiderseitigen Vorstände der Fusionsvertrag abgeschlossen (JW. **09**, 509 Nr. 44). Durch den Beschluß der aufzunehmenden Gesellschaft wird diese Gesellschaft aufgelöst (§ 303 Abs. 2 HGB.). Die Auflösung ist in das Handelsregister einzutragen (§ 293 HGB.). Enthält der Auflösungsbeschluß eine Statutenänderung, so ist der Veräußerungsvertrag mit der Eintragung perfekt, andernfalls mit Fassung der Beschlüsse beider Generalversammlungen (Staub § 293 Anm. 4). Die gesetzliche Folge der Auflösung ist die Liquidation (§ 294 HGB.). Nun sind die Gläubigerschutzvorschriften der §§ 303 Abs. 3, 301 Abs. 3 HGB. — getrennte Verwaltung oder Sicherheitsleistung für die Ansprüche aus den laufenden V.verträgen — zu beobachten. Neue V.verträge können nicht mehr abgeschlossen werden (oben Anm. 15). Gesamtrechtsnachfolge tritt nicht ein (Staub § 303 Anm. 16 f.). Die aufnehmende Gesellschaft haftet den Versicherten der aufgenommenen Gesellschaft aus § 329 BGB. und § 419 BGB., im letzteren Fall mit dem übernommenen Vermögen (RG. **69**, 284; JW. **09**, 491 Nr. 13), eventuell aus § 25 HGB. (oben Anm. 3). Die Versicherten brauchen sich keine neuen Schuldner aufdrängen zu lassen und können zur Erteilung der Zustimmung zu der zwischen den fusionierten Gesellschaften vereinbarten privativen Schuldübernahme nicht gezwungen werden (oben Anm. 3), haben aber auch kein Rücktrittsrecht. Es gilt hier ganz dasselbe wie bei der Fusion 17 gegen Gewährung von Aktien mit Liquidation. Ueber die getrennte Verwaltung s. oben Anm. 15.

18 c) Die Verschmelzung einer V.aktiengesellschaft mit einem aufnehmenden VV. a. G. ist nur zulässig, wenn die Satzung des VV. a. G. ausdrücklich den Betrieb von V.geschäften gegen feste Prämie gestattet, so daß die Versicherten der Aktiengesellschaft nicht Mitglieder des VV. a. G. werden (§ 21 Abs. 2). Nur dann kann der VV. a. G. in die bestehenden V.verträge der Aktiengesellschaft eintreten. Enthalten die Satzungen eine solche Vorschrift, so beschließt die Aktiengesellschaft die Veräußerung ihres Vermögens gegen eine den Aktionären zukommende bestimmte Vergütung nach § 303 HGB. Dieser Beschluß hat die Auflösung mit eintretender Liquidation zur Folge. Die Auflösung ist zur Eintragung in das Handelsregister anzumelden (Staub § 303 Anm. 9). Befand sich die Aktiengesellschaft schon in Liquidation, so ist der Veräußerungsbeschluß nun zu fassen; er bedarf keiner Eintragung. Gleichzeitig mit dem Veräußerungsbeschluß muß der VV. a. G. den Uebernahmebeschluß fassen. Die Versicherten der Aktiengesellschaft werden nun Vereinsgläubiger, insofern sie den VV. a. G. zufolge seiner Erfüllungsübernahme unbeschränkt und infolge der Vermögensübernahme beschränkt in Anspruch nehmen können (oben Anm. 3). Die beabsichtigte privative Schuldübernahme, die in dem Verschmelzungsvertrag enthalten ist, berührt die Versicherten nicht, wenn sie nicht zugestimmt haben (oben Anm. 3). Haben sie zugestimmt, so sind sie nun als Nichtmitglieder bei dem VV. a. G. versichert; die Gläubigerschutzvorschriften des § 301 HGB. kommen dann nicht zur Anwendung. Haben sie nicht zugestimmt, so können sie doch die Verschmelzung nicht hindern und haben auch kein Rücktrittsrecht. Es sind dieselben Gründe dafür ausschlaggebend, wie bei der Fusion zweier Aktiengesellschaften gegen Gewährung von Aktien mit Liquidation (hierüber oben Anm. 16); d. h.

das Gesetz hält die Versicherten (die Gläubiger) durch seine Schutzvorschrift über die Sicherheitsleistung für genügend gesichert. An diesen Schutzvorschriften kann die Fusionsgenehmigung der Aufsichtsbehörde nichts ändern (oben Anm. 4 u. 14). Die Versicherten der Aktiengesellschaft setzen die Einhaltung dieser Schutzvorschriften auf dieselbe Weise durch, wie bei der Fusion zweier Aktiengesellschaften (oben Anm. 13 a. E.). Sie haben auch ein Rücktrittsrecht wegen Unsicherheit des aufnehmenden VV. a. G., wie oben Anm. 14 für die Versicherten einer Aktiengesellschaft ausgeführt ist. Ueber die Wirkungen getrennter Verwaltung s. oben Anm. 15.

Wollen die Versicherten der Aktiengesellschaft Mitglieder des VV. a. G. werden, so bedarf es für jeden einzelnen des geordneten Aufnahmeverfahrens und eines neuen V.vertrags.

d) Die Verschmelzung eines VV. a. G. 19
mit einer aufnehmenden V.aktiengesellschaft hat zwei gänzlich verschiedene Seiten, je nachdem nämlich die Vereinsmitglieder oder die beim Vereine versicherten Nichtmitglieder (§ 21 Abs. 2) in Betracht kommen:

α) Die Vereinsmitglieder sind zugleich 20
Versicherte und Versicherer. Aus dem Wesen dieser Gegenseitigkeit ergeben sich eigenartige Haftungsgrundsätze. Geht der V.bestand eines VV. a. G. mit Zustimmung aller Mitglieder auf eine V.aktiengesellschaft über, so werden diese Haftungsgrundsätze notwendigerweise beseitigt. Die früheren Vereinsmitglieder werden lediglich Gläubiger der Aktiengesellschaft, die zueinander in keinen Rechtsbeziehungen stehen. Die V.verträge bekommen durch den Wegfall der Mitgliedschaft eines VV. a. G. und der gegenseitigen Haftung allerdings einen insofern geänderten Inhalt. Trotzdem sind nicht mit der Aktiengesellschaft neue V.verträge abzuschließen, sondern es findet eine Zession der Ansprüche des VV. a. G. und eine Schuld-

übernahme seitens der V.aktiengesellschaft statt. Man kann also auch hier im Rechtssinne und nicht nur in wirtschaftlichem Sinne von einer Abtretung des Portefeuilles reden (a. M. Wörner 170). Allerdings, namentlich bei kleineren, nicht lebensfähigen VV. a. G., kommt eine Aufsaugung so vor, daß es den Mitgliedern überlassen wird, neue Verträge mit einem andern VU. zu schließen, die auf ganz neuer Grundlage ruhen. In diesem Falle findet keine eigentliche Verschmelzung und keine Abtretung des Portefeuilles statt (VA. **04**, 95). — Zur Abtretung des Portefeuilles bedarf es eines Auflösungsbeschlusses des VV. a. G. mit drei Viertel Mehrheit nach §§ 43, 44, sofern die Satzung nichts anderes bestimmt. Dieser Beschluß hat zu bestimmen, daß die Liquidation durch Abtretung des Portefeuilles zu den gleichzeitig festzulegenden Bedingungen an die übernehmende V.aktiengesellschaft zu vollziehen sei (sog. Generalliquidation). Der Fusionsbeschluß kommt durch Auswechslung der Erklärungen der beiderseits vertretungsberechtigten Organe zustande. Nun haben die Liquidatoren den Beschluß zu vollziehen, die Ansprüche aus den Verträgen und etwaige Nachschußforderungen an die Aktiengesellschaft zu übertragen. Die Vereinsmitglieder haben kein besonderes Widerspruchsrecht mehr, nachdem sie mit ihrer Stimme in der Generalversammlung unterlegen sind; denn § 44 zitiert von Abs. 2 des § 43 nur den Satz 1. Die Widersprechenden sind also gebunden. Diese Auffassung war schon nach früherem Recht die herrschende. Man ließ diese sog. Generalliquidation zu, wenn nach den Satzungen die Generalversammlung über die Art der Liquidation frei beschließen durfte und eine Generalliquidation in Form der Abtretung des Portefeuilles (Uebertragung des V.bestandes) beschlossen hatte (RG. **56**, 292; OLG. Hamburg VA. **06** Anh. 43 Nr. 202). Um so mehr muß die Unterwerfung der Mitglieder unter den Generalversammlungsbeschluß jetzt gelten, nachdem § 44 den der Gerichtspraxis entnommenen Rechtssatz zum gesetzlichen gemacht hat (RG. in VA. **04**, 138 Nr. 55 und VA. **04**, 95; Ehrenberg Zeitschr. f. V.wiss. **04**, 36; a. M. Behrend ebenda **07**, 322). Soweit die Satzung besondere Bestimmungen getroffen hat, dürfen die Mitglieder durch Mehrheitsbeschluß nicht verkürzt werden (§ 41 Abs. 3), so daß es bei einer Satzung, welche Mitgliedern für den Auflösungsfall einen bestimmten Anteil am Vermögen gewährt, sein Bewenden behält. Dadurch, daß die Widersprechenden die Verschmelzung nicht hindern können, ist aber noch nicht gesagt, daß sie nun unter allen Umständen Gläubiger der V.aktiengesellschaft werden müßten; die Widersprechenden können vielmehr austreten, weil sie sich einen andern Schuldner nicht aufdrängen zu lassen brauchen (oben Anm. 3), zumal unter Aufhebung der Gegenseitigkeit; der Austretende hat aber keinen Anspruch auf Rückgabe der gezahlten Prämie oder der Prämienreserve; das austretende Mitglied hat nur Rückerstattungsansprüche, soweit sie die Satzung oder die V.bedingungen (regelmäßig sind beide identisch, § 9 Abs. 2) für diesen besonderen Fall oder sonst für den Fall freiwilligen Ausscheidens oder der Einstellung der Prämienzahlung gewähren. Stimmen die nicht Austretenden der Verschmelzung zu, so sind sie ganz wie die anderen Versicherten der aufnehmenden Aktiengesellschaft zu behandeln (oben Anm. 3). Stimmen sie nicht zu, so erlöschen die V.verträge nicht; denn in § 44 ist ein Uebereinkommen, welches trotz der Auflösung des VV. a. G. die V.verträge nicht erlöschen läßt, sondern eine Uebernahme gestattet, ausdrücklich mit Rechtswirksamkeit versehen (vgl. Wiener in ZHR. **27**, 348). Nun sind zwar in § 44 die Gläubigerschutzvorschriften, wie sie bei der Fusion von V.aktiengesellschaften bestehen (getrennte Verwaltung oder Sicherheitsleistung; oben Anm. 14, 16, 17), nicht übernommen (Begr. zu §§ 42—48); allein der aufgelöste VV. a. G. dient auch im Liquidationszustand noch ausschließlich den Interessen seiner Mitglieder und kann sich den Ansprüchen der der Verschmelzung nicht zustimmenden Mitglieder nicht entziehen (§ 48). Die nicht zustimmenden Mitglieder brauchen sich auch keinen neuen Schuldner aufdrängen zu lassen (oben Anm. 3). Auf diesem Wege kommt man, wenn es auch an einer besonderen Gesetzesvorschrift fehlt, doch zu dem Erfordernis getrennter Verwaltung für die Nichtzustimmenden, wie diese oben Anm. 15 in ihren Wirkungen dargestellt ist. An einer getrennten Verwaltung haben die Vereinsmitglieder aber kein Interesse, wenn ihnen Sicherheit geleistet ist. Man kommt so ohne ausdrückliche Gesetzesbestimmung zu einer Sicherheitsleistung, wie sie oben Anm. 14 erörtert ist. Und es gilt auch hier der Grundsatz, daß eine Fusionsgenehmigung der Aufsichtsbehörde nichts an diesen Grundsätzen ändert, und daß die nichtzustimmenden Vereinsmitglieder wegen Unsicherheit ihres Vereins von ihren V.verträgen zurücktreten können, wenn die Verwaltung nicht getrennt oder ihnen keine Sicherheit geleistet wird. Es gilt hier dasselbe, was oben Anm. 14 ausgeführt wurde.

21 β) Die Nichtmitglieder eines VV. a. G. (also die nach § 21 Abs. 2 gegen feste Prämie Versicherten) sind lediglich Vereinsgläubiger. Ihre Verträge erleiden, abgesehen vom Schuldnerwechsel, durch Abtretung des Portefeuilles inhaltlich keine Aenderung. Sie können daher ebensowenig wie andere Gläubiger der vom VV. a. G. nach § 44 (oben Anm. 20) beschlossenen Abtretung des Portefeuilles widersprechen. Sie sind aber auch nicht an die durch diese Abtretung beabsichtigte privative Schuldübernahme gebunden, wenn sie nicht die Zustimmung erteilen. Stimmen sie zu, so geben sie allerdings ihren bisherigen Schuldner frei (oben Anm. 3). Stimmen sie nicht zu, so haben sie, gerade wie die bei einer Aktiengesellschaft Versicherten, neben ihrem ursprünglichen Schuldner noch einen zweiten Schuldner (die übernehmende Aktiengesellschaft) zufolge der in dem Fusions-

vertrag liegenden Erfüllungsübernahme (oben Anm. 3). Die Aehnlichkeit ihrer Stellung mit derjenigen der Versicherten einer Aktiengesellschaft geht bis zur völligen Gleichheit. Denn der Fusionsbeschluß des VV. a. G. führt zu dessen Auflösung und zur Liquidation (§§ 44, 43, 46). Für dieses Liquidationsverfahren ist § 301 HGB. durch § 48 Abs. 3, also auch Abs. 3 des § 301 HGB., welcher Sicherheitsleistung der künftigen V.ansprüche vorschreibt, für maßgebend erklärt. Daher muß das Vermögen des aufgenommenen VV. a. G. getrennt verwaltet werden, wenn den Versicherten nicht Sicherheit nach § 232 BGB. geleistet wird. Es gilt hier ganz dasselbe, was oben Anm. 13 a. E. u. 14 über Sicherheitsleistung und oben Anm. 15 über getrennte Verwaltung ausgeführt ist. Die nicht zustimmenden Versicherten haben wegen Unsicherheit ihres Versicherers unter besonderen Umständen ein Rücktrittsrecht, welches durch die Fusionsgenehmigung der Aufsichtsbehörde nicht geschmälert werden kann (hierüber oben Anm. 3 u. 14). In allen Punkten a. M. Emminghaus LZ. 08, 27.

e) Die Verschmelzung zweier VV. a. G. erlaubt es an sich, die V.verträge inhaltlich unverändert zu übertragen, weil es lediglich auf Aufhebung der Mitgliedschaft bei dem einen Verein und den Eintritt in den übernehmenden Verein ankommt. Man hat daher die Ansicht vertreten (Wörner 172), daß es lediglich eines Vereinsbeschlusses bedürfe, der die Uebertragung der Rechte und Pflichten aus den einzelnen V.verhältnissen nach §§ 398 ff., 414 BGB. verfügt, nicht aber eines Auflösungsbeschlusses. Allein § 44 unterscheidet nicht; in allen Fällen der Uebertragung des vollständigen V.bestands eines VV. a. G. muß die Auflösung und die Uebertragung des V.bestandes im Wege der Generalliquidation (oben Anm. 20) beschlossen werden. Es verhält sich insofern die Sachlage nicht anders, als bei der Fusion mit einer V.aktiengesellschaft (oben Anm. 20); 22

es besteht nur der einzige Unterschied, daß die Mitglieder aus dem aufzunehmenden Verein ausscheiden und die Mitgliedschaft bei dem aufnehmenden Verein erwerben, ohne daß der V.vertrag im übrigen eine Aenderung zu erfahren braucht. Der die Auflösung und die Generalliquidation verfügende Beschluß muß mit drei Viertel Mehrheit gefaßt werden (§§ 43 Abs. 2 Satz 1, 44), sofern die Satzung nichts bestimmt. Die Nichtzustimmenden sind an diesen Beschluß gebunden (§§ 44, 43 Abs. 2 Satz 1; a. M. Wörner 173); sie haben kein Rücktrittsrecht. Aber sie brauchen sich keinen neuen Schuldner aufdrängen zu lassen, brauchen ihren seitherigen Schuldner nicht freizugeben und brauchen auch nicht als Mitglieder in den aufnehmenden Verein einzutreten. Die Nichtzustimmenden können daher austreten und haben die Ansprüche, die ein freiwillig austretendes Mitglied besitzt (oben Anm. 20). Die Nichtzustimmenden brauchen aber nicht auszutreten; sie können, da sie ihren Schuldner nicht freigeben, getrennte Verwaltung verlangen, weil der aufgenommene Verein als Liquidationsverein fortbestehen muß. Die gesonderte Verwaltung fällt nur weg, wenn Sicherheit geleistet wird; auch haben die Nichtzustimmenden, wenn ihre Interessen in diesen Beziehungen gefährdet sind, ein Rücktrittsrecht wegen Unsicherheit ihres ursprünglichen Versicherers. Es gilt hierwegen das in Anm. 20 Ausgeführte. Das AA. bezweifelt, ob sich ein sicherer Rechtsboden für die Verschmelzung zweier VV. a. G. in der Weise finden läßt, daß die Mitglieder des aufzulösenden Vereins Mitglieder des aufnehmenden Vereins werden; das AA. wirkt deshalb darauf hin, daß die Mitglieder des aufzunehmenden Vereins nicht als Mitglieder in den aufnehmenden Verein eintreten, sondern Versicherte gegen feste Prämie nach § 21 werden (VA. 08, 115). Es bedarf hierzu lediglich der Wiederholung, daß es keine Möglichkeit gibt, die Mitglieder des aufzunehmenden Vereins zur Freilassung ihres Schuldners zu zwingen oder gar in einen anderen Verein gegen ihren Willen zu drängen. Auch wenn die Mitglieder als Nichtmitglieder bei dem aufnehmenden Verein versichert werden sollen, kommt man nicht über den Grundsatz hinweg, daß niemand sich einen andern Schuldner gefallen zu lassen braucht. Man gelangt daher auch in diesem Falle zu getrennter Verwaltung oder Sicherheitsleistung, also zu dem Endergebnis, welches das AA. nach dem zu Anm. 14, 17 ff. Bemerkten für alle Fälle einer Fusion ablehnt.

3. **Die Umwandlung einer VU.** in eine andere Gesellschaftsform versicherungsrechtlicher Art hat nicht nur eine Bestandsübertragung, sondern eine Uebertragung des gesamten Vermögens mit Aktiven und Passiven zum Gegenstand. Eine solche Umwandlung ist nur möglich, wenn ein VV. a. G. in eine V.aktiengesellschaft umgewandelt werden soll. Der umgekehrte Fall ist nicht möglich, weil die Versicherten einer V.aktiengesellschaft deren Gläubiger sind und durch kein Mittel gezwungen werden können, ihre Verträge umzuwandeln und in eine Gegenseitigkeitsgesellschaft einzutreten. Ein besonderer Fall ist es, wenn ein rechtsfähiger Verein, der seither schon die V. nach dem Grundsatz der Gegenseitigkeit betrieben hat, sich in einen VV. a. G. umwandelt (§ 102 Anm. 3) und wiederum ein besonderer Fall ist es, wenn ein VV. a. G. sich in einen Unterstützungsverein (§ 1 Anm. 9 u. 10) umwandelt; hierzu bedarf es der Einstimmigkeit der Mitglieder, wenn nicht die Satzung eine solche Umwandlung vorsieht. Die Umwandlung eines VV. a. G. in eine V.aktiengesellschaft erfordert einen Generalversammlungsbeschluß des VV. a. G. mit drei Viertel Mehrheit nach §§ 44, 43, der die Auflösung des VV. a. G., die Gründung einer V.aktiengesellschaft, die Uebertragung des ganzen Vermögens auf die Neugründung, die Beseitigung der gegenseitigen Haftung und die dementsprechende Aenderung der V.verträge beschließt. Die zustimmenden Vereinsmitglieder werden in Vollzug 23

dieses Beschlusses Gläubiger der neugegründeten Aktiengesellschaft. Der VV. a. G. muß infolge des Auflösungsbeschlusses liquidieren (§ 46). Die nichtzustimmenden Vereinsmitglieder müssen sich dem Vereinsbeschluß unterwerfen. Die Liquidation bildet keinen Rücktrittsgrund. Eine Gesamtrechtsnachfolge hat zwar nicht stattgefunden, sondern es stehen sich zwei selbständige Rechtspersönlichkeiten gegenüber, und bedarf es aller für einen Eigentumswechsel vorgeschriebenen Uebertragungsakte (Abtretung der Forderungen, Uebergabe der beweglichen Sachen, Auflassung der Grundstücke, Indossierung von Wechseln usw. vgl. RG. **64**, 111 u. KG. in KGJ. 25 A 285). Aber das Gesetz § 44 versagt hier den Rücktritt ebenso, wie bei der Verschmelzung eines VV. a. G. mit einer Aktiengesellschaft (oben Anm. 20). Die nichtzustimmenden Mitglieder brauchen sich aber einen neuen Schuldner nicht gefallen zu lassen; sie haben daher alle Rechte wie im Falle der Verschmelzung eines VV. a. G. mit einer V.aktiengesellschaft (oben Anm. 20). Das AA. behandelt VU., die erst neu gegründet werden, die aber den Zweck haben, den gesamten V.bestand einer zugelassenen VU. zu übernehmen, als bereits zugelassene VU., die den Betrieb nur fortsetzen; so kommt das AA. je nach den Umständen zur Gewährung von Erleichterungen (vgl. VA. **06**, 93/94).

24 II. **Die Uebertragung einzelner V.zweige** erfordert, sowohl wenn ein VV. a. G. als auch wenn eine V.aktiengesellschaft überträgt, einen Beschluß des obersten Organs, der mit drei Viertel der abgegebenen Stimmen gefaßt werden muß (§§ 39 Abs. 3, 123). Die Versicherten des abgetretenen V.zweigs müssen sich diese Abtretung gefallen lassen; sie haben kein Rücktrittsrecht; denn ihren seitherigen Schuldner verlieren sie nicht; sie erhalten vielmehr zufolge der Erfüllungsübernahme einen zweiten Schuldner (oben Anm. 3; OLG. Cassel VA. **07** Anh. 7 Nr. 274). Es bedürfte ganz besonderer Umstände, die einen Rücktritt wegen Unsicherheit des seitherigen Ver-

sicherers zu rechtfertigen vermöchten. Hier wirft sich wiederum wie bei der Fusion (oben Anm. 14 ff.) die Frage auf, ob die Versicherten getrennte Verwaltung oder Sicherheitsleistung fordern können, wenn sie der Abtretung nicht zustimmen. Stimmen sie zu, so fällt diese Frage aus denselben Gründen weg, wie bei Abtretung des gesamten V.bestandes (oben Anm. 3). Stimmen die betroffenen Versicherten nicht zu, so kann ihnen kein anderer neuer Schuldner aufgedrängt werden; auch kann man sie nicht zwingen, Mitglied eines VV. a. G. oder eines andern VV. a. G. zu werden und eine ganz andere Gefahr zu laufen, als sie zum Vertragsinhalt gemacht worden war. Die V.verträge der Nichtzustimmenden erlöschen auch nicht, wenn die V.bedingungen ein Erlöschen nicht vorgesehen haben. Man kann auch nicht die V.verträge von Vereinsmitgliedern dadurch zum Erlöschen bringen, daß ihr Ausschluß aus dem Verein für den Fall beschlossen wird, daß sie der Abtretung nicht zustimmen (so Wörner 171 f.); andernfalls müßten sich die Vereinsmitglieder auch jede andere Abänderung ihrer V.verträge und die daraus entstandenen Rechte gefallen lassen. Es ergibt sich hieraus, daß man trotz Fehlens einer bestimmten gesetzlichen Vorschrift auch bei einer Teilbestandsveränderung den der Abtretung nicht Zustimmenden ein Rücktrittsrecht nicht versagen kann, wenn ihr Versicherer infolge der Abtretung unsicher geworden ist. Die Unsicherheit ist vorhanden, wenn durch die Abtretung ihre Interessen gefährdet sind. Gefährdet sind diese Interessen aber, wenn eine getrennte Verwaltung nicht eingerichtet oder keine Sicherheit geleistet wird. Dieses Rücktrittsrecht rechtfertigt sich auf ähnliche Weise, wie das Rücktrittsrecht im Falle der Fusion (oben Anm. 14 ff.). — Häufig wird die Abtretung eines V.zweiges zur Vermeidung dieser Schwierigkeiten in die Form eingekleibet, daß der übernehmende Versicherer sich von dem abtretenden Unternehmer Generalvollmacht erteilen läßt, kraft deren er den V.zweig auf eigene Rechnung verwaltet (VA. **05**, 73; **07** Anh. 7 Nr. 274). Auch eine Abtrennung des V.geschäfts oder mehrerer V.zweige als selbständige VU. ist denkbar; in diesem letzteren Falle stellt das AA. nicht so strenge Anforderungen wie bei Neuzulassungen (vgl. VA. **06**. 94).

25 C. **Zuständig** zur Erteilung der Genehmigung sind diejenigen Aufsichtsbehörden, welche zur Aufsichtsführung nach §§ 2 u. 3 berufen sind; denn es handelt sich immer um die Beschlußfassung von mindestens zwei Aufsichtsbehörden, nämlich der Aufsichtsbehörde des übertragenden und der Aufsichtsbehörde des übernehmenden Versicherers. Für zugelassene ausländische Versicherer ist das AA. zuständig (§ 91). Handelt es sich um einen nicht zugelassenen ausländischen übernehmenden Versicherer, so ist der Reichskanzler zuständig (§ 86). Verweigert eine Behörde die Genehmigung und erteilt die andere die Genehmigung, so kann man weder sagen, daß die Genehmigung zu einem Uebereinkommen nach § 14 überhaupt versagt sei, noch läßt sich behaupten (so Emminghaus LZ. **08**, 35), daß im Fusionsfall die Zuständigkeit des AA. die Zuständigkeit der Landesbehörde hinfällig werden lasse; denn es handelt sich lediglich um eine v.polizeiliche Maßregel, deren Folgen sich durchaus selbständig bestimmen, und zwar ohne Rücksicht auf die privatrechtliche Bedeutung einer Fusion (oben Anm. 4).

III. Versicherungsvereine auf Gegenseitigkeit.

Einleitung: Das Charakteristische eines VV. a. G. beruht darin, daß die Versicherer zugleich die Versicherten sind, die erzielten Ueberschüsse an die Versicherten zurückfließen und von diesen auch die Ausfälle gedeckt werden (§ 15). Deshalb ist der VV. a. G. keine Erwerbsgesellschaft. Vor Inkrafttreten des VAG. wurden die V.gesellschaften a. G. deshalb nach dem Bürgerlichen Recht, nicht nach Handelsrecht, beurteilt (ROHG. **18**,

407), soweit nicht deren Verhältnisse besondere Ordnung erfahren hatten. Besondere Vorschriften bestanden nur für Sachsen (Ges. v. 15. Juni 1868) und Elsaß-Lothringen ZHR. **12**, 135; VO. v. 22. Jan. 1868). In den übrigen Staaten erfolgte die Verleihung der juristischen Persönlichkeit von Fall zu Fall. Eine allgemeine Verleihung nahm für Preußen der Erlaß vom 27. Dez. 1899 (GS. **00**, 2) vor.

Das VAG. scheidet die VV. a. G. aus dem Bürgerlichen Recht aus unter Verleihung eines dem Aktiengesellschaftsrecht nahestehenden Sonderrechts (§ 16) mit ähnlichen Organen (Vorstand § 34; Aufsichtsrat § 35; Mitgliederbeschlüsse durch ein oberstes Organ, § 36). Auch in der Satzungsänderung (§§ 39—41) wie bei der Vereinsauflösung und der Liquidation (§§ 42—48) macht sich die Verwandtschaft mit der Aktiengesellschaft bemerklich; auch erwächst dem VV. a. G. die Eintragungspflicht in etwas geänderter Gestalt (§§ 30—33). Andererseits ergeben sich aus dem Grundsatz gegenseitiger Haftung aus V. durchgreifende Besonderheiten: so muß sich der VV. a. G. schon äußerlich als ein solcher kennzeichnen (§ 15); er wird nicht Kaufmann, steht einem solchen aber sehr nahe (§ 16); er bedarf der Konzession und erlangt schon durch diese die Rechtsfähigkeit und die Genehmigung seiner Satzungen (§§ 15—18, 39 ff.). Die inneren Verhältnisse, Erwerb und Verlust der Mitgliedschaft (§ 20), die Beitragspflicht (§§ 21, 24 f., 27), die Herstellung des Gründungsfonds (§§ 22 f.) und die Verteilung der Ueberschüsse (§ 38) sind dem Wesen des VV. a. G. entsprechend geordnet.

Vor allem aber wurde dem VV. a. G. ein doppeltes Monopol verliehen: einmal darf die Versicherung a. G., mit Ausnahme der Innungs-, Knappschafts- und eingetragenen Hilfskassen des § 122 und der kaum mehr interessierenden Genossenschaften des § 102, nur in den hier vorgesehenen Formen eines VV. a. G. betrieben werden, so daß Neugründungen von eingetragenen Genossenschaften, nicht rechtsfähigen Vereinen und gewöhnlichen Gesellschaften auf diesem Gebiet nicht mehr möglich sind (§ 6 Abs. 1; Uebergangsvorschriften §§ 101, 103); sodann ist den VV. a. G. gemeinsam mit den Aktiengesellschaften für 5 V.zweige das Monopol gesichert (§ 6 Abs. 2).

Die großen VV. a. G. unterstehen den §§ 15—52 unbedingt. Ihnen stehen die kleineren nicht eintragungsbedürftigen VV. a. G. gegenüber, denen gewisse Erleichterungen gewährt werden (§ 53), und die älteren Vereine ohne Rechtsfähigkeit, deren Einrichtung dem Ermessen der Aufsichtsbehörde anheimgestellt ist (§ 103). Ganz kleine Vereine kommen hier überhaupt nicht in Betracht: sie fallen überhaupt nicht unter dieses Gesetz, weil sie entweder überhaupt keine V.geschäfte betreiben oder ihren Mitgliedern keinen Rechtsanspruch gewähren (§ 1 Anm. 8 ff.). Etwaige Zweifel über die Einteilung löst die Aufsichtsbehörde nach §§ 53, 114, 73 Abs. 1 Nr. 5.

Außerhalb des Abschnittes III betreffen noch die §§ 10, 54, 55 Abs. 3, 56 Abs. 2, 67 Abs. 3, 68, 106, 109 bis 114, 124 die VV. a. G.

§ 15. Ein Verein, welcher die Versicherung seiner Mitglieder nach dem Grundsatze der Gegenseitigkeit betreiben will, erlangt durch die von der Aufsichtsbehörde erteilte Erlaubnis zum Geschäftsbetrieb als „Versicherungsverein auf Gegenseitigkeit“ die Rechtsfähigkeit.

1 Der **Versicherungsverein a. G.** ist im Gegensatz zur öffentlichen Anstalt (§ 1 Anm. 1 f.), zur Gesellschaft, Genossenschaft und Hilfskasse und zum idealen Verein des § 21 BGB. ein privater wirtschaftlicher Verein von nicht geschlossener Mitgliederzahl (§ 22 BGB.). Rechtsverhältnisse werden im Gegensatz zur Gesellschaft

nur zwischen dem Verein einerseits und dem Mitglied andererseits so begründet, daß den Vereinsgläubigern nur das Vereinsvermögen haftet; die Mitglieder treten weder untereinander noch den Gläubigern gegenüber in ein Rechtsverhältnis. Die Mitgliedschaft ist unzertrennlich mit dem V.verhältnis verbunden; fällt die Mitgliedschaft hinweg, so fällt auch das V.verhältnis; endlich müssen die Mitgliederbeiträge und die Gegenleistungen des Vereins bei gleicher Gefahr gleich behandelt werden (§§ 19—21). Diese Gleichheit folgt aus dem Vereinszweck, der dahin zielt, den aus einem unter V. gestellten Ereignis dem einzelnen Mitglied erwachsenden Schaden verhältnismäßig von allen Mitgliedern, einschließlich des von dem Ereignis selbst Betroffenen, also nach dem Grundsatz der Gegenseitigkeit, tragen zu lassen. Darin zeigt sich das Charakteristische, daß die Versicherten zugleich Versicherte, daß die von ihnen gezahlten Prämien lediglich Vorschüsse zur Deckung der V.ansprüche und Verwaltungskosten sind, daß die Ueberschüsse an die Versicherten zurückfließen, etwaige Ausfälle aber von ihnen aufgebracht werden müssen (RG. **14**, 238; **4**, 396; ROHG. **18**, 406; vgl. §§ 46 Abs. 2, 47 Abs. 2). Ein solcher Verein muß sich im Interesse der Rechtssicherheit nach außen mindestens durch den Zusatz „a. G." als auf Gegenseitigkeit beruhend ankündigen und hat Monopolstellung (oben Einl.). Aus dem Gesagten ergibt sich, daß die reinen V. a. G. keine Erwerbsgesellschaften, also auch keine Kaufleute sind (§ 16). Außer den reinen V. a. G. (§ 16 Anm. 1 f.) gibt es noch gemischte VV. a. G. (§ 16 Anm. 6), die beide eintragungspflichtig sind und im Gegensatz zu beiden kleinere Vereine; letztere sind nicht zum Handelsregister einzutragen und genießen gewisse Erleichterungen (§§ 16 Anm. 7, 53, 124).

2. **Die Rechtsfähigkeit** erlangt der VV. a. G. 2
weder, wie die Aktiengesellschaft, Genossenschaft usw., auf Grund von Normativbestimmungen, noch auch, wie

die wirtschaftlichen Vereine des § 22 BGB. (vgl. art. 75 EG. z. BGB.), durch einen besonderen Akt staatlicher Verleihung, sondern in der Weise, daß die nach § 73 Abs. 1 Nr. 1 vor sich gehende Konzessionserteilung zugleich die volle Rechtsfähigkeit und Parteifähigkeit nach § 50 Abs. 1 ZPO. gewährt. Dieser Konzession bedürfen alle VV. a. G. ohne Ausnahme (§ 116), selbst die kleineren Vereine des § 53; letzteren können nur Erleichterungen gewährt werden. Die Eröffnung des Betriebs ohne diese Erlaubnis macht strafbar (§ 108). Zur Erlangung der Zulassung, die zugleich die Rechtsfähigkeit verleiht, bedarf es aller materiellen Voraussetzungen, wie sie von jeder VU. zu erfüllen sind (§§ 4—7); außerdem bedarf es aber noch der Erfüllung besonderer formeller Erfordernisse, nämlich der Entstehung des Vereins durch Satzung (§ 17) mit dem vorgeschriebenen notwendigen Inhalt (hierüber § 17 Anm. 2). Der Zulassung folgt die Anmeldung zum Handelsregister nach §§ 30 ff. Diese Eintragung verleiht nicht erst die Rechtsfähigkeit. Die Rechtsfähigkeit dauert auch nach der Vereinsauflösung bis zur Beendigung der Liquidation fort (§ 46). Die Vertretung erfolgt durch den Vorstand (§ 34), im Liquidationsstadium durch die Liquidatoren (§ 47). Mit der Zulassung beginnt die laufende Aufsicht (§ 64), die zur Entziehung der Zulassung durch die Aufsichtsbehörde führen kann (§ 67). Die Entziehung der Zulassung, und damit der Rechtsfähigkeit, erfolgt nicht nach den Vorschriften der §§ 43, 44 BGB., die nur für durch staatliche Verleihung entstandene Vereine gelten. Das VAG. hat die Entstehung und Beaufsichtigung der VV. a. G. selbständig geordnet; hierüber bestand unter den gesetzgebenden Faktoren volle Uebereinstimmung (KomBer. zu § 53, RTProt. 2379/80). Daher darf auch nur die Aufsichtsbehörde nach § 67 befinden, ob der VV. a. G. etwa nichtig ist wegen Fehlens der zu seiner Entstehung nötigen Voraussetzungen (§ 42 Anm. 1; vgl. § 30 Anm. 3).

3. **Vor erlangter Rechtsfähigkeit** sind die Gründer bereits zu handeln genötigt, weil es eines Gründungsaktes bedarf, durch den die Zeichnung eines Gründungsfonds (§§ 22 f.) oder doch der Abschluß einer Mindestzahl von V.verträgen gesichert wird; die technischen Unterlagen müssen beschafft, die Satzungen (§§ 4 ff., 17) müssen vereinbart, die erforderlichen Organe (§§ 34, 35, 36) schriftlich (§ 31) bestellt, die Geschäftsräume, das Personal, die Agenten besorgt, und endlich muß die Zulassung (§§ 15 ff.) nachgesucht werden. Hierzu bedarf es der Aufstellung von Personen, die diese Rechtsgeschäfte vorbereiten und die erste Versammlung des obersten Organs einberufen. Näheres über den Gründungshergang s. § 17 Anm. 1 u. 4; und über Zeichnung des Gründungsfonds § 22 Anm. 1 ff. sowie über die strafrechtliche Verantwortlichkeit der Gründer § 105. In diesem Stadium bilden die Gründer einen nicht rechtsfähigen Verein; denn die Vereinigung ist nicht auf eine bestimmte Personenzahl beschränkt; es wird sogar auf immer neue Zugänge gerechnet (vgl. RG. **60**, 95). Dieser Verein ist nach Gesellschaftsrecht zu beurteilen (§ 54 Satz 1 BGB.). Der Vorstand, welchem die Vereinsmitglieder die Geschäftsführung übertragen, und der namens des Vereins handelt, haftet unter allen Umständen persönlich (§ 54 Satz 2 BGB.; Begr. zu § 22). Seine Handlungen verbinden aber auch die übrigen Mitglieder als Gesellschafter samtverbindlich, weil er geschäftsführender Gesellschafter ist (§§ 710, 711, 714, 427 BGB.); jedoch kann der Gesellschaftsvertrag die Haftung rechtswirksam auf das Vereinsvermögen beschränken, wenn dem Dritten diese Beschränkung bekannt war (RG. **63**, 62; vgl. RG. in LZ. **08**, 314 Nr. 6; für einen besonderen Fall weitergehend JW. **10**, 227 Nr. 2). Der Verein kann als solcher verklagt werden (§ 50 Abs. 2 ZPO.); daher ist der Vorstand sein gesetzlicher Vertreter (§ 26 Abs. 2 BGB.; JW. **03**, 236 Nr. 2) auch nach §§ 473, 171 ZPO. und genügt das 3

gegen den Verein ergangene Urteil zur Vollstreckung in dessen Vermögen (§ 735 ZPO.). Klagen können dagegen nur die einzelnen Mitglieder, die aber dann durch ihren gewählten Vereinsvorstand als Prozeßbevollmächtigten vertreten werden (§ 50 ZPO.; RG. **57**, 90). Grundstücke und Hypotheken können nur auf den Namen der Mitglieder (nicht auf den Namen des Vereins) eingetragen werden (§ 48 GBO.); jedoch ist in der Eintragung auf die Vereinsmitgliedschaft hinzuweisen (vgl. v. Staudinger § 54 VII 3 c). Die Grundstücke werden zwar Vereinsvermögen (§ 718 BGB.), gehen aber mit Entstehen des VV. a. G. auf diesen über; denn sie sind für diesen erworben. (Weiteres über die nicht rechtsfähigen Vereine s. § 102 Anm. 4.) Es gibt keinen allgemeinen Rechtssatz, daß der VV. a. G. die Erfüllung der vor seiner Entstehung mit Dritten abgeschlossenen Verträge nicht ablehnen könnte. Es ist vielmehr zu unterscheiden:

4 a) Handelt der Vorstand im Gründungsstadium namens des nicht rechtsfähigen Vereins, so haften die Mitglieder (wie oben Anm. 3 ausgeführt) persönlich. Dem VV. a. G. steht es nach seiner Entstehung durchaus frei, ob er in diese Verträge eintreten will. Sind Verträge zu seinem Gunsten abgeschlossen, so kommt § 328 BGB. zur Anwendung.

5 b) Handelt der Vorstand im Gründungsstadium für den künftigen VV. a. G. (also nicht so, als ob der Verein bereits bestände), so ist zu unterscheiden, ob der VV. a. G. zur Entstehung gelangt, oder ob dies nicht der Fall ist.

α) Kommt der VV. a. G. zur Entstehung, so kann er die Erfüllung der Verträge nicht ablehnen, welche sich als zu seiner Gründung notwendig erweisen. Hierher gehören die zur Entstehung des VV. a. G. nötigen V.verträge und die Zeichnungen des Gründungsfonds (§ 22; Ehrenberg I 113), die Organisations- und die nötigen Verwaltungskosten; nicht aber gehören hierher die den künftigen Geschäftsbetrieb betreffenden zur Entstehung nicht erforderlichen Verträge. Die Zeichner von V.verträgen und des Gründungsfonds verbinden sich dem Verein gegenüber nur unter der Bedingung, daß der VV. a. G. innerhalb eines Jahres zur Entstehung gelangt (RG. **6**, 97). Sie müssen aber nach Ablauf des Jahres rechtzeitig ihre fernere Haftung ablehnen, weil sonst aus ihrem Schweigen auf fortdauernde Haftung geschlossen werden kann. Innerhalb dieser Grenzen tritt der VV. a. G. mit seiner Entstehung ohne weiteres in die Rechte und Verbindlichkeiten ein. Es bedarf keines besonderen Uebertragungsaktes (vgl. RG. **24**, 23; **58**, 56; JW. **05**, 31 Nr. 48). Für den Uebergang außerhalb dieser Grenzen übernommener Verbindlichkeiten oder Rechte bedarf es besonderer Uebertragungs- und Uebernahmsakte. Die Personen, welche namens des künftigen VV. a. G. gehandelt haben, haften persönlich nach §§ 54, 179 BGB. auch dann, wenn der Vertragsgegner wußte, daß der VV. a. G. noch nicht existiere (hierüber unten Anm. 6); es wäre denn, daß die persönliche Haftung nach dem Parteiwillen nicht stattfinden sollte. Der namens des künftigen VV. a. G. Handelnde haftet auch dann weiter, wenn der VV. a. G. zur Entstehung gelangt und in den Vertrag eintritt — es wäre denn, daß der Gegner den VV. a. G. an Stelle des ursprünglich Handelnden nach § 414 BGB. annimmt. Dieser Grundsatz, der zuerst für die Aktiengesellschaft in RG. **47**, 1 aufgestellt und dann auf die Gesellschaft m. b. H. übertragen wurde (RG. **47**, 1; **70**, 296; JW. **02**, 317 Nr. 33; vgl. RG. **72**, 404), ist, ganz abgesehen von den § 200 HGB., § 11 G. m. b. H. G., in Wahrheit ein allgemein gültiger. Ob die übrigen Mitglieder des nicht rechtsfähigen Vereins neben dem Handelnden haften, hängt davon ab, ob festgestellt werden kann, daß sie die Handlung genehmigt hatten oder einverstanden waren (vgl. RG. **55**, 304); vgl. auch Staub § 200 Anm. 10 ff.

6 β) Kommt der VV. a. G. nicht zur Entstehung, so kann der Parteiwille dahin gehen, daß, weil eben namens einer künftigen, nicht zur Entstehung gelangten Person gehandelt worden ist, die abgeschlossenen Verträge wegen Ausfalls der Bedingung hinfällig sein sollen. Dies trifft immer zu bezüglich der V.verträge und der Zeichnung des Gründungsfonds. In allen übrigen Fällen findet eine Haftung des Handelnden als factus procurator statt, wenn man vom Vortäuschen einer nicht existierenden Person, also von einem Betrug §§ 823, 826 BGB., absieht. Es wird zwar die Anwendbarkeit des § 179 BGB. bestritten, wenn die angeblich vertretene Person gar nicht existiert (OLG. Celle SA. **64**, 218; v. Staudinger § 179, 3 a). Allein der Wortlaut der auf das Vertrauen in das Bestehen einer Vertretungsmacht, auf Nichtnachweisen der Vertretungsmacht und auf Verweigerung der Genehmigung abhebt, kann hier nicht entgegengehalten werden, sonst würde der viel schwerere Fall, wenn Vertrauen in das rechtliche Bestehen der vertretenen Person erweckt wird, nicht haftbar machen. Der Geist und Zweck des § 179 BGB. zwingt zu einer unmittelbaren Anwendung des § 179, nicht etwa nur zu einer entsprechenden. Uebrigens versagt § 179 BGB., wenn der Gegner die Nichtexistenz des VV. a. G. kannte; hier hilft die Annahme eines Garantievertrags (vgl. RG. **39**, 30). Ob außer dem namens des künftigen VV. a. G. Handelnden noch andere Personen haften, hängt, wie in Anm. 5, davon ab, ob die übrigen Mitglieder des nicht rechtsfähigen Vereins mit dem Handeln einverstanden waren oder die Genehmigung erteilt haben.

7 4. **Ausländische V.gesellschaften auf Gegenseitigkeit,** d. h. V.gesellschaften a. G., die ihren Sitz im Auslande haben, unterliegen an sich nicht den §§ 15 ff., sondern richten sich nach dem Rechte ihrer Heimat. Dazu treten dann noch die Vorschriften der §§ 85 ff. Der § 85

Abs. 1 schreibt die entsprechende Anwendung des VAG. in gewissen Grenzen vor. Deshalb kommt es für die entsprechende Anwendung der für die deutschen VV. a. G. gegebenen Gesetzesbestimmungen zunächst darauf an, ob die ausländische V.gesellschaft nach ihrer ganzen Einrichtung und nach ihren Betriebsgrundsätzen mit dem Wesen eines Gegenseitigkeitsvereins deutschen Rechts übereinstimmt. Ist diese Uebereinstimmung vorhanden, so kommt es darauf an, inwieweit eine entsprechende Anwendung der §§ 15—53 möglich ist (Näheres § 85). Auf VU. in den Schutzgebieten findet das VAG. überhaupt keine Anwendung (§ 2 Anm. 1).

5. **Uebergangsbestimmungen.** Vereinigungen, welche 8
vor dem 1. Januar 1902 die V. nach dem Grundsatz der Gegenseitigkeit betrieben haben, können von da an ihren Betrieb nur dann unbehelligt fortsetzen, wenn sie die Rechtsfähigkeit besaßen, müssen sich aber dem neuen Recht mit Ausnahme der Vorschriften über Gründungs- und Reservefonds anpassen (§ 101). Von diesen rechtsfähigen Vereinen haben jedoch die bereits eingetragenen Genossenschaften und gewisse sächsische Vereine eine Ausnahmestellung (§ 102). Nicht rechtsfähige Vereine können von der Aufsichtsbehörde zur Umgestaltung in V. a. G. nach §§ 15 ff. gezwungen werden (§ 103). Neugründungen müssen sich unbedingt nach den §§ 15 ff. richten.

§ 16. Die in betreff der Kaufleute im ersten und dritten Buche des Handelsgesetzbuchs gegebenen Vorschriften, mit Ausnahme der §§ 1 bis 7, finden auf die Versicherungsvereine auf Gegenseitigkeit entsprechende Anwendung, soweit dieses Gesetz nicht ein anderes bestimmt.

1. **Der reine** VV. a. G. bezweckt keinen Gewinn; 1
er ist keine Erwerbsgesellschaft, wenn er auch die V. ge-

schäftsmäßig betreibt; er ist also keine Handelsgesellschaft, sollte er auch feste Prämien erheben (ROHG. **4**, 201; RG. **14**, 238). Denn er versichert seine Mitglieder nicht gegen Prämien im Sinne des § 1 Abs. 2 Nr. 3 HGB.; er erhebt nur Beiträge (§ 21 u. § 15 Anm. 1). Dem VV. a. G. fehlt die Erwerbsabsicht. Deshalb läßt sich auf ihn das Prinzip des § 2 HGB. nicht anwenden. Sein Geschäftsbetrieb ist daher kein Handelsgewerbe, und er selbst kein Kaufmann. Seine Geschäfte wären streng genommen keine Handelsgeschäfte nach § 343 HGB. (RG. **14**, 237). Trotz alledem liegt ein nach kaufmännischen Grundsätzen eingerichteter Geschäftsbetrieb notwendigerweise vor. Es zeigt sich hier derselbe Gegensatz zwischen Rechtsauffassung und praktischer Gestaltung der Dinge, wie bei den Erwerbs- und Wirtschaftsgenossenschaften, und auch eine gewisse Aehnlichkeit mit den GmbH. Hier hat man den Gegensatz durch das Gesetz nicht dahin gelöst, daß diese Gesellschaften zu Handelsgesellschaften erklärt wurden, auch nicht dahin, daß sie als solche gelten sollen wie in § 17 GenGes.; § 13 GmbHG., denn das Gesellschaftsrecht des 2. Buches ist gerade ausgeschlossen. Bei dem VV. a. G. hat man eine schwierigere Lösung vorgezogen. Man hat den VV. a. G. nämlich den juristischen Personen des § 33 HGB. gleichgestellt, zunächst aber die Kaufmannseigenschaft auf dem Umweg verneint, daß die die Kaufmannseigenschaft bedingenden §§ 1—7 HGB. für nicht anwendbar erklärt werden. Die notwendige Folge wäre die Unanwendbarkeit aller übrigen Bestimmungen des HGB. Der Gesetzgeber verfügt aber ausdrücklich das Gegenteil; er läßt vom 1. Buch die §§ 8—104, also die Vorschriften über Handelsregister, Handelsfirma, Handelsbücher, Prokura und Handelsvollmacht, Handlungsgehilfen und Lehrlinge, Handlungsagenten, Handelsmäkler und noch weiter, das ganze 3. Buch (§§ 343—473 HGB.), also die Vorschriften über Handelsgeschäfte, entsprechende Anwendung finden. — Alles jedoch nur, soweit nicht das VAG. anders bestimmt. Hieraus folgt, daß die Anwendbarkeit jeder Einzelbestimmung der §§ 8 bis 104 u. 343 ff. HGB. besonderer Prüfung auf ihr Verhältnis zum VAG. bedarf; ist danach die Anwendung der betreffenden Bestimmungen an sich nicht zu beanstanden, so soll und kann die Anwendung nur eine entsprechende sein. Hieraus kann sich gleichfalls die Nichtanwendbarkeit ergeben. Schon die Denkschrift z. HGB. 13 bezeichnete die Ausdehnung der für Kaufleute geltenden handelsrechtlichen Vorschriften auf die VV. a. G. als ein Bedürfnis. Noch mehr trat dieses Bedürfnis hervor, als § 2 HGB. die Kaufmannseigenschaft auch solchen gewerblichen Unternehmungen aufprägte, die zwar, wie z. B. die Genossenschaften, kein Handelsgewerbe betreiben, jedoch nach Art und Umfang einen in kaufmännischer Weise eingerichteten Geschäftsbetrieb erfordern (Begr. 31) und für deren Angestellte in den §§ 59 ff. HGB. ein den modernen Anforderungen angemessener Rechtszustand geschaffen war. Diese Erwägungen haben den Gesetzgeber geleitet; sie werden die künftige Rechtsentwicklung wohl noch entschiedener dahin beeinflussen, die VV. a. G. den Handelsgesellschaften gleichzustellen.

Der reine VV. a. G. ist also **Nichtkaufmann**; 2
er gilt auch nicht als Kaufmann, er wird aber als Kaufmann behandelt. Der Beweis ist leicht zu liefern: In steuerlicher Beziehung darf er zwar als Nichtkaufmann nicht zu Lasten herangezogen werden, die den Kaufmann deshalb treffen, weil er zum Handelsregister eingetragen ist (KomBer. 29), wohl aber kann die Landesgesetzgebung den VV. a. G. als wirtschaftlichen Verein, wie alle anderen derartigen Betriebe, besteuern (vgl. OLG. Hamburg, Z. f. V.wesen **05**, 585). Seine Verträge sind keine Grundhandelsgeschäfte nach § 1 HGB., aber die von ihm abgeschlossenen Geschäfte sind Handelsgeschäfte nach §§ 343, 344 HGB. und, wenn der Vertragsgegner Kaufmann ist, beiderseitige Handelsgeschäfte (§ 344 HGB.); das

VVG. ordnet seine privatrechtlichen Verhältnisse zwar besonders; wo diese Sondervorschriften aber der Ergänzung bedürfen, kommen die für Handelsgeschäfte gegebenen Vorschriften nach § 345 HGB. und erst in zweiter Linie die Vorschriften des BGB. zur Anwendung. Der VV. a. G. ist kein Kaufmann; unterliegt aber doch dem Registerzwang (§ 14 HGB. u. § 30), dem Firmenrecht (§ 18) und der Pflicht Handelsbücher nach §§ 38 ff. HGB. zu führen (dazu § 55); die bei ihm gegen Lohn oder Gehalt beschäftigten Personen unterstehen dem KrankVG. (RG. **34**, 35), seine kaufmännischen Angestellten sind Handlungsgehilfen oder -Lehrlinge nach §§ 59 ff. HGB.; es gelten die Vorschriften über Prokura und Handlungsvollmacht; gerade um dieser Vorzüge willen hat der Gesetzgeber die §§ 59 ff. HGB. zur Anwendung bringen wollen. Es weist daher alles darauf hin, die Ansprüche gegen den VV. a. G. aus § 101 GVG. und ebenso die Beschwerden in Registersachen nach § 30 und FGG. §§ 22, 30, insbesondere die Beschwerde gegen Abberufung von Liquidatoren nach § 47 Abs. 1, den Kammern f. HS. zuzuweisen (KG. in KGJ. 24 A 210; OLGR. **10**, 324; Staub § 1 Anm. 61, Wörner 78; a. M. Meyer, SächsA. **13**, 127). Folgeweise sind für Streitigkeiten zwischen VV. a. G. und ihren Angestellten die Kaufmannsgerichte zuständig. Es ist nicht einzusehen, weshalb die selbständigen Agenten (Subdirektoren) von VV. a. G. letzteren bei den Kaufmannsgerichten verklagen können, nicht aber die unmittelbaren Gehilfen des VV. a. G. (Staub § 1 Anm. 61; Ritter GewGes. **10**, 39; KaufmGer. Aachen in Wallmanns Z. **06**, 1935; Stuttgart, Gew.- u. KaufmGer. **11**, 179; a. M. Müller JW. **05**, 711; KaufmGer. Berlin Jahrb. d. KaufmGer. **09**, 309; über die Rechtspr. s. ZVWes. **10**, 362). Die Vorschriften der GewO. finden aber auf den VV. a. G. und dessen Personal keine Anwendung (Einl. vor § 1).

Die Eintragungspflicht der Agenten zum Handels-

register hängt davon ab, ob der Agent als Leiter einer Zweigniederlassung (§ 13 HGB.) oder als selbständiger Kaufmann (§ **84**, § 1 Abs. 1 u. Abs. 2 Nr. 7 HGB.) zu betrachten ist. Von Erheblichkeit für die Beantwortung der Frage ist die Grenze, welche die §§ 43, 44 VVG. der Vollmacht des bloßen Vermittlungsagenten und die §§ 43, 45 VVG. der Vollmacht des Abschlußagenten ziehen; hierbei können die §§ 46—48 VVG. und art. 4 Nr. 5 EG. z. VVG. sowie die Bestimmungen der §§ 86 Abs. 2 Nr. 3, 115 unseres Gesetzes hinsichtlich des Hauptbevollmächtigten ausländischer und inländischer VU. nicht außer Betracht bleiben. Nicht erheblich ist es, daß nach steuerlichen Rücksichten die V.gesellschaft an dem Sitz ihres Generalagenten eine Betriebsstätte hat und deshalb zur Gewerbesteuer oder Handelskammerumlage herangezogen werden darf (hierüber PrOVG. in VA. **04**, 173; **09** Anh. 102 Nr. 486; KG. in KGJ. 28 A 210: hier ist der Generalagent als Beamter behandelt).

E i n e Z w e i g n i e d e r l a s s u n g ist vorhanden, 4
wenn von einer Niederlassung aus, die von einem anderen Orte aus als von dem des Hauptgeschäfts betrieben ist, eine dauernde selbständige Tätigkeit mit besonderer Buchführung entwickelt wird. Zu einer solchen selbständigen Tätigkeit gehört hier, daß der mit Leitung der Niederlassung betraute Agent berechtigt ist, selbständige Abschlüsse zu machen (ROHG. **14**, 402; **17**, 320; Staub § 13 Anm. 5). Solche Abschlußvollmacht besitzt nach § 45 VVG. der Bevollmächtigte und der Hauptbevollmächtigte des § 115, obwohl er bei Lebensv.-Abschlüssen der Genehmigung seiner Direktion bedarf (vgl. ROHG. **17**, 315). Daß auch alle Schäden von dieser Niederlassung aus immer reguliert werden müßten, und daß die Niederlassung, um als Zweigniederlassung zu gelten, auch selbständiges Vermögen haben müßte, so daß sie nach Wegfall des Hauptgeschäfts eine selbständige Existenz führen könnte, ist nicht zu verlangen (ROHG. **14**, 402; a. M. KG. in

KGJ. 28 A 208; vgl. VA. **05** Anh. 3 Nr. 89; Ehrenberg I 96; Hagen § 16 Anm. 3; Zusammenstellung der Rechtsprechung ZHR. **41**, 569). Für das Gebiet des Handelsrechts verlangt man für eine Zweigniederlassung allerdings gesondertes Geschäftsvermögen. Das Wesen einer VU. beruht aber gerade auf der von allen Versicherten gewährleisteten gemeinsamen Gefahrentragung, wodurch die Anlegung eines besonderen Vermögens und Prämienreservefonds undurchführbar gemacht ist. Das KG. legt auch noch Gewicht darauf, daß der Generalagent schematisch nach Formularen abzuschließen habe, also unselbständig sei. Dagegen ist zu erinnern, daß auch das Hauptgeschäft genau nach demselben Schema abschließt und abschließen muß, weil dies durch die Wahrscheinlichkeitsrechnung, auf der der ganze Betrieb beruht, bedingt ist. Das ist auch die Ansicht des AA. (vgl. VA. **05**, 102; **06**, 30). Dagegen ist ein Hauptbevollmächtigter, der nicht mehr abschließt, sondern nur noch wegen Liquidation des Hauptgeschäfts abwickelt, nicht mehr als Leiter einer Zweigniederlassung anzusehen (LG. Berlin VA. **05**, 102; **06**, 30). Besteht eine Zweigniederlassung in dem oben erörterten Sinne, so ist sie zur Eintragung in das Handelsregister anzumelden (§ 13 HGB.). Die Aufsichtsbehörde aber hat nicht das Recht, die Eintragung zu verlangen, und daher auch kein Beschwerderecht im Fall der Ablehnung durch den Registerrichter (KG. in VA. **06**, 35).

5 Der V.agent ist selbständiger Kaufmann und als solcher mit seiner eigenen Firma eintragungspflichtig, wenn er die V.geschäfte, die er abschließt oder vermittelt, für einen Kaufmann gegen Vergütung (Provision) vermittelt oder abschließt, und ständig mit dieser Tätigkeit betraut, also nicht als Handelsangestellter Leiter einer Zweigniederlassung ist (§ 84 HGB.) — mag er auch den Weisungen der Direktion folgen müssen (KG. in KGJ. u. f. III A 75). Ueber diesen Unterschied zwischen dem Agenten und dem Handlungsangestellten und die dadurch bedingte Zuständigkeit der Kaufmannsgerichte s. Staub § 84 Anm. 5 u. 6. Ist der Agent ständig von einer V.aktiengesellschaft betraut, so ist nach § 1 Abs. 1 u. 2 Nr. 3 HGB. seine Kaufmannseigenschaft und Eintragungspflicht ohne weiteres gegeben (OLG. Kolmar JurZ. Els.-Lothr. **03**, 505; OLG. Dresden Sächs. Ann. **16**, 365; LG. Halle KJB. 22 A 76). Der V.agent ist auch dann Kaufmann, wenn er nebenher für einen VV. a. G. tätig ist, und auf Grund anderer kaufmännischer Geschäfte die Kaufmannseigenschaft besitzt. Der V.agent ist ferner Kaufmann, wenn er für einen gemischten VV. a. G. als Agent tätig ist (unten Anm. 6). Ob der V.agent aber Kaufmann ist, wenn er von einem reinen VV. a. G. mit der Akquisition betraut wurde, kann zweifelhaft sein, weil § 1 Abs. 2 Nr. 3 HGB. gerade die Gegenseitigkeitsgesellschaften ausschließt und § 16 unseres Gesetzes alle Möglichkeit abschneidet, wie der VV. a. G. nach §§ 1—5 HGB. Kaufmann werden könnte. Andererseits aber bestimmt § 16 dagegen, daß der VV. a. G. wie ein Kaufmann behandelt werden soll (oben Anm. 1 u. 2), und daß seine Agenten Handelsagenten sind. Eine solche Bestimmung konnte der Gesetzgeber nur treffen, wenn er aussprechen wollte, daß der Betrieb eines VV. a. G. derjenige eines Handelsgewerbes sei. Damit ergibt sich die Kaufmannseigenschaft und die Eintragungspflicht auch dieser Agenten. Beschränkt sich die Tätigkeit des Agenten lediglich auf die Vermittlung und Entgegennahme von V.anmeldungen, so ist er nicht Vertragsvermittler, nicht Handelsagent, sondern Gehilfe des übergeordneten Generalagenten und daher nicht eintragungspflichtig (OLG. Dresden Sächs. Ann. **18**, 131). Letztere Kennzeichnung trifft auch auf Personen zu, die kleine Geschäfte betreiben und nebenher für V.gesellschaften tätig sind.

2. **Der gemischte V. a. G.**, d. h. ein VV. a. G., welcher **6**
nicht ausschließlich V.verträge nach dem Grundsatz der

Gegenseitigkeit betreibt, sondern daneben noch Nichtmitglieder versichert, also noch V.geschäfte gegen feste Prämie betreibt (§ 21 Abs. 2), fremde Risiken mit- oder rückversichert oder neben der V. der Vereinsmitglieder Grundhandelsgeschäfte, z. B. Bank- oder Kommissionsgeschäfte, betreibt (§ 1 HGB.) oder mit Hilfe dieser anderen Geschäfte unter die §§ 2 oder 3 HGB. zu bringen ist, besitzt Kaufmannseigenschaft; er ist in allen Stücken als Kaufmann zu behandeln (RG. **28**, 313; Staub § 1 Anm. 63). Ueber die Stellung der versicherten Nichtmitglieder s. § 14 Anm. 21.

7 3. **Die kleineren Vereine** sind nur als reine VV. a. G. zulässig. Auf sie finden handelsrechtliche Gesichtspunkte überhaupt keine Anwendung, wie § 53 durch Ausschluß des § 16 ausdrücklich bekundet. Dasselbe gilt für die nicht rechtsfähigen Vereine (§ 103) und die Hilfskassen (§ 122).

§ 17. Die Verfassung eines Versicherungsvereins auf Gegenseitigkeit wird durch die Satzung bestimmt, soweit sie nicht auf den nachfolgenden Vorschriften beruht.

Die Satzung bedarf der gerichtlichen oder notariellen Beurkundung.

1 **Nur durch Satzung** kann ein VV. a. G. entstehen. Diese Vorschrift ist zwingender Natur; denn sie ermöglicht allein eine Prüfung des Gründungshergangs, die bei Aktiengesellschaften nach §§ 192—196 BGB. und bei VV. a. G. durch § 4 gewährleistet ist. Daher gilt die Vorschrift auch für die kleineren Vereine des § 53 und muß die Satzung dem Neueintretenden übergeben werden (§ 10). Die Satzung muß vor Entstehung des VV. a. G. entworfen sein, weil ohne Satzung die Rechtsfähigkeit nicht erlangt werden kann (§ 15). Die Satzung wird

von den Gründern entworfen, die nicht wie bei der Aktiengesellschaft (§ 182 HGB.) Mitglieder der projektierten Vereinigung zu werden brauchen. Auch sonst werden von den Gründern keine Eigenschaften verlangt. Gründer können also natürliche und juristische Personen, der Einzelkaufmann unter seiner Firma und auch Gesellschaften des Handelsrechts sein, nicht aber Gesellschaften des bürgerlichen Rechts und nichtrechtsfähige Vereine als solche (§§ 705 ff., 54 BGB.); denn sie sind nicht rechtsfähig. Es besteht keine Vorschrift über die Zahl der Gründer; also genügen zwei Personen. Häufig behalten die Gründer die Genehmigung der Satzung der ersten Mitgliederversammlung vor; sie müssen sich aber vor Entstehung des VV. a. G. eine Organisation geben, um die zur Entstehung des Vereins nötigen Rechtshandlungen mit Rechtsfähigkeit vornehmen zu können. Ueber die hieraus sich ergebenden Verhältnisse s. § 15 Anm. 3 ff., § 22 Anm. 1. Das Gesetz gibt zwingende Vorschriften über den Inhalt und über die Form der Satzung.

1. Die Satzung **muß** angeben (VA. **02,** 2
11): Vereinszweck und V.arten (§ 6), Firma und Sitz (§ 18), sowie, wenn V.geschäfte gegen feste Prämie betrieben werden sollen, daß dies gestattet ist (§ 21 Abs. 2), die Bildung eines Gründungsfonds (§§ 22, 23) und regelmäßig auch eines Reservefonds (§ 37), die Deckungsart von Ausgaben (§ 24), die Art der Bekanntmachungen des Vereins (§ 28 Abs. 1), die Bildung eines Vorstands, Aufsichtsrats und obersten Organs (§ 29 Abs. 1), die zur Abberufung eines Aufsichtsrats erforderliche besondere Mehrheit (§ 35 Nr. 1), die Minderheitsrechte (§ 36 Abs. 1 Nr. 1), Form und Frist der Berufung des obersten Organs (§ 36 Abs. 2), die Bestimmung der Mitglieder, unter welche Ueberschüsse zu verteilen sind, der hierfür anzunehmende Maßstab (§ 38), die Minderheit, welche die Ernennung von Liquidatoren beantragen kann (§ 47). Alles übrige ist fakultativ; jedoch sind gewisse Vorschriften

als Sollvorschriften bezeichnet: die Satzung soll die V.zweige, die Grundsätze für Anlegung des Vermögens und weiter erkennen lassen, ob auch Rückv. stattfindet (§ 8 Abs. 2); die Firma soll den Sitz des Vereins erkennen lassen (§ 18 Abs. 2); die Satzung soll die Voraussetzung und Art und Weise der Ausschreibung und Einziehung von Nachschüssen und Umlagen sowie weiter bestimmen, inwieweit zuvor die sonstigen Deckungsmittel (Gründungsfonds, Rücklagen) zu verwenden sind (§ 27). Daß diese Vorschriften als Sollvorschriften bezeichnet sind, hat die Wirkung, daß die Aufsichtsbehörde auf deren Einhaltung bestehen kann. Außerdem können in der Satzung noch eine Reihe anderer Bestimmungen getroffen werden (Aufzählung in VA. **02**, 12); hervorzuheben ist davon, daß die allgemeinen V.bedingungen auch in die Satzung aufgenommen werden können (§ 9 Abs. 2). Endlich darf der Inhalt der Satzung mit verbietenden Gesetzen nicht im Widerspruch stehen. Ueber die Einrichtung von Satzungen im übrigen s. § 4 Anm. 3.

Alle diese Vorschriften sind auch mit wenigen Ausnahmen bindend für die kleineren Vereine des § 53. Selbst die rechtsfähigen Gegenseitigkeitsvereine, welche z. Zt. des Inkrafttretens des Gesetzes vorhanden waren und daher ohnehin zugelassen sind, müssen ihre Satzungen, abgesehen von den Vorschriften über Gründungs- und Reservefonds, entsprechend einrichten (§ 101). Wie weit die nicht rechtsfähigen Vereine verpflichtet sind, bestimmt die Aufsichtsbehörde (§ 103). Ausgenommen sind nur ältere Genossenschaften, eine gewisse sächsische Vereinsbildung (§ 102) und die Hilfskassen (§ 122).

3 2. Die Satzung bedarf der **gerichtlichen** oder **notariellen Beurkundung** nach §§ 167 ff. FGG., § 128 BGB.; also genügt Beglaubigung nicht. Die gleichzeitige Anwesenheit der Gründer ist nicht erforderlich (§ 128 BGB.). Es wird daher kein einheit-

licher Gründungsakt erfordert, sondern es kann eine Einigung der Gründer über den Inhalt der Satzung in mehreren dem § 17 Abs. 2 entsprechenden Urkunden zustande kommen; es ist somit eine sukzessive Vertragschließung zulässig, so daß die Gründer unmittelbar persönlich nicht miteinander zu verkehren brauchen; sie können durch Bevollmächtigte vertreten sein und werden die Erklärungen des nicht gehörig Bevollmächtigten durch nachträgliche Genehmigung rechtswirksam (§ 177 BGB.). Die kleineren Vereine sind von der Formvorschrift befreit (§ 53); aber es muß von ihnen doch die Schriftform erfordert werden, weil ohne schriftliche Abfassung nicht einmal eine Vorlage an die Aufsichtsbehörde möglich ist.

3. **Verstöße** gegen diese (Anm. 1, 2 u. 3) Vorschriften 4 ziehen die Nichtigkeit der Satzung oder des VV. a. G. nicht nach sich, wenn die Aufsichtsbehörde durch Zulassung die Rechtsfähigkeit erteilt hat (§ 15). Es sind hierwegen die verschiedensten Ansichten vertreten (Moldenhauer 12; Wörner 40; Sievers ZHR. 51, 333; Mayer SächsA. 13, 127; Hagen § 17 Anm. 2). Verstöße gegen den zwingend vorgeschriebenen Inhalt jeder Satzung begründen, wie die Begr. zu §§ 17, 18 zutreffend bemerkt, die Nichtigkeit der Satzung deshalb nicht, weil die Vorschriften über den Inhalt, ebenso wie diejenige über die Zulassung, öffentlichen Rechtes sind und § 15 ausdrücklich bestimmt, daß die Zulassung ohne weiteres die Rechtsfähigkeit verleiht; von der Erfüllung der gesetzlichen Voraussetzungen der Zulassung ist die Rechtsfähigkeit nicht bedingt (vgl. Zehnter, ArchBürgR. 20, 11). Man kann nun nicht noch die Unterscheidung machen, daß der Verein zwar entstanden sei, aber Verstöße gegen privatrechtliche Bestimmungen durch die Zulassung nicht geheilt seien, so daß z. B. wegen nicht gehöriger Vertretung eines Gründers die Satzung nichtig wäre und die gehörig abgeschlossenen V.verträge wegen Gründungsfehlern der Rechtswirksamkeit entbehren würden. Fehlt einer der notwendigen

Teile des Satzungsinhalts oder ist eine in die Satzung aufgenommene Bestimmung nichtig, so wird der Rechtsbestand des VV. a. G. nach erfolgter Zulassung davon nicht berührt. Die Rechtslage ist eine andere als bei der Aktiengesellschaft (§ 309 f. HGB.) und bei der G. m. b. H. (§ 75 f. GmbHG.). Die nichtige Bestimmung selbst wird durch die Zulassung nicht geheilt; eine solche Heilung liegt nicht im Sinne des § 15. Der § 15 will auch nicht besagen, daß Mängel in der Satzung, z. B. Mängel über Bestimmung der Firma oder den Sitz des VV. a. G. oder Haftbarmachung der Vereinsmitglieder entgegen § 19 usw., nun in alle Zukunft geduldet werden müssen; vielmehr sind die Mängel durch einen gehörigen die Satzung ändernden Beschluß nach § 39 zu verbessern. Die Aufsichtsbehörde muß einen solchen Beschluß nach § 64 erzwingen. Der Aenderungsbeschluß ist nach § 36 (§ 271 HGB.) anfechtbar. § 15 will auch nicht bestimmen, daß die Gründer ihre Zeichnungen oder Versicherte ihre V.-verträge nicht wegen Verstöße gegen Vorschriften des bürgerlichen Rechts oder privatrechtliche Vorschriften des VAG. anfechten könnten. Denn Mitglieder stehen zu ihrem Verein in einem privatrechtlichen Verhältnis, für welches als höchstes Gesetz § 134 BGB. gilt. Sind ihre Privatrechte durch Handeln gegen ein gesetzliches Verbot verletzt, so können sie den § 134 BGB. anrufen. Dasselbe kann der Verein auch gegenüber seinen Mitgliedern tun, wenn es sich um Privatrechte handelt. Nur Mängel des Gründungshergangs werden durch die Zulassung des VV. a. G. gedeckt, wenn eine notwendige Bestimmung der Satzung fehlt oder ungültig ist. Sonstige Mängel des Gründungshergangs sind nicht durch die Zulassung gedeckt. Aus allgemeinen zivilrechtlichen Vorschriften, z. B. aus § 826 BGB., kann sich sehr wohl eine Nichtigkeit ergeben. Es kann auch sehr wohl aus einem solchen Grund die Zulassung und die Rechtsfähigkeit nach § 64 nachträglich wieder entzogen werden (vgl. § 15 Anm. 2). Verstöße gegen die Beurkundungsform bilden gleichfalls keinen Nichtigkeitsgrund. Die RegBegr. äußert sich nicht. Im Aktienrecht wird der formlose Gesellschaftsvertrag durch Eintragung zum Handelsregister nicht gültig (§§ 182, 309 HGB.; Staub § 309 Anm. 2). Für die Gesellschaften m. b. H. ist dieser Satz nun ausdrücklich ausgesprochen (RG. **54**, 418). Für den VV. a. G. muß dagegen angenommen werden, daß die Zulassung auch hinsichtlich der Formfehler die Existenz des Vereins decken soll — unbeschadet der Befugnis der Aufsichtsbehörde, die Nachholung des Fehlenden nach § 64 zu erzwingen. Eine Bestimmung, wie sie § 309 HGB. für die Aktiengesellschaft und § 75 GmbHG. für die Gesellschaften m. b. H. gibt, hat das VAG. nicht aufgenommen — und zwar absichtlich, wie man aus dem Gedankengang des § 15 entnehmen muß. § 125 BGB. ist durch § 15 außer Kraft gesetzt.

§ 18. Die Satzung hat den Namen (die Firma) und den Sitz des Vereins zu bestimmen.

Die Firma soll den Sitz des Vereins erkennen lassen. Auch ist in der Firma oder in einem Zusatz auszudrücken, daß Versicherung auf Gegenseitigkeit betrieben wird.

Die Bestimmung von Namen und Sitz bildet einen unerläßlichen Bestandteil der Satzung (§ 17 Anm. 2). 1

Jeder V.verein muß einen Namen haben. Bei eingetragenen Vereinen bezeichnet man den Namen als Firma; unter dieser Firma betreibt der VV. a. G. seine Geschäfte, klagt er, und wird er, wie ein Kaufmann (§ 17 HGB.), verklagt (Staub zu § 17); muß aber im Prozeß seine Vertreter benennen. Weil nur Abs. 1 nicht aber Abs. 2 die nicht eintragungspflichtigen Vereine des § 53 berührt, redet Abs. 2 nur von der Firma. Schon §§ 14,

18, 30, 31, 37 HGB., §§ 132, 140 ff. FGG. in Verbindung mit §§ 16, 30, 32 Abs. 1 u. § 16 WettbGes. v. 7. Juni 09, sorgen dafür, daß der gewählte Name sich von anderen Unternehmungen unterscheidet, und daß nicht ungehörige, d. h. lediglich der Reklame dienende Bezeichnungen in das Handelsregister geraten. Der Möglichkeit von Verwechslungen wird ferner dadurch vorgebeugt, daß aus der Firma der Charakter der Gegenseitigkeit ersichtlich sein muß (§§ 15, 18 Abs. 2); hierzu genügt die Abkürzung V. a. G. oder auch nur a. G. (VA. **03**, 116; **04**, 133; KGJ. 26 A 69; dagegen Keyßner in ZHR. **55**, 294, 304, 612). Daß die Firma oder der Name nicht den Anschein erwecken darf, als handle es sich um eine mittelbare oder unmittelbare Staatsanstalt, ergibt sich aus dem Prinzip der Firmenwahrheit ebenfalls. Daß Firma oder Name in deutscher Sprache geschrieben werden müssen, ist nicht angeordnet; ein ähnlicher Antrag wurde bei Beratung des HGB. in der Kommission abgelehnt. Bestehende inländische und ausländische Vereine kann die Aufsichtsbehörde mit Hilfe der §§ 64, 91 im Interesse der Firmenwahrheit beeinflussen (vgl. §§ 92, 101, 103); die Aufsichtsbehörde wird diesen Schritt jedoch nach dem für die alten Aktiengesellschaften in Art. 22 EG. z. HGB. aufgestellten Grundsatz der Nichtrückwirkung nur dann tun, wenn das öffentliche Interesse es erfordert, z. B. wenn die Gegenseitigkeit nicht zu erkennen ist oder die Firma eine sonstige Täuschung enthält. Die Aenderung der Firma bedeutet eine Satzungsänderung, kann daher nur nach § 39 vor sich gehen und bedarf ebenso des Eintrags zum Handelsregister, wie die ursprüngliche Firma (§ 30). Der Umstand, daß der VV. a. G. seinen Betrieb auf weitere Zweige des V.wesens ausdehnt (§ 8), bringt die Pflicht zur Aenderung der Firma noch nicht mit sich. Es gelten hier überhaupt die Vorschriften der §§ 18 ff. HGB. über das Firmenrecht in verständiger Uebertragung mit der Aenderung, daß der Sitz aus der Firma ersichtlich sein soll (§ 17 Anm. 2). Diese letztere Vorschrift weicht vom Handelsrecht wie von § 3 GenGes. ab; sie bezweckt eine möglichst sichere Unterscheidung von Firmen desselben Ortes und von auswärtigen VV. a. G. (vgl. § 30 HGB.).

Der Sitz (§§ 24, 57 BGB., § 182 Abs. 1 Nr. 1 2 HGB.) kann frei gewählt werden und muß nicht notwendig mit der Hauptniederlassung zusammenfallen (ebenso bei der Aktiengesellschaft, ROHG. **21**, 37). Nur insofern ist die Wahl beschränkt, daß der Sitz im Inland sich befinden muß. Verlegung des Sitzes bedeutet Satzungsänderung nach §§ 39, 40 und bedarf ebenfalls der Eintragung zum Handelsregister (§ 32). Verlegung des Sitzes ins Ausland bedeutet Auflösung des Vereins, weil die Rechtsfähigkeit verloren geht, wie bei der Aktiengesellschaft (Staub § 292 Anm. 20). Ein solcher Beschluß kann daher nur in den Formen des § 43 gefaßt werden. Der Verein kann nur einen einzigen Sitz haben (Staub § 182 Anm. 17). An dem Sitz, den die Firma schon erkennen lassen muß, kann der Verein verklagt werden und kann er selbst gegen seine Mitglieder dort klagen (RG. **4**, 396; **3**, 385); daselbst ist auch der Gerichtsstand für Prozesse der Mitglieder untereinander in Vereinsangelegenheiten gegeben (§§ 17, 22 ZPO.). Für Klagen gegen den Verein schafft § 115 noch einen zweiten Gerichtsstand und zwar auch für ältere Vereine (§§ 101 ff.). Die Satzungen können neben dem Gerichtsstand des Sitzes noch andere Gerichtsstände bestimmen (§ 17 Abs. 3 ZPO.); dieser Gerichtsstand besteht auch nach der Konzessionsentziehung weiter (SächsOLG. **23**, 538). Neben allen diesen Gerichtsständen ist für Klagen gegen den VV. a. G. für die Mitglieder das Gericht des Ortes zuständig, wo der Agent z. Zt. der Vermittlung oder Abschließung des V.vertrags seine Niederlassung oder seinen Wohnsitz hatte; dieser Gerichtsstand kann durch Vereinbarung nicht ausgeschlossen werden (§ 48 VVG.). Näheres über das Alles s. § 9 Anm. 1 u. 12; § 14 Anm. 13.

3 Die kleineren VV. a. G. müssen in der Satzung gleichfalls Namen und Sitz bestimmen; für sie gilt aber Abs. 2 unseres Paragraphen nicht (§ 53).

§ 19. Für alle Verbindlichkeiten des Vereins haftet den Vereinsgläubigern nur das Vereinsvermögen. Eine Haftung der Mitglieder gegenüber den Gläubigern des Vereins findet nicht statt.

1 1. Den Vereinsgläubigern, d. h. den Personen, welche den Garantiefonds zur Verfügung gestellt haben (§ 22), und bei gemischten VV. a. G. (§ 16 Anm. 6) den versicherten Nichtmitgliedern, haften die Mitglieder weder unmittelbar noch subsidiär. Dieser Grundsatz folgt auch für die kleineren VV. a. G. des § 53 aus § 15. Nur dem Verein gegenüber haften die Mitglieder für Vereinsschulden nach § 50 und stehen mit ihren eigenen V.ansprüchen hinter den Gläubigern des Vereins zurück (§ 51). Dem Gläubiger haften auch die Vereinsorgane nicht, falls nicht etwa eine Haftung ex delicto (§§ 823, 826 BGB.) zu begründen ist. Das Vereinsvermögen bleibt den Gläubigern als einziger Befriedigungsgegenstand. In dieses können sie vollstrecken, wenn sie gegen den VV. a. G. einen vollstreckbaren Titel erlangt haben; ein vollstreckbarer Titel gegen ein Vereinsmitglied genügt nicht einmal, um in die Prämienreserve des Mitglieds zu vollstrecken. Zum Vereinsvermögen gehören die Forderungen des Vereins gegen seine Mitglieder, insbesondere auf die satzungsgemäßen Beiträge und Nachschüsse (§§ 21, 27), sowie die Ansprüche des VV. a. G. gegen seine Organe wegen Pflichtverletzung (§§ 34, 35). Auf diese ist der Zugriff den Vereinsgläubigern nicht versagt, nachdem sie festgestellt sind (Begr. z. § 19). Durch die Satzung kann eine Abweichung von § 19, wie dies ROHG. **4**, 200 noch billigte, nicht bestimmt werden, weil § 19 zwingenden Charakter hat (§ 17 Anm. 4). Aeltere Vereine

müssen ihre Satzung hiernach einrichten (§§ 101 ff.). Gerichtsstand § 18 Anm. 2. Die Darlehnsgläubiger, welche den Gründungsfonds beschafft haben, nehmen eine Sonderstellung ein; sie stehen hinter den Ansprüchen der Mitglieder zurück (§ 22). Ueber die Stellung der Gläubiger im Konkurs s. §§ 50, 51.

2. Die Privatgläubiger des Mitglieds können sich unter keinen Umständen an das Vereinsvermögen halten, abgesehen von den Ansprüchen, welche die Mitglieder im Auflösungsfall (§ 48) auf Verteilung des Vereinsvermögens haben, oder welche den Mitgliedern von VV. a. G., die als Lebens-, Kranken- oder Unfall-VU. sich darstellen, im Konkurs am Prämienreservefonds zustehen (§§ 61—63, 12). Hat ein Mitglied einen Anspruch auf die V.- oder Rückkaufssumme oder auf Dividende erlangt, so ist er dem Zugriff seiner Gläubiger selbstverständlich zugänglich; vgl. § 20. Die Privatgläubiger eines Mitglieds können nicht in die Prämienreserve des Mitglieds vollstrecken, weil der Reservefonds als Ganzes zur Schadensdeckung aller Schäden dient. Der Privatgläubiger vermag auch nicht die Auflösung des VV. a. G. herbeizuführen. 2

3. Die Schuldner des VV. a. G. stehen mit den Vereinsmitgliedern in keiner Beziehung. Forderungen des Vereins können nur vom Vorstand geltend gemacht werden (§ 34). Einreden aus der Person eines Vereinsmitglieds sind ausgeschlossen. Der Schuldner kann daher nicht Forderungen, die ihm gegen ein Vereinsmitglied zustehen, zur Aufrechnung gegen eine Forderung des VV. a. G. verwenden. Dies kann nicht einmal das Vereinsmitglied selbst (§ 26). 3

§ 20. Die Satzung soll Bestimmungen über den Beginn der Mitgliedschaft enthalten. Der Erwerb der Mitgliedschaft setzt die Begründung eines Ver-

sicherungsverhältnisses mit dem Vereine voraus. Die Mitgliedschaft endigt, soweit nicht die Satzung ein anderes bestimmt, mit Beendigung des Versicherungsverhältnisses.

1 I. **Das Verhältnis der Mitglieder zum Verein** ist in seiner Bedeutung streitig. Nach der einen Ansicht entspringen V.wirkungen und Mitgliedsverhältnis zwei verschiedenen Verträgen, einem Gesellschafts- und einem V.vertrag (ROHG. 8, 182). Das Gesetz schließt sich (mit RG. **11**, 182; **8**, 182) der entgegengesetzten Meinung an, wonach Mitgliedschaft und V.verhältnis durch einen einheitlichen Akt entstehen, sich gegenseitig bedingen und V.rechte wie -Pflichten nur Ausflüsse der Mitgliedschaft darstellen. So schon RG. **3**, 387; **4**, 394; **11**, 182; **49**, 198. Die Folgerungen hieraus sind in Satz 2 u. 3 dahin gezogen, daß niemand bei einem VV. a. G. versichert sein kann, der nicht Mitglied ist (RegBegr. zu § 20). Die Frage nach der Art des Vertrags ist damit dahin beantwortet, daß ein V.vertrag vorliegt, der zugleich die Mitgliedschaft begründet und mit der Mitgliedschaft zugleich das V.-verhältnis erlöschen läßt (JW. **02**, 29 Nr. 25). Nichtversicherte (also Nichtmitglieder) können daher wohl in den Vorstand und Aufsichtsrat gewählt werden, es können ihnen aber (abgesehen von den Zeichnern des Gründungsfonds; § 22) nicht etwa unter der Bezeichnung als außerordentliche oder Ehrenmitglieder wirkliche Mitgliederrechte (Stimmrechte, Anrecht auf Leistungen des Vereins) durch die Satzung eingeräumt werden (VA. **04**, 136; vgl. PrOVG. **45**, 347; a. M. VA. **04**, 114). Es bestehen keine Bedenken dagegen, daß ein Mitglied fremde Interessen versichert, so daß die Versicherten keine unmittelbare Verpflichtung, wohl aber einen unmittelbaren V.anspruch gegen den VV. a. G. haben (§ 330 BGB.; § 74 VVG.; VA. **04**, 86; vgl. Ehrenberg I **189** u. Wörner 81). Die Mitglieder stehen in ihren Beziehungen zum Verein den

Gläubigern nicht gleich, weil ihre Ansprüche von der Erfüllung ihrer Mitgliedspflichten abhängig sind. Darum dürfen sie nicht mit ihrer Beitragspflicht aufrechnen, (§ 26), müssen mit ihren V.ansprüchen sonstigen Konkursgläubigern, von den Ansprüchen der Garanten abgesehen, nachstehen (§ 51; vgl. § 47 Abs. 2), und können nicht die andern Mitglieder, sondern nur den Verein als solchen, vertreten durch seinen Vorstand, belangen (§ 34). Gerichtsstand § 18 Anm. 2. Der § 20 gilt auch für die kleineren VV. a. G. (§ 53) und für die älteren Vereine (§§ 101 ff.); er enthält öffentliches Recht.

Die Abtretung und Verpfändung **1a**
von V.ansprüchen ist unbeschränkt zulässig (vgl. § 891 HGB.; JW. **04**, 484 Nr. 8) nach dem allgemeinen Grundsatz, daß jede teilbare Forderung auch ohne Zustimmung des Schuldners ganz oder teilweise abgetreten oder verpfändet werden kann, soweit nicht die §§ 399, 400 BGB. entgegenstehen. Dabei ist aber zu beachten, daß der Versicherer dem Zessionar ungeachtet § 404 BGB. einwenden kann, der V.anspruch sei durch betrügliches Verhalten des V.nehmers bei der nach der Abtretung erfolgten Schadensermittlung verwirkt (RG. **72**, 215), und es ist ferner zu beachten, daß V.scheine nur Legitimationspapiere sind (§ 10 Anm. 1) und den Charakter von Schuldscheinen haben. Durch Abtretung der Forderung wird der Zessionar daher auch Eigentümer des V.-scheins (§ 952 BGB.); tritt der V.nehmer seinen V.anspruch nochmals ab, so wird der zweite Zessionar, selbst wenn er gutgläubig ist und den V.schein vom V.nehmer erhalten hat, doch nicht Eigentümer der Forderung oder des V.-scheins, weil der gute Glaube nur bei beweglichen Sachen Bedeutung gewinnt (§ 932 BGB.); der zweite Zessionar erlangt nicht einmal ein Zurückbehaltungsrecht an dem Scheine (vgl. RG. **51**, 85 und Staub § 366 Anm. 6 u. § 369 Anm. 15). Ueber die Verpfändung von V.forderungen, insbesondere über die Beleihung von Policen,

seitens des Versicherers s. § 9 Anm. 14. Ueber gewisse V.ansprüche bestehen besondere Vorschriften; so sind Unterstützungen aus Kranken-, Hilfs- und Sterbekassen, wenn ihnen nicht durch die Bedingungen die Fähigkeit der Abtretung usw. beigelegt ist (VA. **10** Anh. 14 Nr. 498), unpfändbar, mögen diese sog. Kassengelder auch von einer privaten Kranken- oder Sterbekasse zu zahlen sein (§§ 840 Abs. 1 Nr. 4, 851 ZPO.; RG. in BucheltZ. **34**, 6; vgl. SA. **61**, 212 und über die ganze Frage Behrend LZ. **07**, 685); als solche unpfändbare Kassengelder läßt man noch Beträge von 600—1500 M. mit Rücksicht darauf gelten, daß nach dem Zweck einer Sterbekasse die Angehörigen über alle mit dem Todesfall verbundenen Ausgaben (letzte Krankheit, Unterhalt der Hinterbliebenen usw.) hinweggeholfen werden soll (OLG. Breslau in SA. **61**, 212; Kleve VA. **05** Anh. 47 Nr. 112). Daher gibt es insoweit weder eine Abtretung (§ 400 BGB.), noch eine Aufrechnung (§ 394 BGB.), noch eine Verpfändung (§ 1274 Abs. 2 BGB.) solcher Ansprüche; sie gehören auch nicht zur Konkursmasse (§ 1 KO.). Auf Ansprüche aus einer Unfallv. bezieht sich dies alles nicht (RG. **52**, 51); sie sind pfändbar, ebenso wie Ansprüche aus einer Haftpflichtv., welch letztere nur im Konkurs des V.nehmers eine besondere Stellung einnimmt (§ 49 Anm. 8). Wegen der Witwen- und Waisengelder s. § 850 Abs. 1 Nr. 7 ZPO. Für die Sachv. (Schadensv.) gilt Besonderes, wenn bewegliche, nach § 811 ZPO. unpfändbare Sachen versichert sind (§ 15 VVG.); hier können die V.ansprüche nur von solchen Gläubigern gepfändet und nur an solche Gläubiger übertragen oder verpfändet werden, die entweder an Stelle der beschädigten oder zerstörten Sachen andere Sachen geliefert oder zu deren Anschaffung Geld gegeben haben oder Forderungen aus Wiederherstellung der beschädigten Sachen besitzen. Aehnliches gilt bei der Gebäudev. (§ 98 VVG.). Daß der Versicherer ein Zurückbehaltungsrecht nach § 320 BGB. hat, liegt auf einem andern Gebiete. Wegen der V. auf fremde Rechnung s. §§ 75, 76 VVG. Die Abtretung und Verpfändung von V.ansprüchen kann durch Vertrag ausgeschlossen werden (§§ 399, 1274 Abs. 2 BGB.); damit ist aber nicht die Möglichkeit ausgeschlossen, einen Dritten in dessen Interesse zur Einziehung der V.summe zu bevollmächtigen (§ 168 Abs. 2 BGB.; vgl. JW. **10**, 142 Nr. 2). Dritten gegenüber äußert ein solch' vertragsmäßiger Ausschluß der Uebertragbarkeit keine Wirkung (vgl. RG. **27**, 341). Ueber den gesetzlichen Rechtsübergang von V.ansprüchen s. Hallbauer LZ. **10**, 367 u. 647. Eine V.bedingung dahin, daß bei der Todesfallv. für den Fall des Todes eines Dritten (§ 10 Anm. 1) zur Verfügung über die V.summe vor Eintritt des V.falles schriftliche Zustimmung des Dritten beizubringen ist, ist zulässig (VA. **10**, 92 Nr. 16).

II. **Ueber den Erwerb der Mitgliedschaft** kann die 2
Satzung (hierüber § 17 Anm. 1) unter Beobachtung des Grundsatzes, daß ohne V.verhältnis ein Mitgliedsverhältnis nicht möglich ist, genauere Bestimmungen treffen; sie verletzt diesen Grundsatz, wenn sie bestimmt, daß ohne Rücksicht auf das Zustandekommen eines V.vertrags lediglich die Beitrittserklärung entscheide (JW. **02**, 29 Nr. 25); wohl aber kann bestimmt werden, daß die V. erst nach einem gewissen Zeitablauf (Karenzzeit) oder schon vor Abschluß des Vertrags beginne. Ferner kann die Satzung sich über die Erfordernisse verbreiten, welche neben der vollen Geschäftsfähigkeit (§§ 104 ff. BGB.) von dem Mitglied noch weiter zu verlangen sind, z. B. Zugehörigkeit zu einer gewissen Berufsklasse, zu einem anderen Verein (PrOVG. in VA. **08** Anh. 41 Nr. 375), zu einem bestimmten Religionsbekenntnis usw. Die Satzung wird regelmäßig vorschreiben, wie die Aufnahme sich vollzieht, in welchem Augenblick der V.vertrag als abgeschlossen anzusehen ist (s. § 10 Anm. 1), und welche Rechte und Pflichten beiderseits daraus entstehen (ROHG.

8, 190). In letzterer Beziehung greift das Gesetz in § 21 Abs. 1 ein. Ferner pflegen die allgemeinen V.bedingungen einen Teil der Satzung zu bilden (§ 9 Abs. 2). Beitragspflicht §§ 24 bis 27, 46 Nr. 2, 50, 51.

3 1. Die Beitrittserklärung bedarf keiner Form: tatsächlich aber ist die Schriftform nicht zu umgehen (§ 10 Anm. 1). Sie muß den Charakter einer Willenserklärung haben. Der Nachweis, daß die Unterschrift nicht die rechtliche Bedeutung einer Willenserklärung habe, weil der Unterschreibende den Inhalt seiner Eintrittserklärung nicht gekannt oder nicht verstanden und deshalb das Unterschriebene gar nicht erklären wollte, z. B. seine Unterschrift gar nicht zum Zweck einer Beitrittserklärung abgegeben habe, steht unbeschränkt offen (§§ 416, 419, 439 ZPO.). Auch mangelnde Vertretung beseitigt die Wirksamkeit des Beitritts.

4 2. Die Anfechtung der Beitrittserklärung wegen Irrtums oder Betrugs nach §§ 119, 123 BGB. ist nicht ausgeschlossen. Sie kann auch im Wege der Einrede vorgebracht werden — in beiden Fällen unter der Voraussetzung, daß die Anfechtung gehörig nach §§ 121, 124 BGB. erfolgt ist. Die Anfechtung der Gründerbeteiligungserklärung zu einer Aktiengesellschaft, einer Gesellschaft m. b. H. und einer dem Wesen eines VV. a. G. nahestehenden Genossenschaft in deren verschiedenen Formen wegen Irrtums, Betrugs, Drohung oder wegen beigefügter Bedingungen und Vorbehalte ist durch die Rechtsprechung ausgeschlossen (Staub Exk. zu § 349 Anm. 29; RG. **68**, 309 u. 344). Wohl aber ist ein Schadensanspruch gegen die Aktiengesellschaft zugelassen, wenn der Käufer von Aktien durch falsche Darstellungen des Vorstandes im Prospekt zum Erwerb von Aktien verleitet worden ist (RG. **71**, 97) Für den VV. a. G. ist eine solche Beschränkung jedoch nie anerkannt worden. Hier ist es von ausschlaggebender Bedeutung, daß der Beitretende regelmäßig nicht zu einer zutreffenden Beurteilung der

Sachlage imstande ist; selbst dem gewiegtesten Fachmann bieten die Veröffentlichungen der V.anstalten häufig keinen sicheren Anhalt zur Bemessung der Vertrauenswürdigkeit des Versicherers; sodann erheischt das Wesen des V.vertrags an sich erhöhte Anforderungen an das ehrliche Verhalten des Versicherers und seiner Bevollmächtigten, deren Verschulden er wie ein eigenes vertreten muß; andererseits darf aber auch den V.nehmer kein Verschulden treffen; er muß sich deshalb darum kümmern, mit wem er abschließt und die V.bedingungen, Satzungen und Fragebogen sowie die richtige Niederschrift seiner eigenen Erklärungen und Antworten kontrollieren (RG. **19**, 226; **27**, 151; **28**, 390; **39**, 179). Es braucht allerdings der eine Vertragsteil dem anderen nicht alle Umstände mitzuteilen, die auf dessen Entschließung von wesentlichem Einfluß sind (Staub § 377 Anm. 148; RG. in SA. 51 Nr. 4), sondern nur, wenn dazu eine gesetzliche oder vertragliche Pflicht besteht. Eine solche Pflicht wird man beim Abschluß von V.verträgen eher anzunehmen geneigt sein aus den oben erörterten Gesichtspunkten (OLG. Hamburg SA. 56 Nr. 202). Oberste Regel bleibt aber immer, ob dem einem VV. a. G. Beigetretenen die wirkliche Sachlage in der Tat verschleiert worden ist, und angenommen werden muß, daß er bei Kenntnis der wahren Sachlage und verständiger Würdigung nicht beigetreten sein würde. Und dafür ist es wiederum erheblich, ob die vorgespiegelten oder verschwiegenen Umstände auf seine Entschließung von Einfluß sein konnten. Dies ist der Fall, wenn der V.-nehmer irrigerweise glaubte bei einer Aktiengesellschaft versichert zu sein, während er einem VV. a. G. beigetreten war. Denn im letzteren Falle hat er Nachschußforderungen zu gewärtigen und sind ihm unwahre Angaben über die Betriebsgrundsätze gemacht (RG. in VA. **03**, 136 Nr. 5). Immer aber ist hier eine Täuschung, wenn auch nur durch arglistiges Verschweigen, erforderlich; die bloße Unkenntnis der Rechtsform der Gesellschaft — ob VV. a. G. oder eine andere Gesellschaftsform — genügt nicht zur Anfechtung wegen Irrtums; man muß die Satzung auch lesen (OLG. Posen, VA. **04**, 171; LG. Hamburg VA. **03**, 135 Nr. 4; OLG. Karlsruhe Bad.Rspr. **02**, 158). In einer Täuschung nach dieser Richtung kann sogar unter Umständen ein strafbarer Betrug gefunden werden (RGSt. **14**, 229; **16**, 1). Ebenso ist die Anfechtung gegeben, wenn wissentliche unwahre Angaben über die Art gemacht sind, wie sich der Betrieb bewährt hat, z. B. die Angabe, daß der Verein noch nie Nachschüsse erhoben habe (Bolze 5 Nr. 708; 6 Nr. 592; JW. **87**, 477 Nr. 16), oder daß bei den Betriebsergebnissen die Gefahr der Nachschußerhebung nur ausnahmsweise drohe (RG. in VA. 10 Anh. 74 Nr. 537) oder eine wahrheitswidrige Auskunft über die Vermögenslage des Vereins, wenn dadurch die Beitrittserklärung erlangt wurde (JW. **02**, 148 Nr. 88), oder wenn der VV. a. G. die Zulassung durch betrügliche Vorspiegelung, daß ein ausreichender Garantiefonds vorhanden, erlangt und diesen Umstand bei Abschluß der V.verträge verschwiegen hat (Bolze 6 Nr. 374). Dasselbe muß gelten im Falle der Täuschung durch Veröffentlichung falscher Bilanzen und in erheblichen Punkten unwahre, die eigentliche Vermögenslage verdeckende Berichte (vgl. RG. **36**, 107). Selbst eine Anfechtung des Verbleibens in einem VV. a. G. ist möglich, wenn die Annahme zutrifft, daß das Mitglied ohne die Täuschung nicht im Verein geblieben wäre, also durch Täuschung an Abgabe der Austrittserklärung verhindert worden ist. Hierüber und über den besonderen Fall des Rücktritts wegen Unsicherheit des Versicherers s. untan Anm. 7 sowie über die Verantwortlichkeit des Versicherers für Erklärungen seiner Agenten s. RG. **73**, 303; RG. in VA. **09**, Anh. 96 = LZ. **09**, 945 Nr. 7 und Hager-Bruck vor und zu §§ 43 ff. VVG. Eine Anfechtung der Beitrittserklärung wegen Irrtums mit der Begründung, daß der Verein bereits zur Zeit des Beitritts zahlungsunfähig oder überschuldet gewesen sei und daß der Beitretende sich über diese Tatsache im Irrtum befunden habe, ist nicht zuzulassen (OLG. Rostock VA. **05** Anh. 41 Nr. 113) und noch weniger eine Anfechtung, wegen Irrtums, der darin besteht, daß der Verein sich nicht in der gehofften Weise entwickelt habe (OLG. Hamburg VA. **06** Anh. 82 Nr. 232). Es besteht auch keine Verpflichtung des V. a. G., diese Entwickelung mitzuteilen. Eine Anfechtung wegen Irrtums gibt es neben der Verwirkungsklausel und § 16 VVG. nicht (§ 9 Anm. 4).

Etwas anderes als die Anfechtung wegen Willensmangels ist der Einwand, es sei der Beitritt nur bedingt erklärt, die Bedingung aber ausgefallen. In diesem Falle kommt es darauf an, ob nicht dieser Einwand durch Genehmigung der allgemeinen V.bedingungen beseitigt ist (KG. in OLGR. **15**, 312 und VA. **10** Anh. 5 Nr. 492).

III. **Die Mitgliedschaft endigt** mit dem V.verhältnis 5
(§ 20 Satz 3; oben Anm. 1); also mit Auflösung des Vereins, jedoch mit der in § 43 gegebenen Einschränkung; ferner bei der Lebensv. mit dem Tod, anders bei der Schadensv., bei der nach der Satzung das V.verhältnis regelmäßig auf die Erben übergeht; die Endigung der versicherten Gefahr, und Zeitablauf bei V. auf bestimmte Zeit. Der Verlust der Mitgliedsfähigkeit führt gleichfalls zur Erlöschung der Mitgliedschaft; nicht aber die Abtretung der V.ansprüche, einerlei ob sie vor oder nach Eintritt der V. fällt (oben Anm. 2). Die Veräußerung der versicherten Sache durch den Eigentümer oder im Wege der Zwangsversteigerung gibt nur ein Kündigungsrecht nach §§ 69—73 VVG. (vgl. VA. **04**, 39 und RG. **5**, 319); der Eigentumswechsel durch Erbgang hat dagegen regelmäßig keinen Einfluß (ROHG. **23**, 92). Die Satzung und die allgemeinen V.bedingungen (§ 9 Abs. 2) können weitere Endigungsgründe festsetzen. Besondere Betrachtung erfordern der freiwillige Austritt, der Rücktritt wegen Unsicherheit des Versicherers und der erzwungene Ausschluß.

6 1. Das Austrittsrecht der Mitglieder ist in § 20 selbständig geregelt (Begr. zu § 53), so daß über die Kündigung des V.vertrags und den Rücktritt vom V.vertrag, die die Erlöschung der Mitgliedschaft nach sich ziehen, lediglich das VVG. und die Satzung sowie die V.bedingungen entscheiden. Es ist zwar nicht ausgeschlossen (§ 20 Satz 3), daß die Dauer der Mitgliedschaft satzungsgemäß über die Dauer des V.verhältnisses ausgedehnt wird, so daß dem Ausgetretenen noch gewisse Mitgliedsrechte, z. B. Teilnahme an Abstimmungen, eine gewisse Zeit zustehen; mit dem Wesen des VV. a. G. steht jedoch eine solche Bestimmung nicht im Einklang (Emminghaus LZ. **08**, 521). Für den Verein des bürgerlichen Rechts ist es zwingendes Recht, daß jedem Mitglied der Austritt beliebig freisteht. Die Satzung kann nur bestimmen, daß der Austritt nur am Schlusse des Geschäftsjahrs oder erst nach Ablauf einer Kündigungsfrist zulässig ist; diese Kündigungsfrist kann höchstens 2 Jahre betragen (§ 39 BGB.). Bevor eine gesetzliche Regelung des V.vertragsrechts stattgefunden hatte, nahm man an, daß bei V. auf unbestimmte Zeit dem Versicherten ein unentziehbares Recht auf einseitigen Rücktritt ohne Kündigungsfrist zustehe (Ehrenberg I, 137). Bei den Genossenschaften gelangte man zu ähnlichen Grundsätzen, weil auch hier eine Bindung auf unbegrenzte Zeit verhindert werden sollte. Von diesem Gesichtspunkt aus versagte man Erschwerungen des Austritts die Rechtswirksamkeit (RG. **42**, 82; SA. **50** Nr. 116). Vor Inkrafttreten des VVG. konnte man an eine entsprechende Anwendung des § 39 BGB. auf den VV. a. G. denken. Seit Inkrafttreten des VVG. besteht dazu keine Veranlassung mehr (Emminghaus LZ. **08**, 519; a. M. Hagen § 20 Anm. 5). Jetzt sind die Ausscheidenden durch die Vorschriften über die Kündigung (§ 9 Anm. 4), über die Umwandlung in eine prämienfreie V. (§ 9 Anm. 8) und den Rückkauf der Lebensv. (§ 9 Anm. 9) geschützt. Es ist auch rechtlich nicht zu bean-

standen, wenn die Satzung, soweit zwingende Vorschriften des VVG. nicht entgegenstehen, an die vorzeitige Austrittserklärung gewisse Nachteile knüpft (OLG. Rostock VA. **05** Anh. 41 Nr. 43) oder sie in sonstiger Weise nach Form, Inhalt und Wirkungen beschränkt, z. B. Schriftform für die Austrittserklärung, Rückgabe des V.scheins, Weiterzahlung der Prämie für eine gewisse Zeit vorschreibt. Mildernd hat die Aufsichtsbehörde nach § 64 einzugreifen (hierüber § 9 Anm. 4—7 u. 10).

2. Der Rücktritt wegen Unsicherheit des Versicherers ist dem Vereinsmitglied zuzugestehen, wenn die wirtschaftlichen oder rechtlichen Grundlagen des VU., auf deren Fortbestand der Versicherte bei Eingehung der V. rechnen durfte, durch Handlungen des Versicherers derart erschüttert sind, daß nach den Grundsätzen von Treu und Glauben dem Versicherten das Ausharren in dem V.verhältnis nicht zugemutet werden kann (RG. **60**, 59; RG. in LZ. **09**, 482 Nr. 10). Dieser Grundsatz ist kein nur dem V.recht eigentümlicher, wie man früher, und zwar nur für den Fall annahm, daß die Unsicherheit vor Abschluß des V.vertrags schon vorhanden war (Ehrenberg I, 385). Dieser Grundsatz ist vielmehr ein allgemeingültiger (Staub Exk. vor § 373 Anm. 39). Er findet seine Rechtfertigung darin, daß nach Auslegung des Vertragswillens nach Treu und Glauben mit Rücksicht auf die Verkehrssitte (§§ 133, 157, 242 BGB., § 346 HGB.) beide Parteien bei Abschluß des Vertrags bei so veränderten Umständen eine Fortsetzung des Vertrags nicht gewollt haben. Dieses Rücktrittsrecht ist das Gegenteil einer Anfechtung des Beitritts wegen Irrtums oder Betrugs hinsichtlich der Vermögenslage des Versicherers z. Zt. des Vertragsschlusses (oben Anm. 4). Ein besonderer Anwendungsfall dieses Rücktrittsrechts ist bei der Fusion gegeben, wenn Schutzvorschriften für die Versicherten nicht eingehalten werden (§ 14 Anm. 14 u. 17 ff.). Daß der Verein sich auflöst und in Liquidation tritt, ist 7

aber kein Grund zum Rücktritt (**RG. 5**, 7; **ROHG. 24**, 253; vgl. **RG. 56**, 295) und auch nicht die Konkurseröffnung; denn die Folgen des Konkurses sind gesetzlich erschöpfend geregelt (hierüber § 49).

8 3. Der Ausschluß eines Mitglieds durch den Verein kann nur dann willkürlich erfolgen, wenn die Satzungen dem Verein ein solches Recht zusprechen (vgl. ROHG. **23**, 380; **RG. 73**, 190). In der Satzung sind zweckmäßigerweise die Gründe und Formen der Ausschließung sowie die zuständigen Organe (Vorstand, Aufsichtsrat, oberstes Organ, und in letzterem Falle die erforderliche Mehrheit) zu bestimmen. Unerläßlich sind solche Bestimmungen nicht. Fehlt es an genauerer Umschreibung der Ausschließungsgründe, so haben als Ausschließungsgründe wichtige Gründe, d. h. schwere Verfehlungen gegen den Vereinszweck, also namentlich, aber nicht ausschließlich, erhebliche Verstöße gegen die Assekuranztreue, zu gelten. Es gibt auch Ausschließungsgründe, die nicht in unmittelbarem Zusammenhang mit dem V.zweck stehen; bewußte Schädigung sonstiger Interessen, z. B. beruflicher und religiöser Interessen, auf denen der Verein beruht, bilden Ausschließungsgründe. Ein beliebiges Ausschließungsrecht ohne wichtige Gründe gibt es also nur, wenn die Satzung ein solches autonomes Recht gewährt. Fehlt es an Zuständigkeitsbestimmungen, so ist das oberste Organ, also die Mitgliederversammlung, zuständig, das mit einfacher Stimmenmehrheit beschließt. Den Ausschluß kann ein Mitglied durch freiwilligen Austritt verhindern; es gibt dann keinen nachträglichen Ausschluß als Disziplinarmittel (**RG. 51**, 66; **JW. 05**, 315 Nr. 1) und keine Feststellungsklage, daß der Austritt ein unfreiwilliger gewesen. Ist der Ausschluß in gehöriger Form abgelehnt, so kann nicht wegen desselben unveränderten Tatbestands von neuem ein Ausschlußverfahren eingeleitet werden (**RG. 51**, 89). Ist über die Formen der Ausschließung nichts bestimmt,

so gilt als oberster Grundsatz, mit dem sich übrigens selbst die Satzungen nicht in Widerspruch setzen dürfen, daß dem Auszuschließenden rechtliches Gehör gegeben sein muß. Hierzu gehört gehörige Einladung des Auszuschließenden zu der Versammlung, die über die Ausschließung zu befinden hat, unter Angabe des Zwecks, also des Gegenstandes der Tagesordnung; es wäre denn, daß dem Auszuschließenden — wie vielfach bei kleinen Vereinen — Zeit, Ort und Zweck der Versammlung bekannt war, und er nicht erscheinen und sich nicht verteidigen wollte. Von diesem Grundsatz ist jedoch eine Ausnahme zu machen, wenn eine gehörige Einladung nach der Satzung zur Form der Ausschließung gehört. Außerdem haben auch die andern Mitglieder Anspruch auf Bekanntgabe des Zwecks der Versammlung (§ 36, HGB. § 256; BGB. § 32). Näheres Staub § 256 Anm. 8. Der Name des Auszuschließenden braucht nicht in der Tagesordnung genannt zu werden. Es genügt die Bezeichnung „Interne Angelegenheit", wenn die Mitglieder wissen, daß es sich um die Ausschließung handelt (vgl. JW. **08**, 113 Nr. 3 u. 346 Nr. 35 u. **02**, 427 Nr. 39; Warneyer, Jahrb. 2. Jahrg. **09**, 1). Aus dem Beschluß muß der Grund hervorgehen, auf welchen hin der Ausschluß erfolgte, damit das Gericht die Rechtmäßigkeit nachprüfen kann; es wäre denn, daß in der Versammlung die entscheidenden Gründe bekanntgegeben sind und darüber verhandelt und abgestimmt worden ist (OLG. Braunschweig SA. **64**, 469; Hamburg OLGR. **20**, 34 u. 35). Gegen die erfolgte Ausschließung steht dem Ausgeschlossenen die Klage zu. Der Rechtsweg darf nicht ausgeschlossen werden (RG. **37**, 427). Der Richter hat zu prüfen, welchen Sinn die Satzungsbestimmungen haben, und ob der durch diese festgesetzte Ausschließungsgrund nach der Feststellung des zuständigen Vereinsorgans in der Tat vorliegt. Das Gericht darf jedoch, wenn die Satzungen nicht anders verfügen, nicht nachprüfen, ob das ausgeschlossene Mitglied mit Recht des den Ausschluß nach sich ziehenden Verstoßes schuldig erklärt ist; hierin ist der Verein autonom (RG. **49**, 150; **62**, 252; JW. **01**, 830; **02**, 427 Nr. 31; Staub Erl. zu § 346 Anm. 41 a), und zwar beantwortet sich diese Frage bei großen und kleineren VV. a. G. ganz gleich (a. M. Behrend, Zeitschr. f. V.wissensch. **07**, 315). Nur bei Genossenschaften beantwortet sich dieselbe Frage mit Rücksicht auf § 68 GenGes. anders (RG. **57**, 154: sachliche Nachprüfung). Dem Verein ist es unbenommen, etwaige Formverstöße durch Wiederholung des Ausschlußverfahrens zu verbessern. Das ausgeschlossene Mitglied kann gegen seine Ausschließung zwischen zwei Wegen wählen: es kann den Beschluß des obersten Organs nach § 271 HGB. und § 36 anfechten; es kann aber auch die Feststellungsklage dahin erheben, daß die Mitgliedseigenschaft anzuerkennen sei. Im letzteren Falle bedarf es der Voraussetzungen des § 271 HGB. nicht; aber es müssen nun die Voraussetzungen einer Feststellungsklage § 256 ZPO. vorhanden sein (RG. **51**, 91; **62**, 315; JW. **08**, 350 Nr. 41). Ist in den Satzungen auf zum Zweck der Aufnahme in den Verein gemachte wissentlich unwahre Angaben über Gefahrenumstände (z. B. den Gesundheitszustand u. dergl.) der Ausschluß aus dem Verein gesetzt, so wird anzunehmen sein, daß sich der Verein damit des Anfechtungsrechts des V.vertrags (§ 22 VVG.) begeben hat und nur noch die Ausschließung freisteht. Dies bedeutet einen Unterschied, weil die Anfechtung den V.vertrag von Anfang an vernichtet (§ 142 BGB.), während eine Ausschließung nur für die Zukunft wirkt (vgl. PrOVG. **53**, 373). Solange der Ausschließungsbeschluß nicht aufgehoben ist, hat sich der Vorstand danach zu richten. Wird er aufgehoben, so wird das ausgeschlossene Mitglied in seine Rechte wieder eingesetzt. Der Verein haftet dem Mitglied auf Schadensersatz nach § 276 BGB., wenn der aufgehobene Beschluß rechtswidrig und außerdem schuldhafterweise, also vorsätzlich (d. h. im Bewußtsein der

Rechtswidrigkeit und des schädigenden Erfolgs) oder fahrlässig ergangen ist (vgl. RG. **72**, 4).

4. Die Wirkungen des Ausscheidens 9
bestehen in Beendigung der Mitgliedschaft und des V.-verhältnisses (§ 20 Satz 3). Neue Rechte oder Pflichten entstehen nicht mehr; bereits erworbene Ansprüche werden nicht berührt. Die Satzung hat im übrigen freie Hand. Sie darf die Haftung über das Ende der Mitgliedschaft ausdehnen und insolange gewisse Mitgliedschaftsrechte (Stimmrechte) fortdauern lassen (Begr. zu § 20). Zu den Nachschüssen und Umlagen des letzten Geschäftsjahres sind die Ausgeschiedenen noch heranzuziehen, wenn die Satzung nichts bestimmt (§ 25). Die Satzung kann auch die Ausgeschiedenen an den Ueberschüssen in gewissem Umfang beteiligen (§ 38 Abs. 2); sie kann aber nichts daran ändern, daß die innerhalb des letzten Jahres vor der Konkurseröffnung ausgeschiedenen Mitglieder für die Vereinsschulden mithaften (§ 50). Im übrigen werden die Wirkungen des Ausscheidens von dem Grund des Ausscheidens beeinflußt, wie sie durch das VVG. für die verschiedenen Möglichkeiten, z. B. im Falle der Kündigung (§ 9 Anm. 4), der Umwandlung in eine prämienfreie V. (§ 9 Anm. 8) und des Rückkaufs (§ 9 Anm. 9) geregelt sind. Das AA. läßt seinen Schutz allen Ausscheidenden, auch den Ausgeschlossenen, dahin zuteil werden, daß die gesetzlichen Vorschriften beobachtet werden und selbst den Ausgeschlossenen die eingezahlten Beiträge nicht ganz verloren gehen (VA. **07**, 82; **04**, 84), obgleich an sich wirksam den Ausgeschlossenen durch die Satzung jeder Anteil am Vereinsvermögen abgesprochen werden kann (vgl. RG. im Recht **06**, 1434 Nr. 3405). Ueber unverletzliche Sonderrechte s. § 21 Anm.

§ 21. Die Beiträge der Mitglieder und die Leistungen des Vereins an die Mitglieder dürfen

bei gleichen Voraussetzungen nur nach gleichen Grundsätzen bemessen sein.

Der Verein darf Versicherungsgeschäfte gegen feste Prämien in der Art, daß die Versicherungsnehmer nicht Mitglieder des Vereins werden, nur betreiben, soweit die Satzung dies ausdrücklich gestattet.

1 I. **Der Grundsatz der Gleichheit** ist öffentlichen Rechts. Er wurzelt so sehr im Wesen der Gegenseitigkeit, daß sich ihm weder die kleinen Gegenseitigkeitsvereine (§ 53, vgl. § 103), noch V.verträge entziehen können, welche zur Zeit des Inkrafttretens des Gesetzes von Vereinen abgeschlossen worden sind, die in ihren Satzungen nichts über die Gleichheit bestimmen. Enthalten dagegen Satzungen eines alten konzessionierten Vereins Bestimmungen, welche mit dem jetzigen Gesetz nicht im Einklang stehen, so kann der Abs. 1 auf alte Verträge nur soweit angewendet werden, als die Aufsichtsbehörde nach §§ 64, 67 zur Beseitigung von Mißständen befugt ist und von dieser Befugnis Gebrauch macht. Die Satzungen der alten Vereine müssen mit Abs. 1 in Uebereinstimmung gesetzt werden. Der Grundsatz gleicher Behandlung verbietet somit, daß ein Unternehmen, welches Arbeiter für infolge eines Unfalls entgangenen Arbeitslohns versichert und von diesen gleichmäßige Beiträge nach Köpfen erhebt, etwa mit Rücksicht auf Lohnverschiedenheiten, ungleiche Entschädigungen gewähre. Sind bei einzelnen Gruppen oder Klassen die Voraussetzungen verschieden, wie z. B. bei verschiedenen Gefahrenklassen, oder wenn einer Gruppe Vorteile durch Ermäßigung der Beiträge (Prämienrabatt) bei Kollektivv. gewährt wird, so sind besondere Gruppen oder Klassen mit verschiedenartigen Rechten und Pflichten zu bilden (vgl. § 122; SA. 48 Nr. 4; 55 Nr. 30; SächsOLG. **23**, 466). Das System der Durchschnittsbeiträge, wonach

der Beitrag für alle Mitglieder ungeachtet des Eintrittsalters das gleiche ist, sowie das System der Durchschnittsrente, wonach allen Bezugsberechtigten nach Maßgabe der vorhandenen Mittel eine Rente in gleicher Höhe bezahlt wird, steht mit § 21 Abs. 1 nicht im Einklang (VA. **03**, 97). Das ist etwas anderes, als die zulässige Satzungsbestimmung einer Viehv., wonach ein bestimmter einheitlicher Betrag für jedes Tier an Stelle einer besonderen Schadensliquidation vergütet wird, und auch der Beitrag der Versicherten für jedes Tier auf die gleiche, bestimmte Summe festgesetzt wird (VA. **07**, 146). Der Grundsatz der Gleichheit schließt die Berücksichtigung der besonderen Verhältnisse, also die Erhöhung der Beiträge bei größerer Gefahr gewisser Klassen und die Ermäßigung bei besonderen Leistungen, nicht aus, sondern sie setzt eine solche Klasseneinteilung voraus.

II. **Ueber die Sonder- oder Individualrechte** d. h. die Rechte eines Vereinsmitglieds, welche ohne dessen Zustimmung durch Mehrheitsbeschlüsse, sei es auch in Form einer Satzungsänderung, nicht beeinträchtigt werden können, schweigt das Gesetz. Es enthält jedoch § 35 BGB. den soeben ausgesprochenen allgemeingültigen Grundsatz. Dieser Grundsatz führt nicht weiter, solange nicht feststeht, was man unter einem solchen Sonderrecht zu verstehen hat (hierüber Staub § 250 Anm. 9 ff.; Ehrenberg Bd. I, 64 des 24. Deutsch. Juristentags; v. Staudinger 5/6 zu § 35). Nach der Rechtsprechung (RG. **57**, 173; **49**, 151; **11**, 271; ROHG. 8, 189) sind Sonderrechte aus der Mitgliedschaft entsprungene Rechte, welche dem Mitglied gegen den Verein als solchen zustehen und sich von den Rechten der übrigen Mitglieder unterscheiden. Treffender ist wohl die Umschreibung des Begriffs dahin, daß Sonderrecht jedes Recht ist, dessen Verletzung mit den grundlegenden Prinzipien des VV. a. G. in unvereinbarem Widerspruch steht (so Staub § 250 Anm. 9), auf dessen Geltendmachung aber ausdrücklich oder stillschweigend verzichtet werden kann (vgl. JW. **04**, 44 Nr. 14). Ueber die von § 41 2

Abs. 3 geforderte ausdrückliche Zustimmung zu einer Aenderung siehe dort; über Aenderung der **Satzung**, der V.bedingungen und die **Rückwirkung** des VVG. s. zu §§ 39 u. 41.

3 1. **Das Recht auf Mitgliedschaft** ist kein Sonderrecht in dem Sinne, daß nicht die Ausschließung wegen schwerer Verfehlungen erfolgen könnte; nur die finanziellen Folgen des Ausschlusses können den Charakter eines Sonderrechts annehmen (§ 20 Anm. 8 u. 9). Selbstverständlich kann nicht nach dem Eintritt eines Mitglieds, also nach Abschluß des V vertrags, mit Wirkung auf dieses V.verhältnis rückwirkend beschlossen werden, daß ein Ausschluß aus dem Verein, der z. Zt. des Eintritts an Täuschung des Vereins geknüpft war, nun schon wegen unrichtiger Angaben erfolgen könne (KG. i. VA. **05** Anh. 93 Nr. 156). Aus der Mitgliedschaft ergibt sich das Recht auf Mitwirkung bei der Vereinsverwaltung durch Ausübung des Stimmrechts. Dieses Recht ist ein unentziehbares Recht (vgl. RG. **41**, 99); jedoch nicht in dem Sinne, daß nicht das Stimmrecht anderer Mitglieder vergrößert oder solchen Mitgliedern zugesprochen werden könnte, die bisher kein Stimmrecht besaßen. In diesen Grenzen ist das Recht auf Anerkennung der Mitgliedschaft ein Sonderrecht (vgl. SächsOLG. **21**, 141). Aus diesem Recht ergibt sich das Recht auf Einsicht und Abschrift der an das oberste Organ gestellten Anträge, des Jahresabschlusses (§ 263 HGB., § 55 Abs. 3) — aber nicht das Recht auf Einsicht in die Mitgliederliste; Wörner LZ. 08, 291 u. Niemeyers Zeitschr. 19, 288 — das Recht auf Einhaltung der Satzung und auf Anfechtung von Beschlüssen des obersten Organs (vgl. Staub § 250 Anm. 12) sowie die Minderheitsrechte. Ueber das Recht auf Austritt und Rücktritt s. § 20 Anm. 6 u. 7.

4 2. **Wohlerworbene Vermögensrechte** können dem Mitglied nicht entzogen werden. Hierher gehört der Anspruch auf die verfallene V.summe (vgl.

SächsOLG. **22**, 222), das Recht auf den Anteil an den Jahresüberschüssen, insbesondere das Recht auf die vom obersten Organ beschlossene Dividende (RG. **37**, 65; § 38), auf eine die satzungsmäßigen Leistungen nicht überschreitende Beitragspflicht (§§ 24—27) und auf gleichmäßige Verteilung des Vereinsvermögens im Falle einer Liquidation (§ 48; vgl. BGB. § 45 Abs. 3; KG. im Recht **05**, 616 Nr. 2521).

3. Das Recht auf die unveränderliche Natur des V.vertrags ist ein Sonderrecht (ROHG. **8**, 190). Hieraus folgt das Recht darauf, daß der Anspruch auf die künftig fällig werdende V.summe sich nach den gesetzlichen Regeln verwirklicht, die lediglich durch § 69 Abs. 2 eine Einschränkung erfahren (RG. **25**, 156). Aenderungen der Satzung oder der V.bedingungen beeinflussen ältere Verträge nur, wenn und soweit die ursprüngliche Satzung ausdrücklich eine Rückwirkung vorgesehen hat (näheres zu § 41 Anm. 2—4). Eine allgemeine Klausel, worin sich der Beitretende allen künftigen Aenderungen der Satzung oder der V.bedingungen ganz allgemein unterwirft, ist wirkungslos (§ 138 Abs. 1 BGB.); es bedarf zur rechtswirksamen Unterwerfung unter künftige Aenderungen durch Mehrheitsbeschluß der genauen Bezeichnung der einzelnen in Aussicht zu nehmenden dem Mitglied nachteiligen Aenderungen (Begr. zu § 21; RG. **33**, 83; näheres zu § 41 Abs. 3). Diese Grundsätze stehen mit dem Sonderrecht auf gleichmäßige Behandlung in enger Verbindung. **5**

4. Das Recht auf gleichmäßige Behandlung (§ 21 Abs. 1) ist ein unentziehbares Recht. Daher dürfen nicht nur einem Teil der Mitglieder Strafen für nicht rechtzeitige Leistung auferlegt werden (vgl. RG. **38**, 16). Es darf ferner eine Herabsetzung der V.ansprüche nur stattfinden, wenn eine gleichmäßige Kürzung der Ansprüche der jetzt und künftig Berechtigten beschlossen wird (vgl. RG. **57**, 174), so daß selbst die Witwen- und **6**

Waisenpension für die Angehörigen des vor Fassung des Beschlusses verstorbenen Mitglieds herabgesetzt werden kann, wenn dieser Beschluß alle Mitglieder trifft (OLG. Dresden, SächsAnn. **22**, 222). Eine Kürzung darf aber nicht eine einzelne Klasse z. B. die nicht Bedürftigen betreffen (RG. **11**, 273). Umgekehrt müssen Vergünstigungen, die infolge geänderter V.bedingungen neu eintretenden Mitgliedern gewährt werden, auch den älteren zu der gleichen Prämie versicherten Mitgliedern zugute kommen (§ 41 Anm. 5). Diesen Grundsätzen steht § 41 Abs. 3 (oben Anm. 5), der die Unveränderlichkeit des V.vertrags festlegt, nicht entgegen. Denn alle Ansprüche der Mitglieder hängen am Ende in ihrer Verwirklichung von dem Geschäftsverlauf, dem Zutritt neuer Mitglieder und in hohem Grade von den Betriebsänderungen ab, welche der Verein im wohlverstandenen Interesse aller vornehmen muß, um den Anforderungen einer neuen Zeit standhalten zu können; durch diese Rücksicht bekommen die Rechtsansprüche doch etwas den Charakter von bloßen Erwartungen. Andernfalls würde ein starres Festhalten an einem überwundenen Standpunkt den Untergang des Vereins herbeiführen. Daher kann der Verein nicht gehindert werden, die Unanfechtbarkeitsklausel in den Grenzen der §§ 163, 164 Abs. 2, 172 VVG. (§ 9 Anm. 4; RG. **25**, 174; vgl. SA. **46** Nr. 47), die Selbstmordklausel in den Grenzen des § 169 VVG. (RG. **49**, 199; JW. **96**, 190; RG. in VA. **05** Anh. 52 Nr. 121), die Uebernahme des Kriegsrisikos (RG. **25**, 152), die Weltpolice (§ 9 Anm. 4) oder bei der Feuerv. die Uebernahme von Explosionsschäden in weitestem Umfange (§§ 82—84 VVG.) usw. einzuführen. Derartige Fortschritte können eine Herabsetzung der V.summe oder eine sonstige Aenderung der V.bedingungen zum Nachteil der bisher Versicherten mit sich bringen (vgl. RG. **11**, 272; SA. **48** Nr. 4; ROHG. **8**, 189; **17**, 147). Die Autonomie des Vereins reicht zu solchen Mehrheitsbeschlüssen aus (weiteres s. zu § 41 Anm. 5). Wie weit hierin gegangen werden darf, hängt von der richtigen Abwägung aller Interessen und den Bedürfnissen einer gesunden Weiterentwicklung durch die Aufsichtsbehörde ab, welche nach §§ 4, 7, 15 vorbeugend, nach §§ 64 ff. korrigierend einsetzt und den Nichtzustimmenden ein Austrittsrecht ausbedingen läßt. — Die Frage gleichmäßiger Behandlung wird ferner bedeutsam bei Verteilung der Ueberschüsse (§ 38) und bei Verteilung des Vereinsvermögens im Auflösungsfalle (§§ 48 ff.).

5. Die Unveränderlichkeit des Vereinszwecks (vgl. §§ 33 Abs. 1, 40 BGB.) gehört gleichfalls zu den Sonderrechten. 7

6. Durch die Satzung selbst können gleichfalls Sonderrechte geschaffen werden (sog. statutarische Sonderrechte). 8

7. Die Verletzungen von Sonderrechten berechtigen die Verletzten zur Anfechtung des Vereinsbeschlusses nach § 271 HGB. (§ 36). Durch Nichtanfechtung werden solche Beschlüsse gültig, sie werden auch gültig durch Zustimmung (hierüber § 41). Dagegen bedarf es keiner Anfechtung, wenn es sich um unverzichtbare Sonderrechte handelt (RG. **37**, 65) und nützt auch eine Genehmigung nichts, wenn der Beschluß zugleich gegen öffentlich rechtliche Vorschriften verstößt, die auch im VAG. enthalten sein können. Zu dieser letzteren Art von Vorschriften gehören die in Anm. 3 oben aufgeführten Mitgliedschaftsrechte. Solchen Beschlüssen darf auch der Vorstand keine Folge geben. 9

III. **Die V. gegen feste Prämie** steht mit dem Wesen des VV. a. G. nicht im Einklang. Für die Beitragspflicht sind nur die zwei Möglichkeiten gegeben, entweder, daß eine Vorschußprämie entsprechend den voraussichtlichen Ausgaben des VV. a. G. erhoben wird (ergibt sich ein Fehlbetrag, so wird eine Nachschußprämie erhoben; ergibt sich ein Ueberschuß, so fließt er als Dividende an die Mitglieder zurück), oder, daß die Ausgaben nachträglich 10 auf die Mitglieder umgelegt werden (§ 24). Das reine System der festen Prämien d. h. das System der ein für allemal festbestimmten Beiträge schließt jede Nachforderung und jede Gewinnbeteiligung aus und eignet sich daher nur für die Erwerbsv. d. h. für V.aktiengesellschaften (§ 1 Abs. 2 Nr. 3 HGB.). Der § 21 Abs. 2 gestattet trotzdem dem VV. a. G. diese V.art als Nebenbetrieb, wenn die Satzung durch eine ausdrückliche, d. h. besondere Bestimmung, dies vorsieht; eine nachträgliche Beschlußfassung ist nicht zugelassen (§ 41): dazu muß dann noch die Genehmigung der Aufsichtsbehörde nach §§ 4—12, 15 kommen. Es sollte auf diesem Wege dem VV. a. G. ermöglicht werden, seine Deckung durch Rückv. nicht bei den V.aktiengesellschaften suchen zu müssen; auch können so beim VV. a. G. gewisse Risiken der Viehv. (Schlachtvieh und Trichinenv.) untergebracht werden. Durch Zulassung der V. gegen feste Prämie wird der VV. a. G. zu einem gemischten VV. a. G. mit den in § 14 Anm. 20 u. 21 und § 16 Anm. 6 und für den Konkurs in § 51 Anm. 3 erörterten Rechtswirkungen. Für die Nichtmitglieder besteht der Nachteil, daß sie auf die Beschlüsse des V. a. G. keinen Einfluß haben (§ 41 Anm. 3). Für die Mitglieder eröffnet ein solch gemischter VV. a. G. die Gefahr, daß sie, weil die gegen feste Prämie Versicherten Vereinsgläubiger werden, zu Nachschüssen herbeigezogen werden (§ 19). Deshalb ist den kleineren V. a. G. diese V.art nicht gestattet (§ 53) und hat die Aufsichtsbehörde bei der Zulassung und Ueberwachung des Betriebs besondere Schutzmaßregeln vorzusehen, insbesondere hinsichtlich der Rechnungslegung, wobei die Höhe der vereinnahmten festen Prämien und der hierauf entfallenden Schäden anzugeben sind (VA. **05**, 75), ferner hinsichtlich der Rückv., hinsichtlich der für den Nebenbetrieb bestimmten Kapitalien und des prozentualen Verhältnisses des Nebenv.-bestands (ein Viertel; VA. **03**, 116) zum Hauptv.-Bestand. Doch ist hier das AA. nachsichtiger geworden (VA. **05**, 75).

Die §§ 64, 67 geben die Handhabe, um Mißbräuchen entgegenzutreten, z. B. zu verhindern, daß VV. a. G., welche ihre Mitglieder gegen die Nachschußpflicht versichern (VA. **05**, 34) ihre V. als V. gegen feste Prämie bezeichnen, denn hier bleiben die Vereinsmitglieder ihrem Verein gegenüber zur Nachschußzahlung verpflichtet (§ 24; VA. **06**, 16 u. 96). Bereits bestehenden VV. a. G. mit fester Prämie bleibt ihre seitherige Stellung gewahrt (§§ 92, 101 ff.).

§ 22. In der Satzung ist die Bildung eines Gründungsfonds vorzusehen, der zur Deckung der Kosten der Errichtung des Vereins sowie als Garantie- und Betriebsfonds zu dienen hat. Die Satzung soll die Bedingungen, unter denen der Fonds dem Vereine zur Verfügung steht, enthalten und insbesondere bestimmen, in welcher Weise eine Tilgung des Gründungsfonds erfolgen und ob und in welchem Umfange den Personen, welche den Gründungsfonds zur Verfügung gestellt haben, ein Recht zur Teilnahme an der Verwaltung des Vereins eingeräumt sein soll.

Der Gründungsfonds ist bar einzuzahlen, soweit nicht die Satzung an Stelle der Barzahlung die Hingabe eigener Wechsel gestattet; als Barzahlung gilt nur die Zahlung in deutschem Gelde, in Reichskassenscheinen sowie in gesetzlich zugelassenen Noten deutscher Banken.

Denjenigen, welche den Gründungsfonds zur Verfügung gestellt haben, darf ein Kündigungsrecht nicht eingeräumt werden. In der Satzung kann

ihnen außer einer Verzinsung aus den Jahreseinnahmen eine Beteiligung an dem aus der Jahresbilanz sich ergebenden Ueberschusse zugesichert werden; die Verzinsung darf vier, die gesamten Bezüge dürfen sechs vom Hundert des bar eingezahlten Betrags nicht übersteigen. Der Gründungsfonds darf in Anteile zerlegt werden, über welche Anteilscheine ausgegeben werden können.

Eine Tilgung des Gründungsfonds darf nur aus den Jahreseinnahmen erfolgen und nur in dem Maße, als die Bildung des im § 37 vorgesehenen Reservefonds fortgeschritten ist; sie muß beginnen, nachdem die Kosten der Errichtung und die im ersten Geschäftsjahr entstandenen Kosten der Einrichtung getilgt worden sind.

1 1. Die Zeichnung des Gründungsfonds. Zum Begriff eines VV. a. G. gehört der Gründungsfonds nicht; denn er kann auch fehlen (§ 23). Aber tatsächlich ist er doch nötig, weil die Mitglieder keine Einlagen zu machen haben; daher die Vorschrift, daß die Satzung die Bildung eines Gründungsfonds und dessen Bedingungen vorsehen muß (§ 17 Anm. 2). Der VV. a. G. muß sich daher das zu seinem Inslebentreten erforderliche Kapital von dritter Seite beschaffen, tritt also mit einer Schuldenlast ins Leben. Hieraus folgt, daß der Gründungsfonds als ein Passivum des VV. a. G. zu buchen, ein Tilgungsplan zu entwerfen ist und die Tilgung, wie die Tilgung anderer Schulden, aus den Jahreseinnahmen oder durch Nachschüsse oder Umlagen zu geschehen hat (§ 22 Abs. 4), wenn nicht etwa das Kapital geschenkt, vermacht, gestiftet worden ist. Regelmäßig wird das Kapital durch Zeichnung in der Weise aufgebracht,

daß von Mitgliedern oder Nichtmitgliedern, die keine besonderen Eigenschaften zu besitzen brauchen (§ 17 Anm. 1), eine schriftliche Zeichnungserklärung abzugeben ist (§ 32 Abs. 1 Nr. 4; über den Gründungshergang s. § 15 Anm. 3 und § 17 Anm. 1 u. 4). Und zwar werden häufig Anteilsscheine, also Schuldverschreibungen, als Namenpapiere ausgegeben (§ 22 Abs. 3 Satz 4); sie können aber auch auf den Inhaber gestellt werden, wenn dazu die staatliche Genehmigung erteilt ist; dann erfolgt die Aufbringung der Mittel auf dem Wege öffentlicher Anleihe (§ 795 BGB.; hierüber mein Kommentar zum Schuldverschreibungsgesetz § 1 Anm. 15). Gründungsfonds ist nicht nur der bei der Gründung beschaffte Gründungsfonds, sondern auch das Kapital, das nach der Gründung, aber zu Gründungs- und Betriebszwecken, beschafft worden ist, um den ursprünglichen Gründungsfonds zu erhöhen, oder bei Ausdehnung des Geschäfts neu zu beschaffen (VA. **03**, 116). Auch solche Personen, die diese nachträgliche Erhöhung zeichnen, nehmen die Stellung von Zeichnern des Gründungsfonds (Garanten) ein. Dem äußeren Anschein nach handelt es sich bei der Zeichnung des Gründungsfonds nur um eine Anleihe. Allein die Zeichnung der Garanten ist nicht nur ein Darlehnsversprechen sondern zugleich auch eine Haftungsübernahme gegenüber den Gläubigern des Vereins für Einzahlung der versprochenen Summe, also eine in die Satzung aufgenommene Haftung (RG. **13**, 30; ROHG. **4**, 199). Die Haftung einschränkende Reverse sind ungültig (Bolze 1 Nr. 1194). Daher sind auch, soweit die Garantiezeichner keine Wechsel ausstellen, die meisten Vorschriften der §§ 608 ff. BGB. über das Darlehn durch § 22 ausgeschlossen. Dieser Ausschluß erklärt sich aus den drei Funktionen des Gründungsfonds als Organisationsfonds, als Betriebsfonds und als Garantiefonds.

2. Der Zweck des Gründungsfonds als Organisationsfonds ist zur Deckung der Errichtungskosten 2

(Gründungskosten) bestimmt, weil regelmäßig der zur Lebensfähigkeit erforderliche V.bestand nicht sofort vorhanden sein wird, die Vorbereitung der Zulassung und die erste Einrichtung bereite Mittel erheischt. In der ersten Zeit ist der Verein nicht imstande, die nötigen Ausgaben des Betriebs aus den Beiträgen der Mitglieder zu bestreiten; zu diesen Betriebsausgaben gehören auch die an die Versicherten zu zahlenden Summen; insofern der Gründungsfonds diese Ausgaben deckt, ist er Betriebsfonds. Endlich ist der Gründungsfonds Garantiefonds, indem er die bereiten Mittel zur Deckung außergewöhnlicher Verluste als eine Art Reservefonds stellt. Und zwar ist im Zweifel der Gründungsfonds in Anspruch zu nehmen, ehe der Ausfall durch Herabsetzung der V.ansprüche beigebracht wird (SächsOVG. **4**, 241). Ueber die Höhe des Gründungsfonds enthält das Gesetz nur die Bestimmung, daß die Höhe dem Registerrichter anzugeben ist (§ 32). Ueber die erforderliche Höhe entscheidet an letzter Stelle die Aufsichtsbehörde nach § 15, die bei einem noch nicht zu übersehenden Risiko, wie z. B. bei der Mietausfallv. infolge Leerstehens von Wohnungen, höhere Anforderungen stellt (VA. **10**, 121).

3 3. Der Gründungsfonds ist bar einzuzahlen. (§ 22 Abs. 2). Aufrechnung, Verrechnung, Ueberweisung eines Bankguthabens, bloße Erklärung einer Bank, daß sie den Fonds zur Verfügung stelle, Scheck, Wechsel, Reichsbankgiro genügt gegenüber der bestimmten Vorschrift des Gesetzes nicht (vgl. RG. **41**, 121; RGSt. **24**, 286; **36**, 186). Um dies zu verdeutlichen, läßt § 22 Abs. 2 als Barzahlung nur Zahlung in deutschem Geld, in Reichskassenscheinen und in gesetzlich zugelassenen Noten deutscher Banken, aber nicht Gutschrift bei der Reichsbank, gelten. Die Zahlung muß an den Vorstand derart erfolgen, daß das Eigentum und die Verfügungsgewalt auf den Verein übergeht, ganz wie im Falle des § 195 HGB. (Staub § 195 Anm. 17 ff.). Dem Vorstand muß das unentzieh-

bare, unbedingte Recht eingeräumt sein, über die Einzahlung namens des Vereins zu verfügen; es genügt also nicht, wenn nur dem Vorstand persönlich dieses Recht eingeräumt wird; der Verein muß das Recht haben (RGSt. **43**, 185). Der Registerrichter hat die ihm bei der Anmeldung zur Eintragung zu machende Erklärung zu prüfen (§ 31 Abs. 1 Nr. 4). Die Satzung darf statt Barzahlung zu einem Teil die Hingabe eigener Wechsel der Garanten und zwar auch so zulassen, daß ein Teil der Gründer nur Barzahlung leistet, ein anderer nur Wechsel gibt (VA. **10**, 127). Das Verhältnis von Barzahlung zur Wechseldeckung prüft die Aufsichtsbehörde nach besonderen Grundsätzen (VA. **04**, 88). Ein Verzicht auf diese Solawechsel ist, anders als bei der AG., nicht zulässig (§ 7 Anm. 7, VA. **10**, 13 Nr. 83). Der Vorstand hat bei Aufbewahrung und Anlegung der Bestände und bei Prüfung der Sicherheit der ihre Wechsel gebenden Garanten nach pflichthaftem Ermessen zu verfahren (§§ 34, 106 Nr. 3). Die Aufsichtsbehörde prüft den ganzen Vorgang nach; sie sorgt dafür, daß nicht ein allzu großer Anteil des durch Wechsel zu deckenden Gründungsfonds sich in den Händen von Unternehmungen befindet, die nicht unter seiner Aufsichtstehen. Dies gilt insbesondere von ausländischen Garanten, denen Sicherstellung ihrer wechselmäßigen Verpflichtungen durch Pfandbestellung nach §§ 59, 60 angesonnen wird (VA. **06**, 56/57). Wissentlich unwahre Angaben gegenüber der Aufsichtsbehörde sind strafbar nach § 105, gegenüber dem obersten Organ nach § 111 und gegenüber dem Registerrichter (§ 31) nach § 40.

4. Die Garanten müssen sich gewisse Nachteile gefallen lassen. Das Gesetz gibt aber auch zwingende Vorschriften, so müssen die Garanten, obgleich sie Darlehnsgläubiger sind (oben Anm. 1) auf ihr Kündigungsrecht des § 609 BGB. verzichten und besondere Rückzahlungsbestimmungen vereinbaren, weil der Fonds immer bereit stehen muß. Kommt es zur Auf- **4**

lösung und demzufolge zur Liquidation des Vereins, so kommen die Garanten erst zur Befriedigung, wenn alle übrigen Gläubiger und die V.ansprüche der Vereinsmitglieder bezahlt oder sichergestellt sind; es dürfen zur Befriedigung der Garanten von den Mitgliedern weder Umlagen noch Nachschüsse erhoben werden (§ 47 Abs. 2; Weiteres Fuld AssekJ. **05**, 111). Gerät der Verein in Konkurs, so gehen den Garanten nicht allein die bevorrechteten Gläubiger des § 61 KO. sondern auch alle übrigen Gläubiger und die Vereinsmitglieder mit ihren V.ansprüchen vor (§§ 50, 51 Abs. 1). Auch im Konkurs dürfen zugunsten der Garanten weder Umlagen noch Nachschüsse erhoben werden (§ 51 Abs. 2). Die Garanten können weder geltend machen, daß sie sich nur unter der Voraussetzung gedeihlicher Fortentwicklung des Vereins verbindlich gemacht hätten (RG. **13**, 32), noch können sie im Falle zwangsweiser Einstellung des Betriebs (§ 67) einen Rücktritt geltend machen (OLG. Braunschweig VA. **07**, Anh. 10 Nr. 276); denn gerade dies sind die Fälle der Verwirklichung ihrer Haftung. Damit ist § 610 BGB. ausgeschlossen. Aber auch § 321 BGB. findet keine Anwendung. Die Garanten müssen auch dulden, daß die Gläubiger des Vereins die Ansprüche des Vereins auf Einzahlung der gezeichneten Beträge bei ihnen, soweit sie noch nicht gezahlt haben, infolge ihres Darlehnsversprechens pfänden und sich überweisen lassen. Auch auf Grund ihrer Solawechsel können sie von den Vereinsgläubigern außerhalb des Konkurses nach erfolgter Pfändung in Anspruch genommen werden.

5 5. *Die Garanten dürfen sich gewisse Vorteile ausbedingen*, die aber in die Satzungen aufgenommen werden müssen. Regelmäßig sind sie den Anteilscheinen (oben Anm. 1) aufgedruckt. Es kann den Garanten ein Recht zur Teilnahme an der Verwaltung des Vereins, z. B. ein Kontrollrecht, ein Zustimmungsrecht oder ein Widerspruchsrecht gegenüber gewissen Maßnahmen eingeräumt werden (§ 22 Abs. 1). Es kann ihnen eine 4 prozentige feste Verzinsung aus den Jahreseinnahmen, wofür also die Mitglieder Nachschüsse und Umlagen zu gewärtigen haben, oder eine Gewinnbeteiligung an den Ueberschüssen oder beides zugleich versprochen werden. Die Gewinnbeteiligung darf aber 6 Prozent des bar eingezahlten Gründungsfonds nicht übersteigen. Die gleiche Grenze ist gesetzt, wenn Verzinsung und dazu noch Gewinnbeteiligung zugesagt ist. Auch den Garanten, die nur Wechsel zeichnen, darf eine Vergütung zugesagt werden; diese Vergütung geht aber dann den Garanten ab, die nur Barzahlung geleistet haben, weil die Vergütungen 6 % des bar bezahlten Betrags nicht übersteigen dürfen (VA. **10**, 127). Die Verzinsung ist erforderlichenfalls durch Umlagen oder Nachschüsse zu beschaffen; sie darf nicht unterbleiben, wenn keine Ueberschüsse erzielt werden; es wäre denn, daß die Zeichnungsvereinbarung anderes besagt (vgl. § 27). Mit ihren Gewinnbeteiligungsansprüchen gehen die Garanten den Tantiemeansprüchen des Aufsichtsrats vor (§ 35 Nr. 3). Für richtige Handhabung dieser Grundsätze ist der Vorstand verantwortlich (§ 34). Ueber die Stellung der Garanten bei einer Fusion s. § 44 Anm. 1. Da die Garanten Darlehnsgläubiger sind (oben Anm. 1) können sie, soweit ihnen nicht vertragmäßig besondere Rechte eingeräumt sind, auf die Entschließungen des Vereins, ihres Schuldners, Einfluß nur ausüben, soweit das Schuldverschreibungsgesetz vom 4. Dez. 99 zur Anwendung gebracht werden kann.

6. Die Rückzahlung des Gründungsfonds als eines Schuldpostens (oben Anm. 1) muß beginnen, sobald die Gründungskosten und die im ersten Geschäftsjahr entstandenen Einrichtungskosten getilgt sind (Abs. 4 Satz 2). Mit Genehmigung der Aufsichtsbehörde nach § 36 Abs. 1 Nr. 3 darf dieser Zeitpunkt spätestens auf das sechste Geschäftsjahr verschoben werden. Wann die Tilgung beendigt sein muß, läßt sich nicht vorher- 6

bestimmen, weil die völlige Tilgung von ihrer Art und Weise abhängt. Ueber die Art und Weise der Rückzahlung besteht die zwingende Vorschrift (Abs. 4 Satz 1), daß die Rückzahlung nur aus den Jahreseinnahmen, also nicht aus dem sonstigen Vereinsvermögen (Grundstücken, Rücklagen), und in dem Maße erfolgen muß, in dem die Bildung des in § 37 vorgesehenen Reservefonds, wenn von Anlegung des Reservefonds nicht Nachsicht erteilt ist (§ 37 Abs. 2), vorschreitet. Es dürfen also aus dem Gründungsfonds nur soviel Mittel entnommen werden, als dem Reservefonds zugeführt werden, so daß schließlich, wenn der Gründungsfonds durch Rückzahlung verschwunden ist, an dessen Stelle ein Reservefonds in der gleichen Höhe vorhanden ist. Um den zurückgezahlten Betrag vermindert sich in der Bilanz auf der Passivseite alljährlich der Gründungsfonds. Um denselben Betrag erhöht sich zwar der Reservefonds. Der Reservefonds erscheint aber, obgleich er Eigentum des Vereins ist, gerade wie der Reservefonds des Aktienrechts, in der Bilanz auf der Passivseite (hierüber Staub § 261 Anm. 11 ff.). Sowie die Garanten befriedigt sind, hören auch ihre Ansprüche an den Verein auf und sind ihnen ihre Wechsel zurückzugeben (VA. **07**, 122). Eine Schwierigkeit ergibt sich, wenn die Jahreseinnahmen in dem Zeitpunkt, in welchem mit Tilgung des Gründungsfonds begonnen werden muß, nicht ausreichen. Strenge genommen müßte das Fehlende — abgesehen vom Falle der Liquidation, § 47 Abs. 2, und des Konkurses, § 51 Abs. 2 — durch Nachschüsse oder Umlagen aufgebracht werden. Das AA. läßt zur Vermeidung von Nachschüssen unter besonderen Umständen, namentlich bei der Krankenv., Erleichterungen eintreten. Sind die den Garanten auszuzahlenden Beträge in dem von den sonstigen Aktiven gesonderten Gründungsfonds noch vorhanden, so können diese Beträge aus dem Gründungsfonds selbst entnommen werden, wenn die Jahreseinnahmen nicht zureichen (VA. **07**, 121). Ist von vornherein mit Fehlbeträgen zu rechnen, so ist eine satzungsmäßige Bestimmung dahin zugelassen, daß eine Verpflichtung zur Zurückzahlung des Gründungsfonds insoweit nicht besteht, als der Fonds durch die Deckung von Fehlbeträgen vermindert wird, und daß die demnächstigen Ueberschüsse zur Auffüllung des Gründungsfonds zu verwenden sind (VA. **04**, 88 u. 114). Auch andere Möglichkeiten werden zugelassen (§ 27; VA. **04**, 114).

Uebergangsbestimmungen für rechts- **7**
fähige Vereine s. § 102, für nicht rechtsfähige Vereine s. § 103. Garanten älterer Vereine unterliegen dem § 22 nicht; sie werden aber vom AA. zur Anpassung an § 22 zweckmäßigerweise eingeladen (VA. **04**, 117).

§ 23. Die Aufsichtsbehörde kann gestatten, von der Bildung eines Gründungsfonds Abstand zu nehmen, wenn nach der Natur der zu betreibenden Geschäfte oder durch besondere Einrichtungen eines Unternehmens anderweitige Sicherheit gegeben ist.

Ist anderweitige Sicherheit gegeben, so kann die Aufsichtsbehörde von Bestellung eines Gründungsfonds entbinden. Die Begr. führt Beispiele an: Bemißt sich nämlich die Ersatzpflicht nach den vorhandenen Barbeständen, werden also die V.ansprüche dementsprechend gekürzt, oder überhaupt nicht befriedigt, so bedarf es keines Gründungsfonds. Dasselbe ist der Fall, wenn eine Wartezeit eingeführt ist, welche die schnelle Ansammlung eines Betriebs- und Sicherheitskapitals in der erforderlichen Höhe mit Sicherheit aus den Beiträgen erwarten läßt, oder wenn Beihilfen von dritter Seite sicher sind und — muß man hinzufügen — die entsprechende Höhe haben und diese Spender auch zweifellos leistungsfähig sind. Endlich wird der Ausnahmefall des § 23 als gegeben bezeichnet, wenn bei einem kleineren Verein des § 53, namentlich bei Viehversicherungsvereinen der ländlichen

Bevölkerung durch Einfügung in einen größeren Verband für Rückv. Sorge getragen ist. Es gibt aber auch noch andere Fälle die zur Ausnahme von der Regel des § 22 berechtigen.

§ 24. Die Satzung hat darüber Bestimmung zu treffen, ob die Deckung der Ausgaben erfolgen soll

1. durch einmalige oder wiederkehrende Beiträge im voraus, und zwar mit Vorbehalt von Nachschüssen oder unter Ausschluß von Nachschüssen mit oder ohne Vorbehalt der Kürzung der Versicherungsansprüche,
2. durch Beiträge, die nach Maßgabe des eingetretenen Bedarfs umgelegt werden.

Die Satzung kann einen Höchstbetrag festsetzen, auf welchen die Pflicht zur Zahlung von Nachschüssen oder Umlagen beschränkt ist. Eine Beschränkung, wonach die Ausschreibung von Nachschüssen oder Umlagen nur zum Zwecke der Deckung von Versicherungsansprüchen der Mitglieder stattfinden darf, ist unzulässig.

1 I. **Die Beitragspflicht** der Mitglieder wird zunächst von der Regel der Gleichheit aller beherrscht (§ 21), so daß sich jedes Mitglied durch seinen Beitritt zur Tragung der aus der V. entstehenden Risiken nach diesem Grundsatz verpflichtet und zwar, wenn die Satzung nichts anderes bestimmt, mit unbeschränkter Nachschußpflicht. Dies entspricht dem Wesen des VV. a. G. (RG. **56**, 296; **14**, 238; ROHG. **25**, 274; SA. **39**, 195; VA. **03**, 117). Daß die Jahresprämien nach bestimmten Tarifen zur Erhebung kommen, ist auf diesen Grundsatz ohne Einfluß (Hamburg OLGR. **6**, 248). Deshalb sind die unter das

Gesetz fallenden VV. a. G. — die bestehenden nicht ausgenommen, §§ 53, 101, 103 — tatsächlich genötigt, in den Satzungen Bestimmungen über die Art der Beitragspflicht (§ 24), deren Voraussetzung und Bemessung (§§ 25, 26 Abs. 1) sowie deren Erhebung und Ausschreibung zu treffen (§ 26 Abs. 2). Zur Ergänzung der §§ 24—27 dienen die allgemeinen V.bedingungen (§ 9) und bei der Lebens-, Kranken- und Haftpflichtv. die Prämientarife (§§ 11, 12). Die Aufsichtsbehörde prüft alle diese Punkte nach §§ 4 bis 7 und im Wege der laufenden Aufsicht (§§ 64 ff.) auch nach der Richtung, daß die V.nehmer nicht über ihre Nachschußpflicht durch Erhebung einer niedrigen Vorprämie in Irrtum versetzt werden; der Registerrichter nach § 33 Nr. 1. Nach der Beitragspflicht richtet sich die Schuldenhaftung (§§ 46, 50), der Anteil am Vereinsvermögen (§ 48) und am Ueberschuß (§ 38), weil der Maßstab der Beteiligung am Vereinszweck gleich sein muß. Das Gesetz läßt zwei Systeme der Beitragspflicht zu: 1. Der Bedarf des Vereins wird durch im voraus zu erhebende Prämien gedeckt (Vorschußprämie), so daß ein etwaiger Fehlbetrag durch Nachzahlungen (Nachschußprämie) der Mitglieder beizubringen ist und Ueberschüsse an die Mitglieder als Dividenden (§ 38) zurückfließen. 2. Das zweite System ist das der Umlage, so daß der Bedarf am Schlusse des Geschäftsjahres auf die Mitglieder nach dem Maßstab ihrer Beteiligung umgelegt wird. Das Gesetz läßt bei beiden Systemen noch Variationen zu (nämlich den Ausschluß von Nachschüssen mit und ohne Vorbehalt der Kürzung der V.-ansprüche), die unten Anm. 2—4 u. 6 erörtert sind. Die Satzung muß sich für eins dieser Systeme entschließen; sie darf die Wahl nicht irgendeinem Organ überlassen.

1. **Das System der Vorauserhebung** (Vorschuß- 2
prämie oder Prämie) mit **unbeschränkter Nachschußpflicht** läßt feste nach Tabellen, Tarifen usw. berechnete Prämien vorschüßlich erheben (RG. 4, 394).

Ueberschüsse fließen an die Mitglieder als Dividenden zurück (§ 38); Ausfälle werden von ihnen als Nachschüsse erhoben und zwar ohne Beschränkung (oben Anm. 1). Die Vorprämie ist vom Vorstand festzusetzen und einzufordern; dagegen pflegt zur Erhebung von Nachschüssen in den Satzungen das strengere Erfordernis eines Beschlusses des Aufsichtsrats oder des obersten Organs aufgestellt zu werden. Damit, daß man den von diesen Organen zu bestimmenden Nachschuß als Vorprämie bezeichnet, um die Mitglieder nicht zu beunruhigen und die Festsetzung durch den Vorstand zu ermöglichen, läßt sich diese beabsichtigte Kompetenzverschiebung selbst dann nicht erreichen, wenn diese weitere Vorprämie durch die Satzung ihrer Höhe nach fest begrenzt ist und nur im Falle des Bedürfnisses erhoben werden soll; denn sie dient eben zur Deckung eines Fehlbetrags und ist kein Vorschuß auf die künftige Beitragspflicht (KG. in VA. **05** Anh. 90; a. M. OLG. Posen VA. **05** Anh. 43; = OLGR. **10**, 141 u. **11**, 38). Aus diesem Unterschied zwischen Vorprämie und Nachschußprämie ergibt sich auch, daß eine Satzungsbestimmung, die bei Erhöhung der Vorprämie den Mitgliedern den Austritt gestattet, keine Anwendung findet, wenn Nachschüsse eingefordert werden (Annalen **05**, 770). — Das Nachschußverfahren muß regelmäßig sofort nach Schluß des Geschäftsjahres, in welchem sich ein Fehlbetrag ergeben hat, eingeleitet werden. Ueberträge von Fehlbeträgen zur allmählichen Tilgung aus Einnahmen des künftigen Jahres ist nur für kleinere Summen zulässig (VA. **06**, 26). Darüber, daß bei der Fusion die Mitabtretung von Nachschußforderungen zulässig ist, s. § 14 Anm. 3.

3 Vorauserhebung (Vorschußprämie) mit **beschränkter Nachschußpflicht** ist zulässig (Abs. 2); bedarf aber der ausdrücklichen Satzungsbestimmung, sonst ist die Nachschußpflicht eine unbeschränkte (oben Anm. 1). Diese Beschränkung darf nicht dahin ge-

troffen werden, daß die Mitglieder lediglich für die Befriedigung ihrer gegenseitigen V.ansprüche und nicht für andere Vereinsschulden sich Nachschüsse gefallen zu lassen hätten; denn die Mitglieder stehen mit ihren V.ansprüchen sogar hinter den andern Gläubigern zurück und müssen für alle Vereinsschulden einstehen (§§ 24 Abs. 2, 50, 51). Nur in der Art kann die Nachschußpflicht beschränkt werden, daß für den Nachschuß ein bestimmter Höchstbetrag festgesetzt wird (Abs. 2). Dieses System ist notwendig bei solchen VU., die nicht mit einem Normalschadensjahr wegen der Intensität und Unregelmäßigkeit der Schadensereignisse rechnen, also den Bedarf nicht für jedes Jahr im voraus berechnen können. Dies trifft namentlich bei der Hagel- und bei der Viehv. zu (VA. **07**, 90). Aber auch bei der Sachv. und selbst bei der Lebensv. kommt eine Beschränkung der Nachschußpflicht vor (VA. **03**, 118). Beschränkt nun die Satzung die Nachschußpflicht auf einen bestimmten Höchstbetrag, so muß mit der Möglichkeit gerechnet werden, daß der Fehlbetrag eines Jahres durch die Prämien infolge ihrer Begrenzung nicht gedeckt wird; die Deckung läßt sich in der Weise vorsehen, daß der Ausfall aus dem Gründungsfonds oder aus Rücklagen früherer Jahre zu entnehmen ist (§ 27 Abs. 1); eine Tilgung aus den Einnahmen künftiger Geschäftsjahre ist dagegen nicht zugelassen (oben Anm. 2). Einen anderen Weg zur Deckung eines Ausfalls bietet eine Kürzung der V.ansprüche, die aber ausdrücklich in der Satzung zugelassen sein muß (Abs. 1 Nr. 1). Fehlt es an einer solchen Bestimmung, so kann die Aufsichtsbehörde eine Sanierung nach §§ 67, 69 versuchen und anläßlich dieses Versuchs bei der Lebensv. die Ansprüche aus noch nicht fälligen V. bis auf zwei Drittel herabsetzen (§ 69 Abs. 2). Andernfalls bleibt nur die Konkurseröffnung nach § 68 übrig, weil kein Mitglied ohne seine Zustimmung zu einer Erhöhung seines Beitrags angehalten werden kann (§ 41 Abs. 3).

4 Vorauserhebung (Vorschußprämie) mit **Ausschluß jeder Nachschußpflicht** läßt Abs. 1 Nr. 1 ausdrücklich sogar in der Weise zu, daß eine Kürzung des V.anspruchs nicht stattfindet. Eine solche Regelung widerspricht dem Wesen des VV. a. G. und ist gefährlich. Das AA. läßt daher, auch mit Rücksicht auf die bisher Versicherten, nicht zu, daß ein VV. a. G., der bisher die Nachschußpflicht hatte, diese Pflicht und zugleich die Kürzung der V.ansprüche ausschließt (VA. **03**, 117); denn es läßt sich einem solchen Verein, wenn für ihn ungünstige Zeiten kommen, nicht mehr helfen. Daß es ausländische VV. a. G. gibt, die die Nachschußpflicht nicht kennen, ändert nichts; von ihnen wird bei der Zulassung in Deutschland Sicherheitsleistung für die deutschen Versicherten gefordert (VA. **03**, 117). Den richtigen Weg zur Beseitigung der Nachschußpflicht zeigt nur die Nachschußversicherung.

5 Die Nachschußversicherung (uneigentlich Rückv. genannt) beseitigt die Nachschußgefahr, welche den Mitgliedern eines VV. a. G. in ungünstigen Zeiten droht, in verständiger Weise. Sie wird in der Art bewirkt, daß der VV. a. G. zu der Vorprämie eine Zuschlagsprämie erhebt unter entsprechender Gestaltung des Prämientarifs für die Mitglieder, welche von der Nachschußv. keinen Gebrauch machen wollen (VA. **06**, 113 Nr. 53). Die Zuschlagsprämie, die deutlich als solche kenntlich gemacht sein muß, verwendet der Verein zur Rückv. bei einer andern Gesellschaft in der Weise, daß der Rückversicherer eintreten muß, wenn der Gesamtschaden eines Geschäftsjahres eine gewisse Höhe, von welcher an die Nachschußpflicht wirksam werden würde, übersteigt. Der Rückversicherer findet seine Rechnung dadurch, daß er die Rückv. vieler VV. a. G. gegen die Nachschußgefahr übernimmt und nach dem System der großen Zahlen für sich das Risiko verringert. Der VV. a. G. darf dann aber nicht so verfahren, wenn er eine

Nachschußv. einrichtet, daß die gegen Nachschuß Nichtversicherten benachteiligt werden (VA. **06**, 113 Nr. 53). Eine Rückv. ist auch in der Weise möglich, daß ein großer VV. a. G. eine zum Zweck der V. gegen Nachschußgefahr eigens gegründete Aktiengesellschaft zu seinem Rückversicherer macht (hierüber VA. **05**, 34). In diesem Fall verneint das AA. (VA **09**, 183) den aufsichtspflichtigen Betrieb eines VU. Kleinere Vereine schließen sich oft zu einem Rückversicherungsverband zusammen, um so die Vorteile unmittelbar zu erlangen, die eine große Gefahrengemeinschaft nach dem System der großen Zahlen bietet; hierbei sind wieder Variationen (teilweise Rückv. usw.) möglich. Durch die Rückv. wird die Nachschußpflicht an sich rechtlich nicht berührt, nur ihre wirtschaftlichen Wirkungen werden von einem andern, dem Rückversicherer, übernommen; daher darf der VV. a. G., der die Nachschußgefahr in Rückv. gibt, seine V. nicht als eine solche gegen feste Prämie bezeichnen (§ 21 Anm. 10). Uebernimmt eine Einzelperson (Generalagent) für seine Rechnung und Gefahr die Nachschußv., so erachtet das AA. (VA. **09**, 183) eine aufsichtspflichtige VU. als gegeben.

2. Das **Umlageverfahren** (oben Anm. 1) zieht erst nach Feststellung sämtlicher V.fälle des Geschäftsjahres die danach erforderlichen Beiträge ein und eignet sich deshalb nur für einfache Verhältnisse, also für die kleineren VV. a. G. des § 53 (Sterbe-, Pensionskassen, Viehv. u. dgl.), und für Zwangsv. Es ist ein Umlageverfahren bei einer Viehv. zugelassen worden, wo auf je 100 M. V.summe 0,20 M. zu zahlen waren (PrOVG. **51**, 328). Die Nachteile dieses Systems bestehen darin, daß keine Reserven angesammelt werden können, wenn dies nicht besonders vorgesehen wird. Der Vorzug des Systems beruht darin, daß die Beiträge anfangs gering ausfallen und nur allmählich steigen, bis ein gleichmäßiger Eintritt der Schäden und damit ein Beharrungszustand sich einstellt, der aber zum Untergang führt, wenn nicht ein gehöriger Zugang 6

neuer Mitglieder mit Sicherheit stattfindet; deshalb beachtet das AA. diesen letzteren Umstand besonders (VA. **03**, 98 u. **08** Anh. 8 Nr. 355). Meist werden neben der Umlage noch Nebenkosten (Policekosten, Portokosten u. dgl.) und auch Eintrittsgelder zwecks Ansammlung eines Reservefonds für besondere Fälle satzungsgemäß erhoben. Die Eintrittsgelder werden meist in Prozenten der V.summe ausgedrückt, müssen aber nach dem Eintrittsalter abgestuft und technisch richtig berechnet sein; auch wenn sie vom Sterbegeld in Abzug gebracht werden (VA. **05**, 110). Auch beim Umlagesystem ist wie beim Prämiensystem (oben Anm. 2—4) eine Begrenzung der Umlage wie auch ein völliger Ausschluß jeder Nacherhebung mit und ohne Kürzung der V.ansprüche zugelassen. Diese Variationen sind in Abs. 1 Nr. 2 nicht besonders erwähnt: es steht ihrer Zulässigkeit nichts entgegen. Im weiteren über das Umlagesystem v. Knebel-Döberitz ZVersWiss. **01**, 1; Eggenberger **dort 01**, 172.

7 II. **Ueber die Einwendungen gegen die Beitragspflicht**, daß man sich über die Rechtsform der VU. geirrt habe, daß man durch Irrtum oder arglistiges Verschweigen der Nachschußpflicht oder durch Irrtum über die Zahlungsfähigkeit der VU. zum Beitritt veranlaßt worden sei, und über den Rücktritt wegen Unsicherheit des Versicherers s. § 20 Anm. 4 u. 7, § 14 Anm. 14 ff. Die Pflicht zur Leistung von Nachschüssen beruht auf der Satzung und einem gehörigen Beschluß des zuständigen Organs (oben Anm. 2). Das auf Leistung eines Nachschusses angegangene Mitglied kann daher eine Nachschußberechnung verlangen, aus der sich der gesamte durch Nachschüsse zu deckende Fehlbetrag, die Prämiensumme, auf die sich der Betrag verteilt, sowie der sich hieraus ergebende Verteilungsmaßstab ersehen läßt, und dazu eine Mitteilung über den Festsetzungsbeschluß. Mehr gehört nicht zu einer gehörigen Zahlungsaufforderung (OLG. Darmstadt VA. **05** Anh. 44) — jedoch nicht etwa deshalb, weil eine Ver-

mutung für die Richtigkeit bestände, sondern weil die Nachschußpflicht auf der Mitgliedschaft (im Gegensatz zum V.verhältnis) beruht und nach den über das Mitgliedsverhältnis geltenden Grundsätzen für jedes Mitglied die Vereinsbeschlüsse bindend sind. Diese Aufforderung muß ferner jedem einzelnen Mitglied zugehen, damit eine Verzugsetzung stattfinde. Ein nur öffentliches Ausschreiben von Nachschüssen genügt nicht (vgl. ROHG. **19**, 394). Will das gehörig aufgeforderte Mitglied einwenden, daß der Beschluß des obersten Organs wegen formeller Mängel in gesetz- oder satzungswidriger Weise zustande gekommen sei, so bedarf es der Anfechtung des Beschlusses nach § 36 und HGB. § 271 f. Dieselbe Form ist zu beobachten, wenn ein Beschluß des obersten Organs aus materiellen Gründen beanstandet werden will. Ein materieller Anfechtungsgrund ist aber nicht damit gegeben, daß Fehlbeträge nicht in dem Jahre, in dem sie entstanden, gedeckt, sondern weitergeschleppt worden sind (§ 25 Anm. 1). Will geltend gemacht werden, daß zu hohe oder zu niedere Nachschüsse angefordert seien, so muß nachgewiesen werden, daß eine dolose oder eine offenbar irrtümliche, willkürliche Berechnung stattgefunden hat; denn die Bemessung des Fehlbetrags, der durch Nachschüsse zu decken ist, ist der gewissenhaften Schätzung des beschließenden Organs überlassen, da das Gesetz keine Anhaltspunkte gibt. Es muß hier derselbe Grundsatz zur Anwendung kommen, wie bei Anfechtung der Bilanzen von Aktiengesellschaften wegen unrichtiger Abschreibungen (vgl. Staub § 261 Anm. 6; RG. **72**, 33). Ebenso muß es sich verhalten, wenn angeblich dem Reservefonds (§ 37) zuviel zugeführt worden sein soll. Darüber, daß die Abtretung von Nachschußforderungen im Fusionsfalle nicht zu beanstanden ist, s. § 14 und OLG. Hamburg VA. **05** Anh. 53 Nr. 122. Daß die Vereinsorganisation hinsichtlich reiner Verwaltungsbestimmungen nicht satzungsgemäß durchgeführt ist, gibt dem Vereinsmitglied keinen

Einwand gegen seine Beitragspflicht (KG. in VA. **05** Anh. 93).

8 III. **Ueber die Gerichtszuständigkeit** für Klagen auf Beitragszahlungen s. § 9 Anm. 12 und § 18 Anm. 2.

§ 25. Zu den Nachschüssen oder Umlagen haben auch die im Laufe des Geschäftsjahrs ausgeschiedenen Mitglieder beizutragen. Die Beitragspflicht dieser Mitglieder sowie der im Laufe des Geschäftsjahrs eingetretenen Mitglieder bemißt sich nach dem Verhältnisse der Zeitdauer der Mitgliedschaft innerhalb des Geschäftsjahrs.

Bemißt sich die Höhe des von dem einzelnen Mitgliede zu leistenden Nachschuß- oder Umlagebetrags nach der Höhe des im voraus erhobenen Beitrags oder der Versicherungssumme, so ist bei der Berechnung, wenn im Laufe des Geschäftsjahrs eine Erhöhung oder Herabsetzung des Beitrags oder der Versicherungssumme eingetreten ist, der höhere Betrag zu Grunde zu legen.

Die Vorschriften der Abs. 1, 2 finden nur insoweit Anwendung, als nicht die Satzung ein anderes bestimmt.

1 Die Beitragspflicht trifft, wenn die Einforderung eines Nachschusses oder einer Umlage beschlossen ist (§ 24 Anm. 2—4 u. 6), alle, die in dem betreffenden Geschäftsjahr (§ 39 Abs. 2 HGB.) überhaupt dem Verein als Mitglieder angehört haben, weil der Verlust immer für ein Rechnungsjahr festgestellt wird — mögen auch die Fehlbeträge aus früheren Jahren stammen und bisher verdeckt worden sein (OLG. Stuttgart; VA. **06** Anh. 83

Nr. 233); das V.jahr kommt trotz der Unteilbarkeit der Prämie nicht in Betracht (RG. **21**, 330); auch auf die V.dauer kommt es nicht an (ROHG. **25**, 273; **7**, 35). Dabei ist zu beachten, daß in die Einnahmen eines Rechnungsjahres nicht sämtliche in diesem Jahre eingegangenen Prämien eingestellt werden dürfen, sondern nur die Gelder, die sich als Erträgnisse des betreffenden Jahres darstellen. Die Prämien sind danach nur in dem Verhältnis Einnahmen des Rechnungsjahres, in dem sie eingegangen sind, als die V.zeit, für welche die Prämien entrichtet wurden, auf das betreffende Rechnungsjahr entfällt. Jede andere Art der Berechnung würde praktisch nicht möglich sein; denn sie hätte zur Voraussetzung, daß man den ganzen Fehlbetrag rückwärts für die einzelnen Jahre ermitteln und die Mitglieder der früheren Jahrgänge haftbar machen könnte; diese Sachlage wird trotzdem nicht anerkannt vom OLG. Hamburg VA. **06** Anh. 4 (dagegen vgl. § 20 Anm. 1). Ist eine Kürzung der V.ansprüche beschlossen (§ 24 Anm. 3), so muß sie alle Ansprüche des betreffenden Geschäftsjahres gleichmäßig treffen. Sind aber V.ansprüche vor Abschluß des Geschäftsjahres bereits anerkannt, so sind sie keiner Kürzung mehr unterworfen. Die ganze notwendige Kürzung muß dann an den noch nicht anerkannten Ansprüchen vorgenommen werden.

Ausgeschiedene Mitglieder sind beitrags- **2**
pflichtig, wenn ihr Ausscheiden im Laufe des Geschäftsjahres erfolgte, für welches die Nachschuß- oder Umlageerhebung beschlossen ist. Dasselbe gilt von während des Geschäftsjahres neu Eingetretenen. Denn jedes Mitglied weiß, daß der Verein erst nach dem Ergebnis eines ganzen Rechnungsjahres Gewinn oder Verlust berechnen kann; dieses Risiko übernimmt jeder Beitretende (ROHG. **25**, 274). Der Umfang der Beitragspflicht der ein- und austretenden Mitglieder (§ 20) bemißt sich nach der zeitlichen Dauer der Vereinsangehörigkeit während dieses Jahres (Abs. 1), und, was im Gesetz nicht

ausdrücklich gesagt zu werden brauchte, nach dem Verhältnis zur V.summe, und häufig auch nach dem Verhältnis zur Vorprämie. Aendert sich nun im Laufe des Geschäftsjahres wegen Aenderung der Gefahr die Vorprämie, so daß sie herauf- oder herabgesetzt wird, oder ändert sich im Laufe des Geschäftsjahres die V.summe, weil das versicherte Interesse sich geändert hat, so müßte für die Beitragspflicht folgerichtig das Verhältnis entscheiden, in welchem die V.dauer zu der höheren oder niederen V.summe oder zur höheren oder niederen Vorprämie steht. Eine solche verwickelte Verhältnisrechnung würde unnötige Schwierigkeiten schaffen; deshalb verfügt das Gesetz, daß schlechthin der höhere Betrag der Vorprämie und der V.summe der Berechnung zugrunde zu legen ist (Abs. 2). Derselbe Grundsatz kommt zur Anwendung, wenn beim Umlageverfahren der Uebergang von einer Gefahrenklasse in eine andere stattfindet (Begr. 35).

3 Die Satzung kann Abweichendes bestimmen (Abs. 3). Sie kann einen anderen Maßstab der Beteiligung der Ein- und Austretenden, z. B. nach dem Zeitpunkt des Eintritts der V.fälle, festsetzen, auch auf die Haftung der neu eintretenden oder der ausgeschiedenen Mitglieder für das betreffende Geschäftsjahr ganz oder teilweise verzichten. Die Satzung kann es ferner bei der verwickelten Berechnung der Beiträge oder Umlagen belassen, welche Abs. 2 vermeiden will (Abs. 3). Schweigt sie, so gilt das Gesetz.

§ 26. Gegen eine Forderung des Vereins aus der Beitragspflicht kann das Mitglied eine Aufrechnung nicht geltend machen.

1 I. Das **Aufrechnungsverbot**, welches hier dem Mitglied auferlegt wird, liegt wie in § 22 GenGes., §§ 221, 320 Abs. 3 HGB., § 19 Abs. 2 GmbHG. im Inter-

esse eines ordentlichen Betriebs und der Bereitschaft verfügbarer Mittel. Das Verbot trifft auch Umgehungen mittels Einschiebung von Zwischenpersonen (RG. **41**, 125) und den Zessionar eines Mitglieds. Es macht auch keinen Unterschied, ob die Forderung des Mitglieds etwa gesellschaftlicher Art, also mit seiner Mitgliedseigenschaft untrennbar verbunden ist, wie z. B. der Dividendenanspruch (vgl. RG. **11**, 178), oder ob die Gegenforderung des Mitglieds in rechtlichem Zusammenhang mit seiner Beitragspflicht steht. Das Gesetz will es verhindern, daß die Einziehung der zum Betrieb unerläßlichen Beiträge bis zur rechtskräftigen Entscheidung über Gegenansprüche hinausgezogen werden kann, so daß auch im Liquidationsstadium keine einseitige Aufrechnung stattfindet, weil in diesem Stadium noch nicht feststeht, ob die Gläubiger volle Befriedigung erhalten. Für den Konkursfall erlangt das Verbot besondere Bedeutung, weil die V.ansprüche der Mitglieder den Garanten (§ 22) vorgehen, aber den Konkursgläubigern nachstehen (§§ 50, 51 Abs. 1 Satz 2). Das Aufrechnungsverbot schützt daher die Letzteren.

1. Nur dem Mitglied ist die Aufrechnung unter- 2
sagt. Daher kann das Mitglied, wenn es zugleich Garant ist und als solcher eine fällige Forderung hat — und das ist bei der Vereinsauflösung der Fall (§ 47) — als Garant aufrechnen. Der Verein seinerseits kann aufrechnen. Das Mitglied muß sich die Aufrechnung gefallen lassen. Etwas Besonders gilt, wenn das Mitglied bei der V. auf fremde Rechnung (§ 74 VVG.; § 781 Abs. 1 HGB.) als V.nehmer vom Versicherer die V.summe verlangt und sich im Besitz des V.scheins befindet, also aktiv legitimiert ist (§ 76 Abs. 1 VVG.; § 887 HGB.); der Versicherer kann hier jedenfalls seinen Anspruch auf Prämienzahlung aufrechnen, weil der V.nehmer in eigenem Namen abgeschlossen hat, also der Schuldner ist (§ 812 Abs. 2 HGB.); der Versicherer kann diesen Anspruch aber auch dem Versicherten gegenüber aufrechnen, wenn dieser,

weil er den V.schein besitzt, die V.summe begehrt (§§ 75, 78 VVG.; § 890 HGB. nach der Fassung der Novelle vom 30. Mai 08 (RGBl. 307) in art. 1 Nr. XII.

3 2. Ein Aufrechnungsvertrag ist nicht ohne weiteres als unstatthaft zu erachten. Er ist zuzulassen, wenn der Verein völlig zahlungsfähig und nicht überschuldet ist und z. Zt. des Abschlusses des Aufrechnungsvertrags beide Forderungen fällig waren. Dann wird nämlich nur ein unnötiges Hin- und Herzahlen vermieden. So faßt die Rechtsprechung jetzt die Rechtslage bei der Aktiengesellschaft und bei der Gesellschaft m. b. H. auf (Staub § 221 Anm. 4; RG. **54**, 392; LZ. **07**, 826 Nr. 14; **09**, 944 Nr. 6; Hachenburg LZ. **09**, 264). Sobald der Verein aber überschuldet ist — Zahlungseinstellung ist nicht nötig — so ist die Gegenforderung nicht mehr vollwertig, und es ist nicht mehr zu untersuchen, in welchem Grade sie es ist. Denn sie ist überhaupt unsicher in ihrer Verwertung (a. M. Hachenburg GmbHG. § 19 Anm. 16). Dies allein muß den Ausschlag geben. Es sind dem Aufrechnungsvertrag, nachdem ihn die Rechtsprechung einmal zugelassen, enge Grenzen zu ziehen, wenn die Verkehrssicherheit nicht Not leiden soll. Hier kommt noch besonders der Grundsatz der Gleichheit der Mitglieder mit in Betracht (§§ 21, 50). Die Vereinbarung, daß erst künftig aufgerechnet werden soll, ist nur zugelassen, wenn z. Zt. der Aufrechnung die Vollwertigkeit vorhanden ist.

4 II. **Erlaß** und **Stundung** sind nicht untersagt.

5 III. Ein **Zurückbehaltungsrecht** aus § 273 BGB. ist gesetzlich zwar nicht ausgeschlossen; es kann jedoch mit Rücksicht auf den Zweck des § 26 nicht zugelassen werden (OLG. Frankfurt VA. **08** Anh. 42 Nr. 376 rechtfertigt den Ausschluß mit einer Vorleistungspflicht). Wohl aber ist ein Zurückbehaltungsrecht aus § 320 BGB. gegeben, der gerade darauf beruht, daß keine Vorleistungspflicht besteht (hierüber § 14 Anm. 13 a. E.).

§ 27. **Die Satzung soll über die Voraussetzungen, unter denen die Ausschreibung von Nachschüssen oder Umlagen zu erfolgen hat, insbesondere darüber Bestimmung treffen, inwieweit zuvor die sonst vorhandenen Deckungsmittel (Gründungsfonds, Rücklagen) zu verwenden sind.**

Die Satzung soll ferner bestimmen, in welcher Weise die Nachschüsse oder Umlagen ausgeschrieben und eingezogen werden.

Ueber die Voraussetzungen der Inanspruchnahme der Mitglieder sowie über das Verhältnis der Haftung der Mitglieder zu Gründungsfonds (§ 22), Reservefonds (§ 37) und anderen Rücklagen (§ 56), die zur Deckung eines Ausfalls vorweg in Anspruch genommen werden sollen (§ 24 Anm. 3), soll die Satzung Bestimmungen enthalten, damit die Mitglieder vor Willkür gesichert werden. An Angabe des Deckungssystems allein (§ 24) genügt es nicht. Die Grenzen sind der Satzung nur insofern gezogen, als weder im Liquidationsverfahren noch im Konkurs Nachschüsse oder Umlagen zur Tilgung des Gründungsfonds zugelassen sind (§§ 46 Abs. 2; 47 Abs. 2; 51 Abs. 2). Zu den in der Satzung festzulegenden Voraussetzungen der Ausschreibung von Nachschüssen und Umlagen gehört auch der Maßstab der Aufbringung der Mittel; es sind danach Gefahrenklassen vorzusehen, innerhalb deren der Nachschuß im Verhältnis zur Vorprämie erhoben und die Umlage in ein prozentuales Verhältnis zur V.summe gesetzt wird (§ 25). Endlich soll die Satzung die formellen Voraussetzungen der Nachschuß- und Umlageerhebung (Abs. 2), d. h. die zuständigen, die Nachschüsse feststellenden Organe (§ 24 Anm. 2, § 29), die Form der Zahlungsaufforderung wegen der Verzugsfolgen (§ 24 Anm. 7), die Zahlungsfristen usw. angeben.

Diese Sollvorschriften sind so wichtige, daß sie von der Aufsichtsbehörde wie Mußvorschriften behandelt zu werden verdienen. Ueber die Ausschreibung im Konkursfall enthält § 52 besondere Bestimmungen.

§ 28. Die Satzung hat über die Form Bestimmung zu treffen, in der die Bekanntmachungen des Vereins zu erfolgen haben.

Bekanntmachungen, die durch öffentliche Blätter erfolgen sollen, sind, wenn der Geschäftsbetrieb des Vereins sich über das Gebiet eines Bundesstaats hinaus erstreckt, in den Reichsanzeiger einzurücken. Ist der Geschäftsbetrieb auf das Gebiet eines Bundesstaats beschränkt, so kann die Landeszentralbehörde an Stelle des Reichsanzeigers ein anderes Blatt bestimmen. Weitere Blätter bestimmt die Satzung.

1 Festlegung der Art der Bekanntmachung, z. B. der Berufung des obersten Organs (§ 33 Nr. 5), der Vereinsbeschlüsse usw., durch Bestimmung der Blätter, Zahl und Frist der Veröffentlichungen, Einschreibebrief, einfacher Brief gehört wie in § 182 Abs. 2 Nr. 6 HGB. zum notwendigen Inhalt der Satzung. Für Willenserklärungen des Vorstandes, dessen Verwaltungshandlungen, z. B. Ausschreiben von Stellen, Verkaufsangebote u. dgl. und für die Zeichnung der Bekanntmachungen des Vereins enthalten § 34 und HGB. §§ 232, 233 das Nötige. Veröffentlichung des Registerrichters, § 33 Nr. 2. Uebergangsbestimmungen §§ 92, 101—103, 122. Sobald die Satzung eine Bekanntmachung durch öffentliche Blätter überhaupt vorsieht, ist für die großen Vereine des § 2 und auch für die nach § 3 Abs. 2 der Landesaufsicht unterstehenden Vereine die Einrückung in den

Reichsanzeiger nach dem Vorbild des § 182 Abs. 3 Satz 1 HGB. obligatorisch.

Den kleineren Vereinen des § 2 und den nach § 3 Abs. 1 der Reichsaufsicht unterliegenden Vereinen kann die Landeszentralbehörde statt des Reichsanzeigers ein anderes Blatt, z. B. das allgemeine Amtsblatt, bestimmen. Für die kleinen Vereine des § 53 besteht überhaupt keine Notwendigkeit zu Veröffentlichungen im Reichsanzeiger oder in einem an dessen Stelle tretenden Blatt. 2

Die Satzung kann außer den vorgeschriebenen Blättern noch andere bestimmen (vgl. § 182 Abs. 3 HGB.). Die Satzung wird zweckmäßig dem Aufsichtsrat die Befugnis vorbehalten, im Lauf des Jahres eingehende Blätter bis zur nächsten Versammlung des obersten Organs durch andere zu ersetzen. 3

§ 29. Die Satzung hat über die Bildung eines Vorstandes, eines Aufsichtsrats und eines obersten Organs (Versammlung von Mitgliedern oder von Vertretern der Mitglieder) Bestimmung zu treffen.

Die durch das oberste Organ auszuübenden Obliegenheiten können auf mehrere dem Vorstand und dem Aufsichtsrat übergeordnete Organe verteilt sein.

Die **Organisation** muß bei allen, selbst bei den bestehenden Vereinen (§§ 101 ff.), ausgenommen jedoch die kleinen Vereine des § 53, notwendigerweise drei Organe haben; nämlich einen Vorstand, einen Aufsichtsrat und ein sog. oberstes Organ (§§ 34—36). Die Satzung muß sich über die Zusammensetzung dieser drei Organe und über deren Funktionen im einzelnen aussprechen. Ueber das aktive und passive Wahlrecht und den Wahl- 1 modus schweigt das Gesetz und überläßt alles der Satzung (§ 36 Anm. 1). Die Organisation bedarf der Eintragung zum Handelsregister und wird vom Registerrichter veröffentlicht (§§ 30, 31 Nr. 3, 32, 33 Nr. 3—5, 40, 45).

2 1. Oberstes Organ. Wie bei der Aktiengesellschaft ist die Verfassung der neueren Gegenseitigkeitsgesellschaften regelmäßig so eingerichtet, daß der Generalversammlung der Mitglieder die allgemeine Kontrolle sowie die Wahl des Verwaltungs- oder Aufsichtsrats, diesem die Bestellung und besondere Ueberwachung des Vorstands und der Direktion die allgemeine Geschäftsleitung zusteht. Dieses Verfassungssystem betrachtet auch § 29 als Regel. Von dieser Regel weicht das Gesetz mit Rücksicht auf die älteren Gesellschaften, z. B. die Gothaer Lebens- und Feuerversicherungsbank, ab, welche keine Generalversammlungen kennen, sondern deren Befugnisse einem Vertretungsorgan unter den verschiedensten Namen (Bankausschuß, Bankvorstand, Bezirksdelegierten u. dgl. m.) übertragen haben, dessen Mitglieder entweder ein für allemal mit dem Recht der Kooptation durch Satzung ernannt sind, oder durch die Versicherten oder gewisse Gruppen derselben gewählt werden, so daß den Vereinsmitgliedern als solchen weitere Rechte außer diesem Wahlrecht nicht zustehen (RG **25**, 152). Eine Mitgliedervertretung an Stelle der Mitgliederversammlung empfiehlt sich für die ganz großen VV. a. G. aus Zweckmäßigkeitsgründen. Manchmal bestehen auch Distriktsversammlungen, welche Delegierte für die Generalversammlungen wählen. Alle diese verschiedenartigen Bildungen sind auch künftig gestattet (Begr.; S. auch Samwer Verh. d. DJT. **3**, 43). Die Funktionen des obersten Organs können auf mehrere Organe verteilt werden, wenn diese dem Vorstand und Aufsichtsrat übergeordnet sind. Das oberste Organ muß mindestens aus 4 Personen bestehen, weil manche Beschlüsse nach drei Viertel Mehrheit gefaßt werden (§§ 39 Abs. 4, 43 Abs. 2).

2. V o r s t a n d (§ 34) ist das zur gerichtlichen und außergerichtlichen Vertretung des Vereins satzungsmäßig berufene Organ (§ 231 HGB.). Der Vorstand kann aus einer oder mehreren Personen gebildet sein, die nicht Vereinsmitglieder zu sein brauchen, die aber physische geschäftsfähige Personen sein müssen (Staub § 231 Anm. 10 ff.). Dem Vorstand steht ein Aufsichtsrat zur Seite, oder es besteht ein aus Mitgliedern gebildeter sog. Verwaltungsrat, der grundsätzlich die ganze Verwaltung in Händen hat und seinerseits einen Direktor aus seiner Mitte oder aus den anderen Mitgliedern ernennt, welcher nach Anweisungen des Verwaltungsrats die Geschäfte führt. In letzterem Fall nimmt derjenige (Direktor oder Verwaltungsrat) die Stellung eines Vorstands ein, welchem die Vertretung nach außen übertragen ist (ROHG. **20**, 210). Auf den Titel kommt es nicht an. Alle diese Möglichkeiten sind auch künftig zulässig (Begr.). **3**

3. D e r A u f s i c h t s r a t (§ 35) darf mit dem Vorstand nicht identisch sein, weil er über letzterem stehen muß (§ 246 HGB.). Alte Statuten müssen sich danach ändern (oben Anm. 1). Seine Bestellung erfolgt schriftlich (§ 31 Nr. 3), d. h. durch Wahlprotokoll (§ 35 Anm. 1). **4**

§ 30. Der Verein ist bei dem Gericht, in dessen Bezirk er seinen Sitz hat, von sämtlichen Mitgliedern des Vorstandes und des Aufsichtsrats zur Eintragung in das Handelsregister anzumelden.

Von jeder Erteilung der Erlaubnis zum Geschäftsbetriebe (§ 15) hat die Aufsichtsbehörde dem Registergerichte Mitteilung zu machen.

1. D i e E i n t r a g u n g z u m H a n d e l s r e g i s t e r bildet, wie in Anm. 2 zu § 15 auseinandergesetzt ist, anders bei der Aktiengesellschaft (§§ 200, 210 HGB.), keine Existenzbedingung. Die Zulassung nach §§ 4—7, 15 **1**

ganz allein verleiht die juristische Persönlichkeit. Der Inhalt der Satzung (§ 17) bedingt nicht, anders bei der Aktiengesellschaft, die Eintragungsfähigkeit, sondern gehört nur zu den Erfordernissen der Konzessionserteilung. Ob ihnen genügt ist, entscheidet ausschließlich die Aufsichtsbehörde (unten Anm. 3). Die Eintragungspflicht folgt aus § 16, welcher die §§ 29, 33 HGB. zur Anwendung bringt, und aus den §§ 34—36. Die Eintragungspflicht bei den Zweigniederlassungen richtet sich nach §§ 13, 201 HGB. Aus dieser Eintragungspflicht ergibt sich der Registerzwang nach § 14 HGB., da § 319 Abs. 2 HGB. nicht übernommen ist; dazu tritt dann noch der von der Aufsichtsbehörde auszuübende Druck (§ 64). Dasselbe gilt für Satzungsänderungen (§ 277 Abs. 1 HGB., § 40) und Vereinsauflösung (§ 45), nicht aber für den Konkurs (§ 49). Zuständiges Gericht ist das Amtsgericht des Sitzes (§ 145 FGG., § 18), dessen Ordnungsstrafverfahren in den §§ 125, 132 ff. FGG. geordnet ist; gegen dessen Verfügungen findet sofortige Beschwerde an die K. f. HS. (§§ 20—30, 139 FGG.) statt, obgleich der Eintrag die Kaufmannseigenschaft hier nicht nach sich zieht (§ 16 Anm. 1 ff.). Näheres über den Standpunkt des Registerrichters bei Cohn, Handels- und Genossenschaftsregister, 3. Aufl. 1910 S. 528 und über die Beschwerde bei Staub § 14 Anm. 9. Ueber Zweigniederlassungen s. § 16 Anm. 4. Einsicht in das Register (§ 9 HGB.). Die Eintragungspflicht trifft auch die alten Vereine (§ 101 Abs. 2), nicht aber die kleineren Vereine (§ 53). Die Einteilung in große und kleinere Vereine bestimmt die Aufsichtsbehörde (§§ 73 Abs. 1 Nr. 5, 114; unten Anm. 3).

2 2. Die Anmeldung erfolgt mit den in § 32 vorgeschriebenen Angaben wie bei § 195 Abs. 1 HGB. und in der in § 12 HGB. vorgeschriebenen Form durch sämtliche Mitglieder des Vorstandes und Aufsichtsrats persönlich, d. h. gegebenenfalls durch die gesetzlichen Vertreter oder nach § 12 Abs. 2 HGB. gehörig Bevollmächtigte

persönlich zu Protokoll des Gerichtsschreibers (§ 128 FGG.) oder des Registerrichters selbst (§ 12 Abs. 1 HGB.), wenn nicht Einreichung in öffentlich beglaubigter Form (§§ 126, 129 BGB.; § 167 FGG.) vorgezogen wird. Eine Beauftragung des Notars (§ 129 FGG.) mit der Anmeldung ist zulässig; denn das aus § 195 Abs. 3 HGB. zu entnehmende Bedenken ist durch die Fassung des § 31 Abs. 1 Nr. 4 beseitigt. Die in § 31 aufgeführten Belege sind der Anmeldung beizufügen. Die Zeichnung des § 31 Abs. 2 läßt keine Vertretung zu. Ueber die Anmeldung von Zweigniederlassungen s. § 16 Anm. 4 und Staub zu § 13. Zwang zur Anmeldung nach § 14 HGB. Beschwerde § 16 Anm. 2.

3. Das Verhältnis der Aufsichtsbehörde zum Registergericht hat man sich nicht derart vorzustellen, daß die Aufsichtsbehörde eine vorläufige Erklärung des Registerrichters, ob seinerseits der Eintragung keine Bedenken entgegenstehen, verlangen könnte (vgl. SächsOVG. in VA. **03**, 131), noch auch so, daß die Entscheidung der Aufsichtsbehörde über die Zulassung nun den Registerrichter nach jeder Richtung binde, also nur eine einzige Instanz entscheide. Dem Registerrichter ist nur eine Nachprüfung dahin versagt, ob die Zulassung des VV. a. G. mit Recht erteilt worden ist, sobald die Zulassungsurkunde vorliegt. Es verhält sich so, wie bei der Eintragung juristischer Personen (§ 33 HGB.). Hieraus folgt, daß die Rechtsgültigkeit der Satzung, einschließlich der Firmenbezeichnung, nicht nachgeprüft werden darf (KG. in VA. **03**, 133; vgl. **03**, 32 Nr. 14; **04**, 113). Ist ein VV. a. G. als ein kleinerer Verein nach § 53 Abs. 4 anerkannt, so kann der Registerrichter nicht in eine erneute Prüfung eintreten; er muß davon ausgehen, daß wegen des geringen Geschäftsumfangs (§ 4 HGB., § 16) eine Eintragung in das Handelsregister nicht möglich ist; auch in das Vereinsregister können sie nicht als ideale Vereine nach § 21 BGB. eingetragen werden (Denkschr. 3

z. BGB. 9); der Aufsichtsbehörde steht gegen die Anmeldung zum Vereinsregister zwar kein Einspruch zu (§ 61 Abs. 2 BGB.), wohl aber steht ihr, wenn die Eintragung erfolgt, Beschwerde nach §§ 19, 20 FGG. zu (KG. in VA. **05** Anh. 39 Nr. 112; ZBlFG. **5**, 141), weil durch die Eintragung nach außen der Anschein erweckt wird, als komme dem Verein der Charakter eines rechtsfähigen Vereins nach § 21 BGB. zu, und die Aufsichtsbehörde nach §§ 4, 64 Abs. 1 die Befolgung der handelsregisterlichen Vorschriften zu überwachen hat. Dasselbe muß gelten, wenn eine Eintragung in das Handelsregister ohne die erforderliche Zulassung eingetragen wird (§ 20 FGG.). Dagegen ist die Aufsichtsbehörde in ihren Rechten nicht verletzt, wenn der Registerrichter die Voraussetzung der Registerpflichtigkeit verneint, und kann auch die Aufsichtsbehörde nicht die Eintragung zum Handelsregister verlangen; sie kann nur anregen, daß der Registerrichter eine unterlassene Anmeldung nach § 14 HGB. erzwinge, oder eine unvollständige Eintragung vervollständige (KG. in VA. **06**, 30; dagegen Behrend ZVWiss. **7**, 725); denn von der Nichteintragung oder von einer unvollständigen Eintragung wird das Aufsichtsrecht nicht berührt; es kann der Aufsichtsbehörde auch nicht gewissermaßen eine Beaufsichtigung des Registerrichters zugestanden werden. Anders, wenn die Aufsichtsbehörde nach § 53 Abs. 4, § 73 Nr. 5 ausgesprochen hat, daß ein Verein als ein größerer und daher eintragungspflichtiger nach § 16 anzusehen ist; hier hat sie ein Beschwerderecht. In Preußen findet für die Eintragungskosten derselbe Satz Anwendung, wie für Einzelkaufleute (§ 72 Nr. 1 a PrGKG.; KG. OLGR. **9**, 223).

§ 31. Der Anmeldung sind beizufügen:

1. die Urkunde über die Erlaubnis zum Geschäftsbetriebe;[1])

2. die Satzung;[2])
3. die Urkunden über die Bestellung des Vorstandes[3]) und des Aufsichtsrats;
4. die Urkunden über die Bestellung des Gründungsfonds nebst einer Erklärung des Vorstandes und des Aufsichtsrats darüber, inwieweit der Gründungsfonds durch Barzahlung gedeckt und in ihrem Besitz ist.[4])

Die Mitglieder des Vorstandes haben ihre Namensunterschrift zur Aufbewahrung bei dem Gerichte zu zeichnen.[5])

Die der Anmeldung beigefügten Schriftstücke werden bei dem Gericht in Urschrift oder in beglaubigter Abschrift aufbewahrt.[6])

1. §§ 4 f., 15.

2. §§ 17, 18, 4 Abs. 3 Nr. 1, 8 Abs. 2.

3. §§ 29, 34, 35. Auch der nicht eingetragene Vorstand ist vertretungsberechtigt (RG. **9**, 91).

4. Die Barzahlung (§ 22 Anm. 3) muß zur freien Verfügung des Vereins dem Vorstand übereignet sein, so daß jeder Gefahr von Scheinoperationen, welche mittels einer durch bloßes Vorzeigen, Vorzählen oder Deposition etwa zu diesem Zweck geliehener Gelder möglich ist, vorgebeugt wird. Ein tatsächlicher Gewahrsam ist dann nicht nötig, wenn eine regelrechte Hinterlegung außer Zweifel steht (vgl. RGSt. **24**, 288). Ueber die Entstehungsgeschichte des Ausdrucks „im Besitz sein" s. RGSt. **24**, 9, 292. Jede verschleierte Angabe macht Vorstand und Aufsichtsrat strafrechtlich nach §§ 110, 111 verantwortlich, wenn die betr. Voraussetzungen vorliegen; jedenfalls trifft bei unrichtiger Anzeige an die Aufsichtsbehörde § 105 zu (vgl RGSt. **30**, 318; Bolze **23** Nr. 581,

582; RG. **36**, 112). Außerdem tritt zivilrechtliche Verantwortlichkeit nach §§ 34, 35 ein. Der Registerrichter prüft nicht nur, ob die Anmeldung den §§ 31, 32 der Form nach entspricht, sondern es steht ihm auch ein Recht zu, die Wahrheit der abgegebenen Erklärungen zu erforschen, wenn berechtigte Zweifel auftauchen (vgl. Staub § 198 Anm. 11).

5. Wie bei § 195 HGB. nach § 12 HGB., §§ 128, 129 FGG.; vgl. oben § 30 Anm. 2 und unten § 34 Anm. 3.

6. Wie bei § 195 Abs. 5 HGB.

§ 32. Bei der Eintragung[1]) in das Handelsregister sind die Firma und der Sitz des Vereins,[2]) die Versicherungszweige, auf welche sich der Betrieb erstrecken soll,[3]) die Höhe des Gründungsfonds,[4]) der Tag, an dem die Erlaubnis zum Geschäftsbetrieb erteilt ist,[5]) und die Mitglieder des Vorstandes anzugeben.[6])

Enthält die Satzung besondere Bestimmungen über die Dauer des Vereins[7]) oder über die Befugnis der Mitglieder des Vorstandes[8]) oder der Liquidatoren[9]) zur Vertretung des Vereins, so sind auch diese Bestimmungen einzutragen.

1. §§ 30, 31; vgl. HGB. § 198. 2. § 18.

3. § 8. 4. § 22.

5. §§ 4, 5, 15. Die alten Vereine bedürfen keiner Erlaubnis (§ 92).

6. § 29 Anm. 3 u. § 34. 7. § 5.

8. § 29 Anm. 3, § 34; HGB. §§ 232, 198.

9. Gemeint sind nur Abweichungen vom Grundsatz der Gesamtvertretung; denn die Vertretungsbefugnis des Vorstands als solchen und die des Liquidators in ihrer Stellung als Vereinsorgane unterliegt der Abänderung

durch Satzung nicht (§§ 198 Abs. 2, 231, 232, 298 HGB., §§ 46, 47).

§ 33. In die Veröffentlichung, durch welche die Eintragung bekannt gemacht wird,[1]) sind außer[2]) dem Inhalte der Eintragung aufzunehmen:

1. eine Angabe darüber, ob die Deckung der Ausgaben durch Beiträge im voraus oder im Umlageverfahren erfolgen soll, und im ersteren Falle, ob mit Ausschluß oder mit Vorbehalt von Nachschüssen, ob die Beitragspflicht beschränkt ist oder nicht, und ob eine Kürzung der Versicherungsansprüche vorbehalten ist (§ 24);
2. die im § 28 bezeichneten Festsetzungen;
3. die Art der Bestellung und Zusammensetzung der Vereinsorgane;[3])
4. Name, Stand und Wohnort der Mitglieder des ersten Aufsichtsrats;[4])
5. die Form, in der die Berufung des obersten Organs erfolgt.[5])

1. Dieselbe hat, wie bei § 199 HGB., ohne Verzug je einmal und nicht in periodischer Sammelveröffentlichung auf Grund des § 16 in den Blättern der §§ 10, 11 HGB. zu erfolgen; sie hat die Wirkung des § 15 HGB. und muß den ganzen Inhalt der Eintragung bei Vermeiden der Nichtigkeit im Fall wesentlicher Verstöße genau wiedergeben (vgl. Staub zu § 15).

2. Fehler in der Bekanntmachung der Nr. 1—5 werden also nicht von § 15 HGB. getroffen, der nur den Registereintrag im Auge hat.

3. §§ 29, 34. 4. § 29 Anm. 4, § 35.
5. §§ 28, 36 Anm. 2; vgl. § 182 Abs. 2 Nr. 5 HGB.

§ 34. Auf den Vorstand finden die Vorschriften der §§ 231 bis 239, 241, 242 des Handelsgesetzbuchs mit der Maßgabe entsprechende Anwendung, daß das von Beschlüssen der Generalversammlung Gesagte von den Beschlüssen des obersten Organs gilt und daß an die Stelle des § 236 Abs. 1 und des § 241 Abs. 3 des Handelsgesetzbuchs folgende Vorschriften treten:

1. die Mitglieder des Vorstandes dürfen, sofern die Satzung nicht ein anderes bestimmt, ohne Einwilligung des Aufsichtsrats weder ein Handelsgewerbe betreiben noch dem Vorstand oder Aufsichtsrat einer gleichartigen Versicherungsunternehmung angehören.
2. die Mitglieder des Vorstandes sind insbesondere zum Schadensersatze verpflichtet, wenn entgegen den Vorschriften des Gesetzes eine Verzinsung oder Tilgung des Gründungsfonds oder eine Verteilung des Vereinsvermögens erfolgt oder wenn Zahlungen geleistet werden, nachdem die Zahlungsunfähigkeit des Vereins eingetreten ist oder seine Ueberschuldung sich ergeben hat.

1 I. **Die Stellung des Vorstands eines größeren VV. a. G.** als eines notwendigen Vereinsorgans (§ 29 Anm. 1), das bei der Gründung bereits urkundlich bestellt sein muß (§§ 15 Anm. 3, 17 Abs. 1, 22 Anm. 1)

und mit der Wirkung des § 15 HGB. in das Handelsregister einzutragen ist (§§ 31 Abs. 1 Nr. 3, 33 Nr. 3), ist der eines Vorstandes einer Aktiengesellschaft mit 4 Ausnahmen gleich: Erstens treten überall, wo im Aktienrecht von Beschlüssen der Generalversammlung die Rede ist, Beschlüsse des obersten Organs (§§ 29 Abs. 2, 36); zweitens ist § 240 HGB. ausgeschlossen; in Abs. 1 des § 240 HGB. ist vorgeschrieben, daß der Vorstand, sobald der Verlust bei Aufstellung der Jahresbilanz oder einer Zwischenbilanz die Hälfte des Grundkapitals ergibt, der Generalversammlung unverzüglich Anzeige machen muß; in Anwendung auf den VV. a. G. würde diese Vorschrift besagen, daß dem obersten Organ Anzeige zu machen ist, sobald der V.bestand unter das satzungsmäßige Mindestmaß sinkt oder der Gründungs- oder Reservefonds in Anspruch genommen werden muß; hier wird es der Satzung überlassen, die entsprechende Bestimmung zu treffen; in Abs. 2 des § 240 HGB. ist dem Vorstand die Pflicht zur Stellung des Antrags auf Konkurseröffnung auferlegt, sobald Zahlungsunfähigkeit oder Ueberschuldung sich herausstellt: an Stelle dieser Pflicht hat § 68 Abs. 2 die Pflicht zur Anzeige an die Aufsichtsbehörde gesetzt. Die 3. und 4. Abänderung des Aktienrechts betrifft die Abänderung der §§ 236 Abs. 1 und 241 Abs. 3 HGB. durch Nr. 1 und 2 unseres Paragraphen (hierüber unten Anm. 8 u. 9). Im einzelnen ergibt sich danach folgendes, wenn man beachtet, daß die in Abs. 1 aufgezählten aktienrechtlichen Vorschriften nur entsprechende Anwendung finden:

1. **Nach außen** vertritt der Vorstand, auch wenn er nicht eingetragen ist, den Verein derart, daß er ihn ohne Rücksicht auf die Satzung berechtigt und verpflichtet und zwar selbst für Delikthandlungen, wenn diese in (nicht etwa bei oder bei Gelegenheit der) Ausführung der dem Vorstand anvertrauten Verrichtungen begangen sind (§§ 231, 235 HGB., §§ 165, 231, 31, 823 BGB.; RG. 2

41, 96; **57**, 93) und zwar gilt dies auch für Rat und Empfehlung (Staub § 232 Anm. 29 ff.; Exk. zu § 349 Anm. 29). Die Eintragung des Vorstands hat nur die Bedeutung, daß der gutgläubige Dritte sich darauf verlassen darf (§ 15 HGB.; RG. **9**, 91). Wenn auch der Betrieb gewisser Geschäfte sowie die Vertretung andern Personen übertragen werden oder die Befugnisse des Vorstands durch Satzung, Aufsichtsrat und oberstes Organ sonstwie abgegrenzt sein können (wie bei § 27 Abs. 2 GenGes. und § 234 HGB.), so bleibt eine solche Beschränkung Dritten gegenüber doch durchaus unwirksam (§ 235 HGB.), soweit nicht das Gesetz selbst ausnahmsweise anders verfügt. z. B. Verkauf des ganzen Geschäfts, § 303 HGB.; wegen Grundstückserwerbs eine Besonderheit in § 54. So kann der Vorstand z. B. einen V.anspruch mündlich anerkennen, obgleich die Bedingungen nur schriftlicher Anerkennung Wirkung beimessen (Bolze **3** Nr. 740). Der Registerrichter hat die Eintragung jeder Beschränkung, z. B. daß ein Vorstand nur für eine Zweigniederlassung zeichnen dürfe, oder daß er nur für gewisse Zeit bestellt sei, abzulehnen (RG. **24**, 84). Weder Prozeßgericht noch eine sonstige Behörde darf den Vorstand unter Hinweis auf eine Beschränkung seiner Vertretung zurückweisen (RG. **45**, 151). Selbst der Dritte kann die Ueberschreitung der Vertretungsmacht nicht geltend machen (JW. **87**, 348 Nr. 24). Daher ist auch dem Verein der Einwand versagt, daß der Dritte die Beschränkung, z. B. daß der Vorstand keinen Prokuristen bestellen durfte (§ 238 HGB.), gekannt habe. Nur der Einwand kollusionsweisen Zusammenwirkens ist zugelassen (Staub § 235 Anm. 17). Als Dritte, denen eine Beschränkung der Vollmacht nicht entgegengehalten werden kann, deren Kennenmüssen also unerheblich ist, gelten gegenüber Verein und Vorstand die Mitglieder (ausgenommen die Vorstandsmitglieder; ROHG. **19**, 335) und die Angestellten des Vereins (vgl. § 27 Abs. 2 GenGes.; RG.

4, 73; **22**, 77). Den Agenten des VV. a. G. wird man aber eine Kenntnis der Satzungen hinsichtlich der Befugnisse des Vorstandes zuzuschreiben haben; sie sind nicht Dritte. Der Vorstand haftet selbstverständlich für jede Vollmachtsüberschreitung (hierüber unten Anm. 5). Pflichtverletzungen können ihn strafbar machen (§§ 105 ff.).

Als gesetzlicher Vertreter (§ 51 ZPO.) **3** leisten die Vorstandsmitglieder, die z. Zt. der Verkündung des Berufungsurteils in Funktion waren (RG. in LZ. **08**, 856 Nr. 20), wenn sie nicht im Eidesurteil benannt sind, die Parteieide (§§ 473, 474 ZPO.; RG. **14**, 20); sie sind daher nicht Zeugen (RG. **2**, 400). Dem Vorstand wird zugestellt (§ 171 ZPO.; § 232 HGB.); ausgenommen, wenn er selbst Partei ist; in diesem Falle ist für den prozeßunfähigen Verein ein Vertreter nach §§ 57, 185 ZPO. zu bestellen (RG. **7**, 405). Nach demselben Grundsatz kann der Vorstand nicht mit sich selbst kontrahieren; es wäre denn, daß das Geschäft ausschließlich in Erfüllung einer Verbindlichkeit bestünde (§ 118 BGB.); in diesem Falle vertritt der Aufsichtsrat den VV. a. G. (vgl. § 247 HGB.). Mehrere Vorstandsmitglieder können, wenn sie sich nicht persönlich nach § 179 BGB. verpflichten wollen, nur gemeinsam handeln (§ 232 HGB.). Keine Majorisierung nach § 28 BGB. Diese Regel der Gesamtvertretung darf nur so geändert werden, daß durch Satzung jedem Vorstandsmitglied die selbständige Vertretung übertragen oder die Vertretung durch ein Vorstandsmitglied gemeinsam mit einem Prokuristen (nicht mit einem andern Angestellten) angeordnet oder dem Aufsichtsrat die Ermächtigung zu einer von diesen beiden zugelassenen Ausnahmen von der Regel erteilt wird (Staub § zu 232). Anmeldung zum Handelsregister § 32. Besteht Gesamtvertretung, so dürfen trotzdem Willenserklärungen gegenüber dem Verein wirksam gegenüber jedem einzelnen Vorstandsmitglied abgegeben werden (§ 232 HGB.). Soll aber der Verein wirksam Willenserklärungen abgeben, so müssen sämtliche Vorstandsmitglieder zusammenwirken, sofern nicht die Satzung anderes bestimmt; inwieweit sie anderes bestimmen kann, ist bereits hervorgehoben. Erteilen die Vorstandsmitglieder einem von ihnen Vollmacht zur Vornahme bestimmter Geschäfte oder bestimmter Arten von Geschäften, so ist dies zulässig (§ 232 Abs. 1 Satz 2 BGB.). Zweifel können aber entstehen, wenn es sich um stillschweigende Erteilung einer Vollmacht handelt; dann ist zu unterscheiden, ob in der stillschweigenden Duldung des Handelns eines Vorstandsmitglieds durch die andern nur die Genehmigung einer einzelnen Handlung oder die Erteilung bestimmter Vollmacht für die Zukunft liegen sollte. Eine Eintragung findet alsdann nicht statt (§ 54 HGB.). Eigenmächtiges Handeln eines Vorstandsmitglieds wird durch Genehmigung der übrigen vertretungsberechtigten Gesamtvertreter gültig (Staub § 232 Anm. 11). Die Kenntnis eines Vorstandsmitglieds steht der Kenntnis des Gesamtvorstandes gleich (JW. **99**, 46). Jede Aenderung des Vorstands in seiner Zusammensetzung (Ausscheiden durch Tod oder Erlöschen der Vertretung, Erhöhung, Herabsetzung der Zahl der Mitglieder) ist ebenso wie jede Abweichung von der Regel der Gesamtvertretung durch den im Amt befindlichen Vorstand bei den Amtsgerichten des Sitzes des Vereins und seiner Zweigniederlassung zum Handelsregister anzumelden (§§ 234, 13, 14 HGB.; vgl. §§ 31 Abs. 1 Nr. 3, 32, 33 Nr. 3). Solange die Eintragung der Aenderung nicht erfolgt ist, darf sich jeder gutgläubige Dritte nach der bestehenden Eintragung richten (§ 15 HGB.).

4 Zur Zeichnung des Vorstands genügt im allgemeinen der erkennbare Verpflichtungswille (§ 164 BGB.), so daß § 233 HGB. und § 31 Abs. 2 nur eine Ordnungsvorschrift enthält (RG. **50**, 60; vgl. Staub § 233 Anm. 6). Mechanische Vervielfältigungen der Unterschrift sind für Emissionen von Schuldverschrei-

bungen zugelassen (ähnlich wie § 181 HGB.; s. § 793 BGB.). Satzungsgemäße Beschränkungen sind wirkungslos nach § 235 HGB. In Wechselsachen müssen selbstverständlich die wechselrechtlichen Vorschriften beobachtet werden (ROHG. **14**, 248); gesetzliche Schriftform §§ 125, 126 BGB.; Unterschrift bei satzungsmäßigen Bekanntmachungen des Vorstands §§ 27, 28, 33 Nr. 5.

2. **Nach Innen** untersteht dem Vorstand die Leitung 5
sämtlicher Geschäfte nach der Regel der Gesamtvertretung und nach Maßgabe der ihm durch Aufsichtsbehörde (§§ 64 ff.), Satzung, Aufsichtsrat und oberstes Organ vorgeschriebenen Weisungen und Beschränkungen (§§ 231, 235 HGB.); die Ausführung der Beschlüsse des obersten Organs, die Anstellung des Beamtenpersonals und der Agenten, Feststellung der V.ansprüche, deren Auszahlung, die Aufnahme neuer Mitglieder, d. h. den Abschluß der V.verträge, die Buchführung (§ 55) stehen ihm allein zu, wenn nichts bestimmt ist. Nach außen haben Beschränkungen keine Wirkung, nicht einmal die gesetzliche Beschränkung der Prokuraerteilung, wonach der Vorstand nur mit Zustimmung des Aufsichtsrats Prokura erteilen darf, wenn Satzung oder oberstes Organ nichts anderes bestimmen (§ 238 HGB.); anders hinsichtlich der gesetzlichen Regel der Gesamtvertretung (oben Anm. 3). Der Vorstand hat mit der Sorgfalt eines ordentlichen Geschäftsmanns, die er nötigenfalls darlegen muß, zu verfahren, und haftet dem Verein hinsichtlich Ueberschreitung seiner Befugnisse auch für leichte Versehen (§ 241 Abs. 1 HGB.), und zwar jeder für seine Person. Für Fehler anderer Vorstandsmitglieder haftet jedes Vorstandsmitglied, soweit dieses die Fehler hätte verhindern können. Insofern haben sie gemeinschaftlich gehandelt und sind samtverbindlich. Das Nähere Anm. 9 unten. Vereinsgelder darf der Vorstand zu Zwecken privater Wohltätigkeit nur verwenden, soweit dies im Interesse des Vereins liegt (s. Wörner DVersZ. 4, 227 u. WVersZ. 43 Nr. 25).

6 Durch Einzelvorschriften sind dem Vorstand folgende Aufgaben zugewiesen: Einholen der Konzession und Anmeldungen zum Handelsregister (§§ 4—7, 15, 30 ff., 105, 108); Anzeige vom Geschäftsbeginn (§ 115 Abs. 1); Aufbewahrung des Gründungsfonds (§ 22); Buchführung und Bilanzaufstellung unter Kontrolle der Aufsichtsbehörde (§§ 239, 38, 261 HGB.; §§ 55, 65 Abs. 2, 36, 106, 109, 113); gehörige Verwaltung der Vereinsmittel, Gewinn- und Verlustverteilung nach Maßgabe des Gesetzes und der Vereinsbeschlüsse (§§ 34 Nr. 2, 106, 110, 113); Einrufung des obersten Organs unter Benachrichtigung der Aufsichtsbehörde, wenn nicht letztere selbst einruft (§§ 253—255 HGB.; §§ 36, 65); Vorlage der Bilanz- und Verlustrechnung nebst Geschäftsbericht an die Aufsichtsbehörde und das oberste Organ nach §§ 260, 261 HGB., §§ 36, 65, unter Verantwortlichkeit für die Vollständigkeit und Wahrheit aller Geschäftsberichte und Darstellungen (§ 241 Abs. 2 HGB.; §§ 34 Abs. 1, 111, 113); Einreichung beglaubigter Abschrift jedes Beschlusses des obersten Organs, insbesondere Anmeldung jeder Satzungsänderung beim Registerrichter (§ 40; § 259 Abs. 5 HGB.; § 36); Bekanntmachung der genehmigten Gewinn- und Verlustrechnung sowie der Bilanz und Einreichung an den Registerrichter (§ 265 Abs. 2 HGB.; §§ 28, 36); Registerzwang hierzu nach §§ 13, 14 HGB., § 132 FGG.; sofortige Beschwerde an die K. f. HS. (§ 30 Anm. 1); Ausschreibung von Nachschüssen und Umlagen (§ 27 Abs. 2), ausgenommen im Konkurs (§ 52); Durchführung der Vereinsliquidation (§ 47); Anzeige an die Aufsichtsbehörde bei Zahlungsunfähigkeit oder Ueberschuldung (§§ 68, 69, 102 Abs. 2, 109, 113; oben Anm. 1); Anmeldung der Vereinsfortsetzung zum Handelsregister nach Aufhebung des Konkurses (§ 49).

7 a) Das Vertragsverhältnis des Vorstands insbesondere richtet sich nach seinem Dienstvertrag, welcher nach den §§ 622 ff., 675 BGB. und hinsichtlich

der Abweichung von Weisungen nach § 665 BGB. beurteilt wird; er ist nicht Handlungsgehilfe und untersteht nicht den §§ 59 ff. HGB. (RG. **7**, 78). Seine Bestellung erfolgt erstmals durch das oberste Organ (§§ 15 Anm. 3, 17 Anm. 1, 22 Anm. 1), und zwar regelmäßig durch einfache Mehrheit. Wie die Bestellung später vor sich geht, hängt von der Verfassung ab (§ 29 Anm. 3). Regelmäßig wird der Aufsichtsrat zum Abschluß eines Dienstvertrags ermächtigt. Die Bestellung ist von seiten desjenigen Organs jederzeit widerruflich, das seine Anstellung verfügt hat, unbeschadet seiner vertragsmäßigen Vergütungsansprüche (§ 231 Abs. 3 HGB.). Kann ein Vorstandsmitglied sein Amt niederlegen? hierüber Staub § 231 Anm. 21. Zu vorzeitiger Entlassung genügend wichtige Gründe, z. B. Unfähigkeit, Untreue, beseitigen die Vergütungsansprüche des Vorstands. Konkurs, §§ 22, 23 KO. Vereinsliquidation, § 47. Die Suspension kann der Aufsichtsrat aussprechen (ROHG. **17**, 118). Durch Satzung, Dienstvertrag oder Beschluß des obersten Organs kann dem Vorstand ein Anteil am Reingewinn (Tantième) bewilligt sein (§ 237 HGB.), obgleich es sich um Gewinn im eigentlichen Sinn bei VV. a. G. nicht handelt. Gemeint sind unter Reingewinn die Ueberschüsse, indem an Beiträgen mehr eingeht, als der Bedarf ausmacht. Diese Ueberschüsse sind zur Dividendenverteilung nach § 38 bestimmt. Es ist zwingendes Recht (JW. **02**, 255 Nr. 22), daß unter Jahresgewinn nur der Jahresgewinn zu verstehen ist, der sich nach den Bewertungen der verfassungsmäßig festgestellten Jahresbilanz ergibt. Der Verein kann sich nicht auf eine irrtümliche Feststellung berufen, wenn er nicht die Richtigstellung auf verfassungsmäßigem Weg herbeiführt (RG. **11**, 163). Fehlt es an einem Gewinn — sei es auch nur infolge Vortrags früherer Verluste —, so gibt es keine Tantième. Der Vorstand als solcher kann die genehmigte Bilanz nicht wegen Irrtums anfechten. In einem verlustreichen Jahr kann das oberste

Organ, wenn die Satzung nicht entgegensteht, dem Vorstand für dessen Mühewaltung statt Tantièmen eine Remuneration bewilligen (ROHG. **22**, 281; **19**, 336). Von dem Jahresgewinn müssen sämtliche Abschreibungen, weil sie das Aktivvermögen vermindern und zur vorsichtigen Verwaltung unerläßlich sind und ebenso sämtliche Rücklagen (§§ 37, 38) und der Gewinnvortrag des Bilanzjahres vorweg abgezogen werden, welche verfassungsmäßig vom Jahresgewinn zur Feststellung des Reingewinns abgehen. Ueber Zuwendungen zu Pensions- und Unterstützungsfonds s. Staub § 237 Anm. 17. Nicht abgezogen werden die Tantièmen der Garanten (§ 22) und Angestellter. Erst von dem so ermittelten Reingewinn steht dem Vorstand die Tantième zu, und zwar pro rata temporis, wenn er während des Geschäftsjahres aufhört, Vorstand zu sein. Gegen jede abweichende Art der Ermittlung des Reingewinns durch das oberste Organ ist jedem Mitglied des obersten Organs die Anfechtungsklage nach § 271 HGB. (§ 36) gegeben (RG. **40**, 36). Läßt sich der Vorstand unter Ausbeutung der Unerfahrenheit oder des Leichtsinns der Vereinsmitglieder übermäßige Vorteile im Sinn des § 138 Abs. 2 BGB. bewilligen, so ist der Vertragsschluß wegen Wuchers nichtig (Staub Exk. zu § 346 Anm. 20).

8 b) Das Konkurrenzverbot des § 34 Nr. 1 insbesondere weicht von dem des § 236 Abs. 1 HGB. ab, indem das Verbot durch Satzung anders geregelt sein kann, der Aufsichtsrat, auch wenn er den Vorstand nicht zu bestellen hat, dispensieren darf, und das Verbot auch die Bekleidung einer Stelle als Aufsichtsratsmitglied eines Konkurrenzunternehmens untersagt. Unter einer Konkurrenzunternehmung ist nicht jede VU., sondern nur eine gleichartige VU. zu verstehen, so daß es weder auf die Unternehmungsform noch auf den V.zweig ankommt (§ 6 Abs. 2). Ebenso wenig wie der Vorstand einer Aktiengesellschaft und der Handlungsgehilfe (§ 60

HGB.), darf auch hier der Vorstand dem Vorstand einer Konkurrenzunternehmung angehören, noch darf er ein Handelsgewerbe im Sinne der §§ 1—4 HGB. für eigene oder fremde Rechnung betreiben (hierüber Staub § 236 Anm. 2). Die Beteiligung als Kommanditist und der Abschluß vereinzelter Handelsgeschäfte fällt nicht unter das Verbot. Das Verbot endet mit der Vorstandschaft und mit der Liquidation (§ 47 Anm. 4). Rückwirkung hat § 34 Nr. 1 nicht, ungeachtet § 101, so daß Vorstände von älteren Gegenseitigkeitsgesellschaften (vgl. § 92) mit ihrer Wiederwahl und nicht schon dann das Konkurrenzverbot des § 34 zu beobachten haben, wenn die Gesellschaft von ihrem Kündigungsrecht keinen Gebrauch macht (vgl. Art. 170 EG. z. BGB., Art. 27 EG. z. HGB.); der Art. 171 EG. z. BGB. findet keine Anwendung. Die Folgen einer Verbotsübertretung sind in § 236 Abs. 2 u. 3 HGB. § 34 Abs. 1 u. Nr. 2 geordnet. Ein vertragsmäßiges, über die Vorstandszeit hinausreichendes Konkurrenzverbot beurteilt sich nach dem allgemeinen Grundsatz, daß durch ein solches die Erwerbstätigkeit nicht völlig unterbunden werden darf, also regelmäßig zeitlich, räumlich und gegenständlich angemessen beschränkt sein muß (RG. **31**, 97; vgl. § 133 f GewO.). Die §§ 74, 75 HGB. sind hier nicht anwendbar (Staub § 236 Anm. 12 ff.). Ist eine Geheimhaltungspflicht über alle geschäftlichen Vorkommnisse auch noch nach dem Austritt auferlegt, so sind nur solche Vorkommnisse gemeint, deren Geheimhaltung nach ihrer Art im geschäftlichen Interesse gelegen ist; Vertragsstrafe s. Staub § 236 Anm. 14 und § 348 Anm. 6, 16, 21.

3. **Die Haftung der Vorstandsmitglieder** wegen 9
Verletzung ihrer Obliegenheiten (oben Anm. 5—7) entspricht zunächst dem § 241 Abs. 1 HGB., indem sie bei ihrer Geschäftsführung die Sorgfalt eines ordentlichen Geschäftsmannes mit Rücksicht auf die Fähigkeiten und das Verständnis zu beobachten haben, welches dem Einzelnen in bezug auf den fraglichen Geschäftszweig bei-

wohnt; dieser Gesichtspunkt ist für die Erkennbarkeit unrichtiger Geschäftsberichte von Belang. Der Vorstand haftet regelmäßig schon für leichtes Versehen; ein solches liegt schon in dem Mangel der erforderlichen Sachkunde, wenn der Besitz solcher Kenntnis zugesichert war, und auch im Unterlassen der Einholung der Beschlußfassung durch die höheren Organe, wenn das Interesse des VV. a. G. die Einholung gefordert hätte (RG. **35**, 83). Durch Weisungen höherer Organe wird der Vorstand dann nicht gedeckt, wenn sie erkennbar irrig waren, oder wenn im einzelnen Fall klar ist, daß die höheren Organe zum Vermeiden eines Schadens eine Abweichung selbst verlangt haben würden (vgl. § 665 BGB.). Das einzelne Vorstandsmitglied haftet nur, soweit es selbst seine Obliegenheiten verletzt hat, und zwar dem Verein. Haben die Vorstandsmitglieder gemeinsam gefehlt — und dies gilt auch bei mangelhafter gegenseitiger Ueberwachung, wo sie geboten ist —, so haften sie samtverbindlich (§ 241 Abs. 2 HGB.). In Abs. 3 des § 241 HGB. sind noch besondere Haftungsgründe hervorgehoben, die durch Nr. 2 des § 34 entsprechenden Ersatz finden. Danach haften die Vorstandsmitglieder dem Verein insbesondere, wenn entgegen §§ 22 Abs. 3 u. 4, 47 Abs. 2, 51 Abs. 2 eine Verzinsung oder Tilgung des Gründungsfonds oder entgegen §§ 38, 48 eine Verteilung des Vereinsvermögens erfolgt (Strafvorschrift § 106 Nr. 2), oder wenn Zahlungen geleistet werden, nachdem die Zahlungsfähigkeit eingetreten ist oder eine Ueberschuldung sich ergeben hat (über letzteres s. §§ 68, 73 Abs. 1 Nr. 8; Strafvorschriften in §§ 109, 112, 113). Die Verjährung ist eine fünfjährige (§ 241 Abs. 5 HGB.), beginnend mit der Entstehung des Anspruchs, nicht mit der Kenntnis (§§ 198, 200 BGB.; RG. **39**, 48). Der Schadensanspruch umfaßt unmittelbaren und mittelbaren, voraussehbaren und nicht voraussehbaren Verlust und den entgangenen Gewinn nach §§ 249, 251, 252, 288 BGB. Der Schaden muß nur irgendwie ein in Geld schätzbarer Schaden, also ein Vermögensschaden sein (§ 253 BGB.; § 287 ZPO.). Belastung mit einer Verbindlichkeit besitzt diesen Charakter (RG. **18**, 277). Handelt es sich um einen durch dieselbe lässige Handlung zugegangenen Schaden und gemachten Gewinn, so entscheidet das Gesamtergebnis (Staub § 347 Anm. 25). Wegen seiner Haftung darf der Vorstand Beschlüsse des obersten Organs nach § 271 Abs. 4 anfechten (Staub § 271 Anm. 14).

a) Dem Verein gegenüber haften die **10**
Vorstandsmitglieder nach § 241 Abs. 2 HGB., § 34. Diesen Anspruch macht der Aufsichtsrat nach § 247 HGB. und § 35, im Konkurs der Konkursverwalter namens des Vereins geltend, weil diese Ansprüche zur Konkursmasse gehören. Weil nur der Verein ersatzberechtigt ist, sind die Vereinsmitglieder und die Gläubiger der VU. nicht unmittelbar beteiligt (§ 393 Nr. 4 ZPO.) und können als Zeugen vernommen werden.

b) Den Vereinsgläubigern steht in den **11**
Fällen des § 34 Nr. 2 ausnahmsweise ein Ersatzanspruch zu und zwar sowohl gegen die Vorstandsmitglieder als auch gegen den Aufsichtsrat (§ 35 Abs. 1 und Nr. 3). Der Verein kann dieses Recht durch Verzicht oder sonstigen Beschluß den Gläubigern nicht verkürzen (§ 241 Abs. 4 HGB.). Dieser Anspruch ist jedoch nur subsidiär; er erlischt durch Befriedigung des Gläubigers seitens des Vereins, durch Schadloshaltung des Vereins seitens des schuldigen Vorstandsmitglieds, durch Verjährung des Anspruchs des Vereins, weil die Verjährung nicht mit der Kenntnis des Gläubigers, sondern mit Entstehen des Anspruchs des Vereins ihren Lauf nimmt (§§ 198, 200 BGB.) und die Verjährung, § 241 Abs. 5 HGB., einheitlichen Charakter hat (RG. **39**, 52). Mit der Konkurseröffnung endet die Selbständigkeit des Anspruchs des Vereinsgläubigers und kann nur der Konkursverwalter nicht der einzelne Gläubiger, diesen Anspruch geltend

machen, weil in Wahrheit nur ein Anspruch des VV. a. G. vorliegt, den die Gläubiger nur außerhalb des Konkurses selbständig geltend machen dürfen (vgl. RG. **39**, 64; Staub § 241 Anm. 16; a. M. Thaler Hirths Annal. **02**, 822); deshalb muß der Gläubiger sich einen vom Konkursverwalter mit dem Vorstand abgeschlossenen Vergleich gefallen lassen (vgl. RG. **39**, 64; § 217 Abs. 2 HGB.).

12 c) Das einzelne Vereinsmitglied kann den Vorstand nicht belangen. Solange der Verein besteht, muß das Mitglied den ihm in § 36 eröffneten Weg betreten, woselbst nur den Mitgliedern des obersten Organs Rechte verliehen sind. Ist der Verein jedoch aufgelöst und auch die Liquidation beendigt, so kann das einzelne Mitglied den Vorstand wegen aller Pflichtverletzungen belangen, welche den Vorstand dem Verein gegenüber verantwortlich machen, und für welche das Mitglied während Bestehens des Vereins deshalb nicht durch Anrufung des obersten Organs Schadensersatz anstreben konnte, weil der wahre Sachverhalt sich erst nach Beendigung der Liquidation herausgestellt hat (RG. **10**, 72 ff.; **29**, 7). Im übrigen steht dem Einzelmitglied die Schadensklage wegen Pflichtverletzung des Vorstands (und Aufsichtsrats) nicht mit der Begründung zu, daß sie die ihnen obliegende Sorgfaltspflicht (oben Anm. 9) grobfahrlässig oder arglistig verletzt hätten. Denn die Vereinsmitglieder stehen zu den Mitgliedern des Vorstandes und des Aufsichtsrats in keiner vertraglichen Beziehung. Und ein außerkontraktlicher Schadensanspruch kann unter der Herrschaft des BGB. nicht allgemein auf eine arglistige oder grobfahrlässige Vermögensbeschädigung gestützt werden (Staub § 347 Anm. 11; anders nach früherem Recht: RG. **35**, 332; JW. **00**, 668 Nr. 26). — Nur wenn eine Schädigung durch unerlaubte Handlung nach §§ 823, 826 BGB. stattgefunden hat, kann auch das Vereinsmitglied den Vorstand und Aufsichtsrat unmittelbar in Anspruch nehmen (hierüber folg. Anm.). Ueber

Anfechtung der Beitrittserklärung wegen Betrugs und Irrtums s. § 20 Anm. 4.

d) Jedem Geschädigten haften Vorstands- und Aufsichtsratsmitglieder, wenn sie in einer gegen die guten Sitten verstoßenden Weise vorsätzlich Schaden zugefügt haben (§ 826 BGB.), oder wenn sie sich einer unerlaubten Handlung nach § 823 Abs. 1 oder 2 BGB. schuldig gemacht haben. Zur Anwendung des Abs. 1 des § 823 BGB. genügt nicht eine Vermögensbeschädigung, weil das Vermögen nicht zu den „sonstigen Rechtsgütern" des Abs. 1 gehört (oben Anm. 12); daher reicht unmäßiges Kreditieren, ungerechtfertigte Dividendenverteilung, Aufstellung und Veröffentlichung falscher Bilanzen, ungerechtfertigte Zurückzahlung des Gründungsfonds zur Anwendung des Abs. 1 des § 823 BGB. nicht hin, wenn ein solches Verhalten nur vom Gesichtspunkt eines gesetz- oder satzungswidrigen Gebahrens betrachtet wird (vgl. JW. **10**, 109 Nr. 9). In solchen Fällen kann aber der Abs. 2 des § 823 BGB. angerufen werden, wenn durch den Verstoß gegen ein Schutzgesetz Schaden zugefügt ist. Der Begriff des den Schutz eines andern bezweckenden Gesetzes bestimmt sich danach, welche Interessen nach dem Inhalt des Gesetzes geschützt werden sollen (Prot. II z. BGB. 571), und zwar, ob die Interessen einzelner geschützt werden sollen, oder ob das Gesetz im allgemeinen Interesse gegeben ist. Ist danach ein Gesetz dahin aufzufassen, daß es nicht nur das Interesse der Vereinsmitglieder, sondern auch das Interesse anderer Personen schützen will, so können diese den Abs. 2 des § 823 BGB. anrufen, wenn nicht das Gesetz lediglich im allgemeinen Interesse gegeben ist (vgl. Prot. z. BGB. II 568). Solche den Schutz eines andern bezweckenden Gesetze können auch zivilrechtlichen Inhalt haben, während es auch Strafgesetze selbst polizeilicher Art gibt, welche nicht als Schutzgesetze anzufechten sein werden (vgl. RG. **63**, 327). Es bedarf daher der Prüfung jedes einzelnen 13

Gesetzes auf seinen Zweck. Dabei ist aber im Auge zu behalten, daß das neue Recht nicht dazu führen darf, den alten Rechtszustand wiederherzustellen, wonach jede arglistige oder grobfahrlässige Vermögensbeschädigung zum Ersatz verpflichtet (oben Anm. 12). Betrug, wozu übrigens arglistiges Verschweigen nicht ohne weiteres genügt (RG. **67**, 147) stellt einen Verstoß gegen ein Schutzgesetz dar (§ 263 StGB.; RG. **62**, 316). Hieraus folgt, daß § 823 Abs. 2 BGB. Anwendung findet, wenn Vorstand oder Aufsichtsrat bewußt unrichtige Bilanzen veröffentlichten, welche den ungünstigen Stand des VV. a. G. verdeckten und dadurch Mitglieder zum Beitritt gewinnt oder vorhandene Mitglieder zum Verbleiben im Verein bestimmten (vgl. JW. **10**, 109 Nr. 9); selbst andere Personen können den Vorstand und Aufsichtsrat in Anspruch nehmen, wenn diese durch diese Täuschung veranlaßt worden sind, dem VV. a. G. zu kreditieren. Eine andere Frage ist es, ob der Vorstand nach § 823 Abs. 2 BGB. haftet, wenn er die Ueberschuldung oder Zahlungsunfähigkeit nicht anzeigte (§§ 34 Nr. 2, 68 Anm. 2, 109), oder der Aufsichtsrat, wenn er Zahlungen nach eingetretener Ueberschuldung oder Zahlungsunfähigkeit leisten läßt (§ 35 Nr. 3). Beide Fragen werden zu verneinen sein — jedenfalls bezüglich der Nichtmitglieder; denn § 35 Nr. 3 ist lediglich ein Ausfluß der allgemeinen Sorgfaltspflicht (oben Anm. 12). Und Verstöße gegen die allgemeinen Sorgfaltspflichten der §§ 241 Abs. 2, 249 Abs. 2 HGB. fallen nicht unter § 823 Abs. 2 BGB. (RG. **63**, 327; JW. **08**, 533 Nr. 26; **10**, 109 Nr. 9). Zwar ist das Verhalten des Vorstands unter Strafe gestellt, jedoch im öffentlichen Interesse und nicht etwa um die Privatinteressen der Mitglieder, der Schuldner des VV. a. G. sowie aller der zu schützen, die einen solventen Vertragsgegner vor sich zu haben glauben (RG. **73**, 30. Die Vereinsgläubiger sind vom Gesetz ausdrücklich geschützt; oben Anm. 11.) In allen diesen Fällen wäre aber ein

Mitverschulden des Schadens (§ 254 BGB.) von Bedeutung; wer die wahre Sachlage kannte, hat seinen Schaden seiner eigenen Unvorsichtigkeit zuzuschreiben (vgl. im übrigen Staub § 241 Anm. 25, § 232 Anm. 46; v. Staudinger § 823 III). Die Verjährung ist die des § 852 BGB.

II. **Für die Vorstände kleinerer Vereine** gilt § 34 14
nicht. Bei den kleineren nimmt der Vorstand überhaupt eine andere Stellung ein; hierüber § 53 Anm. 9.

§ 35. Auf den Aufsichtsrat finden die Vorschriften der §§ 243 bis 249 des Handelsgesetzbuchs mit der Maßgabe entsprechende Anwendung, daß die der Generalversammlung übertragenen Aufgaben von dem obersten Organe wahrgenommen werden, und daß an die Stelle des § 243 Abs. 4 Satz 2, des § 245 Abs. 1 und des § 249 Abs. 3 Satz 1 des Handelsgesetzbuchs folgende Vorschriften treten:

1. die Satzung hat zu bestimmen, ob für einen Beschluß des obersten Organs, durch den die Bestellung zum Mitgliede des Aufsichtsrats widerrufen wird, eine besondere Mehrheit erforderlich sein soll;
2. eine nach dem Jahresüberschusse bemessene Vergütung für die Mitglieder des Aufsichtsrats darf nur von dem Betrage gewährt werden, welcher verbleibt, nachdem sämtliche Abschreibungen und Rücklagen bewirkt worden sind und nachdem für diejenigen Personen, welche gegen Zusicherung einer Beteiligung am Ueberschusse den Gründungsfonds zur Verfügung gestellt haben, der nach § 22 Abs. 3

bedungene Anteil am Ueberschuß in Abzug gebracht worden ist;

3. die Mitglieder des Aufsichtsrats sind insbesondere zum Schadensersatze verpflichtet, wenn mit ihrem Wissen und ohne ihr Einschreiten die im § 34 Nr. 2 bezeichneten Handlungen vorgenommen werden.

1 I. **Notwendige Organe** jedes VV. a. G. sind oberstes Organ, Aufsichtsrat und Vorstand (§ 29). Der Aufsichtsrat besteht aus mindestens 3 Mitgliedern, und zwar physischen geschäftsfähigen Personen (Staub § 243 Anm. 4), welche keine Vereinsmitglieder zu sein brauchen, aber unter allen Umständen durch das oberste Organ (§ 36) gewählt sein müssen (§ 243 HGB.). Die Satzung wird zweckmäßig die Dreizahl zur Verhütung von Beschlußunfähigkeit überschreiten. Ein Zwang zur Annahme der Wahl besteht nicht (§ 663 BGB.). Die Wahl des ersten Aufsichtsrats gilt zum Zweck der Beseitigung des anfänglich unvermeidlichen Gründereinflusses nur für die Zeit bis zur Beendigung der ersten Versammlung des obersten Organs, welche nach Ablauf eines Kalenderjahres nach Eintragung des Vereins zum Handelsregister (§ 30) zur Beschlußfassung über die Jahresbilanz abgehalten wird (§ 243 Abs. 2 HGB.). Zum ersten Aufsichtsrat gehören auch die Mitglieder, welche im Lauf dieses Jahres infolge einer die Mitgliederzahl des Aufsichtsrats erhöhenden Satzungsänderung neu hinzugewählt worden sind (§ 243 Abs. 2 HGB.; RG. **24**, 57). Später kann der Aufsichtsrat nicht für längere Zeit als bis zur Beendigung der Versammlung des obersten Organs gewählt werden, welche über die Bilanz für das vierte Geschäftsjahr — das Geschäftsjahr darf 12 Monate nicht übersteigen (§ 39 HGB.) — nach der Ernennung beschließt; das Geschäftsjahr, in welchem die Ernennung

erfolgt, wird nicht mitgerechnet. Zweifel, wie das AA. in VA. **04**, 135 annimmt, läßt das Gesetz nicht (Staub § 243 Anm. 6 f. u. 14). Mit Annahme der Wahl entsteht ein Auftragsverhältnis mit Geschäftsbesorgung nach § 675 BGB., wenn ein Entgeld vereinbart ist; aber nur gegenüber dem Verein, nicht gegenüber den Vereinsmitgliedern (RG. **28**, 72). Fehlt ein Entgeld, so liegt lediglich Auftrag nach § 662 BGB. vor. Die Bestellung zum Aufsichtsratsmitglied und zwar auch des ersten Aufsichtsrats ist durch Beschluß des obersten Organs jederzeit widerruflich und zwar ohne Anspruch auf Vergütung für die Restdauer; denn der Schlußsatz des Abs. 3 § 231 HGB., der dem Vorstand Ansprüche gewährt (§ 34 Anm. 7), ist in § 243 Abs. 4 HGB. nicht wiederholt. In der Satzung ist je nach der dem obersten Organ gegebenen Verfassung (§ 29 Anm. 2) zu bestimmen, ob für den Widerruf eine qualifizierte Mehrheit erforderlich ist; insofern ist § 243 Abs. 4 Satz 2 HGB. durch Nr. 1 unseres Paragraphen abgeändert. Bezieht der Aufsichtsrat keine Vergütung, so macht er sich bei Amtsniederlegung ohne wichtigen Grund schadensersatzpflichtig (§ 671 BGB.). Hat der Aufsichtsrat feste Bezüge, wie es die Regel ist, so liegt ein Dienstverhältnis höherer Art vor, welches überhaupt nur aus wichtigen Gründen einseitig vom Aufsichtsrat gelöst werden kann (§ 626 BGB.; ausführliches s. bei Staub § 243 Anm. 9). Der Aufsichtsrat wählt seinen Vorsitzenden. Kommt eine gültige Wahl nicht zustande, so bleibt der seitherige Vorsitzende nicht über seine Zeit im Amte, sondern es bestimmt das oberste Organ den Vorsitzenden (s. RG. **73**, 237). Ueber die Vergütung Anm. 3 unten.

1. E i n t r a g u n g der Aufsichtsratsmitglieder zum Handelsregister findet nicht statt (§ 32), wohl aber muß die Bestellungsurkunde dem Registerrichter vorgelegt werden (§§ 30, 31 Nr. 3); den ersten Aufsichtsrat macht der Registerrichter bekannt (§ 33 Nr. 4). Die späteren 2

Aenderungen hat der Vorstand zu veröffentlichen (§ 28) und den Beleg dem Registerrichter des Sitzes und der Zweigniederlassung einzureichen (§§ 13, 244 HGB.), der die Beobachtung dieser Vorschrift nach § 14 HGB., § 16 erzwingt. Der Vorstand hat außerdem der Aufsichtsbehörde jeweils Anzeige mit Rücksicht auf § 65 zu erstatten.

3 2. Die Stellung eines Aufsichtsratsmitglieds ist unvereinbar mit der des Vorstands (§ 29 Anm. 4). Deshalb darf der Aufsichtsrat nur vorübergehend und nur für die Dauer seiner eigenen Wahlperiode und nur, wenn noch mehr als 3 Mitglieder im Aufsichtsrat zurückbleiben, zur Vertretung eines verhinderten Vorstandsmitglieds einen aus seiner Mitte in den Vorstand entsenden (§ 248 HGB.). Worin der Hinderungsgrund des Vorstandsmitglieds besteht, ist gleichgültig, so daß ein Aufsichtsratsmitglied auch die Vertretung eines verstorbenen Vorstandsmitglieds übernehmen darf. Unzulässig ist dagegen die Uebertragung einer Beamtenstellung an ein Mitglied des Aufsichtsrats. Die in den Vorstand entsendeten Aufsichtsratsmitglieder unterliegen dem Konkurrenzverbot, § 34 Nr. 2, nicht (§ 248 Abs. 2 Satz 2 HGB.): sie sind zum Handelsregister einzutragen (§ 32 Abs. 1). Im Verhältnis zu Dritten (§ 34 Anm. 2) kommt der Vertreter des Vorstands schlechthin als Vorstandsmitglied in Betracht ohne Rücksicht darauf, ob ein Vertretungsfall vorliegt, und ob die Eintragung stattgefunden hat (RG. **24**, 83). Vor ihrer Entlastung (§ 260 HGB.) können Vorstandsmitglieder nicht in den Aufsichtsrat gewählt werden (§ 248 Abs. 3 HGB.).

4 3. Die Tantièmenberechnung unterscheidet sich von der des Vorstands (§ 34 Anm. 7) dadurch, daß von dem Jahresüberschuß auch noch der Gewinnanteil der Garanten vorweg in Abzug kommt; insofern ist § 245 Abs. 1 HGB. durch Nr. 2 unseres Paragraphen ersetzt. Diese Vorschrift hat zwingenden Charakter. Ist die

Tantième in der Satzung festgestellt, so kann sie (ohne Beobachtung der für Aenderung der Satzung gegebenen Vorschriften des § 39) schon mit einfacher Stimmenmehrheit vom obersten Organ herabgesetzt werden (§ 245 HGB.). Auf Bewilligung eines Fixums bezieht sich diese Vorschrift nicht. Ist für den Aufsichtsrat weder in der Satzung noch durch einen Beschluß des obersten Organs eine Vergütung vorgesehen, so besteht nur ein Anspruch auf Ersatz der Barauslagen. Dem ersten Aufsichtsrat darf nicht einmal durch Satzung, sondern nur durch Beschluß des obersten Organs eine Vergütung (Tantième oder Fixum) zugesprochen werden. Dieser Beschluß darf erst in der Versammlung des obersten Organs gefaßt werden, mit deren Beendigung die Wahlperiode des ersten Aufsichtsrats abläuft (§ 245 Abs. 3 HGB.; oben Anm. 1). Auszahlungen entgegen diesen Grundsätzen machen den Vorstand haftbar nach § 34 Anm. 9 f. und strafbar nach § 110. Außerdem findet Rückforderung statt (§ 817 BGB.).

4. Der Pflichtenkreis des Aufsichtsrats 5
erstreckt sich auf Ueberwachung der ganzen Geschäftsführung, Einsicht in den Gang der Dinge, Durchsicht der Bücher, Kontrolle von Inventar und Bilanz, Prüfung der der Aufsichtsbehörde und dem obersten Organ vorzulegenden Geschäftsberichte und Darstellungen bis zum Ende der Liquidation (§§ 46 ff.). Berichterstattung an das oberste Organ; alles ganz wie im Aktienrecht (§ 246 HGB.). Der Aufsichtsrat wird selbst wieder von der Aufsichtsbehörde, die in alle Sitzungen einen Vertreter entsenden und selbst Sitzungen anordnen kann, überwacht (§§ 65 ff.; VA. **05**, 43). Nur an diesen, nicht an den Registerrichter, kann der Aufsichtsrat sich unter Anrufung des § 64 Abs. 3 wenden, wenn der Vorstand den Gehorsam versagt. Das Maß der Verantwortlichkeit bemißt sich nach der Sorgfalt, welche ein ordentlicher Geschäftsmann anzuwenden pflegt, wie beim Vorstand

(§ 34 Anm. 9). Ueber die Art und Weise, wie der Aufsichtsrat sein Amt ausübt, siehe Staub § 246 Anm. 14. Es kann hier nur hervorgehoben werden, daß ein gültiger Aufsichtsratsbeschluß nur vorliegt, wenn allen Aufsichtsratsmitgliedern Gelegenheit zur Aeußerung gegeben war (RG. **66**, 371), daß die Aufstellung eines weiteren Kontrollorgans den Aufsichtsrat nicht entlastet, und daß ihm die Beiziehung Sachverständiger nicht verwehrt werden kann. Er meldet mit dem Vorstand den Verein zum Handelsregister an (§ 30) und beruft das oberste Organ, sobald es das Interesse des Vereins erfordert oder die Aufsichtsbehörde es verlangt (§ 246 HGB.; § 65); die Einberufung erfolgt, wenn die Satzung nichts bestimmt, in der Form, in der der Aufsichtsrat Urkunden zu zeichnen hat (VA. **07**, 27 Nr. 59). Ein Verstoß gegen die Einberufungspflicht schadet nicht, wenn das oberste Organ beim Angehen das Geschäft nachweislich genehmigt hätte (RG. **35**, 83; § 665 BGB.). Der Aufsichtsrat genehmigt die Anstellung eines Prokuristen, wenn Satzung oder oberstes Organ nicht anders verfügt (§ 238 HGB.); er vertritt den Verein bei Vornahme von Rechtsgeschäften mit dem Vorstand (§ 34 Anm. 3) und bei Anfechtungsklagen des Vorstands nach §§ 272 Abs. 1, 271 HGB.; er kann sogar den Vorstand suspendieren (§ 34 Anm. 7); er führt die vom obersten Organ beschlossenen Rechtsstreite gegen die Vorstandsmitglieder (§ 247 Abs. 1 HGB.; § 34 Anm. 10). Selbst entgegen einem Beschluß des obersten Organs kann der Aufsichtsrat, wenn seine eigene Verantwortlichkeit in Frage kommt, auf seine eigenen Kosten die Mitglieder des Vorstands verklagen (§ 247 Abs. 2 HGB.). In der Liquidation kann er die Aufstellung von Liquidatoren nach § 295 HGB. beantragen (§ 47).

6 5. Die Haftung der Aufsichtsratsmitglieder wegen Verletzung der nötigen Sorgfalt ist dieselbe wie die der Vorstandsmitglieder im Verhältnis zum Verein (§ 34 Anm. 9 u. 10), zu den Vereinsgläubigern

(§ 34 Anm. 11), zu den einzelnen Mitgliedern (§ 34 Anm. 12) und zu Dritten (§ 34 Anm. 13); insbesondere sind sie, ähnlich wie im Fall des § 249 Abs. 3 HGB., ersatzpflichtig, wenn sie wissentlich eine dem § 34 Nr. 2 widersprechende Handlung geduldet haben; dies bestimmt Nr. 3 unseres Paragraphen ausdrücklich (hierüber § 34 Anm. 9). Schutzgesetze sind diese Vorschriften aber nicht, so daß etwa jeder Dritte nach § 823 Abs. 2 BGB. die Mitglieder des Aufsichtsrats haftbar machen könnte (vgl. RG. **73**, 30 u. 392); sie müssen sich die Einrede der Arglist gefallen lassen, wenn sie mit dem Verein Geschäfte machen, aus denen sie selbst, wenn der Verein die Geschäfte erfüllen müßte, wegen Verletzung der Aufsichtspflicht haftbar gemacht werden könnten. Durch wissentlich falsche Angaben und absichtliche Benachteiligung des Vereins, teilweise auch durch wissentliches Dulden gewisser Ungehörigkeiten, setzen sich die Mitglieder des Aufsichtsrats der strafrechtlichen Verfolgung aus (§§ 106, 110, 111, 113). Mit Rücksicht auf seine Verantwortlichkeit ist dem Aufsichtsrat eine Anfechtung von Beschlüssen des obersten Organs eingeräumt (§§ 271 Abs. 4, 272, 273 HGB.).

II. **Bei kleineren Vereinen** ist der Aufsichtsrat kein 7
notwendiges Organ. Hier findet § 35 überhaupt keine Anwendung (hierüber § 53 Anm. 13). Uebergangsbestimmungen für rechtsfähige Vereine § 101, für nicht rechtsfähige Vereine § 103, für Genossenschaften § 102.

§ 36. **Auf das oberste Organ finden die für die Generalversammlung der Aktionäre gegebenen Vorschriften der §§ 250, 251, des § 252 Abs. 3, 4, der §§ 253, 256 bis 261, 264, 265, des § 266 Abs. 1, des § 267 Abs. 1, 2, der §§ 268 bis 273 des Handelsgesetzbuchs und, wenn als oberstes Organ die Versammlung der Mitglieder bestellt ist, auch die Vor-**

schriften des § 252 Abs. 2 und der §§ 254, 255, 263 des Handelsgesetzbuchs mit folgenden Maßgaben entsprechende Anwendung:

1. soweit nach diesen Vorschriften einer Minderheit von Aktionären, deren Anteile den zehnten oder den zwanzigsten Teil des Grundkapitals erreichen, gewisse Rechte gewährt sind, hat die Satzung die erforderliche Minderheit der Mitglieder des obersten Organs zu bestimmen;
2. die bezeichneten Vorschriften bleiben insoweit außer Anwendung, als sie eine Hinterlegung von Aktien oder die Angabe des Betrags der vertretenen Aktien vorschreiben;
3. die Aufsichtsbehörde kann bei der Erlaubnis zum Geschäftsbetriebe gestatten, daß die Kosten der Errichtung und die im ersten Geschäftsjahr entstehenden Kosten der Einrichtung, soweit sie weder die Hälfte des gesamten Gründungsfonds noch den bar eingezahlten Teil übersteigen, auf mehrere, höchstens jedoch auf die ersten fünf Geschäftsjahre verteilt werden und der jedesmal verbleibende Rest als Aktivum in die Bilanz eingestellt wird.

Die Satzung hat die Form und, soweit nicht nach Abs. 1 die §§ 254, 255 des Handelsgesetzbuchs zur entsprechenden Anwendung gelangen, auch die Voraussetzungen und die Frist für die Berufung des obersten Organs zu bestimmen.

I. **Das oberste Organ** gehört zu den notwendigen 1
Verfassungsbestandteilen. Uebergangsbestimmungen §§ 101 bis 103. Zwei Systeme sind es, welche das Gesetz (§ 29 Anm. 2) zur Auswahl stellt. Das eine System adoptiert die der Generalversammlung der Aktionäre nachgebildete Vollversammlung und paßt sich in § 36 dem Vorbild der §§ 250—273 HGB. an. Das andere System ist das der indirekten Vertretung durch einen oder mehrere Ausschüsse, so daß den Vereinsmitgliedern jede unmittelbare persönliche Einwirkung auf das Zustandekommen des Vereinswillens entzogen wird. Als nächste Folge dieses Systems kommen ausschließlich den Mitgliedern der Ausschüsse die sonst den Aktionären gewährten Rechte, z. B. Anfechtungsrecht, Stimmrecht usw., zu; denn diese Rechte setzen das Recht jedes Aktionärs zur Teilnahme an der Generalversammlung voraus und lassen sich daher nur auf die Personen übertragen, denen nach der Verfassung das Recht auf Teilnahme an den Beratungen des obersten Organs zusteht (Begr.). Das Gesetz geht aber noch einen Schritt weiter, indem bei beiden Systemen durch Ausschluß des Abs. 1 des § 252 HGB. die Unentziehbarkeit des Stimmrechts (RG. **38**, 99) nicht anerkannt und durch Uebertragung des Abs. 4 des § 252 HGB. auf beide Systeme ausgesprochen wird, daß die Bedingungen und die Form der Ausübung des Stimmrechts, je nach der Verfassung, welche das oberste Organ erhält, durch die Satzung in der verschiedenartigsten Weise geregelt werden kann. Meist machen die Satzungen das Stimmrecht für die Vollversammlung von einem Mindestbetrag der V.-summe, oder der Beteiligung an der Prämienreserve usw. abhängig. Der Schutz gegen Mißbrauch liegt in der Staatsaufsicht (§§ 4, 7, 13, 39, 73 Abs. 1 Nr. 1 und 2). Ueber die Ausübung des Stimmrechts Anm. 7 und 8 unten. Die Form der Berufung des obersten Organs überlassen beide Systeme der Satzung. Hinsichtlich der Voraus-

setzungen und Frist dieser Berufung gehen beide Systeme wieder auseinander, § 36 Abs. 2; unten Anm. 2. In den Beschlüssen des obersten Organs verwirklicht sich der letzte Wille des Vereins; nur durch Teilnahme an dessen Beschlußfassung kann das Mitglied seine Mitverwaltungsrechte ausüben. Das oberste Organ beschließt (abgesehen von Sonderrechten § 21 Anm. 2) bindend, soweit nicht anderen Organen durch die Satzung eine gewisse Zuständigkeit eingeräumt ist; es verhält sich insofern alles wie im Aktienrecht (§ 250 HGB.); das oberste Organ übt die oberste Kontrolle, muß den Aufsichtsrat wählen, widerruft die Wahl einzelner Aufsichtsratsmitglieder (§ 35 Anm. 1) und die Bestellung von Liquidatoren (§ 47). Das oberste Organ wählt sodann, soweit die Satzung Wahlen, z. B. von Revisoren (Anm. 17 unten) und Liquidatoren (§ 47), zu seiner Aufgabe macht. Aufsichtsrat und Vorstand haben dem obersten Organ als letzter Instanz Berichte zu erstatten; Täuschungen des obersten Organs ziehen Strafe nach sich (§ 111). Das oberste Organ beschließt über Satzungsänderung (§ 39), über Vereinsauflösung (§ 43) und Fusion (§§ 14, 44) sowie darüber, ob Ansprüche gegen Vorstands- oder Aufsichtsratsmitglieder geltend zu machen sind (§§ 268, 269 HGB., §§ 34, 35); sodann unterliegt seiner Zuständigkeit die Genehmigung der Jahresbilanz, der Ueberschußverteilung sowie die Entlastung von Vorstand und Aufsichtsrat (§ 260 Abs. 1 HGB., § 38) und ferner alles, was die Satzung ihm außerdem zuweist.

2 1. Die Berufung des obersten Organs geschieht zu ordentlichen und außerordentlichen Versammlungen. Ordentliche Versammlungen sind die zur Genehmigung von Bilanz, Dividendenverteilung und Entlastung des Vorstands und Aufsichtsrats (§ 260 HGB., § 38) sowie die sonst in den Satzungen vorgesehenen regelmäßigen Versammlungen. Außerordentliche Versammlungen werden in besonderen vom Gesetz oder der Satzung vor-

gesehenen Fällen und überhaupt dann berufen, wenn es das Interesse des Vereins (Staub § 253 Anm. 4) oder die Aufsichtsbehörde (§ 65) verlangt. Die Einberufung liegt regelmäßig dem Vorstand ob, soweit nicht das Gesetz (z. B. dem Aufsichtsrat, § 246 Abs. 2 HGB., oder der Aufsichtsbehörde, § 65) oder die Satzung anderen Personen dieses Recht verleiht (§ 253 HGB.). Bei dem System der Mitgliederversammlung kann eine Mitgliederminderheit die Einberufung der Vollversammlung schriftlich unter Angabe des Zwecks und der Gründe beim Vorstand oder Aufsichtsrat in Antrag bringen. Die Satzung kann dieses Recht nicht entziehen; sie muß vielmehr bestimmen, wie diese Minderheit auszusehen hat (z. B. nach Zahl der Mitglieder, Mindestmaß der Beteiligung an der Prämienreserve oder der Gesamtv.-summe oder nach beiden Maßstäben); dies schreibt Abs. 1 Nr. 1 unseres Paragraphen ausdrücklich vor und ändert damit den § 254 Abs. 1 HGB. ab. Versagt Vorstand und Aufsichtsrat, so kann dieser Minderheit nach formell und sachlich erschöpfender Würdigung das Amtsgericht des Vereinssitzes (§§ 18, 30) die Ermächtigung zur Einberufung erteilen (§§ 11, 16 FGG.). Sofortige Beschwerde an die K. f. HS. (§§ 22, 30 FGG., § 16 Anm. 2) und weitere Beschwerde nach §§ 145, 146 FGG. (Staub § 254 Anm. 17 bis 26). Ueber die Antragskosten entscheidet das Amtsgericht; über die Kosten der Versammlung aber diese selbst. Das Amtsgericht kann in seiner Verfügung über die Führung des Vorsitzes Bestimmung treffen. Auf die Ermächtigung des Amtsgerichts muß bei der Einberufung Bezug genommen werden (§ 254 Abs. 3 HGB.). Mitgliedschaft des Richters allein schließt ihn nicht aus (§ 6 FGG.). Einen einfacheren Weg zum Ziel zeigt § 65 Abs. 3, durch den die Aufsichtsbehörde sich zum Einschreiten angeregt fühlen kann. Das System der indirekten Vertretung ist nicht zur Gewährung eines solchen Minderheitsrechts genötigt. Die Voraussetzungen zur

Einberufung einer Versammlung dieses Systems sind durch § 36 Abs. 2 völlig der Satzung anheimgegeben.

3 2. Der Ort der Tagung wird im Zweifel durch den Vereinssitz bestimmt. Zweckmäßigkeitsrücksichten ändern an diesem Grundsatz nichts. Ausschüsse treten an dem Ort zusammen, den die Satzung bezeichnet.

4 3. Die Form der Berufung ist in der Satzung zu bestimmen (§ 33 Nr. 5). Gehörige Bekanntmachung verbindet auch die im Ausland wohnenden Mitglieder (RG. **34**, 114). Die Bekanntmachung muß den Zweck der Berufung deutlich (RG. **17**, 172) enthalten (§ 256 Abs. 1 Satz 1 HGB.). Sobald die Bekanntmachung erfolgt ist, müssen jedem Mitglied auf Verlangen die Berufung, die Tagesordnung und nach der Beschlußfassung die vom obersten Organ gefaßten Beschlüsse auf Vereinskosten durch eingeschriebenen Brief mitgeteilt werden (§ 257 HGB., § 36 Abs. 1 Nr. 2). Von einer Hinterlegung, wie sie § 257 HGB. vorschreibt, kann hier keine Rede sein (§ 36 Abs. 1 Nr. 2). Die Tagesordnung muß mindestens eine Woche, bei qualifizierten Beschlüssen des obersten Organs (§§ 39 Abs. 4, 43, 44), mindestens 2 Wochen vor dem Tag der Versammlung ordnungsmäßig nach §§ 33 Nr. 5, 28 angekündigt sein, indem sonst bei Vermeiden der Anfechtung nach § 271 HGB. nur Beratungen gepflogen und nur Beschluß auf Einrufung einer außerordentlichen Versammlung gefaßt werden darf (§ 256 Abs. 2 u. 3 HGB.; § 36 Abs. 1 Nr. 2). Jedem Mitglied ist auf Verlangen eine Abschrift aller eingelaufenen Anträge kostenlos zu erteilen (§ 256 Abs. 1 HGB.). Diese Vorschriften sind zwingender Natur, sowohl für das System der Mitgliederversammlung als für das indirekter Vertretung. Letzterem System ist die Berufungspflicht freigegeben (§ 36 letzter Abs.; vgl. § 35 Anm. 5), soweit nicht § 256 Abs. 2 Satz 1 HGB. mittelbar eine Frist setzt. Satz 3 des § 256 Abs. 2 HGB., der von Hinterlegung handelt, fällt überhaupt weg

(§ 36 Abs. 1 Nr. 2). Für das System der Mitgliederversammlung besteht dagegen die weitere zwingende Bestimmung, daß die Berufung der Mitgliederversammlung bei Vermeiden der Anfechtung nach § 271 HGB. mindestens 2 Wochen vor dem Versammlungstag nach §§ 33 Nr. 3, 28 und zwar so erfolgt sein muß, daß der Tag der Berufung und der Versammlung nicht mitzählen (§ 255 Abs. 1 HGB.). Der Abs. 2 des § 255 HGB., der von einer hier nicht möglichen Hinterlegung redet, bleibt außer Anwendung (§ 36 Abs. 1 Nr. 2); Anmeldungen zur Teilnahme können daher unter allen Umständen noch bis zum dritten Tag vor der Mitgliederversammlung erfolgen (§ 255 Abs. 3 HGB.). Gerechnet wird von Datum zu Datum (§ 188 Abs. 2 BGB.). Endlich bleibt bei diesem System das Recht einer durch die Satzung zu bestimmenden Minderheit gewahrt, Gegenstände auf die Tagesordnung zwangsweise unter Anrufung des Amtsgerichts setzen zu lassen. Dieses Recht wird auf dieselbe Weise verwirklicht wie dasjenige der in Anm. 2 besprochenen Minderheit und hat dieselbe Natur (§ 254 Abs. 3 HGB., § 36 Abs. 1 Nr. 1). Beruft die Aufsichtsbehörde die Versammlung nach § 65 Abs. 3, so hält sie sich an ihre Vorschriften, §§ 114, 80.

4. Die Eröffnung der Sitzung des obersten Organs ist bei beiden Systemen dieselbe. Soweit § 65 5
Abs. 3 nicht zutrifft, eröffnet der Vorsitzende des Aufsichtsrats. Er gibt die Leitung an den alsdann nach § 251 Abs. 2 HGB. zu wählenden Vorsitzenden ab. Schon vor dieser Wahl ist die Legitimation der Erschienenen unter Mitwirkung des nach § 259 HGB. zuzuziehenden Protokollführers zu prüfen, weil dieser die Richtigkeit des Protokollinhalts zu vertreten hat. Die Satzungen lassen es, da an eine Hinterlegung nicht zu denken ist (§ 36 Abs. 1 Nr. 2), meist an Vorlage der Polize und der letzten Prämienquittung für die Legitimation genügen. Hierauf folgt die Aufstellung und Offenlegung der Präsenzliste, in welche nur Name und Wohnort der Erschienenen und

deren Vertreter ohne Angabe einer V.summe u. dgl. eingetragen wird (§ 258 Satz 1 HGB., § 36 Abs. 1 Nr. 2). Diese Liste hat der nach ihrer Aufstellung gewählte Vorsitzende vor Versammlungsschluß zum Zeichen der Richtigkeit zu unterzeichnen und als Anlage zum Protokoll zu geben (§ 259 Abs. 3 HGB.).

6 5. Das Versammlungsprotokoll ist nach § 259 HGB. ein notarielles oder gerichtliches; da es sich nicht um Beurkundung eines Rechtsgeschäfts, sondern von tatsächlichen Vorgängen handelt (RG. **25**, 195), kann das FGG. keine Anwendung finden; allein die Landesgesetze haben sich dem FGG. in allen wesentlichen Punkten genähert (s. Staub § 259 Anm. 2 f.). Der Notar darf weder Vorstands- noch Aufsichtsratsmitglied sein. Die Vereinsmitgliedschaft allein macht den Notar oder Richter noch nicht unfähig, solange es sich nicht um ein unmittelbares Interesse handelt (vgl. RG. **8**, 412). Das Protokoll ist nur von der Urkundsperson zu unterzeichnen. Anlagen des Protokolls bilden die Berufungsbelege (Anm. 4) und die Präsenzliste (Anm. 5). Die Vollmachten behält der Verein (§ 252 Abs. 2 HGB.). Unverzüglich nach Schluß der Versammlung hat der Vorstand öffentlich beglaubigte Abschrift des Protokolls bei dem Registergericht der Haupt- und der Zweigniederlassung einzureichen (§ 13 HGB.; Jahrb. KG. **33** A, 138 = VA. **07** Anh. 11); der Registerrichter erzwingt dies nach § 14 HGB., §§ 132 ff. FGG. In dem Protokoll muß Ort und Tag der Verhandlung, der Name der Urkundsperson sowie Art und Ergebnis der Beschlußfassung angegeben sein. Ein nicht in das Protokoll aufgenommener Beschluß äußert keinerlei Wirkung; jedoch ist der Beweis irrtümlicher Auslassung nicht ausgeschlossen (Bolze **7**, Nr. 1051—54). Das Protokoll hat ein wahrheitsgemäßes Bild der Verhandlungen abzugeben und muß sämtliche Vorgänge und Einwendungen, auch wenn sie nicht gerade Widersprüche nach § 271 HGB. sind, enthalten. Ob das Protokoll vorzulesen ist, entscheiden die Landes-

gesetze. Jedem Mitglied des obersten Organs müssen auf sein Verlangen die Beschlüsse auf Vereinskosten mitgeteilt werden (oben Anm. 4).

6. Die Beschlußfassung (§ 250 HGB.), vollzieht sich unter der Leitung des Vorsitzenden; er erteilt und entzieht das Wort. Allzustarke Einschränkung der Redezeit bei verwickelter Sachlage steht ungebührlicher Verweigerung des Gehörs gleich und gibt den in der Folge gefaßten Beschluß der Anfechtung nach § 271 HGB. preis (RG. **36**, 25; **3**, 126). Hinsichtlich der Wahlen haben die Satzungen völlig freie Hand; so können sie z. B. relative Mehrheit, das Los usw. entscheiden lassen (§ 251 Abs. 2 HGB.); ausgenommen bei Berufung der Versammlung durch die Aufsichtsbehörde, insofern sie den Vorsitz führt (§ 65 Abs. 3). Alle übrigen Beschlüsse werden, wenn nicht das Gesetz (z. B. §§ 39, 43) oder die Satzung noch strengere Vorschriften enthält, mit einfacher (absoluter) Mehrheit gefaßt. (Besondere Minderheiten s. unten Anm. 10; Dreiviertelmehrheit §§ 39, 41 Abs. 1 u. 3, 43, 44.) Zur einfachen Mehrheit gehört, daß eine Stimme über die Hälfte der überhaupt abgegebenen Stimmen für den Antrag lautet. Die der Abstimmung sich enthaltenden Mitglieder zählen nicht mit (§ 251 Abs. 1 HGB.). Ist nur ein Mitglied erschienen, so kann dieses Mitglied alle Beschlüsse allein fassen (RG. **34**, 116). Sonderrechte, § 21 Anm. 2 ff., können durch Mehrheitsbeschlüsse nicht beeinträchtigt werden. **7**

7. Das Stimmrecht ist völlig der Ordnung durch Satzung überlassen (oben Anm. 1) und bei dem System der indirekten Vertretung auch die Frage nach der Vertretung durch Bevollmächtigte (§ 36 Abs. 1 erster Halbsatz). Dagegen ist es für das System der Mitgliederversammlung unabänderliche Vorschrift, daß einfache schriftliche Form der Vollmacht (§ 126 BGB.) nicht beanstandet, also Be- **8**

glaubigung nicht gefordert werden darf (§ 252 Abs. 2 HGB.; § 36 Abs. 1 zweiter Halbsatz). Nichtzulassung eines darnach gehörig Bevollmächtigten setzt sämtliche Beschlüsse der Anfechtung nach § 271 HGB. aus (RG. **40**, 85). Gesetzliche Vertreter bedürfen nicht gerade schriftlicher Vollmacht. Ueber alles dies Staub § 252 Anm. 15 ff.; über die Form der Abstimmung ebenda Anm. 28, wo hinzuzufügen ist, daß die Abstimmung und das Stimmrecht nach Gruppen geordnet sein kann, wie dies bei dem Beamtenverein des Deutschen Bank- und Bankiergewerbes und beim Beamtenfürsorgeverein der Deutschen Bank eingeführt ist (VA. **10**, 105); über die Legitimation oben Anm. 5. Namentliche Abstimmung ist nicht vorgeschrieben; bei großen Versammlungen ist sie nicht durchführbar. Der allgemein gültige Grundsatz des § 252 Abs. 3, HGB. §§ 34, 1874 Abs. 3 BGB., daß kein Stimmrecht ausüben darf, wer durch die Beschlußfassung entlastet oder von einer Verpflichtung befreit oder mit welchem ein Rechtsgeschäft vorgenommen oder gegen den ein Rechtsstreit eingeleitet oder beendigt werden soll, findet auf beide Systeme Anwendung. Keine Interessenkollision, wenn der Beschluß zum Besten des Vereins gereicht hat, (RG. **4**, 305). Ueber die Stimmenthaltungsvorschriften s. Staub § 252 Anm. 24, wobei zu bemerken ist, daß das Mitglied sich selbst zum Vorstands- oder Aufsichtsratsmitglied wählen, auch über die ihm zu gewährenden Bezüge mitabstimmen darf; denn es handelt sich hier nicht um Vornahme eines Rechtsgeschäfts, sondern um Ausübung des Mitgliedsrecht als Mitverwaltungsrecht; das Stimmrecht darf nach den Regeln von Treu und Glauben im Gesellschaftsrecht nur nicht zur Erlangung ungebührlicher Vorteile mißbraucht werden. Von einer Hinterlegung darf das Stimmrecht nicht abhängig gemacht werden (§ 255 Abs. 2 HGB.; § 36 Abs. 1 Nr. 2). Stimmenkauf gibt ein Anfechtungsrecht nach § 271 HGB. (Wörner LZ. **09**, 50).

8. Das Anfechtungsrecht der §§ 271 ff. HGB. 9
hat wegen der ausgedehnten Befugnisse der Aufsichtsbehörde in den §§ 64 ff., 73 ff. eine weit geringere Bedeutung als innerhalb des Aktienrechts. Das Recht, Beschlüsse des obersten Organs mittels Klage wegen Verletzung des Gesetzes (z. B. des § 21 Abs. 1 und der übrigen von Staub § 271 Anm. 3 gegebenen Beispiele) oder der Satzung als ungültig anzufechten, steht nicht jedem Vereinsmitglied, sondern nur jedem Mitglied des obersten Organs zu (Anm. 1 oben und § 29 Anm. 2), und auch diesem nur im Fall seines Erscheinens und nur dann zu, sofern von ihm gegen den einzelnen Beschluß Widerspruch zu Protokoll und zwar vor Schluß der Versammlung erklärt hat. Dabei ist zu beachten, daß beim System indirekter Vertretung die meisten Mitglieder kein Recht zum Erscheinen in der Versammlung haben, also auch keinen Widerspruch zu Protokoll einlegen können, also auch kein Anfechtungsrecht haben. Daß der Widerspruch auch zu Protokoll genommen worden, ist nicht nötig. Ein allgemeiner Protest gegen alle zu fassenden Beschlüsse ist nur dann ausreichend, wenn er sich gegen die gehörige Berufung oder gegen die Verhinderung sachgemäßer Erörterung richtet (RG. **30**, 51; **36**, 25). Der Vorstand hat ein selbständiges Klagerecht, das nicht an diese Form des Widerspruchs geknüpft ist (§ 271 Abs. 4 HGB.). Außerdem haben die einzelnen Mitglieder des Vorstandes und des Aufsichtsrats ein Anfechtungsrecht (§ 271 Abs. 4 HGB.; § 34 Anm. 9; § 35 Anm. 6). Die Klage kann auf andere Gründe als die des Widerspruchs gestützt werden (RG. **20**, 140). Der Widerspruch wird dadurch hinfällig, daß der Widersprechende in schlüssiger Weise irgendwie dem bekämpften Beschluß zugestimmt hat (RG. **30**, 52, **33**, 94; vgl. § 43 Abs. 2 Satz 2). Eine solche Zustimmung liegt nicht darin, daß die Bilanz genehmigt und nur der Dividendenverteilung Widerspruch entgegengesetzt worden ist (RG. **32**, 161). Dem nicht erschienenen Mitglied des

obersten Organs ist der Weg der Anfechtung eröffnet, wenn er unberechtigterweise zur Versammlung nicht zugelassen worden (oben Anm. 8), oder die Anfechtung darauf sich gründet, daß die Berufung der Versammlung oder die Ankündigung der Tagesordnung nicht gehörig erfolgt sei (oben Anm. 2—4; RG. **34**, 114; **44**, 8). Ist aber die Möglichkeit ausgeschlossen, daß durch Unzulässigkeiten bei der Abstimmung das Ergebnis beeinflußt worden (RG. **39**, 22), oder waren etwaige sonstige Formverstöße unerheblich (RG. **34**, 113; Bolze **23**, Nr. 583), so ist die Anfechtung ausgeschlossen (Staub § 271 Anm. 4). Die Satzung muß vorsorgen, welche Minderheit erforderlich sein muß, wenn die Anfechtung auf die Unzulässigkeit beschlossener Abschreibungen und Rücklagen (§ 34 Anm. 7; § 35 Anm. 4; § 37) gestützt werden soll (§ 271 Abs. 2 Satz 2 HGB.; § 36 Abs. 1 Nr. 1; RG. **40**, 33). Die Klage muß innerhalb eines Monats (der Anfangstag bleibt außer Ansatz) sowohl dem Vorstand als dem Aufsichtsrat als Vertretungsorganen, und wenn der Vorstand klagt, dem Aufsichtsrat, nicht als Partei, sondern als Vereinsorgan zugestellt sein (§ 271 Abs. 2; § 272 Abs. 1 HGB.; RG. **33**, 42; JW. **95**, 602; **98**, 120). Zuständig ist das Landgericht des Vereinssitzes (§ 18) und zwar die K. f. HS. (§ 16 Anm. 1; §§ 101 Nr. 3 a, 202 GVG.). Der Streitwert bemißt sich nach dem Interesse der Kläger (RG. **24**, 427). Mehrere Anfechtungskläger bilden eine notwendige Streitgenossenschaft wie bei § 976 ZPO.; deshalb sind alle Anfechtungsklagen zu verbinden (§ 272 Abs. 2 HGB.). Nur die Mitglieder des obersten Organs (oben Anm. 1), können als Nebenintervenienten auftreten (§ 66 ZPO.). Auf Verlangen des Vereins können die Anfechtungskläger zur Sicherheitsleistung angehalten werden (Staub § 272 Anm. 10; RG. **24**, 429). Die Erhebung der Klage mit Termin ist vom Vorstand unverzüglich in den Blättern des Vereins (§ 28) bekannt zu machen. Nicht der Registerrichter, sondern nur die Aufsichtsbehörde nach § 64 kann die Vornahme der Bekanntmachung erzwingen, weil Abs. 1 des § 319 HGB. nicht übertragen ist, also § 132 FGG. nicht gilt (§ 30 Anm. 1). Wird der Beschluß für ungültig erklärt, so wirkt er für und gegen alle Vereinsmitglieder. Deshalb ist das Urteil, wenn der Beschluß eingetragen war (z. B. §§ 40, 45, 49), durch den nach § 14 HGB., § 132 FGG., zu zwingenden Vorstand zur Eintragung zum Handelsregister anzumelden und, in gleicher Weise wie der Beschluß, zu veröffentlichen. Die Anfechtungskläger, welche sich der rechtswidrigen Folgen ihres Vorgehens bewußt sind, handeln böslich (RG. **1**, 22) und machen sich samtverbindlich für den Schaden haftbar (§ 273 Abs. 2 HGB.). Eine Anfechtung von Beschlüssen des obersten Organs ist nur insoweit nötig, als es sich um dispositive, dem Verfügungsrecht des obersten Organs unterliegende Gegenstände handelt, nicht aber bei Beschlüssen, die gegen öffentliches oder zwingendes Recht (vgl. Staub § 261 Anm. 3) verstoßen oder unentziehbare Sonderrechte der Mitglieder (§ 21 Anm. 2 ff.) betreffen. In solchen Fällen ist das Mitglied des obersten Organs (Anm. 1 oben) nicht auf die Anfechtungsklage angewiesen; es kann vielmehr der Anspruch von ihm gegen den Verein ohne Berücksichtigung des entgegenstehenden Beschlusses des obersten Organs verfolgt werden (RG. **37**, 65; **72**, 37).

9. Die Minderheitsrechte sind im Aktienrecht vom Besitz bald des zehnten bald des zwanzigsten **10**
Teils des Grundkapitals abhängig (§§ 271 Abs. 3 Satz 2; 264 Abs. 1; 268 Abs. 1 HGB.). Nach § 36 Abs. 1 Nr. 1 sind diese Bestimmungen hierher in der Weise übertragen, daß die Satzung bestimmen muß (nicht ob solche Minderheitsrechte bewilligt werden, sondern), nach welchem Maßstab sich diese Minderheit bestimmt. Dabei sind aber die Minderheitsrechte auf Berufung der Vollversammlung und Beeinflussung der Tagesordnung, welche oben Anm. 2 bis 4 besprochen worden, nur dem System der Mitglieder-

versammlung eigen. Beiden Systemen (Anm. 1 und § 29 Anm. 2) gemeinsame Minderheitsrechte sind das in Anm. 9 erörterte Anfechtungsrecht wegen übermäßiger und zu geringer Abschreibungen und Rücklagen (§§ 271 Abs. 3, 261; RG. **72**, 33) HGB., das in Anm. 20 erörterte Recht auf Vertagung wegen Bemängelung von Bilanzansätzen (§ 264 HGB.); nicht aber das Recht auf Aufstellung von Revisoren, da § 36 Abs. 1 die Abs. 2 ff. des § 266 HGB. ausschließt (unten Anm. 21), ferner das Recht auf Haftklagen gegen Gründer, Vorstands- und Aufsichtsratsmitglieder (§§ 268—270 HGB.). Diese Schadensersatzklagen sind schon zu erheben, wenn eine gewisse Minderheit es verlangt, und dürfen durch Vergleich oder Verzicht nur erledigt werden, wenn nur noch eine gewisse Minderheit sich widersetzt. Wie diese Minderheiten, welche die Klageerhebung erleichtern und Verzichte oder Vergleiche erschweren, beschaffen sein müssen, hat die Satzung zu bestimmen (hierüber oben Anm. 2; § 36 Abs. 1 Nr. 1). Es kann diese Minderheit besondere Vertreter wählen oder nach §§ 145, 146 FGG. durch das Amtsgericht zu bestellende besondere Vertreter bezeichnen (sofortige Beschwerde an die K. f. HS., §§ 22, 30 FGG., § 16 Anm. 1); es muß aber der Aufsichtsrat die Vertretung übernehmen, wenn der Vorstand verfolgt werden soll und die Minderheit von Bestellung besonderer oder gerichtlicher Vertreter absieht (oben Anm. 9). Im übrigen ist die Klage ähnlich gestaltet, wie die Anfechtungsklage nach § 271 (vgl. § 269 HGB.), mit dem Unterschied, daß der eine Hinterlegung verlangende Abs. 2 Satz 1 des § 269 HGB. wegfällt (§ 36 Abs. 1 Nr. 2). Endlich gibt es noch ein Recht einer Minderheit auf Bestellung und Abberufung von Liquidatoren (§ 47).

11 II. **Gegenstand der alljährlichen Beschlußfassung des obersten Organs** bei den eintragungspflichtigen VV. a. G. bildet der alljährliche **Rechnungsabschluß**. Er setzt sich zusammen aus der Bilanz, aus der Gewinn- und Verlust-

rechnung nebst Vorschlägen über die Verteilung des Ueberschusses (§ 38) oder Deckung des Ausfalls und aus dem Begleitbericht des Aufsichtsrats. Es sind dies die dem Aktienrecht entnommenen Vorschriften (§ 260 HGB.; § 16). Bilanz, Gewinn- und Verlustrechnung werden vom Vorstand aufgestellt, vom Aufsichtsrat geprüft und mit seinem Begleitbericht dem obersten Organ vorgelegt, damit Entlastung erteilt werde. Die Vorlage hat in den drei ersten Monaten des Geschäftsjahres für das verflossene Geschäftsjahr zu erfolgen; die Satzung kann diese Frist bis auf 6 Monate verlängern (§ 260 Abs. 2 HGB.). Ungehörigkeiten machen Vorstand und Aufsichtsrat zivilrechtlich (§ 34 Anm. 9; § 35 Anm. 6), nach §§ 106, 110, 111, 113 unter Umständen auch strafrechtlich, insbesondere für Bilanzverschleierungen, verantwortlich.

Beim System der Mitgliederversammlung (oben Anm. 1 und § 29 Anm. 1) findet § 263 Abs. 1 u. 2 HGB. entsprechende Anwendung (§ 36 Abs. 1), d. h. der soeben besprochene Rechnungsabschluß muß mindestens 2 Wochen vor dem Tag der Mitgliederversammlung bei Vermeiden der Anfechtung des künftigen Mitgliederbeschlusses nach § 271 HGB. in den Geschäftsräumen des Vereins zur Einsicht der Mitglieder offen liegen; auch muß jedem Mitglied spätestens 2 Wochen vor dem Tag der Mitgliederversammlung auf Kosten des Vereins Abschrift von diesen Schriftstücken erteilt werden (Abs. 3 des § 263 BGB. ist nach § 36 Abs. 1 nicht verwendbar). Dieses Recht kann durch Klage und einstweilige Verfügung erzwungen werden. Ein Recht auf Offenlegung der Mitgliederliste besteht nicht (Wörner LZ. 08, 291). Beim System der indirekten Vertretung sind alle diese die Beschlußfassung des obersten Organs vorbereitenden Maßnahmen der Satzung überlassen. Der Rechnungsabschluß ist bei beiden Systemen mit Jahresbericht der Aufsichtsbehörde vorzulegen; für Rechnungsabschluß und Jahresbericht sind vom AA. bestimmte Vorschriften und Formulare aufgestellt (hierüber § 55); die Aufsichtsbehörde bestimmt über die Veröffentlichung und das Einsichtsrecht der Mitglieder das Nähere (§ 55 Abs. 3). Bei den kleineren Vereinen sind die Verhältnisse überhaupt anders geordnet (§§ 53, 55).

12 1. Die Bilanz besteht aus einer Gegenüberstellung der Vermögensgegenstände, aus denen die Aktiven gebildet werden, und der Einzelposten, aus denen sich die Passiven zusammensetzen. Hierfür bestehen besondere Formulare (über die Einzelheiten s. § 55 Anm. 2). Die Bilanz ist für jeden V.zweig (als solcher gilt die Volksv., VA. **03**, 119) und dann einheitlich für den ganzen Betrieb aufzustellen. Wegen der Gemeinsamkeit mancher Einnahmen und Ausgaben verschiedener V.zweige entstehen Schwierigkeiten (s. unten Anm. 14). Die Bilanz ist in deutscher Sprache unter Bewertung der Aktiven und Passiven nach Maßgabe der §§ 40, 261 HGB. in Reichswährung unter Angabe des angewendeten Umrechnungssatzes derart aufzumachen, daß Vermögen und Schulden auf den Zeitpunkt, für welchen die Aufstellung erfolgt (also auf den Schluß des Geschäftsjahrs) zu bewerten sind (§ 40 HGB.). Am Schlusse der Bilanz muß Gewinn und Verlust ziffermäßig angegeben werden (§ 261 Nr. 6 HGB.). Eine bloße Gegenüberstellung des Gesamtwerts von Aktiven und Passiven mit Saldoziehung genügt nicht. Weil die Entwicklung eines neuen Unternehmens erst nach Ablauf einer gewissen Zeit abgeschlossen erscheint, und es deshalb billig erscheint, daß alle während dieses Entwicklungsstadiums Beigetretenen an den Kosten der Gründung und ersten Einrichtung mittragen, läßt § 36 Abs. 1 Nr. 3, unbeschadet des Charakters dieses Postens als Passivum (vgl. § 261 Nr. 4 HGB.), mit Genehmigung der Aufsichtsbehörde eine Einstellung dieser Kosten als fingiertes Aktivum unter ratenweiser Tilgung zu, soweit diese Kosten eine Deckung im Gründungsfonds finden (§ 22 Anm. 6; vgl. SA. **43** Nr. 282). Der Betrag des

Gründungsfonds und dessen bar einzuzahlender Teil sind daher entsprechend hoch zu bemessen. Aus denselben Gründen ist es auch gerecht, daß die Mitglieder vor Tilgung dieser Kosten keine Dividenden erhalten (§ 38 Abs. 3).

2. Die Gewinn- und Verlustrechnung 13
ist nach Abschluß der Bilanz mit Ausnahme der Sachv., die nicht wieder in Zweige zu teilen ist, für jeden V.zweig getrennt (Unfall- und Haftpflichtv. gelten als ein einziger V.zweig) unter Verantwortlichkeit des Aufsichtsrats (oben Anm. 11) vom Vorstand derart aufzustellen, daß Einnahmen und Ausgaben einander übersichtlich gegenüberstehen. Hierunter muß Gewinn oder Verlust beziffert sein. Aus der Gewinn- und Verlustrechnung muß deutlich hervorgehen, wieviel vom Ueberschuß den Reserven zugeführt, an Aktionäre oder Mitglieder zur Verteilung gebracht, welche Tantième ausgeschüttet, welcher Betrag auf neue Rechnung vorgetragen, und was den Garanten zugewiesen wird. Das AA. hat über die Gewinn- und Verlustrechnung Formulare aufgestellt und Erläuterungen gegeben (§ 55 Anm. 2). Bei verschiedenen V.zweigen desselben VV. a. G. sind viele Einnahmen und Ausgaben gemeinsam, z. B. Verwaltungskosten, Zinsen, Mieten, Kursgewinn und -verlust. Diese Gemeinsamkeit darf kein Hindernis für eine Trennung bilden, wenn dazu eine rechtliche Notwendigkeit besteht (wie beim System der Gewinnbeteiligung der Versicherten; VA. **07**, 124) oder die Satzung die Trennung vorschreibt; als Maßstab für Verteilung der Einnahmen dienen bald die Summen der auf die einzelnen V.zweige entfallenden Reserven oder Rücklagen, bald, wie meist bei der Sachv., die Prämieneinnahme, bald bei Verteilung der Zinsen aus dem Gründungsfonds dessen Bedeutung für die einzelnen V.zweige. Als Maßstab für die Verteilung regelmäßiger gemeinsamer Ausgaben (Verwaltungskosten) wird teils das Verhältnis der Prämieneinnahmen, teils das Verhältnis leicht trennbarer Ausgaben der Spezialbureaus der einzelnen Zweige an-

gewendet; bei außerordentlichen Ausgaben läßt man es auf die Ursache des Verlusts ankommen; Kursverluste verteilt man nach demselben Maßstab wie Kursgewinne (VA. **07**, 124); in den ihm zu machenden Vorlagen gestattet das AA. (VA. **03**, 119; **04**, 98), daß die buchmäßig nicht trennbaren Posten in einer Schlußaufstellung erscheinen (hierüber § 55 Anm. 6). Ergibt sich aber aus den Büchern eine Trennung, so muß dieselbe Trennung auch in der Gewinn- und Verlustrechnung zum Ausdruck kommen. Genaueres über Einnahmen und Ausgaben s. § 55 Anm. 5 u. 6.

14 III. **Die Beschlußfassung des obersten Organs** kann auf Genehmigung des Rechnungsabschlusses mit den angeknüpften Vorschlägen (oben Anm. 16) oder auf Vertagung oder auf Bestellung von Revisoren lauten. Das oberste Organ kann sich aber auch lediglich auf Verweigerung der Genehmigung beschränken.

15 1. Genehmigt das oberste Organ die Bilanz und Verlustrechnung nebst Vorschlägen unter Entlastung von Vorstand und Aufsichtsrat, so ist nunmehr jedes Mitglied durch diesen Beschluß gebunden, wenn nicht der Beschluß gehörig angefochten wird (oben Anm. 9). Dieser Grundsatz gilt für beide Systeme der Mitgliederrechte (§ 29 Anm. 2 und oben Anm. 2). Die Aufsichtsbehörde bindet er nicht; sie kann jederzeit nach § 64 einschreiten und Aufmachung gehöriger Bilanz usw. fordern. Die erteilte Entlastung enthebt Vorstand und Aufsichtsrat gegenüber dem Verein ihrer Verantwortlichkeit (§ 34 Anm. 9, § 35 Anm. 6). Diese Entlastung hat aber eine inhaltlich ordnungsmäßige Vorlage des Jahresabschlusses (oben Anm. 11) zur Voraussetzung, so daß irreführende, auf unrichtigen Unterlagen beruhende Vorlagen die Entlastung nicht herbeiführen (Staub § 260 Anm. 13 ff.), wenn nicht dieser Umstand in der Versammlung zum Gegenstand der Erörterung und Beschlußfassung gemacht worden ist; daß die Mitglieder durch Mitteilung außer-

halb der Versammlung von der Unrichtigkeit der tatsächlichen Behauptungen des Jahresabschlusses Kenntnis erhalten haben, ändert hieran nichts (JW. **04**, 43 Nr. 13). Die genehmigte Bilanz nebst Gewinn- und Verlustrechnung (nicht die Entlastung) ist vom Vorstand in übersichtlicher, wenn auch gekürzter Form, in den Vereinsblättern (§ 28) unverzüglich bekannt zu machen. Diese Bekanntmachung nebst Geschäftsbericht des Vorstands und den Bemerkungen des Aufsichtsrats (oben Anm. 10) ist vom Vorstand zum Handelsregister der Hauptniederlassung einzureichen (§ 265 HGB.). Der Registerrichter zwingt zur Einhaltung dieser Vorschrift nach § 14 HGB. (§ 16 Anm. 2). Außerdem ist bei Lebens-VU. dem AA. Vorlage zu erstatten (näheres § 55 Anm. 7 a. E.).

2. Zur Vertagung der Beschlußfassung genügt einfache Stimmenmehrheit (§ 264 HGB.). Welcher Minderheit ein Vertagungsrecht zusteht, muß in der Satzung (z. B. nach der Zahl der Mitglieder, nach der Prämienreserve, nach der V.summe usw.) bestimmt werden (§ 264 HGB., § 36 Abs. 1 Nr. 1; oben Anm. 10). Darüber, daß die Satzungen eine solche Bestimmung enthalten, wacht die Aufsichtsbehörde. Einer solchen Minderheit muß jedenfalls das Recht zustehen, soweit sie Bilanzansätze bemängelt. Wird in der erneuten Verhandlung über diese Ansätze genügende Aufklärung erteilt, so gibt es nicht eine nochmalige Vertagung auf Verlangen einer gleichen Minderheit. Die Satzung kann weitergehende Minderheitsrechte gewähren. **16**

3. Die Bestellung der Revisoren ist ein bei beiden Systemen (oben Anm. 1) unabänderliches Recht der Mitglieder des obersten Organs. Das oberste Organ kann danach (§ 266 Abs. 1 HGB.) mit einfacher Stimmenmehrheit (oben Anm. 7) Revisoren bestellen; zur Prüfung der Bilanz (d. h. des ganzen Rechnungsabschlusses) oder der Gründungsvorgänge ohne zeitliche Grenze, oder der ganzen Geschäftsführung, nicht ausgenommen die Tätig- **17**

keit von Liquidatoren (vgl. § 47). Die im Aktienrecht vorgesehenen Minderheitsrechte (§ 266 Abs. 2 ff. HGB.) sind nicht hierher übertragen (§ 36 Abs. 1). Daher muß das oberste Organ die Revisoren bestellen, wenn die Satzung nicht einem anderen Organ oder der Aufsichtsbehörde die Bestellung überträgt. Den Revisoren muß der Vorstand volle Einsicht gewähren (§ 267 Abs. 1 HGB.). Ihren Bericht haben die Revisoren unverzüglich zum Handelsregister der Hauptniederlassung einzureichen. Der Vorstand muß diesen Bericht auf die Tagesordnung der nächsten Versammlung des obersten Organs zum Zweck der Beschlußfassung setzen (also nicht nur zur Kenntnisnahme; § 267 Abs. 2 HGB.). Der Abs. 3 des § 267 HGB. ist nicht anwendbar, weil er nur auf den nicht anwendbaren Abs. 2 des § 266 HGB. Bezug hat. Die Anmeldung zum Handelsregister erzwingt der Registerrichter nach § 14 HGB. (§ 16 Abs. 1). Die Befolgung der übrigen Vorschriften überwacht die Aufsichtsbehörde nach § 64.

18 4. Einfache Genehmigungsverweigerung der Bilanz- und Entlastungsvorlage ist höchst unzweckmäßig. Das oberste Organ kann nicht einzelnen Beteiligten die Entlastung bewilligen und andern versagen. Es gibt nur eine Entlastung des Vorstands als Kollegium und eine Entlastung des Aufsichtsrats als Kollegium. Dieser Grundsatz (RG. **55**, 75) ergibt sich aus dem Zusammenwirken der einzelnen Mitglieder eines Kollegiums, das nur als ganzes richtig beurteilt werden kann; mögen dann auch einzelne aus der Haftung gemäß dieser Prüfung ausscheiden. Es bleibt dem Vorstand und Aufsichtsrat nichts übrig, als den Verein auf Entlastung zu verklagen, wenn er die Entlastung lediglich ablehnt. Regelmäßig wird hier die Aufsichtsbehörde eingreifen.

§ 37. Die Satzung hat die Bildung einer Rücklage, die zur Deckung eines aus dem Geschäftsbetriebe sich ergebenden außergewöhnlichen Verlustes

zu dienen hat (Reservefonds), insbesondere die Beträge zu bestimmen, welche hierzu jährlich zurückzulegen sind, und den Mindestbetrag, bis zu dessen Erreichung die Zurücklegung zu erfolgen hat.

Aus den Gründen, aus denen von der Bildung eines Gründungsfonds Abstand genommen werden darf (§ 23), kann die Aufsichtsbehörde auch gestatten, von der Bildung eines Reservefonds abzusehen.

I. **Der gesetzliche Reservefonds** des § 37 ist, wie der 1
Reservefonds des Aktienrechts (§ 262 HGB.), ein zur Deckung außergewöhnlicher Verluste (erhöhte Sterblichkeit bei der Todesfallv., verminderte Sterblichkeit bei der Erlebensv., Sinken des Zinsfußes usw.) dienender Sicherheitsfonds, der von jedem VV. a. G., auch von den kleineren VV. a. G. (§ 53 Anm. 9) angelegt werden muß, nicht zur Verteilung kommt und daher als Passivum zu buchen ist (VA. **02**, 39 II). Die Satzung muß die Bildung einer solchen Rücklage, was in diesen Fonds alljährlich abzuführen ist und der Mindestbetrag, bis zu dessen Erreichung die Zurücklegung zu erfolgen hat, vorsehen, weil nur dadurch das erste Erfordernis geordneter Verwaltung, d. h. gleichbleibende Jahresprämien, gewährleistet sind. Meist sieht die Satzung auch eine Maximalhöhe des Fonds vor. Ueber alles dies bestimmt die Aufsichtsbehörde bei der Zulassung und überwacht den Vollzug. Der Reservefonds wird meist durch die zurückbehaltenen Dividenden der ersten V.jahre, durch einen gewissen Prozentsatz der Ueberschüsse, der Polizegebühren, aus verfallenen aber nicht eingeforderten V.summen, aus Zinsen des Reservefonds und sonstigen Einnahmen gebildet. Der Reservefonds darf nur in Anspruch genommen werden zur Ausgleichung einer Unterbilanz, um in schlechten Jahren die V.summen auszahlen zu

können, ohne Prämien oder Umlagen erhöhen zu müssen (hierüber § 27). Diese Inanspruchnahme darf erst erfolgen, wenn sich aus der Jahresbilanz ein Verlust ergibt (Staub § 262 Anm. 7 f.) und muß dieser Verlust und die Deckungsart in der Bilanz deutlich gemacht werden (§ 36 Anm. 12). Der Reservefonds steht mit dem Gründungsfonds in der in § 22 Anm. 6 dargelegten Beziehung und ist als Passivum zu buchen, obgleich er im Eigentum des VV. a. G. steht und durch Ueberschüsse angesammelt ist. Er ist Passivum insofern, als er der Verteilung unter die Mitglieder entzogen ist. Vermag der VV. a. G. den Reservefonds nicht in vorschriftsmäßiger Höhe herzustellen, so ist der Verein deshalb noch nicht überschuldet; anders beim Prämienreservefonds (§§ 56—63), vor dessen Rückstellung ein Gewinn oder Ueberschuß nicht vorhanden ist (vgl. über diesen Unterschied VA. **06**, 117). Vom Prämienreservefonds unterscheidet sich der gesetzliche Reservefonds auch dadurch, daß wohl bei ersterem, nicht aber bei letzterem, wenn die Satzung nichts bestimmt, eine getrennte Anlegung und Verwaltung bestimmter, den Fonds ausmachender Werte stattfindet. Der Reservefonds ist also nur ein Reservekonto (PrOVG. **45**, 360). Gegen zu hohe oder zu niedrige Dotierung des Reservefonds steht jedem Mitglied die Anfechtung zu (§ 36 Anm. 9); jedoch muß der Anfechtende beweisen, daß das oberste Organ böswillig oder offenbar irrig verfahren ist (§ 36 Anm. 9).

2 Ausnahmsweise kann von Bildung des gesetzlichen Reservefonds abgesehen werden. Diese Ausnahme gilt zunächst den nicht rechtsfähigen VV. a. G. (§ 103); sodann aber auch den VV. a. G. jeder Art, wenn nach dem Ermessen der Aufsichtsbehörde die Voraussetzungen zutreffen, nach denen von Bildung eines Gründungsfonds (§ 23) Abstand genommen werden darf.

3 II. **Die Bildung freier Reserven** neben dem gesetzlichen Reservefonds des § 37 ist den Satzungen freigestellt. Solche Fonds sind aber auch nur Reservekonten, nicht

Fonds in der eigentlichen Bedeutung des Wortes (oben Anm. 1). Solche Reservekonten können nur auf Grund von Satzungsbestimmungen, nicht auf einen Beschluß des obersten Organs, gebildet werden, weil der Bilanzüberschuß, von Ueberträgen abgesehen, zur Verteilung kommen muß (§ 38). Dieser Grundsatz ändert sich nicht dadurch, daß die Bildung weiterer Reservekonten ethisch oder sozial, z. B. zur Unterstützung Angestellter, geboten oder in Aussicht besonderer Verluste zweckmäßig erscheint (RG. **40**, 35). Beschließt das oberste Organ trotzdem die Bildung einer solchen Reserve, so bedarf der Beschluß der Anfechtung (§ 36 Anm. 9), sonst bindet er die Vereinsmitglieder. Solche Reserven pflegen zu verschiedenen Zwecken in den Satzungen vorgesehen zu sein (vgl. Staub § 262 Anm. 27ff.).

1. Der Sicherheits- oder Sparfonds, welcher neben dem gesetzlichen Reservefonds als eine zweite Reserve für außergewöhnliche Verluste durch Aufnahmegelder oder sonstige Zuschläge zur Prämie gebildet zu werden pflegt, ist eine der häufigsten Einrichtungen. Hat ein Fonds diesen Charakter, so dient er gleichfalls zur Sicherung der V.ansprüche der Mitglieder und zur Erhaltung der Stetigkeit der Prämien und Umlagen. Obgleich es sich um freies Vermögen handelt, läßt das AA. einen Beschluß auf Aufhebung des Fonds nur zu, wenn die Erfüllbarkeit der Ansprüche der Mitglieder auch nach Wegfall dieses Fonds sichergestellt ist (VA. **08**, 153 Nr. 27). 4

2. Die Schadenreserve besteht aus den Beträgen, welche am Schlusse des Vorjahres für bereits eingetretene aber nicht durch Zahlung erledigte V.fälle zurückgestellt sind. Solche Fälle bedürfen zu ihrer Abwicklung oft längerer Zeit; hierher gehören auch feststehende Beträge, die aber noch nicht abgehoben sind (VA. **02**, 27 Ziff. 4 u. 39 V). 5

3. Der Gewinn- oder Dividendenreservefonds wird dargestellt durch den Jahres- 6

überschuß, der an die mit Gewinnanteil Versicherten als Dividende ausbezahlt werden sollte (§ 38), aber satzungsgemäß meist die ersten 5 Jahre nicht ausbezahlt wird (vgl. oben Anm. 1), sondern in das Eigentum des Vereins fällt. Dieser Fonds soll durch Zuzahlungen Schwankungen in den Dividenden verhüten, weil die Höhe des Gewinns jährlich nicht gleich bleiben kann; zugleich erfüllt dieser Fonds nach den Satzungen regelmäßig zugleich die Zwecke eines Sicherheitsfonds. Insofern gilt das über den Sicherheitsfonds oben Anm. 4 Gesagte. (Ueber die Buchung VA. **02**, 27 Ziff. 5 u. 39 VI.)

7 4. Sonstige Reserven sind der aus besonderen Zuschlägen gebildete Kriegsreservefonds, der Kursdifferenzfonds, der Spezialreservefonds für besondere Zwecke, die Unkostenreserve zur Deckung der Verwaltungskosten prämienfreier Polizen, die Reserve für nicht abgehobene Rückkaufswerte, die Reserve für Wiederinkraftsetzen von V. Beide letztere Reserven sind beim Prämienreservefonds aufzubewahren. (Ueber die Buchungen VA. **02**, 27 Ziff. 6 und 39 VII).

§ 38. Ein nach der Bilanz sich ergebender Ueberschuß kommt, soweit er nicht nach der Satzung dem Reservefonds oder anderen Rücklagen zuzuführen oder zur Verteilung von Tantiemen zu verwenden oder auf das nächste Geschäftsjahr zu übertragen ist, zur Verteilung unter die in der Satzung bestimmten Mitglieder.

Die Satzung hat über den Maßstab der Verteilung sowie darüber zu bestimmen, ob die Verteilung nur unter die am Schlusse des Geschäftsjahrs vorhandenen oder auch unter ausgeschiedene Mitglieder erfolgen soll.

Die Verteilung darf erst erfolgen, nachdem die Kosten der Errichtung und ersten Einrichtung (§ 36 Abs. 1 Nr. 3) getilgt sind.

1. **Ein Jahresüberschuß** ist erst vorhanden, wenn 1
sich aus einer gehörig aufgemachten Bilanz (§ 36 Anm. 12) ein solcher ergibt. Dieser Ueberschuß dient zunächst zur Dotierung der verschiedenen Fonds (§ 37 Anm. 1 ff.), zur Zahlung der Zinsen der Garanten (§ 22 Anm. 5), der Tantièmen des Vorstands (§ 34 Anm. 7), des Aufsichtsrats (§ 35 Anm. 4). Der Rest ist unter die Mitglieder zu verteilen, soweit nicht ein gewisser Betrag zum Vortrag auf neue Rechnung bestimmt wird. Daß der Gewinn unter die Mitglieder nach diesen Grundsätzen zu verteilen ist, ergibt sich daraus, daß der Gewinn aus den Beiträgen der Mitglieder erübrigt ist (§§ 24 ff.); Abs. 1 des § 38 erhebt diesen Grundsatz zum Gesetz; fügt jedoch in Abs. 3 die Einschränkung hinzu, daß die Mitglieder an dem Ueberschuß erst teilnehmen dürfen, nachdem die Gründungskosten bezahlt sind (§ 36 Anm. 12). Dieser Gewinnanteil der Mitglieder ist nicht identisch mit den Dividenden, welche den Mitgliedern jährlich zugute kommen, denn in ungünstigen Jahren werden die Zuwendungen an die Mitglieder aus dem Dividendenreservefonds entnommen oder aufgebessert (§ 37 Anm. 6). Deshalb verzichten die Mitglieder regelmäßig auf Gewinnanteil für die ersten 5 Jahre, damit ein solcher Fonds gebildet werden kann (§ 37 Anm. 6). Die Vereinsmitglieder können auch völlig auf Dividenden verzichten; dann muß ihnen der Gewinn aber durch Herabsetzung ihrer Prämie zugute kommen. Das Dividendensystem kann auch so eingerichtet werden, daß als Vorprämie vorläufig nur ein Teil erhoben wird, der nicht wieder als zu erwartende Dividende zur Rückzahlung gelangt; nach Ablauf des V.jahres zeigt sich dann, ob eine Nachzahlung des gestundeten Teils der Vorprämie erforderlich wird

(VA. **10**, 18 Nr. 38). Hieraus folgt, daß alle diese Punkte nicht der Willkür der Vereinsorgane überlassen werden dürfen (hierüber Anm. 2 ff.) und daß die in § 38 aufgestellten Vorschriften auch für die kleineren VV. a. G. gelten (§ 53 Anm. 12).

2 Maßstab und Art der Verteilung muß in der Satzung, von der die allgemeinen V.bedingungen regelmäßig einen Teil bilden (§ 9 Abs. 2), genau festgelegt sein (§ 9 Abs. 1 Nr. 7). Die Grundsätze für Ermittelung des Dividendenprozentsatzes gehören zum Geschäftsplan (§ 7 Abs. 1 Nr. 1; hierüber VA. **10**, 125; **07**, 120). Eine weitere Garantie für Vermeiden jeder Willkür liegt in der Aufmerksamkeit, welche die Aufsichtsbehörde den V.bedingungen zuwendet (§ 9 Anm. 13); dort muß Maßstab und Art der Verteilung unzweideutig klargestellt sein (vgl. VA. **05**, 48; **07**, 120). Endlich sorgen die Strafvorschriften der §§ 106, 110, 113 dafür, daß die Mitglieder weder durch satzungswidrige Ausgaben, noch durch satzungswidrige Zurückhaltung von Vereinsmitteln in ihren Dividendenansprüchen verkürzt werden. Die Mitglieder können sich dagegen auch zivilrechtlich schützen (§ 36 Anm. 13 ff.; § 37 Anm. 1). Vorstand und Aufsichtsrat machen sich außerdem persönlich haftbar (§§ 34, 35).

3 Oberster Grundsatz für die Verteilung ist das Recht auf gleichheitliche Behandlung aller Mitglieder (§ 21 Abs. 1) sowie daß die Dividende im Verhältnis zum Maßstab der Haftung für Verluste stehen muß; denn dem Recht auf Dividende entspricht die Beitragspflicht (vgl. § 25). Auf diesen Grundsätzen beruhen die verschiedenen Dividendensysteme. Das gebräuchlichste System ist das System gleichbleibender Dividende, welches den Gewinn nach der Jahresprämie verteilt. Die Verteilung kann aber auch (mit verschiedenen Variationen) nach der Höhe der Prämienreserve oder nach der Summe der gezahlten Jahresprämie erfolgen. Das System

steigender Dividende beruht auf diesen beiden letzteren Maßstäben, die davon ausgehen, daß länger dauernde V. größeren Zinsgewinn als kürzere V. ergeben. Die Gleichheit aller Mitglieder bezieht sich nur auf Mitglieder, die derselben Gefahrenklasse oder -gruppe angehören. Diese Gruppen bilden Dividendenverbände, welche nur an einem bestimmten Teil des Geschäftsgewinns beteiligt sind. Hier bedarf es in den V.bedingungen genauer Darlegung der anzuwendenden Grundsätze und der Verteilung der gemeinschaftlichen Einnahmen und Ausgaben auf die Verbände (§ 36 Anm. 13). Eine Schwierigkeit für die Dividendenverteilung bietet die Behandlung der erst im Laufe des Geschäftsjahres ein- oder ausgetretenen Mitglieder. Zur Vermeidung dieser Schwierigkeiten gebietet das Gesetz in Abs. 2, daß die Satzungen wählen können, ob sie nur die am Schluß des Geschäftsjahres vorhandenen Mitglieder berücksichtigen wollen, oder auch die vorher ausgeschiedenen. Durch diese Vorschrift ist nicht ausgeschlossen, daß die Satzung nur die in der ersten Hälfte des Geschäftsjahres beigetretenen oder nur die auf Lebenszeit Versicherten oder nur die im Laufe des Jahres von Schaden Freigebliebenen bei der Gewinnverteilung berücksichtigt. Daß die Gewinnverteilung sich nach dem in § 25 aufgestellten Grundsatz über die Beitragspflicht ausgeschiedener Mitglieder richten müsse, will § 38 Abs. 2 nicht bestimmen (Begr. zu § 38 u. über alles VA. **07**, 120; **10**, 125).

4 Der Vollzug der Gewinnverteilung ist völlig der Satzung anheimgegeben. Es kann also Barzahlung, Gutschrift, Verrechnung auf die späteren Prämienzahlungen, Ansammlung zum Zwecke des Zuschlags zur V.summe, also zu einer Zusatzversicherung (Bonussystem), bestimmt werden. Hierher gehört auch das Tontinensystem, welches die Dividenden von Gruppen ein Reihe von Jahren (Tontinenperiode, Gewinnperiode) ansammeln läßt, um nach Ablauf der Tontinenperiode

das Angesammelte den noch lebenden Versicherten der Gruppe nach einem Dividendenbeerbungsplan zuzuwenden, und zwar bald so, daß die vor dieser Zeit Ausgeschiedenen völlig außer Betracht bleiben (Ganztontine) oder so, daß die vor dieser Zeit Ausgeschiedenen eine Abgangsentschädigung oder den Rückkaufswert erhalten (Halbtontine). Hierüber VA. **05**, 48; **07**, 86.

5 2. **Die Ueberschußverteilung bedarf der Genehmigung des obersten Organs** (§ 36 Anm. 11). Der Beschluß des letzteren unterliegt der Anfechtung, wenn in Wirklichkeit ein verteilungsfähiger Gewinn in der beschlossenen Höhe nicht gemacht (§ 36 Anm. 9) oder die Dividende unzulässigerweise gekürzt worden ist (§ 37 Anm. 1). Ist die Höhe der Dividende einmal durch Beschluß des obersten Organs festgesetzt (§ 36 Anm. 15), so ist ein Sonderrecht entstanden (§ 21 Anm. 4). Selbst ein nachfolgender Beschluß des obersten Organs kann nichts mehr ändern; es bedarf nicht einmal einer Anfechtung dieses nachträglichen Beschlusses (Staub § 273 Anm. 17). Aber auch die Aufsichtsbehörde hat bei einer Ueberschußverteilung mitzubestimmen. Deshalb sind ihr die in § 55 vorgeschriebenen Vorlagen zu machen.

§ 39. Die Satzung kann nur durch Beschluß des obersten Organs geändert werden.

Die Vornahme von Aenderungen, die nur die Fassung betreffen, kann durch Beschluß des obersten Organs dem Aufsichtsrat übertragen werden.

Der Aufsichtsrat kann durch Beschluß des obersten Organs ermächtigt werden, den Aenderungsbeschluß für den Fall, daß die Aufsichtsbehörde vor der Genehmigung die Vornahme von Aenderungen verlangt, diesen Aenderungen zu unterziehen.

Der Beschluß des obersten Organs bedarf, wenn durch ihn ein Versicherungszweig aufgegeben oder ein neuer eingeführt werden soll, einer Mehrheit von drei Vierteilen der abgegebenen Stimmen; die Satzung kann noch andere Erfordernisse aufstellen. Zu sonstigen Beschlüssen der im Abs. 1 bis 3 bezeichneten Art bedarf es einer solchen Mehrheit nur dann, wenn die Satzung nicht andere Erfordernisse aufstellt.

I. **Satzungsänderungen** bedürfen nach dem Vorbild 1
des § 274 HGB. der Genehmigung des obersten Organs in den Formen des § 36, weil die Satzung ähnlich dem Gesellschaftsvertrag der Aktiengesellschaft das Grundgesetz des VV. a. G. darstellt. Die Satzung bildet auch einen Teil des Geschäftsplanes. Deshalb bedarf jede Aenderung der Satzung auch der Genehmigung der Aufsichtsbehörde (§ 4 Abs. 2 Nr. 1, § 13, § 73 Abs. 1 Nr. 2). Die technischen Geschäftsunterlagen (§ 4 Abs. 2 Nr. 2) sind etwas von der Satzung verschiedenes; deshalb ist zu deren Aenderungen der Vorstand allein befugt, jedoch gehören diese Unterlagen zum Geschäftsplan; deshalb ist zu deren Aenderung die Zustimmung der Aufsichtsbehörde genügend (§ 13, 73 Abs. 1 Nr. 2). Mit der Art der Satzungsänderung befassen sich die Abs. 2—4.

1. Bloße Fassungsänderungen kann das 2
oberste Organ dem Aufsichtsrat übertragen, sodaß dieser im Sinne des Beschlusses des obersten Organs die Fassung der Satzung ändern darf, ohne daß dem obersten Organ die Satzung in der neuen Fassung zur Genehmigung unterbreitet werden muß (Abs. 1). Es muß sich aber auch nur um eine bloße Aenderung der Fassung handeln. Darüber, ob es sich nur darum handelt, befindet nicht der Registerrichter, sondern die Aufsichtsbehörde (§ 40). Die Genehmigung der Aufsichtsbehörde verkürzt jedoch den

Mitgliedern des VV. a. G. das Anfechtungsrecht (§ 36 Anm. 9) nicht, wenn die Aenderung keine bloße Fassungsänderung, sondern materieller Art war, für welche das oberste Organ ausschließlich zuständig ist. Nicht einmal eine Anfechtung ist nötig, wenn ein Sonderrecht eines Mitglieds verletzt ist oder ein Verstoß gegen öffentlichrechtliche oder gegen das Wesen des VV. a. G. berührende Grundsätze vorliegt (Staub § 274 Anm. 9 f.). Der Beschluß des Aufsichtsrats bedarf nicht der gerichtlichen oder notariellen Form (a. M. Staub § 274 Anm. 3), deren Zweck hier nicht einzusehen ist. Wohl aber ist wegen der Anmeldung zum Handelsregister (§ 40) Schriftform erforderlich. Ueberschreitet der Aufsichtsrat die ihm erteilte Ermächtigung, so ist seine Ueberschreitung für niemand verbindlich.

3 2. Materielle Aenderungen der Satzungen müßten nach dem Grundsatz des Abs. 1 (oben Anm. 1) eigentlich vom obersten Organ beschlossen werden. Ausnahmsweise läßt Abs. 3 aber zu, daß das oberste Organ auch zu deren Vornahme den Aufsichtsrat ermächtigt, wenn das oberste Organ zwar eine materielle Aenderung beschlossen hat, die inländische Aufsichtsbehörde aber die Genehmigung, die nach §§ 13, 73 Abs. 1 Nr. 2 erforderlich ist, nur erteilen will, wenn an dem Aenderungsbeschluß bestimmte Aenderungen vorgenommen werden. Dann darf der Aufsichtsrat diesem Verlangen der Aufsichtsbehörde nachgeben. Dazu kann das oberste Organ den Aufsichtsrat allgemein von vornherein ermächtigen. Ob die Aufsichtsbehörde eine solche Aenderung verlangt oder nur wünscht oder empfiehlt, bleibt sich gleich, wenn sie die getroffene Aenderung nachher genehmigt (VA. **03**, 32 Nr. 14). Verlangt eine ausländische Aufsichtsbehörde eine Aenderung, so gelten diese Grundsätze überhaupt nicht; es hilft dann aber § 41 Abs. 2 (VA. **10**, 127).

4 II. **Hinsichtlich des Gegenstandes der Satzungsänderung** ist zu unterscheiden. Betrifft die Satzungs-

änderung bestehende V.verhältnisse und die damit im engsten Zusammenhang stehenden V.verhältnisse der Mitglieder, so stößt ein Beschluß des obersten Organs auf unveränderliche Sonderrechte; hierüber gilt Besonderes (hierüber s. § 41). Alle anderen Satzungsbestimmungen können durch Beschluß des obersten Organs mit Wirkung für die gegenwärtigen und künftigen Mitglieder geändert werden. Aenderungen, welche das oberste Organ hiernach an Satzungsbestimmungen über die Organisation, über Firma oder Vereinssitz (§ 18), über die Mitgliederaufnahme, Vermögens- und Finanzverwaltung, Ueberschußverwendung, Auflösungsvoraussetzungen und den ganzen Geschäftsbetrieb vornimmt, verbinden sonach alle Mitglieder, auch die widersprechenden (vgl. VA. **05**, 76). Soweit das VVG. rückwirkende Kraft hat (art. 3, 4, 6 EG. z. VVG.), bedarf es selbstverständlich nicht noch einer Zustimmung zur entsprechenden Aenderung der V.-bedingungen (hierüber Kommentar von Hagen u. Bruck z. VVG. zu art. 3 ff. EG. z. VVG.).

Die Beschlußfassung und Abstimmung geht 5
in den in § 36 Anm. 2 ff. dargestellten Formen vor sich. Jedoch bedarf es zur Satzungsänderung, ähnlich wie bei § 275 HGB., § 16 GenGes., §§ 33, 40 BGB., also auch zu den Beschlüssen, wodurch der Aufsichtsrat ermächtigt wird (oben Anm. 2 u. 3), der Dreiviertelsmehrheit der abgegebenen Stimmen; einfache Mehrheit genügt ebensowenig als die Dreiviertelsmehrheit der erschienenen Mitglieder. Durch die Satzung kann aber eine geringere Mehrheit als die Dreiviertelsmehrheit der abgegebenen Stimmen gefordert, und es können auch noch schärfere Erfordernisse aufgestellt werden. Dieses Belieben der Satzung erleidet jedoch eine Einschränkung, wenn ein selbständiger V.zweig (nicht also eine V.art; § 8 Anm. 2) aufgegeben oder neu eingeführt werden soll. Diese Vorschrift bezieht sich nur auf selbständige V.zweige, nicht auf unselbständige; will z. B. die V. gegen Mietsverlust

infolge von Wasserleitungsschäden von einer Feuer-VU. neu aufgenommen werden, so ist dies keine Satzungsänderung, sondern nur eine Aenderung des Geschäftsplans nach § 13 (VA. **10**, 21). Soll also ein selbständiger V.-zweig aufgegeben oder neu aufgenommen werden, so muß die Satzung mindestens die Dreiviertelsmehrheit der abgegebenen Stimmen vorschreiben: die Satzung kann keine Milderung, sondern nur eine Verschärfung vornehmen. Sie kann also für jede Satzungsänderung oder auch nur für Aufgeben oder Einführung eines V.zweigs Einstimmigkeit festsetzen; alsdann bedarf es auch der Zustimmung der abwesenden Mitglieder. Deren Zustimmung liegt nicht schon darin, daß sie auf Zusendung der geänderten Satzung schweigen (näheres § 41 Anm. 4), noch auch in Zahlung der neuen Prämie, wenn nicht das Mitglied auf die Aenderung unverkennbar hingewiesen worden ist (SA. **34** Nr. 70). Durch Anrufung einer in der neuen Satzung enthaltenen Schiedsgerichtsklausel unterwirft sich der Anrufende, falls es nach obigem seiner Zustimmung überhaupt bedarf, nur dieser Klausel, nicht dem übrigen Inhalt der Satzung (Bolze **4** Nr. 826; **2** Nr. 1126).

6 III. **Für kleinere Vereine** gilt wohl Abs. 1—3, nicht aber Abs. 4. (Hierüber s. § 53 Anm. 5.)

§ 40. Die Aenderung der Satzung ist zur Eintragung in das Handelsregister anzumelden. Der Anmeldung ist die Genehmigungsurkunde beizufügen.

Bei der Eintragung genügt, soweit nicht die Aenderung die im § 32 bezeichneten Angaben betrifft, die Bezugnahme auf die bei dem Gericht eingereichten Urkunden über die Aenderung. Die öffentliche Bekanntmachung findet in Betreff aller Be-

stimmungen statt, auf welche sich die im § 33 vorgeschriebenen Veröffentlichungen beziehen.

Die Aenderung hat keine Wirkung, bevor sie bei dem Gericht, in dessen Bezirke der Verein seinen Sitz hat, in das Handelsregister eingetragen worden ist.

1. Die Anmeldung erfolgt durch den Vorstand, nicht durch alle Vorstandsmitglieder (anders § 30) zum Handelsregister des Sitzes und der Zweigniederlassung (§ 13 HGB.). Der Registerrichter erzwingt die Anmeldung nach § 12 HGB., weil § 319 Abs. 1, vgl. § 277 HGB., nicht übertragen ist. Dem Registerrichter ist die Genehmigung der Aufsichtsbehörde vorzulegen; liegt sie vor, so hat er nicht zu prüfen, ob die Aufsichtsbehörde die Satzungsänderung verlangt hat; die Genehmigung bestätigt das Einverständnis. Dies genügt (§ 39 Anm. 3). Im übrigen hat der Registerrichter wohl nachzuprüfen, ob der Beschluß des obersten Organs mit dem Verfahren des Aufsichtsrates im Einklang steht, ob überhaupt ein Beschluß des obersten Organs vorliegt, ob öffentlich-rechtliche Vorschriften oder Sonderrechte der Mitglieder verletzt sind (vgl. Staub § 273 Anm. 22 f.). 1

2. Die Eintragung erfolgt in das Register der Haupt- und der Zweigniederlassung (§ 13 HGB.). Die Eintragung muß die Aenderungen der in § 32 bezeichneten Punkte enthalten. Im übrigen genügt bei der Eintragung die Bezugnahme auf die beim Registerrichter eingereichten Urkunden über die Aenderung wie im Falle des § 277 Abs. 2 HGB. (Abs. 2). Die Eintragung macht den Beschluß gültig und zwar die Eintragung zum Hauptregister (Abs. 3). Vor der Eintragung äußert die Satzungsänderung Dritten gegenüber keine Wirkung, wenn sie diesen nicht bekannt war (§ 15 HGB.; RG. **40**, 146). Insofern ist der Tag der Eintragung von Bedeutung (§ 130 FGG.). Mängel 2

beim Zustandekommen des Beschlusses werden durch die Eintragung nicht gedeckt (ROHG. **20**, 210; Staub § 273 Anm. 7).

3 3. Die Bekanntmachung der Eintragung erfolgt nach § 33 Anm. 1 und hat die dort aufgezählten Punkte zu umfassen (Abs. 2 Satz 2).

4 4. Für kleinere Vereine gilt Besonderes (§ 53 Anm. 5).

§ 41. Die Vorschriften des § 39 Abs. 1 bis 3 finden auf Aenderungen der nach § 9 festgesetzten allgemeinen Versicherungsbedingungen entsprechende Anwendung.

Der Aufsichtsrat kann durch die Satzung oder durch Beschluß des obersten Organs ermächtigt werden, dringliche Aenderungen der allgemeinen Versicherungsbedingungen mit Genehmigung der Aufsichtsbehörde vorläufig vorzunehmen. Diese Aenderungen sind dem obersten Organe bei seinem nächsten Zusammentritte vorzulegen. Sie sind außer Kraft zu setzen, wenn das oberste Organ dies verlangt.

Durch eine Aenderung der Satzung oder der allgemeinen Versicherungsbedingungen wird ein bestehendes Versicherungsverhältnis nur berührt, wenn der Versicherte der Aenderung ausdrücklich zustimmt. Dies gilt nicht von der Aenderung solcher Bestimmungen, für welche die Satzung ausdrücklich vorsieht, daß ihre Aenderung auch mit Wirkung für die bestehenden Versicherungsverhältnisse geschehen kann.

I. **Zur Abänderung der allgemeinen V.bedingungen** 1
wird in Abs. 1 gleichfalls die Dreiviertelsmehrheit der abgegebenen Stimmen gefordert, weil die allgemeinen V.bedingungen nicht notwendig einen Teil der Satzungen bilden (§ 9 Abs. 2), und es mit Rücksicht auf die Wichtigkeit der allgemeinen V.bedingungen, die zum Vertragsinhalt gehören (§ 9 Anm. 2), und einen Teil des Geschäftsplans (§§ 4, 13) bilden, nötig erschien, den Versicherten unter allen Umständen dieselbe Gewähr zu bieten, wie bei Satzungsänderungen (§ 39). Diese gleichheitliche Behandlung führte auch dazu, dieselben Zweckmäßigkeitsmaßregeln anzuwenden, welche für Satzungsänderungen nach § 39 Abs. 2 u. 3 eine Bevollmächtigung des Aufsichtsrats zulassen. Aenderungen der Satzung sind oft dringlich. Deshalb läßt Abs. 2 zu, daß die Satzung oder durch Beschluß des obersten Organs (also mit einfacher Mehrheit, § 36 Anm. 7) den Aufsichtsrat mit Genehmigung der inländischen (VG. **10**, 127) Aufsichtsbehörde zur vorläufigen Vornahme dringlicher Aenderungen ermächtigt; diese Aenderungen bedürfen der nachträglichen Genehmigung des obersten Organs und können von ihm mit einfacher Mehrheit außer Kraft gesetzt werden (Abs. 2). Die Aenderung der V.bedingungen bedarf auch der Genehmigung der Aufsichtsbehörde (§§ 4, 13).

II. **Bestehende V.verhältnisse** werden durch Aende- 2
rung der Satzung (§ 39) oder der allgemeinen V.bedingungen (§ 9) nicht berührt. Denn der V.vertrag, durch den der Beitritt bewirkt wird, erzeugt nicht nur gesellschaftliche Mitgliederrechte (§ 36), sondern zugleich auch einen besonderen, auf Privatvertrag beruhenden privatrechtlichen V.anspruch. Die Mitgliedschaft stellt das abstrakte Vorhandensein eines solchen privatrechtlichen Anspruchs fest. Der Inhalt dieses Anspruchs wird aber erst durch die V.bedingungen bestimmt. Diese vertragsmäßige Grundlage kann durch Mehrheitsbeschlüsse nicht mehr verschoben werden. Daher keine Rückwirkung auf den privat-

rechtlichen V.vertrag (vgl. § 21 Anm. 2, 4 u. 5). Wegen seiner allgemeinen Bedeutung gilt dieser Satz auch für kleinere V. a. G. (§ 53 Anm. 5 u. 7).

Gemeint sind nur Eingriffe in V.verhältnisse. Unter „V.verhältnis" ist alles das zu verstehen, was für den Inhalt der Leistungen und Gegenleistungen aus dem V.vertrag rechtlich von Erheblichkeit ist (VA. **05**, 76) und, wie man hinzufügen muß, die Rechte und Pflichten des Mitglieds unmittelbar berührt; hierher gehört alles, was die Voraussetzungen und die Höhe der Beitragspflicht (ROHG. **8**, 187) und des V.anspruchs bedingt, wie Prämien- und Entschädigungshöhe, Abschätzungsverfahren, Anzeigepflicht (KG. in VA. **05** Anh. 93), Verwirkungsgründe, Vertragsdauer, Kündigung, stillschweigende Verlängerung und alles, was man als gesetzliche oder statutarische Sonder- oder Individualrechte zu bezeichnen pflegt; insbesondere auch die Einfügung einer Schiedsklausel in die Satzung. Es fallen nicht unter den Begriff einer Aenderung des V.verhältnisses notwendige Ausdehnung der V. auf Folgeschäden, z. B. Ausdehnung der V. auf Mietsverluste infolge von Wasserschäden seitens einer FeuerVG. (VA. **10**, 121), Aenderungen organisatorischer oder wirtschaftlicher Art (§ 39 Anm. 4) und noch weniger technische Aenderungen (§ 39 Anm. 1); wohl aber fallen unter Abs. 3 Aenderungen hinsichtlich der Beendigung der Mitgliedschaft, weil sie notwendig zugleich das V.verhältnis berühren. Ferner schützt Abs. 3 nur V.verhältnisse der Vereinsmitglieder; nicht also die V.verhältnisse der bei einem gemischten VV. a. G. gegen feste Prämie versicherten Nichtmitglieder (§ 14 Anm. 2, § 16 Anm. 6, § 21 Anm. 10); wollen diese Nichtmitglieder Einfluß auf die Entschließungen des VV. a. G. gewinnen, so bedarf es einer Satzungsbestimmung (VA. **05**, 75; **04**, 165 Nr. 27); sie sind lediglich Gläubiger, so daß ihre Rechte, gerade wie die Rechte der bei einer Aktiengesellschaft Versicherten, durch Beschlüsse der VU. nicht berührt werden.

III. **Ausnahmsweise** findet (abgesehen von rückwirkenden Vorschriften des VVG.; § 39 Anm. 3) eine **Rückwirkung** der Aenderungen statt und zwar in 3 Fällen.

3 1. Wenn die Satzung die Rückwirkung vorsieht, gilt die vom Verein beschlossene Aenderung auch für alle seitherigen Mitglieder, auch für die widersprechenden. Es muß jedoch die Rückwirkung ausdrücklich vorgesehen sein. Solche Bestimmungen müssen genau und deutlich sein und dürfen nicht irgendwo versteckt untergebracht sein (§ 10 Anm. 6).

4 2. Wenn der Versicherte der Aenderung zustimmt, so unterwirft er sich der Aenderung für seinen V.vertrag. Dieselbe Aenderung kann also für den einen bindend werden, für einen andern unverbindlich bleiben, so daß verschiedene Versichertenklassen entstehen. Es bedarf jedoch einer ausdrücklichen Zustimmung, um dem Aenderungsbeschluß verbindliche Kraft zu verschaffen. Die VU. veröffentlichen ihre allgemeinen V.bedingungen nicht in dem Sinne, daß sie selbst den Vertragsantrag darstellen, sondern es ist die Veröffentlichung nur die Aufforderung an das Publikum, seinerseits V.anträge zu stellen. Dasselbe muß von der Bekanntmachung der geänderten V.bedingungen gelten. Den Charakter einer bloßen Aufforderung verliert eine solche Bekanntgabe erst, wenn sie in einer Weise geschieht, daß die Versicherten aus ihr entnehmen müssen, daß die Aenderung von der VU. mit Rückwirkung auf die bisher Versicherten versehen werden will. Dazu gehört aber, daß die VU. in der öffentlichen Bekanntmachung oder jedem einzelnen Versicherten eine dahin gehende Erklärung abgibt (JW. **90**, 85 Nr. 23; **96**, 190 Nr. 15—17; 191 Nr. 18). Damit stellt sie einen Antrag auf Abänderung des ursprünglichen Vertrags, der nach §§ 145 ff. BGB. der Annahme bedarf. Man kann nicht mit RG. **25**, 174 (SA. **46** Nr. 47) sagen, die VU. gebe durch die Bekanntmachung eine Offerte auch an die älteren Versicherten kund, an die sie sich für gebunden

erachte, wenn kein Widerspruch erfolge (JW. **00**, 895 Nr. 6). Hieraus folgt, daß das Versenden der geänderten Bedingungen an Agenten noch keinen solchen Vertragsantrag enthält. Die Annahme (Zustimmung) muß eine ausdrückliche sein, weil die Genehmigung der Aenderung nicht im Ungewissen bleiben darf. Schweigt der Versicherte auf Zusendung der Aenderungen, so hat er nicht angenommen; selbst wenn ihm vom VV. a. G. eine Frist zur Erklärung gesetzt wird (vgl. §§ 108, 177 BGB; ROHG. 8, 187; RG. **49**, 195). Die ausdrückliche Zustimmung braucht nicht mit ausdrücklichen Worten zu erfolgen; auch eine aus den Umständen mit Notwendigkeit sich ergebende stillschweigende Zustimmung genügt dem Begriff (ROHG. **10**, 291), z. B. eine Verlängerung der abgelaufenen V. nach erfolgter Satzungsänderung (Obertrib. SA. **32**, 372; § 10 Anm. 2 u. 6). Aber es liegt eine solche stillschweigende Zustimmung noch nicht in Zahlung der den neuen Bedingungen entsprechenden Prämie, wenn nicht das Mitglied auf die Gründung unverkennbar hingewiesen wurde (Obertrib. SA. **34** Nr. 70; **56**, 172); auch nicht in stillschweigendem Behalten eines zugeschickten, mit den neuen V.bedingungen versehenen V.scheins (SA. **28**, 118). Dies alles verhält sich auch nicht anders bei Aenderungen zugunsten des Versicherten; denn auch diese bedürfen des Angebots und der Annahme — ganz abgesehen davon, daß höchst selten einer Begünstigung keine stärkere Belastung gegenüber steht. Es läßt sich dagegen nicht einwenden, daß die VU. doch alle ihre Versicherten gleich behandeln wolle, daß also eine günstige Aenderung allen älteren Versicherten ohne weiteres zugute kommen müsse; dies will die VU. oft nicht, oft kann sie es nicht (vgl. Wallmanns VZ. **41**, 603 gegen RG. ebenda 481; vgl. JW. **05**, 403 Nr. 31). Die VU. werden jedoch zweckmäßig in ihren Bekanntmachungen ausdrücklich hervorheben, wenn die neuen Bedingungen nicht für die älteren Versicherten gelten sollen.

3. Wenn nur eine mittelbare Verschärfung der Mitgliederpflichten stattfindet, kann sich kein Mitglied mit Erfolg widersetzen. Zu einer solch mittelbaren Verschärfung gehört die Aufnahme besonders gefahrvoller Risiken (Weltpolize, Kriegsrisiko, Milderung der Selbstmordklausel usw. (hierüber § 21 Anm. 6 und Ehrenberg I, 133), Steigerung in den Anforderungen an Feuerverhütung, Rettungsmaßregeln usw. (Ehrenberg I, 133). Hierin kann das oberste Organ die V.bedingungen mit Rechtswirkung ändern. Ohne einen solchen Grundsatz würde keine VU. sich mehr weiter zu entwickeln vermögen. Eine solche Aenderung der V.-bedingungen, welche neu eintretenden Mitgliedern Vorteile gewähren, kommen ohne weiteres auch den älteren Mitgliedern zu statten, die zu derselben Prämie versichert sind. Dieser Satz ist nicht nach der Konstruktion von Vertragsantrag und Annahme zu begründen (oben Anm. 4); er erklärt sich daraus, daß solche Beschlüsse notwendigerweise auf das Rechtsverhältnis der älteren Mitglieder einwirken und daher der Grundsatz gleicher Behandlung es erfordert, daß auch die Vorteile des Beschlusses den älteren Mitgliedern ohne Annahmeerklärung zugut kommen (RG. **49**, 198; anders JW. **05**, 403 Nr. 31 und RG. in Wollmanns VZ. **41**, 481; Hamburg HansGZ. **03** Beibl. 100, wonach die öffentliche Bekanntmachung eine keiner Annahme bedürftige Offerte sein soll; dagegen oben Anm. 4). 5

§ 42. Durch den Ablauf der in der Satzung bestimmten Zeit wird der Verein aufgelöst.

1. Die Auflösungsgründe. Als solche Gründe sind erwähnt: der Willensentschluß der Vereinsmitglieder (§ 43), der den Verein auflöst; diesem Auflösungsgrund ist die Fusion und die Veräußerung des ganzen Vermögens gleichgestellt (§ 44). Ein weiterer Auflösungsgrund ist 1

die Entziehung der Zulassung nach §§ 67, 73 Abs. 1 Nr. 7, weil damit nicht nur der Gewerbebetrieb, sondern auch die Rechtsfähigkeit endigt (§ 15 Anm. 2), die Verlegung des Sitzes ins Ausland (§ 18 Anm. 2) und die Konkurseröffnung (§ 49). Sodann kann die Satzung Auflösungsgründe festsetzen, z. B. Sinken der Gesamtv.summe unter einen Mindestbetrag oder der Mitgliederzahl unter eine Mindestzahl, Erreichen des Vereinszwecks, Zeitablauf usw.; § 42 erwähnt nur den Zeitablauf. Enthält die Satzung eine solche Zeitbeschränkung, so erfolgt die Auflösung von selbst; es bedarf keines Auflösungsbeschlusses. Ist die Zeit abgelaufen, so kann auch durch einstimmigen Beschluß der Mitglieder eine Fortsetzung nicht beschlossen werden; es bedarf einer Neugründung. Die Fortsetzung kann nur vor Ablauf der satzungsmäßigen Zeit in den Formen einer Satzungsänderung beschlossen werden (vgl. Staub § 292 Anm. 4). Ist in der Satzung nichts über das Herabsinken der Mitgliederzahl unter eine Mindestzahl vorgesehen (vgl. § 73 BGB.; § 80 GenGes.), oder wird dem Verein die Erreichung seines Zwecks unmöglich oder ist der Zweck erreicht, so finden nicht etwa Bestimmungen des BGB. oder des HGB. (§§ 309—311) Anwendung (vgl. §§ 94 ff. GenGes.; §§ 75 ff. GmbHG.); denn der VV. a. G. ist in allen Teilen selbständig geordnet (Kom.-Ber. zu § 53; RTProt. 2379/80). Es findet nur das Eingreifen der Aufsichtsbehörde nach § 67 statt. Dies gilt auch, wenn wegen Nichterfüllung der gesetzlichen, zu seiner Entstehung notwendigen Voraussetzungen, die Nichtigkeit des VV. a. G. in Frage kommt; denn die Zulassung der Aufsichtsbehörde verleiht vorbehaltlos die Rechtsfähigkeit (§ 15 Anm. 2; vgl. § 30 Anm. 3).

2 2. Die Wirkung der Auflösung ist die, daß der VV. a. G. nun als Liquidationsverein bis zur Abwicklung aller Verhältnisse weiterbesteht (hierüber § 43 Anm. 5 ff.; für den Konkursfall siehe §§ 49 ff.).

§ 43. Die Auflösung des Vereins kann nur durch das oberste Organ beschlossen werden.

Zu dem Beschlusse bedarf es einer Mehrheit von drei Vierteilen der abgegebenen Stimmen, sofern nicht die Satzung andere Erfordernisse aufstellt. Mitglieder des obersten Organs, welche gegen die Auflösung gestimmt haben, sind berechtigt, gegen den Auflösungsbeschluß Widerspruch zum Protokolle zu erklären (§ 74).

Der Beschluß bedarf der Genehmigung der Aufsichtsbehörde. Von der Genehmigung hat die Aufsichtsbehörde dem Registergerichte Mitteilung zu machen.

Die zwischen den Mitgliedern und dem Vereine bestehenden Versicherungsverhältnisse erlöschen mit dem in dem Beschlusse bestimmten Zeitpunkte, frühestens jedoch mit dem Ablaufe von vier Wochen, mit der Wirkung, daß die bis zu diesem Zeitpunkt entstandenen Versicherungsansprüche geltend gemacht, im übrigen aber nur die für künftige Versicherungsperioden vorausbezahlten Beiträge, abzüglich der hierfür aufgewandten Kosten, zurückgefordert werden können.

Auf die Versicherungsverhältnisse aus der Lebensversicherung finden die Vorschriften des Abs. 4 keine Anwendung. Diese Versicherungsverhältnisse bleiben unberührt, soweit die Satzung nicht ein anderes bestimmt.

1 I. Soweit nicht die Satzung von selbst wirkende Auflösungsgründe als eine Art auflösender Bedingung kennt (§ 42 Anm. 1), bedarf die Vereinsauflösung, die jederzeit beschlossen werden darf — abgesehen von dem Fall der Konzessionsentziehung (§ 67 Abs. 3) und des Konkurses (§§ 68, 49) —, eines Vereinsbeschlusses, der wie ein Beschluß auf Satzungsänderung nur vom obersten Organ gefaßt werden kann (§§ 36, 29 Anm. 2). Fusion und Umwandlung s. §§ 14, 44. Der Antrag muß gehörig bekannt gemacht, und es müssen überhaupt alle Voraussetzungen eines gehörigen Beschlusses des obersten Organs erfüllt sein (§ 36 Anm. 2 ff.).

2 II. Die **erforderliche Mehrheit** ist abweichend von § 292 Nr. 2 HGB. in teilweiser Uebereinstimmung mit § 41 BGB. die Dreiviertelsmehrheit der abgegebenen Stimmen (§ 36 Anm. 7; § 39 Anm. 5). Der Satzung steht es frei, je nach der Gestaltung des obersten Organs (§ 36 Anm. 1, § 29 Anm. 2) leichtere oder schwerere Erfordernisse aufzustellen, z. B. eine Präsenzziffer. Verläuft die erste Versammlung ergebnislos, so kann sich bei dem System der indirekten Vertretung (§§ 29 Anm. 2, 36 Anm. 1) eine zweite Versammlung sofort an die erste anschließen, wenn die Satzung nichts gegenteiliges verfügt (§ 36 Anm. 4). Das System der Mitgliederversammlung dagegen verlangt neuerdings die Beobachtung der zweiwöchigen Berufungsfrist des § 255 Abs. 1 HGB. (§ 36 Abs. 1).

3 III. **Rechtsbehelfe** gegen den über den Auflösungsantrag befindenden Beschluß des obersten Organs sind nach doppelter Richtung möglich: Es steht jedem Mitglied des obersten Organs nach § 36 Anm. 9 und im Fall des § 271 Abs. 4 HGB. dem Vorstand und Aufsichtsrat die Anfechtungsklage zu (§ 36 Anm. 9); der zweite Rechtsbehelf besteht darin, daß gegen die Entschließung der Aufsichtsbehörde in der in § 73 Abs. 1 Nr. 4 bestimmten Zusammensetzung rekurriert wird. Versagt

sie die Genehmigung der Auflösung, so ist dagegen dem Vorstand der Rekurs nach § 74 Abs. 1 gewährt. Lautet die Entschließung auf Genehmigung des Auflösungsbeschlusses, so haben nur die Mitglieder des obersten Organs das Rekursrecht nach § 74 Abs. 1, welche gegen den Auflösungsantrag gestimmt und außerdem noch Widerspruch zum Versammlungsprotokoll nach § 271 Abs. 3 HGB. erklärt haben (§ 36 Anm. 6 u. 9). Zur Wahrung dieses Interesses ist ein Recht auf Feststellung des Widerspruchs zu Protokoll in Abs. 2 verliehen. Ueber den Widerspruch selbst gilt das zu § 36 Anm. 9 Ausgeführte. Es besteht hiernach die Möglichkeit, daß Anfechtungsklage und Rekurs erhoben wird. Gericht und Aufsichtsbehörde befinden völlig unabhängig von einander. Die gerichtliche Entscheidung ist die allein maßgebende; denn wenn die Aufsichtsbehörde die Genehmigung erteilt und den Rekurs zurückgewiesen haben sollte, fällt die Unterlage dieser Genehmigung nachträglich hinweg, wenn das Urteil des Gerichts der Anfechtung stattgibt; es besteht dann kein Auflösungsbeschluß, der genehmigt werden könnte. Darüber war man in der Kommission einig (KomBer. zu § 43). Das Gericht kann daher seine Verhandlung nicht nach § 148 ZPO. aussetzen, weil es an der Abhängigkeit fehlt und die Aufsichtsbehörde nichts festzustellen hat.

IV. Vor **Genehmigung der Aufsichtsbehörde** 4
äußert der Auflösungsbeschluß keine Wirkung (Abs. 3). Die Genehmigung ist nach § 73 Abs. 1 Nr. 4 einzuholen; sie kann nachträglich gegenstandslos werden (oben Anm. 3). Die Prüfung der Aufsichtsbehörde erstreckt sich nur darauf, ob ein gehöriger Auflösungsbeschluß vorliegt; den Auflösungsgrund selbst darf sie nicht nachprüfen (PrOVG. in VA. **10** Anh. 47 Nr. 521). Die Aufsichtsbehörde macht dem Registerrichter von der Erteilung der Genehmigung Mitteilung zum Zweck der Eintragung (§ 45). Der Registerrichter hat kein Nachprüfungsrecht (vgl. § 30 Anm. 3). Wenn aber Anfechtungsklage erhoben

ist, wird er vorläufig nicht einzutragen haben (oben Anm. 3).

5 V. Die **Wirkung der Auflösung** auf die Mitgliedsverhältnisse besteht darin, daß nunmehr ein Liquidationsstadium eintritt (§§ 46—48), und die Mitgliedschaftsverhältnisse grundsätzlich ihr Ende erreicht haben. Es hört somit die Pflicht zur Prämienzahlung auf. Nachschüsse und Umlagen dürfen nur noch erhoben werden, soweit es der Liquidationszweck nötig macht (§ 46 Abs. 2); jedoch nicht zur Tilgung des Gründungsfonds (§ 47 Abs. 2). Die Mitgliedsrechte auf Anteilnahme an der Vereinsverwaltung dauern fort, jedoch beschränkt durch den Liquidationszweck. Nach Beendigung der Liquidation hat jedes Mitglied Anspruch auf Anteil am Reinvermögen (§ 48). Den Mitgliedern steht kein Rücktrittsrecht etwa deshalb zu, weil der Verein in Liquidation treten mußte (§ 20 Anm. 7). Neue V.verträge können nicht mehr abgeschlossen werden (§ 46 Abs. 3). Die bestehenden V.verträge werden von der Auflösung in verschiedener Weise betroffen, je nachdem es Sach- oder Lebensv.verträge sind:

6 1. Bei der Sachversicherung (Schadensv.) muß der Auflösungsbeschluß den Zeitpunkt des Erlöschens aller V.verhältnisse auf mindestens 4 Wochen hinaussetzen, damit die Mitglieder anderweit V. nehmen können. Für die nach diesem Zeitpunkt eingetretenen Schäden haftet der Verein nicht mehr, und können auch die Mitglieder von dem Verein nicht mehr haftbar gemacht werden (§§ 24 ff.). Weil der Verein von da an keine Gefahr mehr trägt, können vorausgezahlte Prämien verhältnismäßig, abzüglich der Erhebungskosten, zurückverlangt werden. Die allgemeinen Verwaltungskosten dürfen jedoch nicht abgezogen werden. Für die vor diesem Zeitpunkt eingetretenen Schäden haftet der Verein, sodaß eine diese Ansprüche deckende Summe zurückzustellen ist.

2. Bei der Lebensversicherung, den ihr gleichgestellten V.arten (§ 6 Abs. 3), der Kranken- und Unfallv. (§ 12) erlöschen die V.verhältnisse nicht (Abs. 5, weil sonst anderweite V. nur sehr schwer zu beschaffen wäre), die bestehenden V. laufen vielmehr weiter. Der Verein und seine Mitglieder bleiben haftbar (§§ 24 ff.). Deshalb muß der volle Betrag der je einmal fällig werdenden V.summen sichergestellt werden, und sind auch die Prämien weiter zu bezahlen. Die Liquidation muß bis zum Erlöschen des letzten V.verhältnisses fortgeführt werden; nur können die V.verhältnisse nicht mehr verlängert und die V.summen nicht mehr erhöht werden (§ 46 Abs. 3). Es handelt sich hierbei aber nicht um ein Sonderrecht. Deshalb kann zur Vermeidung dieses langwierigen Verfahrens durch Beschluß des obersten Organs mit der in Abs. 2 vorgeschriebenen Mehrheit (§ 44) die Abtretung aller V.verhältnisse an ein anderes VU. verfügt werden. Dem obersten Organ ist es auch unbenommen, die V.ansprüche zu kapitalisieren und auszubezahlen. 7

3. Die Satzung, nicht aber ein Beschluß des obersten Organs, kann für den Auflösungsfall, also auch für den Fall des § 67 Abs. 3, das Erlöschen der V.ansprüche verfügen, also anordnen, daß die Mitglieder auf ihren Anspruch auf die Prämienreserve beschränkt werden; auch anordnen, daß die Mitglieder sich eine Uebertragung des V.bestands auf ein anderes VU. gefallen lassen, also dieses VU. als Schuldner annehmen müssen. Ein Erlöschen liegt nicht in der Bestimmung, daß im Auflösungsfall, nach Bezahlung sämtlicher auf dem Vereinsvermögen haftender Verbindlichkeiten, das Vermögen unter die Mitglieder zu verteilen ist (JW. **04**, 100 Nr. 31). Enthält die Satzung keine Bestimmung, so bedarf es der Einstimmigkeit, wenn an den bestehenden V.verträgen einer Lebensv. etwas geändert werden will (PrOVG. in VA. **10**, Anh. 46 Nr. 522). 8

§ 44. Die Vorschriften des § 43 Abs. 1, 2 Satz 1 finden auf Beschlüsse, die ein Uebereinkommen der im § 14 bezeichneten Art zum Gegenstande haben, entsprechende Anwendung.

1 1. Die ganze oder teilweise Fusion eines VV. a. G. (§ 14) und zwar jeder Größe (§ 53 Anm. 16) ist der ausschließlichen Zuständigkeit des obersten Organs (§ 29 Anm. 2 § 36 Anm. 1) überwiesen. Der Fusionsbeschluß bedarf einer Mehrheit von dreiviertel der abgegebenen Stimmen gleich wie Auflösungsbeschlüsse (§ 43 Abs. 2 Satz 1), sofern die Satzung nicht geringere oder strengere Anforderungen stellt. Dagegen unterscheidet sich ein Fusionsbeschluß von einem Auflösungsbeschluß dadurch, daß gegen einen Fusionsbeschluß kein Widerspruch und kein Rekursrecht nach § 43 Abs. 2 Satz 2 stattfindet (§ 43 Anm. 3). Es gibt nur das gewöhnliche Anfechtungsrecht, wie es allen Beschlüssen des obersten Organs gegenüber gegeben ist (§ 36 Anm. 9); denn von § 43 ist nur Abs. 1 und von Abs. 2 nur der erste Satz entsprechend anwendbar. Um dies zu verdeutlichen, wurde die jetzige Fassung des § 44 gewählt. Der Fusionsbeschluß bedarf, gleich wie ein Auflösungsbeschluß, der Genehmigung der Aufsichtsbehörde; jedoch nicht nach § 43 Abs. 3, sondern nach § 14. Auch die Abs. 4 und 5 des § 43 sind nicht anwendbar; denn sie sind nicht in § 44 angezogen. Es ergibt sich deren Uebertragung auf Fusionsbeschlüsse nicht aus der Natur der Dinge; denn ein Fusionsbeschluß erfolgt zum Zweck der Uebertragung der V.verhältnisse in unverändertem Inhalt auf eine andere VU. Er will gerade nicht das Erlöschen, obgleich sich der VV. a. G. auflöst. Der Fusionsbeschluß will den Eintritt eines Dritten in Form der Bestandsübernahme. Dem Versicherten kann ein Dritter als neuer und einziger Schuldner aber nicht aufgezwungen werden. Hieraus ergibt sich, weil das Vereinsmitglied sich dem Mehrheitsbeschluß unterwerfen muß, eine ge-

trennte Verwaltung des seitherigen Bestandes, wenn sich der Versicherte nicht bestimmen läßt, der Abtretung des Portefeuilles zuzustimmen. Ueber die rechtliche und wirtschaftliche Bedeutung einer solchen sog. Abtretung des Portefeuilles s. § 14 Anm. 1—3; über die Verstaatlichung eines VV. a. G. § 14 Anm. 9; über die Verschmelzung von V.aktiengesellschaften § 14 Anm. 10—17; über die Verschmelzung einer V.aktiengesellschaft mit einem VV. a. G. § 14 Anm. 18; eines VV. a. G. mit einer V.-aktiengesellschaft § 14 Anm. 19—22; die Verschmelzung zweier VV. a. G. § 14 Anm. 22; über die Umwandlung einer VU. § 14 Anm. 23; über die Uebertragung einzelner V.zweige § 14 Anm. 24; über die Stellung der Garanten und der versicherten Nichtmitglieder § 14 Anm. 3 u. § 21.

2. Von der Fusion verschieden ist die Neugründung kollektiver V.verhältnisse, so daß ein auf dem Umlageverfahren beruhender kleinerer VV. a. G. bei einer anderen VU. für seine Mitglieder fernere V. gegen feste Prämie sucht; für ein solches Abkommen genügt kein Mehrheitsbeschluß; es bedarf der Zustimmung sämtlicher Mitglieder, weil das Abkommen ganz andere Rechtsgrundlagen schafft (VA. **05**, 74). Ferner gehört nicht hierher die Ueberlassung einzelner V., auch nicht die Rückv. (§ 14 Anm. 3) und nicht die bloße Uebertragung der Geschäftsführung an eine andere VU. (§ 14 Anm. 7). 2

§ 45. Die Auflösung des Vereins ist außer dem Falle des Konkurses durch den Vorstand zur Eintragung in das Handelsregister anzumelden.

Die Anmeldung der Auflösung erfolgt durch den Vorstand (nicht durch den ganzen Vorstand) bei den Gerichten, in deren Handelsregister der VV. a. G. nach § 30 eingetragen ist. Jede Art der Auflösung muß vom Vorstand angemeldet werden, auch die Fusion (hierzu § 14), nicht aber die Konkurseröffnung (hierüber §§ 49, 68) und nicht die Auflösung infolge Konzessionsentziehung (§ 67 Abs. 3). Nur den eingetragenen Vereinen gilt diese Vorschrift, nicht den kleineren Vereinen (§ 53). Zur Anmeldung zwingt der Registerrichter nach §§ 13, 14 HGB. Beschwerde § 16 Anm. 2. Die Anmeldung ist zum Handelsregister einzutragen, wie sich aus § 45 und § 31 ergibt, und vom Registerrichter nach §§ 10 ff. HGB., vom Vorstand nach §§ 28, 33 Nr. 2, zu veröffentlichen. Die Eintragung bedingt die Gültigkeit des Auflösungsbeschlusses nicht. Die Veröffentlichung hat Bedeutung für den guten Glauben dritter und für die spätere Aufforderung seitens der Liquidatoren (§ 47 Anm. 7). Vorbild des § 45 ist § 293 HGB.

§ 46. Nach der Auflösung des Vereins findet die Liquidation statt, sofern nicht über sein Vermögen der Konkurs eröffnet ist.

Bis zur Beendigung der Liquidation gilt der Verein als fortbestehend, soweit nicht aus den folgenden Vorschriften oder dem Zwecke der Liquidation ein anderes sich ergibt; insbesondere kann die Ausschreibung und Einziehung von Nachschüssen oder Umlagen (§§ 24 ff.) erfolgen.

Neue Versicherungen dürfen nicht mehr übernommen, die bestehenden nicht erhöht oder verlängert werden.

1 1. Die Liquidation ist die notwendige Folge der Auflösung wie bei der Aktiengesellschaft (§ 294 HGB.), und zwar ohne Rücksicht auf eine anders lautende Satzungsbestimmung. Dies gilt auch für den Fall der Konzessionsentziehung (§ 67 Abs. 3) und für den Fall der Fusion, soweit die Mitglieder nicht zustimmen (§ 44 Anm. 1); im Falle der Fusion erschöpft sich die Liquidation in Ver-

waltung des getrennten V.bestands der Nichtzustimmenden (§ 14 Anm. 18 ff., vgl. dort Anm. 15). Eine weitere Besonderheit besteht für den Konkursfall (§ 49). Die Auflösung kann nicht mehr durch Beschluß des obersten Organs rückgängig gemacht werden. Ein Wiederaufleben des aufgelösten VV. a. G. ist nur durch Neugründung möglich. Der § 302 Abs. 1 HGB., wonach die Generalversammlung einer Aktiengesellschaft im Falle des Mißlingens einer Fusion oder Umwandlung die Fortsetzung der Aktiengesellschaft beschließen kann (§ 307 Abs. 1 HGB.), ist nicht übertragen.

2. Der Zweck der Liquidation besteht in 2
der Abwickelung der laufenden V. im Namen und für Rechnung des VV. a. G. in Liquidation, in der Befriedigung der Gläubiger, Einziehung der Forderungen, Veräußerung des Vermögens und Verteilung des Ueberschusses (§ 48). Es ist dies derselbe Vorgang wie bei den Handelsgesellschaften (§§ 145, 161, 294 ff., 320 Abs. 3 HGB.), bei den Genossenschaften (§ 88 GenGes.), bei den Gesellschaften m. b. H. (§ 70 GmbHG.) und bei den rechtsfähigen Vereinen (§§ 49—52 BGB.). Zu diesem Zweck gilt der VV. a. G. als fortbestehend, d. h. die Rechts- und Parteifähigkeit des Vereins (§ 15 Anm. 2), der von nun an als Liquidationsverein auftritt, dauert fort, solange noch Vermögen vorhanden ist. Der Verein behält auch seinen Gerichtsstand (§ 9 Anm. 12, § 18 Anm. 2). Die Vereinsorgane fungieren weiter, soweit ihre Funktionen sich mit dem Liquidationszweck vertragen (ROHG. **16**, 284). Die Verantwortlichkeit der Vorstandsmitglieder, die die Stellung geborener Liquidatoren einnehmen (§ 47 Anm. 1) und des Aufsichtsrats hört nicht auf; nur können wegen fehlenden Gewinns keine Tantièmeansprüche mehr entstehen, wenn nicht eine Vergütung ähnlicher Art beschlossen wird (§ 34 Anm. 7; § 35 Anm. 4); auch die Aufsicht besteht weiter fort (§ 66). Aus dem Liquidationszweck folgt, daß neue V. nicht mehr abgeschlossen, die

bestehenden V. nicht mehr erhöht und nicht mehr verlängert werden können (Abs. 3). Die bestehenden V. müssen, sobald dies gesetzlich zulässig ist, sogar gekündigt werden (VA. **08**, 95), so daß auch eine stillschweigende Verlängerung verhindert wird. Reicht das Vermögen des Vereins nicht zur Deckung der Schulden hin, wozu auch die vertragsmäßige Erledigung der noch nicht abgelaufenen Lebensv. durch Auszahlung der künftig fällig werdenden V.summen gehört (§ 43 Anm. 7; JW. **04**, 100 Nr. 31), so ist auch in diesem Stadium die Ausschreibung von Nachschüssen und Umlagen noch zulässig (Abs. 2). Diese Gesetzesbestimmung ist eine notwendige Folge der gegenseitigen Haftung (§ 15 Abs. 1). Nur für die Forderungen der Garanten gibt es weder Umlagen noch Nachschüsse (§ 47 Abs. 2; über die Ausschreibung von Nachschüssen oder Umlagen im Konkurs s. § 52). Vermag der Verein die hiernach nötigen Mittel nicht zu beschaffen, so liegt Ueberschuldung mit den Folgen des § 68 Abs. 2 vor, und er kann sie regelmäßig nicht beschaffen, wenn die Umlagen oder Nachschüsse nach 5 Monaten nicht eingehen (§ 68 Abs. 2).

§ 47. Auf die Liquidation finden die Vorschriften des § 295 Abs. 1, Abs. 3 Satz 2, der §§ 296 bis 299 und des § 302 des Handelsgesetzbuchs entsprechende Anwendung. Auf Antrag des Aufsichtsrats oder einer in der Satzung zu bestimmenden Minderheit von Mitgliedern kann aus wichtigen Gründen die Ernennung von Liquidatoren durch das Gericht erfolgen, in dessen Bezirke der Verein seinen Sitz hat. Die Abberufung von Liquidatoren kann durch das Gericht unter denselben Voraussetzungen wie die Bestellung stattfinden. Die Vorschriften der

§§ 145, 146 des Gesetzes über die Angelegenheiten der freiwilligen Gerichtsbarkeit finden entsprechende Anwendung.

Eine Tilgung des Gründungsfonds darf erst erfolgen, nachdem die Ansprüche sämtlicher übrigen Gläubiger, insbesondere die Ansprüche der Mitglieder aus dem Versicherungsverhältnisse, befriedigt oder sichergestellt worden sind. Zum Zwecke der Tilgung dürfen Nachschüsse oder Umlagen nicht erhoben werden.

1. **Die Liquidation** geschieht durch die Mitglieder 1
des Vorstandes als Liquidatoren, falls nicht durch die Satzung oder Beschluß des obersten Organs andere Personen dazu bestimmt werden (§ 295 Abs. 1 HGB.). Nur physische Personen können Liquidatoren sein; Mitglieder des Aufsichtsrats können jedoch nicht dazu bestimmt werden (§ 29 Anm. 4). Abs. 2 und Satz 1 des Abs. 3 von § 295 HGB. sind durch Satz 2—4 Abs. 1 des § 45 ersetzt. Hiernach kann der Aufsichtsrat oder eine Minderheit von Mitgliedern des obersten Organs (§ 29 Anm. 2, § 36 Anm. 1), über deren Beschaffenheit die Satzung Bestimmungen enthalten muß (§ 36 Anm. 10), die Bestellung von Liquidatoren aus wichtigen Gründen beim Amtsgericht des Vereinssitzes (§ 18) gemäß §§ 145, 146 FGG. erreichen. Ueber das Verfahren s. Staub § 254 Anm. 16 u. 26. Ebenso ist die Abberufung von Liquidatoren beim Amtsgericht des Vereinssitzes zu beantragen. Gegen die Verfügungen des Amtsgerichts Beschwerde an die K. f. HS. (§ 16 Anm. 2; Staub § 14 Anm. 9 ff.). Liquidatoren, die nicht vom Gericht ernannt sind, kann das oberste Organ jederzeit abberufen (§ 295 Abs. 3 Satz 2 HGB.); selbstverständlich unbeschadet ihrer Ansprüche auf die vertragsmäßige Vergütung, die das oberste Organ

bei der Bestellung festzusetzen hat (ROHG. **24,** 222). Die Liquidation bietet dem Vorstand keinen Grund zur Lösung seines Dienstverhältnisses (RG. **24,** 70).

2 2. **Zum Handelsregister** wird die gerichtliche Ernennung und Abberufung von Liquidatoren von Amts wegen eingetragen (§ 296 Abs. 3 HGB.). In allen übrigen Fällen geschieht die Anmeldung unter dem Druck des § 14 HGB., §§ 132 ff. FGG., gemäß § 13 HGB. und zwar bezüglich der ersten Liquidatoren durch den Vorstand, bezüglich späterer Aenderungen durch die Liquidatoren. Bei der Anmeldung sind etwaige Abweichungen von dem Grundsatz der Gesamtvertretung, also etwaige Vertreter anzugeben (§ 296 Abs. 1 HGB.; vgl. § 34 Anm. 2). Der Anmeldung zum Handelsregister der Hauptniederlassung ist öffentlich beglaubigte Abschrift der Bestellung oder Aenderung beizufügen. Die Zeichnung der Firma und der Namensunterschrift geschieht nach §§ 12, 296 Abs. 4 HGB. Veröffentlichung durch das Gericht §§ 10 ff. HGB., durch die Liquidatoren nach §§ 28, 33 Nr. 2. Wirkung der gerichtlichen Bekanntmachung wegen der Gutgläubigkeit Dritter s. § 34 Anm. 1.

3 3. Die **Stellung der Liquidatoren** ist die des Vorstands unter Ueberwachung des Aufsichtsrats, des obersten Organs und der Aufsichtsbehörde (§§ 34, 46 Anm. 1; § 298 Abs. 2 HGB.). Sie sind Prozeßpartei (§ 51 ZPO.), leisten die Parteieide (§§ 473 ff. ZPO.), können daher nicht Zeugen sein (RG. **17,** 65; §§ 149, 298 HGB.), führen die anhängigen Prozesse weiter (JW. **84,** 71; ROHG. **21,** 128), können für den Verein selbst negatorisch klagen (RG. **15,** 104) und Vergleiche schließen (ROHG. **13,** 223), aber keine Prokuristen bestellen, weil kein Erwerbsgeschäft mehr betrieben wird (§ 298 Abs. 4 HGB.); sie unterliegen daher dem Konkurrenzverbot des § 34 Nr. 1 nicht (§ 298 Abs. 4 HGB.), und erlöschen alle Prokuraerteilungen durch Eintritt der Liquidation. Ihre Aufgabe besteht in der Abwickelung

der schwebenden Geschäfte, der Versilberung des Vermögens und Befriedigung der Gläubiger (§ 46 Anm. 2; §§ 149, 298 Abs. 1 HGB.). Sie können zu diesem Zweck Nachschüsse und Prämien einheben und neue Verbindlichkeiten mit der in § 46 Abs. 3 erwähnten Einschränkung eingehen; die Eingehung von Wechselverpflichtungen ist nicht ausgeschlossen (RG. **7**, 119). Eine verjährte Schuld können sie nicht anerkennen (ROHG. **9**, 85). Mit dem Auflösungsbeschluß wird die bisherige etwaige Einzelvertretung von Vorstandsmitgliedern zur Gesamtvertretung. Mehrere Liquidatoren müssen gemeinsam handeln, wenn nicht die Satzung oder das oberste Organ oder das Gericht, wo diesem die Ernennung zusteht, Abweichendes beschließt (vgl. § 34 Anm. 3; HGB. §§ 298 Abs. 3, 232). Willenserklärungen gegen den VV. a. G. können aber immer einem der Liquidatoren gegenüber wirksam abgegeben werden (Staub § 298 Anm. 9 f.).

a) Nach außen kann der Liquidator in wirk- **4**
samer Weise nicht an die Zustimmung des Aufsichtsrats gebunden werden (vgl. JW. **00**, 133 Nr. 13; über Veräußerung und Erwerb von Grundstücken s. § 54); allein der Dritte, der sich mit Liquidatoren einläßt, muß sich immer den Zweck der Liquidation vor Augen halten, der nur in der Erledigung schwebender Geschäfte und in Verwertung der Masse besteht (ROHG. **21**, 308). Danach bemißt sich auch die von den Liquidatoren aufzuwendende Sorgfalt; sie verbinden den Verein zum Schadensersatz und machen sich selbst haftbar bei Verstößen wie der Vorstand (§ 34 Anm. 1 u. 9 ff.; §§ 664, 276, 278 BGB.); sie zeichnen die Liquidationsfirma unter Beifügung ihres Namens (§§ 153, 298 HGB.); Verstöße schaden nicht (ROHG. **9**, 215).

b) Nach innen sind sie gehalten, die ihnen durch **5**
die zuständigen Organe erteilten Weisungen wie der Vorstand zu beobachten (§ 34 Anm. 5) und, wie mehrere Vorstandsmitglieder, nur gemeinsam zu handeln nach

§ 34 Anm. 3, jedoch mit dem Unterschied, daß von der Mitwirkung eines Prokuristen keine Rede ist, und daß die Satzung, ein Beschluß des obersten Organs oder der Registerrichter bei der Ernennung (oben Anm. 1) die Gesamtvertretung abschwächen oder ganz beseitigen kann (oben Anm. 3; § 298 Abs. 2 HGB.). Der Liquidator hat die Befugnis wie der Vorstand nach § 271 Abs. 4 HGB., Beschlüsse des obersten Organs anzufechten, selbst wenn er durch diesen Beschluß seines Amtes enthoben wurde (RGZ. **34**, 113); er ist strafrechtlich verantwortlich wie der Vorstand nach §§ 106, 109—113 (Konkurs §§ 68, 49).

6 4. Für den **Zeitpunkt des Liquidationsbeginns** und fernerhin für den Schluß entweder jeden Kalenderjahres oder jeden Geschäftsjahres haben die Liquidatoren eine zwar nicht nach § 319 Abs. 1 HGB. aber durch die Aufsichtsbehörde nach § 64 zu erzwingende Bilanz aufzumachen, dem obersten Organ mit Geschäftsbericht und Bemerkungen des Aufsichtsrats wie der Vorstand nach § 36 Anm. 12 ff. vorzulegen, nach erfolgter Genehmigung zum Handelsregister einzureichen und bekannt zu machen (§ 299 HGB.). Von der Verpflichtung der Bilanzvorlage kann der Liquidator nur durch einstimmigen Beschluß der Mitglieder des obersten Organs (RGZ. **34**, 58) und dazu kommende Genehmigung der Aufsichtsbehörde (§§ 64 ff.) entbunden werden. Für Aufstellung der Bilanz genügen die einfacheren Vorschriften der §§ 39, 40 HGB., wozu übrigens die Vorschriften des AA. zu beachten sind (§ 55). Der § 261 HGB. bleibt außer Anwendung; der § 262 HGB. hat ohnehin für VV. a. G. keine Geltung (§ 36 Abs. 1). Wohl aber gelten die §§ 260, 263—267 HGB., die schon in § 36 Anm. 12 ff. erörtert sind. Eine Dividendenverteilung (§ 38) findet während der Liquidation nicht statt; denn die Liquidation ist bezüglich ihrer Ergebnisse als einheitliche Rechnungsperiode zu behandeln; aus diesem Grunde genügt es, wenn Abweichungen von der

Eröffnungsbilanz in der nächsten oder, wenn die Liquidation vor Jahresschluß beendigt wird, in der bei Beendigung der Liquidation aufzustellenden Bilanz kenntlich gemacht werden (§ 299 HGB.).

5. Die **Vereinsgläubiger,** zu denen die Garanten des § 22 und die versicherten Nichtmitglieder gehören (§ 14 Anm. 21, § 16 Anm. 6), sind von den Liquidatoren sofort nach ihrer Bestellung in den Vereinsblättern (§§ 28, 33 Nr. 2) in angemessenen Zwischenräumen dreimal zur Anmeldung ihrer Ansprüche aufzufordern (§ 297 HGB.). An die bekannten Gläubiger ergeht keine Aufforderung, weil sie ohnehin schon zu befriedigen sind (ROHG. **19**, 160). Die öffentliche Aufforderung bildet die vorbereitende Maßregel zur Schuldenberichtigung und Sicherstellung nach § 48 Abs. 3. Sind Vereinsmitglieder mit ihren V.ansprüchen befriedigt worden, ohne daß eine solche Aufforderung erlassen worden ist, so haften sie aus grundloser Bereicherung (§ 812 BGB.), wenn sie besser Berechtigten dadurch die Befriedigung vereitelt haben. Was die Reihenfolge der Befriedigung angeht, so kommen an erster Stelle die Vereinsgläubiger, ausgenommen die Garanten; zur Befriedigung dieser Gläubiger müssen sich die Vereinsmitglieder Nachschußforderungen und Umlagen gefallen lassen (§ 46 Abs. 2). Sodann folgen die Vereinsmitglieder mit ihren V.ansprüchen; auch hierfür müssen sich die Mitglieder Nachschüsse und Umlagen gefallen lassen. Erst wenn diese zwei Klassen von Gläubigern befriedigt oder nach § 48 Abs. 3 sichergestellt sind, kommen die Garanten. Sind für sie keine Mittel mehr vorhanden, so dürfen zu ihren Gunsten keine Nachschüsse oder Umlagen erhoben werden (Abs. 2); denn sie haben ein gewagtes Geschäft gemacht. Hieraus folgt, daß nicht einmal mehr solche Nachschußprämien zu bezahlen sind, welche vor der Auflösung zur Auszahlung der Garanten satzungsmäßig richtig beschlossen waren, aber noch nicht eingegangen 7

sind (ROHG. **21**, 339; dagegen Ehrenberg I 513); und es kommt nicht darauf an, ob der Gründungsfonds vor Inkrafttreten des VAG. beschafft worden ist (vgl. VA. **07**, 122).

8 6. Die **Beendigung** der Liquidation und die Genehmigung der Schlußrechnung sind von den Liquidatoren gemäß §§ 28, 33 Nr. 2 bekannt zu machen, nachdem sie das Erlöschen der Firma zum Eintrag in das Handelsregister gemäß §§ 12—13 HGB. angemeldet haben. Zwang durch den Registerrichter nach § 14 HGB., §§ 132 ff. FGG.; dessen Veröffentlichung §§ 10 ff. HGB. Die Bücher und Papiere des Vereins sind 10 Jahre lang an einem vom Amtsgericht des Vereinssitzes zu bezeichnenden sichern Ort aufzubewahren (§ 302 Abs. 2 HGB.; §§ 145, 146 FGG.). Da § 319 Abs. 1 HGB. nicht übertragen ist, also § 132 FGG. keine Handhabe bietet, ist die Entscheidung des Gerichts über die Aufbewahrung nicht erzwingbar, wenn die Aufsichtsbehörde ihre Hilfe nicht leiht (§ 64). Ebenso verhält es sich mit dem Einsichtsrecht der Gläubiger und der Mitglieder des obersten Organs (§ 302 Abs. 3 HGB.). Stellt sich nach beendigter Liquidation nachträglich noch neues verteilungsfähiges Vermögen heraus, so hat das Amtsgericht des Vereinssitzes nach §§ 145, 146 FGG. die bisherigen Liquidatoren erneut zu bestellen oder andere zu berufen (§ 302 Abs. 4 HGB.). Sofortige Beschwerde an die K. f. HS. (§ 16 Anm. 2). Die Liquidation ist alsdann ganz wie eine neue Liquidation zu behandeln und durchzuführen (RG. **41**, 95).

§ 48. Das nach der Berichtigung der Schulden verbleibende Vermögen des Vereins wird, sofern nicht in der Satzung andere Anfallberechtigte bestimmt sind, an die zur Zeit der Auflösung vorhanden gewesenen Mitglieder und zwar, sofern die

Satzung nicht ein anderes bestimmt, nach demselben Maßstabe verteilt, nach welchem während des Bestehens des Vereins die Verteilung des Ueberschusses stattfindet.

Die Satzung kann vorschreiben, daß die Anfallberechtigten durch Beschluß des obersten Organs bestimmt werden.

Auf die Ausführung der Verteilung finden die Vorschriften des § 301 des Handelsgesetzbuchs entsprechende Anwendung.

1. Die Verteilung des Vermögens, 1
das nach Befriedigung der Gläubiger (§ 47 Anm. 7) übrig bleibt, erfolgt, da der Verein ausschließlich den Interessen seiner Mitglieder dient (§§ 15, 16 Anm. 1), nach dem in § 45 BGB. aufgestellten allgemeingültigen Grundsatz unter die z. Zt. der Auflösung vorhandenen Mitglieder; jedoch nicht zu gleichen Teilen, sondern nach dem Maßstab der Ueberschußverteilung, also der sog. Dividenden (§ 38 Anm. 2); denn, abgesehen von der Krankenv., pflegen weder V.summe noch Beiträge gleich zu sein (Abs. 1). Diese Grundsätze können durch Satzungsbestimmungen geändert werden, so daß sowohl andere Anfallsberechtigte, als auch andere Maßstäbe der Verteilung, z. B. nach der Prämienreserve oder nach den V.summen, bezeichnet werden dürfen. Die Satzung darf auch die Bezeichnung der Anfallberechtigten dem obersten Organ (§ 29 Anm. 2, § 36 Anm. 1), nicht aber dem Vorstand oder dem Aufsichtsrat anheimgeben (Abs. 2). Dagegen kann das oberste Organ nicht durch Mehrheitsbeschluß, also auch nicht im Weg der Satzungsänderung, etwas anderes verfügen, als die Satzung oder, wenn diese schweigt, Abs. 1 vorschreibt. Denn das Recht auf den Ueberschuß ist ein Sonderrecht, dessen Aenderung

der Zustimmung jedes einzelnen Mitglieds bedarf (§ 21 Anm. 4). An diesem Grundsatz ist nur die Einschränkung zu machen, daß auch noch im Liquidationsverfahren eine Fusion rechtswirksam durch die in § 44 vorgesehene Mehrheit beschlossen werden kann (§ 14). Ueber die nach obigen Grundsätzen vorzunehmende Verteilung wacht die Aufsichtsbehörde (§ 66), und sind Liquidatoren und Aufsichtsrat jedem Mitglied zivilrechtlich verantwortlich (§ 47 Anm. 4, § 35 Anm. 6).

2 2. Die Ausführung der Verteilung richtet sich nach § 301 HGB. (Abs. 3). Das heißt: damit den Gläubigern (§ 19, § 47 Anm. 7) ihre Ansprüche nicht vereitelt werden, darf vor Ablauf eines Sperrjahres, dessen Lauf mit der dritten in § 47 Anm. 7 erwähnten Aufforderung beginnt, die Verteilung des Vereinsvermögens (oben Anm. 1) bei Vermeiden zivil- und strafrechtlicher Verantwortlichkeit der Liquidatoren und des Aufsichtsrats nicht erfolgen (§ 301 Abs. 1 HGB.; § 47 Anm. 4, § 35 Anm. 6, §§ 110, 113). Meldet sich ein unbekannt gebliebener Gläubiger nach Ablauf des Sperrjahres, so muß er berücksichtigt werden, soweit noch Vermögen vorhanden ist (vgl. § 51 BGB.). Meldet sich ein bekannter Gläubiger nicht, so sind zwei Fälle möglich: entweder steht seine Forderung an sich für den Verein außer Zweifel, dann ist er zu befriedigen; verweigert er aber die Annahme oder treten mehrere Forderungsprätendenten auf infolge mehrfacher Pfändungen (§ 827 Abs. 3, § 853 ZPO.), oder nimmt irgend ein Dritter die Forderung aus Uebertragung entgegen dem Willen des Gläubigers in Anspruch, so hat die Hinterlegung nach §§ 372 ff. BGB., art. 144, 145 EG. z. BGB. (vgl. § 52 Abs. 1 BGB.) stattzufinden (§ 301 Abs. 2 HGB.); die zweite Möglichkeit ist die, daß die Forderung bedingt, betagt, in ihrem Ausfall unsicher oder bestritten ist; in diesem Falle hat Sicherheitsleistung nach § 232 BGB. stattzufinden (§ 301 Abs. 3 HGB.; hierzu Staub § 301

Anm. 4), weil der Eintritt der Liquidation die Fälligkeit nicht herbeiführt (vgl. § 52 Abs. 2 BGB.). Hieran knüpft sich die Streitfrage, ob die Aufsichtsbehörde bei der Lebensv. von der Sicherheitsleistung entbinden kann, und wie die Sicherheitsleistung zu bemessen ist (hierüber § 14 Anm. 14 ff.). Hieraus ergibt sich die Notwendigkeit getrennter Verwaltung (hierüber § 14 Anm. 15). Der Verein kann auch Aufschub der Verteilung beschließen; alsdann haben die Gläubiger nur ein danach bedingtes Recht auf Sicherheitsleistung. Ihren Anspruch auf Sicherheitsleistung können die Gläubiger durch Arrest im Falle der §§ 916 ff. ZPO. durchsetzen (vgl. ROHG. **23**, 150).

§ 49. Durch die Eröffnung des Konkurses wird der Verein aufgelöst. Die Vorschriften des § 307 Abs. 2, 3 des Handelsgesetzbuchs finden entsprechende Anwendung.

A. Durch die **Eröffnung des Konkurses**, die nur auf Antrag der Aufsichtsbehörde (§ 68) erfolgen kann, wird der VV. a. G. entsprechend den allgemeinen Grundsätzen des § 42 Abs. 1 BGB., § 292 Nr. 3 HGB. mit der Wirkung aufgelöst, daß der VV. a. G., ähnlich wie bei anderen Auflösungsgründen (§§ 42 Anm. 2, 43 Anm. 5 ff.), als Liquidationsverein zu dem besonderen Zwecke konkursrechtlicher Abwicklung der Verhältnisse weiterbesteht. Neue Mitglieder können also nicht mehr beitreten (vgl. RG. **50**, 130). Die Organisation des Vereins besteht fort, soweit der Konkurszweck und die Stellung des Konkursverwalters damit verträglich ist. Der Konkursverwalter hat die ihm in der KO. eingeräumte Stellung; insbesondere liegt ihm die Feststellung und das Ausschreiben von Nachschüssen und Umlagen zu (§ 52); er hat sich mit dem Pfleger, der vom Konkursgericht bei Eröffnung des Konkurses über einen Lebensv.-Verein den Versicherten zu bestellen ist (§ 62), zu benehmen (§ 62 Abs. 4). Die 1

Stelle des Gemeinschuldners nimmt der in Konkurs befindliche VV. a. G. ein; er wird von seinem Vorstand und, falls die Konkurseröffnung im Liquidationsstadium stattgefunden hat, von seinen Liquidatoren vertreten (§§ 34 Anm. 2, 47 Anm. 3); sie leisten die Eide und sind daher nicht zeugnisfähig (RG. **14**, 419). Genaueres über die Stellung des VV. a. G. bei Thaler, Der Konkurs des VV. a. G., 1902, S. 32. Der Konkurs kann selbst nach Auflösung des VV. a. G. solange eröffnet werden, als noch eine Teilungsmasse vorhanden ist (§§ 207 Abs. 2, 213 KO.). Ueber die Eintragung s. § 68 Anm. 1.

2 Zur Ermöglichung der Fortsetzung des VV. a. G. läßt Satz 2 die Absätze 2 u. 3 des § 307 HGB. Anwendung finden; denn die durch den Konkurs erfolgte Auflösung kann nicht mehr rückgängig gemacht werden. Nach § 307 Abs. 2 HGB. in entsprechender Anwendung könnte danach das oberste Organ mit einfacher Mehrheit der abgegebenen Stimmen (§ 36), wenn der Konkurs durch Zwangsvergleich beendigt oder das Konkursverfahren auf Antrag des VV. a. G. mit Zustimmung sämtlicher Gläubiger eingestellt ist (§ 202 KO.), beschließen, daß der VV. a. G. nunmehr wieder den Betrieb aufnehme; allein der Fall eines Zwangsvergleichs ist durch § 52 Abs. 2 (§ 116 Abs. 1 GenGes.) ausgeschlossen und die Einstellung nach § 202 KO. ist durch § 116 Abs. 2 GenGes., § 52 Abs. 2 sehr beschränkt (§ 52 Anm. 8). Immerhin wird dem VV. a. G. hiernach ermöglicht, an Stelle des Konkursverfahrens eine Liquidation zu setzen, eine Fusion nach §§ 14, 44 in die Wege zu leiten oder zu einer Wiederaufnahme des Betriebes zu gelangen. Sobald der Fortsetzungsbeschluß gefaßt ist, haben der Vorstand oder die Liquidatoren die Anmeldung nach §§ 13, 14 HGB. (§ 16) zum Handelsregister anzumelden (§ 307 Anm. 2 HGB.) und die Veröffentlichung nach §§ 28, 33 Nr. 2 zu besorgen. Der Registerrichter macht nach § 10 HGB. bekannt. Die infolge der Konkursverwaltung ein-

getretenen Wirkungen können jedoch nur mit Zustimmung der Interessenten rückgängig gemacht werden.

B. **Der Einfluß des Konkurses auf die bestehenden V.verhältnisse** äußert sich verschieden, je nachdem der VV. a. G. als Versicherer oder ein V.nehmer in Konkurs geraten ist; und zwar kommt es dann wieder darauf an, ob es sich um Lebens- oder Sachv. handelt; bei der Sachv. nimmt die Seev. im Konkurs des Versicherers eine Sonderstellung ein. Die V. für fremde Rechnung und die Rückv. erfordern selbständige Behandlung. 3

I. Im Konkurs des VV. a. G. als **Versicherers** ist das Wahlrecht des Konkursverwalters (§ 17 KO.) überall ausgeschlossen, weil besondere gesetzliche Vorschriften bestehen (§ 25 KO.), die eben mit Rücksicht darauf getroffen sind, daß § 17 KO. sich nicht für den Konkurs des Versicherers eignet. 4

1. Bei der Lebensversicherung (§ 6) und der ihr gleichgestellten Kranken- und Unfallv. (§§ 12, 63) erlöschen (umgekehrt wie bei anderen Arten der Auflösung des VV. a. G.; § 43 Abs. 5) die V.verhältnisse, wie § 61 Abs. 2, der durch § 13 Satz 2 VVG. aufrecht erhalten ist, ausdrücklich vorschreibt. Der Lebensv. steht die Haftpflichtv. nicht gleich (§ 12 Anm. 2). Daß die V.verhältnisse mit der Konkurseröffnung erlöschen, ist ein unbedingt ausgesprochener Satz. Daher erlöschen auch die V.verhältnisse versicherter Nichtmitglieder, obgleich sie lediglich Konkursgläubiger sind (hierüber § 61 Anm. 3). Infolge des Erlöschens des V.verhältnisses haben die Versicherten, wenn der VV. a. G. vor Eintritt des V.falls in Konkurs gerät, nur einen Anspruch auf die Prämienreserve, wie sie sich z. Zt. der Konkurseröffnung (nicht auf den Schluß der V.periode) stellt, weil durch das Erlöschen des V.vertrags die V.summe nicht mehr fällig werden kann; für diesen Anspruch haben die Versicherten ein Vorrecht auf Befriedigung aus dem Prämienreservefonds (§ 61 Anm. 4). Soweit dieser

Fonds nicht reicht, haben die Versicherten als Konkursgläubiger einen nicht bevorrechteten Anspruch auf Befriedigung aus dem sonstigen Vereinsvermögen. Es besteht hierin aber ein Unterschied zwischen den Mitgliedern und den versicherten Nichtmitgliedern (hierüber §§ 50, 51). Weil die V.verhältnisse erlöschen, können die vorausbezahlten Prämien, soweit sie auf die Zeit nach der Konkurseröffnung entfallen, zurückverlangt werden, unter Abzug der verhältnismäßig auf diesen Teil der Prämie entfallenden Abschluß- und Inkassoprovision (§ 40 Abs. 3 VVG.) und wohl auch der Verwaltungskosten; denn auch die letzteren gehören zu den aufgewendeten Kosten des § 40 Abs. 3 VVG. Dieser Anspruch auf Prämienrückersatz ist Konkursforderung; auch hier besteht ein Unterschied zwischen Mitgliedern und Nichtmitgliedern (§§ 50, 51). — Ist der VV. a. G. nach Eintritt des V.falls in Konkurs geraten, so ist die V.summe bereits vor der Konkurseröffnung fällig geworden. Die Ansprüche sind, soweit sie den Anteil am Prämienreservefonds übersteigen, Konkursforderungen ohne Vorrecht (§ 61 Anm. 3), bei deren Befriedigung wiederum der Unterschied zwischen Mitgliedern und versicherten Nichtmitgliedern hervortritt (§ 51 Anm. 4 u. 5).

5 2. Bei der Schadensversicherung (Sachv.), zu der auch die Haftpflichtv. gehört (§ 12 Anm. 2), endigt das V.verhältnis innerhalb eines Monats nach der Konkurseröffnung (§ 13 Satz 1 VVG.; § 25 KO.). Diese Vorschrift kommt bei der Gebäudev. auch den Hypothekengläubigern zu gut (§ 100 Abs. 1 Satz 2 VVG.); sie ist zwingend und rückwirkend (art. 4 Nr. 3 u. 8 EG. z. VVG.). Auf eine vereinbarte Abkürzung der Frist kann sich nur der V.nehmer berufen, weil die Vorschrift in seinem Interesse gegeben ist. Die Vorschrift des § 13 Satz 1 VVG. entspricht durchaus dem Grundgedanken, den auch § 43 Abs. 5 zum Ausdruck bringt, daß nämlich dem V.nehmer Zeit gelassen werden soll, eine andere

V. zu suchen. Und hier soll dem V.nehmer das Aufsuchen anderweiter V. unter voller Deckung gesichert bleiben während dieses Monats. Es besteht daher kein Anlaß, dieser Vorschrift die Anwendung auf versicherte Nichtmitglieder (§ 14 Anm. 21; § 16 Anm. 6; § 21 Anm. 10) zu versagen (a. M. Hagen § 51 S. 191). Weil die V.-verhältnisse somit nicht erlöschen, so muß die Konkursmasse die V.ansprüche nach § 59 Nr. 2 KO. als Masseschuld voll befriedigen, wenn der V.fall zwar nach der Konkurseröffnung, aber vor Ablauf der einmonatigen Frist eingetreten ist, weil dann ein Anspruch aus einem zweiseitigen Vertrag vorliegt, den der Konkursverwalter befriedigen muß (Begr. zu § 13 VVG.). Eine weitere Folge aus diesem Satze ist die, daß der Versicherte für diesen Monat auch die volle Prämie schuldet. Erst die über diesen Monat hinaus vorausbezahlte Prämie ist anteilig zurückzuerstatten nach dem oben Anm. 4 bereits dargestellten, bei § 40 Abs. 3 VVG. aufgestellten Grundsatz; denn nach Ablauf des einen Monats erlöschen die V.verhältnisse. Tritt also nach Ablauf dieses Monats erst der V.fall ein, so ist das V.verhältnis nicht mehr vorhanden; die V.summe kann nicht mehr fällig werden und der Versicherte hat auch keinen Schadensersatzanspruch nach § 26 KO.; denn § 26 KO. ist gerade durch § 13 Satz 1 VVG. ausgeschlossen (§ 25 KO.). — Tritt der V.fall vor der Konkurseröffnung ein, so kommt § 13 Abs. 1 VVG. nicht in Anwendung; der V.anspruch ist gewöhnliche Konkursforderung, wobei sich die Ansprüche der Mitglieder von denen der versicherten Nichtmitglieder im Range unterscheiden (§ 51 Anm. 4 u. 5). Bei der V. für fremde Rechnung gilt über die Person des Berechtigten Besonderes (§§ 74 ff. VVG.).

3. Bei der Seeversicherung (sie wird vom VVG. nicht berührt; § 186 VVG.) bleibt das V.-verhältnis bestehen. Nach § 898 HGB. hat sogar der Versicherte schon im Falle der Zahlungsunfähigkeit des 6

Versicherers, und um so gewisser im Falle der Konkurseröffnung, das Wahlrecht, ob er vom ganzen Vertrag, obgleich der Versicherer einen Teil der Gefahr getragen hat, zurücktreten oder auf Kosten des Versicherers eine neue V. nehmen will. Wählt er den Rücktritt, so kann er die ganze gezahlte Prämie im Konkurs als einfache Konkursforderung zurückfordern und die nicht bezahlte Prämie zurückbehalten. Wählt er den Abschluß einer neuen V., so bleibt der V.vertrag mit der Folge bestehen, daß der Konkursverwalter die volle Prämie beanspruchen kann; gegen diesen Anspruch kann der Versicherte den Betrag der Prämie, die er für die neue V. aufwenden muß, aufrechnen (§§ 53, 54 KO.; RG. **52**, 408). Ueber das Verhältnis der neuen zur alten V. s. § 789 Nr. 2 HGB. Der Versicherer kann diesen Folgen entgehen, wenn er vor Ausübung der Wahl dem V.nehmer genügende Sicherheit leistet, die aber keine Sicherheit im Sinne der §§ 232 ff. BGB. zu sein braucht. Für die Binnentransportv. gelten nicht diese, sondern die allgemeinen Vorschriften der Schadensv. (oben Anm. 5).

7 II. Im Konkurs des **Versicherungsnehmers** tritt die staatliche Aufsicht gegenüber den privatrechtlichen Vorschriften zurück. Die Rechtsgrundsätze, die das V.verhältnis beherrschen, finden sich daher nicht im VAG., sondern im VVG. und im BGB. Deshalb gilt nicht die Begriffsbestimmung einer Lebensv., die das VAG. aufstellt (oben Anm. 4), sondern als Lebensv. sind nur die Formen der Kapital- und Rentenv. anzusehen, bei welchen die Leistung des Versicherers in der Art vom Leben einer Person abhängig gemacht wird, daß die vom Versicherer zu tragende Gefahr aus der Ungewißheit der Dauer dieses Lebens entspringt; hierunter fällt also nur die Kapitalv. auf den Todes- und auf den Erlebensfall sowie die Rentenv., nicht aber die Unfall- und die Invaliditätsv. (Begr. z. Abschn. III des VVG.). Die §§ 6 u. 12 VAG. bleiben hier somit ganz außer Betracht.

Es kommt auch § 17 KO. zur Anwendung, soweit nicht die Parteien Abweichendes vereinbart haben (unten Anm. 12).

Es ist daher zu unterscheiden:

1. Ist der V.fall bereits eingetreten, 8
als der Konkurs eröffnet wurde, so gehört die V.entschädigung zur Konkursmasse des V.nehmers; jedoch mit zwei Ausnahmen: a) Nicht pfändbare Entschädigungsansprüche gehören nach allgemeinen Grundsätzen nicht zur Masse (§ 1 KO.; hierüber § 20 Anm. 1 a und Jaeger § 1 Anm. 18, 26, 47). Die Ansprüche des V.nehmers aus einer Haftpflichtv. sind pfändbar (a. M. Flechtheim LZ. **08**, 811), es findet auch § 850 ZPO. keine Anwendung; daher gehört dieser Anspruch zur Konkursmasse (RG. in VA. **09** Anh. 98 Nr. 484); der Dritte kann jedoch wegen des ihm gegen den V.nehmer zustehenden Anspruchs ein dem § 47 KO. ähnliches Absonderungsrecht aus der Entschädigungsforderung des V.nehmers geltend machen (§ 157 VVG.), welches von einem Zwangsvergleich (§ 193 KO.) somit nicht berührt wird (über dieses Absonderungsrecht s. Flechtheim LZ. **08**, 801); wegen dieses Rechts des Dritten kann der Konkursverwalter des Haftpflichtversicherten vom Haftpflichtversicherer Befreiung von der ganzen Schuld oder Zahlung an die Masse verlangen (RG. **70**, 257; vgl. RG. **39**, 95); es kann der Haftpflichtversicherer nicht einwenden, er brauche nur die Konkursdividende zu bezahlen, weil der Dritte sich mit der Dividende im Konkurs des V.nehmers begnügen müsse (RG. in VA. **09** Anh. 98 Nr. 484). Ueber das Absonderungsrecht des § 157 VVG. s. Meuret in LZ. **08**, 900; Kirchberger in LZ. **10**, 508 u. 577; Franke in LZ. **10**, 675. Der Konkursverwalter des Haftpflichtversicherten kann aber auch dem beschädigten Dritten die Ansprüche des Gemeinschuldners gegen den Haftpflichtversicherer abtreten (RG. **70**, 35 und VA. **10** Anh. 73 Nr. 536). b) Sodann gehört diejenige V. nicht zur Konkursmasse des Nachlasses, die zugunsten eines Dritten genommen war (§§ 330, 331

BGB.); denn der bezugsberechtigte Dritte erwirbt den Anspruch auf die V.summe unmittelbar, nicht als Rechtsnachfolger des verstorbenen V.nehmers. Nur die Zahlung der Prämie kann angefochten werden, soweit die Voraussetzungen einer Anfechtung vorliegen (RG. **61**, 218; **62**, 259; ausführlich Jaeger § 32 Anm. 25 ff.). Wann ist aber ein dritter Bezugsberechtigter genügend bestimmt? Für die Kapitalv., bei der die Leistung des Versicherers nach dem Tode des V.nehmers an die Erben erfolgen soll (nicht also für die Rentenv.), ist in § 167 VVG. die Auslegungsregel aufgestellt, daß die V.summe nicht in die Nachlaßkonkursmasse fällt, wenn im V.vertrag oder nachher die Erben ohne nähere Bezeichnung als bezugsberechtigt bezeichnet sind. Jedoch muß diese Bestimmung so gemeint sein, daß die V.summe den Erben als Dritten unabhängig von ihrer Eigenschaft als Universalrechtsnachfolger zufallen soll, und die Bezeichnung nur gewählt ist, um die selbständig berechtigten Dritten zum Unterschied von Erben im streng juristischen Sinne zu kennzeichnen; denn nur dann hat der Erblasser zum Ausdruck gebracht, daß die V.summe nicht in den Nachlaß fallen soll. Es müssen also besondere Umstände auf eine solche ungewöhnliche Auffassung hinweisen (RG. **62**, 259; JW. **08**, 689 Nr. 31; RG. in VA. **10** Anh. 9 Nr. 459). § 167 VVG. bestimmt nur, wer diese Erben sind. Dasselbe muß gelten, wenn über die V. zugunsten der Rechtsnachfolger oder der Hinterbliebenen verfügt ist. In diesen Fällen erben die gesetzlichen oder testamentarischen Erben (nicht der Nacherbe) den Anspruch auf die V.summe nach dem Verhältnis ihrer Erbteile, jedoch nie der Fiskus (§ 167 Abs. 2 VVG.). In derselben Weise ist zu entscheiden, wenn die V. für die Familie, die Angehörigen genommen ist. Es gelten überhaupt die Auslegungsregeln der §§ 2066 ff. BGB. und sind überhaupt alle Umstände zur Ermittlung der Person des Begünstigten heranzuziehen (JW. **00** 496 Nr. 9; RG. in VA. **10** Anh. 9

Nr. 495). Daher ist, wenn die V. zugunsten der Ehefrau genommen ist, die z. Zt. des Todes des V.nehmers lebende Ehefrau gemeint, wenn sie auch die zweite Frau sein mag (Bolze 8 Nr. 521). Eine Ausschlagung der Erbschaft ändert an dem Anspruch des Begünstigten nichts (§ 167 Abs. 1 Satz 2 VVG.). Nur wenn die Person des Begünstigten nicht zu ermitteln ist oder es an der V.nahme zugunsten eines Dritten fehlt, oder der Dritte nicht erwerben will (§ 333 BGB.; § 168 VVG.) oder nicht erwerben kann (§ 170 VVG.), gehört der Anspruch der Masse (Jaeger § 32 Anm. 27). Was hier von der Kapitalv. im Sinne des § 167 VVG. gesagt ist, gilt auch von der Unfallv. dann, wenn als Leistung des Versicherers die Zahlung eines Kapitals vereinbart ist (§ 180 VVG.). Was von der V.summe gilt, gilt auch von der Prämienreserve, wenn der Versicherer, wie im Falle des Selbstmordes, nur die Prämienreserve nach den allgemeinen V.bedingungen zu zahlen hat (RG. in VA. **04**, 65 Nr. 44). Hat der V.nehmer vollen Ersatz vom Versicherer erhalten, so muß er dem Versicherer das herausgeben, was er von einem dritten Ersatzpflichtigen auf denselben Schaden erhalten hat (§ 255 BGB.), und er kann, wenn er diesen Betrag von dem Dritten erst nach der Konkurseröffnung über das Vermögen des Versicherers eingezogen hat, gegen den Anspruch auf Herausgabe nicht aufrechnen (§ 55 Nr. 1 KO.; RG. **53**, 327).

2. Ist der V.fall noch nicht eingetreten, als der Konkurs eröffnet wurde, und ist die V. nicht etwa infolge unterlassener Prämienzahlung erloschen (RG. **52**, 51; §§ 38 ff. VVG.), so hat der Konkursverwalter nach § 17 KO. die Wahl, ob er die V. fortsetzen oder die Erfüllung ablehnen will. **9**

a) Wählt er die Fortsetzung, so müssen die Prämien als Masseschuld entrichtet werden (§ 59 Nr. 2 KO.); bei der Lebensv. kann der Konkursverwalter aber, wenn der Gemeinschuldner der Berechtigte ist, auch noch, nachdem er Erfüllung verlangt hat, das V.-verhältnis für den Schluß der laufenden V.periode (§ 9 VVG.) mit den Wirkungen der §§ 173, 176—178 VVG. kündigen (§ 165 VVG.; vgl. § 9 Anm. 9). Ist eine Kapitallebensv. zugunsten eines Dritten genommen (§§ 330 ff. BGB.) — und das gilt auch für die Unfallv., bei der der Versicherer ein Kapital zu zahlen hat; § 180 VVG. —, so kann der Konkursverwalter, wenn er Erfüllung wählt, gleich wie es der Gemeinschuldner bis zur Konkurseröffnung hätte tun können, die Bezeichnung des Dritten widerrufen (§ 166 VVG.). Alsdann fällt der V.anspruch in die Konkursmasse. Ein solcher Widerruf ist jedoch nicht mehr zulässig, wenn der Dritte ein eigenes Recht bereits erworben hat, und dieses Recht ist erworben, wenn der Dritte sofort erwerben sollte, also § 331 Abs. 1 BGB. nicht Platz greift, oder wenn der V.nehmer auf sein Widerrufsrecht verzichtet hat (RG. in VA. **04**, 65 Nr. 43), oder wenn der Dritte dem V.vertrag mit Bewilligung des Versicherers und des V.nehmers beigetreten ist (vgl. § 328 BGB.; RG. **1**, 188; **24**, 337; **29**, 324; Gruch. **33**, 1021); der 3. Fall des Erwerbs, nämlich der Tod des V.nehmers, kommt nicht hier, sondern oben Anm. 8 in Betracht. Hat der Dritte ein eigenes Recht erworben, so stehen der Konkursmasse keine Ansprüche zu, weil der V.nehmer selbst kein Verfügungsrecht mehr hatte (RG. **29**, 322; **50**, 326; vgl. RG. in VA. **10** Anh. 10 Nr. 496); es kann nur die Prämienzahlung nach § 32 KO. in Frage kommen (wie oben Anm. 8; vgl. JW. **04**, 495 Nr. 24).

10 b) Lehnt der Konkursverwalter die Erfüllung ab, so steht dem Versicherer nur ein Schadensersatzanspruch nach § 26 KO. zu, wobei jedoch zu beachten ist, daß der Konkursverwalter die Kapitallebensv., wenn der Gemeinschuldner der Berechtigte ist, kündigen kann (oben Anm. 9; § 165 VVG.). Die z. Zt. der Konkurseröffnung rückständigen Prämien kann der

Versicherer nur als Konkursforderung geltend machen; nur die öffentlichen, zur Annahme der V. verpflichteten Feuerv.-Anstalten haben ein Konkursvorrecht (§ 61 Nr. 3 KO.); vgl. wegen der Zwangsversteigerung § 10 Nr. 3 ZwVG. 1 art. 1 Nr. 2 preuß. AG. z. ZwVG.

c) Gibt der Konkursverwalter keine Erklärung ab, und gilt er auch mangels unverzüglichen Erfüllungsverlangens nicht als eingetreten (§ 17 KO.), so besteht das V.verhältnis unverändert weiter, kann nach Beendigung des Konkurses unverändert geltend gemacht werden und wird von einem Zwangsvergleich nicht betroffen (Jaeger § 17 Anm. 53 ff.). Zahlt der Gemeinschuldner unter diesen Umständen die Prämien persönlich oder verrechnet der Versicherer die Prämie mit ihm, so hat er sich den Anspruch aus dem V.verhältnis als einen persönlichen bewahrt (RG. **52**, 53). 11

d) Die Parteien können anderes vereinbaren, und zwar für alle V.zweige und bei allen VU. Denn § 17 KO. enthält zwingendes Recht nur, soweit das Gemeininteresse der Konkursgläubiger, also das Gemeinwohl, entgegensteht. Es kann daher rechtswirksam in den V.bedingungen vorgesehen sein, daß das V.verhältnis durch die Eröffnung des Konkurses über das Vermögen des V.nehmers erlöschen soll, oder daß der Versicherer das V.verhältnis kündigen darf. Auf eine solche Vereinbarung kann sich der Versicherer jedoch nicht berufen, wenn der Konkursverwalter nicht einverstanden ist. Nur dann bedarf es der Zustimmung des Konkursverwalters nicht, wenn die vereinbarte Kündigungsfrist mindestens einen Monat beträgt (§ 14 VVG.). In diesem Fall dauert das V.verhältnis noch einen Monat nach der Konkurseröffnung fort (ähnlich wie beim Konkurs des versichernden VV. a. G. nach § 43 Abs. 5). Insolange ist auch die Prämie als Masseschuld nach § 59 Nr. 2 KO. zu entrichten. Die über diesen Monat hinaus bezahlte Prämie kann anteilig als Konkursforderung 12 zurückverlangt werden, obgleich der nur für den Konkurs des Versicherers gegebene § 40 Abs. 3 VVG. hier nicht Platz greift (vgl. oben Anm. 4 u. 5). Die freie Vereinbarung ist jedoch nicht beschränkt bei der Transportv. von Gütern, bei der Kreditv., bei der V. gegen Kursverluste, bei der V. gegen Arbeitslosigkeit und bei der laufenden Schadensv. auf Generalpolice (§ 187 VVG.).

13 III. **Bei der Versicherung für fremde Rechnung,** die hauptsächlich in der Seev., dann aber auch in der Binnenv. zugunsten der Spediteure, Lagerhalter, Kommissionäre, Gewerbetreibenden, die Kundensachen versichern, der Dienstherrschaften und Betriebsunternehmer, die ihre Leute gegen Unfall versichern, Anwendung findet, schließt der V.nehmer mit dem Versicherer in eigenem Namen aber für Rechnung des V.nehmers ab (§ 74 VVG.; § 78 Abs. 1 HGB.). Den V.schein erhält der V.nehmer (§ 75 Abs. 1 Satz 2 VVG.; § 784 HGB.); er hat auch die Prämie zu zahlen; der für die Seev. das Gegenteil verfügende § 812 Abs. 3 HGB. ist durch Art. 1 Ziff. VII der Novelle vom 30. Mai 1908 (RGBl. 307) aufgehoben. Dem Versicherten stehen die Rechte aus dem V.vertrag zu; er kann sie aber nur geltend machen, wenn er sich im Besitz des V.scheins befindet. Der Besitz dieses Scheins ergibt die Zustimmung des V.nehmers (§ 75 VVG.; § 886 HGB.). Die Verhältnisse im übrigen sind durch §§ 76 ff. VVG., §§ 886 ff. HGB. geordnet.

14 1. Gerät der **Versicherer** in Konkurs, so kommen die zu Anm. 5 und bezüglich der Seev. die zu Anm. 6 entwickelten Grundsätze zur Anwendung.

15 2. Gerät der **V.nehmer** in Konkurs, so hat der Versicherte ein Aussonderungsrecht hinsichtlich der Entschädigungsforderung, welche dem V.nehmer gegen den Versicherer zusteht (§ 43 KO.). Denn in Wahrheit ist der Versicherte nach dem Gesetz (§ 75 VVG.) der Berechtigte. Zieht der Konkursverwalter die Forderung ein, so kann der eingezogene Betrag aus der Masse

nach § 46 Satz 2 KO. verlangt werden (§ 43 KO.; Begr. z. § 77 VVG.). Derselbe Grundsatz findet auch Anwendung auf die Mitv. von Hausgenossen und Bediensteten gegen Feuer (§ 85 VVG.) und von angestellten Hilfspersonen gegen Haftpflicht (§ 151 VVG.); denn diese V. sind vom Gesetz selbst als V. auf fremde Rechnung erklärt. Der Versicherer kann übrigens gegen die Forderung des V.nehmers Gegenforderungen aufrechnen, die auf der für den Versicherten genommenen V. beruhen (z. B. die Gegenforderung auf Prämie); § 78 VVG.; art. 1 XII der die Seev. betr. Novelle vom 30. Mai 1908 (RGBl. 307).

3. Gerät der **Versicherte** in Konkurs, 16
so hat der V.nehmer (wozu er übrigens auch außerhalb eines Konkurses berechtigt ist) ein Zurückbehaltungsrecht am V.schein, bis er für seine Ansprüche befriedigt ist, die er gegen den Versicherten aus der V., z. B. für Prämien, Verwendungen usw., zu machen hat (§ 77 VVG.; § 888 HGB.), so daß der Versicherte und sein Gläubiger an einer Verfügung über die Rechte aus der V. nach § 75 VVG. (oben Anm. 13) gehindert werden. Für diese Ansprüche kann er sich mit Vorrang vor dem Versicherten und dessen Gläubigern aus der Forderung und aus der eingezogenen Summe befriedigen, sollte auch die versicherte Sache untergegangen sein. Dieses Vorrecht wirkt auch im Konkurs, wenn der Konkursverwalter die Forderung etwa eingezogen haben sollte; denn diese Bestimmung soll gerade gegen die Zahlungsunfähigkeit des Versicherten dem V.nehmer Schutz gewähren; der Versicherer macht sich sogar dem V.nehmer verantwortlich, wenn er dem Versicherten, dessen Gläubigern oder dessen Konkursmasse Zahlungen leistet oder Verträge mit ihnen schließt, die die Rechte des V.nehmers aus § 77 VVG., § 888 HGB. beeinträchtigen — vorausgesetzt, daß der V.nehmer den V.schein noch besitzt (§ 75 Abs. 2 VVG.; § 889 HGB.). In der Begr. zu § 77 VVG. ist sogar gesagt, daß dieser Satz sich aus allgemeinen Grund-

sätzen des bürgerlichen Rechts ergeben würde (a. M. Schneider zu § 77). Der Versicherer hat auch ein Aufrechnungsrecht (§ 78 VVG.; art. 1 Nr. XII der Novelle zum Seev.-Recht v. 30. Mai 1908; RGBl. 307).

17 IV. **Die Rückversicherung** (Lit.: Ehrenberg, Die Rückv. 1885 und in Veröffentl. d. Vereins VWissensch. Heft XV, 1908) ist freier Vereinbarung überlassen, soweit die Binnenv. in Frage kommt. Es ist daher art. 75 EG. z. BGB. gegenstandslos geworden; die landesrechtlichen Vorschriften gelten nicht mehr (Begr. zu § 186 VVG.; vgl. § 116). Für die Seev. gelten die bisherigen Vorschriften des HGB. (vgl. §§ 779, 864 Abs. 3 HGB.). Bei der Rückv. tritt der V.nehmer nur mit seinem Versicherer (Erstversicherer, Hauptversicherer) in rechtliche Beziehung; nur mit ihm schließt er den V.vertrag; nur an ihn kann er sich halten. Der Erstversicherer verteilt die von ihm übernommene Gefahr unter mehrere Versicherer (Rückversicherer), bei denen er gegen die übernommene Gefahr bis zu einem bestimmten Maximum völlige oder teilweise Deckung (Rückv.) nimmt, um sich seine Leistungsfähigkeit zu erhalten (vgl. RG. **5**, 119; JW. **94**, 489 Nr. 2). Es besteht insofern rechtlich eine nahe Verwandtschaft mit der Haftpflichtv. und ist die Rückv. eine Art der Schadensv. (vgl. RG. in VA. **09** Anh. 98 Nr. 484; Begr. zu § 186 VVG.; Ehrenberg, Zeitschr. VWiss., Veröffentl. XV, 8). Im Verhältnis zwischen V.nehmer und Erstversicherer kommen dagegen die allgemeinen v.rechtlichen Grundsätze zur Anwendung, ohne Rücksicht darauf, daß der Erstversicherer zugleich Rückversicherter ist. Im Verhältnis zwischen Erstversicherer und Rückversicherer dagegen zeigen sich die Eigentümlichkeiten einer zu V.zwecken eingegangenen Gesellschaft. Ein solches Gesellschaftsverhältnis, und zwar des bürgerlichen Rechts, ist nicht allein anzunehmen, wenn der Rückversicherer seinerseits wieder Teilrisiken in Rückv. gibt (Retrozession; RG. in Puchelts Zeitschr. **22**, 225),

sondern auch, wenn es sich um das Verhältnis des Erstversicherers zum Rückversicherer handelt, mag dieses Verhältnis auch nicht ein Exzedentenvertrag (RG. **20**, 42; **38**, 206; ROHG. **5**, 165), sondern ein einfacher Rückv.-Beteiligungsvertrag sein (RG. **55**, 90). Die Vorschriften des Seerechts über Rückv. sind nicht ohne weiteres auf Rückv. anderer Art anwendbar; es kommt vielmehr darauf an, ob die in diesen Vorschriften enthaltenen Rechtssätze der Natur des V.vertrags und des Rückv.-Vertrags entsprechen (RG. **53**, 145; **35**, 54; **6**, 177); dabei bestimmen Inhalt und die Folgen des V.vertrags in erster Linie den Rückv.-Vertrag. Vor allem wird man aber annehmen müssen, daß für die Rückv. der V.fall in demselben Augenblick und in demselben Umfange eintritt, wie für die Erstv. (RG. **4**, 13; **55**, 90; JW. **94**, 489 Nr. 2); denn die Bedeutung der Rückv. beruht darauf, daß die Haftung des Rückversicherers mit der des Erstversicherers beginnt und ihrem Inhalte nach die Haftung des Erstversicherers deckt (vgl. Begr. zu § 186 VVG.). Daher richtet sich die Haftung des Rückversicherers regelmäßig nach den Bedingungen der Hauptpolice (vgl. über die Einzelheiten den Artikel Rückv. im V.lexikon v. Manes; dort auch Lit.; ROHG. **24**, 390; JW. **94**, 489 Nr. 2).

1. Gerät der **Erstversicherer** in Konkurs, 18
so kommt es auch für die Rückv. darauf an, ob die Hauptv. eine Lebens- oder eine Schadens- oder eine Seev. ist. Es ist dann anzunehmen, daß mangels anderer Vereinbarungen das Gesellschaftsverhältnis zwischen Erstversicherer und Rückversicherer in demselben Zeitpunkt endigt, wie das V.verhältnis zwischen V.nehmer und seinem Versicherer (dem Erst- oder Hauptversicherer) im Konkurs des Versicherers; denn der Rückversicherte nimmt diese Stellung in der Hauptv. ein. Dieser Grundsatz ergibt sich aus der Abhängigkeit des Rückv.-Vertrags vom Hauptvertrag; es kommen also die oben Anm. 4—6 für den Konkurs des Versicherers dargestellten Grund-

sätze nach der Natur der Sache und nach dem Parteiwillen gleichfalls zur Geltung. Dem Rückversicherer gegenüber nimmt der Erstversicherer die Stellung eines V.nehmers ein; deshalb muß der Rückversicherer die volle V.summe bei Eintritt des V.falles an die Konkursmasse des Erstversicherers zahlen. Der Rückversicherer kann sich weder darauf berufen, daß der Erstversicherer seinem V.nehmer nur die Konkursdividende zu zahlen braucht, wenn der V.fall vor Erlöschen des V.verhältnisses eingetreten ist, noch kann er sich gegen den Anspruch auf Zahlung der V.summe damit verteidigen, daß die Konkursmasse nur ein Interesse daran habe, von den Ansprüchen des V.nehmers befreit zu werden (RG. **55**, 86; **5**, 115; **37**, 93; vgl. RG. in VA. **09** Anh. 98 Nr. 484). Andererseits kann der V.nehmer keinen Anspruch auf die Forderung seines Versicherers gegen den Rückversicherer erheben; denn mit ihm verknüpft ihn keine rechtliche Beziehung.

19 2. Gerät der **Rückversicherer** in Konkurs, so finden die Grundsätze über den Konkurs des Versicherers um so gewisser Anwendung, als der Rückversicherer dem rückversicherten Erstversicherer gegenüber die Stellung eines Versicherers einnimmt, und der Rückversicherer gerade die Gefahr decken soll, für die der rückversicherte Erstversicherer seinem V.nehmer einstehen muß. Für den Fall der Retrozession, wenn nämlich der Rückversicherer für die von ihm übernommene Rückv. ganze oder teilweise Rückdeckung nimmt, ist das Verhältnis kein anderes; denn der Rückversicherer ist als Retrozedent dem Retrozessionar gegenüber, der die Rückv. übernimmt, V.nehmer. Und die Retrozession kann sich nur nach der ersten Rückv. richten und die erste Rückv. richtet sich nach der ersten oder Hauptv.

20 V. **Der Konkurs gibt kein Rücktrittsrecht** wegen Unsicherheit des Gemeinschuldners; mag der Gemeinschuldner V.nehmer oder Versicherer sein (s. § 20 Anm. 7).

§ 50. Soweit den Mitgliedern oder ausgeschiedenen Mitgliedern nach dem Gesetz oder der Satzung eine Beitragspflicht obliegt (§§ 24 bis 26), haften sie im Falle des Konkurses dem Vereine gegenüber für dessen Schulden.

Ausgeschiedene Mitglieder gelten, wenn ihr Ausscheiden innerhalb des letzten Jahres vor der Konkurseröffnung stattgefunden hat, in Ansehung der Haftung für die Schulden des Vereins noch als dessen Mitglieder.

1. Die Beitragspflicht der Mitglieder (auch kleinerer VV. a. G., § 53) erweitert sich im Konkursfall dem Verein gegenüber zu einer Haftung für dessen Schulden (vgl. § 19). Während des Bestehens des Vereins darf die Satzung die Haftung der ausgeschiedenen Mitglieder beschränken oder ausschließen (§ 25). Für den Fall des Konkurses ist aber zur Vermeidung massenhaften Ausscheidens und einer Schädigung der Gläubiger vorgeschrieben, daß unter allen Umständen auf die Mitglieder, welche innerhalb des letzten Jahres vor der Konkurseröffnung ausgeschieden sind, zur Deckung der Unterbilanz der Rückgriff so stattfindet, wie wenn ihr Ausscheiden nicht erfolgt wäre (vgl. §§ 75, 128 GenGes.). Es darf also nicht für jedes Jahr bis zur Konkurseröffnung der Verlust ermittelt und auf die in den betreffenden Jahren vorhanden gewesenen Mitglieder verteilt werden; d. h. es dürfen nicht nachträglich für V.jahre Nachschüsse eingezogen werden, welche vom Verein früher, auch von jetzt nicht mehr in Betracht kommenden Mitgliedern, hätten eingezogen werden sollen. Denn mit dem Ausscheiden eines Mitglieds, wenn das Ausscheiden vor dem letzten Jahre vor der Konkurseröffnung erfolgt, erlischt jede Haftung des Mitglieds. Der § 25, wonach sich die 1

Beitragspflicht nach der Dauer der Mitgliedschaft richtet, gilt nur, solange der VV. a. G. besteht, nicht mehr im Auflösungsfall durch Konkurs. Die Haftung findet nur dem Verein gegenüber statt; es gibt also auch im Konkurs keine unmittelbare Haftung den Vereinsgläubigern gegenüber.

2 2. Der Maßstab der Beitragspflicht ist derselbe wie in § 24. Ist danach eine unbeschränkte Nachschußpflicht gegeben, so bildet die Jahresbruttoprämie den Maßstab der Beitragsleistung; diese Prämie berechnet sich nach der Höhe der V.summe und der Länge der V.zeit; sie stellt das Interesse des Versicherten an der V. dar. Hat die Satzung einen Höchstbetrag für Nachschüsse oder Umlagen festgesetzt, oder sind die Mitglieder nur zur Zahlung fester Prämien verbunden, so bleibt es auch im Konkurse dabei; denn § 50 will die Grenzen der §§ 24—26 eingehalten wissen („soweit"). Diese Haftung geht auf die Erben über; denn der Tod eines Mitgliedes bringt diese Haftung nicht zum Erlöschen. Gegen die Nachschußforderung können die Versicherten in keiner Weise, nicht einmal mit ihren Ansprüchen auf Prämienreserve aufrechnen (vgl. §§ 26, 61 Anm. 6). Ueber die Aufmachung der Nachschußrechnung s. § 52.

§ 51. **Die Ansprüche auf Tilgung des Gründungsfonds stehen allen übrigen Konkursforderungen nach. Unter den letzteren werden die Ansprüche aus dem Versicherungsverhältnisse, soweit sie den zur Zeit der Konkurseröffnung dem Verein angehörenden oder den innerhalb des letzten Jahres vor der Konkurseröffnung ausgeschiedenen Mitgliedern zustehen, im Range nach den Ansprüchen der sonstigen Konkursgläubiger befriedigt.**

Zur Tilgung des Gründungsfonds dürfen Nachschüsse oder Umlagen nicht erhoben werden.

Die **Rangordnung** der Gläubiger im Konkurs eines VV. a. G. (auch eines kleineren VV. a. G.; § 53 Abs. 1) als Versicherers nimmt eine besondere Gestaltung insofern an, als eine Rangklasse, welcher der Prämienreservefonds vorbehalten ist, allen andern Klassen voransteht, eine besondere Art von Masseschulden eingeführt ist, und die letzte Klasse der Konkursgläubiger (§ 61 Nr. 6 KO.) drei Rangstufen aufweist. 1

I. Der Prämienreservefonds, der bei der Lebens-, Kranken- und Unfallv. kraft Gesetzes (§§ 6, 12, 63) als gesonderter Fonds anzulegen ist (§§ 56 ff.), dient ausschließlich zur Deckung des Prämienreserveanspruchs der versicherten Mitglieder und Nichtmitglieder, bei denen der V.fall z. Zt. der Konkurseröffnung noch nicht eingetreten war (§ 61; § 49 Anm. 4), und zwar erfolgt die Anmeldung durch einen Pfleger (§ 62), der seine Vergütungsansprüche als Massekosten nach §§ 57, 58 Nr. 2 KO. vorweg deckt. Die Haftpflichtversicherten haben gesetzlich einen solchen Vorzug nicht; das AA. will ihnen einen solchen aber im Verwaltungsweg tatsächlich verschaffen (§ 12 Anm. 2). Mit dem Ausfall am Prämienreservefonds sind die Versicherten einfache Konkursgläubiger. Ist der V.fall vor der Konkurseröffnung eingetreten, so besteht eine gewöhnliche Konkursforderung (das Nähere s. § 49 Anm. 4). 2

II. Aus dem übrigen Vermögen, also abgesehen vom Prämienreservefonds, sind, wie in jedem andern Konkurse, zunächst die Massekosten und Masseschulden zu befriedigen (§ 57 KO.). Ueber die Massekosten (§ 58 KO.) ist nichts Besonderes zu bemerken, wohl aber über die Masseschulden (§ 59 KO.). Bei der Schadensv. (nicht bei der Lebensv. § 49 Anm. 4) laufen die V.verhältnisse noch einen Monat nach der Konkurs- 3 eröffnung (§ 49 Anm. 5); ausgenommen die Seev. (§ 49 Anm. 6). Tritt der V.fall innerhalb dieses Monats ein, so ist der daraus entstehende Anspruch des V.nehmers Masseschuld (§ 49 Anm. 5). Hiermit steht Abs. 1 Satz 2 unseres Paragraphen allerdings nicht im Einklang, wonach die noch beitragspflichtigen Mitglieder mit ihren Ansprüchen keine Massegläubiger sind, sondern hinter allen anderen Konkursforderungen zurückstehen; allein die Absicht des Gesetzgebers, daß Ansprüche aus solchen V.fällen Masseschulden seien, also dem § 51 Abs. 1 Satz 2 nicht unterworfen sein sollen, ist in § 13 VVG. und in der RegBegr., die von keiner Seite beanstandet wurde, aus besonderen praktischen Erwägungen ausdrücklich getroffen. Es sollte den V.nehmern eben anderweite V. unter voller Deckung dadurch gewährleistet sein, daß ihre Ansprüche zu Masseschulden erklärt wurden. Die weitere Erwägung der RegBegr., daß die V.nehmer, deren V.fall vor der Konkurseröffnung eingetreten ist und die daher nur einfache Konkursgläubiger sind, durch diese Ungleichheit zweifellos noch besser gestellt würden, weil die Massegläubiger auch die volle Prämie für den einen Monat entrichten müssen, erscheint kaum haltbar. Allein der ausdrückliche Wille des Gesetzgebers entscheidet (a. M. Hagen § 51 Anm. 1).

4 III. Die gewöhnlichen Konkursforderungen des § 61 Nr. 6 KO. kommen an letzter Stelle, jedoch in drei Rangstufen so zur Befriedigung, daß die derselben Rangstufe Angehörenden unter sich gleich stehen und nach Verhältnis der Beträge Zahlung erhalten (§ 61 Abs. 1 Satz 1 KO.).

1. An erster Stelle stehen die Ansprüche, welche in jedem Konkurs als unbevorrechtet nach § 61 Nr. 6 KO. anzusehen sind. Ihnen stehen die Ansprüche versicherter Nichtmitglieder aus dem V.verhältnis gleich (§ 21 Anm. 10; vgl. § 14 Anm. 20 f.; § 16 Anm. 6), sofern, wie bei der Schadensv., kein Anspruch auf Befriedigung aus einem

Prämienreservefonds besteht, oder soweit, wie bei der Lebens-, Unfall-, Krankenv., ein solcher Anspruch zwar besteht (oben Anm. 2), aber nicht zur Befriedigung gelangte. Gemeint sind hier nur Ansprüche, die nicht Masseschulden sind (oben Anm. 3). Zu diesen Ansprüchen aus dem V.verhältnis gehören auch die Ansprüche aus zuviel bezahlter Prämie (§ 49 Anm. 4 u. 5). Ferner gehören hierher Ansprüche früherer Mitglieder aus dem V.verhältnis (z. B. auf die V.summe aus einem vor der Konkurseröffnung eingetretenen Konkursfall; § 49 Anm. 4 und 5), wenn sie innerhalb des letzten Jahres vor der Konkurseröffnung ausgeschieden sind (Abs. 1 Satz 2 unseres Paragraphen), also infolge rechtzeitigen Austritts oder Ablaufs ihrer V. von der Haftung für Vereinsschulden nach § 50 nicht mehr erreicht werden.

2. An zweiter Stelle kommen ehemalige Mitglieder, welche entweder z. Zt. der Konkurseröffnung noch Mitglieder sind oder doch erst innerhalb des letzten Jahres vor der Konkurseröffnung ausgeschieden sind, sei es, daß sie freiwillig oder gezwungen ausschieden (Abs. 1), sei es, daß ihre V. innerhalb dieser Zeit abgelaufen oder durch Eintritt des V.falls erloschen ist. Hierher gehören nur die Ansprüche aus dem V.verhältnis; also auch der Anspruch auf Deckung des Ausfalls beim Prämienreservefonds (oben Anm. 2). Hierher gehören auch nur Ansprüche aus dem V.verhältnis, soweit sie nicht Masseansprüche sind (oben Anm. 3); also bei der Schadensv. Ansprüche aus der V., wenn der V.fall vor der Konkurseröffnung eingetreten ist. Ist der V.fall bei der Schadensv. einen Monat nach der Konkurseröffnung eingetreten, so besteht überhaupt kein Anspruch auf Entschädigung (§ 49 Anm. 5). Bei der Lebensv. genügt es zum Ausschluß einer Entschädigung schon, daß der V.fall nach der Konkurseröffnung eingetreten ist (§ 49 Anm. 4). Diese Vereinsmitglieder haben sogar Umlagen und Nachschüsse zugunsten älterer V.ansprüche und von Vereinsschulden 5

nach §§ 19, 50 zu gewärtigen, und zwar unter Entziehung jedes Aufrechnungsrechts (§ 26), so daß die §§ 53 ff. KO. nicht Platz greifen.

6 3. An dritter Stelle gelangen die Garanten des Gründungsfonds (§ 22 insbes. Anm. 4) zur Befriedigung mit der Beschränkung, daß zu ihrer Befriedigung mit Rücksicht auf den Zweck des Gründungsfonds Nachschüsse oder Umlagen nicht erhoben werden dürfen (Abs. 2; vgl. § 47 Abs. 2 für den Fall der Liquidation). Diese Vorschrift gilt nur den Garanten. Sie gilt nicht, wenn der Verein in gehörigen Form ermächtigt ist, Darlehen zur Herstellung eines Gründungsfonds aufzunehmen. Diese Gläubiger sind dann keine Garanten, sondern Darlehensgläubiger und gehören in die erste Rangstufe der Konkursgläubiger (oben Anm. 4). Es steht auch nichts entgegen, daß die Vereinsmitglieder sich den Garanten gegenüber zur unmittelbaren persönlichen Haftung verpflichten (vgl. RG. in LZ. **08**, 314 Nr. 6); dann haftet den Garanten der Verein, und neben diesem haften ihnen die einzelnen Mitglieder nach Maßgabe der Vereinbarung, im Zweifel samtverbindlich (§ 427 BGB.); das einzelne angegriffene Mitglied kann dann die anderen Mitglieder auf Zahlung ihres Anteils an die Garanten verklagen; mit der Vorschußberechnung des § 52 hat dieser Anspruch nichts zu tun.

§ 52. Die Feststellung und Ausschreibung der im Falle des Konkurses erforderlichen Nachschüsse oder Umlagen erfolgt durch den Konkursverwalter. Dieser hat sofort, nachdem die Bilanz auf der Gerichtsschreiberei niedergelegt worden ist (Konkursordnung § 124), zu berechnen, wieviel die Mitglieder zur Deckung des in der Bilanz bezeichneten Fehlbetrags auf Grund ihrer Beitragspflicht vorschuß-

weise beizutragen haben. Auf diese Vorschußberechnung und die erforderlich werdenden Zusatzberechnungen finden die Vorschriften des § 106 Abs. 2, 3 und der §§ 107 bis 113 des Gesetzes, betreffend die Erwerbs- und Wirtschaftsgenossenschaften, entsprechende Anwendung.

Sobald mit dem Vollzuge der Schlußverteilung (Konkursordnung § 161) begonnen ist, hat der Konkursverwalter in Ergänzung oder Berichtigung der Vorschußberechnung und der etwa ergangenen Zusätze die von den Mitgliedern zu leistenden Beiträge zu berechnen. Auf diese Berechnung und das weitere Verfahren finden die Vorschriften des § 114 Abs. 2 und der §§ 115 bis 118 des Gesetzes, betreffend die Erwerbs- und Wirtschaftsgenossenschaften, entsprechende Anwendung.

1. Die einleitenden Maßregeln zur Feststellung der Masse, der Ueberschuldung und der Verteilung des Ausfalls trifft der Konkursverwalter. Mit Unterstützung des Vorstands, der Liquidatoren und des Aufsichtsrats (§ 100 KO.; §§ 117, 118 GenGes.; § 52 Abs. 2 Satz 2) stellt er, gegebenenfalls mit dem Pfleger (§ 62), Inventar und Bilanz nach § 40 HGB. (vgl. § 261 HGB.; § 36 Anm. 12 ff.) auf und legt sie zur Einsicht der Beteiligten auf der Gerichtsschreiberei des Konkursgerichts nieder (§ 124 KO.). Diese Aufstellung kann nicht auf die Mark genau sein, weil mit gewissen Wahrscheinlichkeiten hinsichtlich des Werts und des Eingangs vieler Posten zu rechnen ist. Auch soll die Aufstellung rasch vor sich gehen. Es genügt, wenn der Konkursverwalter gewissenhaft verfährt, d. h. sich die nötigen Aufklärungen aus Büchern, Belegen und sonstigen Aus- 1

künften verschafft. Sodann entwirft der Konkursverwalter mit Unterstützung der Obengenannten, nach Einstellung eines angemessenen Betrags für die Konkurskosten (Gerichtskosten, seine eigene Vergütung und Vergütung des Pflegers; § 51 Anm. 2) als Massekosten (§§ 57, 58 Nr. 1 und 2 KO.), eine Vorschußberechnung über die in Uebereinstimmung mit der Satzung von den Mitgliedern nach §§ 19, 20, 50 zu erhebenden Umlagen und Nachschüsse unter namentlicher Aufführung der Mitglieder; dabei ist zu beachten, daß die Mitglieder nicht aufrechnen können (§ 26), und daß durch vorauszusehendes Unvermögen einzelner Mitglieder kein Ausfall entstehen soll (§ 106 Abs. 2 GenGes.; § 52 Abs. 1). Diese Vorschußberechnung nebst beglaubigter Abschrift des Mitgliederverzeichnisses und der Satzung (a. M. Drybeck § 52 Anm. 2) legt er dem Konkursgericht mit dem Antrag auf Vollstreckbarkeitserklärung vor (§ 106 Abs. 3 GenGes.), wobei ihm aber kein Vorwurf daraus erwachsen kann, daß er zur Ersparung unnötiger Kosten gegen vermögenslose Beitragspflichtige keinen Antrag gestellt oder den Antrag nachträglich zurückgezogen hat. In diese Vorschußberechnung sind auch die Mitglieder aufzunehmen, welche behaupten, niemals Mitglieder gewesen zu sein, weil sie nur bedingt oder infolge Betrugs usw. beigetreten sein wollen (hierüber unten Anm. 3).

2 2. Ueber diese Vorschußberechnung entscheidet das Konkursgericht in besonderem Verfahren nach §§ 107, 108 GenGes. Der Konkursrichter bestimmt zu diesem Zweck einen Termin, der nicht weiter als auf zwei Wochen hinaus anberaumt werden darf, macht ihn (ohne Aufführung der Mitglieder) öffentlich nach §§ 76, 77 KO. mit der Wirkung bekannt, daß die Bekanntmachung als Zustellung an alle in der Vorschußberechnung aufgeführten Mitglieder gilt, obgleich jedem Mitglied noch eine besondere Ladung durch die Aufgabe zur Post (vgl. § 175 ZPO.) zugehen soll

(§ 107 Abs. 1 GenGes.). Die Berechnung muß mindestens 3 Tage vor dem Termin zur Einsicht der Beteiligten auf der Gerichtsschreiberei offenliegen; in der Terminsbekanntmachung, wie auch in den besonderen Ladungen, ist darauf hinzuweisen (§ 107 Abs. 2 GenGes.). Im Termin sind Vorstand (Liquidatoren), der Aufsichtsrat, der Pfleger (§ 62) — sie sind zweckmäßigerweise zu laden —, der Konkursverwalter, der Gläubigerausschuß (§ 87 KO.) und sonstige Beteiligte, insbesondere Mitglieder mit ihren Einwendungen zu hören (§ 108 Abs. 1 GenGes.). Darüber ist zu verhandeln (über die Anfechtung einer Beitrittserklärung s. § 20 Anm. 4). Hierauf verkündet der Konkursrichter in diesem oder in einem sofort zu verkündenden, nicht über eine Woche hinaus anzuberaumenden Termin seine mit der erforderlichen Begründung versehene Entscheidung, ob die Berechnung genehmigt, oder inwieweit sie berichtigt wird, erklärt die Berechnung insoweit für vollstreckbar und verfügt die Niederlegung auf der Gerichtsschreiberei zur Einsicht der Beteiligten. Es gibt also kein Beweisverfahren u. dgl.; Einwendungen müssen sofort liquid gestellt werden. Gegen diese Entscheidungen des Konkursrichters gibt es kein Rechtsmittel (§ 108 Abs. 1 u. 2 GenGes.).

Die Anfechtungsklage dieser für vollstreck- 3
bar erklärten Vorschußberechnung ist der einzige Rechtsbehelf (JW. **00**, 567 Nr. 9). Diese Klage steht nur dem Versicherten (nicht dem Konkursverwalter) und zwar nur dem Versicherten zu, der in dem Termin widersprochen hat. Diese Klage kann nur auf den im Termin geltend gemachten Anfechtungsgrund (der danach zu Protokoll festzustellen oder schriftlich einzureichen ist; RG. **40**, 157) gestützt werden; sie muß innerhalb einer Notfrist von einem Monat seit Verkündung der Entscheidung gegen den Konkursverwalter erhoben werden; gegen die Versäumung dieser Frist findet Wiedereinsetzung nach §§ 233 ff. ZPO. statt. Will diese Klage auf einen anderen

Grund als den im Termin geltend gemachten gestützt oder von einem Versicherten erhoben werden, der im Termin nicht widersprochen oder keinen Grund geltend gemacht hat, so muß er beweisen, daß er ohne sein Verschulden nicht imstande war, den Grund in dem Termin vor dem Konkursgericht geltend zu machen (§ 111 Abs. 1 GenGes.; § 52 Abs. 1 Satz 3). Letztere Voraussetzung trifft zu, wenn der Anfechtungsgrund erst nach dem Termin entstanden ist. Die Klage hat nur eine Berichtigung, nicht eine Umstoßung der Vorschußberechnung zum Ziel (RG. **11**, 43). Die Klage ist ausschließlich bei dem Amtsgericht zu erheben, welches die Berechnung für vollstreckbar erklärt hat. Mehrere Anfechtungsprozesse sind zu verbinden, und darf in keinem Prozesse vor Ablauf der Notfrist verhandelt werden (§ 112 GenGes.). Das rechtskräftige Urteil wirkt für und gegen alle beitragspflichtigen Versicherten (§ 111 Abs. 2 GenGes.). Für Einstellung der Zwangsvollstreckung gelten die §§ 769, 770 ZPO. (§ 112 Abs. 4 GenGes.), d. h. es gibt nur diesen Weg, um den Vollzug des vollstreckbaren Verteilungsplanes aufzuhalten (RG. **7**, 318). Ueber die Verweisung vom Amtsgericht an das Landgericht s. § 112 Abs. 2 u. 3 Gen.-Ges. und RG. **32**, 397.

4 3. Aendert sich die Vorschußberechnung infolge dieser Anfechtung oder des Unvermögens einzelner Mitglieder, oder weil sich sonstwie ein Fehlbetrag herausstellt, so entwirft der Konkursverwalter eine Zusatzberechnung (§ 113 Abs. 1 GenGes.) mit Unterstützung von Vorstand, Liquidatoren (§§ 117, 118 GenGes.), Pfleger (§ 62) und Gläubigerausschuß (§ 88 KO.). Diese Zusatzberechnung ist dann nach demselben Verfahren, wie es für die Vorschußberechnung (oben Anm. 1 u. 2) dargestellt wurde, zur Vollstreckbarkeitserklärung zu bringen, gegen die dann wiederum die Anfechtungsklage (oben Anm. 3) stattfindet (§ 113 Abs. 1 Satz 2 GenGes.). Dieses Zusatzberechnungsverfahren ist dann so oft zu wiederholen, bis der Fehlbetrag eingebracht oder die Leistungsfähigkeit der Beitragspflichtigen erschöpft ist (§ 113 Abs. 2 GenGes.; Abs. 1 Satz 2 unseres Paragraphen).

4. Der Einzug der Beträge erfolgt 5
durch den Konkursverwalter ohne Verzug nach der Vollstreckbarkeitserklärung der Vorschuß- und jeder Zusatzberechnung (§ 109 Abs. 1 GenGes.). Zum Zwecke der Zwangsvollstreckung erteilt der Gerichtsschreiber des Konkursgerichts eine vollstreckbare Ausfertigung der Entscheidung und eines Auszugs aus der Berechnung (§ 109 Abs. 2 GenGes.; § 724 ZPO.). Für die Klagen aus §§ 731, 767, 768 ZPO. ist das Amtsgericht, bei dem das Konkursverfahren anhängig ist, und bei höherem Streitwert das Landgericht ausschließlich zuständig, in dessen Bezirk das Konkursgericht gelegen ist (§ 109 Abs. 3 GenGes.). Die eingezogenen Beträge hat der Konkursverwalter nach der Bestimmung der Gläubigerversammlung (§ 132 KO.) entweder zu hinterlegen oder anzulegen. Ueber die Hinterlegung bei Schutzvereinen s. Parisius u. Crüger, GenGes., 6. Aufl., § 110. Ueber die Verteilung unten Anm. 7.

5. Die Verteilung der vorhandenen 6
Masse an die Gläubiger erfolgt (mit Ausnahme der Mitgliedernachschüsse, oben Anm. 5) nach Maßgabe der §§ 149 ff. KO., wie in jedem andern Konkurse, mit der fortschreitenden Verwertung. Sobald die Verwertung der Masse beendigt, die Schlußrechnung erledigt, über die nicht verwertbaren Gegenstände Beschluß gefaßt und mit Genehmigung des Konkursgerichts zur Schlußverteilung nach §§ 160, 161 KO. geschritten werden darf (§ 52 Abs. 2 sagt „begonnen ist"), hat der Konkursverwalter wiederum eine Nachschußberechnung aufzustellen (Abs. 2 unseres Paragraphen), weil nunmehr erst der Ausfall unabänderlich feststeht.

6. Diese Nachschußberechnung, welche der 7
Konkursverwalter mit Hilfe der in Anm. 1 Genannten aufmacht, stellt auf Grund der bisher vollstreckbar er-

klärten Nachschuß- und Zusatzberechnungen und der dazu ergangenen Berichtigungen (oben Anm. 2 u. 4) den nun noch nicht gedeckten Fehlbetrag fest, und legt ihn auf die noch leistungsfähigen Mitglieder um. Unvermögende Mitglieder dürfen nicht in dieses Verzeichnis aufgenommen werden. Diese Nachschußberechnung durchläuft nun dasselbe Verfahren, wie die Vorschuß- und Zusatzberechnungen (oben Anm. 1—4), bis zur Vollstreckbarkeitserklärung und zum Einzug der Beträge (Anm. 5) gemäß § 114 Abs. 2 GenGes.; § 52 Abs. 2. Sobald die Nachschußberechnung danach für vollstreckbar erklärt ist, verteilt der Konkursverwalter die bis jetzt hinterlegten oder angelegten Mitgliedernachschüsse (oben Anm. 5) unter die Gläubiger und nimmt, sobald die Beiträge aus der Nachschußberechnung eingegangen sind, oder wann sonst möglich, eine oder mehrere Nachtragsverteilungen unter die Gläubiger vor (§ 115 GenGes.; § 166 KO.). Die Anteile, welche nach § 168 KO. zurückzubehalten sind, werden auch hier zurückbehalten und nach § 169 KO. hinterlegt. Außerdem sind aber auch noch die Anteile zurückzubehalten und zu hinterlegen, welche auf vom Vereinsvorstand oder den Liquidatoren im Prüfungstermin ausdrücklich bestrittene Forderungen entfallen (§ 115 Abs. 2 GenGes.; § 52 Abs. 2). Die betroffenen Gläubiger müssen diesen Widerspruch durch Klage gegen den Vorstand oder die Liquidatoren überwinden. Den zur Befriedigung der Gläubiger nicht erforderlichen Rest zahlt der Konkursverwalter an die Mitglieder nach Maßgabe des § 48 zurück (§ 115 Abs. 3 GenGes.). Im übrigen gelten auch hier die §§ 170—172 KO.

8 7. Die Aufhebung des Konkurses erfolgt erst nach dieser Schlußverteilung (§ 163 KO.). Eine Aufhebung des Konkurses durch Zwangsvergleich findet wegen der fortdauernden Haftung der Mitglieder nicht statt (§ 116 Abs. 1 GenGes.; § 52 Abs. 2). Eine Einstellung des Konkurses wegen Mangels an Vermögen

(§ 204 KO.) ist an sich nicht undenkbar, wenn sich im Laufe des Verfahrens die Vermögenslosigkeit herausstellt; dem steht der in § 100 Abs. 3 GenGes. ausgedrückte Gedanke nicht entgegen. Eine Einstellung auf Antrag des VV. a. G. (also der Vorstandsmitglieder) unter Zustimmung der Gläubiger (§ 202 KO.) ist durch § 116 Abs. 2 GenGes. (§ 52 Abs. 2) dahin erschwert, daß sie erst nach Beginn der Schlußverteilung (oben Anm. 6) und mit Zustimmung aller in dieser Schlußverteilung nicht berücksichtigten Konkursgläubiger zugelassen wird. Mit der Einstellung des Konkurses erlangt der VV. a. G. die freie Verfügung zurück (§ 206 KO.), so daß nun eine Fortsetzung des Vereins beschlossen werden kann (§ 49 Anm. 2), und können nun die Gläubiger selbständig vorgehen (§ 164 KO.). Die Aufhebung wie auch die Einstellung des Konkurses sind öffentlich bekannt zu machen (§§ 163 Abs. 2, 205 KO.) und erfolgt auch von Amts wegen eine Eintragung in das Handelsregister (§ 32 HGB.; § 16). Eine öffentliche Bekanntmachung dieser Eintragung unterbleibt. Ueber Zurücknahme des Konkursantrags und Aufhebung des Beschlusses auf Konkurseröffnung s. §§ 68, 75. Strafdrohungen gegen Vorstände und Liquidatoren s. §§ 112, 113. Uebergangsvorschriften §§ 101, 104.

§ 53. Auf Vereine, die bestimmungsgemäß einen sachlich, örtlich oder hinsichtlich des Personenkreises eng begrenzten Wirkungskreis haben, finden von den im Abschnitte III gegebenen Vorschriften nur der § 15, der § 17 Abs. 1, der § 18 Abs. 1, die §§ 19, 20, der § 21 Abs. 1, die §§ 22 bis 27, der § 28 Abs. 1, der § 37, der § 38 Abs. 1, 2, der § 39 Abs. 1 bis 3, die §§ 41 bis 44, der § 47 Abs. 2 und die §§ 50 bis 52 Anwendung. Die Uebernahme von

Versicherungen gegen feste Prämie ohne Erwerb der Mitgliedschaft durch den Versicherungsnehmer ist ausgeschlossen.

Soweit sich nach Abs. 1 nicht ein anderes ergibt, hat es für die daselbst bezeichneten Vereine bei den für Vereine gegebenen allgemeinen Vorschriften der §§ 24 bis 53 des Bürgerlichen Gesetzbuchs mit den Maßgaben sein Bewenden, daß

1. in den Fällen des § 29 und des § 37 Abs. 2 des Bürgerlichen Gesetzbuchs an die Stelle des Amtsgerichts die Aufsichtsbehörde tritt,
2. im Falle des § 45 Abs. 3 des Bürgerlichen Gesetzbuchs das Vermögen an die Mitglieder nach dem im § 48 Abs. 1 dieses Gesetzes bestimmten Maßstabe zu verteilen ist.

Soll nach der Satzung ein Aufsichtsrat bestellt werden, so finden die Vorschriften des § 36 Abs. 2, 3, der §§ 37 bis 40 und des § 41 Abs. 1, 2, 4 des Gesetzes, betreffend die Erwerbs- und Wirtschaftsgenossenschaften, entsprechende Anwendung.

Darüber, ob ein Verein im Sinne des Abs. 1 als kleinerer Verein anzusehen ist, entscheidet die Aufsichtsbehörde.

1 I. Zur **Begriffsbestimmung** des kleineren Vereins gehört, daß ein VV. a. G. vorliegt (Einl. vor § 15), der außer V.zwecken keine andern Zwecke verfolgt (PrOVG. in VA. 08 Anh. 41 Nr. 375), und daß dieser VV. a. G. bestimmungsgemäß, d. h. nach seinen Satzungen, entweder einen sachlich oder einen örtlich oder einen hinsichtlich des Personenkreises engbegrenzten

Wirkungskreis hat. Auf die Satzung kommt es also an, nicht auf den tatsächlich geringeren oder größeren Wirkungskreis. Es genügt im allgemeinen, wenn dieser Wirkungskreis auch nur nach einer der drei Richtungen ein engbegrenzter ist (VA. **03**, 34). Ob eine solche Begrenzung gegeben ist, richtet sich nach den Umständen jedes einzelnen Falles, so daß nicht strenge an dieser allgemeinen Regel festzuhalten ist. Die Gesamtheit der Umstände kann doch, trotz der Beschränkung nach der einen Richtung, dem VV. a. G. die Eigenschaft eines kleineren entziehen (BayrVerwGH. bei Reger **23**, 332). Eine große Mitgliederzahl oder ein sachlich bedeutender Geschäftsbetrieb kann trotz örtlicher Beschränktheit doch einen großen VV. a. G. darstellen, wie auch umgekehrt ein katholischer VV. a. G., der sich zwar auf ganz Deutschland erstreckt, aber nur zu 1000 M. höchstens versichert, zu einem kleineren Verein erklärt worden ist (VA. **06**, 28). Das Gesetz versteht im allgemeinen unter einem kleineren VV. a. G. einen solchen, dessen Mitglieder in näheren persönlichen, nachbarlichen, amtlichen oder beruflichen Beziehungen stehen, nicht in den großen Verkehr tritt, obgleich der Anfang zum Großbetrieb an sich möglich wäre (VA. **03**, 118; § 1 Anm. 4) und deshalb den engbeschränkten Wirkungskreis sich gesetzt hat. Hierher gehören also örtliche Krankenv.-Kassen, Sterbe-, Witwen-, Pensions- und Waisenkassen für engere Berufsklassen, Geistliche, Lehrer, Beamte (VA. **03**, 34; BayVGH. **24**, 42; Reger **23**, 332). Die kleineren Kaskov.-Vereine, die Sterbekassen der Militärvereine, Viehv.-Vereine u. dgl. (§ 6 Anm. 2). Von diesen kleineren VV. a. G. unterscheiden sich die ganz kleinen Vereine, welche entweder keine eigentlichen V.geschäfte abschließen (§ 1 Anm. 5) oder keinen Betrieb von V.geschäften zum Gegenstand haben (§ 1 Anm. 8) oder bloße Unterstützungsvereine sind (§ 1 Anm. 9 f.). Diese Vereine fallen überhaupt nicht unter dieses Gesetz.

2 II. Die **Zulassung** des Vereins ist Bedingung seiner Existenz und verleiht ihm allein die Rechtsfähigkeit (§ 15 Anm. 2; § 22 BGB.). Die Erfordernisse der Zulassung weichen von denen für die großen VV. a. G. ab (vgl. § 15 Anm. 2). Den kleineren VV. a. G. darf nämlich die Aufsichtsbehörde Abweichungen von den Vorschriften der §§ 11, 12, 55—57 über den Prämienreservefonds hinsichtlich der Geschäftsführung, Buchung und Berechnung gestatten (§ 124). Die Aufsichtsbehörde darf auch von den Vorschriften der §§ 38, 39, 42, 173 bis 178 VVG. über die Verzugsfolgen unterlassener Prämienzahlungen und über die Umwandlung und den Rückkauf der V. Ausnahmsbedingungen gestatten (§ 189 Nr. 1 VVG.; vgl. § 9 Anm. 8 u. 9, sowie VA. **10**, 101 u. 102 u. 105; **09**, 168 u. 175; **06**, 66 u. 67 u. 69; **05**, 30). Die Aufsichtsbehörde befindet ausschließlich, ob ein Verein als ein kleinerer anzusehen ist, solange der Bundesrat von seiner ihm in § 114 eingeräumten Befugnis keinen Gebrauch gemacht hat. Ihre Entscheidung ist auch für die Gerichte unbedingt bindend (§ 53 Abs. 4; § 77). Die Reichsaufsichtsbehörde fällt ihre Entscheidung in der Zusammensetzung des § 73 Abs. 1 Nr. 5 an Hand der vom Bundesrat gegebenen Vorschriften (§ 114). Gegen ihre Entscheidung, daß der Verein nicht als kleinerer Verein anerkannt werde, steht dem Vorstand der Rekurs zu (§ 74 Abs. 1); über die Entscheidung der Landesaufsichtsbehörde s. § 84. Die Aufsichtsbehörde führt die laufende Aufsicht wie bei den größeren VV. a. G. Ueber die Uebertragung der Aufsicht auf die Landesbehörde s. § 3 Abs. 2. Die Entziehung der Rechtsfähigkeit kann, wie bei den größeren VV. a. G., nur auf dem in §§ 67, 73 Abs. 1 Nr. 7 vorgezeichneten Weg durch die Aufsichtsbehörde erfolgen (§ 15 Anm. 2; § 42 Anm. 1). Es sind zwar die Gegenteiliges besagenden §§ 43, 44 BGB. in Abs. 1 des § 53 bezogen, allein diese Vorschriften sind auf ganz andere Verhältnisse berechnet.

III. Die **Rechtsverhältnisse** des Vereins 3
können beliebig von ihm selbst durch Satzung geordnet werden, soweit nicht die Aufsichtsbehörde nach §§ 7, 13 einzugreifen befugt ist, und soweit nicht auch sie an die zwingenden Vorschriften des VVG. gebunden sind (§§ 189 ff. VVG.). Wegen der Einfachheit des Betriebs, wobei übrigens nicht einmal die Uebernahme des Kriegsrisikos ausgeschlossen ist (VA. **08**, 85), hat der Gesetzgeber hier die Vorschriften des HGB. nicht für anwendbar erachtet, sondern im allgemeinen die Vorschriften über Vereinsrecht (§§ 24—53 BGB.) mit geringen Aenderungen übertragen und die für kleinere Verhältnisse nicht brauchbaren Vorschriften des VAG. ausgeschaltet. Danach kann der kleinere VV. a. G. nur reiner VV. a. G. sein; er darf nicht gegen feste Prämie versichern; denn der Abs. 2 des § 21 ist durch § 53 Abs. 1 ausgeschlossen. Auch § 16 VAG. gilt nicht für ihn; deshalb fallen alle Vergleichungen mit dem HGB. weg und hat der Verein auch keine Firma, sondern nur einen Namen, d. h. § 18 Abs. 2 gilt nicht (nach § 53 Abs. 1), sondern nur Abs. 1. Dieser Name ist durch § 12 BGB. geschützt. Eine Eintragung in irgend ein Register findet nicht statt, auch nicht in das Vereinsregister (§ 21 BGB.). Gegen eine trotzdem erfolgte Eintragung steht der Aufsichtsbehörde die Beschwerde nach § 20 FGG. zu, damit nicht der Verein nach außen den Anschein der Rechtsfähigkeit (durch Eintragung) erweckt, die lediglich auf der Zulassung durch die Aufsichtsbehörde beruht (RG. in VA. **05** Anh. 39 Nr. 112).

IV. Der **Sitz des Vereins** muß sich aus der Satzung 4
ergeben, so daß der Ort der Verwaltung (§ 24 BGB.) meist nicht in Frage kommt (§§ 18 Abs. 1, 53 Abs. 1).

V. Die **Satzung**, bestimmt die Verfassung, bedarf nicht 5
einmal notwendig der Schriftform, so daß bloße Observanz schon in Betracht kommt (§ 25 BGB.; §§ 17 Abs. 1, 52 Abs. 1). Mustersatzungen s. § 4 Anm. 4. Satzungsänderungen bedürfen eines Beschlusses des obersten Or-

gans, worüber die Abs. 1—3 des § 39 gelten (§ 53 Abs. 1). Ein gültiger Beschluß bedarf der Dreiviertelsmehrheit der erschienenen Mitglieder und bei Aenderung des Zwecks sogar der Zustimmung aller Mitglieder sowie der Genehmigung der Aufsichtsbehörde (§ 33 BGB.; §§ 13, 73 Abs. 1 Nr. 2), da die Satzung einen Teil des Geschäftsplans bildet. Wird der Vereinszweck geändert, so müssen sogar die nicht erschienenen Mitglieder ihre Zustimmung schriftlich gegeben haben (§ 33 BGB.). Die Satzung kann strengere und mildere Vorschriften für Satzungsänderungsbeschlüsse aufstellen (§ 40 BGB.; § 53 Abs. 2). Jedoch kann für der Landesaufsicht unterliegende VV. a. G. die Landesgesetzgebung zwingende Verfassungsvorschriften aufstellen (art. 82 EG. z. BGB.). Weiteres über die Verfassung unten Anm. 11.

6 VI. **Die Haftung** der Mitglieder für Vereinsschulden (§ 19) und die Beitragspflicht (§§ 24—27) ist dieselbe wie bei dem großen VV. a. G., weil diese Vorschriften in der beiden Vereinsarten gemeinsamen Versicherung a. G. wurzeln (§ 53 Abs. 1). Dasselbe gilt vom Grundsatz gleichmäßiger Behandlung aller Mitglieder (§§ 21 Abs. 1, 53 Abs. 1). Eine häufige, aber nicht empfehlenswerte Art der Beitragserhebung ist die, daß neben festen Monatsbeiträgen ein nach dem Eintrittsalter abgestuftes einmaliges Beitrittsgeld gefordert wird (VA. **06**, 69).

7 Sonderrechte können nur mit Zustimmung des Mitglieds, also nicht durch Mehrheitsbeschluß verkürzt werden (§ 35 BGB.; §§ 53, 41 Abs. 3, Abs. 1 u. 2). Ueber diese Sonderrechte s. § 21 Anm. 2 ff., § 39 Anm. 2; insbesondere über die Aenderung der V.bedingungen § 41 Anm. 2.

8 VII. **Die Mitgliedschaft** ist durch das Bestehen eines V.verhältnisses bedingt und endigt mit diesem. Es gilt überall § 20 und das, was dort über den Austritt, den Ausschluß, über die Anfechtung und den Rücktritt gesagt

ist. Neben § 20 gelten nicht die §§ 39, 40 BGB. über das Austrittsrecht, weil § 20 eine erschöpfende Sonderbestimmung enthält. Das AA. hält darauf, daß bei Sterbekassen, Betriebs- und Pensionskassen den Mitgliedern bei vorzeitigem freiwilligen oder erzwungenen Ausscheiden nach gewisser Dauer der Mitgliedschaft entweder eine prämienfreie V. oder die Rückvergütung eines Teils seiner Beiträge durch die Satzung eingeräumt und das Wiederinkraftsetzen erloschener V. ermöglicht wird (VA. **07**, 82; **04**, 84). Die Mitgliedschaft ist nicht vererblich und nicht übertragbar (§ 38 BGB.); die Ausübung der Mitgliedschaftsrechte kann jedoch Bevollmächtigten übertragen werden, wenn dies die Satzung zuläßt (§§ 32, 38, 40 BGB.; § 53 Abs. 2). Weil kleinere VV. a. G. nicht in der Form von gemischten VV. a. G. vorkommen dürfen, verbietet § 53 Abs. 1 Satz 2 die V. gegen feste Prämie ohne Mitgliedschaft (§ 21 Abs. 2). Ein Recht auf Offenlegung der Mitgliederliste besteht nicht (Wörner LZ. **08**, 291).

VIII. **Gründungs- und Reservefonds** bilden fest- 9
stehende Eigentümlichkeiten aller VV. a. G. (§§ 22, 37, 53 Abs. 1). Uebergangsbestimmung s. § 101. Das Vereinsvermögen kann nicht in einem bloßen Guthaben z. B. an die Firma bestehen, welche für ihre Beamten, Invaliden, Witwen oder Waisen ihrer Angestellten eine Pensionskasse gründet; dieses Guthaben muß mindestens durch Verpfändung mündelsicherer Werte nach § 59 sichergestellt sein (VA. **06**, 68; **05**, 30). Bei Krankenkassen wendet das AA. für Ansammlung des Reservefonds den § 25 des Hilfskassengesetzes an und läßt bei Krankenkassen, die auch noch ein Sterbegeld gewähren, noch etwas mehr als das Zehnfache der wöchentlichen Krankenunterstützung zu (§ 12 Hilfskassengesetz; VA. **06**, 69).

IX. Die **Bekanntmachungen** des Vereins sind durch 10
die Satzung frei zu ordnen. Daher ist von § 28 nur Abs. 1 aufgenommen (§ 53 Abs. 1).

11 X. Die **Bilanz** und **Organisations**vorschriften der §§ 29, 34—36 sind nicht anwendbar. Das AA. hat nach § 124 besondere Vorschriften über die Rechnungslegung und die Bilanz erlassen, die ihm mit Jahresbericht nach § 55 alljährlich zu unterbreiten sind, und zwar für Sterbekassen und sonstige kleinere VU. (VA. **03**, 53; **09**, 175), für Pensionskassen und kleinere Renten-VU. sowie Krankenkassen (VA. **03**, 67), für kleinere Vieh-VU. (VA. **06**, 101). Danach beschränkt sich die Rechnungslegung und der Jahresbericht regelmäßig auf den Kassenbericht mit einfacher Gewinn- und Verlustrechnung, eine Vermögensübersicht, welche die bestehenden Verpflichtungen ergibt, und eine Nachweisung über den Reservefonds (VA. **07**, 91). Die technische Prüfung des Geschäftsstandes wird nur auf den Schluß jedes fünften Geschäftsjahres verlangt (VA. **03**, 120). Für die alljährlich aufzustellende technische Bilanz über den Prämienreservefonds (§ 56) ist dem Sachverständigen in den vom AA. gegebenen Rechnungsvorschriften Anleitung gegeben. Gewinn darf jedoch nur auf Grund einer versicherungstechnisch richtigen Bilanz verteilt werden. Bis zum Vorliegen einer solchen müssen die Jahresüberschüsse stets dem Kassenvermögen zugeschlagen werden (VA. **04**, 122/23); siehe im übrigen § 124. Bei kleineren Lebensv.vereinen verzichtet der AA., wenn nur V.summen bis zu 100 M. in Frage kommen, auf Mitwirkung eines Mathematikers bei Aufstellung der Bilanz und sieht von einer technischen Bilanz sogar ganz ab, wenn das Sterbegeld bei Sterbekassen durchschnittlich höchstens 300 M. beträgt, u. bei Krankenkassen, wenn sie neben dem Krankengeld nur ein Sterbegeld in zehnfacher Höhe der ortsüblichen wöchentlichen Krankenunterstützung versichern und satzungsgemäß ein Reservefonds nach § 25 des Hilfskassengesetzes v. 7. April 76 u. 1. Juni 84 gebildet ist (VA. **10**, 105). Ueber Erleichterungen in der Bilanzaufstellung s. VA. **05**, 30; **06**, 66, 67 u. 69; **09**, 175. Die Organisation kann in

freiester Weise gestaltet werden. Das AA. beanstandet nicht, wenn bei Pensionskassen einer Firma nach der Satzung ein Teil des Vorstandes aus der Zahl der Mitglieder von der Firma ernannt wird, wenn die Firma mit beratender Stimme an der Mitgliederversammlung teilnimmt, wenn Satzungsänderungen sowie die Auflösung von ihrer Zustimmung abhängig gemacht werden; nur darf der Einfluß der Firma nicht ungebührlich, z. B. nicht so gestaltet werden, daß der von der Firma zu ernennende Vorsitzende des Vorstands bei Stimmengleichheit der Mitgliederversammlung den Ausschlag geben soll (VA. **07**, 67). Beispiele für die Verfassung solcher Pensionskassen s. VA. **04**, 86 und **05**, 33. Notwendige Organe sind nur Vorstand und Mitgliederversammlung. Die Mustersatzungen s. § 4 Anm. 4.

1. Der Vorstand kann aus mehreren Personen bestehen, die meist ehrenamtlich tätig sein werden **12**
(§ 26 BGB.). Er vertritt den Verein gerichtlich und außergerichtlich und steht einem gesetzlichen Vertreter gleich (§ 51 ZPO.; § 26 Abs. 2 BGB.). Er leistet die Parteieide, kann also nicht Zeuge in Sachen seines Vereins sein; er gibt die Willenserklärungen namens seines Vereins ab (§ 164 BGB.) und verpflichtet seinen Verein für den außerkontraktlichen Schaden, den er in Ausführung der ihm zustehenden Verrichtung einem Dritten zugefügt hat (§§ 823, 826, 31 BGB.; JW. **04**, 428). Der Vorstand unterliegt keinem Konkurrenzverbot (anders § 34 Nr. 1). Seine Vertretungsmacht kann durch Satzung, nicht aber durch die Mitgliederversammlung wirksam Dritten gegenüber beschränkt werden. Es kommt alsdann auf die Kenntnis des Dritten von der Beschränkung nicht an (§ 26 Abs. 2 BGB.). Mehrere Vertreter beschließen durch die Mehrheit der erschienenen Mitglieder nach §§ 28, 32, 34 BGB., wenn die Satzung nicht anders bestimmt (§ 40 BGB.). Willenserklärungen dem Verein gegenüber können jedem einzelnen Vorstandsmitglied ab-

gegeben werden (§ 28 Abs. 2 BGB.), und genügt für die Kenntnis des Vorstandes die Kenntnis eines einzelnen Mitglieds (vgl. LZ. **09**, 230 Nr. 10). Besteht Gesamtvertretung des Vorstands, so kann auch nur der Gesamtvorstand handelnd auftreten; tritt trotzdem ein einzelnes Vorstandsmitglied allein auf, so handelt er ohne Vertretungsmacht (§§ 177—180 BGB.). Eine nachträgliche Genehmigung ist möglich; sie muß aber dem Vertragsgegner erklärt werden (vgl. RG. **61**, 223). Die Mitgliederversammlung bestellt den Vorstand, wenn die Satzung schweigt (§ 40 BGB.) und widerruft seine Wahl nach § 27 BGB.; sie kann ihm für besondere Geschäftszweige mit Wirkung gegen Dritte einen besonderen Vertreter zur Seite stellen (§§ 30, 26 Abs. 2 BGB.). In dringenden Fällen kann die Aufsichtsbehörde nach § 64 Abs. 2 vorübergehend auf Antrag den Vorstand vollzählig machen (§ 29 BGB.; § 53 Abs. 2 Nr. 1). Die Geschäftsführung des Vorstands richtet sich nach der Satzung und den Vorschriften der Aufsichtsbehörde (§§ 64 ff.) und im übrigen nach den Vorschriften des BGB. über den Auftrag (§§ 27, 664 f. BGB.). Grundstückserwerb § 54. Hinsichtlich der Buchführung und Rechnungslegung darf die Aufsichtsbehörde Vereinfachung bewilligen (§§ 55, 124). Prämienreservefonds §§ 56 ff. Strafrechtliche Verantwortlichkeit §§ 105, 106, 108—113.

13 2. Der Aufsichtsrat ist eine fakultative Einrichtung, welche der Satzung überlassen bleibt. Sieht die Satzung einen Aufsichtsrat vor, so gelten für ihn die §§ 36 Abs. 2 u. 3, 37—40 und § 41 Abs. 1, 2, 4 Gen.-Ges. (§ 53 Abs. 3). Obgleich § 36 Abs. 1 GenGes. nicht übernommen worden, muß der Aufsichtsrat aus mindestens drei Mitgliedern zusammengesetzt sein, weil Beschlüsse nach § 32 BGB. mit einfacher Mehrheit gefaßt werden. Der Aufsichtsrat wird im Zweifel von der Mitgliederversammlung gewählt und zwar mit einfacher Mehrheit. Es gibt keine Kooptation, wenn nicht die Satzungen dies bestimmen; § 36 Abs. 1 GenGes., der das Gegenteil verfügt, ist nicht übernommen. Die Abberufung einzelner Mitglieder kann jederzeit, aber nur durch eine Mehrheit von Dreiviertel der erschienenen Mitglieder der Generalversammlung, beschlossen werden. Es werden also, anders als bei den großen Vereinen, nicht bloß die abgegebenen Stimmen, sondern die Erschienenen gezählt (§ 36 Abs. 2 GenGes.; §§ 243, 251 HGB.). Tantièmen dürfen sie nicht beziehen (§ 36 Abs. 2 GenGes.), wohl aber festen Gehalt, so daß der Aufsichtsrat im Falle seiner Abberufung nur Anspruch auf den Gehaltsteil hat, der bis zu diesem Zeitpunkt verdient ist. Der Grundsatz der Unvereinbarkeit der Stellung eines Aufsichtsratsmitglieds mit der eines Vorstandsmitglieds ist derselbe, wie bei den großen VV. a. G. (§ 37 GenGes.; vgl. § 35 Anm. 3), so daß ein Aufsichtsrat ein Vorstandsmitglied weder dauernd vertreten, noch auch als Beamter des VV. a. G. angestellt werden darf; nur eine vorübergehende Stellvertretung eines behinderten Vorstandsmitglieds ist möglich; insolange ruht die Aufsichtsratsfunktion. Ausgeschiedene Vorstandsmitglieder dürfen erst nach ihrer Entlastung in den Aufsichtsrat gewählt werden (§ 37 Abs. 2 GenGes.). Dritten gegenüber sind diese Vorschriften ohne Bedeutung. Ein Konkurrenzverbot besteht auch hier nicht. Die Rechte und Pflichten des Aufsichtsrats und ihre Haftung ist im wesentlichen durch §§ 38, 41 Abs. 1, 2, 4 Gen.-Ges. gerade so geordnet wie bei den großen Vereinen (vgl. §§ 246, 249 HGB.; § 35 Anm. 5 f.). Außerdem ist sein Recht auf vorläufige Enthebung von Vorstandsmitgliedern in § 40 GenGes. ausdrücklich anerkannt; jedoch muß der Aufsichtsrat unverzüglich die Mitgliederversammlung zur Beschlußfassung berufen und für die Vertretung des Vorstandes sorgen und zwar durch nicht dem Aufsichtsrat angehörende Personen. Strafvorschriften in §§ 105, 106, 110, 111, 113. Wie bei den großen VV. a. G. vertritt der Aufsichtsrat den Verein bei Abschließung von Geschäften mit dem Vorstand und führt die von der Mitgliederversammlung gegen den Vorstand beschlossenen Prozesse. Soll der Aufsichtsrat verklagt werden, so muß die Mitgliederversammlung Bevollmächtigte ernennen. Soweit die Satzung nicht noch strengere Vorschriften enthält, dürfen Vorstandsmitglieder dem Verein nur mit Genehmigung des Aufsichtsrats Bürge sein, und darf nur unter Zustimmung des Aufsichtsrats Vorstandsmitgliedern Kredit gewährt werden (§ 39 GenGes.). Irgend eine Eintragung der Aufsichtsratsmitglieder findet nicht statt.

14 3. Die Mitgliederversammlung, an und für sich die höchste Instanz in allen Vereinsangelegenheiten, ist nicht einmal ein unerläßliches Organ im engsten Sinne. Durch die Satzung kann eine andere Einrichtung, z. B. schriftliche Abstimmung, an deren Stelle gesetzt werden (§§ 32, 40 BGB.). Wo die Satzung nicht anders verfügt, hat der Vorstand die sämtlichen Mitglieder formlos, so oft es das Vereinsinteresse erfordert, einzurufen und zwar an den Vereinssitz (§ 36 BGB.). Auch der Aufsichtsrat hat dieses Recht und die Pflicht (§§ 38 Abs. 2, 39 GenGes.). Räumt die Satzung einer bestimmten Minderheit dasselbe Recht ein, so bleibt es dabei. Schweigt die Satzung, so kann eine Minderheit, bestehend aus einem Zehntel der Mitglieder, unter Angabe des Zwecks und der Gründe schriftlich (§ 126 BGB.) bei Vorstand und Aufsichtsrat die Berufung einer Mitgliederversammlung verlangen (§ 37 Abs. 1 BGB.). Versagen diese beiden Organe, so kann die Aufsichtsbehörde, die nicht einmal in der in § 73 vorgesehenen Zusammensetzung, sondern im Aufsichtsweg (§ 64) endgültig (§ 77) befindet, diese Minderheit zur Berufung ermächtigen und über den Vorsitz in der Versammlung Bestimmung treffen (§ 37 Abs. 2 BGB.; § 53 Abs. 2 Nr. 1). Während bei sonstigen Berufungen die Gültigkeit der Beschlußfassung nur dadurch bedingt ist, daß bei der Berufung der Gegenstand

(die Tagesordnung) erkennbar bezeichnet wird, muß bei der zwangsweisen Berufung auch auf die staatliche Ermächtigung Bezug genommen sein (§§ 32, 37 Abs. 2 BGB.). Diese Minderheitsrechte sind zwingender Natur, sofern die Satzung überhaupt die Berufung einer Mitgliederversammlung kennt (§ 32 vgl. mit §§ 37, 40 BGB.). Die Berufung geschieht im übrigen formlos, soweit die Satzung nichts enthält (oben Anm. 10); ebenso bleibt es der Satzung überlassen, ob der Verlauf der Versammlung und deren Beschlüsse zu beurkunden sind. Die Satzung regelt auch das Stimmrecht mit der einzigen zwingenden Vorschrift, daß Interessenkollision das Stimmrecht entzieht (§ 34 BGB.). Eine Kollision liegt nicht vor, wenn es sich um die Wahl des Mitglieds in den Vorstand oder Aufsichtsrat handelt (vgl. RG. **60**, 172). Die Leitung der Versammlung steht dem Vorstand zu (§ 26 BGB.), wenn die Satzung nichts bestimmt. Bestimmt die Satzung Leitung durch den Vorstand, so kann die Leitung nicht durch Versammlungsbeschluß einer andern Person übertragen werden (RG. in LZ. **09**, 774 Nr. 6). Die Beschlüsse werden mit der Mehrheit der erschienenen stimmberechtigten Mitglieder gefaßt (§§ 34, 38, 40 BGB.); auf die Zahl der abgegebenen Stimmen kommt es nicht an (§ 32 BGB.); die Satzung kann anders verfügen (§ 40 BGB.). Wird diese Mehrheit nicht erreicht, so kommt der Beschluß trotzdem zustande, wenn alle Mitglieder ihre Zustimmung schriftlich erteilen (§§ 32 Abs. 2, 126 BGB.). Aenderungen und Ergänzungen der Satzungen oder der allgemeinen V.bedingungen (§§ 41, 53 Abs. 1) werden, wenn die Satzung schweigt (§ 40 BGB.), nach § 39 Abs. 1—3 und BGB. § 33 Abs. 1, welch' letzterer an Stelle des Abs. 4 des § 39 tritt, mit einer Mehrheit von drei Viertel der erschienenen stimmberechtigten Mitglieder beschlossen. Zweckänderungen erfordern die schriftliche Zustimmung sämtlicher Mitglieder, soweit die Satzung nicht anders bestimmt (§ 40 BGB.). Die staatliche Genehmigung, welche § 33 Abs. 2 BGB. zu jeder Satzungsänderung fordert, ist hier ersetzt durch die Genehmigung der Aufsichtsbehörde (§§ 4, 13). Eine Eintragung der Satzungsänderung findet nicht statt. § 41 des Gesetzes kommt zur vollen Anwendung, was insbesondere für die Sonderrechte (oben Anm. 7) bedeutsam ist. Hat die Mitgliederversammlung einen nach Form oder Inhalt ungültigen Beschluß gefaßt, so darf der Vorstand bei Vermeiden eigener Haftung (§ 276 BGB.) den Beschluß nicht ausführen und der Aufsichtsrat die Ausführung nicht dulden; deshalb muß Vorstand und Aufsichtsrat ein Klagerecht zustehen, um die Ungültigkeit des Beschlusses zur Feststellung zu bringen; irgend eine Beschränkung dieser Feststellungsklage besteht, abgesehen von § 256 ZPO., nicht. Dasselbe Recht kann aber auch dem einzelnen Mitglied nicht versagt werden (Mot. z. BGB. I 109; Prot. I 537); daher ist es ohne Belang, daß besondere Vorschriften, wie sie nach § 36 Anm. 9 für die größeren VV. a. G. ausdrücklich aufgestellt sind, hier nicht gegeben sind.

15 XI. **Die Dividendenverteilung** richtet sich nach den in § 38 Abs. 1 u. 2 ausgesprochenen Grundsätzen. Der Abs. 3 ist wegen seines Zusammenhangs mit § 36 weggefallen (§ 53 Abs. 1).

16 XII. **Die Vereinsauflösung** erfolgt aus den zu §§ 42, 43 u. 44 erörterten Gründen (§ 53 Abs. 1). Die Entziehung der Rechtsfähigkeit im Verwaltungsweg geht nach §§ 67, 73 Abs. 1 Nr. 7 und nicht nach §§ 43, 44 BGB. vor sich (oben Anm. 2). Für die Auflösung durch Beschluß des obersten Organs und die Fusion gelten die in den §§ 43, 44 aufgestellten Regeln mit folgenden Abweichungen: da § 36 keine Anwendung findet, fällt auch § 271 HGB. weg, so daß die Anfechtungsklage der in § 43 Anm. 3 erwähnten Minderheit ausgeschlossen ist. Es verbleibt daher mit Ausschluß des Rechtswegs (§ 77) allein bei dem unter § 43 Anm. 3 erörterten Rekurs gegen die Entscheidung des Aufsichtsrats für die bei der Ab-

stimmung unterlegenen Mitglieder, wenn sie für Feststellung ihres Widerspruchs gesorgt haben (§ 43 Abs. 2 Satz 2). Gegen eine Fusion (§ 44) gibt es jedoch keinen Widerspruch und kein Rekursrecht. Die Aufsichtsbehörde überwacht alle Vorgänge (§§ 43 Abs. 3 64, 73, Abs. 1 Nr. 4). Eine Eintragung des Auflösungsbeschlusses findet nicht statt, so daß eine Anzeige an den Registerrichter unterbleibt. Durch § 43 Abs. 2 ist zu einer Auflösung eine Mehrheit von drei Viertel der abgegebenen Stimmen nach § 36 Anm. 7 verlangt; bei dieser Bestimmung verbleibt es, wenn die Satzung nichts bestimmt (§ 43 Abs. 2 Satz 1; § 53 Abs. 1). Der § 41 BGB, der die Zustimmung von drei Viertel der erschienenen Mitglieder verlangt, kommt nicht zur Anwendung. Die Berufung der Versammlung und die Beschlußfassung sowie die Abstimmung richtet sich im übrigen nach dem in Anm. 14 oben Ausgeführten.

1. Die Wirkung der Auflösung besteht 17
ohne Rücksicht auf entgegenstehende Satzung im Fall der Konzessionsentziehung (§ 67 Abs. 2) und der Fusion, wenn nicht eine Abtretung aller V.verhältnisse, also eine Generalliquidation, stattfindet (§ 44), ebenso wie im Fall einer Auflösung nach §§ 42, 43 in der unter Kontrolle der Aufsichtsbehörde (§ 66) sich abwickelnden Liquidation nach Maßgabe der §§ 48—53 BGB. Die Liquidation ist dann unerläßlich (§ 47 BGB.); sie unterbleibt nur bei Eröffnung des Konkurses und wenn satzungsgemäß das Vermögen an den Fiskus fällt (§§ 46, 47 BGB.). Der Fiskus ist alsdann nicht als gesetzlicher Erbe zu behandeln, weil Abs. 3 des § 45 BGB. nach § 53 Abs. 2 Nr. 2 nicht gilt (vgl. § 1942 Abs. 2 BGB.). Näheres unten Anm. 18. Die Rechts- und Parteifähigkeit endet mit Eintritt der Liquidation nicht (vgl. Anm. 1 u. 2 zu § 46 und BGB. § 49 Abs. 2).

2. Die Liquidation richtet sich nicht nach §§ 46, 18
47 Abs. 1, sondern nach den vereinfachten Regeln der

§§ 48—53 BGB. einschließlich, wobei zu beachten ist, daß keine Liquidation beschlossen werden kann, die nicht für alle Mitglieder gleichmäßige Rechte festsetzt (Recht 03, 616 Nr. 254). Die Liquidation wird von dem Vorstand oder den durch Satzung oder Beschluß der Mitgliederversammlung bestimmten Personen durchgeführt (§§ 48, 27 Abs. 1, 40 BGB.). Durch die Aufsichtsbehörde kann im Notfall nach § 29 BGB., § 53 Abs. 2 Nr. 1 aushilfsweise ein Liquidator ernannt werden. Die Liquidatoren haben Rechte und Pflichten eines Vorstands (§ 48 Abs. 2 BGB.; oben Anm. 12). Der Grundsatz der Gesamtvertretung gilt auch hier, soweit die Satzung nichts anderes bestimmt; jedoch gibt es für die Liquidatoren nur einstimmige Beschlüsse, keine Mehrheitsbeschlüsse (§ 48 Abs. 3 BGB.). Sie versilbern das Vermögen, befriedigen die Gläubiger und können zu diesen Zwecken auch neue Geschäfte eingehen (§ 49 Abs. 1 BGB.). Sie leiten die Liquidation durch Bekanntmachung der Auflösung und öffentliche Aufforderung der Gläubiger nach § 50 BGB. ein; bekannte Gläubiger fordern sie besonders auf und sorgen für Befriedigung und Sicherstellung der Gläubiger nach Ablauf eines Sperrjahres. Meldet sich ein bekannter Gläubiger nicht, oder ist die Person des Berechtigten ungewiß (vgl. Staub § 353 Anm. 10), so ist der betreffende Betrag nach §§ 372, 381 BGB. zu hinterlegen (§ 52 Abs. 1 BGB.). Unbekannte Gläubiger gibt es nicht mehr, weil die Gläubiger, die sich auf die öffentliche Aufforderung nicht melden, nicht berücksichtigt werden. Im allgemeinen kehren hier die Grundzüge der Ausführungen zu § 47 Anm. 3 u. 4 und § 48 Anm. 2 wieder. Die Garanten, zu deren Gunsten weder Nachschüsse noch Umlagen erhoben werden dürfen, kommen auch hier an letzter Stelle (§§ 47 Abs. 2, 53 Abs. 1). Was mit dem Ueberschuß zu geschehen hat, bestimmt die Satzung, die darin volle Freiheit besitzt; denn es kommt § 45 BGB. zur Anwendung; jedoch mit der Abweichung, daß, wenn kein Anfallberechtigter bestimmt ist, der Ueberschuß nicht an den Fiskus fällt, sondern an die z. Zt. der Auflösung vorhandenen Mitglieder gemäß § 48 Abs. 1 zu verteilen ist (§ 53 Abs. 2 Nr. 2). Ueber die Verteilung des Vermögens von Fabrikpensionskassen s. VA. **06**, 67 u. 68. Will der Verein eine andere Art der Liquidation vornehmen, als sie das Gesetz danach vorschreibt, so bedarf es der Einstimmigkeit; denn die Mitglieder haben einen unentziehbaren Anspruch darauf, daß die entstandenen V.ansprüche und die aus den bestehenden V.verhältnissen zu erwartenden Ansprüche ordnungsmäßig abgewickelt werden, solange darauf nicht verzichtet ist. Daher kann der Verein, wenn die Satzung nichts verfügt, nicht die Liquidation zum Zweck der Umwandlung in einen Unterstützungsverein (§ 1 Anm. 9 u. 10) beschließen, wenn nicht alle Mitglieder zustimmen und müßte die Aufsichtsbehörde einem Mehrheitsbeschluß die Genehmigung versagen (PrOVG. in VA. **09** Anh. 81 Nr. 472).

Ist die Berichtigung einer Verbindlichkeit z. Zt. nicht ausführbar oder ist eine Verbindlichkeit streitig, so ist dem Gläubiger nach § 232 BGB. Sicherheit zu leisten, ehe das Vermögen an den Anfallberechtigten ausgeantwortet oder an die Mitglieder verteilt wird (§ 52 Abs. 2 BGB.); und zwar sind dann nicht nur die fälligen V.ansprüche, sondern alle V.ansprüche unter Zugrundelegung der auf die einzelnen V.ansprüche entfallenden rechnungsmäßigen Prämienreserve sicherzustellen (vgl. § 14 Anm. 14); reicht das Vermögen dazu nicht aus, so sind sämtliche, auch die fälligen V.ansprüche nach demselben Maßstabe zu kürzen (vgl. VA. **06**, 68). Mit Beendigung der Liquidation haben die Liquidatoren der Mitgliederversammlung Rechnung zu legen.

3. Die Liquidatoren haften aus ihrer Geschäftsführung dem Liquidationsverein gleichwie der Vorstand nach den über den Auftrag geltenden Vorschriften **19**

(§§ 27 Abs. 3, 48 Abs. 2 BGB.). Ausnahmsweise haften sie den Gläubigern unmittelbar samtverbindlich, wenn sie im Falle der Ueberschuldung des Vereins die Anzeige an die Aufsichtsbehörde schuldhaft verzögern (§§ 42 Abs. 2, 53 BGB.; §§ 53 Abs. 2 Satz 1, 68 Abs. 2) oder schuldhaft die Vorschriften über die Gläubigeraufforderung (§ 50 BGB.), Gläubigersicherstellung (§ 52 BGB.) oder über die Ausantwortung des Vermögens (§ 51 BGB.) verletzen (§ 53 BGB.; § 53 Abs. 2). Strafvorschriften §§ 106, 109—113.

20 XIII. **Der Konkurs** löst den Verein auf. § 42 Abs. 1 BGB., der nach § 53 Abs. 2 in Betracht kommt, sagt dies in Uebereinstimmung mit dem in § 53 Abs. 1 nicht angezogenen § 49 Satz 1. Der Verein und seine Organisation dauert fort, soweit damit der Konkurszweck zu vereinbaren ist, so daß also keine neuen Mitglieder aufgenommen werden können (vgl. RG. **50**, 130). Dasselbe gilt, wenn der Konkurs im Liquidationsstadium eröffnet worden ist. Der Antrag auf Konkurseröffnung kann nur von der Aufsichtsbehörde gestellt werden (§ 68 Abs. 2). Für Vorstände und Liquidatoren besteht eine durch Strafvorschrift (§ 109) und zivilrechtliche Haftung (oben Anm. 19) gesicherte Pflicht zur Anzeige an die Aufsichtsbehörde (§ 68 Abs. 2). Ist der Konkurs einmal eröffnet, so gibt es keine Fortsetzung des Vereins, denn § 49 Abs. 2 ist nach § 53 Abs. 1 nicht anwendbar. Das Konkursgericht verfährt nach § 110 KO., indem es den Konkursverwalter ernennt (ein Pfleger, § 62, ist nicht zu ernennen), den offenen Arrest erläßt, die Anmeldefrist bestimmt und die Termine festsetzt. Der Gerichtsschreiber sorgt für die Bekanntmachungen (§§ 76, 112 KO.). Eine Eintragung findet nicht statt. Im übrigen verläuft das Verfahren nach §§ 50—52.

21 XIV. **Uebergangsvorschriften** §§ 92 ff., 101—104, 113.

IV. Geschäftsführung der Versicherungsunternehmungen.

1. Allgemeine Vorschriften. Rechnungslegung.

§ 54. Zum Erwerbe von Grundstücken bedürfen Versicherungsaktiengesellschaften und Versicherungsvereine auf Gegenseitigkeit der Genehmigung der Aufsichtsbehörde, soweit es sich nicht um den Erwerb von ihnen beliehener Grundstücke im Zwangsversteigerungsverfahren handelt. Die Genehmigung ist zu erteilen, wenn es sich außerhalb des Zwangsversteigerungsverfahrens um die Sicherung eingetragener Forderungen, oder wenn es sich um den Erwerb von Grundstücken handelt, die für die Zwecke des Geschäftsbetriebs bestimmt sind.

In den Fällen des Abs. 1, auch soweit die Genehmigung der Aufsichtsbehörde nicht erforderlich ist, bedarf es der landesgesetzlich vorgeschriebenen staatlichen Genehmigung (Artikel 86 des Einführungsgesetzes zum Bürgerlichen Gesetzbuche) nicht.

1. Nur die V.aktiengesellschaften 1
und die VV. a. G., einschließlich der kleineren VV. a. G. (VA. **07**, 91), bedürfen der Genehmigung zum Grundstückserwerb, nicht aber Einzelunternehmungen oder solche Gesellschaftsunternehmungen, bei denen das Anstaltsvermögen im Privatvermögen persönlich haftender Gesellschafter besteht. Einerlei ist es, welche V.-zweige (§§ 8 Anm. 2, 116, 117 Nr. 2) betrieben werden, und ob die VU. außer V.geschäften noch Geschäfte anderer Art betreibt, mag auch der Erwerb nicht für den V.betrieb

beabsichtigt sein (VA. **04**, 115). Das Gebot ist ein öffentlich-rechtliches, daher zwingender Natur, und trifft auch ältere VU. (§§ 92 ff.).

2 2. Inländische V.aktiengesellschaften und VV. a. G. bedürfen der Genehmigung, mögen die Grundstücke auch im Ausland gelegen sein (VA. **04**, 51 Nr. 20). Ausländische VU., die im Ausland Grundstücke erwerben, unterliegen dem Gebot nicht (§ 85 Abs. 2). Erwächst der ausländischen VU. aus dem Erwerb ausländischer Grundstücke Gefahr, so ist im Aufsichtsweg einzuschreiten (§ 91; VA. **04**, 51 Nr. 50). Will eine ausländische VU. ein inländisches Grundstück erwerben, so findet § 54 allerdings Anwendung, weil der Inlandsbetrieb unter Inlandsaufsicht steht. Nach art. 88 EG. z. BGB. bleiben aber auch die landesgesetzlichen Vorschriften, welche den Erwerb von Grundstücken durch Ausländer von staatlicher Genehmigung abhängig machen (vgl. die AusfGesetze z. BGB. bei v. Staudinger EG z. BGB. art. 86 Bem. 3, 88 Bem. 3), unberührt, soweit nicht Staatsverträge bestehen (Zusammenstellung bei v. Staudinger art. 88 Bem. 2). Das AA. (VA. **06**, 97; dagegen mit Recht Brockhausen DJZ. **07**, 763) neigt sich wohl der Ansicht zu, daß eine doppelte Genehmigung überflüssig sei; allein die einzelstaatliche Genehmigung hat politischen Charakter und erfolgt nach ganz anderen Rücksichten als die Genehmigung des AA. (vgl. auch § 85 Anm. 1 f.). Das AA. ist unter Umständen nach § 54 Abs. 1 gezwungen, die Genehmigung zu erteilen, wenn der geordnete Betrieb den Erwerb erfordert. Von einer solchen Erwägung hängt jedoch die landesgesetzlich gebotene Genehmigung nicht ab. Begriff des Ausländers § 85.

3 3. Nur der Erwerb von Grundstücken bedarf der Genehmigung (über Beleihung s. § 59). Die Landesgesetzgebung kann aber Veräußerungsbeschränkungen verfügen, welche einem Erwerbsverbot gleichkommen (art.

119 Nr. 1 EG. z. BGB.). § 1 Abs. 3 FreizügG. steht nicht entgegen (Holtz PrVerwBl. **07**, 645; Jellinek u. Sontag DJZ. **07**, 1252 u. 1254). Außerdem bedarf die Veräußerung von Grundstücken einer Genehmigung, wenn eine V.aktiengesellschaft sich in einen VV. a. G. umwandelt (§ 14 Anm. 23). Ueber die Verschmelzung von VU. verschiedener Gesellschaftsformen s. § 14 Anm. 5 ff.

4. Die Genehmigungspflicht soll Grundstücksspekulationen, namentlich in der verschleierten Form, verhüten, daß die VU. sich eine Hypothek, eine Grund- oder Rentenschuld verschafft, um dann das Grundstück auf Umwegen zu erwerben; ferner sollen Luxusbauten verhindert werden. Deshalb ist der Aufsichtsbehörde mit dem Genehmigungsgesuch der Grundbuchauszug vorzulegen (VA. **08**, 116) und in zweifelhaften Fällen der Nachweis zu erbringen, daß das Grundstück zum Geschäftsbetrieb bestimmt (VA. **08**, 117) und erforderlich ist. Letzteres sagt das Gesetz zwar nicht, aber es ergibt sich dies aus der Natur der Sache. Die Aufsichtsbehörde muß die Genehmigung erteilen, wenn es sich außerhalb des Zwangsverfahrens um die Sicherung eingetragener Forderungen handelt (die aber nicht zu dem Zwecke erworben sein dürfen, um das Grundstück zu bekommen), oder wenn der Erwerb für Zwecke des Geschäftsbetriebs bestimmt (und erforderlich) ist. Die Genehmigung kann einer VU., damit ein gebotener Erwerb nicht versäumt werde, im Voraus innerhalb bestimmter Grenzen für den Fall erteilt werden, daß sich für sie die Gelegenheit zu einem Grundstückserwerb ergebe (Begr. zu § 54). Gegen die Entscheidung der Aufsichtsbehörde gibt es kein Rechtsmittel (§§ 73, 77). 4

5. Ausnahmsweise bedarf es keiner Genehmigung. Wenn nämlich die VU. von ihr beliehene Grundstücke in der Zwangsversteigerung erwirbt, um Verluste zu verhüten § 54 Abs. 1 Satz 1). Hat die VU. eine eingetragene Forderung erworben, so ist das Grund- 5

stück auch von ihr beliehen; es ist nicht nötig, daß schon die erste Eintragung auf ihren Namen lautete.

6 Mit der Genehmigung der Aufsichtsbehörde könnte art. 86 EG. z. BGB. konkurrieren, wonach juristische Personen zum Grundstückserwerb landesgesetzlicher Genehmigung bedürfen können. Diese landesgesetzlichen Vorschriften gelten für V.aktiengesellschaften und VV. a. G. zufolge des Abs. 2 des § 54 überhaupt nicht — mag es sich um einen Erwerb innerhalb oder außerhalb einer Vollstreckung handeln. Mit der Frage, wie ausländische VU. zu behandeln sind (oben Anm. 2), hat art. 86 EG. z. BGB. und folglich § 54 Abs. 2 nichts zu tun.

7 6. Die rechtliche Bedeutung der Genehmigung besteht darin, daß der Grundstückserwerb, solange die Genehmigung fehlt, weder obligatorische noch dingliche Wirkung äußert, eine Bindung also nicht besteht (§§ 134, 309 BGB.). Es verhält sich hier anders in den Fällen der §§ 9 Abs. 4, 14; denn § 54 enthält zwingendes öffentliches Recht. Deshalb darf der Grundbuchrichter nicht eintragen, wenn die Genehmigung erforderlich ist, was er aus dem Erwerbstitel zu entnehmen vermag (§ 29 Satz 2 GBO.). Das Verbot des § 54 beschränkt wegen seiner Nichtigkeitswirkung die Vertretungsmacht der Vorstände, Liquidatoren und Handelsbevollmächtigten der V.aktiengesellschaften und VV. a. G. wirksam auch nach außen.

§ 55. Die Bücher einer Versicherungsunternehmung sind jährlich abzuschließen; auf Grund der Bücher ist für das verflossene Geschäftsjahr ein Rechnungsabschluß und ein die Verhältnisse sowie die Entwickelung des Unternehmens darstellender Jahresbericht anzufertigen und der Aufsichtsbehörde einzureichen.

Soweit nicht in diesem Gesetz oder in sonstigen Reichsgesetzen oder durch den Bundesrat Vorschriften über die Buchführung und Rechnungslegung der Versicherungsunternehmungen getroffen sind, können nähere Vorschriften über die Fristen sowie die Art und Form des Rechnungsabschlusses und des Jahresberichts von der Aufsichtsbehörde erlassen werden.

Versicherungsaktiengesellschaften und Versicherungsvereine auf Gegenseitigkeit sind verpflichtet, innerhalb des auf das Berichtsjahr folgenden Geschäftsjahrs jedem Versicherten auf Verlangen ein Exemplar des Rechnungsabschlusses und des Jahresberichts mitzuteilen. Im übrigen kann die Aufsichtsbehörde darüber Bestimmung treffen, inwieweit und auf welche Weise alljährlich der Rechnungsabschluß und der Jahresbericht den Versicherten zugänglich zu machen oder zu veröffentlichen sind.

Vor Erlassung von Vorschriften der in den Abs. 2, 3 bezeichneten Art hat die aufsichtführende Reichsbehörde den Versicherungsbeirat zu hören.

A. **Buchführung und Rechnungsvorschriften.** Das Gesetz enthält sich besonderer Buchführungsvorschriften, weil die Buchführung und Bilanzaufmachung für V.-aktiengesellschaften bereits durch §§ 38 ff., 261 HGB. geregelt ist, und diese Vorschriften zufolge des § 16 auch für die größeren VV. a. G. gelten. Für die kleineren VV. a. G. (§ 53) sind die Buchführungsvorschriften nicht nötig; sie ergeben sich aus den für diese VV. a. G. erlassenen Rechnungsvorschriften (hierüber § 53 Anm. 11). 1

Ueber die Rechnungsvorschriften, welche für VU. jeder Art Geltung haben, bestimmt § 55 nach doppelter Richtung, nämlich einmal hinsichtlich der Rechnungsführung nach innen, die mit einem Jahresabschluß endigen muß, und sodann hinsichtlich des lediglich der Aufsichtsbehörde zu erstattenden Jahresberichts, der nur Aufsichtszwecken dient. Nähere Vorschriften über diesen Jahresabschluß und Jahresbericht erläßt die Aufsichtsbehörde, soweit nicht in diesem Gesetz (§ 34 Anm. 6 ff., § 35 Anm. 1 ff., § 36 Anm. 11 ff. für die größeren VV. a. G. und nach § 53 Anm. 11, § 124 für die kleineren VV. a. G. oder in sonstigen Reichsgesetzen (d. h. in §§ 39, 260 ff. HGB. für V.aktiengesellschaften) oder vom Bundesrat nach § 114 Bestimmungen getroffen sind (§ 55 Abs. 2). Außerdem schreibt § 55 Abs. 3 für V.aktiengesellschaften und VV. a. G. vor, daß sie jedem Versicherten auf Verlangen ein Exemplar des Rechnungsabschlusses und des Jahresberichts mitteilen müssen und zwar so, daß die Zahlen des Abschlusses verständlich sind. Ueber Umfang und Art dieser Zugänglichmachung und der Veröffentlichung kann die Aufsichtsbehörde nähere Bestimmungen treffen (unten Anm. 7). Ehe die Aufsichtsbehörde Vorschriften gibt, also auch vor Aenderung der gegebenen Vorschriften (a. M. AA. **06**, 17), muß sie den V.beirat (§ 72) gutachtlich hören (§ 53 Abs. 4). Aus dem Gesagten folgt, daß die Rechnungsvorschriften eine dementsprechende Buchführung voraussetzen, also auch Buchführungsvorschriften sind. Alles dies betrifft nur die Reichsaufsicht. Hinsichtlich der Landesaufsicht hat die Landesregierung freie Hand. Preußen hat für kleinere Sterbekassen Vorschriften erlassen (MinVerf. v. 12. April u. 23. Dez. 03; MinBl. f. d. innere V. 03 Nr. 5; MinBl. 04 Nr. 2).

2 I. Der **Rechnungsabschluß**, welcher auf den Schluß des Geschäftsjahres (also nicht notwendig des Kalenderjahres), jedoch so zu erfolgen hat (§ 39 HGB.), daß keine

Konten offen gelassen werden (VA. **04**, 115), setzt sich aus der Bilanz und aus der Gewinn- und Verlustrechnung zusammen (§ 36 Anm. 11 ff.).

1. Die **Bilanz** (§ 36 Anm. 12) besteht aus Gegenüberstellung der Aktiven und Passiven. Für die hier allein zu betrachtenden größeren VV. a. G. hat das AA. Rechnungsvorschriften erlassen, welche zugleich die Formulare zur Aufstellung der Bilanzen sowie der Gewinn- und Verlustrechnung enthalten. Die Vorschriften finden sich: für Lebensv. AA. **02**, 23 mit Erläuterungen **03**, 118; für Unfall- und Haftpflicht-VU. VA. **02**, 93; für Hagel- und Vieh-VU. VA. **02**, 127 und **05**, 75; für Feuer-VU. VA. **02**, 151 und **05**, 77; für Rück-VU. **09**, 2; vgl. VA. **04**, 98.

a) Die Aktiven werden von sämtlichen Vermögens- 3
werten gebildet. Dazu gehören also Grundstücke, Hypotheken, bewegliche Sachen (Inventar und Barbestand), Forderungen (über die Bewertung betagter, schwebender, zweifelhafter und unbeibringlicher Forderungen s. Staub § 40 Anm. 6 und § 261 Anm. 6 u. 17 ff.), Policedarlehn, gestundete Prämien und Rechte sowie die laufenden Einnahmen. Der Gründungsfonds (§ 22) und der Reservefonds (§ 38) sind Passiva (Staub § 261 Anm. 11 ff.). Nur insofern ist der Gründungsfonds ein Aktivum, als eine Einzahlung noch nicht stattgefunden hat; es verhält sich hier wie mit dem Grundkapital der Aktiengesellschaft (§ 261 Nr. 5 HGB.); soweit die Einzahlung noch nicht erfolgt ist, besteht ein Forderungsrecht aus den Akzepten der Garanten (§ 22 Anm. 3). Unter den Aktiven erscheinen also diese Wechsel; ferner die Guthaben bei Banken und an Rück-VU. Wertpapiere sind nach § 59 getrennt aufzuführen (VA. **03**, 120) und gemäß § 261 Nr. 1 HGB. höchstens zum Kurs am Schlusse des Geschäftsjahres, war der Anschaffungspreis aber niedriger, nur zu diesem Betrag zu bewerten; gegen diese Bewertung s. Emminghaus u. Gerkrath in ZVersWiss. **01**, 182 ff.;

allein die Vorschrift des § 261 Nr. 1 HGB. ist eine wohlüberlegte und allgemeingültige (RG. **43**, 123; RGSt. in VA. **05** Anh. 88; **07**, 124). Ebenso wie Wertpapiere sind in das Reichsschuldbuch oder in das preußische Staatsschuldbuch eingetragene Forderungen zu bewerten (VA. **07**, 124). Kursschwankungen läßt sich durch Bildung eines Reservefonds (§ 37 Anm. 7) begegnen. Die Kosten der Errichtung und Verwaltung sind kein Aktivum (Staub § 261 Anm. 39 ff.); für die VV. a. G. besteht jedoch hierwegen eine Besonderheit (§ 22 Anm. 6; § 36 Anm. 12). Mit Rücksicht auf § 58 ist bei der Darstellung das Rückv.-Geschäft vom direkten Geschäft getrennt zu halten (VA. **03**, 120; **04**, 98).

4 b) Die Passiven bestehen aus dem Gründungsfonds mit der zu § 22 Anm. 6 und § 36 Anm. 12 erwähnten Einschränkung (oben Anm. 3), dem Reservefonds (§ 37), einschließlich der Prämien- und Schadensreserve (§§ 56 u. 37 Anm. 5), der nach V.arten aufzuführenden Rücklagen, die für bestehende V.verhältnisse nötig sind (§ 37 Anm. 4), der Gewinnreserve (§ 37 Anm. 6) sowie der sonstigen freien Reserve (§ 37 Anm. 7). Sind Genußscheine (Gewinnanteilscheine) ausgegeben, die nur aus einem Liquidationsüberschuß getilgt werden sollen (§ 47 Abs. 2; vgl. § 300 HGB.; RG. **30**, 17; **49**, 11; **54**, 24), so bedarf es zwar der Aufnahme eines Passivpostens nicht, aber es muß ersichtlich gemacht werden, daß die Tilgung der Genußscheine noch aussteht (VA. **08**, 117). Ist Beamten ein Rechtsanspruch auf Pension eingeräumt, so muß ein entsprechender Posten als Passivum Aufnahme finden (VA. **06**, 97). Endlich gehören hierher die Forderungen sonstiger Gläubiger und der Verwaltungsaufwand.

5 2. Die **Gewinn- und Verlustrechnung** (§ 36 Anm. 13) besteht aus der Gegenüberstellung von Einnahmen und Ausgaben für jeden V.zweig (VA. **03**, 119; **04**, 98; **07**, 123):

a) Die **Einnahmen** setzen sich zusammen: α) aus den Erträgnissen aus Grundstücken; bei Benutzung eines eigenen Hauses für Zwecke der VU. ist der Mietsertrag in Einnahme und unter Verwaltungskosten in Ausnahme zu setzen (VA. **09**, 79); β) aus den Zinsen von Vereinskapitalien, wozu der Gründungsfonds nicht gehört, obgleich er im Eigentum des Vereins steht; denn er ist den Garanten zu verzinsen (§ 22). Die Zinsen dürfen nur als Einnahme verrechnet werden, soweit sie in dem betreffenden Geschäftsjahre verdient sind; ebenso ist mit den Provisionen zu verfahren, die sich die VU. für Darlehnsgewährung auf Hypothek zahlen läßt (VA. **07**, 53), und mit Zinsen von Policendarlehen. Im Voraus erhobene Zinsen müssen daher von den Aktiven der Bilanz abgesetzt werden; das AA. läßt jedoch bei Policendarlehen vorübergehend Abweichungen zu, wenn der erfahrungsmäßig nötige Bedarf für Rückerstattung unverdienter Zinsen durch Rückstellung gedeckt ist und genügend freie Reserven vorhanden sind (VA. **09**, 173); γ) aus Forderungen; dazu gehören alle am Schluß des Geschäftsjahres vorhandenen Ausstände; es können nicht spätere Zahlungen solcher Rückstände als Kassenbestand eines früheren Zeitpunkts aufgeführt werden (RG. in VA. **04**, 59 Nr. 38 und ebenda 115); dasselbe gilt hinsichtlich der Ausstände bei Agenten, und zwar sind diese wegen des Rückschlusses auf die Bewertung solcher Forderungen getrennt nach Rückständen aus den laufenden Geschäften des Jahres und Rückständen aus früheren Geschäftsjahren aufzuführen (VA. **03**, 120); δ) aus Prämien, Nachschüssen, Umlagen, Beitrittsgeldern, Policegebühren und Verzugsleistungen für verspätete Beitragszahlungen, und zwar nur, soweit sie in diesem Geschäftsjahre verdient sind, und ohne Berücksichtigung von Prämienrabatten. Letztere sind keine Einnahmen (VA. **06**, 16 Nr. 42); ε) endlich gehören zu den Einnahmen die Ueberträge aus dem verflossenen Geschäftsjahr.

Ueber die Behandlung gemeinsamer Einnahmen bei gemischten Betrieben s. § 36 Anm. 13.

6 b) Die **Ausgaben** setzen sich zusammen: α) aus den Verwaltungskosten (vgl. oben Anm. 1 β), die getrennt von Provisionen der Agenten aufzuführen sind. Die Agentenprovisionen sind wiederum zu trennen in Abschluß- und in Inkassoprovisionen, weil nur so das Verhältnis der Provisionen zu den Zugängen gewürdigt werden kann (VA. **03**, 120); β) aus den Abschreibungen nach § 261 Nr. 4 HGB. und aus Kapitalverlust; γ) aus den Schadensdeckungen und Rückstellungen für Schadensfälle des vorhergegangenen Geschäftsjahres; δ) aus den Schadensdeckungen und Rückstellungen für Schadensfälle des abgeschlossenen Geschäftsjahres; ε) aus den an die Versicherten zu zahlenden Gewinnanteilen; ζ) aus Zahlungen für Rückkäufe; η) aus den gezahlten Rückv.-Prämien; ϑ) aus den Ueberträgen auf das folgende Geschäftsjahr; ι) aus sonstigen Ausgaben, wie Schuldzinsen, Zinsen der Garanten usw. Ueber die Behandlung gemeinsamer Ausgaben bei gemischten Betrieben s. § 36 Anm. 13.

7 B. **Der Jahresbericht**, welchen die V.aktiengesellschaften und die größeren VV. a. G. dem AA. zu erstatten haben (oben Anm. 1; § 55 Abs. 1), muß die Zahlen des gleichfalls mitvorzulegenden Rechnungsabschlusses (oben Anm. 2 ff.) verständlich machen und die Entwicklung der VU. ersehen lassen. Geschäftsgeheimnisse, z. B. neue V.kombinationen, dürfen der Aufsichtsbehörde nicht vorenthalten werden. Sodann muß der Jahresbericht das für die Versicherten Wissenswerte enthalten. Die Erläuterungen müssen von ziffermäßigen Nachweisungen nach einheitlichen Formularen begleitet sein (VA. **03**, 119). Ueber diese Formulare siehe die oben Anm. 2 angegebenen Belegstellen. Es müssen danach angegeben werden: die V.arten, der V.bestand und dessen Bewegung, die Kapitalsanlagen, die Gewinnverteilung und Verlust-

deckung, die Verwaltungskosten. Und zwar alles dies für jeden einzelnen V.zweig, wobei die Volksv. (kleine Lebensv.) als besonderer V.zweig zu behandeln ist (VA. **03**, 119; **04**, 99; **07**, 123). Bei den Feuer-VU. müssen die Gesamtv.-Summe, die Prämien und Schäden sowohl einschließlich als ausschließlich des Anteils der Rückv. aufgeführt sein (VA. **05**, 77). Bei der Lebens-, Unfall- und Haftpflichtv. muß die Gewinnbeteiligung und die Verteilung der Verwaltungskosten, bei der Lebensv. insbesondere der Verlauf der Sterblichkeit (VA. **03**, 119), bei der Invaliditätsv. die Zahl der Invaliditätsfälle (VA. **03**, 119), bei der Unfall- und Haftpflichtv. die Zahl der zwischen Versicherer und V.nehmer geführten Prozesse (VA. **08**, 142) zu ersehen sein. Diese Nachweisungen dienen zugleich der zu veröffentlichenden Statistik (§ 83), wobei aber Geheimnisse nicht preisgegeben werden (VA. **03**, 148). Die Jahresberichte sind von den VU. zu veröffentlichen, doch kann die Aufsichtsbehörde darüber nähere Vorschriften geben, so daß keine Geschäftsgeheimnisse und nichts Ueberflüssiges veröffentlicht wird, z. B. die Berichterstattung über die V. nach dem Tontinensystem (VA. **03**, 119).

Für die größeren Lebens-VU. ist die Vorschrift gegeben (VA. **02**, 26), daß dem AA. alle diese Vorlagen unter Beifügung einer Abschrift des Bilanzgenehmigungsprotokolls (§ 36 Anm. 6 ff. und 15) binnen zwei Monaten nach der Genehmigung, spätestens sieben Monate nach Schluß des Geschäftsjahres, mit der Bestätigung eines Sachverständigen (§ 56 Abs. 2), daß die Prämienreserve nach § 56 Abs. 1 richtig berechnet ist, zu machen sind; für die kleineren Vereine VA. **10**, 105 u. 101 Nr. 26.

C. **Ausländische** VU. haben für ihr Inlandsgeschäft 8
in deutscher Sprache und in Reichswährung einen alljährlichen Rechnungsabschluß dem AA. vorzulegen. Jedoch wird eine besondere Gewinn- und Verlustrechnung für das Inlandsgeschäft nur verlangt, soweit

eine solche Trennung möglich ist. Das AA. gewährt deshalb widerrufliche Abweichungen von seinen Rechnungsvorschriften (oben Anm. 2; VA. **04**, 98). Es wird daher keine besondere Bilanz gefordert in Anbetracht des Umstandes, daß es nur eine einzige einheitliche Bilanz für das Gesamtgeschäft gibt, und daß diese Bilanz nach Heimatsrecht aufzumachen ist; dies gilt insbesondere für die Grundsätze über die Bewertung ihrer Wertpapiere, die andere sein können, als die deutschen Grundsätze (oben Anm. 3; § 90 Anm. 2; § 99 Anm. 2, 3; VA. **08**, 8 Nr. 68). Es wird auch keine Nachweisung der auf das deutsche Geschäft entfallenden Kapitalanlagen, sondern im wesentlichen nur eine Uebersicht über die Einnahmen aus Prämien, Policegebühren und der Ausgaben für Schäden und Rückstellungen gefordert (VA. **03**, 121). Zum Zweck einer einheitlichen Regelung der den einzelnen Staaten zu machenden Rechnungsvorlagen sind internationale Einigungsverhandlungen zwischen Deutschland, Oesterreich-Ungarn und der Schweiz im Gange. Ein vorläufiger Entwurf der danach geplanten Formulare ist im Reichsanz. **08** Nr. 182 bekannt gemacht; er bezieht sich nicht auf landwirtschaftliche VU.

9 D. **Die kleineren** VV. a. G. bewegen sich in einfacheren Formen. Ueber deren Rechnungslegung und Bilanz s. § 53 Anm. 11.

2. Besondere Vorschriften über die Prämienreserve bei der Lebensversicherung.

Ueber die Anlegung und Verwahrung des Vermögensbestands gibt das Gesetz keine Vorschriften, so daß Gründungs- und Betriebsfonds (§ 22) wie der Reservefonds (§ 37) und ein etwa sonst zur Regulierung der Dividenden oder des Kurses gebildeter Gewinnreserve- oder Ausgleichungsfonds (§ 37 Anm. 3 ff.) lediglich satzungsgemäß unter Kontrolle der

Aufsichtsbehörde zu verwalten ist (§ 8). Nur hinsichtlich des Prämienreservefonds von Lebensv. und der diesen gleichgestellten Kranken- und Unfallv. (§ 63) trifft das Gesetz wegen der entscheidenden Bedeutung dieses Fonds Vorsorge, daß die Prämienreserve richtig berechnet und gebucht, dem Fonds der erforderliche Betrag tatsächlich zugeführt, derselbe sicher angelegt und von jedem anderen Vermögen getrennt verwaltet, aufbewahrt und registriert wird, so daß er seinem Zweck nie entzogen werden kann (§§ 56—58, 61 Abs. 1). Damit steht es im Zusammenhang, daß für die Anlegung der den Prämienreservefonds bildenden Werte im wesentlichen Mündelsicherheit verlangt und eine Beleihungsgrenze festgesetzt wird (§§ 59, 60). Ueber die Kollision mit fremden Rechten bei der Auslandsv. s. § 57. Im Konkurs ist den Versicherten aus den registrierten Bestandteilen des Fonds ein Recht auf bevorzugte Befriedigung eingeräumt und zur Wahrung dieser Rechte ein Pfleger bestellt (§§ 61 Abs. 3, 62). Die Garantie gegen Verletzung dieser Normen liegt einerseits in der Kontrolle der Aufsichtsbehörde nach §§ 64 ff., anderseits in den Strafvorschriften der §§ 106, 107, 110, 111. Das AA. will wegen der Gleichheit des Grundes auch auf die Rentenreserven der Haftpflichtv. und auf die bei der lebenslänglichen Haftpflichtv. zurückzustellenden Prämienbeträge die Grundsätze, die für den Prämienreservefonds bei der Lebensv. gelten, übertragen (vgl. VA. **06**, 27 Nr. 49); dagegen s. § 12 Anm. 2.

Uebergangsvorschriften §§ 99, 113; ausländische Unternehmungen § 90; kleinere Vereine § 124.

§ 56. Die Prämienreserve für Lebensversicherungen ist hinsichtlich der in Kraft stehenden Versicherungsverträge für den Schluß eines jeden Geschäftsjahrs, unter Anwendung der nach § 11 angenommenen Rechnungsgrundlagen, getrennt nach

den einzelnen Versicherungsarten zu berechnen und zu buchen.

Durch mindestens einen mit der Berechnung der Prämienreserve bei Lebens-, Kranken- oder Unfallversicherungsunternehmungen (§ 12) beauftragten Sachverständigen ist, unbeschadet der eigenen Verantwortlichkeit der Vertreter des Unternehmens, unter der Bilanz zu bestätigen, daß die eingestellte Prämienreserve gemäß Abs. 1 berechnet ist. Auf kleinere Vereine im Sinne des § 53 findet diese Vorschrift keine Anwendung.

1 I. Die **Prämienreserve** der von den Sondervorschriften der §§ 56—63 betroffenen Lebens-, Kranken- und Unfallv. unterscheidet sich von der Prämienreserve der Sachv. von Grund aus. Die Sachv. rechnet mit einem in der Hauptsache gleichbleibenden Risiko. Bei der Lebensv. dagegen rückt mit jedem Lebensjahr die Todesgefahr näher; rechnerisch richtig wäre sonach eine jährlich steigende Prämie zu erheben. Wegen der größeren Leistungsfähigkeit der jüngeren Lebensalter und aus anderen wirtschaftlichen Gründen hat sich dagegen das System gleichmäßiger Jahresprämien eingebürgert. Danach zahlt der Versicherte in jüngeren Jahren eine Jahresprämie, die der mittleren Lebensdauer nicht entspricht, sondern höher ist. Im höheren Alter kehrt sich das Verhältnis um; der Versicherte entrichtet eine zu geringe Prämie. Die Zuvielzahlung der jüngeren Lebensjahre unter Zuschlag der Zinsen und Zinseszinsen muß zu einer Rücklage (dem Prämienreservefonds) angesammelt werden, aus welchem die V.ansprüche zu decken sind, soweit die Prämie in den späteren Lebensjahren hinter dem Risiko zurückgeblieben ist. Die wirtschaftliche Bedeutung der Prämienreserve als einer aus

den Prämien der Versicherten gemachten Ersparnis erklärt den Anspruch auf einen Anteil an der Prämienreserve und dessen Vorrecht (§ 61 Abs. 3) sowie die Normen der §§ 57, 59, 60 (vgl. § 11 Anm. 1 ff.). Die Leistungsfähigkeit jeder Lebensv.-Anstalt hängt davon ab, daß v.technisch zutreffende Grundsätze über Berechnung der in den Prämienreservefonds abzuführenden Beträge angewendet werden. Deshalb verlangt § 11, daß im Geschäftsplan die Unterlagen der Prämienberechnung und insbesondere bei Uebernahme erhöhten Risikos (§ 11 Anm. 8) anzugeben ist, ob und nach welchen Grundsätzen eine Prämienreserve gebildet werden soll (VA. **04**, 116). Nach § 12 muß angegeben werden, ob und wie gezillmert wird. Den Versicherten steht ein namentlich im Konkurs wirksames Vorzugsrecht zu (§ 61 Abs. 3). Zu dessen Sicherung ist es namentlich für die gemischte V. nötig, daß für jede Art eines jeden V.zweigs (§ 8 Anm. 2) der Prämienreservefonds besonders berechnet, gebucht und angelegt wird (§ 57). Außerdem ist eine Sachverständigenprüfung vorgesehen (§ 56 Abs. 2). Aus dem hier und zu § 11 Anm. 2 Erörterten ergibt sich, daß der Prämienreservefonds kein freies Vermögen des Versicherers ist; denn vor Rückstellung der Prämienreserve ist kein Gewinn vorhanden und eine VU., die den Prämienreservefonds nicht aufbringen kann, ist überschuldet. Daher sind die Zuführungen zu diesem Fonds im Gegensatz zum Reservefonds (§ 37) und zu einem Fabrikbeamtenversorgungsfonds, wenn das Kassenvermögen der Verfügung der Firma dauernd entzogen ist, nicht als steuerpflichtiges Einkommen zu betrachten (VA. **06**, 114; **07**, 72).

1. Zum P r ä m i e n r e s e r v e f o n d s gehören: **2**
der Prämienanteil der Schadensreserve (§ 37 Anm. 5) bis zur Auszahlung des Schadens, die Reserven für nicht abgehobene Rückkaufswerte (§ 9 Anm. 9), unter Umständen die Reserve für garantierte Gewinnanteile (VA. **02**, 27) und die für V. mit erhöhter Prämie (§ 11 Anm. 8)

gebildete besondere Prämienreserve (VA. **04**, 116; **07**, 20 u. 59). Die Reserve für Wiederinkraftsetzung erloschener V. gehört dann zum Prämienreservefonds, wenn der V.nehmer zur Wiederinkraftsetzung berechtigt ist. Hat der Versicherer aber keine Verpflichtung, sondern ist die Wiederinkraftsetzung dem Ermessen des Versicherers anheimgegeben, so ist die Reserve zu schätzen, die dann aber in den Beständen des Prämienreservefonds keine Deckung zu finden braucht (VA. **06**, 97); des AA. verlangt nicht die undurchführbare Berechnung das Einzelreserve, sondern nur die Einstellung eines in angemessenen Zeiträumen nachzuprüfenden Prozentsatzes der Gesamtsumme der durch Verfall und Verzicht erloschenen V. in die Bilanz (VA. **10**, 128). Zum Prämienreservefonds gehören auch die Deckungskapitalien für die laufenden Renten der Kranken- und Unfallv. (VA. **06** 27 Nr. 49) und die Prämienreserve auf Prämienrückstellungen bei der lebenslänglichen Unfallv. (VA. **06**, 18 Nr. 43 u. 18). Das AA. rechnet entsprechend seinem zu § 12 Anm. 2 erörterten Standpunkt auch hierher die Rentenreserve der Haftpflichtv., auf welche urteilsmäßig zu leistende Sicherheiten nicht gerechnet werden dürfen (VA. **05**, 82; **06**, 27). Von der Prämienreserve dürfen die Beträge abgesetzt werden, die den Rückversicherern auf Grund älterer Verträge (§ 58) in Verwahrung gegeben sind (VA. **07**, 59). Prämienüberträge (vgl. § 14 Anm. 1), d. h. der Teil der gezahlten aber am Jahresschluß noch nicht verdienten Prämien, der erst im nächsten Geschäftsjahr zur Verwendung kommt, wurde vom AA. früher (VA. **04**, 116) in ihrer vollen Höhe als Prämienreserve behandelt, weil alles, was im Laufe des Jahres an Prämie einging, im Prämienreservefonds aufbewahrt werden sollte, bis die Summe der Prämien als V.summe zur Auszahlung gelangt. Diese Ansicht war nur **scheinbar richtig. Der Prämienübertrag setzt sich nämlich zusammen aus der Sparprämie, d. h. dem Teil, der zur Bildung der**

Prämienreserve auf rechnungsmäßiger Grundlage dient, aus welcher die Endsumme der V. zu decken ist, sodann aus der Risikoprämie, d. h. dem Teil der Prämie, den der Versicherer zur Deckung des Jahresrisikos erhält, der erst am Schlusse des V.jahres verdient ist und der Prämie des um die Prämienreserve verminderten versicherten Kapitals entspricht, sowie drittens aus dem Verwaltungskostenaufschlag. Danach kann nur die Sparprämie zur Prämienreserve gehören und muß als Prämienreservefonds angelegt werden. Das AA. fordert aber neuerdings (VA. **05**, 16 u. 77) die Einbeziehung der Ueberträge in das Prämienreservesoll nicht mehr, wenn die Rechnungsgrundlagen des Versicherers eine Trennung der Ueberträge von der Prämienreserve vorsehen, und will das AA. einer entsprechenden Aenderung der Rechnungsgrundlagen (§ 13) die Genehmigung nicht versagen. Diese neuerliche Stellungnahme des AA. würde das Konkursvorrecht der Versicherten (§ 61 Abs. 3) empfindlicher treffen, wenn nicht das Gebahren der deutschen V.gesellschaften im allgemeinen auf so soliden Grundlagen ruhen würde. Ein Teil der deutschen VU. zieht nämlich von der Bruttoprämie nur den Verwaltungskostenaufschlag ab und führt den ganzen Rest (die Nettoprämie) zum Prämienreservefonds ab, andere ziehen von der Bruttoprämie nur einen gewissen Prozentsatz (z. B. 27 Proz.) ab, andere stellen die Hälfte der ganzen Bruttoprämie zurück; große VU. mit großen Reserven führen einen noch größeren Teil in den Prämienreservefonds ab. Alle diese Verschiedenheiten will nun das AA. nach seinem neuesten Standpunkt, der wohl nur eine Konzession der Praxis gegenüber bedeutet, anscheinend fortdauern lassen.

Das Gesagte gilt auch für die Prämienreserve einer mit der Lebensv. verbundenen Sparv. (VA. **08**, 84) und gilt auch für die von inländischen VU. im Ausland abgeschlossenen V.; es wäre denn, daß die Prämienreserve zur Stellung besonderer Sicherheit im Ausland zu verwenden ist, oder daß es sich um im Ausland begebene Hypotheken handelt (VA. **04**, 116; § 57 Abs. 1 Satz 2). Das AA. (VA. **07**, 59) macht darauf aufmerksam, daß der Bilanzposten Prämienreserve meist nicht mit den nach § 57 Abs. 1 dem Prämienreservefonds zuzuführenden und anzulegenden Beträgen identisch ist. Ueber die Prämienreserve der Rückversicherten s. § 58. Ueber die Anlegung der Fonds s. § 59 f.

3 2. Die Berechnung und Buchung der Prämienreserve ist teilweise bereits durch die §§ 11 u. 12 (oben Anm. 1) gewährleistet. Zur größeren Sicherheit verlangt § 56 Abs. 2, daß ein Sachverständiger, den die VU. ernennt und aus der Zahl ihrer Beamten entnehmen kann, unter der Bilanz die Richtigkeit des Bilanzpostens Prämienreserve, der nach dem in Anm. 1—2 Erörterten dargestellt sein muß, bestätige. Damit würde aber nur der Bilanzposten „Prämienreserve", aber noch nicht dessen Zusammensetzung im einzelnen bestätigt. Deshalb verlangt das AA., daß dieser Sachverständige außerdem das gesamte Prämienreservesoll und dessen Zusammensetzung bezüglich jedes einzelnen V.zweigs unter Angabe der bei dem Rückversicherer aufbewahrten Reserveteile auf seine Richtigkeit bescheinige, wenn nicht bereits in der Bilanz eine solche Trennung der einzelnen Posten vorgenommen worden ist. Diese zweite Bescheinigung ist alljährlich, unabhängig von der Bilanzbestätigung, bei Uebersendung der Abschriften des Prämienreserveregisters (§ 57 Abs. 3) dem AA. gemäß Rundschreiben vom 11. März 1907 einzureichen (VA. **04**, 116); insbesondere über die Form dieser Bescheinigung s. VA. **05**, 2 u. 82 und **07**, 20 u. 59 f. Verantwortlichkeit des Sachverständigen § 107, des Vorstands, der Liquidatoren und des Aufsichtsrats § 106 Nr. 2.

4 II. **Ausländische VU.** unterliegen den Vorschriften über Prämienreserve hinsichtlich der im Inland abgeschlossenen Geschäfte; für deutsche Versicherte ist dieser

Prämienreservefonds derart sicher zu stellen, daß nur mit Genehmigung des AA. darüber verfügt werden kann (Näheres zu § 90). Außerdem wird von den ausländischen VU. Stellung einer Sicherheit verlangt (§ 7 Anm. 9). Sodann wacht das AA. darüber, daß ausländische VU. Werte spekulativer Art abstoßen und feste Grundsätze über die Vermögensanlegung aufstellen (VA. **04**, 94). Die Sachverständigenbescheinigung über die Richtigkeit der Prämienreserveberechnung wird nicht für das Auslandsgeschäft verlangt, aber das AA. verlangt bestimmte Erklärungen (vgl. VA. **07**, 20 u. 60).

III. **Kleinere VV. a. G.** des § 53 sind ausdrücklich **5**
von den Vorschriften des § 56 in Abs. 2 Satz 2 ausgenommen. Der Aufsichtsbehörde steht auch die Befugnis zu, von den übrigen die Verwaltung und Berechnung der Prämienreserve behandelnden Vorschriften, §§ 55 und 57, Befreiung zu gewähren (§ 124). Dasselbe gilt hinsichtlich der Rechnungsvorschriften des § 55. Genaueres s. § 53 Anm. 11.

§ 57. Der Vorstand des Unternehmens hat dafür Sorge zu tragen, daß unverzüglich die der Berechnung gemäß § 56 entsprechenden Beträge dem Prämienreservefonds zugeführt und vorschriftsmäßig angelegt werden. Diese Zuführung darf nur insoweit unterbleiben, als im Auslande zugunsten bestimmter Versicherungen besondere Sicherheit aus der Prämieneinnahme gestellt werden muß.

Der Prämienreservefonds (Gelder, Wertpapiere, Urkunden usw.) ist gesondert von jedem anderen Vermögen zu verwalten und am Sitze des Unternehmens in einer der Aufsichtsbehörde bekannt zu gebenden Weise aufzubewahren; die Aufsichtsbehörde kann auch die Genehmigung zur Aufbewahrung an einem anderen Orte des Inlandes erteilen.

Die den Prämienreservefonds bildenden Bestände sind einzeln in ein Register einzutragen. Jedoch brauchen darin die Forderungen aus Vorauszahlungen oder Darlehen auf die eigenen Versicherungsscheine des Unternehmens (Policenbeleihungen), soweit sie zu den Beständen des Prämienreservefonds gehören, nur in einer Gesamtsumme nachgewiesen zu werden. Am Schlusse eines jeden Geschäftsjahrs ist der Aufsichtsbehörde eine bezüglich ihrer Uebereinstimmung mit dem Originale gerichtlich oder notariell beglaubigte Abschrift der im Laufe des Geschäftsjahrs bewirkten Eintragungen vorzulegen. Die Abschrift ist von der Aufsichtsbehörde aufzubewahren.

1 I. Die **gesonderte Anlegung, Verwaltung** und **Aufzeichnung** des Prämienreservefonds für jeden V.zweig (VA. **03**, 83; **04**, 114) nach dem Vorbild der §§ 22, 23 HypBankG. dient zur Sicherung des Vorzugsrechts der Versicherten nach § 61. Strafrechtliche Verantwortlichkeit der Organe der VU. §§ 106 Nr. 2, 111, 113. Uebergangsvorschriften § 99.

1. **Die gesonderte Anlegung** erheischt die unverzügliche Zuführung der rechnungsmäßigen Prämienreserve an diesen Fonds. Da die Prämienreserve aber erst am Jahresschluß berechnet wird, so kann auch alsdann erst die Zuführung erfolgen und nicht schon mit Eingang der Prämie (s. KomBer. zu § 57; a. M. Alexander-Katz 135; Deybeck 92; Hagen § 57 Anm. 2). Die Zuführung muß in der dem § 59 entsprechenden Vermögensanlage

erfolgen. Es ist also nicht das bar eingegangene Geld im Stück zuzuführen. Stundet die VU. ihren Agenten Prämien über den Jahresschluß, so muß deren Betrag trotzdem in den Prämienreservefonds, und zwar aus dem übrigen Vermögen der VU., zugeführt werden (Kom.-Ber. zu § 57). Diese Vorschriften gelten auch für die Auslandsgeschäfte deutscher VU., weil der Prämienreservefonds auch den ausländischen Versicherten haftet. Gibt nun ein ausländischer Staat für die in seinem Gebiet abgeschlossenen V. der seinem Staat nicht angehörigen VU. zwingende Vorschriften über die Anlegung des Prämienreservefonds, so entsteht eine Statutenkollision. Den früher betretenen Ausweg, dem ausländischen Recht für das Auslandsgeschäft den Vortritt einzuräumen und nur für gehörige Eintragung in das Prämienreserveregister zu sorgen (VA. **04**, 51 u. 116 f.), ist aufgegeben. Es sollen nunmehr ausländische Werte keine Aufnahme in das Register (§ 59 Anm. 1) finden; es soll die Prämienreserve für Auslandsgeschäfte dem Prämienreservefonds überhaupt nicht mehr zugeführt werden, soweit das Ausland besondere Sicherheit verlangt, also seine Staatsangehörigen selbst schützen will (VA. **07**, 65); schreibt das Ausland die Anlegung der Prämienreserve in anderen Werten vor, als sie in den §§ 59, 60 vorgesehen sind, so ist die ganze Prämienreserve der betreffenden Auslandsv. von dem nach §§ 56 ff. zu berechnenden Soll der Prämienreserve abzusetzen; es sei denn, daß der Versicherer diesen Sollbestand durch den §§ 59 f. entsprechende Werte sicherstellen kann; in diesem letzteren Falle sind die Auslandswerte vom Prämienreservefonds auszusondern und im Register zu löschen (VA. **07**, 21, 64 u. 65). Eine solche Kollision der Rechte entsteht nicht, wenn das Ausland nur Kaution verlangt; sie entsteht nur, wenn Vorschriften über den Prämienreservefonds gegeben sind, die mit den unserigen nicht übereinstimmen, wenn also die zur Bildung des Prämienreservefonds verfügbaren Teile der Prämieneinnahme zur Beschaffung besonderer Sicherheit verwendet werden müssen (§ 57 Abs. 1 Satz 2). Ueber die Art der Anlegung der Prämienreserve s. §§ 59, 60.

2 2. Die körperlich **gesonderte Verwaltung** der dem Prämienreservefonds danach zugeführten Gelder, Wertpapiere, Urkunden, Hypotheken usw. ist durch § 57 Abs. 2 vorgeschrieben. Die Aufbewahrung der Werte erfolgt am Sitz der VU. (vgl. § 18) oder an einem von der Aufsichtsbehörde genehmigten Orte des Inlands. Die VU. müssen ein Kontrollregister führen, aus dem sich ergibt, wann und warum eine Urkunde ihrem Aufbewahrungsorte entnommen, und wann sie wieder zurückgelangt ist (VA. **03**, 2). Werden solche Werte bei Banken als offene oder verschlossene Depots oder in Stahlkammern aufbewahrt (Staub Exk. zu § 424), so muß die VU. dem AA. eine Erklärung der Bank einreichen, wonach die Bank auf alle Rechte an diesen Depots verzichtet, so daß die Bank weder ein gesetzliches noch ein vertragsmäßiges Zurückbehaltungsrecht (§ 273 BGB.; §§ 369 f. HGB.), noch ein sonstiges Pfandrecht, auch nicht ein Vermieterpfandrecht (§ 559 BGB.) geltend machen kann (VA. **04**, 117; **08**, 1 u. 120; dort das vorgeschr. Formular); nur dann ist diese Erklärung nicht nötig, wenn das VU. allein einen Schlüssel zu den gemieteten Stahlkammern besitzt (VA. **04**, 117). Darüber, ob Werte zum Prämienreservefonds gehören, entscheidet der Registereintrag (folg. Anm.).

3 3. **Die Aufzeichnung der Bestände** in einem besonderen **Register** (Abs. 3) für jeden V.zweig (VA. **07**, 59; **03**, 83) ist vorgeschrieben, weil diese Aufzeichnung die Grundlage des Vorzugsrechts der Versicherten (§§ 61, 62) bildet, und dieses Vorzugsrecht das ergreift, was in diesem Prämienreserveregister eingetragen ist, also alle Eingänge bis zur Löschung. Jedes eingetragene Stück haftet mit seinem vollen Betrag,

jedoch mit der Einschränkung, daß eine Ueberdeckung der Prämienreserve den Ansprüchen Dritter nicht entzogen ist und daher auch im Konkursfall in die Masse fällt (VA. **04**, 117). Deshalb müssen alle Bestände, mit Ausnahme baren Geldes, der im Ausland begebenen Hypotheken (oben Anm. 2; VA. **07**, 21/22; **09**, 146) und der Vorauszahlungen und Beleihungen eigener Policen (§ 59 Anm. 7), einzeln nach den vom AA. vorgeschriebenen Formularen für verschiedene Wertsgattungen (VA. **03**, 1 ff.) mit Erläuterungen (VA. **03**, 2; **07**, 19) so genau eingetragen werden, daß sich die Identität jedes einzelnen Vermögensstückes völlig zweifelsfrei jederzeit bestimmen läßt (VA. **03**, 2; **04**, 117). Deshalb müssen bei Wertpapieren, deren Bewertung überdies davon abhängt (§ 55 Anm. 3 und § 59 Nr. 1), Gattung, Nummer, Serie des Jahrgangs und, wo es zur Unterscheidung nötig ist, die Verzinsung angegeben sein (VA. **05**, 83; **04**, 118). Hypotheken und Grundschulden sind so einzutragen, wie sie im Grundbuch stehen; ist das Grundbuch noch nicht angelegt, so erfolgt mit Anlegung des Grundbuchs die Löschung des alten Eintrags und Fertigung eines Neueintrags (VA. **04**, 117). Die Hypotheken sind im vollen Betrag in das Register einzutragen — ganz unabhängig von der Frage, ob das Grundstück nach § 59 Abs. 1 Nr. 1 in dieser Höhe hätte beliehen werden dürfen (VA. **07**, 61). Mehrere auf demselben Grundstück ruhende Hypotheken sind unter einer Nummer einzutragen; dasselbe gilt, wenn zu einer Hypothek eine Nachhypothek kommt (VA. **07**, 61), so daß der ursprüngliche Eintrag zu löschen und eine Neueintragung der ganzen Hypothek unter einer Nummer vorzunehmen ist (VA. **07**, 21). Jede Seite der Formulare ist für sich aufzurechnen und auf die nächste Seite zu übertragen. Mit dem Jahresabschluß sind dann die Endsummen für jedes Register festzustellen (VA. **05**, 83).

Der Wert, zu welchem dem Prämienreservefonds die einzelnen Vermögensstücke an- **4** gerechnet werden, muß sich gleichfalls aus dem Register ergeben (VA. **03**, 2). Dieser Wert ist in § 59 Abs. 1 Nr. 2 für gewisse Wertpapiere und Hypotheken vorgeschrieben. Im übrigen ist der Bilanzwert einzusetzen (VA. **03**, 2; vgl. § 55 Anm. 3).

5 Die Ausgänge, ebenso wie alle Aenderungen des Bestandes, muß das Register nachweisen. Und zwar hat die Löschung zurückgezahlter Hypotheken sofort nach der Zahlung, nicht erst nach Einlauf der grundbuchamtlichen Löschungsurkunde, zu erfolgen (VA. **05**, 83). Löschungen sind unter Wiederholung der zu löschenden Eintragung in roter Tinte zu bewirken. Bei teilweisen Aenderungen (Amortisationshypotheken, Teilzahlungen usw.) wird die zu ändernde Eintragung mit roter Tinte wiederholt und zugleich als gelöscht bezeichnet; der verbleibende Wert wird dann durch eine neue Eintragung in schwarzer Tinte nachgewiesen (VA. **03**, 2). Dadurch entsteht völlige Uebersicht.

6 II. **Die Ueberwachung** (vgl. §§ 64 f.) bewirkt die Aufsichtsbehörde dadurch, daß ihr am Schlusse jeden Geschäftsjahres gerichtlich oder notariell beglaubigte Abschriften eines jeden Prämienreserveregisters vorgelegt werden (Abs. 3 Satz 3). Zur Ersparung von Beglaubigungskosten können die einzelnen Formulare (oben Anm. 3) zu einer einheitlichen Urkunde verbunden werden, so daß ihre gemeinsame Beglaubigung genügt (VA. **04**, 20; **05**, 83). Eine Erklärung, daß im laufenden Jahre Aenderungen nicht stattgefunden haben, genügt nicht. Es bedarf der Ausfüllung der vorgeschriebenen Formulare (oben Anm. 3), wobei allerdings Verweisungen auf das vorige Geschäftsjahr zum Zweck der Abkürzung zulässig sind; hat sich lediglich der Kurs der Wertpapiere gegen das Vorjahr geändert, so ist die Kursänderung im Formular zu vermerken und erkennbar zu machen, mit welchen Beträgen nunmehr die im Register eingetragenen Werte für den Prämienreservefonds in Anrechnung kommen

(VA. **07**, 21); wo keine Unklarheit entstehen kann, genügt die Angabe der Kursänderung in der Zusammenstellung (VA. **07**, 60). Sind Aenderungen nur bei einem Teil der Formulare vorgekommen, so genügt eine beglaubigte Abschrift dieser Eintragungen und die Erklärung der Urkundsperson, daß weitere Eintragungen überhaupt nicht vorgekommen sind (VA. **07**, 60). Die Aufsichtsbehörde kann zur Nachprüfung die Vorlage der Originalregister nach §§ 64, 65 verlangen. Die vorgelegten beglaubigten Abschriften bewahrt die Aufsichtsbehörde auf; sie dienen als Ersatz, wenn einmal die Originale fehlen sollten.

Auf die Beglaubigung der Abschriften **7**
finden die §§ 167 ff. FGG. keine Anwendung, weil die Zuständigkeit zur Beurkundung von Tatsachen und Rechtsvorgängen, die nicht Rechtsgeschäfte sind, reichsgesetzlich überhaupt nicht geregelt werden wollte. Erklärt die Landesgesetzgebung Gerichte und Notare für zuständig, so erledigt sich die Zuständigkeit danach. Die Gerichtsschreiber kann die Landesgesetzgebung nicht als zuständig bezeichnen, weil § 57 Abs. 3 Satz 3 dies verbietet (VA. **04**, 51 Nr. 21). Bestimmt die Landesgesetzgebung nichts, so genügt schon allein eine gerichtliche Beglaubigung, weil § 57 Abs. 3 Satz 2 so verfügt (KomBer. 66/67). Für ausländische VU. bedarf der Beglaubigungsvermerk noch der Legalisierung durch den deutschen Konsul oder Gesandten (§ 2 des Ges. betr. die Beglaubigung öffentl. Urkunden vom 1. Mai 1878; vgl. VA. **04**, 20 u. 118); wenn die ausländische VU. aber eine österreich-ungarische ist, so genügt die gerichtliche Beglaubigung des notariellen Beglaubigungsvermerks (Staatsvertrag v. 25. Febr. 80; RGBl. **81**, 4, art. 2; VA. **04**, 20). Zu beglaubigen ist die Uebereinstimmung der Abschriften mit der Urschrift der Register oder des Registers. Der Beglaubigungsvermerk ist nur einmal unter die ganze Abschrift zu setzen, wenn alle Formulare zu einer einheitlichen Urkunde verbunden

sind; andernfalls bedarf es der Beglaubigung jedes einzelnen Formulars (VA. **04**, 20 u. 118).

8 III. Ueber **ausländische** VU. s. § 56 Anm. 3, § 7 Anm. 9 und § 90 sowie oben Anm. 6 wegen der Beglaubigung.

9 IV. **Die kleineren VV. a. G.** (§ 53) unterstehen milderen Vorschriften, die die Aufsichtsbehörde von Fall zu Fall gibt (§ 124), um den Versicherten das Vorrecht auf einen bestimmten Teil der Prämienreserve zu sichern (VA. **04**, 123; **03**, 120; vgl. § 56 Anm. 5 und § 53 Anm. 11).

§ 58. Bei Rückversicherungen hat das rückversicherte Unternehmen die Prämienreserve auch für die in Rückversicherung gegebenen Summen nach den Vorschriften der §§ 56, 57 zu berechnen sowie selbst aufzubewahren und zu verwalten.

Das rückversicherte Unternehmen hat die Prämienreserve auch für die in Rückv. gegebenen Beträge nach §§ 56, 57 zu berechnen, zu buchen, unter eigener Verantwortung zu verwalten und aufzubewahren, sowie nach §§ 59, 60 anzulegen. Das gilt auch für die Rentenreserve der Unfallv. Diese Reserve darf nicht nur mit dem Nettobetrag, d. h. nach Absetzung des dem Anteil des Rückversicherers am Risiko entsprechenden Betrags, in die Bilanz eingestellt werden. Der Rückversicherte muß daher mit dem Rückversicherer die erforderlichen, dem Gesetze genügenden Vereinbarungen treffen (VA. **06**, 27 Nr. 49), so daß er die ganze Prämienreserve besitzt. Der § 58 gilt nur für die nach Inkrafttreten des VAG. (1. Jan. 02) abgeschlossenen Rückv. § 99; VA. **03**, 122; **07**, 144 Nr. 65). Dagegen gilt § 58 auch für den Fall, in dem eine Rückv.-Gesellschaft ihrerseits wieder Rückv. — sei es auch im Auslande — nimmt; vgl. auch §§ 116, 117 Nr. 2.

§ 59. Die Anlegung der den Prämienreservefonds bildenden Bestände (§ 57) kann erfolgen:

1. in der im § 1807 Abs. 1 Nr. 1 bis 4 des Bürgerlichen Gesetzbuchs für die Anlegung von Mündelgeld vorgeschriebenen Weise. Außerdem dürfen die Bestände bis höchstens zum zehnten Teile des Prämienreservefonds in Wertpapieren, welche nach landesgesetzlichen Vorschriften zur Anlegung von Mündelgeld zugelassen sind, sowie in solchen auf den Inhaber lautenden Pfandbriefen deutscher Hypotheken-Aktien-Banken angelegt werden, welche die Reichsbank in Klasse I beleiht;
2. gegen Verpfändung solcher Hypotheken oder Wertpapiere, in denen eine Anlegung nach Nr. 1 gestattet ist, bis zu fünfundsiebzig vom Hundert ihres Nennwerts, sofern aber der Kurswert niedriger ist, bis zu fünfundsiebzig vom Hundert des Kurswerts;
3. in der Weise, daß Vorauszahlungen oder Darlehen auf die eigenen Versicherungsscheine des Unternehmens (Policenbeleihung) nach Maßgabe der allgemeinen Versicherungsbedingungen (§ 9 Nr. 8) gewährt werden;
4. mit Genehmigung der Aufsichtsbehörde in Schuldverschreibungen inländischer kommunaler Körperschaften, Schulgemeinden und Kirchengemeinden, wofern diese Schuldverschreibungen entweder von seiten des Gläu-

bigers kündbar sind oder einer regelmäßigen Tilgung unterliegen.

Kann die Anlegung den Umständen nach nicht in einer dem Abs. 1 entsprechenden Weise erfolgen, so ist eine vorübergehende Anlegung bei der Reichsbank, bei einer Staatsbank oder bei einer durch die Aufsichtsbehörde dazu für geeignet erklärten anderen inländischen Bank oder öffentlichen Sparkasse gestattet.

1 A. Die **Anlegung der Prämienreserve** (§ 57 Anm. 1) kann nur in den Werten erfolgen, die in §§ 59, 60 als geeignet bezeichnet sind. Zu diesen Anlagewerten gehören Grundstücke (§ 54) nicht. Es steht aber nichts im Wege, daß die VU. den eigenen Grundbesitz mit einer Grundschuld zu Gunsten des Prämienreservefonds belastet (VA. **03**, 122), wenn im Grundbuch ein Vermerk hinzugefügt wird, daß über die Grundschuld nur mit Genehmigung der Aufsichtsbehörde verfügt werden darf (OLG. Hamburg, ZVlFG. **5**, 254). Ausgeschlossen ist ferner der Erwerb und die Beleihung ausländischer Papiere; hier ist jedoch zu unterscheiden: Deutsche VU. können für das Auslandsgeschäft zum Erwerb und zur Beleihung ausländischer Werte genötigt sein (§ 57 Anm. 1). Ausländische VU. haben die §§ 59, 60 nur für das deutsche Geschäft zu beobachten (§ 90); ihr ausländisches Geschäft richtet sich nach ihrem Heimatsrecht (Näheres zu § 85 Anm. 6, § 90, § 99 Anm. 2 u. 3). Endlich sind Wechseldiskontierung, Scheck- und Warenlombardverkehr, wie auch alle Spekulationsgeschäfte, unstatthaft. Ueber Hypotheken s. § 60. Die Kontrolle übt die Aufsichtsbehörde nach §§ 57 Abs. 3, 64 ff. Strafvorschriften §§ 106, 113. Uebergangsbestimmungen § 99. Die Vorschriften der §§ 59, 60 haben zwar nur den Prämienreservefonds im Auge, sie bieten aber auch Anhalt

für die Grundsätze, welche bei Anlegung der anderen Kapitalbestände (Reservefonds, freie Reserven, § 37) für inländische VU. angezeigt scheinen (§ 8 Anm. 3).

B. **Nicht beschränkt** auf einen Prozentsatz des Prämienreservefonds und **unbedingt** ist die **Anlage** zulässig (vgl. VA. **03**, 84; **05**, 91): 2

I. (Zu Nr. 1.) in Forderungen für die eine sichere Hypothek an einem inländischen Grundstück besteht, oder in sicheren Grundschulden oder Rentenschulden an inländischen Grundstücken (§ 1807 Abs. 1 Nr. 1). Ueber die Anlegung in dergleichen ausländischen Werten s. § 57 Anm. 1. Die Sicherheit bestimmt nicht, wie in § 1807 Abs. 2 BGB., die Landesgesetzgebung, sondern im Interesse der Aufstellung einheitlicher Beleihungsgrundsätze das VAG. in § 60; siehe dort das Nähere.

II. 1. in verbrieften Forderungen (die keine Verkörperung in einem Wertpapier erfahren zu haben brauchen) gegen das Reich oder einen Bundesstaat (einschließlich Elsaß-Lothringen; art. 5 EG. z. BGB.), sowie in Forderungen, die in das Reichsschuldbuch oder in das Staatsschuldbuch eines Bundesstaates nach art. 97 EG. z. BGB. eingetragen sind (§ 1807 Abs. 1 Nr. 2 BGB.). Ueber das Reichsschuldbuch und die Staatsschuldbücher der Einzelstaaten s. v. Staudinger § 1807, 1. b. Zu den gegen einen Bundesstaat verbrieften Forderungen gehören die von der Mecklenburg-Schwerinschen Schuldentilgungskommission oder den Landkassen ausgestellten Schuldverschreibungen (AusfVO. z. BGB. § 231; VA. **03**, 84) und die Braunschweigischen Leihhausschuldverschreibungen und Leihhaus-Landesschuldverschreibungen (Ges. v. 20. Aug. 1867; VA. **03**, 84). 3

2. in verbrieften Forderungen, deren Verzinsung von dem Reich oder einem Bundesstaat gewährleistet ist (§ 1807 Abs. 1 Nr. 3 BGB.). Hierher gehören die Pfandbriefe und Kommunal- 4

verschreibungen der hessischen Landeshypothekenbank (Ges. v. 19. Dez. 03, Hess. RegBl. 391; VA. **05**, 91).

5 3. in Wertpapieren (Staub Exk. zu § 381 Anm. 1 ff.), insbesondere Pfandbriefen sowie in verbrieften Forderungen jeder Art gegen eine inländische kommunale Körperschaft oder die Kreditanstalt einer solchen Körperschaft, sofern die Wertpapiere oder die Forderungen von dem Bundesrat zur Anlegung von Mündelgeld für geeignet erklärt sind (§ 1807 Abs. 1 Nr. 4 BGB.). Der Bundesrat hat diese Eigenschaft zugesprochen: den Inhaberschuldverschreibungen der ev. Kirchengemeinde Mainz von 1900 über ein 4 prozentiges Anlehn von 500 000 M. (RGBl. **01**, 37; VA. **03**, 84), den Kur- und Neumärkischen Ritterschaftlichen Kommunal-Schuldverschreibungen (RGBl. **02**, 3; VA. **03**, 84), den von der Deutsch-Ostafrikanischen Gesellschaft auf Grund der mit dem Reichskanzler am 15. Nov. 02 auszugebenden Schuldverschreibungen (RGBl. **03**, 275; VA. **03**, 84), den Schuldverschreibungen des Fürstl. Waldeckschen Dominiums von 1905 (RGBl. **05**, 180; VA. **05**, 91), den von den Zivilhospizien der Stadt Straßburg zum Zweck der Erweiterung des Bürgerspitals ausgegebenen und noch auszugebenden Schuldverschreibungen im Betrage von 3 100 000 M. (RGBl. **09**, 260) und endlich ganz allgemein verbrieften Forderungen gegen eine inländische kommunale Körperschaft oder die Kreditanstalt einer solchen Körperschaft, wenn die Forderungen von seiten des Gläubigers kündbar sind oder einer regelmäßigen Tilgung unterliegen, wie dies bei Städteanleihen meist der Fall sein wird (Bek. v. 7. Juli 01 RGBl. 263; VA. **03**, 84 u. 122).

6 III. Gegen Verpfändung solcher Hypotheken oder Wertpapiere, in denen eine Anlegung nach Anm. 2—5 gestattet ist; ferner gegen Verpfändung von Wertpapieren und Inhaberpfandbriefen der in Anm. 8 unten bezeichneten Art. Jedoch dürfen diese Werte nur bis zu 75 Proz. ihres Nennwertes und, wenn sie unter pari stehen, nur

bis zu 75 Prozent des Kurswertes beliehen werden (§ 59 Abs. 1 Nr. 2). Die Anlegung durch Verpfändung findet sich nur bei Rückv. (VA. **04**, 118). Die verpfändeten Werte können eigene oder fremde sein. Die Verpfändung kann nicht durch eine Erklärung des Rückversicherers ersetzt werden, daß er Papiere seiner Gesellschaft bei dem Rückversicherten hinterlege und auf Ansprüche auf diese Papiere verzichte, soweit den Versicherten des Rückversicherten nach § 61 VAG. ein Vorzugsrecht zustehe (VA. **04**, 119; vgl. § 58).

IV. in Beleihung eigener Policen der 7
VU. und in Vorauszahlungen nach Maßgabe der allgemeinen V.bedingungen (§ 9 Nr. 8). Nur Policen der Lebensv. sind hier gemeint; denn nur bei diesen ist das Eintreten des V.falls gewiß, und damit auch die Auszahlung der V.summe. Das Gesetz (§ 59 Abs. 1 Nr. 3) enthält sich der Vorschrift, daß die Beleihung immer eine Verpfändung sein müsse; auch ist nicht vorgeschrieben, daß die Beleihung den Rückkaufswert nicht übersteigen dürfe, weil die Aufsichtsbehörde nach §§ 4, 9 und 13 ihre Genehmigung zu erteilen hat. Ueber diese Materie Näheres § 9 Anm. 14, § 20 Anm. 1 a, § 49 Anm. 8. Ueber diese Beleihungen müssen mit Rücksicht auf das im § 57 Anm. 3 Erörterte besondere Verzeichnisse geführt werden, welche Policenummer, V.nehmer, Zeit, Höhe und Zinsfuß des Darlehns und Abzahlungen sowie den Aufbewahrungsort der Beleihungsurkunden (§ 57 Anm. 2) anzugeben haben (VA. **03**, 2). Im Prämienreserveregister dürfen die Beleihungen, weil für diese besondere Verzeichnisse geführt werden, in einer Gesamtsumme zusammengefaßt werden (VA. **03**, 2).

C. **Beschränkt zulässig** ist die Anlage in den nicht 8
reichsrechtlich sondern nur landesgesetzlich (art. 212, 218 EG. z. BGB.) für mündelsicher erklärten Wertpapieren und in solchen Inhaberpfandbriefen deutscher Hypothekenaktienbanken (§§ 1, 6 HypBankG.; art. 34 IV EG. z.

BGB.), welche von der Reichsbank als erstklassig, d. h. als bis zu 75 Prozent des Kurswertes beleihbar bezeichnet sind (§ 59 Abs. 1 Nr. 1 Satz 2). In diesen Werten darf nur ein Zehntel des Prämienreservefonds höchstens angelegt werden. Das AA. hat diese Papiere in VA. **03**, 84; **05**, 91; **06**, 10 u. 104; **09**, 74 zusammengestellt, welche nach Landesgesetz mündelsicher sind; es hat sich diese Zusammenstellung von den Einzelstaaten bestätigen lassen (VA. **04**, 118).

9 I. Nach dieser Zusammenstellung sind kraft Landesgesetzes innerhalb der angegebenen Grenze anlegungsfähig:

1. Rentenbriefe der preuß. Rentenbanken (VA. **03**, 84).

2. Schuldverschreibungen, welche mit Genehmigung der staatl. Aufsichtsbehörde von einer Kirchengemeinde oder von einem kirchlichen Verband in Preußen ausgestellt und entweder seitens der Inhaber kündbar sind oder einer regelmäßigen Tilgung unterliegen (VA. **03**, 84).

3. Mit staatlicher Genehmigung ausgegebene Pfandbriefe und gleichartige Schuldverschreibungen:

a) einer preuß. öffentl. Kreditanstalt, die durch Vereinigung von Grundbesitzern gebildet ist und durch staatl. Verleihung Rechtsfähigkeit erlangt hat,

b) einer preuß. provinzial-(kommunal-)ständischen öffentlichen Grundkreditanstalt (VA. **03**, 84).

4.a) Pfandbriefe und Schuldbriefe für Gemeindedarlehen (Kommunalobligationen) der Bayerischen Landwirtschaftsbank, e. G. m. b. H. (VA. **03**, 84),

b) Pfandbriefe der bayerischen Bodenkreditanstalt in Würzburg (VA. **06**, 104),

c) 4 prozentige und $3^1/_2$ prozentige Pfandbriefe und Kommunalobligationen der Bayer. Landwirtschaftsbank, e. G. m. b. H. in München (VA. **09**, 74).

5. Schuldverschreibungen die von einer kommunalen Körperschaft oder einer Kreditanstalt einer solchen Körper-

schaft oder von einer Kirchen- oder Schulgemeinde in Sachsen ausgestellt sind (VA. **03**, 84).

6. Pfandbriefe und gleichartige Schuldverschreibungen
a) der Landständischen Bank des sächs. Markgraftums Oberlausitz,
b) des erbländischen ritterschaftlichen Kreditvereins im Königreich Sachsen,
c) des landwirtschaftlichen Kreditvereins im Königreich Sachsen (VA. **03**, 84).

7. Anlehensscheine der Kommunalbank des Königreichs Sachsen (VA. **03**, 84).

8. Schuldverschreibungen des württ. Kreditvereins in Stuttgart (VA. **03**, 84).

9. Inhaberschuldverschreibungen, welche von einer deutschen kommunalen Körperschaft oder von der Kreditanstalt einer solchen ausgestellt sind — soweit sie nicht schon, wie regelmäßig die Städteanleihen, unter die Bekanntm. v. 7. Juli 01 fallen (oben Anm. 5 a. E.; VA. **03**, 84). In Baden zugelassen (Bad. Ges. u. VOBl. **99**, 116).

10. Prioritätsobligationen der Süddeutschen Eisenbahngesellschaft zu Darmstadt vom 31. Mai 95 u. 31. Dez. 97 (VA. **03**, 85).

11. Pfandbriefe des Mecklenburgischen ritterschaftlichen Kreditvereins (VA. **03**, 85).

12. Schuldverschreibungen, welche von Oldenburgischen staatlich geregelten Genossenschaften ausgestellt und entweder seitens der Inhaber kündbar sind oder einer regelmäßigen Tilgung unterliegen (VA. **03**, 85).

13. Schuldverschreibungen des ritterschaftlichen Kreditvereins im Herzogtum Braunschweig (VA. **03**, 85).

14. Wertpapiere, welche mit Genehmigung der Aufsichtsbehörde von einer Kirchen- oder Schulgemeinde im Herzogtum Sachsen-Altenburg ausgestellt und entweder von seiten des Inhabers kündbar sind oder einer regelmäßigen Tilgung unterliegen (VA. **03**, 85).

15. Wertpapiere, welche von der herzogl. Domänenverwaltung zu Koburg oder Gotha ausgegeben oder gewährleistet sind, solange die Verwaltung von dem herzogl. Staatsministerium geführt wird (VA. **03**, 85).

16. Anlehnscheine der Privatbank zu Gotha, für welche Schuldverschreibungen von deutschen kommunalen Körperschaften oder von deren Kreditanstalten verpfändet sind, wenn die Forderungen von seiten des Gläubigers kündbar sind oder einer regelmäßigen Tilgung unterliegen (VA. **03**, 85).

17. Schuldverschreibungen des Kammerschuldentilgungsfonds des Fürstentums Schwarzburg-Sondershausen (VA. **03**, 85).

18. Schuldverschreibungen, welche mit Genehmigung der staatlichen Aufsichtsbehörde von einer Kirchengemeinde oder einem kirchlichen Verbande ausgestellt und entweder von seiten der Inhaber kündbar sind oder einer regelmäßigen Kündigung unterliegen (VA. **03**, 85). Zugelassen vom Schwarzburg-Sondershausenschen AG. z. BGB. art. 56 § 3 Nr. 3.

19. Wertpapiere, welche mit Genehmigung der staatlichen Aufsichtsbehörde von einer Kirchengemeinde oder einem kirchlichen Verbande des Fürstentums Reuß j. L. den gesetzlichen Vorschriften entsprechend ausgestellt und entweder seitens des Inhabers kündbar sind oder einer regelmäßigen Tilgung unterliegen (VA. **03**, 85).

20. Landrentenbriefe des Fürstentums Reuß j. L. (VA. **03**, 85).

21. Schuldverschreibungen der Fürstl. Hofkammer von Schaumburg-Lippe (VA. **03**, 85).

22. Pfandbriefe und Kommunalobligationen folgender Hypothekenbanken:

Aktiengesellschaft für Boden- und Kommunalkredit in Elsaß-Lothringen in Straßburg (VA. **03**, 85).

Bayerische Bodenkreditanstalt in Würzburg (VA. **06**, 104).

Bayerische Landwirtschaftsbank, e. G. m. b. H. in München (VA. **09**, 74; auch Kommunalobligationen).
Bayerische Handelsbank in München (VA. **03**, 85).
Bayerische Hypotheken- und Wechselbank in München (VA. **03**, 85).
Bayerische Vereinsbank in München (VA. **03**, 85).
Berliner Hypothekenbank, Aktiengesellschaft (Pfandbriefe; VA. **03**, 85; **06**, 10).
Braunschweig-Hannoversche Hypothekenbank in Braunschweig (VA. **03**, 85).
Deutsche Grundkreditbank in Gotha (VA. **03**, 85).
Deutsche Hypothekenbank (Aktiengesellschaft) in Berlin (VA. **03**, 85).
Deutsche Hypothekenbank in Meiningen (VA. **03**, 85).
Frankfurter Hypothekenbank in Frankfurt a. M. (VA. **03**, 85).
Frankfurter Hypothekenkreditverein (Inhaberpfandbriefe VA. **05**, 91).
Hannoversche Bodenkreditbank in Hildesheim (VA. **05**, 91).
Hessische Landeshypothekenbank in Darmstadt (VA. **03**, 85).
Hypothekenbank in Hamburg (VA. **03**, 85).
Leipziger Hypothekenbank in Leipzig (VA. **03**, 85).
Mecklenburgische Hypotheken- und Wechselbank in Schwerin (VA. **03**, 85).
Mitteldeutsche Bodenkreditanstalt in Greiz (einschließlich Grundrentenbriefe (VA. **03**, 85).
Norddeutsche Grundkreditbank in Weimar (VA. **03**, 85).
Pfälzische Hypothekenbank in Ludwigshafen (VA. **03**,86).
Preußische Bodenkredit-Aktienbank in Berlin (VA. **03**, 86).
Preußische Zentral-Bodenkredit-Aktiengesellschaft in Berlin (VA. **03**, 86).
Preußische Hypotheken-Aktienbank in Berlin (VA. **05**, 91).
Preußische Pfandbriefbank in Berlin (VA. **03**, 86).

Rheinische Hypothekenbank in Mannheim (VA. **03**, 86).
Rheinisch-Westfälische Bodenkreditbank in Cöln (VA. **03**, 86).
Sächsische Bodenkreditanstalt in Dresden (VA. **03**, 86).
Schlesische Bodenkreditaktienbank in Breslau (VA. **03**, 86).
Schwarzburgische Hypothekenbank in Sondershausen (VA. **03**, 86).
Süddeutsche Bodenkreditbank in München (VA. **03**, 86).
Vereinsbank in Nürnberg (VA. **03**, 86).
Westdeutsche Bodenkreditanstalt in Cöln (VA. **03**, 86).
Württembergische Hypothekenbank in Stuttgart (VA. **03**, 86).

10 II. Die Reichsbank erläßt von Zeit zu Zeit allgemeine Bestimmungen über den Geschäftsverkehr mit der Reichsbank, welche samt den Ergänzungen bei jeder Reichsbankstelle zu bekommen oder einzusehen sind. Diesen Bedingungen ist ein Verzeichnis der beleihbaren Wertpapiere beigegeben. Nach dem letzten Verzeichnis vom Dezember 1909 S. 73 sind als erstklassig die Inhaberpfandbriefe und Kommunalobligationen der Hypothekenbanken aufgeführt, die bereits in Anm. 9 aufgezählt sind.

11 D. **Bedingt zulässig** (d. h. bedingt durch Genehmigung der Aufsichtsbehörde) ist die Anlage in Schuldverschreibungen inländischer kommunaler Körperschaften und Schulgemeinden, wofern diese Schuldverschreibungen entweder von seiten des Gläubigers kündbar sind oder einer regelmäßigen Tilgung unterliegen und nicht schon durch reichsgesetzliche oder landesgesetzliche Vorschrift zur Anlegung von Mündelgeld zugelassen sind (§ 59 Abs. 1 Nr. 4). Mit einer solchen Zulassung durch reichsgesetzliche Vorschrift eignen sie sich nämlich nach Anm. 5 und 6 zur unbeschränkten und unbedingten und durch landesrechtliche Vorschrift zur beschränkten und unbedingten Anlage nach Anm. 8 u. 9. So sind z. B. durch Bundesratsbeschluß nach Bekanntmachung des Reichskanzlers vom 7. Juli 01 verbriefte Forderungen gegen eine inländische kommunale

Körperschaft oder die Kreditanstalt einer solchen Körperschaft, wenn die Forderungen von seiten des Gläubigers kündbar sind oder einer regelmäßigen Tilgung unterliegen, zugelassen und damit zu den nach Anm. 5 bevorzugten Werten versetzt; sie fallen nicht mehr unter die Bedingung, daß die Aufsichtsbehörde die Anlegung in solchen Kommunalwerten genehmigt (VA. **03**, 122). Die Aufsichtsbehörde befindet darüber, ob und in welchem Umfange sie die Anlage zulassen will, völlig nach freiem Ermessen. Eine Beschwerde findet nicht statt (§ 77). Diese Art der Zulassung bedeutet für die VU. keine Einengung ihrer Bewegungsfreiheit, sondern eine Erweiterung gegenüber der Vorschrift des § 1807 Abs. 1 Nr. 4 BGB. (oben Anm. 5). Indem das Gesetz nur Schuldverschreibungen kommunaler Körperschaften (d. i. politischer Gemeinden und Verbände), Schul- und Kirchengemeinden so bevorzugt, schließt es alle andere Arten von Schuldverschreibungen, insbesondere die Schuldverschreibungen weltlicher und kirchlicher Stiftungen, der Kirchengemeinden (VA. **04**, 164; **05**, 83), Ortskrankenkassen und Ortskrankenkassenverbänden (VA. **07**, 10 u. 125) aus. Daß die Forderungen aus den bezeichneten Verbänden gegebenen Darlehn herrühren müßten, verlangt das Gesetz nicht; ist die Forderung aus einer mit staatlicher Genehmigung erfolgten Verbürgung entstanden, so liegt die vom Gesetz gewollte Sicherheit nach § 51 Ziff. 4 vor (vgl. VA. **09**, 79 Nr. 76). Die Beleihungsgenehmigung erfolgt für jeden einzelnen Kommunalverband, nicht allgemein für Kommunalanleihen. Die Aufsichtsbehörde kann innerhalb dieser Grenze sich die Genehmigung für jeden einzelnen Beleihungsfall vorbehalten oder ihre Genehmigung im weiteren Umfange erteilen.

E. **Eine vorübergehende Anlegung** ist, wenn besondere **12**
Umstände eine Anlegung in der vorstehend Anm. 2—11 geschilderten Weise nicht als angezeigt erscheinen lassen, in der Weise gestattet, daß die Gelder bei der Reichsbank,

bei einer Staatsbank oder einer von der Aufsichtsbehörde für geeignet erklärten anderen Bank oder öffentlichen Sparkasse (also nicht bei Genossenschaftskassen usw.) verzinslich angelegt werden. Ob eine Sparkasse eine öffentliche ist, entscheidet die Landesbehörde nach art. 99 EG. z. BGB. Diese landesgesetzlichen Vorschriften sind zusammengestellt bei v. Staudinger § 1807 1d.

§ 60. Bei der Anlegung der Bestände des Prämienreservefonds nach der Vorschrift des § 59 Abs. 1 Nr. 1 darf die Sicherheit einer Hypothek, einer Grundschuld oder einer Rentenschuld angenommen werden, wenn die Beleihung die ersten drei Fünfteile des Wertes des Grundstücks nicht übersteigt. Soweit jedoch die Zentralbehörde eines Bundesstaats gemäß § 11 Abs. 2 des Hypothekenbankgesetzes die Beleihung landwirtschaftlicher Grundstücke bis zu zwei Dritteilen des Wertes gestattet hat, darf die Sicherheit auch bei einer solchen Beleihung angenommen werden.

Die Beleihungen dürfen der Regel nach nur zur ersten Stelle erfolgen.

Beleihungen von Bauplätzen und solchen Neubauten, welche noch nicht fertiggestellt und ertragsfähig sind, sowie von Grundstücken, die einen dauernden Ertrag nicht gewähren, insbesondere von Gruben, Brüchen und Bergwerken, sind ausgeschlossen.

Der bei der Beleihung angenommene Wert des Grundstücks darf den durch sorgfältige Ermittelung festgestellten Verkaufswert nicht übersteigen. Bei

der Feststellung dieses Wertes sind nur die dauernden Eigenschaften des Grundstücks und der Ertrag zu berücksichtigen, welchen das Grundstück bei ordnungsmäßiger Wirtschaft jedem Besitzer nachhaltig gewähren kann.

Auf Verlangen der Aufsichtsbehörde haben die Unternehmungen über die Wertsermittelung eine Anweisung zu erlassen, welche der Genehmigung der Aufsichtsbehörde bedarf.

I. Ueber **Grundstücksbeleihungen** im Inland, deren Zulässigkeit zur Anlegung bereits in § 59 Abs. 1 Nr. 1 (§ 59 Anm. 2) ausgesprochen ist, gibt § 60 nähere Vorschriften, die mit geringen Abweichungen den §§ 11, 12 HypBankG. entnommen sind. (Ueber Beleihungen im Ausland s. § 57 Anm. 1.) Ein Mindestwert für Grundstücke oder ein Höchstbetrag für Darlehn ist nicht festgesetzt (VA. **10**, 73). Dagegen ist als Regel Beleihung an erster Stelle vorgeschrieben (§ 60 Abs. 2). Diese Regel kann nicht dadurch umgangen werden, daß die VU. als Besitzerin einer zweiten Hypothek durch Erwerb der ersten Hypothek eine künstliche erste Hypothek schafft. Dagegen schadet es in der Regel nicht, wenn vorgehende Eintragungen in Wahrheit nicht mehr bestehen und ihre Löschung nur noch Formsache ist. Beleihung entgegen diesen Vorschriften zieht zivil- und unter Umständen strafrechtliche Verantwortlichkeit des Vorstands, der Liquidatoren und Aufsichtsräte nach sich (§§ 106, 110, 113). Die Aufsichtsräte sind durch das AA. hier durch § 2 der von ihm aufgestellten Beleihungsgrundsätze besonders in Stand gesetzt, die Sicherheit der Hypotheken zu prüfen. Das AA. hat nämlich am 1. März 1904 auch mit Gültigkeit für die kleineren Lebensv.-U. Grundsätze für die Beleihung und die Ermittlung des Werts städtischer Grundstücke aufgestellt (unten Anm. 2) und dazu Erläuterungen gegeben 1

(VA. **04**, 43; **05**, 3 u. 42; **10**, 72 ff.) und ihnen ebensolche Grundsätze für landwirtschaftliche (das AA. sagt „ländliche") Grundstücke nachfolgen lassen (unten Anm. 10). Ein unmittelbarer Zwang zur Einhaltung dieser Grundsätze besteht zwar nicht; allein die VU., welche sich keinen Beanstandungen aussetzen wollen, gegen die es keinen Rechtsbehelf gibt (§ 77), müssen nach diesen, übrigens höchst sachgemäßen Grundsätzen verfahren. Diesen „Grundsätzen" des AA. sind 4 Formulare beigegeben. Das erste stellt ein Verzeichnis über die Beleihungen des Jahres dar. (Ueber dessen Ausfüllung s. VA. **04**, 47; **10**, 10 Nr. 80; **10**, 71 u. 75.) Das zweite Formular enthält das Verzeichnis der im Laufe des Jahres bekannt gewordenen freihändigen Verkäufe. Die zwei anderen Formulare sind zur Eintragung der Zwangsverwaltungen und Zwangsversteigerungen bestimmt. Diese Nachweisungen sind dem AA. spätestens 4 Wochen nach Schluß jedes Kalenderjahres vorzulegen und außerdem jedem Aufsichtsratsmitglied zuzustellen (VA. **04**, 44; **05**, 4 u. 43; **08**, 71). Die VU. haben Beleihungsakten anzulegen, aus denen die Nebenleistungen des Schuldners und die Vermittlungsprovisionen zu ersehen sind (VA. **04**, 44). Das AA. empfiehlt, jede Beleihung auf einer besonderen Kontoseite zu buchen und dort auch jede Entlastung und Belastung einzutragen. Eine Vorschrift, wonach in der Bilanz oder im Geschäftsbericht genaue Angaben über die Bewegung in den Hypothekenanlagen zu machen seien (§ 28 Hyp.-BankG.), besteht nicht (VA. **08**, 68). Die Einhaltung dieser Grundsätze überwacht das AA. durch eine ununterbrochene Kontrolle (VA. **07**, 36 u. 51).

Diese „Grundsätze" haben die Einzelbestimmungen des § 60 Abs. 1—4 in erläuternder Weise verarbeitet. Sie sind daher der beste Kommentar des Gesetzes.

2 1. Grundsätze für die Beleihung und Wertsermittlung inländischer **städtischer** Grundstücke (VA. **04**, 44):

„§ 1. Die Feststellung des bei der Beleihung anzunehmenden Wertes eines Grundstücks liegt dem Vorstande der Versicherungsunternehmung ob.

§ 2. Die Beleihung bedarf der Zustimmung des Aufsichtsrats (Verwaltungsrats) oder eines von ihm für diesen Zweck gewählten Ausschusses oder eines sonstigen vom Vorstand unabhängigen Organs.

Ueber die erfolgten Beleihungen sind sämtlichen Mitgliedern des Aufsichtsrats Verzeichnisse mitzuteilen, die mindestens diejenigen Angaben zu enthalten haben, welche in den der Aufsichtsbehörde periodisch einzureichenden Beleihungsverzeichnissen enthalten sind.

§ 3. Die Gewährung von Darlehen soll nur an kreditwürdige Personen erfolgen.

§ 4. Der Feststellung des Beleihungswerts muß eine Abschätzung des Grundstücks durch eine für diese Zwecke errichtete öffentliche Behörde oder einen oder mehrere private Sachverständige vorangehen.

Von der Abschätzung kann unbeschadet der Prüfungspflicht der Gesellschaftsorgane dann abgesehen werden, wenn das Darlehen auf Grund anderer Unterlagen nach den gesetzlichen Bestimmungen desjenigen Staates, in welchem das Grundstück liegt, als mündelsicher anzusehen ist.

§ 5. Soweit in einzelnen Bundesstaaten und Landesteilen (Württemberg, Baden, Hessen usw.) Grundstücksschätzungen zu Beleihungszwecken durch eine öffentliche Behörde erfolgen (§ 4 Abs. 1), ist eine solche Schätzung einzuholen. Den hierdurch festgestellten Wert des Grundstücks darf der Beleihungswert nicht übersteigen.

Schätzungen von privaten Sachverständigen sind der Wertsermittelung in der Regel nur dann zu Grunde zu legen, wenn sie im Auftrage der Gesellschaft für diese aufgestellt oder durch deren ständige Sachverständige gebilligt sind. Die Vergütung für die im Auftrage der Gesellschaft vorgenommenen Schätzungen hat ausschließlich durch die Gesellschaft — unbeschadet ihres etwaigen Anspruchs auf Kostenersatz durch den Darlehensuchenden — zu erfolgen; den von der Gesellschaft beauftragten Sachverständigen ist die Annahme einer Vergütung durch den Darlehensuchenden zu untersagen.

§ 6. Die Beleihung darf der Regel nach nur zur ersten Stelle erfolgen. Voreintragungen stehen der Beleihung nicht entgegen, wenn die vorgehenden Forderungen oder Rechte tatsächlich ihre Erledigung gefunden haben, aber nur mit unverhältnismäßigen Weiterungen zur Löschung zu bringen sind, oder wenn sie nicht ablösbar und von verhältnismäßig geringem Werte sind, oder wenn ihre Ablösung durch einen Teil des zugesagten Darlehens bewirkt werden soll, sofern dieser Teil hierfür zurückbehalten wird.

§ 7. Die Beleihung einschließlich etwaiger vorgehender Forderungen und Rechte darf die ersten drei Fünfteile des Wertes des Grundstücks nicht übersteigen. Die Höhe des Beleihungssatzes wird in jedem einzelnen Falle unter Berücksichtigung der örtlichen Lage und der besonderen Verhältnisse des Grundstücks festgesetzt.

§ 8. Beleihungen von Bauplätzen und Grundstücken, die einen dauernden Ertrag nicht gewähren, insbesondere von Gruben, Brüchen und Bergwerken, sind ausgeschlossen.

§ 9. Zur Anlegung von Beständen des Prämienreservefonds dürfen Darlehen auf Neubauten, welche noch nicht fertiggestellt und ertragsfähig sind, nicht verwendet werden. Aus dem sonstigen Vermögen sind Beleihungen von Neubauten nur in den Grenzen zulässig, in denen sie durch die Satzung (Gesellschaftsvertrag) oder durch eine von der Aufsichtsbehörde genehmigte Beleihungsordnung (Regulativ) ausdrücklich gestattet sind.

§ 10. Bei der Beleihung von Grundstücken, die ausschließlich oder zum überwiegenden Teile gewerblichen Zwecken dienen, insbesondere von Fabriken, Mühlen,

Warenhäusern, Lagerhäusern, Theatern, Saalbauten u. ä., ist lediglich der Wert des Grund und Bodens zu berücksichtigen.

Sofern Gasthöfe, Krankenhäuser oder andere ausschließlich oder zum überwiegenden Teile gewerblichen Zwecken dienende Grundstücke zum Umbau in Wohnhäuser geeignet sind und ihre Verwertbarkeit als solche nach Lage der örtlichen und sonstigen Verhältnisse außer Zweifel steht, kann außer dem Werte des Grund und Bodens auch der Wert der Gebäude nach Abzug des für einen solchen Umbau erforderlichen Kostenbetrags in Anrechnung kommen.

In gleicher Weise ist der Gebäudewert solcher Grundstücke zu bemessen, die nur zum geringeren Teile zu gewerblichen Zwecken unbedenklich anzunehmen ist.

§ 11. Der bei der Beleihung angenommene Wert des Grundstücks darf den durch sorgfältige Ermittelung festgestellten Verkaufswert nicht übersteigen. Bei der Feststellung dieses Wertes sind nur die dauernden Eigenschaften des Grundstücks und der Ertrag zu berücksichtigen, welchen das Grundstück bei ordnungsmäßiger Wirtschaft jedem Besitzer nachhaltig gewähren kann.

Die Abschätzung des Grundstücks ist auf den gegenwärtigen Verkaufswert zu richten; etwaige für die Zukunft zu erhoffende Wertsteigerungen sind außer Ansatz zu lassen.

§ 12. Für die Feststellung des Verkaufswerts sind die tatsächlich in den letzten Jahren unter gewöhnlichen Verhältnissen gezahlten Kaufpreise des betreffenden Grundstücks zu berücksichtigen; zugleich sind aber auch die inzwischen infolge baulicher oder sonstiger Veränderungen des Grundstücks und infolge allgemeiner Preisverschiebungen eingetretenen Wertsteigerungen oder Wertminderungen sowie die Kaufpreise für Grundstücke in gleicher oder gleichwertiger Lage und von ähnlicher wirtschaftlicher Beschaffenheit in Betracht zu ziehen.

§ 13. Der bei der Beleihung angenommene Wert des Grundstücks darf den mittleren Betrag aus dem von dem Sachverständigen getrennt anzugebenden Boden- und Bauwert einerseits und dem Ertragswert andererseits nicht übersteigen.

§ 14. Der Bodenwert ist nach Maßgabe der in den letzten Jahren für Grundstücke in gleicher oder gleichwertiger Lage gezahlten Kaufpreise unter Berücksichtigung der Eigenart des abzuschätzenden Grundstücks und des etwa vor der Bebauung dafür gezahlten Kaufpreises zu bemessen.

§ 15. Bei der Feststellung des Bauwerts sind die Herstellungskosten der Gebäude nach den ortsüblichen Preisen unter angemessenem Abzuge für die Abnutzung und die Kosten etwa erforderlicher Ausbesserungen zu ermitteln. Ausstattungsteile, welche nur besonderen Wünschen oder Bedürfnissen eines Eigentümers dienen, sind bei der Wertsberechnung nicht mitzuberücksichtigen.

Der bei der Beleihung angenommene Bauwert darf die Feuerversicherungssumme der Gebäude zuzüglich eines angemessenen Anschlags für nicht versicherte Gebäudeteile keinesfalls übersteigen.

§ 16. Der Feststellung des Ertragswerts sind die tatsächlich gezahlten Mietpreise zu Grunde zu legen, soweit sie unter gewöhnlichen Verhältnissen dauernd zu erzielen sind. Leerstehende oder von dem Eigentümer selbst benutzte Räume sind nach angemessenem Anschlage zu bewerten. Sofern der angenommene Ertrag zu erheblichem Teile auf Schätzung beruht, sind die in Wirklichkeit erzielten Mieten innerhalb einer angemessenen Frist nachträglich zur Kontrolle zu ermitteln.

Beim Abschlusse des Darlehensvertrags ist für den Gläubiger das Recht zur jederzeitigen Einsichtnahme in die Miet- und Kaufverträge auszubedingen.

§ 17. Von dem jährlichen Rohertrag ist diejenige Summe in Abzug zu bringen, welche zur Deckung der ortsüblichen Lasten und Abgaben und der mit Rücksicht auf Alter, Bauart und Verwendung der Gebäude im Jahresdurchschnitte zu erwartenden Unterhaltungskosten sowie eines angemessenen Betrags für Amortisation ausreicht, mindestens aber fünfzehn vom Hundert des Rohertrags. Besondere, durch die Einrichtungen des Grundstücks bedingte Ausgaben, z. B. für Zentralheizung, elektrische Aufzüge u. ä., sofern ihre Benutzung in den Mieten eingerechnet ist, sind getrennt zu ermitteln und vorweg in Abzug zu bringen.

Der hiernach verbleibende Reinertrag ist zu demjenigen Zinsfuße, den der Käufer eines derartigen Grundstücks üblicherweise erlangt und bei Bemessung des Kaufpreises zu Grunde legt, mindestens aber zu fünf vom Hundert zu kapitalisieren.

Ausnahmsweise kann, sofern besondere Gründe dies rechtfertigen, bei der Berechnung des Ertragswerts unter die in Abs. 1, 2 bezeichneten Grenzen von fünfzehn und fünf vom Hundert herabgegangen werden. In solchen Fällen sind die maßgebenden Gründe in den Beleihungsakten ersichtlich zu machen und in den der Aufsichtsbehörde periodisch einzureichenden Beleihungsverzeichnissen anzugeben."

a) Allgemeine Erläuterungen zu diesen Grundsätzen: Als städtische Grundstücke sind solche Grundstücke anzusehen, die in Orten von überwiegend städtischem Charakter liegen und die entweder bereits mit Gebäuden versehen sind oder die Wahrscheinlichkeit der Bebauung für sich haben. Die Beleihung selbst ist zwar Sache des Vorstandes, aber es muß Vorsorge für die Mitwirkung des Aufsichtsrats getroffen sein (VA. **05**, 5 u. 43; oben Anm. 1). Im allgemeinen ist bei Prüfung der Sicherheit auf die Persönlichkeit des Darlehnsempfängers (§ 3 der Grundsätze), auf die Geschäftslage und darauf zu achten, ob das Grundstück erst bebaut oder bereits vermietet ist (VA. **08**, 70), und daß die angegebenen Miets- 3 erträgnisse mit den Mietsverträgen übereinstimmen (VA. **07**, 55). Die Beschränkung auf bekannte Gebiete (VA. **07**, 54; **08**, 64 u. 67) und die Verteilung des örtlichen Risikos (VA. **08**, 64) sowie die Sorge für die gehörige Feuerv. zum wahren Wert (VA. **05**, 45 u. 98) wird besonders empfohlen. In den Satzungen pflegt ein Grundstückswert von 20 000 M. als unterste Grenze der Beleihungsfähigkeit aufgestellt zu werden (VA. **10**, 73).

4 b) Die Grundstücksabschätzung (§§ 4, 5 der Grundsätze) durch öffentliche Behörden und Taxatoren bewährt sich besser als die durch private Sachverständige (VA. **08**, 69; **06**, 55; **05**, 6 u. 46). Die auf Grund des art. 87 bayer. AG. z. BGB. und Ministerial-Bekanntm. v. 14. Juli 1909 vorgenommene amtliche Feststellung des Wertes von Grundstücken sind keine öffentlichen Abschätzungen (VA. **10**, 11 Nr. 81; **10**, 77). Neben einer öffentlichen Schätzung ist eine weitere Abschätzung nicht nötig. Liegt lediglich eine private Abschätzung vor, so sind dafür die §§ 13 ff. der Grundsätze insbesondere zu beachten. Feuerv.-Taxen sind keine geeignete Grundlage zu Beleihungen (VA. **05**, 8); es muß vielmehr der Gebäudewert unabhängig davon ermittelt werden (VA. **06**, 52), wobei allerdings die Feuerv.-Summe Anhaltspunkte bieten kann (VA. **05**, 45). Befinden sich auf dem Grundstück mehrere Gebäude, so ist für jede Gebäudegattung der jeweilige Einheitssatz anzugeben (VA. **05**, 45). Hat der Schuldner das Haus selbst erbaut, kann also kein Erwerbspreis angegeben werden, so ist der Preis der Baustelle anzugeben (VA. **05**, 45). Besondere Sorgfalt erfordert die Feststellung, ob unter den Mietverträgen keine Scheinverträge oder Mieter mit teilweiser Mietsfreiheit sich befinden (VA. **07**, 55). Ueber die hierwegen üblichen Verschleierungen s. v. Oppenried, der Hypothekarkreditverkehr, 2. Aufl., Wien, S. 169.

5 c) Bauplätze, d. h. Plätze, deren Beleihung nach Grund und Betrag zu der Möglichkeit einer künftigen

Bebaubarkeit eines noch nicht bebauten Grundstücks oder zu einem als möglich gedachten Umbau in Beziehung gesetzt werden soll, sind nicht beleihbar (anders § 12 Hyp.-BankG.). Wohl aber kann auf ein Grundstück, dessen Bebaubarkeit an sich gegeben wäre, ohne Rücksicht auf diese wertsteigernde Eigenschaft eine Hypothek gegeben werden. Diese Hypothek ist dann keine Bauplatzhypothek.

d) Die Beleihung unfertiger Neubauten (§ 9 der Grundsätze) birgt erhebliche Gefahren (VA. **05**, 71) und ist deshalb für den Prämienreservefonds verboten, wenn sie nicht im Rohbau, d. h. bis auf den inneren Ausputz, fertiggestellt sind; im letzteren Fall sind sie bis zu 5% beleihungsfähig (VA. **10**, 75). Das AA. wirkt auf Satzungsbestimmungen hin, wodurch die Gewährung von Baugeldern auf einen Höchstbetrag oder sonstwie beschränkt wird und überhaupt erst stattfinden darf, wenn das Gebäude im Rohbau fertig ist, und daß auch dann der zur Vollendung des Baues noch erforderliche Betrag des Gesamtdarlehens bis dahin zurückzubehalten ist (VA. **06**, 52; **05**, 71). Die Beleihung bis zu 60 Prozent der öffentlichen Taxen beanstandet das AA. bei fertigen Bauten nicht (VA. **05**, 6). 6

e) Der Beleihung industrieller Anlagen kann wegen der wechselnden Geschäftslage nicht der volle Zeitwert zu Grunde gelegt werden, sondern nur der Wert des Grund und Bodens. Lassen sich die Gebäude aber in Wohnhäuser umbauen, so kommt auch noch der Wert der Gebäude, abzüglich der Umbaukosten, in Anschlag. Es muß dann festgestellt werden, welcher Betrag in das vorhandene Gebäude hineinverbaut werden muß, um es für Wohnzwecke geeignet zu gestalten (VA. **08**, 29 Nr. 70). Handelt es sich um die Frage, ob ein Grundstück überwiegend als industrielle Anlage anzusehen ist, also überwiegend gewerblichen Zwecken dient, so entscheidet nicht der Umfang der Anlage, sondern der wertvollere Teil. Ist das Grundstück danach als industrielle 7

Anlage auszusprechen, so läßt das AA., wenn durch besondere Umstände genügende Sicherheit gegeben erscheint, einen über den Bodenwert hinausgehenden Beleihungswert zu; diese Fälle müssen in dem Beleihungsverzeichnis (Formular I, oben Anm. 1) aber dem AA. besonders kenntlich gemacht werden (VA. **05**, 6 u. 43; **08**, 71). Weil Arbeiterhäuser nicht nur von der Geschäftslage ihrer Fabrik in ihrem Werte bestimmt werden, sondern auch starker Abnutzung unterliegen, verlangt das AA. (VA. **09**, 266), daß diese Häuser eigene Grundbuchblätter haben, nicht außerhalb ständiger Wohngegenden liegen und dauernd im Eigentum des Unternehmers bleiben.

8 f) Erbbaurechte stehen Grundstücken gleich (§ 1017 BGB.); können also auch beliehen werden, und gibt es daher auch Grundschulden und Rentenschulden an solchen (preuß. Justizm. in JMBl. **02**, 6; Mot. III 40 u. 474; Lit. bei v. Staudinger 516 § 1017 I). Bei befristeten Erbbaurechten gehört zur Zulässigkeit der Beleihung planmäßige Tilgung des Darlehns und außerdem, wenn sich der Besteller den Heimfall bei Vertragsverletzungen vorbehalten hat, besondere Vorsorge. Bei der Wertsermittlung ist auf den Ertrag abzustellen, welcher nach dem Inhalt des Rechts von jedem Erbbauberechtigten zu erzielen wäre (VA. **08**, 71).

9 g) Der Verkaufswert, d. h. der unter gewöhnlichen Verhältnissen zu erzielende, nach objektiven Regeln zu ermittelnde Verkaufspreis, bildet die Grundlage jeder Beleihung, weil der Darleiher nur soweit gedeckt ist, als er im Fall des Weiterverkaufs im Wege der Zwangsvollstreckung auf Befriedigung rechnen kann. Zwangsversteigerungserlöse sind als unter außergewöhnlichen Verhältnissen zu stande gekommen nicht zu berücksichtigen (VA. **05**, 8), wenn es auch nicht unzulässig ist, zufällige Umstände mit in Anschlag zu bringen. Subjektive Verhältnisse (Liebhaberpreise, besondere Tüchtigkeit des Be-

sitzers) bleiben gleichfalls außer Betracht. Für die Ermittlung des wahren Verkaufspreises ist der bei ordnungsmäßiger Wirtschaft zu erwartende Betrag erheblich (§ 60 Abs. 4; Grundsätze § 12). Das Gesetz spricht absichtlich vom Ertrag, nicht von einem Ertragswert, weil nicht ein durch Kapitalisierung des Ertrags selbständiger Ertragswert vorgeschrieben werden will, der etwa mit dem Verkaufswert in Beziehung gesetzt werden könnte; denn eine solche Berechnung hätte den landesüblichen Zins zu berücksichtigen und würde namentlich da, wo Kleinbesitz vorherrscht, zu falschen Ergebnissen führen (Begr. zu §§ 10—13 HypBankG.). Regelmäßig wird der Taxwert (oben Anm.4) mit dem Verkaufswert zusammenfallen (VA. **05**, 8 u. 44); aber unerläßlich ist dies nicht. Darüber, wie Verkaufswert und Ertrag zu ermitteln ist, bestimmen die §§ 12 ff. der „Grundsätze", wobei zu beachten ist, daß die in Bremen und Hamburg eingeführten Kataster- und Grundsteuertaxen lediglich steuerlichen Zwecken dienen und mit Feststellung des Verkaufswertes nichts zu tun haben (VA. **06**, 54). Mit Rücksicht auf die große Bedeutung der Verkaufspreise für die Hypotheken, welche den Prämienreservefonds bedecken, hat der preuß. Justizminister am 2. Mai 06 (JMBl. 131) bestimmt (VA. **06**, 53), daß, wenn bei einem Grundstück infolge freiwilliger Veräußerung ein neuer Eigentümer eingetragen wird, in der Bekanntmachung an die, für welche eine Hypothek, Grundschuld oder Rentenschuld oder ein Recht an einem solchen Recht im Grundbuch eingetragen ist (§ 55 GBO. in der Fassung vom 14. Juli 05, RGBl. 707), die Mitteilung des Preises aufzunehmen ist, zu dem das Grundstück veräußert wurde. Ist kein Preis vereinbart, oder der Preis nicht bekannt oder dessen ziffermäßige Angabe nicht tunlich, so ist der der Kostenberechnung zu Grunde gelegte Wert des Grundstücks mitzuteilen. Wird das belastete Grundstück ohne besondere Wertsangabe zusammen veräußert und der Kostenberechnung der zusammengerechnete

Wert der Grundstücke zu Grunde gelegt (PrGKG. in d. Fassung v. 6. Okt. 99, GS. 326 § 58 Nr. 4; jetzt § 58 Nr. 5 PrGKG. v. 25. Juli 1910, GS. 157), so unterbleibt die Mitteilung. Entsprechende Anordnungen sind nun auch in den meisten anderen Bundesstaaten ergangen (VA. **08**, 68).

Das AA. überwacht das ganze Gebahren der VU., namentlich hinsichtlich des Verhältnisses von Verkaufspreisen zu der Darlehnshöhe (über Ausfüllung der Beleihungsverzeichnisse s. oben Anm. 1) und zu der Taxe (VA. **05**, 46) sowie zu den Zwangsversteigerungserlösen (VA. **05**, 46), fordert auch nötigenfalls die Belege ein und läßt Pfandgrundstücke besichtigen (VA. **08**, 71).

10 2. Grundsätze für die Beleihung und Wertsermittlung inländischer **landwirtschaftlicher** Grundstücke (VA. **08**, 61; die Grundsätze sagen „ländlicher" Grundstücke; hierüber unten Anm. 12):

„1. Für ländliche Beleihungen finden die Vorschriften des Kaiserlichen Aufsichtsamts für die Beleihung und die Ermittelung des Wertes inländischer städtischer Grundstücke entsprechende Anwendung.

2. Für die Bemessung der Höhe der Beleihungen sind die Vorschriften des § 60 Abs. 1 des Gesetzes über die privaten Versicherungsunternehmungen maßgebend.

3. Die Gewährung von Darlehen soll nur an kreditwürdige Personen und nur dann erfolgen, wenn eine ordnungsmäßige Bewirtschaftung des Gutes nach Lage der Verhältnisse erwartet werden darf.

4. Sämtliche Beleihungen erfolgen auf Vorschlag des Direktoriums und bedürfen der Zustimmung des ständigen Ausschusses des Verwaltungsrats. In der Sitzung, in welcher der entsprechende Beschluß gefaßt wird, müssen mindestens 4 Mitglieder anwesend sein.

Bei ländlichen Beleihungen soll im allgemeinen der Betrag von 200 000 Mark nicht überschritten werden. Zur Gewährung eines höheren Darlehns als 200 000 Mark ist die Zustimmung des Plenums des Verwaltungsrats erforderlich.

Die Zustimmung kann durch schriftliche Abstimmung eingeholt werden.

5. Der Feststellung des Beleihungswerts muß in jedem Falle eine Abschätzung des Gutes vorangehen. Für die Auswahl der Taxatoren, die ausschließlich als Vertrauensmänner der beauftragenden Kasse fungieren, gelten die Bestimmungen des § 5 der Grundsätze für die Beleihung und die Ermittelung des Wertes inländischer städtischer Grundstücke.

Mit der Abschätzung sollen vorzugsweise solche Personen betraut werden, die von den für landwirtschaftliche Interessen in dem betreffenden Bezirk errichteten öffentlichen Korporationen (Landschaften, Landwirtschaftskammern usw.) als Sachverständige bezeichnet werden. Sofern in dem Gebiete, in welchem das zu beleihende Grundstück liegt, eine öffentliche Kreditanstalt (Landschaft, Landeskreditkasse usw.) besteht, ist — soweit erhältlich — die Taxe dieser Anstalt einzuholen.

In allen Fällen haben Direktorium und Verwaltungsrat die Verpflichtung der Nachprüfung.

6. Von der Abschätzung eines in Preußen gelegenen Grundstücks kann unbeschadet der Prüfungspflicht der Verwaltungsorgane dann abgesehen werden, wenn die an erster Stelle gegebene Hypothek innerhalb des Zwanzigfachen des staatlich ermittelten Grundsteuerreinertrags zu stehen kommt.

7. Bei der Gewährung von Darlehen, die den Betrag von 100 000 Mark übersteigen, muß die Schätzung des zu beleihenden Gutes durch zwei Sachverständige erfolgen. Auch bei geringeren Beleihungen ist, wenn der Sachverständige nicht in dem Bezirk wohnt, in welchem das

zu beleihende Grundstück liegt, oder auf Verlangen eines Mitgliedes der Verwaltungsorgane eine zweite Taxe einzuholen.

8. Die der Beleihung zugrunde zu legenden Taxen sind als Wert- und Ertragstaxen aufzumachen. Bei der Feststellung des Beleihungswerts seitens des Direktoriums darf über das Ergebnis der niedrigsten Taxe nicht hinausgegangen werden.

Die Taxen müssen insbesondere Aufschluß geben über:

Lage und klimatische Verhältnisse (insbesondere Ueberschwemmungsgefahr),

Verkehrs- und Absatzverhältnisse,

Bodenbeschaffenheit nach Kulturzustand usw.,

Entwässerungsverhältnisse,

Lage der einzelnen Flächenabschnitte zu einander, Wege, Zustand und Angemessenheit der Gebäude sowie des toten und lebenden Inventars,

die Verkaufspreise der Liegenschaften in derselben Gegend,

den in den letzten Jahren tatsächlich erzielten Bruttoertrag des Gutes, sowie sämtliche an der Hand vorhandener Bücher ermittelten Unkosten,

die Höhe der auf dem Grundstücke ruhenden Lasten.

9. Der Feststellung des Beleihungswerts soll in jedem Falle eine Besichtigung des zu beleihenden Gutes durch je ein Mitglied des Verwaltungsrats und Direktoriums vorausgegangen sein. Ueber die Besichtigung durch die Vertreter des Verwaltungsrats und Direktoriums ist ein schriftlicher Bericht zu den Akten zu geben.

10. Bei der Ermittelung des Wertes sind nur die dauernden Eigenschaften des Grundstücks und der Reinertrag mit dem Betrage zu berücksichtigen, der auf die beleihbaren Teile — also unter Ausschluß der gewerblichen Anlagen — des Viehbestandes usw. — entfällt.

11. Bei der Abschätzung ist vorauszusetzen, daß das für den ordnungsmäßigen Betrieb notwendige lebende

und tote Inventar sowie die notwendigen Wirtschafts- und Wohngebäude in ordnungsmäßigem Zustande vorhanden sind; sowohl bei der Werttaxe wie bei der Ertragstaxe ist derjenige Betrag in Abzug zu bringen, der notwendig ist, um das lebende und tote Inventar sowie die Gebäulichkeiten zu ergänzen und in ordnungsmäßigen Zustand zu versetzen.

Wert und Erträgnis des vorhandenen Viehbestandes haben sowohl bei der Werttaxe als bei der Ertragstaxe außer Berücksichtigung zu bleiben. Ferner ist der Wert desjenigen Teiles der vorhandenen Wirtschafts- und Wohngebäude, der über den normalen Bedarf hinaus vorhanden ist, in der Werttaxe außer Ansatz zu lassen.

12. Die Beleihung von Grundstücken, die einen dauernden Ertrag nicht gewähren, sowie diejenigen von gewerblichen Anlagen (Brennereien, Ziegeleien usw.), Weinbergen, Steinbrüchen, Sandgruben, Torfstichen usw. ist ausgeschlossen. Gehören sie zu anderen beleihungsfähigen Komplexen, so ist ihr Wert und ihr Ertrag bei der Feststellung des Beleihungswerts auszuscheiden.

Wert und Erträgnis des Holzbestandes vorhandener Waldungen haben sowohl bei der Werttaxe als bei der Ertragstaxe außer Berücksichtigung zu bleiben.

13. Für die Feststellung des Verkaufswerts sind die tatsächlich in den letzten Jahren unter gewöhnlichen Verhältnissen gezahlten Kaufpreise des betreffenden Grundstücks mit demjenigen Betrage, welcher auf die beleihbaren Teile — also unter Ausschluß der gewerblichen Anlagen, des Viehbestandes usw. — entfällt, zu berücksichtigen; zugleich sind aber auch die inzwischen infolge baulicher oder sonstiger Veränderungen des Grundstücks und infolge allgemeiner Preisverschiebungen eingetretenen Wertsteigerungen oder Wertminderungen sowie die Kaufpreise für Grundstücke in gleicher oder gleichwertiger Lage und von ähnlicher Beschaffenheit in Betracht zu ziehen.

Etwaige in der Taxe angenommene Wertsteigerungen sind unter Beibringung von Unterlagen eingehend zu begründen.

14. Bei Anträgen auf Genehmigung von Beleihungen müssen dem ständigen Ausschusse bezw. dem Plenum sämtliche für die Beurteilung der Beleihung wesentlichen Unterlagen vorgelegt werden, insbesondere:

1. die Taxen, auf Grund deren die Beleihung erfolgt;
2. die Auskünfte, die über die Person des Darlehnssuchenden eingezogen sind;
3. die Wertfeststellung des Direktoriums;
4. der etwa vorhandene Bericht über die Besichtigung, die von einem Mitgliede des Verwaltungsrats und von einem Mitgliede des Direktoriums vorzunehmen ist;
5. Referat und Korreferat der beiden Direktoren, welche die Angelegenheit bearbeitet haben;
6. Referat desjenigen Mitglieds des ständigen Ausschusses, welches den Darlehnsantrag bearbeitet hat;
7. die Ermittelungen über die in den letzten Jahren gezahlten Kaufpreise;
8. die Nachweise über die Lage, Größe und die Steuerverhältnisse des Gutes (Auszug aus der Grundsteuermutterrolle und der Gebäudesteuerrolle, Katasterhandzeichnung, Grundbuchauszug);
9. etwaige Feuer- und Hagelversicherungspolicen;
10. die Unterlagen für den seitherigen Ertrag."

11 a) Allgemeine Erläuterungen zu diesen Grundsätzen. Im allgemeinen sollen die Erläuterungsgrundsätze für städtische Grundstücke hierher übertragen werden; es gilt dies hauptsächlich von den §§ 1—12. Jedoch soll, weil es hier mehr auf die Tüchtigkeit des Besitzers ankommt, auf die persönlichen Verhältnisse des Besitzers größeres Gewicht gelegt werden; auch soll beachtet werden, ob ausreichendes Betriebskapital vorhanden

ist. Das Inventar, der Viehbestand und der daraus zu ziehende Nutzen scheidet aus dem Kreis der beleihbaren Gegenstände aus (VA. **07**, 54; § 11 der Grundsätze). Landwirtschaftliche Grundstücke sind aber anderseits bevorzugt, indem sie bis zu Zweidrittel des Werts beliehen werden dürfen, wenn die Zentralbehörde eines Bundesstaates eine solche Beleihung nach § 11 Abs. 2 HypBankG. zuläßt, und die Satzung der VU. nichts anderes verfügt (§ 60 Abs. 1). Darauf, ob die VU. in dem betreffenden Bundesstaat ihren Sitz hat, kommt es nicht an. Die Beleihungen landwirtschaftlicher Grundstücke sollen nicht über die Grenzen hinausgehen, welche von den staatlichen, provinziellen und sonstigen öffentlichen oder ähnlichen Anstalten für landwirtschaftlichen Bodenkredit einzuhalten sind (VA. **04**, 44).

b) L a n d w i r t s c h a f t l i c h muß das Grundstück sein, d. h. die Verwendung des Grundstückes muß wesentlich landwirtschaftlicher Art sein, so daß der Begriff auch Grundstücke mit forstwirtschaftlichem Betriebe und Gärtnereien umfaßt. Es ist dies derselbe Begriff wie in §§ 582ff., 998 BGB. Daher ist „landwirtschaftlich" etwas anderes als „ländlich"; ländliche Grundstücke können auch bebaut sein, ihr Begriff bestimmt sich nach ihrer Lage, während der Begriff „landwirtschaftlich" auf die Art des Betriebs und die Unbebautheit abhebt (vgl. RegBegr. zu § 6 Hyp.-BankG.). Es kehrt das AA. jedoch bei Aufstellung seiner „Grundsätze" zu dem aufgegebenen Ausdruck „ländliche Grundstücke" zurück. Industrieller Nebenbetrieb ändert den landwirtschaftlichen Charakter des Grundstücks nicht, solange der landwirtschaftliche Betrieb die Hauptsache bleibt. Rechtlich sind die auf dem Grundstück stehenden Gebäude danach allerdings ohne Unterschied Teile des landwirtschaftlichen Grundstücks. Hinsichtlich der Beleihung verhält es sich aber anders. Gewerbliche Anlagen (Brennereien, Ziegeleien, Fabrikgebäude usw.) sind überhaupt nicht nach den für landwirtschaftliche Grundstücke 12 aufgestellten Grundsätzen beleihbar (§§ 12, 13), weil ihr Ertrag zu sehr von der Konjunktur abhängt. Sie sind sogar regelmäßig überhaupt nicht beleihbar. Ueber ihre Beleihungsfähigkeit bedarf es, ebenso wie hinsichtlich der Beleihung aufgeforsteter Flächen und der Schätzung des Ertrags aus Anpflanzungen, besonderer Regelung von Fall zu Fall (VA. **07**, 54). Soll bei Beleihung von Waldungen der Holzbestandswert mitberücksichtigt werden, so muß ein dauernder forstwirtschaftlicher Ertrag nach einem geordneten und beaufsichtigten Wirtschaftsplan gewährleistet und V. gegen Brandschaden und andere den Waldbestand gefährdende Ereignisse genommen sein (§ 12 der Grundsätze; VA. **09**, 151/2).

13 c) Gruben, Brüche (Steinbrüche), Bergwerke, Moore, Torfstiche sind wie alle Grundstücke, die keinen dauernden Ertrag geben und deren Ausbeute nach dem natürlichen Verlauf einmal ein Ende nimmt, nicht beleihungsfähig (§ 60 Abs. 3). Hierher gehören auch Weinberge (§ 12 der Grundsätze) und selbständige Berechtigungen (z. B. das Abbaurecht des art. 68 EG. z. BGB.), die zwar reichsrechtlich (§§ 1015, 1017 BGB.) oder landesrechtlich (art. 40 preuß. AG. z. BGB.; §§ 14 ff. sächs. AG. z. BGB.) den Grundstücken gleich behandelt sind, aber keinen dauernden Ertrag gewähren.

14 d) Erbpachtrechte (art. 63 EG. z. BGB.; § 1017 BGB.) dagegen stehen den Grundstücken gleich; sind also beleihbar; wegen der Erbbaurechte s. oben Anm. 8.

15 II. **Nähere Anweisungen über die Beleihung,** z. B. Setzung einer Beleihungsgrenze (wie bei § 13 HypBankG.) nach Abstufungen, z. B. bei landwirtschaftlichen Grundstücken nach der Kulturart, bei städtischen nach der Größe und Entwicklungsfähigkeit der Städte, nach der Lage und Beschaffenheit, können die VU. zwar erlassen (§ 60 Abs. 5); sie werden aber erst durch die Genehmigung der Reichs- oder Landesaufsichtsbehörde vollzugsreif (§§ 2, 3). Gegen die Entschließungen des AA. gibt es keinen Rechtszug.

Diese Anweisungen müssen in der Theorie nicht notwendig mit den vom AA. aufgestellten Beleihungsgrundsätzen (oben Anm. 2 u. 10) übereinstimmen; praktisch gestaltet sich die Sachlage aber umgekehrt (oben Anm. 1). Auf Verlangen der Aufsichtsbehörde müssen die VU. solche Anweisungen erlassen. Daß hier überall die Genehmigung der Aufsichtsbehörde vorgesehen ist, hat den Zweck, einheitliche Beleihungsgrundsätze für das ganze Reich zu sichern.

§ 61. Dem Prämienreservefonds dürfen, abgesehen von den zur Vornahme und Aenderung der Kapitalanlagen erforderlichen Mitteln, nur diejenigen Beträge entnommen werden, welche durch Eintritt des Versicherungsfalls, durch Rückkauf oder andere Fälle der Beendigung von Versicherungsverhältnissen frei werden.

Durch die Eröffnung des Konkurses erlöschen die Lebensversicherungsverhältnisse; die Versicherten können, unbeschadet ihrer weitergehenden Ansprüche aus dem Versicherungsverhältnisse, denjenigen Betrag fordern, der als rechnungsmäßige Prämienreserve zur Zeit der Konkurseröffnung auf sie entfällt.

In Ansehung der Befriedigung aus den in das Register der Bestände des Prämienreservefonds (§ 57 Abs. 3) eingetragenen Gegenständen gehen die Forderungen auf die rechnungsmäßige Prämienreserve insoweit, als für sie die Zuführung zu diesem Fonds vorgeschrieben ist (§ 57 Abs. 1), den Forderungen aller übrigen Konkursgläubiger vor. Unter

einander haben sie gleichen Rang. In betreff des Anspruchs der Versicherten auf Befriedigung aus dem sonstigen Vermögen der Unternehmung finden die für die Absonderungsberechtigten geltenden Vorschriften der §§ 64, 153, 155, 156 und des § 168 Nr. 3 der Konkursordnung entsprechende Anwendung.

1 I. Die **Prämienreserve** in ihrer wirtschaftlichen und technischen Bedeutung ist bereits zu § 11 Anm. 2 und in ihrem Verhältnis zum Prämienreservefonds zu § 56 Anm. 1 ff. erörtert. Bei § 61 tritt der V.anspruch als Anspruch auf die Prämienreserve oder auf den Rückkaufswert (§ 9 Anm. 9) in den Vordergrund. In der Theorie wurde dieser Anspruch bis zum Inkrafttreten des VVG. bald aus Kauf, bald aus einem aus einem Lebensv.-vertrag und Darlehnsvertrag zusammengesetzten Vertrag, bald aus einem Vertrag zu Gunsten Dritter, bald aus einem Sparvertrag hergeleitet (ält. Lit. s. 1. Aufl., dazu Bischoff, die rechtl. Bedeutung der Prämienreserve, 1891). Das VAG. will zwar nach Begr. zu § 61 keine Stellung zu der rechtlichen Charakterisierung dieses Anspruchs nehmen, sondern nur den Schutz zur Sicherung dieses Anspruchs durch Anordnung getrennter Verwaltung, gesonderter Aufzeichnung (§§ 56—60) und auf dieser Grundlage das in § 61 umschriebene Vorzugsrecht gewähren. Setzt man jedoch diese Bestimmung in Verbindung mit den Bestimmungen in §§ 173—175 VVG. über die Umwandlung der V. (§ 9 Anm. 8) und mit den §§ 173, 176, 177 VVG. über den Rückkauf (§ 9 Anm. 9), so kann man sich doch der Auffassung nicht mehr verschließen, daß die Prämienreserve als Deckungskapital ein Sparguthaben der Gesamtheit der Versicherten ist und der Prämienreservefonds als Spareinlage von Einzelreserven anzusehen ist (vgl. VA. **06**, 117/118). Der Prämienreservefonds kann

daher als Eigentum der Gesamtheit der Versicherten bezeichnet werden. Da der Fonds aber dem Versicherer zur Deckung seiner Verpflichtungen dient, die aus der Gesamtheit der V.verträge hervorgehen, so muß der Versicherer dagegen geschützt sein, daß nicht jeder Versicherte nach Belieben seinen Anteil an der Prämienreserve wegzieht, solange der V.vertrag besteht. Es war deshalb gesetzlich ein Ausgleich der Interessen nach der doppelten Richtung zu treffen, wenn nämlich das einzelne V.verhältnis erlischt, und wenn alle V.verhältnisse erlöschen (RegBegr. zu § 173 VVG.). Das einzelne V.verhältnis kann nämlich vom Versicherten nach dreijähriger Dauer, wenn für diesen Zeitraum die Prämie entrichtet worden ist, mit der Wirkung gekündigt werden, daß nunmehr sein Anspruch auf seinen Anteil an der Prämienreserve fällig wird (Rückkauf §§ 176, 177 VVG.), und er darüber frei verfügen kann. Dasselbe ist der Fall, wenn der Versicherer den V.vertrag nicht mehr fortsetzen kann oder dem Versicherten Grund zur Aufhebung des V.vertrags gibt. Auf diese Weise ist das Recht des Versicherten, die Herausgabe seiner Einzelprämienreserve (ungenau individuelle Prämienreserve genannt; Behrend LZ. 08, 129) zu verlangen, beschränkt, wenn er das V.verhältnis nicht als prämienfreie Reserve durch Umwandlung der V. fortsetzen will (§ 9 Anm. 8). Erlöschen alle V.verhältnisse — und dies ist der Fall, wenn der Konkurs eröffnet ist —, so wird für alle Versicherte der Anspruch auf ihre Einzelprämienreserve fällig (§ 61 Abs. 2).

II. **Vor Eröffnung des Konkurses** kann also der Versicherte über seine rechnungsmäßige Prämienreserve 2
nur in der Weise freie Verfügung erlangen, daß er das V.verhältnis nach Anm. 1 zur Auflösung bringt. Aber es wird ihm sein künftiger Anspruch, abgesehen von der gesonderten Anlegung, Verwaltung und Buchung des Prämienreservefonds, als Anspruch auf das künftige Deckungskapital (§§ 56—60) dadurch gesichert, daß der

Prämienreservefonds, abgesehen von den durch eine geordnete Verwaltung bedingten Aenderungen, nur um die Beträge verkürzt werden darf, welche zur Befriedigung von V.ansprüchen (zum Rückkauf usw.) nötig sind (§ 61 Abs. 1). Damit ist es ausgeschlossen, daß der Prämienreservefonds zur Deckung von Akquisitionskosten in Anspruch genommen werden kann, und bleibt dieser Fonds seinen Zwecken erhalten. Obgleich der Versicherte einen bedingten Anspruch auf die Prämienreserve hat, kann er doch die VU. nicht mittels Klage, Arrests oder einstweiliger Verfügung zwingen, gemäß den §§ 56—60 zu verfahren. Der einzelne Versicherte kann sich nicht in dieser Weise in die Verwaltung einmischen. Sein Schutz ruht in der staatlichen Aufsicht, die er anrufen kann, in den Strafvorschriften der §§ 106, 107 sowie darin, daß rechtzeitig der Konkurs verhütet oder eröffnet wird (§§ 68, 69); V.bedingungen können noch größeren Schutz gewähren. Außerhalb des Konkurses stehen die Versicherten den Vereinsgläubigern sogar nach (§ 50).

3 III. **Durch die Konkurseröffnung erlöschen die V.verhältnisse** (§ 61 Abs. 2). Wie der Konkurs auf die bestehenden V.verhältnisse einwirkt, ist zu § 49 Anm. 3 eingehend erörtert. Man könnte meinen, daß die V.verhältnisse der versicherten Nichtmitglieder eines VV. a. G., weil sie Konkursgläubiger sind (§ 14 Anm. 21; § 16 Anm. 6; § 21 Anm. 10) durch den Konkurs des VV. a. G. nicht erlöschen, sondern daß der Konkursverwalter mit den Folgen des § 26 KO. die Wahl nach § 17 KO. haben müßte, ob er weitererfüllen will oder nicht (so Hagen § 51 Anm. 1). Allein das Gesetz lautet ganz bestimmt. Seine Bestimmung trifft auch das Wesen der Sache. Die Versicherten haben nunmehr Anspruch auf ihre Einzelreserve, wie sie sich nach der Berechnung des § 56 (vgl. § 55) stellt. Ist der V.fall vor der Konkurseröffnung eingetreten, eine Befriedigung aber noch nicht erfolgt, so gehört dieser Anspruch zu den nicht bevorrechteten

Konkursforderungen, soweit sie den rechnungsmäßigen Anteil an der Prämienreserve übersteigen; denn das Vorrecht auf die Prämienreserve besteht nur, soweit die Zuführung zum Prämienreservefonds vorgeschrieben ist (§ 61 Abs. 3; vgl. § 49 Anm. 4). Die diesen Anteil übersteigenden Beträge sind die weitergehenden Ansprüche, von denen § 61 Abs. 2 Satz 2 redet. Es ergibt sich dabei aber ein Unterschied je nachdem es sich um die Ansprüche von Vereinsmitgliedern oder von Nichtmitgliedern handelt (hierüber § 49 Anm. 4; § 51 Anm. 4 u. 5).

1. Die Versicherten haben ein Recht auf bevorzugte Befriedigung aus den Gegenständen, welche nach § 57 Abs. 3 in das Register als Bestandteile des Prämienreservefonds eingetragen sind (§ 61 Abs. 3). Diese Gegenstände ergreift das Vorrecht ganz, nicht nur in der Höhe, in der sie sich als Anlage zum Reservefonds eignen. Die Eintragung entscheidet allein (§ 57 Anm. 3 f.). Dieses Vorrecht hat nur Wirkung, soweit Vorschriften über die Zuführung von Gegenständen zum Reservefonds bestehen (§ 56 Anm. 2); ist inländischen VU. für ihr Auslandsgeschäft durch die Auslandsgesetzgebung vorgeschrieben, daß die nach deutschem Recht in den Prämienreservefonds abzuführenden Gegenstände in anderer Weise zur Stellung von Sicherheiten zu verwenden sind, so behält es dabei sein Bewenden (§ 57 Anm. 1); Ausländische VU. unterliegen nur für ihr Inlandsgeschäft deutschen Vorschriften (§ 90; § 56 Anm. 3). Kleinere VV. a. G. s. § 56 Anm. 5 und 9. Dieses Vorrecht ist weder ein Aussonderungsrecht noch hat es etwas gemein mit einem Recht auf abgesonderte Befriedigung des § 48 KO.; denn es kann nicht etwa unabhängig vom Konkursverfahren eine Befriedigung verlangt werden (§ 4 KO.). Dieses Vorrecht unterscheidet sich von den bevorzugten Konkursforderungen des § 61 KO. dadurch, daß die Befriedigung nicht aus der gesamten Masse erfolgt. Das Vorrecht ist ein eigenartiger, nur im Konkurs wirksamer Anspruch,

der sich ähnlich dem Anspruch der Pfandbriefgläubiger auf Pfandbriefdeckung (§ 38 HypBankG.) auf die zur Deckung der Prämienreserve dienenden, eingetragenen und verwahrten Gegenstände beschränkt. Mit diesem Anspruch gehen die Versicherten allen anderen Gläubigern vor (§ 61 Abs. 3; § 49 Anm. 4; § 51 Anm. 2). Mit dem Ausfall sind sie einfache Konkursgläubiger.

5 2. Die Befriedigung geschieht in der Weise, daß der Konkursverwalter unter Zuzug des Pflegers (§ 62) den Fonds in Verwahrung und Verwaltung nimmt und ihn nach den allgemeinen Konkursregeln versilbert (§§ 117, 122 ff., 127). Der Erlös bleibt von der gemeinen Masse getrennt. Aus dem Erlös entnimmt der Konkursverwalter die Vergütung für den Pfleger, stellt den für seine Mühewaltung erforderlichen Betrag zurück und deckt die übrigen Kosten, die den Prämienreservefonds allein betreffen. An den allgemeinen Massekosten (§ 58 KO.) nimmt der Fonds nach Verhältnis zur übrigen Masse teil, nicht aber an den Masseschulden (§ 59 KO.; RG. **33**, 119; a. M. Hagen § 61 Anm. 3). Der verbleibende Rest wird vom Konkursverwalter auf Grund der Anmeldung des Pflegers nach Feststellung im Prüfungstermin (Anm. 6) unter Ausschluß aller anderen Gläubiger unter die z. Zt. der Konkurseröffnung vorhandenen Versicherten nach dem Maßstabe verteilt, nach dem die Prämienreserve angesammelt worden ist (§ 56); kein Versicherter hat vor dem andern einen Vorzug (§ 61 Abs. 3). Ueber das Verfahren im übrigen, den Ausfall und die Aufrechnung s. folg. Anm.

6 3. Das Verfahren, vermittels dessen die Befriedigung herbeigeführt wird, ist das in der KO. vorgeschriebene mit folgenden Eigentümlichkeiten: die Anmeldung erfolgt durch den Versicherten oder den nach § 62 aufzustellenden Pfleger nach §§ 138 ff. KO.; denn auch die bevorrechtigten Forderungen des § 61 werden mit der Konkurseröffnung fällig (§ 65 KO.; Begr. z. HypBankG. S. 55). Es genügt die Anmeldung als

Prämienreserveforderung; aus dieser Bezeichnung ergibt sich ohne weiteres das beanspruchte Vorrecht sowie der Vorbehalt hinsichtlich der übrigen Masse (§ 139 KO.; KomBer. 81). Mit der Forderung können die vor der Eröffnung erwachsenen Kosten und die bis zur Konkurseröffnung gutgeschriebenen Zinsen und Zwischenzinsen des zur Reserve abgeführten Prämienreserveanteils verlangt werden (§ 62). Der § 63 KO. gilt auch hier, nicht aber der § 48 KO. Die Gegenseitigkeitsvereine lassen keine Ausnahme von der Anmeldepflicht zu, weil die Möglichkeit einer Aufrechnung gegenüber Forderungen der Konkursmasse aus der Beitragspflicht und der gesetzlichen Schuldenhaftung durch die §§ 26, 50 versagt ist. Bei der Prämienversicherung dagegen kann der Versicherte, soweit er aufrechnen will, von einer Anmeldung absehen (§§ 53 ff. KO.). Die Anmeldung durchläuft das gewöhnliche Feststellungsverfahren nach Maßgabe der §§ 138 ff. KO. Ist eine Forderung als Prämienreserveforderung nach § 145 KO. festgestellt, so ist damit auch ohne weiteres festgestellt, daß der Versicherte für den Ausfall, den er am Prämienreservefonds erleidet, als Konkursgläubiger zu behandeln ist (KomBer. 81). Nur für diesen Ausfall, oder soweit der Versicherte auf sein Vorrecht verzichtet, kann er zusammen mit den übrigen nichtbevorrechtigten Konkursgläubigern verhältnismäßige Befriedigung aus der Konkursmasse, abgesehen vom Prämienreservefonds, verlangen (§ 64 KO.). Für Gegenseitigkeitsvereine ist die alsdann maßgebende Rangordnung in Anm. 3 f. zu § 51 aufgestellt. Als Konkursgläubigern gebührt den Versicherten für ihren Ausfall dieselbe Stellung wie den Absonderungsgläubigern. Hierbei ergibt sich aber die Besonderheit, daß der Konkursverwalter, soweit der Versicherte zugleich Schuldner ist, bei der Verteilung dessen Anteil an der Prämienreserve zur Tilgung verwenden muß; im Konkurs eines VV. a. G. muß der Konkursverwalter zur Herstellung der Rangordnung des § 51 mit der Auszahlung zurückhalten, weil der Versicherte nach §§ 19, 24, 50 zur Schuldendeckung herangezogen werden kann; diesen Umstand muß der Konkursverwalter beachten, wenn er Zahlungen nach § 170 KO. leisten will. Im übrigen finden die §§ 168 Nr. 3, 169 KO. Anwendung. Die Versicherten nehmen, obgleich ihr Ausfall noch nicht feststeht, an Beschlußfassungen, die den Prämienreservefonds allein betreffen, mit ihrem nach § 96 KO. festzusetzenden Ausfall teil; sie stimmen daher für diesen Ausfall oder, soweit sie auf ihr Vorrecht verzichtet haben, nach §§ 173, 182 KO. bei einem Zwangsvergleich mit und werden durch dessen Bestätigung gebunden (§ 184 KO.); dies ergibt sich aus der Natur der Sache (a. M. Jaeger § 96 Anm. 3). Dies verhält sich auch bei § 35 HypBankG. ebenso. Soweit sie Deckung aus dem Prämienreservefonds finden, sind sie nicht stimmberechtigt, und geht sie ein Zwangsvergleich, welcher nach § 52 Anm. 8 bei VV. a. G. nicht möglich ist, nichts an. Betrifft eine Maßregel, welche zur Abstimmung gebracht wird, wie z. B. die Wahl des Konkursverwalters und Gläubigerausschusses, nicht nur die gemeine Masse, sondern auch den Prämienreservefonds, so ist § 96 KO. unanwendbar; sie stimmen mit dem Vollbetrag ihrer festgestellten Forderung. So ist die Weglassung des § 96 KO. in Abs. 3 § 61 zu verstehen. Auch bei den Abschlagsverteilungen werden die bevorrechtigten Konkursgläubiger mit ihrem mutmaßlichen Ausfall oder, soweit sie auf ihren Vorzug verzichtet haben, nach § 153 Abs. 2 KO. berücksichtigt; der zugewiesene Betrag wird jedoch zurückbehalten, bis der Ausfall und seine Höhe feststeht (§ 168 Nr. 3 KO.). Diese Feststellung muß bis zur Schlußverteilung vorgenommen sein (§§ 153 Abs. 1, 154 Abs. 2, 155, 156 KO.). Der Verzicht auf das Vorrecht ist dem Konkursverwalter nachzuweisen, nicht aber der Ausfall, weil der Konkursverwalter selbst den Prämienreservefonds verwertet (vgl. Seuffert in ArchZivPrax. **27**, 108).

IV. **Uebergangsbestimmungen** §§ 99, 100, 113, 106.

§ 62. Das Konkursgericht hat den Versicherten zur Wahrung der ihnen nach § 61 zustehenden Rechte einen Pfleger zu bestellen. Für die Pflegschaft tritt an die Stelle des Vormundschaftsgerichts das Konkursgericht.

Dem Pfleger liegt ob, den Umfang des vorhandenen Prämienreservefonds festzustellen sowie die den Versicherten zustehenden Ansprüche zu ermitteln und anzumelden.

Der Pfleger hat die Versicherten soweit tunlich vor der Anmeldung zu hören und von der erfolgten Anmeldung zu benachrichtigen, ihnen auf Verlangen auch sonst über die für ihre Ansprüche erheblichen Tatsachen Auskunft zu erteilen. Das Recht des einzelnen Versicherten zur Anmeldung bleibt unberührt. Soweit mit der Anmeldung des Versicherten eine Anmeldung des Pflegers in Widerspruch steht, gilt bis zur Beseitigung des Widerspruchs die dem Versicherten günstigere Anmeldung.

Der Konkursverwalter hat dem Pfleger die Einsichtnahme aller Bücher und Schriften des Gemeinschuldners zu gestatten und ihm auf Verlangen den Bestand des Prämienreservefonds nachzuweisen.

Der Pfleger kann für die Führung seines Amtes eine angemessene Vergütung verlangen. Die ihm zu erstattenden Auslagen und die Vergütung fallen dem Prämienreservefonds zur Last.

Vor der Bestellung des Pflegers und vor der Festsetzung der Vergütung ist die Aufsichtsbehörde zu hören.

1 1. Zur Bestellung eines Pflegers ist das Konkursgericht, welches hier ähnlich wie das Nachlaßgericht in den Fällen des § 1962 BGB., § 88 FGG., das Vormundschaftsgericht ersetzt, unter allen Umständen verpflichtet. Aus dem Wesen der Pflegschaft als einer Art vormundschaftlicher Fürsorge in Vermögensangelegenheit, § 1915 BGB., ergibt sich für das Verfahren bei der Bestellung und Enthebung nach § 1 FGG. die entsprechende Anwendung der allgemeinen Vorschriften der §§ 1—34 FGG. und außerdem der §§ 35—64 FGG. (Vormundschaftssachen). Der Pfleger ist nach §§ 1789, 1790 BGB. zu bestellen und zu verpflichten. Die Bestellung wird mit der Bekanntmachung wirksam (§ 16 FGG.). Eine Veröffentlichung ist nicht vorgeschrieben; allein die Aufsichtsbehörde ist nach § 68 in der Lage, dem Konkursgericht gemäß § 62 Abs. 6 schon vor der Konkurseröffnung eine geeignete Persönlichkeit namhaft zu machen, so daß in die Bekanntmachung der Konkurseröffnung (§§ 110, 111 KO.) auch der Name des Pflegers aufgenommen werden kann. Die bekannten Versicherten werden nach §§ 77, 111 KO. benachrichtigt. Eine Verpflichtung zur Uebernahme der Pflegschaft gibt es nicht. Der Pfleger wird vom Konkursgericht nach §§ 1837—1848 BGB. und von der Aufsichtsbehörde nach § 64 überwacht, wobei zu berücksichtigen ist, daß der Pfleger keine Verwaltung führt. Von den Vorschriften der §§ 1918—1921 BGB. über Endigung der Pflegschaft findet nur § 1919 BGB. Anwendung; außerdem kommen die Enthebungsgründe der §§ 1885—1889 BGB. in Betracht, wobei eine Anhörung der Aufsichtsbehörde unerläßlich sein wird, wie vor der Ernennung. Nach Beendigung der Pflegschaft kommen §§ 1893, 1894 BGB. zur Geltung. Gebühren- und Stempelpflicht nach Landesrecht.

2 2. Die Stellung des Pflegers ist zwar die eines gesetzlichen Vertreters, so daß seine Rechtshandlungen im allgemeinen für und gegen die Versicherten wirken.

(§§ 164, 1793, 1794 BGB.), und er wie ein solcher, ev. nach § 166 StGB. (nicht nach § 331 StGB.; vgl. § 36 HypBankG.), sich verantwortlich macht; allein sein Wirkungskreis ist durch das Gesetz auf die in Abs. 2 umschriebene Tätigkeit beschränkt, welche in Abs. 3 näher erläutert wird. Weitere Aufgaben hat er nicht; er kann Forderungen nicht widersprechen, auf solche nicht verzichten, keine Aufrechnung erklären und, wie sich daraus und aus dem Gesetz ergibt, keine Prozesse führen (a. M. Hagen § 62 Anm. 2). Wird eine Anmeldung bestritten, so hat der Versicherte selbst die Feststellungsklage nach § 146 KO. zu erheben. Wohl aber wird zur Forderungsanmeldung (§ 61 Anm. 6), die nach §§ 100, 138 ff. KO. vor sich geht, die Ausübung des Stimmrechts gehören, sofern der Versicherte nicht einen entgegengesetzten Willen kundgibt. Wird der Pfleger von einzelnen Versicherten mit weitergehenden Rechten betraut, so geht das Verhältnis insoweit in einen Auftrag nach §§ 662 ff. BGB. oder in eine Geschäftsbesorgung nach § 675 BGB. über. Mit der Verwaltung des Prämienreservefonds, die in den Händen des Konkursverwalters verbleibt, hat der Pfleger sich nicht zu befassen.

3. Die Vergütung für Auslagen und Mühe- 3
waltung entspricht den §§ 1835, 1836 BGB., § 85 KO., § 34 HypBankG.; die Pflegschaftskosten sind Massekosten (§ 58 Nr. 2 KO.), für welche der Prämienreservefonds, getreu dem in § 61 Anm. 4 aufgestellten Grundsatz, aufzukommen hat, damit die nicht bevorrechtigten Gläubiger nicht verkürzt werden (ähnlich § 35 Abs. 4 HypBankG.). Die Vergütung soll eine angemessene sein. Die Angemessenheit beurteilt sich weniger nach der Höhe des Fonds, als nach der Schwierigkeit und Verantwortlichkeit der Tätigkeit; § 93 RAO. kommt, wenn ein Anwalt Pfleger wird, nicht in Betracht. Eine persönliche Haftung der durch den Pfleger vertretenen einzelnen Versicherten ist somit ausgeschlossen. Uebergangsbestimmungen § 99 Abs. 3; ausländische Anstalten § 90.

§ 63. Auf Kranken- oder Unfallversicherungen der im § 12 bezeichneten Art finden die Vorschriften der §§ 56 bis 62 entsprechende Anwendung.

Ueber diese Gleichstellung ist, was die Prämienreserve angeht, das Erforderliche schon zu § 56 und, was die Buchung angeht, zu § 55 gesagt. Es bedarf nur noch der Betonung, daß die Bestimmungen über Prämienreserve auch auf die Prämienrückstellungen der lebenslänglichen Eisenbahn- und Dampfschiffunfallv. (VA. **06**, 18 Nr. 43) und auf die Rückstellungen für die laufenden Renten der Unfallv. anwendbar sind (VA. **06**, 27 Nr. 49). Das AA. stellt der Kranken- und Unfallv. die Haftpflichtv. gleich und unterwirft die Haftpflichtv. daher denselben Vorschriften wie die Lebensv. (hierüber § 12 Anm. 2).

V. Beaufsichtigung der Versicherungsunternehmungen.

1. Aufgaben und Befugnisse der Aufsichtsbehörden.

§ 64. Der Aufsichtsbehörde liegt es ob, den ganzen Geschäftsbetrieb der Versicherungsunternehmungen, insbesondere die Befolgung der gesetzlichen Vorschriften und die Einhaltung des Geschäftsplans, zu überwachen.

Sie ist befugt, diejenigen Anordnungen zu treffen, welche geeignet sind, den Geschäftsbetrieb mit den gesetzlichen Vorschriften und dem Geschäftsplan im Einklange zu erhalten oder Mißstände zu beseitigen, durch welche die Interessen der Versicherten gefährdet werden oder der Geschäftsbetrieb mit den guten Sitten in Widerspruch gerät.

Zur Befolgung ihrer nach Abs. 2 erlassenen Anordnungen kann die Aufsichtsbehörde die Inhaber und Geschäftsleiter der Unternehmungen durch Geldstrafen bis zu eintausend Mark anhalten. Solche Geldstrafen werden in derselben Weise beigetrieben wie Gemeindeabgaben.

I. **Den ganzen Geschäftsbetrieb der ihrer Zuständigkeit unterliegenden VU.** überwacht die Aufsichtsbehörde. Also scheiden von ihrer Aufsicht die konzessionslos arbeitenden VU. aus. Erachtet die Aufsichtsbehörde eine VU. als konzessionsbedürftig, so kann sie nicht durch ihre Zwangsmittel die VU. zur Einholung der Zulassung anhalten, das könnte auch die Polizeibehörde nicht. Letztere kann nur die Einstellung des Betriebs verfügen, wenn nicht die VU. vorzieht, die Einstellung durch Einholung der Zulassung abzuwenden (§ 5 Anm. 6; PrOVG. in VA. **06** Anh. 74 Nr. 228). Außerdem kann die Staatsanwaltschaft nach § 108 zu strafgerichtlichem Vorgehen veranlaßt werden. Das AA. ist dagegen der Ansicht, daß es zu seiner Zuständigkeit gehöre, gegen nach seiner Meinung konzessionspflichtige VU. auf Betriebseinstellung nach §§ 64 Abs. 2, 73 Abs. 1 Nr. 6 durch Strafandrohung vorzugehen; die Fälle betreffen die Streitfrage, ob die Abonnentenv. (§ 1 Anm. 7) und die Automobilv. (§ 116) konzessionspflichtig sind (VA. **05**, 69; **08**, 154 Nr. 28); auf diese Weise würde allerdings eine einfache Erledigung derartiger Streitfragen herbeigeführt. Für ein solches Verfahren läßt sich § 77 (so Hagen § 64 Anm. 8) nicht anrufen, weil dort nicht der Ausschluß des Rechtswegs, sondern nur der Ausschluß der Beschwerden gegen Verfügungen der Aufsichtsbehörde im Verwaltungsweg geregelt wird. Entscheidend gegen die An- 1 sicht des AA. spricht, daß nur zugelassene VU. seiner Aufsicht unterliegen (§§ 1 ff.). Wie nicht zugelassene VU. zu behandeln sind, bestimmt ausschließlich § 108. Ist auf Grund dieser Bestimmung Freisprechung erfolgt, weil die VU. als nicht konzessionspflichtig erachtet ist, so ist an dieses Urteil jedermann — sowohl die Polizei, wie auch die V.polizei (d. h. die Aufsichtsbehörde) gebunden, obgleich Gründe nicht in Rechtskraft übergehen. Der Standpunkt, daß ein solches Urteil die Aufsichtsbehörde nichts angehe (Hagen § 64 Anm. 8), sondern daß sie im Gegensatz dazu den V.betrieb unterdrücken könne, dürfte der Bedeutung der Rechtskraft nach ihrer staatsrechtlichen Seite nicht entsprechen. Indessen fehlt es an einem Reichsverwaltungsgericht, das diese Frage zu entscheiden hätte. Ausländische VU. s. § 85. Uebergangsvorschriften §§ 98, 104.

2 1. Den ganzen Geschäftsbetrieb, auch das Auslandsgeschäft deutscher VU. und ausländische VU. (§ 91), überwacht die Aufsichtsbehörde, d. h. die Aufsichtsbehörde hat das Recht und die Pflicht, den Geschäftsbetrieb im ganzen im Auge zu behalten, so daß kein V.-betrieb sich ihrer Kenntnisnahme entziehen darf, soweit ihre Zuständigkeit (oben Anm. 1) reicht. Von dieser Machtvollkommenheit, die in Wahrheit fast unbeschränkt ist, hat sie lediglich gewissenhaften Gebrauch zu machen. Sie wird von Amts wegen tätig, kann aber auch durch Vorstellungen angeregt werden und vermittelnd eingreifen (VA. **03**, 99; **06**, 76). Private Auskunft über die Ergebnisse ihrer Aufsichtstätigkeit, über die Sicherheit oder Vertrauenswürdigkeit einer VU. kann das AA. nicht erteilen (VA. **08**, 76; **06**, 82); vielfach tritt es aber warnend in seinen Veröffentlichungen auf, wenn das allgemeine Interesse sonst gefährdet würde (vgl. VA. **07**, 93; **08**, 94). Die Verantwortlichkeit der Mitglieder des AA. richtet sich nach dem Gesetz über die Haftung des Reichs für seine Beamten vom 22. Mai 1910 (RGBl. 798).

2. Die Befolgung der gesetzlichen Vorschriften insbesondere überwacht die Aufsichtsbehörde. Dies bedeutet nur, daß die Aufsichtsbehörde für Einhaltung der Vorschriften zu sorgen hat, die in diesem Gesetz ausdrücklich ihrer Aufsicht unterstellt sind oder mit dem Aufsichtsrecht in unmittelbarem Zusammenhange stehen, wie z. B. die Vorschriften des VVG. Der § 64 will nicht ein Aufsichtsrecht über alle möglichen in anderen Gesetzen aufgestellten Vorschriften gewähren. Daher kann die Aufsichtsbehörde nicht in privatrechtliche Streitigkeiten, z. B. über die Höhe der Prämien (VA. **10**, 14 Nr. 86), über die Zahlungspflicht der VU. (VA. **10**, 13 Nr. 84), im Aufsichtsweg eingreifen, wenn nicht etwa ein schikanöses Verhalten vorliegt. Ueber das Verhältnis der Aufsichtsbehörde zum Registerrichter s. § 30 Anm. 3. Wohl aber gehört zu ihrer Aufgabe, der Ausbeutung der Vertragsfreiheit entgegenzutreten, z. B. allgemeine V.bedingungen nicht zuzulassen, die zwar gesetzlich vereinbart werden können, aber die Interessen der Versicherten gefährden (Sächs. OVG. in VA. **05** Anh. 46), überhaupt auf Klarheit und angemessene Gestaltung der allgemeinen V.bedingungen einzuwirken (Näheres zu § 9 und § 4 Anm. 4) und dabei unter Umständen selbst über die Zwangsvorschriften des VVG. hinauszugehen (§ 7 Anm. 1). Die Aufsicht erstreckt sich auch auf die Einhaltung landesgesetzlicher Vorschriften (VA. **04**, 53); auf solche Vorschriften steuerrechtlicher Art (z. B. Leistung von Ortsfeuerlöschbeiträgen) aber nur unter ganz besonderen Umständen (VA. **07**, 126). 3

3. Die Einhaltung des Geschäftsplans ist als besondere Ueberwachungsaufgabe bezeichnet. Hierüber das Nähere zu §§ 4, 7 Anm. 3 f., 11 u. 13). 4

II. **Die nötigen Anordnungen** für Einhaltung der gesetzlichen Vorschriften (Anm. 3) und des Geschäftsplans (Anm. 4) hat die Aufsichtsbehörde zu treffen und zwar wird sie diese Anordnungen regelmäßig zunächst ohne 5

Strafandrohung treffen. Das AA. trifft sie nach § 70, die Landesbehörde nach § 84. Diese Anordnungen dürfen nicht unmittelbar in Privatrechte eingreifen; es wäre danach nicht statthaft, wenn die Aufsichtsbehörde das Grundbuchamt um eine Eintragung nach § 39 GBO., § 54 FGG. oder den Registerrichter um eine Eintragung in das Handelsregister ersuchen oder Vermerke in das Schuldbuch nach § 1816 BGB. im Wege einer Anordnung selbst vornehmen wollte. Die Aufsichtsbehörde kann anderen öffentlichen Behörden nur Anregung geben und die VU. im Sinne einer Oberaufsicht, jedoch innerhalb der in Anm. 1 erörterten Grenzen, zwingen, tätig zu werden. Die Aufsichtsbehörde kann zur Vorbereitung solcher Anordnungen nicht nur an Ort und Stelle Einsicht nehmen (§ 65), sondern auch die Einsendung von Belegen und Aktenstücken von den VU. fordern (VA. **06**, 98); es kann aber nur die Vorlage des Materials verlangt werden, welches die VU. besitzt; es kann einer VU. daher nicht die Auflage gemacht werden, ihre fernere Existenzfähigkeit durch technische Gutachten nachzuweisen, wie das AA. (VA. **06**, 69) annimmt (PrOVG. **08** Anh. 8 Nr. 355), noch kann die Aufsichtsbehörde der VU. die Nachprüfung eines von der Aufsichtsbehörde beigebrachten Gutachtens untersagen (PrOVG. in VA. **07** Anh. 8 Nr. 275). Für die erforderlichen Anordnungen ist vom AA. zweckmäßigerweise die Form von Rundschreiben gewählt. Dem AA. ist von den Behörden Rechtshilfe zu leisten (§ 79).

6 III. **Mißstände,** durch welche die Interessen der Versicherten gefährdet werden, oder durch welche der Geschäftsbetrieb mit den **guten Sitten** in Widerspruch gerät, beseitigt die Aufsichtsbehörde durch die in Anm. 5 erörterten Anordnungen.

1. Der Mißstand muß die Interessen der Versicherten gefährden; es genügt also nicht, daß die Interessen der Versicherten nicht hinreichend gewahrt sind. Diese Seite ist durch die Zulassung beseitigt (§ 7). Anderseits

ist nicht gefordert, daß der Mißstand ein schwerer sein muß (§ 67). Es kann sich nämlich auf Grund eines genehmigten Geschäftsbetriebs tatsächlich doch ein Geschäftsgebahren entwickeln, das nicht zur Konzessionsentziehung hinreicht (§ 67), aber doch nicht geduldet werden kann, weil es weiteren Volkskreisen zum Nachteil gereicht. Man hat hier an unlautere Reklame, Täuschungen und Verschleierungen der gegenseitigen Leistungen, Rechte und Pflichten und die Nachteile zu denken, die durch eine auf die Ausbeutung Unerfahrener gerichtete Verwaltung entstehen (Könige in LZ. **08**, 348; vgl. VA. **07**, 9). Hierher gehören auch Fragestellungen, die den Versicherten in Widersprüche verwickeln sollen (VA. **08**, 30 Nr. 71). Das AA. gibt im Rundschreiben vom 23. März 1908 (VA. **08**, 16 u. 90) eingehende Vorschriften für Hagelv. über ihren Wettbewerb in ihren Prospekten, namenlich hinsichtlich vergleichender Zahlen; tritt ungehörigen Vergleichungen der Verwaltungskosten mit den Prämieneinnahmen bei Viehv. (VA. **08**, 30 Nr. 72), der Herabsetzung der Konkurrenz durch Angriffe auf deren Vermögenslage und Leistungsfähigkeit, durch Schilderung der Nachteile unter Hervorhebung der eigenen Vorzüge (Dividendenleistungen, Nettokostenberechnung) in Prospekten, Zeitungsanzeigen, Agenteninstruktionen entgegen (VA. **04**, 96; **05**, 39; **07**, 80). Das AA. verbietet die sog. Nettokostenberechnung, d. h. das Inrechnungstellen bestimmter Dividenden und der damit verbundenen Prämienänderung in Reklamen (VA. **07**, 80), das Verschweigen der Kürzung der V.ansprüche und der bloßen Hervorhebung, daß keine Nachschußprämie erhoben werde, in der Satzung von VV. a. G. (VA. **04**, 166 Nr. 12), die Bezeichnung der Summe aller Aktiven, also auch der als Prämien- und Schadensreserve, Gewinnreserve geltenden Aktiven, als Vermögen, Gesamtvermögen, Garantiemittel, und die Bezeichnung der gesamten Reserven als Reserven, Gesamtreserven, Garantiemittel, weil so bei dem Publikum der Irrtum erweckt wird, als handle es sich um Rückstellungen, denen keine Verpflichtungen gegenüberständen (VA. **06**, 81). Das AA. wendet sich dagegen, daß den Agenten durch ihren Anstellungsvertrag verboten wird, nach ihrem Austritt, solange sie noch etwas schulden, für die Konkurrenz zu arbeiten (VA. **09**, 168) und auch gegen das unlautere Verfahren, die Agenten zu Anwerbungen um jeden Preis zu drängen (VA. **05**, 40; Veranstaltung von Wettbewerben unter den Agenten) und dagegen, daß die Agenten nicht im Interesse ihrer Abschlußprovision den Antrag auf Abänderung einer bestehenden V. als Antrag auf Neuabschluß behandeln (VA. **08**, 149 Nr. 74). Agenturverträge mit sog. Pflichtpensum, d. h. mit Vergütung im Verhältnis zu den Abschlüssen, verstößt zwar nicht gegen die guten Sitten (VA. **05** Anh. 94); aber es ist dem doch entgegenzuwirken. Das AA. schreitet nicht ohne weiteres bei Verstößen gegen Beleihungsgrundsätze ein (VA. **04**, 43; **05**, 4). Endlich hält das AA. darauf, daß die lebenslängliche Anstellung von Direktoren mindestens im Falle der Fusion oder Liquidation ohne große Opfer löslich ist (VA. **08**, 72). Ueber den Kontrahierungszwang und die damit zusammenhängenden Syndikate und Kartelle s. Staub Exk. zu § 346 Anm. 27 ff.

7 2. Die guten Sitten dürfen durch den Geschäftsbetrieb nicht verletzt werden. Ueber den Begriff von guter Sitte s. § 7 Anm. 7. Als ein solcher Verstoß sind namentlich große Auswüchse im Konkurrenzkampf (VA. **04**, 97) und betrügliche Manipulationen anzusehen, z. B. das Unterschreibenlassen von Quittungsblanketts, in denen sich der Versicherte für befriedigt erklärt, oder die Veranlassung zu Verzichten, deren Tragweite, z. B. hinsichtlich des Verlusts von Nachdividenden, der Versicherte nicht übersehen kann (VA. **09**, 174). Nicht ohne weiteres verstößt gegen die gute Sitte ein Agenturvertrag mit Pflichtpensum (VA. **05**, 39; OLG. Cöln VA. **05**, Anh. 94; oben Anm. 6).

IV. Die Zwangsmittel bestehen in Straf- 8
androhungen bis zu 1000 Mark. Diese Androhungen werden vom AA. in der Besetzung des § 73 Abs. 1 Nr. 6 mit Rekurs nach § 74, von der Landesaufsichtsbehörde nach § 84, erlassen. Ein gerichtliches Verfahren ist ausgeschlossen (KG. in VA. 05 Anh. 34 Nr. 109). Diese Androhung ergeht gegen die Inhaber oder gegen die Geschäftsleiter. Geschäftsleiter kann sowohl eine Person sein, die der Inhaber zur gesamten Geschäftsführung bevollmächtigt hat, als auch der gesetzliche Vertreter einer juristischen Person, der Vorstand eines VV. a. G. oder der gesetzliche Vertreter einer in ihrer Geschäftsfähigkeit beschränkten Person und der Hauptbevollmächtigte (§ 115). Der Geschäftsleiter ist in erster Linie verantwortlich; ihn trifft die Strafe zunächst. Aber auch wenn Geschäftsleiter und Inhaber nicht dieselben Personen sind, wie dies bei Einzelunternehmen möglich ist, ist der Fall denkbar, daß auch auf den Inhaber strafende Einwirkung nötig fällt. Uebergangsbestimmung § 98 Satz 2. Ueber den Strafvollzug § 64 Abs. 3 Satz 2.

§ 65. Die Aufsichtsbehörde ist befugt, jederzeit die Geschäftsführung und Vermögenslage eines Unternehmens auch nach der Richtung zu prüfen, ob die veröffentlichten Rechnungsabschlüsse und die Jahresberichte mit den Tatsachen und dem Inhalte der Bücher übereinstimmen und ob die vorschriftsmäßigen Reserven vorhanden und vorschriftsmäßig angelegt und verwaltet sind.

Die Inhaber, Geschäftsleiter, Bevollmächtigten und Agenten eines Unternehmens haben innerhalb ihrer Geschäftsräume der Aufsichtsbehörde auf Erfordern alle Bücher, Belege und diejenigen Schriften

vorzulegen, welche für die Beurteilung des Geschäftsbetriebs und der Vermögenslage von Bedeutung sind, sowie jede von ihnen erforderte Auskunft über den Geschäftsbetrieb und die Vermögenslage zu erteilen. Die Vorschriften des § 64 Abs. 3 finden entsprechende Anwendung.

Bei Versicherungsunternehmungen, die einen Aufsichtsrat, eine Mitgliederversammlung oder ähnliche Gesellschaftsorgane haben, ist die Aufsichtsbehörde befugt, Vertreter in die Versammlungen und Sitzungen dieser Organe zu entsenden; die Vertreter sind jederzeit zu hören. Die Aufsichtsbehörde ist ferner befugt, die Berufung von Versammlungen und Sitzungen sowie die Ankündigung von Gegenständen zur Beratung und Beschlußfassung zu verlangen und, wenn dem Verlangen nicht entsprochen wird, die Berufung oder Ankündigung auf Kosten der Unternehmung selbst vorzunehmen. In den Versammlungen und Sitzungen, welche von der Aufsichtsbehörde berufen sind, führt ein Vertreter der letzteren den Vorsitz. Als Vertreter der Aufsichtsbehörde sind Leiter und Beamte von öffentlichen Versicherungsanstalten ausgeschlossen.

1 1. Die Auskunftspflicht ist keine ganz allgemeine und wird von der Reichsaufsichtsbehörde (§ 70) durch Strafandrohung verwirklicht; gegen diese Androhung findet Beschwerde nach § 76 statt. Die Vorlage von Belegen erfolgt zwar in den Geschäftsräumen der VU. Es kann aber auch Einsendung verlangt werden (§ 64 Anm. 5). Gegen das Verlangen um Auskunft selbst,

etwa deshalb, weil es zu weit gehe, gibt es keinen Rechtsbehelf (§ 77). Das Verfahren der Landesaufsichtsbehörde richtet sich nach § 84. Außer dem Inhaber und Geschäftsleiter (§ 64 Anm. 8) sind auch nachgeordnete Organe, nämlich Bevollmächtigte (§§ 88, 115) und Agenten, zu Erteilung von Auskunft gehalten, und zwar bei Vermeiden der in § 64 Abs. 3 zugelassenen Ordnungsstrafe (§ 64 Abs. 8), nicht aber andere Angestellte und Bedienstete. Letztere und so auch der Sachverständige des § 56 Abs. 2 können aber nach § 78 eidlich vernommen werden. Die in Abs. 2 genannten Kategorien dürfen ihre Auskunft nicht auf das ihnen etwa bloß für ihren engeren Wirkungskreis zur Kenntnis Gekommene beschränken. An Bevollmächtigte und Agenten wird die Aufsichtsbehörde, um eine Schädigung der Autorität der Geschäftsleiter zu vermeiden, sich nur wenden, wenn besondere Gründe es nötig machen, z. B. Flucht, Tod, Hartnäckigkeit des Inhabers oder Geschäftsleiters, oder wenn es sich um Kreditierung von Prämien handelt. Ausländische Anstalten §§ 57 Anm. 7, 86 Abs. 3, 88.

2. Von den Aufsichtsratssitzungen (§§ 35, 53 Anm. 13), wie zu den Versammlungen der Mitglieder oder des obersten Organs (§ 29 Anm. 2; § 36 Anm. 2 ff.; § 53 Anm. 14), müßte die Aufsichtsbehörde unter Mitteilung der Tagesordnung nach dem Wortlaut des § 65 Abs. 3 eigentlich benachrichtigt werden. Es ist dies jedoch undurchführbar; deshalb ist ihr nur auf Verlangen Nachricht zu geben. Sie kann Vertreter entsenden und müssen diese gehört werden. Ueber die Qualifikationen solcher Vertreter § 65 Abs. 3 Satz 4. Sie selbst ruft satzungsgemäß ein (Bolze **22** Nr. 529), wenn sie die Berufung eines der Organe für nötig hält. Sie kann auch Vorschriften über die Ankündigung von Gegenständen zur Beratung und Beschlußfassung geben und setzt ihre Anordnung nach § 65 Abs. 3 durch. Für die kleineren Vereine gewährt § 124 hier keine Ausnahme. Vorstandssitzungen sind durch 2

§ 65 Abs. 3 nicht betroffen. Die Anordnungen eines Vertreters der Aufsichtsbehörde können im Hinblick auf §§ 73—76 nur untergeordneter Natur sein; deshalb ist dagegen kein Rechtsmittel eingeräumt (§ 77). Verfügungen kann nur das AA., nicht der Vertreter als solcher, treffen.

§ 66. Die Aufsicht hat sich auch auf die Liquidation eines Unternehmens und auf die Abwickelung der bestehenden Versicherungen im Falle einer Untersagung oder einer freiwilligen Einstellung des Geschäftsbetriebs sowie im Falle des Widerrufs der Zulassung eines Unternehmens zu erstrecken.

Auch im Liquidationsstadium hört die Aufsicht nicht auf, mag auch die Aufsichtsbehörde erst im Liquidationsstadium von dem Bestehen der VU. erfahren (VA. **07**, 126). Eine Liquidation hat stattzufinden, wenn sich ein VV. a. G. durch Zeitablauf (§§ 5, 42), durch freiwillige Auflösung oder Fusion auflöst (§§ 43, 44); über diese Liquidation s. §§ 46—48, 53. Bei Aktiengesellschaften hat die Auflösung aus den in § 292 Nr. 1 u. 2 HGB. angegebenen Gründen die Liquidation zur Folge (§ 294 HGB.). Aber auch die Konzessionsentziehung nach § 67 hat eine Liquidation zur Folge, und es kann sich eine VU. nicht dadurch der Aufsicht entziehen, daß sie nach Untersagung des Geschäftsbetriebs die Auflösung beschließt (VA. **05**, 104 Nr. 14). Aber auch die tatsächliche Einstellung des Betriebs und die Beschränkung auf Abwicklung der bestehenden V.verhältnisse steht einer Liquidation gleich (VA. **06**, 25 Nr. 45). Endlich tritt Liquidation ein, wenn die Zulassung widerrufen wird. Da die Zulassung nach §§ 5 ff., 15 unwiderruflich erfolgt, kann ein Widerruf nach dem VAG. nur stattfinden, wenn die Zulassung auf Grund des alten Rechts auf Widerruf erteilt war (§ 95). Auch die Liquidation ausländischer VU. unterliegt dieser Aufsicht (VA. 05, 15 Nr. 28 und 103 Nr. 34). Liquidiert die ausländische VU. nur einen Teil ihres Inlandsgeschäfts in der Weise, daß sie für den zu liquidierenden Teil eine geographische Abgrenzung vor dem 1. Jan. 1902 vornimmt, so unterliegt doch das ganze Inlandsgeschäft der Reichsaufsicht (VA. 05, 17 Nr. 13), und zwar richtet sich diese Reichsaufsicht nicht nach den Vorschriften des Einzelstaates, welcher für das beschränkte Gebiet zuständig wäre; der § 104 findet keine Anwendung. Mit Rücksicht auf das Aufsichtsrecht dürfen Geschäftsplanänderungen (§ 13; Aenderung der Satzung), die während der Liquidation vorgenommen werden und der Eintragung zum Handelsregister bedürfen, vom Registerrichter nur eingetragen werden, wenn ihm der Nachweis der Genehmigung der Aufsichtsbehörde geliefert wird. Ist die einzutragende Geschäftsplanänderung nach dem maßgebenden ausländischen Recht gültig durchgeführt, so kann deren Eintragung auch dann erfolgen, wenn die inländische Aufsichtsbehörde ihre Genehmigung nicht erteilt (VA. 05, 15 Nr. 28: Ansicht des AA.).

§ 67. Handelt eine Unternehmung fortgesetzt den ihr nach Maßgabe der Gesetze oder des genehmigten Geschäftsplans obliegenden Pflichten zuwider, oder ergeben sich bei Prüfung ihrer Geschäftsführung oder ihrer Vermögenslage so schwere Mißstände, daß bei Fortsetzung des Geschäftsbetriebs die Interessen der Versicherten gefährdet sind, oder befindet sich der Geschäftsbetrieb mit den guten Sitten in Widerspruch, so ist die Aufsichtsbehörde befugt, den Geschäftsbetrieb mit der Wirkung zu untersagen, daß neue Versicherungen nicht ab-

geschlossen, früher abgeschlossene nicht erhöht oder verlängert werden können.

Im Falle der Untersagung des Geschäftsbetriebs ist die Aufsichtsbehörde berechtigt, alle diejenigen Anordnungen zu treffen, welche zur einstweiligen Sicherstellung des Vermögens der Unternehmung im Interesse der Versicherten nötig sind, insbesondere die Vermögensverwaltung geeigneten Personen zu übertragen. Die Vorschriften des § 64 Abs. 3 finden entsprechende Anwendung.

Bei Versicherungsvereinen auf Gegenseitigkeit hat die Untersagung des Geschäftsbetriebs die Wirkung eines Auflösungsbeschlusses. Die Eintragung der Untersagung in das Handelsregister erfolgt auf Anzeige der Aufsichtsbehörde.

1 1. *Die Gründe der Konzessionsentziehung* befinden sich inhaltlich mit den Gründen, die zur Versagung der Zulassung nach § 7 genügen, und nach der Fassung mit den Gründen in Uebereinstimmung, welche nach § 64 Abs. 2 zum Einschreiten die Veranlassung geben. Nur bei schweren Mißständen, wozu fortgesetzte Nichtachtung der Besserungsmaßregeln der Aufsichtsbehörde gehören können (vgl. Könige LZ. 08, 348), oder wenn der Geschäftsbetrieb gegen die gute Sitte verstößt (vgl. § 64 Anm. 7; § 7 Anm. 7), soll zu dem äußersten Mittel des § 67 gegriffen werden. In der Begründung zu § 67 wird namentlich des Umstandes gedacht, daß auf der Grundlage eines einwandfreien Geschäftsplans sich ein weiteste Volkskreise schädigendes Gebahren entwickeln kann. Es kommen von diesem Gesichtspunkt aus die Mittel unsolider Anwerbungen in Betracht, wie unlautere Reklame, unerfüllbare und trügerische Ver-

sprechungen, Verschleierungen der Leistungen und Nachteile bei Prämienverfall usw. Ferner gehören hierher Schädigungen durch schlechte Verwaltung, z. B. durch Unterlassung der nötigen Rücklagen, ungerechtfertigte Gewinnverteilung, absichtliche Benachteiligungen und Bevorzugungen einzelner, chikanöse Bedrückung und Ausbeutung Geschäftsunkundiger, fortgesetzte gröbliche Mißachtung der Satzungen in unlauterer Absicht (VA. **07**, 28 Nr. 21), Weigerung, die Prämienreserve auszusondern, zu belegen und sicher zu stellen (VA. **05**, 103 Nr. 34). Auch die bestehenden und die liquidierenden Unternehmungen sind von § 67 betroffen (§§ 66, 92 ff., 101—103); wegen des Prämienreservefonds insbesondere § 100. Durch Verzicht auf Weiterbetrieb des Geschäfts kann dem § 67 nicht entgangen werden (VA. **05**, 103 Nr. 34 und 104 Nr. 35).

2. Das Verfahren auf Untersagung des Geschäftsbetriebs ist für die der Reichsaufsicht unterstehenden Unternehmungen (§§ 2, 3, 93) in § 73 Abs. 1 Nr. 7 geordnet; Rekursrecht §§ 74, 75. Für die der Landesaufsicht unterstehenden VU. s. §§ 84, 93; für ausländische VU. s. § 91 Anm. 1 u. 2. **2**

3. Die nächste Wirkung der Untersagung besteht darin, daß neue V. nicht mehr abgeschlossen und auch stillschweigend nicht mehr verlängert werden dürfen. Die Anstaltsorgane haben daher bei Vermeiden der Bestrafung nach § 108 für rechtzeitige Kündigung der Verträge Sorge zu tragen. Jedem Versicherten steht wegen Wegfalls der Voraussetzungen seinerseits die Kündigung zu. Wird nur der Betrieb bestimmter V.arten oder eines von mehreren V.zweigen (§ 8 Anm. 1) untersagt, so genügt eine Abwicklung dieser Geschäfte. Wird aber die Fortsetzung des V.geschäfts überhaupt untersagt und war der Betrieb von V.geschäften der einzige Zweck des Unternehmens, wie bei VV. a. G. jeder Form (§ 16), so ist die Auflösung und Liquidation des Vereins nach **3**

§§ 45—48 die notwendige Folge, und erfolgt dann die Eintragung zum Handelsregister (§ 30) auf Anzeige der Aufsichtsbehörde (§ 67 Abs. 3). Bei Aktiengesellschaften kommt es darauf an, ob der Gründungszweck durch die Konzessionsentziehung erschöpft ist (§ 292 Abs. 2 HGB.). Auch wenn die Untersagung des Betriebs die Auflösung nicht nach sich zieht, kann die Aufsichtsbehörde in weitestem Umfang nach Abs. 2 des § 67 Sicherungsmaßregeln ergreifen, auch einen Verwalter bestellen (vgl. VA. **05**, 103 Nr. 34), der wohl auch als zur gerichtlichen Vertretung befugt anzusehen ist; denn der VU. ist der Geschäftsbetrieb untersagt und an Stelle ihrer Vertreter ist der Verwalter gesetzt; die VU. wird zwar nicht geschäftsunfähig, aber ihre Vertretung ist geändert (§ 51 ZPO.). Der Rekurs gegen solche Maßregeln hat keine aufschiebende Wirkung (§ 75 Abs. 1). Die Aufsichtsbehörde kann zur Durchführung ihrer Anordnungen nach § 64 Abs. 3 mit Strafandrohung und mit Strafe vorgehen. Gegen die Androhung findet nur Beschwerde nach § 76 statt. Auch in diesem Stadium darf die Aufsichtsbehörde nicht unmittelbar eingreifen (vgl. § 64 Anm. 5).

4 4. Privatrechtliche Wirkungen hat die Untersagung des Geschäftsbetriebs auf trotzdem abgeschlossene V.verträge nicht (a. M. OLG. Karlsruhe DJZ. **03**, 58; Zehnter ArchBürgR. und Hagen § 4 Anm. 9). Es verhält sich hier nicht anders, als bei Abschlüssen von nicht zugelassenen VU. (§ 5 Anm. 6). Die VU., welche den gewerbepolizeilichen Vorschriften zuwider, also ohne gewerbepolizeiliche Genehmigung — diesen Charakter hat die Zulassung nach § 7 — ihr Geschäft betreibt, schließt trotzdem gültige Geschäfte jeder Art ab. Der § 134 BGB. findet keine Anwendung; denn die Strafbestimmung des § 108 richtet sich lediglich gegen Fortsetzung des Gewerbebetriebs, hat rein gewerbepolizeilichen Charakter und will nur ein der öffentlichen Ordnung zuwiderlaufendes Ereignis treffen. Der Zweck der Untersagung und der Strafandrohung geht nicht dahin, privatrechtliche Akte mit Nichtigkeit zu treffen. Von der Nichtigkeit müßten auch nicht nur die V.geschäfte, sondern alle Geschäfte der VU. betroffen werden. Beim VV. a. G. könnte man zweifeln, ob nicht doch Nichtigkeit seiner Geschäfte eintritt, weil seine Rechtsfähigkeit von der Zulassung abhängt (§ 15 Anm. 2); allein gerade bei ihm hat die Untersagung die Wirkung, daß er nun als Liquidationsverein weiterhin rechtsfähig bleibt (§ 46 Abs. 2).

§ 68. Das Konkursgericht hat, unbeschadet der Vorschrift im § 107 Abs. 1 der Konkursordnung, auf Antrag der Aufsichtsbehörde den Konkurs über das Vermögen einer Versicherungsgesellschaft auf Aktien oder eines Versicherungsvereins auf Gegenseitigkeit zu eröffnen. Der Antrag auf Eröffnung des Konkurses kann nur von der Aufsichtsbehörde gestellt werden. Eine Anfechtung des Eröffnungsbeschlusses findet nicht statt.

Sobald die Zahlungsunfähigkeit eintritt, hat der Vorstand der Aufsichtsbehörde Anzeige zu machen. Das gleiche gilt, sobald sich bei der Aufstellung der Jahresbilanz oder einer Zwischenbilanz Ueberschuldung ergibt. Diese Anzeigepflicht tritt an die Stelle der dem Vorstande durch andere gesetzliche Vorschriften auferlegten Pflicht, im Falle der Zahlungsunfähigkeit oder der Ueberschuldung die Eröffnung des Konkurses zu beantragen. Gehen bei Versicherungsvereinen auf Gegenseitigkeit mit Nachschuß- oder Umlagenpflicht ausgeschriebene Nachschüsse oder Umlagen innerhalb fünf Monaten nach der Fällig-

keit nicht ein, so hat der Vorstand zu prüfen, ob sich, wenn die nicht bar eingegangenen Nachschuß- oder Umlagebeträge außer Berücksichtigung bleiben, Ueberschuldung ergibt; liegt eine solche Ueberschuldung vor, so ist innerhalb eines Monats nach dem Ablaufe der bezeichneten Frist der Aufsichtsbehörde Anzeige zu machen. Die gleichen Pflichten liegen den Liquidatoren ob.

1 1. Der Antrag auf Konkurseröffnung (§§ 103, 105 KO.) ist bei Aktiengesellschaften, reinen und gemischten VV. a. G. und bei nicht rechtsfähigen VV. a. G. (§ 103), den sächsischen Vereinen des § 102 und eingetragenen Genossenschaften des § 102 dem Gemeinschuldner und den Gläubigern entzogen und lediglich der Aufsichtsbehörde zugestanden (wegen § 69). Sie stellt den Antrag bei dem Amtsgericht des Sitzes der VU. (§ 71 KO.; § 17 ZPO.), und wenn es sich um eine ausländische zugelassene VU. handelt, bei dem Amtsgericht der Niederlassung (§ 71 KO.; § 86 Abs. 1 Nr. 3). An Stelle der in §§ 207, 208, 213 KO., §§ 240, 298 HGB. den Vorstandsmitgliedern und Liquidatoren einer Aktiengesellschaft auferlegten Pflicht, im Fall der Zahlungsunfähigkeit oder der Ueberschuldung den Konkurs zu beantragen, tritt die durch § 109 mit Nachdruck versehene Verpflichtung der Anzeige an die Aufsichtsbehörde. Dasselbe gilt nach § 102 für die eingetragenen Genossenschaften und die dort näher bezeichneten Vereine sächsischen Rechts und zwar auch dann, wenn neben der V. noch andere Geschäfte betrieben werden; es ist nicht berechtigt, zu unterscheiden, ob die V. das Hauptgeschäft bildet (KomBer. zu § 68). Der Grund zu dieser Durchbrechung bisher besonders ausgebildeter Grundsätze liegt darin, daß eine rechtzeitige und sichere Feststellung unheilbarer Ueberschuldung nur der Aufsichtsbehörde möglich ist und eine Sanierung notleidender

Anstalten nach § 69 nur auf diesem Weg erreicht werden kann. Nur das Recht der Gläubiger, den Konkurs zu beantragen, ist ausgeschlossen, nicht aber ihre Befugnis, ihre Ansprüche in jeder anderen Weise gerichtlich und außergerichtlich geltend zu machen und im Zwangsvollstreckungsweg durchzuführen (KomBer. zu § 68). Uebergangsbestimmung § 104.

2. Anzeige der Konkursfähigkeit ist Voraussetzung des Antrags. Konkursfähig ist eine VU. im Falle der Zahlungsunfähigkeit (hierüber RG. **50**, 40 und Staub § 240 Anm. 9) und im Falle der Ueberschuldung, sofern sich dies bei Aufstellung der Jahresbilanz oder einer Zwischenbilanz ergibt (§ 36 Anm. 12 ff. und Staub § 240 Anm. 10). Sodann besteht noch eine Sondervorschrift für VV. a. G. mit Nachschuß- oder Umlagepflicht (§ 24), die für Vereine mit festen Beiträgen also nicht gilt, weil hier Zahlungsunfähigkeit oder Ueberschuldung leicht festzustellen ist; gehen nämlich bei einem VV. a. G. mit Nachschuß- oder Umlagepflicht die ausgeschriebenen Beiträge nicht innerhalb 5 Monaten ein, so muß der Vermögensbestand auf Ueberschuldung ohne Berücksichtigung der ausstehenden Beiträge geprüft und im Falle der Ueberschuldung innerhalb eines Monats, also 6 Monate von der Fälligkeit der Beiträge an gerechnet, der Aufsichtsbehörde Anzeige gemacht werden. In diesem dritten Falle der Konkursfähigkeit gibt es also eine Ueberlegungsfrist. In den andern zwei Fällen gibt es keine Ueberlegungsfrist. Die Anzeige muß durch Vorstand oder Liquidatoren (§ 68 Abs. 2) und bei ausländischen VU. durch den Hauptbevollmächtigten (§ 86 Abs. 1 Nr. 3, § 88) sofort erfolgen, ohne jede Rücksicht auf Beschlüsse der Generalversammlung, des Aufsichtsrats usw. (RG. **72**, 285), und muß der Aufsichtsrat sogar auf der Anzeige bestehen. Wird die Anzeige schuldhaft verspätet, d. h. in Kenntnis oder mit Kennenmüssen der Zahlungsunfähigkeit oder der Ueberschuldung, so tritt Strafe nach 2

§ 109 und bezüglich des Aufsichtsrats ev. nach §§ 110, 111 ein (RGSt. **37**, 26 u. 326, wie in §§ 64, 71, 84 GmbHG.) und außerdem zivilrechtliche Haftung, jedoch nur gegenüber der VU., nicht gegenüber den Mitgliedern des VV. a. G. oder den Gläubigern der VU. (§ 34 Anm. 9 bis 13). Die Anzeigepflicht ist im öffentlichen Interesse gegeben; trotzdem ist sie keine Schutzvorschrift nach § 823 Abs. 2 BGB. (§ 34 Anm. 13), so daß nicht Gläubiger der VU. oder die Mitglieder eines VV. a. G. die Mitglieder des Vorstands und Aufsichtsrats mit der Begründung haftbar machen können, sie würden bei rechtzeitiger Anzeige als Aussonderungs- oder Absonderungsgläubiger oder nach § 61 KO. Befriedigung erhalten haben. Die Gläubiger sind durch § 34 Nr. 2 nur geschützt, wenn noch Zahlungen geleistet werden. Weiteres s. zu § 109.

3 3. Das Eröffnungsverfahren ist für die Reichsaufsichtsbehörde in §§ 73 Abs. 1 Nr. 8, 74, 75, für die Landesaufsichtsbehörde in (§§ 2, 3, 93) § 84 geordnet. Das Konkursgericht kann sich nur mit der formellen Prüfung des Konkursantrags befassen, welche sich auf das Vorliegen eines amtlich mitgeteilten Spruchs des AA., der nicht einmal rechtskräftig zu sein braucht, beschränkt (§ 75 Abs. 1). Ueber den Konkursantrag ist die VU. nicht zu hören; denn § 105 Abs. 2 KO. gilt nur für den hier nicht gegebenen Fall, wenn ein Gläubiger beim Konkursgericht den Antrag stellt; die VU. hat bereits Gehör nach §§ 73 ff. gefunden. Es gibt auch keine Vorlage eines Verzeichnisses der Gläubiger usw. nach § 104 KO. Die Aufsichtsbehörde wird zur Begründung ihres Antrags diese Unterlagen, soweit vorläufig nötig, beschaffen. Der Konkursantrag ist vom Konkursgericht abzuweisen, wenn eine den Kosten des Verfahrens entsprechende Konkursmasse nicht vorhanden ist und ein zur Deckung der Massekosten (§ 58 Nr. 1 u. 2 KO.) ausreichender Geldbetrag nicht vorgeschossen wird; denn § 107 KO. ist in § 68 Abs. 1 ausdrücklich als anwendbar bezeichnet.

Man könnte zweifeln, ob nicht der VV. a. G. ebenso wie Genossenschaften (§ 100 Abs. 3 GenGes.) eine Ausnahmestellung hat, weil die Vereinsmitglieder für Vereinsschulden haften (§ 50). Dieser Grundsatz wird aber nur die Bedeutung haben, daß eine Abweisung des Konkursantrags nicht erfolgen darf, wenn soviel Masse vorhanden ist, daß die Mitgliederbeiträge in erheblichem Umfange beigetrieben werden können (vgl. VA. **05**, 42). Der Eröffnungsbeschluß ist ausdrücklich für unanfechtbar erklärt (§ 68 Abs. 1 Satz 3); hat aber die Rekursinstanz die Entschließung der Aufsichtsbehörde aufgehoben, so hat das Konkursgericht das Verfahren einzustellen (§ 75 Abs. 1 Satz 3 u. 4). Hierin liegt eine Abweichung von dem Grundsatz, daß nach Eröffnung des Konkurses eine Zurücknahme des Antrags nicht mehr zulässig ist. Die formellen Voraussetzungen der Zulässigkeit der Konkurseröffnung sind somit in das Verfahren vor der Aufsichtsbehörde verwiesen. Lehnt das Konkursgericht den Antrag auf Konkurseröffnung ab, so steht nur der Aufsichtsbehörde die sofortige Beschwerde zu (§ 109 KO.).

4. Die Eröffnung des Konkurses erfolgt 4
in den Formen der KO., und zwar ergreift der Konkurs, wenn über eine ausländische VU. der Konkurs eröffnet wird, nur das Inlandsvermögen und das Inlandsgeschäft (§ 238 Abs. 1 KO.). Das Konkursgericht ernennt also mit der Eröffnung den Konkursverwalter, bei Lebens-, Kranken-, Unfallv. auch gleichzeitig den Pfleger (§§ 62, 63), erläßt den offenen Arrest, bestimmt die Anmeldefrist und die Termine nach § 110 KO., wobei aber Abs. 2 Schlußsatz des § 110 KO. keine Anwendung findet, soweit Lebens-, Kranken- oder Unfallv. in Frage kommt, weil es hier keinen Zwangsvergleich gibt (§ 52 Anm. 8). Eintragung und Bekanntmachung der Konkurseröffnung §§ 76, 111, 112 KO. hat nichts Besonderes. Die Eintragung bezüglich einer V.aktiengesellschaft richtet sich nach § 32 HGB. und die eines VV. a. G. nach § 16, wonach § 31

HGB. ebenfalls gilt. Ueber die Aufhebung des Eröffnungsbeschlusses gilt § 116 KO., § 32 HGB. (dazu § 52 Anm. 8); über die Einstellung s. § 205 KO., § 32 HGB. (dazu § 52 Anm. 8); über das Verfahren bei Eröffnung des Konkurses über einen VV. a. G. s. §§ 49—52; über den Prämienreservefonds insbesondere §§ 61—63. Uebergangsbestimmungen § 104.

§ 69. Ergibt sich bei der Prüfung der Geschäftsführung und der Vermögenslage eines Unternehmens, daß dieses zur Erfüllung seiner Verpflichtungen für die Dauer nicht mehr imstande ist, die Vermeidung des Konkurses aber im Interesse der Versicherten geboten erscheint, so kann die Aufsichtsbehörde die zu diesem Zwecke erforderlichen Anordnungen treffen sowie auch die Vertreter des Unternehmens auffordern, binnen bestimmter Frist eine Aenderung der Geschäftsgrundlagen oder die sonstige Beseitigung der Mängel herbeizuführen. Bestimmte Arten von Zahlungen, insbesondere Gewinnverteilungen, und bei Lebensversicherungen der Rückkauf oder die Beleihung des Versicherungsscheins sowie Vorauszahlungen darauf können zeitweilig verboten werden.

Unter der im Abs. 1 Satz 1 bezeichneten Voraussetzung ist die Aufsichtsbehörde berechtigt, nötigenfalls die Verpflichtungen einer Lebensversicherungsunternehmung aus ihren laufenden Versicherungen, dem Stande ihres Vermögens entsprechend, jedoch um höchstens dreiunddreißigeindrittel Prozent, zu ermäßigen.

Die **Sanierung** von VU. ist hier in die Hände der Aufsichtsbehörde gelegt und nach englischem Vorbild geordnet. Sobald die Aufsichtsbehörde bei ihrer Aufsichtsführung (§ 64) oder infolge der den Anstaltsorganen auferlegten Anzeige (§ 68) die Ueberzeugung gewonnen hat, daß die VU. — sei es mit oder auch ohne ihr Verschulden — zur Erfüllung ihrer Verpflichtungen auf die Dauer nicht mehr imstande ist, eine Sanierung aber noch Aussicht hat, die Verhütung des Konkurses also im Interesse der Versicherten liegt, darf sie durch einstweilige Anordnungen und einstweilige Verbote bei V. jeder Art eingreifen und schließlich durch eine endgültige Maßregel in Form der Ermäßigung der Ansprüche der Versicherten — jedoch nur bei der Lebensv. — die Heilung herbeiführen. Die Mittel zur Klarstellung hat das AA. in den §§ 65 u. 78. Sie darf aber nicht von der VU. die Beibringung eines Gutachtens verlangen, ob die VU. noch leistungsfähig ist (Pr. OVG. in VA. **08** Anh. 8; dagegen ZVersWes. **08**, 155), noch auch kann die Aufsichtsbehörde der VU. die Nachprüfung eines von der Aufsichtsbehörde eingeholten Gutachtens über die Lebensfähigkeit der VU. etwa mit der Begründung untersagen, daß diese Nachprüfung zu große Kosten verursache (Pr. OVG. in VA. **07** Anh. 8). 1

1. Einstweilige Anordnungen kann die Aufsichtsbehörde nur treffen, soweit sie im Interesse der Versicherten liegen, und soweit sie dem Zwecke der Sanierung dienen. Diese Anordnungen können sehr weitgehender Art sein; sie können aber, da sie die VU. lebensfähig erhalten sollen, nicht deren Untergang, also nicht die Abtretung des ganzen Portefeuilles, die Fusion (§§ 14, 44) verfügen; die Aufsichtsbehörde wird aber doch ihren ganzen Einfluß für eine solche Verschmelzung einsetzen, wenn diese den einzigen verständigen Ausweg bietet. Die Aufsichtsbehörde darf mit privatrechtlicher Wirkung für die Zukunft eine Aenderung der Geschäfts- 2

grundlagen und die Beseitigung von Mängeln mit Hilfe der §§ 64, 67 erzwingen. Gegen diese Anordnungen, die lediglich im Verfügungsweg getroffen werden, gibt es keinerlei Rechtsmittel (§ 77).

3 2. Einstweilige Verbote kann die Aufsichtsbehörde erlassen. Damit der bestehende Rechtszustand gewahrt wird, nicht ungehörige Bevorzugungen vorkommen und nicht die Schuldenlast ungebührlich erhöht werden kann, bis eine Entschließung über eine Sanierungsmaßregel oder die Konkurseröffnung getroffen ist, kann die Aufsichtsbehörde bestimmte Arten von Zahlungen, insbesondere Gewinnverteilungen (§ 38), bei Lebensv. den Rückkauf (§ 9 Anm. 9), die Beleihung von V.scheinen und Vorauszahlungen auf diese (§ 9 Anm. 14; § 59 Anm. 7) untersagen. Solche Verbote sind nicht anders zu behandeln als behördliche Veräußerungsverbote, die nur den Schutz bestimmter Personen, nämlich hier der Versicherten, bezwecken (§§ 135, 136 BGB.). Zuwiderhandlungen sind daher nicht nichtig (a. M. Zehnter ArchBürgR. **20**, 4), sondern nur unwirksam gegenüber der VU. Ein solches Verbot bedarf der Senatsentscheidung (§ 73 Abs. 1 Nr. 9), wogegen zwar der Rekurs, jedoch ohne aufschiebende Wirkung, stattfindet (§ 75 Abs. 1 Satz 2).

4 3. Ein Ermäßigungsrecht der Ansprüche aus Lebensv.-Verträgen hat die Aufsichtsbehörde dann, wenn ohne eine solche Ermäßigung — kurz ausgedrückt — der Konkurs unvermeidlich wäre, durch die Ermäßigung aber die Sanierung gesichert erscheint. Durch diese Maßregel läßt sich häufig allein eine Abtretung des Portefeuilles (§§ 14, 44) als einzige Rettung ermöglichen, während im Falle des Konkursausbruchs die Lebensv.-Verträge erlöschen müßten (§ 61 Abs. 2 Satz 1) und die Versicherten dann weit härter getroffen würden, als wenn ihnen durch die Ermäßigung, die sich auf ein Drittel beschränken muß, ein verhältnismäßig geringes Opfer auferlegt wird. Dieses Ermäßigungsrecht steht der Aufsichtsbehörde nur

für Ansprüche aus Lebensv.-Verträgen zu: denn nur hier ist es dem Versicherten bei Zusammenbruch seiner VU. meist nicht mehr möglich, eine neue V. einzugehen (KomBer. zu § 69). Und als Lebensv. gilt nach § 6 Abs. 3 die Invaliditäts-, Alters-, Witwen-, Waisen-, Aussteuer- und Militärdienstv. Nicht zur Lebensv. gehört die Kranken- und Unfallv.; sie ist nur in einigen Beziehungen der Lebensv. gleichgestellt (§§ 12 u. 63). Die Kürzung der V.-ansprüche ist auch nur zulässig für die laufenden V., d. h. nur für solche V., bei denen die V.summe noch nicht fällig ist (KomBer. zu § 69). Die Kürzung kann nur durch Senatsentscheidung ausgesprochen werden, und steht es im Ermessen des AA., ob und wie die Vertreter der VU. zuvor gehört werden sollen (§ 73 Abs. 1 Nr. 9, Abs. 4). Ist einmal auf Kürzung rechtskräftig erkannt (Rekurs § 74), so bleiben die betroffenen V.verhältnisse für die Zukunft nur noch in dem geminderten Umfange bestehen. Ueber das Verfahren der Landesaufsichtsbehörde s. § 84. Uebergangsbestimmung in § 100.

2. Verfassung und Verfahren der Aufsichtsbehörden.

§ 70. **Als aufsichtführende Reichsbehörde wird ein Kaiserliches Aufsichtsamt für Privatversicherung mit dem Sitze in Berlin errichtet. Es besteht aus einem Vorsitzenden und der erforderlichen Zahl von ständigen und nichtständigen Mitgliedern.**

Der Vorsitzende und die ständigen Mitglieder werden auf Vorschlag des Bundesrats vom Kaiser ernannt, die nichtständigen Mitglieder vom Bundesrate gewählt. Die Ernennung der ständigen Mitglieder erfolgt, soweit nicht einzelne Mitglieder, die

im Reichs- oder Staatsdienst ein anderes Amt bekleiden, für die Dauer dieses Amtes berufen werden, auf Lebenszeit.

Die übrigen Beamten werden vom Reichskanzler ernannt.

Die Mitglieder des Aufsichtsamts dürfen nicht gleichzeitig Leiter oder Beamte von öffentlichen Versicherungsanstalten sein.

1 1. Das Kaiserliche Aufsichtsamt für Privatversicherung ist eine dem Staatssekretär des Innern untergeordnete höhere Reichsbehörde und gehört zum Geschäftsbereich des Reichsamts des Innern. Gemäß § 125 ist dasselbe am 1. Juli 1901 in das Leben getreten (RAnz. Nr. 158). Seine Organisation, Verfügungen und Entscheidungen sowie der Geschäftsgang § 73 Anm. 1 und § 80; die Verantwortlichkeit § 64 Anm. 2.

2 2. Die Ernennung zum ständigen oder nichtständigen Mitglied bedingt wegen der Konkurrenz der öffentlichen Anstalten mit den Privatunternehmungen das Ausscheiden aus der öffentlichen Anstalt. Die Bestimmung ist dieselbe wie in § 65 letzter Satz, §§ 71 Abs. 2, 72 Abs. 2. Zahl und Zuziehung der nichtständigen Mitglieder, § 80.

§ 71. Zur Erleichterung des Geschäftsverkehrs des Aufsichtsamts für Privatversicherung mit den seiner Aufsicht unterstehenden Unternehmungen können nach Bedarf vom Reichskanzler im Einvernehmen mit der beteiligten Landesregierung aus der Mitte der Landesbeamten besondere Kommissare bestellt werden, welche im Auftrag und nach näherer

Anordnung des Amtes bestimmten Unternehmungen gegenüber mit der Ausübung der unmittelbaren Aufsicht betraut werden.

Die Bestimmung des § 70 Abs. 4 findet entsprechende Anwendung.

Die Ernennung durch den Reichskanzler macht diese Kommissare zu Reichsbeamten; sie erfolgt nur im Bedarfsfall und im Einvernehmen mit den betreffenden Landesregierungen. Diese Kommissare sind an die Weisungen und an die ihnen vom AA. erteilten einzelnen Aufträge gebunden. Ein selbständiger Wirkungskreis ist ihnen versagt und darf ihnen auch nicht übertragen werden; sie sind Organe des AA. und bedürfen zu allen ihren Maßregeln der Ermächtigung des AA., Notfälle ausgenommen. Das AA. hat solchen Kommissären — es sind 4 bestellt — ihre Aufgabe zugewiesen (VA. **03**, 122). Zur Androhung von Geldstrafen ist der Kommissar von sich aus niemals befugt, weil eine solche durch einen Eilfall begrifflich nicht gedeckt werden kann. Zu Anordnungen und Entscheidungen, welche nach §§ 73—76 kollegialer Beschlußfassung bedürfen, kann der Reichskommissar unter keinen Umständen ermächtigt werden. Das Institut der Reichskommissare wurde auf Verlangen der Bundesregierungen geschaffen. Reisekosten § 82.

§ 72. Zur Mitwirkung bei der Aufsicht wird bei dem Amte ein aus Sachverständigen des Versicherungswesens bestehender Beirat gebildet, dessen Mitglieder auf Vorschlag des Bundesrats vom Kaiser auf fünf Jahre ernannt werden.

Die Mitglieder des Versicherungsbeirats sind berufen, das Amt auf Erfordern bei Vorbereitung wichtigerer Beschlüsse gutachtlich zu beraten und bei

den in den §§ 73 bis 76 bezeichneten Entscheidungen mit Stimmrecht mitzuwirken.

Sie verwalten ihr Amt als unentgeltliches Ehrenamt; für ihre Teilnahme an Sitzungen erhalten sie Tagegelder und Vergütung der Reisekosten nach festen, von dem Reichskanzler bestimmten Sätzen. Die Vorschriften des § 16 des Gesetzes, betreffend die Rechtsverhältnisse der Reichsbeamten, vom 31. März 1873 (Reichs-Gesetzbl. S. 61) finden auf sie keine Anwendung.

Die Bestimmung des § 70 Abs. 4 findet auch hier entsprechende Anwendung.

Zusammensetzung und Geschäftsgang des V. beirats ist gemäß § 80 in den §§ 8—12 der Geschäftsordnung des AA. geordnet. Seine Einteilung in 5 Gruppen s. VA. **10**, 23. Der Beirat muß gehört werden im Fall des § 55 Abs. 4, § 81 Abs. 2, § 86 Abs. 1 Nr. 1, §§ 114 Satz 1 u. 118. Im übrigen bestimmt das Gesetz noch in §§ 73 Abs. 2 und 74 Abs. 2 u. 4 über die Zuziehung, Ausschließung und Ablehnung der Mitglieder des Beirats. Zur Uebernahme des Amtes als Beirat bedarf es keiner Genehmigung der vorgesetzten Behörde, d. h. § 16 des RG. vom 31. März 1873 kommt nicht in Anwendung (§ 72 Abs. 3). Ob die Landesregierungen für die ihrer Aufsicht unterstellten Betriebe (§§ 2, 3, 93 ff.) Beiräte aufstellen wollen, bleibt ihnen frei (§ 84).

§ 73. Das Aufsichtsamt für Privatversicherung entscheidet auf Grund mündlicher Beratung in der Besetzung von drei Mitgliedern einschließlich des Vorsitzenden unter Zuziehung von zwei Mitgliedern des Versicherungsbeirats

1. über die Erteilung der Erlaubnis zum Geschäftsbetriebe (§§ 4 bis 7),
2. über die Genehmigung einer Aenderung des Geschäftsplans (§ 13), sofern bei dem Aufsichtsamte Bedenken bestehen,
3. über die Genehmigung einer Bestandsveränderung (§ 14),
4. über die Genehmigung der Auflösung eines Versicherungsvereins auf Gegenseitigkeit (§ 43),
5. über die Anerkennung eines Vereins als eines kleineren (§ 53),
6. über den Erlaß einer Anordnung der im § 64 Abs. 2 bezeichneten Art, sofern damit eine Strafandrohung nach § 64 Abs. 3 verbunden werden soll,
7. über die Untersagung des Geschäftsbetriebs (§ 67),
8. über die Stellung des Antrags auf Eröffnung des Konkurses (§ 68),
9. über den Erlaß einer Anordnung der im § 69 Abs. 1 Satz 2, Abs. 2 bezeichneten Art.

Die Zuziehung der Mitglieder des Versicherungsbeirats erfolgt in der Regel nach einer im voraus (§ 80) aufgestellten Reihenfolge. Weicht der Vorsitzende des Amtes aus besonderen Gründen von der Reihenfolge ab, so sind diese aktenkundig zu machen.

Die Bestimmungen der Zivilprozeßordnung über Ausschließung und Ablehnung der Gerichtspersonen finden auf alle zur Mitwirkung bei der Entscheidung berufenen Personen entsprechende Anwendung.

Vor der Erteilung einer ablehnenden Entscheidung in den Fällen der Nr. 1 bis 5 und vor der Erteilung einer Entscheidung in den Fällen der Nr. 6 bis 9 sind Vertreter der beteiligten Unternehmungen zu hören und auf ihren Antrag zur mündlichen Verhandlung zu laden.

Die ablehnenden Entscheidungen in den Fällen der Nr. 1 bis 5 und die Entscheidungen in den Fällen der Nr. 6 bis 9 sind mit Gründen zu versehen.

In den Fällen der Nr. 1 bis 3 kann der Vorsitzende des Amtes einen ablehnenden Vorbescheid ergehen lassen; gegen diesen ist bis zum Ablaufe von zwei Wochen nach der Zustellung der Antrag auf eine gemäß Abs. 1 bis 5 zu erteilende Entscheidung statthaft.

Sämtliche Entscheidungen sind den Beteiligten zuzustellen. Die rechtskräftig erfolgte Erteilung der Erlaubnis zum Geschäftsbetrieb und die Genehmigung einer Bestandsveränderung sowie die Untersagung des Geschäftsbetriebs ist vom Aufsichtsamt im Reichsanzeiger öffentlich bekannt zu machen.

1 1. Die Entscheidungen und Verfügungen des AA. — als solche sind auch die Entscheidungen und Verfügungen des Vorsitzenden und der Vertreter

des AA. z. B. im Fall des § 65 Abs. 3, § 69 Abs. 1 Satz 1 sowie der Reichskommissare (§ 71) anzusehen — erfolgen im allgemeinen nach Maßgabe der in § 80 vorgesehenen Verfahrensordnung. Ueber das Versehen mit Gründen s. Abs. 5. Das Gesetz selbst hat nur gewisse Vorschriften über die Beweisaufnahme (§ 78), über die Rechtshilfe (§ 79) und über die Kosten (§§ 81, 82) vorweggenommen. Die Entscheidungen und Verfügungen von geringerer Tragweite sind unanfechtbar (§ 77). Nur bei einer bestimmten Art von Strafandrohungen kann das AA. mittels Beschwerde angerufen werden. Für das AA. ist alsdann eine bestimmte Besetzung vorgeschrieben (§ 76). In den wichtigsten in § 73 Abs. 1 unter 9 Nummern aufgezählten Fällen dagegen kann das AA. nur in der in § 73 vorgeschriebenen Zusammensetzung (Fünfzahl) erkennen. Der Vorsitzende des Spruchkollegiums und des AA. sind nicht notwendige identische Personen. In diesen 9 Fällen gibt es den in §§ 74, 75 geordneten Rekurs an das verstärkte AA. (Siebenzahl). Mündliche Verhandlung ist nicht unerläßlich. Es genügt geheime mündliche Beratung, wenn die Lage auf schriftlichem Weg völlig klargestellt ist. Die beteiligten Unternehmungen können aber nach Abs. 4 mündliche Verhandlung verlangen. Das AA. kann mündliche Verhandlung statt bloßen Gehörs anberaumen. Gehör in irgend einer Form ist für alle Fälle des Abs. 1 Vorschrift. Oeffentlichkeit ist dagegen nicht vorgeschrieben (§§ 75 Abs. 4, 80). Gewisse Entscheidungen von allgemeinem Interesse sind öffentlich bekannt zu machen (§ 73 Abs. 7). Ist die Rechtswirkung einer Genehmigung von einer Eintragung in das Handelsregister abhängig, so verschiebt das AA. zweckmäßigerweise die Bekanntmachung bis nach erfolgter Eintragung (VA. 05, 84); ebenso verschiebt das AA. die Bekanntmachung, wenn noch Bedingungen zu erfüllen sind, bis zu deren Erfüllung. Sonstige Veröffentlichungen sind dem Ermessen des AA. anheimgegeben. Die §§ 73—75 ordnen das Verfahren nur teilweise. Die Lücken füllt die zu § 80 abgedruckte Geschäftsordnung aus.

2 2. Das AA. ist hier und in der Rekursinstanz als **Verwaltungsgericht,** also als eine Art richterliche Behörde gedacht. Auch das Verfahren ist als verwaltungsgerichtliches Verfahren ausgebildet. Hieraus ergibt sich zweierlei:

a) Die Ausschließungs- und Ablehnungsgründe der §§ 41, 42 ZPO. gelten für jedes Mitglied des Spruchkollegiums, auch für die Beiräte (§§ 73 Abs. 3, 74 Abs. 4). Bestehen über die Ausschließung eines Mitglieds Zweifel, so entscheidet der Senat, dem das Mitglied angehört, mit Ausschluß dieses Mitglieds und unter Ergänzung auf die gehörige Zahl, wie wenn es sich um ein Ablehnungsgesuch handeln würde (§ 19 Geschäftsordnung). Weder gegen den ablehnenden noch gegen den stattgebenden Beschluß gibt es ein Rechtsmittel (§ 46 ZPO.; § 77). Ein Ausschließungsgrund ist insbesondere gegeben, wenn ein Mitglied des Spruchkollegiums Partei ist. Parteistellung nimmt der ein, der die Entscheidung in seinem Interesse verlangt (§ 64), oder gegen den sich eine Strafandrohung richtet; ferner der gesetzliche Vertreter der Partei. Der Parteistellung steht Mitberechtigung, Mitverpflichtung und Regreßverpflichtung gleich, wenn die Entscheidung die Interessen des Mitglieds des Spruchkollegiums unmittelbar berührt. Aktionäre, Mitglieder von VV. a. G., juristische Personen, eingetr. Genossenschaften und überhaupt solche Verbände, welche selbständige Rechte und Pflichten und selbständiges Vermögen haben, sind nicht Partei (RG. **7**, 312); aber es kann ein Ablehnungsgrund gegeben sein (Anm. 3). Mit einer Gläubigerschaft verhält es sich ebenso (ROHG. **18**, 170; **15**, 343). Einvernehmen als Zeuge oder Sachverständiger ist Ausschließungsgrund nach § 41 Ziff. 5 ZPO.; aber es hindert diese Bestimmung nicht, daß der Betreffende bei der Beschlußfassung darüber mitwirkt, daß er als Zeuge oder Sachverständiger erst noch vernommen werden soll (RG. **44**, 394). Das Mitglied des Spruchkollegiums darf auch nicht Schiedsrichter in derselben Sache gewesen sein (§ 41 Ziff. 6 ZPO.). Endlich enthalten die §§ 70 Abs. 4, 72 Abs. 4 noch die besondere Vorschrift, daß Leiter und Beamte von öffentlichen V.anstalten zum Richteramt unfähig sind.

b) Ablehnung wegen Besorgnis der Befangenheit 3
findet statt, wenn ein Grund vorliegt, der bei verständiger und zwar objektiver Beurteilung ein Mißtrauen in die Unbefangenheit des Richters zu erwecken geeignet ist, z. B. die Größe des Aktienbesitzes oder Gläubigerschaft, die besonders hervorgetretene Stellungnahme des Vereinsmitglieds, die Bedeutung der in Frage stehenden Maßregel, die Nähe der Verwandtschaft, der wenn auch unverschuldet verschärfte Charakter der Konkurrenz (RG. **7**, 312; JW. **97**, 53 Nr. 13; **99**, 87), gutachtliche Aeußerung u. dgl. Ueber die Ablehnung entscheidet der Senat (oben Anm. 2). Ist das Ablehnungsgesuch nicht ernstlich gemeint, wie z. B. die Ablehnung des ganzen Senats, so kann dieser Senat doch entscheiden (RG. **44**, 402; JW. **04**, 64 Nr. 28), obgleich ein abgelehnter Richter an der Entscheidung über seine Ablehnung nicht teilnehmen kann (§ 45 ZPO.). Der Ablehnungsgrund ist glaubhaft zu machen, und hat sich der Abgelehnte dienstlich über die Ablehnung zu äußern (§ 44 ZPO.), auch von einem Ablehnungsgrund Anzeige zu machen (§ 48 ZPO.) und sich selbst abzulehnen, wenn ein solcher Grund vorliegt.

c) Die Entscheidung des AA. nach 4
§ 73 erlangt auch materielle Rechtskraft, wenn sie nicht angefochten oder der Rekurs zurückgewiesen wird, gleich anderen verwaltungsgerichtlichen Urteilen. Dies ist nun anerkannt durch den Beschluß des deutschen Juristentages vom 10. Sept. 1902

mit dem Zusatz, daß auch der Staat selbst durch seine verwaltungsgerichtlichen Urteile gebunden wird (Verhandl. des DJT. **3**, 430 ff.). Die Entscheidungen des AA. sind ihrem Wesen nach den verwaltungsgerichtlichen Entscheidungen gewerbepolizeilicher Art nahe verwandt; denn sie haben versicherungspolizeilichen Charakter; auch das Verfahren ist in der Gewerbeordnung ähnlich gestaltet. Ist also eine VU. zugelassen, sind Geschäftsplan und V.bedingungen genehmigt, so kann sich nicht das AA., wie es in VA. **03**, 109 und **07**, 150 Nr. 23 verfährt, auf den Standpunkt stellen, die Genehmigung sei in der Eile erteilt worden und deshalb nicht bindend. Das AA. hält sich auch für befugt, sobald die zugelassene VU. irgendwelche genehmigungspflichtige Aenderungen vornehmen will, über diese Aenderung, obgleich sie nicht zu beanstanden ist, die Entscheidung solange zu versagen, bis die VU. bereits genehmigte Einrichtungen so ändert, wie es das AA. für wünschenswert hält; auch nimmt das AA. in den angezogenen Stellen an, es unterliege, sobald eine genehmigungspflichtige Aenderung beantragt sei, nun auch der ganze Betrieb in allen seinen Teilen ohne weiteres erneut seiner Genehmigung. Dieser Auffassung ist nicht beizutreten. Würde man ihr beitreten, so hätte das ganze Verfahren der §§ 73 ff. gar keine Bedeutung; es würde die Aufsichtsbehörde ganz nach ihrem Ermessen ohne alle Rücksicht auf ihre in geordnetem Verfahren rechtskräftig gewordenen Erkenntnisse verfahren und jederzeit Auflagen nachschieben können. Die Macht der Aufsichtsbehörde ist mit Recht eine sehr große; aber die Schranke ist ihr doch zu ziehen, daß nur da, wo Lebensinteressen des Staates oder Gemeininteressen von großer Tragweite auf dem Spiele stehen, die Theorie von der Rechtskraft verwaltungsgerichtlicher Urteile zurückstehen muß. Das ist auch der Wille des Gesetzgebers des VAG. gewesen. Danach muß es feststehender Grundsatz sein, daß eine einmal rechtskräftig ausgesprochene

Genehmigung nicht mehr in ihrem Rechtsbestand angezweifelt werden darf. Nur wenn ein Uebersehen zu Mißständen nach § 64 Abs. 2 geführt hat oder die guten Sitten verletzt werden, darf ein Nachschieben von Auflagen stattfinden in den dort vorgeschriebenen Formen. Werden genehmigungspflichtige Aenderungen beantragt, so unterliegen nur diese Aenderungen und die von diesen Aenderungen betroffenen Einrichtungen von neuem der Genehmigungspflicht. Will die Genehmigung versagt werden, so muß bei dieser Aenderung einer der Gründe der §§ 7, 13 zutreffen. Immer muß aber ein Antrag auf Verlangen so vorbeschieden werden, wie er gestellt ist; es darf nicht die sachliche Vorbescheidung abgelehnt werden, weil der Versicherer einen auf andere Dinge sich beziehenden Antrag nicht stellen will, zu dessen Stellung er sich nicht für verpflichtet hält. Eingehende Ausführungen über alles dies s. Könige in LZ. **08**, 337. Nicht zu beanstanden ist es, wenn das AA. darüber, ob in einer Entscheidung gestellte Bedingungen erfüllt sind, im Verfügungsweg befindet (VA. **05**, 84).

3. Zu Nr. 1. Nur die Neuzulassung nach 5
§§ 4—7 ist hier gemeint; sie muß schriftlich erfolgen; es gibt also keine stillschweigende Duldung (RGSt. **39**, 379). Anträge auf Genehmigung von Gebietserweiterungen und andere Anträge auf Genehmigung von Geschäftsplanänderungen fallen unter Nr. 2, sind vom Senat also nur dann zu entscheiden, wenn das AA. Bedenken hat (VA. **09**, 265 Nr. 78). Vor Erteilung der Erlaubnis ist außer den in §§ 4—7 bezeichneten Verhältnissen auch zu prüfen, ob die Satzungen den notwendigen Inhalt haben (§§ 15, 17 ff.), ob eine angemessene Vertretung der Versicherten besteht, d. h. ob das aktive und passive Wahlrecht, die Minderheitsrechte gewahrt sind usw. Ausstellungen können in Form eines ablehnenden Vorbescheids gekleidet werden (Abs. 6); Fristberechnung §§ 187, 188 BGB., § 222 ZPO.; mündliches Gehör

Abs. 4; Entscheidung Abs. 5; Zustellung und Bekanntmachung (Abs. 7 und oben Anm. 1 a. E.).

6 4. Zu Nr. 2. Der Begriff des Geschäftsplans ist in § 4, das Wesen der Aenderung in § 13 und die Verfahrensgrundsätze in § 13 Anm. 3 sowie oben Anm. 4 erörtert. Bestehen keine Bedenken, so bedarf es keiner Senatsentscheidung (oben Anm. 5). Vorbescheid Abs. 6; Fristberechnung oben Anm. 5; mündliches Gehör Abs. 4; Entscheidung Abs. 5; Zustellung Abs. 7; Bekanntmachung Abs. 7 und oben Anm. 1 a. E.

7 5. Zu Nr. 3. Ueber eine Bestandsveränderung des genauern zu §§ 14 u. 44. Hierzu ist zu bemerken, daß strenge genommen der Ausdruck Bestandsveränderung nicht mit dem Begriff der Fusion zusammenfällt. Unter Fusion versteht man nur die Uebertragung des Vermögens einer Aktien- oder Aktienkommanditgesellschaft auf eine andere Gesellschaft gleicher Art nach §§ 305 und 306 HGB., wobei man wieder zwischen eigentlicher und uneigentlicher Fusion (§ 305 HGB.) unterscheidet. Beide Fälle sind eine Unterart der Veräußerung des ganzen Vermögens einer Aktiengesellschaft oder einer Kommanditgesellschaft nach § 303 HGB., die auch an eine öffentliche Korporation nach § 304 HGB. erfolgen kann. Diese Unterscheidungen haben sich im versicherungsrechtlichen Sprachgebrauch aber verwischt. Man versteht jetzt doch wohl allgemein unter Fusion ohne Zusatz jede Art des Aufgehens einer VU. in eine andere VU. Nicht minder ungenau ist der Ausdruck Abtretung des Portefeuilles; denn es sind dies alles Fremdwörter, die an sich schon die Unklarheit in sich tragen (vgl. Emminghaus LZ. 08, 26). Vorbescheid Abs. 6; Fristberechnung oben Anm. 5; mündliche Verhandlung Abs. 4; Entscheidung Abs. 5; Zustellung und Bekanntmachung Abs. 7 und oben Anm. 1.

8 6. Zu Nr. 4. Vor Versagung der Auflösungsgenehmigung (§ 43) muß die Vertre-

tung des VV. a. G. gehört werden, und zwar auf Antrag mündlich (Abs. 4); Entscheidung Abs. 5; Zustellung Abs. 7; keine Bekanntmachung Abs. 7; beschränkter Rekurs § 74 Abs. 1.

7. Zu Nr. 5. Die Anerkennung, nicht 9
nur die Versagung der Anerkennung als kleinerer VV. a. G., ist durch Senatsentscheidung gemäß §§ 53, 114 (vgl. § 103) zu beantworten; regelmäßig wird aber Landesaufsicht eintreten, §§ 2, 3, 93, 84. Gehör Abs. 4; Entscheidung Abs. 5; Zustellung Abs. 7; keine Bekanntmachung Abs. 7; beschränkter Rekurs § 74 Abs. 1 Satz 2.

8. Zu Nr. 6. Nur Strafandrohungen 10
nach § 64 Abs. 3 gehören hierher. Gegen die Entscheidung findet Rekurs nach §§ 74, 75 statt. Ist die Strafandrohung rechtskräftig, so gibt es gegen die nun folgende durch einfache Verfügung auszusprechende Strafe so wenig ein Rechtsmittel, als gegen eine von einer Strafandrohung nicht begleitete Anordnung des § 64 Abs. 2 (§ 77). Die Strafandrohung hat ebenso wie im Falle des § 76 die Bedeutung eines Zwangsmittels, nicht einer Strafverfügung; daher kann dasselbe Zwangsmittel auch mit Sätzen bis zu 1000 M. wiederholt werden. Der Rekurs hat rechtlich keine aufschiebende Wirkung; tatsächlich wird man sie aber regelmäßig doch bewilligen. Anders als diese Strafandrohungen sind die nach §§ 65 Abs. 2, 67 Abs. 2, 98 erlassenen zu behandeln (§ 76).

9. Zu Nr. 7. Mit Untersagung des Ge- 11
schäftsbetriebs (§ 67 Abs. 1) können mit Senatsentscheidung Anordnungen zur Vermögenssicherung nach § 67 Abs. 2 Satz 1 verbunden und zugleich Strafandrohungen nach § 67 Abs. 2 Satz 2 erlassen werden. Gegen solche Strafandrohungen, welche übrigens nicht von dem Spruchkollegium des § 73 ausgehen, ist die Beschwerde nach § 76 gegeben. Nur die Konzessionsentziehung und die damit verbundenen Sicherungsanordnungen sind dem Rekurs nach § 74 und zwar mit der Besonderheit zugänglich,

daß dem Rekurs gegen die Anordnungen keine aufschiebende Wirkung zukommt (§ 75 Abs. 1). Gehör Abs. 4; Entscheidung Abs. 5; Zustellung und Bekanntmachung Abs. 7; nicht rechtsfähige Vereine § 103.

12 10. Zu Nr. 8. Konkurs der VV. a. G. §§ 49 bis 52, 53, 68; der Lebensv.-, Kranken- und Unfallv.-Anstalten insbesondere §§ 61—63; der Aktiengesellschaften § 68. Gehör Abs. 4; Entscheidung Abs. 5; Zustellung Abs. 7; keine Bekanntmachung Abs. 7. Der Rekurs hat keine aufschiebende Wirkung § 75 Abs. 1, ähnlich wie bei § 109 KO.

13 11. Zu Nr. 9. Die Sanierungsmaßregeln des § 69 Abs. 1 Satz 1 sind unanfechtbar und gehen nicht von dem Spruchkollegium des § 73 aus (§ 77). Die einstweiligen Anordnungen des § 69 Abs. 1 Satz 2 und die Reduktion nach § 69 Abs. 2 dagegen werden gemäß § 73 behandelt, erfordern Gehör nach Abs. 4, Entscheidung nach Abs. 5 und Zustellung nach Abs. 7. Bekanntmachung steht im Ermessen, Abs. 7. Der Rekurs schiebt die Maßnahmen des § 69 Abs. 1 Satz 2 nicht auf (§ 75 Abs. 1).

14 12. Die Besetzung des Spruchkollegiums durch Beiräte entspricht inhaltlich den §§ 106 Abs. 5, 83 Abs. 2 des Invaliditätsv.-Gesetzes und wird des näheren durch die Geschäftsordnung (§ 80) geregelt. Die Fassung des Abs. 2 will besagen, daß nicht der Vorsitzende des Spruchkollegiums, sondern der Vorsitzende des Amtes zu befinden hat und nicht willkürlich von der festgesetzten Reihenfolge abgehen darf.

§ 74. Gegen die gemäß § 73 Abs. 1 erteilten Entscheidungen steht den Beteiligten der Rekurs zu. Als Beteiligte gelten im Falle des § 73 Abs. 1 Nr. 4, wenn die Genehmigung des Auflösungsbeschlusses

versagt ist, nur der Vereinsvorstand, wenn der Auflösungsbeschluß genehmigt ist, nur diejenigen Mitglieder des obersten Organs, welche gegen den Auflösungsbeschluß Widerspruch zum Protokoll erklärt haben. Im Falle des § 73 Abs. 1 Nr. 5 gilt als Beteiligter nur der Vereinsvorstand, gegen dessen Antrag die Anerkennung des Vereins als eines kleineren versagt worden ist.

Ueber den Rekurs entscheidet das Aufsichtsamt für Privatversicherung in der Besetzung von drei Mitgliedern einschließlich des Vorsitzenden unter Zuziehung von zwei Mitgliedern des Versicherungsbeirats sowie eines richterlichen Beamten und eines Mitglieds eines höchsten Verwaltungsgerichtshofs in einem deutschen Bundesstaate.

Die richterlichen Beamten sowie die Mitglieder höchster Verwaltungsgerichtshöfe werden für die Dauer ihres Hauptamts auf Vorschlag des Bundesrats vom Kaiser ernannt.

Bezüglich der Zuziehung der Mitglieder des Versicherungsbeirats gilt die Vorschrift des § 73 Abs. 2, bezüglich der Ausschließung und Ablehnung der zur Mitwirkung bei der Entscheidung berufenen Personen die Vorschrift des § 73 Abs. 3.

1. Das Rechtsmittel des Rekurses steht den Personen zu, die nach § 73 Abs. 1 als Beteiligte anzusehen sind. Bei Versagung einer Bestandsveränderung (§ 73 Anm. 5) sind nur die Vertreter der aufzunehmenden, nicht der aufnehmenden VU. legitimiert (PrOVG. in VA. 07 Anh. 6 Nr. 273; a. M. Emminghaus LZ. 08, 35). 1

Besonderheiten enthält Abs. 1, wenn der Auflösungsbeschluß eines VV. a. G. genehmigt oder nicht genehmigt wird (Abs. 1 Satz 2; § 73 Anm. 7; § 43 Anm. 3) und für den Fall, wenn die Anerkennung eines VV. a. G. als eines kleineren versagt wird (Abs. 1 Satz 3; § 73 Anm. 8; § 53 Anm. 2). Durch dieses rein verwaltungsgerichtliche Rekursverfahren wird das Anfechtungsrecht gegen Generalversammlungsbeschlüsse nicht berührt (§ 271 HGB.; § 36 Anm. 9), wenn es sich nicht um einen kleineren VV. a. G. handelt (§ 53 Anm. 16).

2 2. Als Rekursinstanz ist das verstärkte AA. eingerichtet, dessen Zusammensetzung in Abs. 2 ff. und dessen Geschäftsordnung durch § 80 bestimmt ist. Man hatte wohl Bedenken dagegen, daß der AA. über seine eigenen Enscheidungen zu Gericht sitze. Allein es gibt keinen anderen Weg, solange kein Reichsverwaltungsgericht besteht. Diese Frage ist nun im Flusse (Verhandl. des 30. D. Juristentags).

§ 75. Der Rekurs ist innerhalb eines Monats nach der Zustellung der Entscheidung bei dem Aufsichtsamte für Privatversicherung schriftlich einzulegen und zu begründen. Der Rekurs gegen die nach § 67 Abs. 2 oder nach § 69 Abs. 1 Satz 2 von der Aufsichtsbehörde getroffenen Anordnungen sowie gegen die Entscheidung auf Stellung des Konkursantrags hat keine aufschiebende Wirkung. Von der Aufhebung der Entscheidung auf Stellung des Konkursantrags hat das Aufsichtsamt für Privatversicherung dem Konkursgerichte Mitteilung zu machen. Das Konkursgericht hat das Verfahren einzustellen

An der Entscheidung über den Rekurs dürfen außer dem Vorsitzenden des Amtes Personen, die bei der angefochtenen Entscheidung mitgewirkt haben, nicht teilnehmen.

Der Vorsitzende des Amtes ernennt einen ersten und einen zweiten Berichterstatter; ein Berichterstatter muß aus den richterlichen Beamten oder aus den Mitgliedern höchster Verwaltungsgerichtshöfe ernannt werden.

Die Entscheidung erfolgt nach Ladung der Beteiligten auf Grund mündlicher und öffentlicher Verhandlung. Die Oeffentlichkeit kann aus den Gründen des § 173 des Gerichtsverfassungsgesetzes ausgeschlossen werden.

1. Die Rekursfrist beträgt, wie die Berufungsfrist des § 516 ZPO., einen Monat, wird nach § 222 ZPO., § 188 BGB. berechnet, und beginnt ihren Lauf für die Partei mit der Zustellung des Erkenntnisses. Die Zustellung geschieht von Amts wegen (§ 33 Geschäftsordnung, s. § 80). Vor der Zustellung kann der Rekurs nicht eingelegt werden. Es ergibt sich dies aus Abs. 1 Satz 1 ohne Zuhilfenahme des § 516 Abs. 2 ZPO. Die Rekursschrift muß mit einer Begründung versehen sein und innerhalb der Rekursfrist bei dem AA. einlaufen. Eine Wiedereinsetzung kennt weder das Gesetz noch die Geschäftsordnung. Die §§ 233 ff. ZPO. eignen sich im verwaltungsgerichtlichen Verfahren nicht einmal zu entsprechender Anwendung. Darin liegt auch keine Gefahr; denn das AA. hat so weitgehende Kompetenzen, daß es gewiß nicht auf der Form beharren wird, wenn ein neuer zu billigender Antrag gestellt wird. Die Einlegung des Rekurses überträgt nicht, wie nach der ZPO. bei Einlegung der Berufung, die ausschließliche Zuständigkeit auf die zweite Instanz. Ist z. B. gegen die Konzessionsentziehung Rekurs eingelegt, so kann die erste Instanz immer noch 1

Anordnungen nach § 67 Abs. 2 nachholen; anderseits kann nicht die zweite Instanz mit Uebergehung der ersten Instanz solche Anordnungen in der Form von Zwischenverfügungen treffen, noch kann die zweite Instanz an solchen Anordnungen der ersten Instanz in Form einer Vorentscheidung Aenderungen vornehmen. Es könnten sonst Verwirrungen entstehen (KomBer. 103).

2 2. Der Rekurs hat aufschiebende Wirkung. Nur dann hat der Rekurs keine aufschiebende Wirkung, wenn er gerichtet ist: a) gegen Anordnungen bei Untersagung des Geschäftsbetriebs zur einstweiligen Sicherstellung des Vermögens (§ 67 Abs. 2; § 73 Abs. 1 Nr. 7); b) gegen Verbote von Zahlungen, sowie bei Lebensv. von Rückkäufen, Beleihungen und Vorauszahlungen als Sanierungsmaßregeln (§ 69 Abs. 1 Satz 2; § 73 Abs. 1 Nr. 9); c) gegen die Entscheidung auf Stellung des Konkursantrags (§§ 68, 73 Nr. 8); in diesem letzteren Falle besteht keine Gefahr, weil das Konkursgericht zur Abwendung unwiederbringlicher Nachteile hinsichtlich der Masseverwertung durch Verfügungen vorsorgen kann (vgl. auch §§ 49 u. 52).

3 3. Ueber Ausschließung, Ablehnung und Unfähigkeit gilt das zu § 73 Anm. 2 u. 3 Ausgeführte (vgl. § 70 Abs. 4, § 72 Abs. 4, § 74 Abs. 4) mit der Besonderheit, daß Mitglieder, die in der früheren Instanz nicht nur bei der Urteilsverkündung (RG. **26**, 383), sondern bei der Urteilsfindung mitgewirkt haben, ausgeschlossen sind (Abs. 2; § 41 Nr. 6 ZPO.). Hiervon gibt es jedoch eine Ausnahme; denn der Vorsitzende des AA. darf auch in der Rekursinstanz mitwirken, sollte er auch als Vorsitzender der ersten Instanz mitgewirkt haben. Er darf nur nicht Berichterstatter in erster Instanz gewesen sein (KomBer. zu § 75).

4 4. Das Verfahren in der Rekursinstanz ist im übrigen durch Abs. 3 u. 4, durch § 74 und die §§ 16 ff. der Geschäftsordnung (s. § 80) geregelt. Die Beteiligten

(§ 74 Abs. 1) sind zu laden; sie brauchen aber nicht zu erscheinen. Das ergibt sich aus Abs. 4; ein Versäumnisverfahren ist daher in Uebereinstimmung mit dem Wesen der Verwaltungsrechtspflege ausgeschlossen. Die Verhandlungen sind mündlich und auch öffentlich, sofern nicht nach § 173 GVG. völlig oder teilweise die Oeffentlichkeit wegen Gefährdung der öffentlichen Ordnung (z. B. Störung der Verhandlung durch Beteiligte; RGSt. **30**, 245; JW. **96**, 511 Nr. 1), insbesondere der Staatssicherheit oder der Sittlichkeit ausgeschlossen wird. Der Beschluß ist zu verkünden und bedarf keiner weiteren Begründung (RGSt. **26**, 396). Sitzungspolizei § 25 Geschäftsordnung. Beweisaufnahme § 78; Rechtshilfe § 79; Kosten §§ 81, 82; Rechtskraftwirkung § 73 Anm. 4.

§ 76. Gegen eine nach § 65 Abs. 2, § 67 Abs. 2 oder § 98 von dem Aufsichtsamte für Privatversicherung erlassene Strafandrohung steht den Beteiligten bis zum Ablaufe von zwei Wochen nach der Zustellung die Beschwerde zu; über die Beschwerde entscheidet das Amt in der im § 73 bestimmten Besetzung.

Die Strafandrohungen, welche zur Durchführung der Auskunftspflicht (§ 65 Abs. 2) und der Sicherungsmaßregeln bei Konzessionsentziehung (§ 67 Abs. 2 Satz 2, vgl. § 73 Anm. 10) und zum Zweck der Ueberleitung in die neuen Verhältnisse (§ 98) erlassen werden, haben denselben Charakter wie die auf ein weiteres Gebiet berechneten Strafandrohungen des § 64 Abs. 3. Es gilt für die rechtliche Natur beider daher das in § 73 Anm. 9 Entwickelte. Der Unterschied liegt nur im Rechtsmittelsystem. Diese Verschiedenheit hat ihren Grund darin, daß in dem Fall des § 64 Abs. 3 die Rechtmäßigkeit und Zweckmäßigkeit im einzelnen Fall zweifelhaft sein kann, während die Obliegenheiten, welche durch die §§ 65 Abs. 2, 67 Abs. 2 und 98 mit Strafe erzwungen werden können, klarer liegen und daher ein vereinfachtes Verfahren zulassen. Die Entscheidung über die Beschwerde in der kollegialen Besetzung des § 73 Abs. 3 ist eine endgültige. Einen weiteren Rechtszug gibt es nicht (§ 77). Verfahren § 80.

§ 77. Soweit in diesem Gesetz ein Rechtsmittel nicht ausdrücklich zugelassen ist, steht den Beteiligten ein solches gegen Verfügungen oder Entscheidungen des Aufsichtsamts für Privatversicherung nicht zu.

Durch diese Bestimmung ist nicht allein der ordentliche Rechtsweg ausgeschlossen, sondern es sind auch damit alle Entscheidungen und Anordnungen des AA., die in den §§ 73, 76 nicht erwähnt sind, als im Aufsichtsweg unanfechtbar erklärt. Unanfechtbar sind danach alle internen Verwaltungsangelegenheiten des Amtes, die Anordnungen der §§ 54, 55, 57, 60, 64 Abs. 2, wenn keine Strafandrohung erfolgt, ebenso des § 65 Abs. 2 Satz 1 und Abs. 3; ferner §§ 69 Abs. 1 Satz 1, 99, 100. Die Anordnungen nach §§ 21, 23, 36 Nr. 3, 37 Abs. 2 und 96 hängen mit dem Geschäftsplan zusammen und fallen unter § 73 Abs. 1 Nr. 2. Durch die Unanfechtbarkeit wird das Reichsamt des Innern nicht gehindert, im Weg der Oberaufsicht (§ 70 Anm. 1) einzugreifen und allgemeine Weisungen über den Geschäftsgang oder die geschäftliche Behandlung ganzer Gruppen von Angelegenheiten zu erteilen, soweit nach § 80 nichts entgegensteht.

§ 78. Das Amt kann jeden ihm erforderlich erscheinenden Beweis erheben, insbesondere Zeugen und Sachverständige, auch eidlich, vernehmen oder vernehmen lassen.

Der § 78 gilt nicht für die Landesaufsichtsbehörden. Ueber das Nähere s. § 26 Geschäftsordnung (§ 80); Rechtshilfe § 79.

§ 79. Die Gerichte und sonstigen öffentlichen Behörden sind verpflichtet, den im Vollzuge dieses Gesetzes an sie ergehenden Ersuchen des Amtes zu entsprechen. Die Ersuchen um eidliche Vernehmungen sind an die zur eidlichen Abhörung von Zeugen und Sachverständigen zuständigen Landesbehörden zu richten. Als Kosten der Rechtshilfe sind der ersuchten Behörde die im § 79 des Gerichtskostengesetzes bezeichneten baren Auslagen zu erstatten.

1. Die Rechtshilfe, die von den Gerichten zu leisten ist, richtet sich nach den §§ 158 ff. ZPO. und § 26 der Geschäftsordnung (§ 80); diejenige der Verwaltungsbehörden nach den einzelstaatlichen Bestimmungen und nach § 27 Geschäftsordnung (§ 80). Die Rechtshilfekosten regeln sich nach § 79 Satz 3 und GKG. § 79. 1

2. Eine Auskunftspflicht der Behörden über bemerkenswerte Vorgänge an das AA. nach dem Vorbild des § 172 Invaliditätsgesetz und § 144 Gewerbeunfallv.G., Art. 3 PrAG. z. HGB., ist vom Gesetzgeber nicht aufgestellt; sie war vergeblich angestrebt. Es bleibt daher den Zentralbehörden anheimgestellt, die untergebenen Behörden zur unaufgeforderten Mitteilung erheblicher Vorgänge, z. B. von häufigen Betreibungen einer VU., strafrechtlicher Verurteilung von Geschäftsleitern oder sonstigen Organen einer VU. oder von Konkurseröffnungen gegen solche Personen, an das AA. anzuhalten. Durch den Reichskanzler sind die Gerichte und Verwaltungsgerichte zur Mitteilung besonders bezeichneter Urteile ersucht (VA. **03**, 130). 2

§ 80. Die Zahl und die Zuziehung der nichtständigen Mitglieder, die Formen des Verfahrens und der Geschäftsgang des Amtes sowie die Zusammensetzung des Versicherungsbeirats und die Zuziehung seiner Mitglieder werden, soweit dieses Gesetz keine Vorschriften darüber enthält, durch Kaiserliche Verordnung unter Zustimmung des Bundesrats geregelt. Die Verordnung ist dem Reichstage bei seinem nächsten Zusammentritte zur Kenntnisnahme vorzulegen.

Das Gesetz enthält Verfahrensvorschriften in den §§ 70—79, 81 u. 82. Das Weitere ist der Geschäftsordnung überlassen, welche ebenso wie jede Abänderung ähnlich dem § 154 Abs. 5 GewO. dem Reichstage bei seinem nächsten Zusammentritt vorzulegen ist. Diese Kaiserliche Verordnung betreffend das Verfahren und den Geschäftsgang des Kaiserlichen Aufsichtsamts für Privatversicherung vom 23. Dezember 1901 (RGBl. 498; VA. **02**, 1) lautet:

I. Einteilung und Bearbeitung der Dienstgeschäfte.

Dienststellung des Präsidenten.

§ 1. Dem Präsidenten steht die Leitung und Beaufsichtigung des gesamten Dienstes bei dem Kaiserlichen Aufsichtsamte für Privatversicherung zu.

Er verteilt die Geschäfte und bestellt, soweit erforderlich, die Beauftragten und Vertreter der Behörde.

Präsidialsachen.

§ 2. Der Präsident erledigt die durch besondere Bestimmung ihm überwiesenen Angelegenheiten (§ 73 Abs. 6, § 75 Abs. 3 des Gesetzes). Er ordnet die Einrichtung der

Bureaus, der Akten und der Geschäftsregister; er hat die Verfügung in allen die Verwaltung des Amtes betreffenden Angelegenheiten, insbesondere in Personalsachen sowie in denjenigen Angelegenheiten, welche das Haushalts- und Kassenwesen, die Diensträume und deren Einrichtung, die amtlichen Veröffentlichungen, die Bibliothek und ähnliche Gegenstände betreffen (Präsidialsachen).

Der Präsident bezeichnet diejenigen sonstigen Sachen, deren Bearbeitung oder Revision er sich vorbehält. Er ist befugt, in jeder Sitzung den Vorsitz zu übernehmen; er vollzieht die Ausfertigungen und Reinschriften in den ihm vorbehaltenen Sachen.

Vertretung des Präsidenten.

§ 3. Die ständige Vertretung des Präsidenten für dessen sämtliche Dienstobliegenheiten steht dem Direktor und, sobald mehrere Direktoren bestellt sind, demjenigen Direktor zu, welcher vom Reichskanzler (Reichsamt des Innern) zur ständigen Vertretung des Präsidenten bestimmt wird.

Im Falle der Verhinderung des ständigen Vertreters erfolgt die Vertretung durch die anderen Direktoren und, sofern nicht der Reichskanzler (Reichsamt des Innern) etwas anderes bestimmt, in der Reihenfolge des Dienstalters durch die übrigen ständigen Mitglieder im Hauptamte.

Abteilungen.

§ 4. Auf Vorschlag des Präsidenten kann der Reichskanzler (Reichsamt des Innern) die Einrichtung von Abteilungen anordnen sowie deren Geschäftskreis, Leitung und Geschäftsgang bestimmen, insbesondere auch Anordnung darüber treffen, wieweit Abteilungssitzungen an die Stelle der Gesamtsitzungen des Amtes (§§ 13 ff.) treten.

Nichtständige Mitglieder.

§ 5. Die Zahl der vom Bundesrate zu wählenden nichtständigen Mitglieder des Aufsichtsamts wird auf vier festgesetzt. Durch Beschluß des Bundesrats kann die Zahl bis auf sechs erhöht werden.

Die nichtständigen Mitglieder werden durch den Staatssekretär des Innern mittels Handschlags an Eidesstatt auf ihre Obliegenheiten verpflichtet.

Richterliche Beamte und Mitglieder höchster Verwaltungsgerichtshöfe.

§ 6. Die richterlichen Beamten und Mitglieder höchster Verwaltungsgerichtshöfe (§ 74 Abs. 2, 3 des Gesetzes) werden in gleicher Weise durch den Präsidenten des Aufsichtsamts verpflichtet.

Der Präsident kann diesen Beamten einzelne Fragen vorwiegend rechtlicher Art aus dem Geschäftskreise des Amtes zur Begutachtung überweisen, sie auch zu Berichterstattern für eine Gesamtsitzung bestellen.

Fassung nach Kaiserl. VO. vom 15. August 1908 (RGBl. 499; VA. 08, 142).

Geschäftsgang im allgemeinen.

§ 7. Die Geschäfte des Aufsichtsamts werden durch Verfügung erledigt, sofern nicht

a) das Gesetz die Entscheidung in Spruchsenaten vorschreibt (§§ 73—76 des Gesetzes), oder

b) der Präsident in bestimmten Fällen, in denen Anordnungen oder Verfügungen zu erlassen sind, die Beratung und Beschlußfassung in einer Gesamtsitzung (§ 13) anordnet.

II. Versicherungsbeirat.

Zusammensetzung.

§ 8. Der Versicherungsbeirat (§ 72 des Gesetzes) besteht aus vierzig Mitgliedern. Nach Bedarf kann der Bundesrat auf Antrag des Reichskanzlers die Erhöhung dieser Zahl bis auf sechzig beschließen.

Die Mitglieder des Versicherungsbeirats werden unter Berücksichtigung ihrer besonderen Sachkunde von dem Präsidenten auf folgende Gruppen verteilt:

1. auf das Gebiet der Lebensversicherung und der Krankenversicherung;
2. auf die Unfall- und die Haftpflichtversicherung;
3. auf die Viehversicherung, die Hagelversicherung und die sonstige landwirtschaftliche Versicherung;
4. auf die Feuerversicherung sowie die Versicherung gegen Sturmschäden, Wasserschäden und Diebstahl;
5. auf die sonstigen verschiedenen Versicherungszweige.

Die einzelnen Mitglieder können mehreren Gruppen zugeteilt werden.

Die Zahl der Beiräte ist durch Bundesratsbeschlüsse vom 20. Mai 1904 (RGBl. 215) und vom 21. Nov. 1908 (RGBl. 634; VA. **09**, 1) auf 52 erhöht.

§ 9. Die Mitglieder des Versicherungsbeirats werden durch den Präsidenten des Aufsichtsamts mittels Handschlags an Eidesstatt auf ihre Obliegenheiten, insbesondere auch auf die Wahrung des Amtsgeheimnisses verpflichtet.

Im Falle der Wiederberufung genügt die Verweisung auf die frühere Verpflichtung.

Zuziehung.

§ 10. Zur gutachtlichen Beratung des Aufsichtsamts wird der Versicherungsbeirat, sofern seine Anhörung gesetzlich vorgeschrieben ist, entweder in seiner Gesamtheit oder in einzelnen Gruppen nach näherer Bestimmung des Präsidenten berufen.

In sonstigen Fällen kann der Präsident einzelne Mitglieder des Versicherungsbeirats für die Begutachtung in Anspruch nehmen.

Sind nur einzelne Gruppen oder einzelne Mitglieder des Versicherungsbeirats zu hören, so kann der Präsident bestimmen, daß statt mündlicher Beratung eine schriftliche Begutachtung erfolgt.

§ 11. Zur Mitwirkung bei den verwaltungsgerichtlichen Entscheidungen der §§ 73—76 des Gesetzes sollen in den einzelnen Fällen Mitglieder derjenigen Gruppen des Versicherungsbeirats zugezogen werden, welche für die betreffenden Versicherungszweige gebildet sind. Dementsprechend bestimmt der Präsident nach Art der zu entscheidenden Fälle die jedesmal zu beteiligenden Gruppen.

Innerhalb einer jeden Gruppe sind die Mitglieder zu den einzelnen Sitzungen, gleichviel ob es sich um eine Entscheidung in der ersten oder in der Rekursinstanz handelt, vorbehaltlich der Vorschriften im § 73 Abs. 2 des Gesetzes, in der alphabetischen Reihenfolge ihrer Namen zuzuziehen.

Geschäftsgang des Versicherungsbeirats.

§ 12. Die Einladung der Mitglieder des Versicherungsbeirats erfolgt von Amts wegen oder im Auftrage des Reichskanzlers (Reichsamt des Innern) durch den Präsidenten des Aufsichtsamts.

Die Einladung darf von den Mitgliedern des Versicherungsbeirats nur aus zwingenden Gründen, die auf Erfordern glaubhaft zu machen sind, abgelehnt werden.

Dem Präsidenten oder einem von ihm hierzu beauftragten ständigen Mitgliede des Aufsichtsamts steht die Leitung der mündlichen Beratungen des Versicherungsbeirats zu.

Den nichtständigen Mitgliedern des Aufsichtsamts steht es frei, den Gesamtsitzungen und den Gruppensitzungen des Versicherungsbeirats beizuwohnen. Sie sind von den Sitzungen unter Mitteilung der Tagesordnung zu benachrichtigen, sofern sie am Sitzungstage voraussichtlich in Berlin anwesend sein werden.

Der Präsident kann zu den Beratungen des Versicherungsbeirats die ständigen Mitglieder des Aufsichtsamts, die dem Amte sonst beigegebenen Beamten sowie besondere Sachverständige zuziehen.

III. Gesamtsitzungen des Aufsichtsamts.

§ 13. Zur Beratung wichtigerer Angelegenheiten kann auf Anordnung des Präsidenten (§ 7) und unter seinem Vorsitz eine gemeinsame Beratung und Beschlußfassung in Gesamtsitzungen stattfinden.

Zur Teilnahme sind alle ständigen und nichtständigen Mitglieder des Aufsichtsamts sowie die zur Bearbeitung von Geschäften der Mitglieder herangezogenen Hilfsarbeiter einzuladen, soweit sie am Sitzungstage voraussichtlich in Berlin anwesend sein werden.

Der Präsident kann bestimmen, daß für einzelne Gegenstände auch andere Beamte des Aufsichtsamts sowie höchstens je zwei richterliche Beamte, Mitglieder eines höchsten Verwaltungsgerichtshofs (§ 74 Abs. 2 des Gesetzes) und Mitglieder des Versicherungsbeirats zu den Sitzungen zugezogen werden.

Bei der Einladung ist die Tagesordnung mitzuteilen.

§ 14. Die Gesamtsitzungen sind nicht öffentlich.

Stimmberechtigt sind nur die eingeladenen und in der Sitzung anwesenden ständigen und nichtständigen Mitglieder des Aufsichtsamts sowie die zugezogenen richterlichen Beamten, Mitglieder höchster Verwaltungsgerichtshöfe und Mitglieder des Versicherungsbeirats.

Die von dem Bundesrate gewählten Mitglieder nehmen ihre Stelle nach dem Vorsitzenden, also vor den übrigen Mitgliedern, und zwar in der Reihenfolge der Bundesstaaten ein, denen sie angehören. Den nichtständigen Mitgliedern schließen sich unmittelbar die nebenamtlich berufenen ständigen Mitglieder an.

Der Vorsitzende leitet die Beratungen, er stellt die Fragen und sammelt die Stimmen. Meinungsverschiedenheiten über den Gegenstand, die Fassung und die Reihenfolge der Fragen oder über das Ergebnis der Abstimmung werden gemäß § 15 entschieden.

§ 15. Für den mündlichen Vortrag in den Sitzungen wird ein Berichterstatter ernannt. Aus besonderen Gründen können Mitberichterstatter bestellt werden.

Die Beschlüsse werden nach Stimmenmehrheit gefaßt, bei Stimmengleichheit gibt der Vorsitzende den Ausschlag.

Bilden sich in Beziehung auf Summen, über die zu entscheiden ist, mehr als zwei Meinungen, deren keine die Mehrheit für sich hat, so werden die für die größte Summe abgegebenen Stimmen den für die zunächst geringere abgegebenen Stimmen solange hinzugerechnet, bis sich eine Mehrheit ergibt.

Die Stimmen werden bei namentlicher Abstimmung in folgender Reihenfolge abgegeben:

1. von den Berichterstattern in der Reihenfolge ihrer Bestellung;
2. von den Mitgliedern des Versicherungsbeirats;
3. von den richterlichen Beamten und Mitgliedern höchster Verwaltungsgerichtshöfe;
4. von den ständigen Mitgliedern im Hauptamte;
5. von den nebenamtlich berufenen ständigen Mitgliedern;
6. von den vom Bundesrate gewählten Mitgliedern;
7. von dem Vorsitzenden.

Innerhalb der einzelnen Gruppen richtet sich die Reihenfolge der Abstimmung nach dem Dienstalter im Aufsichtsamte, bei gleichem Dienstalter nach dem Lebensalter und zwar in allen Fällen dergestalt, daß der jüngste zuerst stimmt. Bei den vom Bundesrate gewählten Mitgliedern ist die im § 14 Abs. 3 bestimmte Reihenfolge umgekehrt zur Anwendung zu bringen.

IV. Geschäftsgang und Verfahren bei den Senaten.

Besetzung.

§ 16. Die Entscheidung der in den §§ 73—76 des Gesetzes bezeichneten Angelegenheiten erfolgt durch Spruchkollegien, welche die Bezeichnung „Senate" führen.

Den Vorsitz in den Senaten führen der Präsident, der Direktor oder die nach Bedürfnis vom Reichskanzler (Reichsamt des Innern) mit dem Vorsitze zu betrauenden ständigen Mitglieder.

Die Vertretung im Vorsitze wird durch den Präsidenten besonders geregelt.

§ 17. Die nichtständigen Mitglieder des Aufsichtsamts sollen bei der Besetzung der Rekurssenate in den wichtigeren Angelegenheiten in der Regel beteiligt und zu dem Zwecke abwechselnd nach der im § 14 Abs. 3 bestimmten Reihenfolge berufen werden.

§ 18. Die Einberufung zu den einzelnen Sitzungen soll in der Regel mindestens zwei Wochen vor den Sitzungen erfolgen.

Die Parteien haben auf Einhaltung dieser Frist, die nur im Interesse der nichtständigen Mitglieder gegeben ist, keinen Anspruch (VA. **05**, 104 Nr. 15).

§ 19. Ueber Ablehnungsgesuche (§ 73 Abs. 3, § 74 Abs. 4 des Gesetzes) entscheidet der betreffende Senat durch Beschluß.

Verfahren.

§ 20. Der Vorsitzende leitet die Verhandlungen und Beratungen in den Sitzungen, er stellt die Fragen und sammelt die Stimmen. Im Falle einer Meinungsverschiedenheit über die Stellung der Fragen oder über das Ergebnis der Abstimmung entscheidet der Senat.

Die Abstimmungen erfolgen nach Vorschrift des § 15.

§ 21. Bei den nach §§ 73, 76 des Gesetzes zu erledigenden Sachen wird in der Regel nur ein Berichterstatter ernannt. Dieser hat ebenso wie der nach § 75 Abs. 3 des Gesetzes in Rekurssachen zu ernennende erste Berichterstatter vor der mündlichen Beratung einen schriftlichen Bericht nebst Gutachten vorzulegen; der zweite Berichterstatter hat ein schriftliches Gutachten vorzulegen.

§ 22. Die Verhandlung beginnt mit der Darstellung des Sachverhalts durch den ersten Berichterstatter, demnächst sind die etwa erschienenen Beteiligten zu hören.

Der Vorsitzende hat jedem Mitgliede des Senats auf Verlangen zu gestatten, Fragen zu stellen.

§ 23. Die Verhandlung erfolgt unter Zuziehung eines vereidigten Protokollführers. Von demselben ist ein Protokoll aufzunehmen, das den Gang der Verhandlung im allgemeinen angibt. Anträge und Erklärungen der Beteiligten, welche von den Schriftsätzen abweichen, sind in das Protokoll aufzunehmen.

§ 24. Das Aufsichtsamt kann Bevollmächtigte und Beistände, welche das mündliche Verhandeln vor Gericht geschäftsmäßig betreiben, von der mündlichen Verhandlung zurückweisen. Diese Vorschrift findet keine Anwendung auf Rechtsanwälte und auf Personen, denen das mündliche Verhandeln vor Gericht durch Anordnung der Justizverwaltung gestattet ist.

§ 25. Die Vorschriften der §§ 176—182, 184 des Gerichtsverfassungsgesetzes über die Aufrechterhaltung der Ordnung finden entsprechende Anwendung.

§ 26. Hinsichtlich der Verpflichtung, sich als Zeuge oder Sachverständiger vernehmen zu lassen und die Aussagen eidlich zu erhärten, finden die Bestimmungen der Zivilprozeßordnung entsprechende Anwendung. Insbesondere ist das Aufsichtsamt befugt, gegen Zeugen und Sachverständige, welche sich nicht oder nicht rechtzeitig zu den Sitzungen einfinden, oder ihre Aussage oder die Eidesleistung ohne Angabe eines Grundes oder noch dann verweigern, nachdem der angeführte Grund für unerheblich erklärt ist, eine Geldstrafe bis zu dreihundert

Mark festzusetzen. Kommt die Verhängung oder Vollstreckung von Zwangsmaßregeln in Frage, so ist das Amtsgericht zu ersuchen, in dessen Bezirke die Zeugen oder Sachverständigen ihren Wohnsitz oder in Ermangelung eines solchen ihren Aufenthalt haben. Auf Militärpersonen, die dem aktiven Heere oder der aktiven Marine angehören, finden die Vorschriften des § 380 Abs. 4, § 390 Abs. 4, § 409 Abs. 3 der Zivilprozeßordnung Anwendung.

Erfolgt nachträglich eine genügende Entschuldigung für das Verhalten des Zeugen oder Sachverständigen, so sind die getroffenen Anordnungen wieder aufzuheben.

Die Zeugen und Sachverständigen erhalten Gebühren nach Maßgabe der Gebührenordnung für Zeugen und Sachverständige (Reichs-Gesetzbl. 1898 S. 689).

§ 27. Die vom Aufsichtsamt auf Grund der §§ 25, 26 festgesetzten Strafen werden in derselben Weise beigetrieben wie Gemeindeabgaben und fließen in die Reichskasse.

§ 28. Die Beratung über die Entscheidung erfolgt in nicht öffentlicher Sitzung auch in den Fällen, in denen auf Grund öffentlicher Verhandlung (§ 75 Abs. 4 des Gesetzes) entschieden wird.

Bei den Entscheidungen, die auf Grund mündlicher Verhandlung ergehen, dürfen nur Mitglieder mitwirken, vor denen diese Verhandlung stattgefunden hat.

§ 29. In Rekurssachen verkündet der Vorsitzende das Ergebnis der Beratung in öffentlicher Sitzung. Die Verkündung kann auf eine spätere Sitzung vertagt werden; diese soll in der Regel binnen einer Woche stattfinden.

Wird die Verkündung der Gründe für angemessen gehalten, so erfolgt sie durch mündliche Mitteilung ihres wesentlichen Inhalts.

§ 30. Die Entscheidungen werden nebst Gründen von den Berichterstattern entworfen und in der Urschrift von dem Vorsitzenden, den Berichterstattern und einem anderen Senatsmitgliede, das an der Entscheidung teilgenommen hat, unterzeichnet. Im Falle der Behinderung des Vorsitzenden erfolgt die Unterzeichnung durch das älteste mitwirkende ständige Mitglied.

§ 31. Im Eingange der Entscheidung sind die Mitglieder, welche an der Entscheidung teilgenommen haben, namentlich aufzuführen, auch ist der Sitzungstag zu bezeichnen, an dem die Entscheidung erfolgt ist.

Die Ausfertigungen der Entscheidungen werden mit der Ueberschrift versehen:

„Im Namen des Reichs."

Sie enthalten neben dem Siegel des Kaiserlichen Aufsichtsamts für Privatversicherung die Schlußformel:

„Urkundlich unter Siegel und Unterschrift."

„Das Kaiserliche Aufsichtsamt für Privatversicherung."

Die Vollziehung erfolgt durch den Vorsitzenden, im Falle seiner Behinderung durch das dem Dienstalter nach älteste ständige Mitglied des Aufsichtsamts, welches bei der Entscheidung mitgewirkt hat.

§ 32. Schreibfehler, Rechnungsfehler und ähnliche offenbare Unrichtigkeiten, die in der Entscheidung vorkommen, sind jederzeit auch von Amts wegen zu berichtigen.

Ueber die Berichtigung einer auf Grund mündlicher Verhandlung ergangenen Entscheidung kann ohne neue mündliche Verhandlung entschieden werden. Der Berichtigungsbeschluß wird von dem Vorsitzenden und den Mitgliedern des Senats, die die Entscheidung unterzeichnet haben, erlassen; er wird auf der Urschrift der Entscheidung und den Ausfertigungen vermerkt.

V. Schlußbestimmungen.

§ 33. Alle Zustellungen des Aufsichtsamts können mittels eingeschriebenen Briefes durch die Post erfolgen.

Läßt sich die Zustellung an die Person, der zugestellt werden soll, innerhalb des Deutschen Reichs nicht bewirken, so genügt die Bekanntmachung des Hauptinhalts der Entscheidung oder der Verfügung im Reichsanzeiger. Neben dieser Bekanntmachung soll jedoch der Hauptinhalt des zuzustellenden Schriftstücks auch durch Aushang während einer Woche in den Geschäftsräumen des Aufsichtsamts zur öffentlichen Kenntnis gebracht werden.

Die Zustellung gilt in den Fällen des Abs. 2 als bewirkt, nachdem eine Woche nach dem Tage verstrichen ist, an dem die betreffende Nummer des Reichsanzeigers ausgegeben worden ist.

§ 34. Das Verfahren vor dem Kaiserlichen Aufsichtsamte für Privatversicherung ist kostenfrei; ein Ersatz der durch dieses Verfahren dem Aufsichtsamte verursachten baren Auslagen durch die Antragsteller findet nur in den Grenzen des § 82 des Gesetzes statt.

Die auf Grund des § 82 des Gesetzes den Antragstellern auferlegten baren Auslagen werden in derselben Weise beigetrieben wie Gemeindeabgaben und fließen in die Reichskasse.

§ 35. Die Geschäftssprache ist die deutsche. Eingaben, welche nicht in deutscher Sprache abgefaßt sind, werden nicht berücksichtigt.

Antragsteller, welche der deutschen Sprache nicht mächtig sind, haben bei Verhandlungen vor dem Aufsichtsamte für ihre Vertretung durch eine Person, welche der deutschen Sprache mächtig ist, Sorge zu tragen.

Im übrigen finden die Bestimmungen der §§ 187 bis 193 des Gerichtsverfassungsgesetzes entsprechende Anwendung.

§ 36. Vorladungen und sonstige, nur dem Geschäftsbetriebe dienende formularmäßige Schreiben werden durch die Unterschrift eines dazu bestimmten Beamten und unter Beifügung des Siegels des Kaiserlichen Aufsichtsamts für Privatversicherung beglaubigt.

Das Kaiserliche Aufsichtsamt für Privatversicherung führt zwei Siegel, nämlich

1. ein großes Siegel, welches dem Siegel des Reichsgerichts entspricht und nur bei förmlichen Ausfertigungen, insbesondere der Entscheidungen in den Fällen des § 73 Abs. 1, §§ 74, 75 des Gesetzes, gebraucht wird,
2. ein kleineres Siegel, welches den bei den Gesandtschaften des Deutschen Reichs eingeführten Siegeln entspricht, mit der Umschrift: „Kaiserliches Aufsichtsamt für Privatversicherung".

Die Ausfertigungen und Reinschriften ergehen unter der Unterschrift: „Das Kaiserliche Aufsichtsamt für Privatversicherung".

§ 37. Diese Verordnung tritt am 1. Januar 1902 in Kraft.

§ 81. Die Kosten des Aufsichtsamts für Privatversicherung und des Verfahrens vor dem Amte trägt das Reich.

Als Gebühren für die Aufsichtstätigkeit des Amtes werden von den seiner Aufsicht unterstellten Versicherungsunternehmungen Jahresbeträge erhoben, welche nach den einer jeden Unternehmung im letzten Geschäftsjahr aus den im Inland abgeschlossenen Versicherungen erwachsenen Bruttoprämien (Beiträgen, Vor- und Nachschüssen, Umlagen), jedoch abzüglich der zurückgewährten Ueberschüsse oder Gewinnanteile, mit der Maßgabe bemessen werden, daß Eins vom Tausend nicht überschritten werden darf. Nach Anhörung des Versicherungsbeirats ist der Bundesrat befugt, einen anderweiten Verteilungsmaßstab zu bestimmen.

Der Gesamtbetrag der Gebühren soll annähernd die Hälfte der im letzten Reichshaushaltsetat für das Amt festgesetzten fortdauernden Ausgaben betragen. Die genaue Summe wird jährlich durch den Bundesrat bestimmt.

Die Verteilung der Gebühren erfolgt durch das Amt, welches die Unternehmungen unter Beifügung eines Verteilungsplans auffordert, die Gebühren an die Reichshauptkasse innerhalb eines Monats einzuzahlen. Nach dem Ablaufe der Frist können die Gebühren nach den für die Beitreibung öffentlicher Abgaben bestehenden Vorschriften eingezogen werden.

1. Alle Kosten, einschließlich der Verfahrenskosten trägt das Reich. Der Antragsteller wird mit Kosten nur im Falle des § 82 belastet. 1

2. Zur Deckung des Aufwandes müssen die beaufsichtigten VU. Gebühren entrichten, so daß die Hälfte der sämtlichen Ausgaben gedeckt wird. Die Höhe dieser Ausgaben bestimmt sich nach Abs. 3. Die Höhe der von den VU. zu entrichtenden jährlichen Gebühren bemißt sich nach Abs. 2 in der Weise: 2

a) daß für jede einzelne VU. für das Inlandsgeschäft die Summe der Bruttoprämien des letzten Geschäftsjahres (also aller Beiträge, Vor- und Nachschüsse, Umlagen, mögen sie als einmalige oder mehrmalige Zahlungen geleistet werden; VA. **03**, 123) berechnet wird, und zwar ohne Unterscheidung der Prämieneinnahmen aus einzelnen V.zweigen. Zu diesen Bruttoprämien gehören auch Eintrittsgelder, wenn sie nicht nur zur Deckung 3 kleiner durch den Eintritt entstehender Kosten dienen (VA. **08**, 8 Nr. 69 und S. 121) und die Prämien, die aus gewährter Rückv. vereinnahmt werden — mag sich auch die im Inland abgeschlossene und im Inland in Rückdeckung gegebene V. auf ein Auslandsrisiko beziehen; gegen die Heranziehung dieser Prämien läßt sich weder § 116 noch der Gesichtspunkt doppelter Berechnung geltend machen (VA. **06**, 42; **05**, 85; **04**, 119/120; **03**, 123). Zu dem Inlandsgeschäft, dessen Prämien hier in Ansatz kommen, gehören die Prämien für überseeische Feuerrisiken, wenn der V.nehmer im Inland seinen Wohnsitz hat (VA. **07**, 127); bei der Lebensv. entscheidet über den Inlandscharakter bei der direkten V. der Wohnsitz oder der gewöhnliche Aufenthalt des V.nehmers und bei der indirekten V. der Sitz der rückversicherten Gesellschaft z. Zt. des Vertragsschlusses (VA. **07**, 127). Tritt die Gebührenpflicht während des Gründungsjahres ein, so ist die in diesem Jahr erzielte Prämieneinnahme maßgebend; tritt die Gebührenpflicht während des Geschäftsjahres nach dem Gründungsjahr ein, so stellt die mit zwölf vervielfachte monatliche Durchschnittsprämieneinnahme die pflichtige Einnahme dar (VA. **06**, 99).

4 b) Abgezogen werden von dieser Prämienbruttoeinnahme die an die inländischen Versicherten zurückgewährten Ueberschüsse und Dividenden (§ 38). Eine nach Abschluß des V.vertrags erfolgte Wohnsitzverlegung des V.nehmers in das Ausland macht dessen Prämie nicht zu einer abzugsfähigen (VA. **07**, 127). Abzugsfähig sind nur solche Gewinnanteile, welche entweder ausgezahlt oder so gutgeschrieben sind, daß der Versicherte einen unbedingten Anspruch auf Zahlung erlangt hat und der Gewinnanteil nicht mehr für andere Zwecke, Fehlbeträge u. dgl. verwendet werden durfte (VA. **03**, 123). Rabatte für Zuweisung eines Komplexes von V. sind abzugsfähig, wenn sie an Versicherte selbst, nicht aber, wenn sie an Vereine gewährt werden, weil letztere Rabatte der Ersparung von Verwaltungskosten gleichstehen (VA. **05**, 85).

c) Auf die so ermittelte Summe der Nettoprämien 5
wird dann die nach Abs. 3 festgesetzte Hälfte des Gesamt-
aufwandes des AA. umgelegt. Die sich so ergebende
Gebühr darf aber Eins vom Tausend der Nettoprämien-
einnahme nicht übersteigen, solange der Bundesrat nicht
einen geringeren Satz bestimmt (Abs. 2 Satz 2); höher
darf der Bundesrat nicht gehen.

3. Den Einzug besorgt das AA. nach Abs. 4. Zu- 6
sammenstellung der bisher erhobenen Beiträge s. VA. **08**,
121 u. **10**, 128.

§ 82. Das Amt kann bei einem Beweisverfahren, das durch unbegründete Anträge oder Beschwerden veranlaßt worden ist, sowie bei erfolgloser Einlegung eines Rechtsmittels die dadurch verursachten baren Auslagen ganz oder teilweise den Antragstellern auferlegen.

Das Verfahren vor dem Amt ist kostenfrei (§ 81 Anm. 1), mit Ausnahme des in § 82 vorgesehenen Falles, in dem auch nur die baren Auslagen, wozu auch Reisekosten der Kommissare und Beiräte gehören (KomBer. zu § 82), dem Antragsteller auferlegt werden können. Die Beitreibung erfolgt wie bei Gemeindeabgaben (§ 34 Geschäftsordnung; § 89).

§ 83. Das Amt veröffentlicht jährlich Mitteilungen über den Stand der seiner Aufsicht unterliegenden Versicherungsunternehmungen sowie über seine Wahrnehmungen auf dem Gebiete des Versicherungswesens.

Desgleichen veröffentlicht das Amt fortlaufend die Rechts- und Verwaltungsgrundsätze aus dem Bereiche seiner Tätigkeit.

Die Veröffentlichungen des AA. erscheinen bei J. Guttentag in Berlin; sie enthalten die Geschäftsberichte des AA., seit 1905 mit einer vorläufigen Statistik für die größeren VU. (VA. **03**, 91; **04**, 79; **05**, 21; **06**, 39; **07**, 33; **08**, 41; **10**, 131) und seit 1905 mit einem Anhang für die Entscheidungen der ordentlichen Gerichte und höchsten Verwaltungsgerichtshöfe. Außerdem sind bei J. Guttentag, Berlin, ausführliche Statistiken und 1909 ein besonderes Werk „Die Entwickelung des privaten V.wesens unter Reichsaufsicht in dem Jahrfünft 1902/06" und 1910 die V.statistik für 1908 erschienen.

§ 84. Entscheidungen der aufsichtführenden Landesbehörden, bei denen es sich um Gegenstände der im § 73 Abs. 1 bezeichneten Art handelt, können innerhalb eines Monats nach der Zustellung im Wege des Verwaltungsstreitverfahrens oder, wo ein solches nicht besteht, im Wege des Rekurses nach den Vorschriften der §§ 20, 21 der Gewerbeordnung angefochten werden.

Im übrigen ist für das Verfahren der Landesbehörden bei Ausübung der Beaufsichtigung das Landesrecht maßgebend.

Ueber das Verhältnis der Reichsaufsicht zur Landesaufsicht ist das Erforderliche in den Anm. zu den §§ 2, 3, 93 gesagt. Uebergangsvorschriften §§ 93 ff. Vorbehalte für die Landesregierungen in §§ 70 Abs. 2, 71, 115, 120, 121, 122. V.beirat (§ 72). Die PrAusfVO. vom 30. Juni 1901 (GS. 141) teilt die Aufsicht den Regierungspräsidenten zu, in deren Bezirk die VU. ihren Sitz hat, für den Landespolizeibezirk Berlin aber dem Polizeipräsidenten zu. Daß hier durch Landesvorschrift mehrere Aufsichtsbehörden, nicht eine einzige zentrale Aufsichtsbehörde, aufgestellt sind, ist nicht zu beanstanden (RGSt. **40**, 299; VA. **08** Anh. 35); gegen deren Verfügungen findet innerhalb eines Monats Klage beim Oberverwaltungsgericht statt. Der preuß. Minister des Innern hat am 4. Mai 1902 (MBl. 86) eine Ausführungsanweisung erlassen.

VI. Ausländische Versicherungsunternehmungen.

§ 85. Ausländische Versicherungsunternehmungen, die im Inlande durch Vertreter, Bevollmächtigte, Agenten oder sonstige Vermittler das Versicherungsgeschäft betreiben wollen, bedürfen hierzu der Erlaubnis.

Die Vorschriften dieses Gesetzes finden auf sie, soweit sich nicht aus den §§ 86 bis 91 ein anderes ergibt, entsprechende Anwendung.

I. Die **Rechtsfähigkeit** einer ausländischen VU., 1
und damit deren Verfassung und Vertretung, richtet sich nach deren Heimatsrecht, d. h. nach dem Recht ihres Sitzes (RG. **6**, 140). Auf die Zweigniederlassung kommt es hierbei nicht an (RG. **7**, 324; **38**, 406). Die Rechtsfähigkeit ausländischer Erwerbsgesellschaften handelsrechtlicher Art, also aller V.aktiengesellschaften, ist nach internationalem Privatrecht ohne Weiteres anzuerkennen (Prot. z. BGB. VI, 26; Staub § 178 Anm. 13). Sie bedürfen keiner besonderen Anerkennung. Ihre Kaufmannseigenschaft beurteilt sich aber nach inländischem Recht (Staub § 6 Anm. 3). Bei ausländischen V.vereinen ist zu unterscheiden, wenn nicht

Staatsverträge die Frage regeln: Sind diese Vereine nach ihrem Heimatsrecht rechtsfähig, so erlangen sie die Rechtsfähigkeit in Deutschland durch Anerkennung seitens des Bundesrats (art. 10 EG. z. BGB.; § 22 BGB.) oder durch Verleihung durch Beschluß des Bundesrats nach § 23 BGB. (Staub § 33 Anm. 4). Fehlt es an diesen Voraussetzungen, so wird der ausländische V.verein im Inland nicht als rechtsfähiger Verein, sondern als Gesellschaft nach §§ 705 ff. BGB. mit dem Unterschied behandelt, daß er als Verein verklagt werden kann (§ 50 Abs. 2 ZPO.), daß zur Zwangsvollstreckung in das Vereinsvermögen ein gegen den Verein ergangenes Urteil genügt (§ 735 ZPO.), und endlich, daß aus einem Rechtsgeschäft, das im Namen eines solchen Vereins einem Dritten gegenüber vorgenommen wird, der Handelnde persönlich, mehrere Handelnde aber samtverbindlich haften (§ 54 Satz 2 BGB.; art. 10 EG. z. BGB.).

2 Die Rechtsfähigkeit verleiht noch nicht die Befugnis zum Gewerbebetrieb im Inland. Der § 12 GewO. beließ es insofern bei den Landesgesetzen. An Stelle dieser Vorschrift sind die §§ 85 ff. getreten, wonach jede ausländische VU., die das Inlandgeschäft durch Vertreter, Bevollmächtigte, Agenten oder sonstige Vermittler betreibt, der gewerbepolizeilichen Zulassung durch den Reichskanzler bedarf. Diese Zulassung wird nur erteilt, wenn die VU. an ihrem Sitze Rechtsfähigkeit besitzt (§ 86 Abs. 1 Nr. 2). Das Publikum ist damit der Nachprüfung der Rechtsfähigkeit ausländischer VU. enthoben. Nach art. 75 EG. z. BGB. bleibt zwar das Landesrecht noch maßgebend, soweit nicht das BGB. Bestimmungen (sie sind lediglich privatrechtlicher Art) enthält; aber es ist diese landesgesetzliche Kompetenz durch das VVG. und das VAG. aufgehoben, obgleich § 186 VVG. die See- und die Rückv. von seinen Bestimmungen ausnimmt; die Seev. ist nämlich bereits durch die §§ 787 ff. HGB. (Ges. betr. die Aenderung

der Vorschriften des HGB. vom 30. Mai 1908; RGBl. 307) geregelt und über die Rückv. war man einig (Kom.-Ber. v. 7. Dez. 1906 zu § 183 des Entwurfs eines VVG.), daß § 186 VVG. das Gegenteil seines Wortlautes besagen soll, daß nämlich durch das VVG. alle landesrechtlichen Vorschriften über die Rückv. außer Kraft gesetzt sind. Nach landesrechtlichen Vorschriften haben sich zugelassene ausländische VU. nur noch zu richten, soweit die §§ 120, 121 ausdrückliche Vorbehalte gemacht haben. Hat eine ausländische VU. die Zulassung nach § 86 nicht erhalten, so ist ihre Rechtsfähigkeit nach dem eingangs Erörterten zu prüfen. Es kann aber nicht ein Landesgesetz unter Berufung auf art. 75 EG. z. BGB. für sein Gebiet die Anerkennung der Rechtsfähigkeit aussprechen. Dagegen hat die Landesgesetzgebung wohl noch Bedeutung für den Grundstückserwerb ausländischer VU. (§ 54 Anm. 2).

II. **Nur für den gewerbsmäßigen inländischen Betrieb** 3
ist die Erlaubnis unerläßliche Voraussetzung, nicht aber zum Abschluß einzelner Geschäfte. Auch sofern sich der gewerbsmäßige Abschluß auf den Korrespondenzweg beschränkt, bedarf es keiner Erlaubnis. Ist der VU. nur für einen Teil des Reichs die Erlaubnis erteilt, so darf sie ohne Erlaubnis nicht darüber hinaus im Korrespondenzweg (Versenden von Prospekten, V.bedingungen) eine Anwerbetätigkeit entfalten (VA. **04**, 120 u. 165 Nr. 26). Auch darf sie nicht das Erfordernis der Erlaubnis dadurch umgehen, daß sie sich inländischer Makler zum Abschluß bedient (VA. **02**, 191 Nr. 8) oder die Prämien im Inland einziehen und sich zusenden läßt; deshalb gibt es keine Inkassoagenten (VA. **09**, 195; **09**, Anh. 5 Nr. 427) und schreibt § 87 ausdrücklich vor, daß der Abschluß durch inländische Bevollmächtigte geschehen muß. Es würde auch eine Umgehung der Erlaubnis bedeuten, wenn eine ausländische VU. eine in weitgehendem Maße von ihr abhängige Inlandgesellschaft vorschiebt (VA. **05**, 47). Versichert eine ausländische VU. inländischen V.nehmern

Waren, die in das Ausland gehen sollen, für überseeisches Risiko, so ist dies Inlandsbetrieb, weil die V.verträge mit Inländern im Inland abgeschlossen werden (VA. **10**, 128). Verlegt eine inländische VU. ihren Sitz in das Ausland, so steht dies einem Auflösungsbeschlusse gleich; sie bedarf einer neuen Zulassung als ausländische VU. (vgl. Staub § 292 Anm. 20). Keiner Erlaubnis bedürfen VU., die die V. gegen Kursverlust, die Transport- und Rückv. betreiben, wenn sie nicht den Charakter von VV. a. G. haben (§ 116); es kann aber doch eine Aufsicht Platz greifen (§ 91).

4 Privatrechtliche Folge der Nichterteilung der Erlaubnis zum inländischen Geschäftsbetrieb ist nicht die, daß ein klagbarer Anspruch auf die Prämie für das trotzdem abgeschlossene Geschäft nicht besteht (a. M. Rehbein § 134 S. 166). Die ausländische VU. ist jedenfalls, wenn sie nach ihrem Heimatsrecht handlungsfähig ist (oben Anm. 1) prozeßfähig, so daß ihre Klage nicht wegen fehlender Prozeßfähigkeit abzuweisen ist (vgl. RG. **6**, 139). Die ohne Erlaubnis abgeschlossenen V.-verträge sind aber nicht nichtig nach § 134 BGB., obgleich man meinen könnte, es sei der Betrieb zum Schutz der Inländer und zu Retorsionszwecken durchaus verboten im Sinne des § 134 BGB. Allein es hat das Erfordernis der Erlaubnis doch immer nur denselben gewerbepolizeilichen Charakter mit demselben Zweck wie bei inländischen VU. (s. RG. **1**, 115; **6**, 135 und § 5 Anm. 6; RG. **39**, 267 steht nicht entgegen). Ebenso ist ein Verstoß einer zugelassenen ausländischen VU. gegen Zulassungsbedingungen nicht von privatrechtlicher Bedeutung. Ueber Grundstückserwerb s. § 54 Anm. 2.

5 III. **Die Vorschriften des VAG.** sind auf ausländische VU. mit Ausnahme der §§ 86—91 nur **entsprechend** anwendbar, weil die Verfassung und Organisation der ausländischen VU. von deren Heimatsrecht beherrscht wird und Rücksichten auf gewährleistete Gegenseitigkeit

Beachtung verlangen (über alles dies Moldenhauer und Alexander-Katz, Assekuranz-Jahrb. **04**, 43 u. 96).

1. Die Voraussetzungen der Erlaubniserteilung sind dementsprechend in § 86 geordnet und kann die Erlaubnis an dieselben Unternehmerformen erteilt werden wie bei inländischen VU. (§§ 6, 116). Es wird aber auch hier daran festgehalten, daß die Lebensv. nicht in gemischtem Betrieb vorkommen darf (VA. **08**, 78). Ausländische VU., die keine Erlaubnis besitzen, haben wohl Strafe bei Zuwiderhandlung zu gewärtigen (§ 108), auch polizeiliche Betriebseinstellung zu erwarten, aber der Kompetenz des AA. unterliegen sie nicht (§ 2 Anm. 2). Zur Erlangung der Erlaubnis müssen die ausländischen VU. für ihr Inlandsgeschäft im allgemeinen dieselben Nachweisungen erbringen, wie sie in §§ 7—9, 11 u. 12 vorgeschrieben sind, und das AA. sie anläßlich der Ueberleitung in den neuen Rechtszustand durch Bekanntmachung vom 1. Jan. 02 (VA. **02**, 8) erläutert hat; außerdem haben sie eine Erklärung über die Stellung des Hauptbevollmächtigten abzugeben (§ 86 Anm. 4). Die Darstellung, welche die VU. nach § 7 Abs. 1 Nr. 2 zu geben hat, muß auch den ausländischen Betrieb umfassen, weil das Auslandsgeschäft auf das Inlandsgeschäft notwendigerweise zurückwirkt und nur eine Darstellung der gesamten finanziellen Lage und Erfolge Klarheit gewährt. Das Gewinnverteilungssystem und die allgemeinen V.bedingungen (§ 9) sind gewissenhaft darzulegen. Weil sich die Vorschriften über VV. a. G. (§§ 16 ff.) auf ausländische VV. a. G. nicht genau anwenden lassen, so läßt das AA. hier in Abweichung von § 25 unter Umständen eine völlige Beseitigung der Nachschußpflicht auch ohne Kürzung der V.ansprüche durchgehen (VA. **04**, 94). Hinsichtlich der Vermögensanlage wird, soweit nicht § 90 bindende Vorschriften aufstellt, zwar nicht verlangt, daß die Anlegung des übrigen Vermögens so wie bei inländischen VU. erfolgt (§ 59 Anm. 1); aber es wird darauf 6

gedrungen, daß spekulativer Wert abgestoßen und feste Grundsätze über die Vermögensanlage aufgestellt werden (VA. **04**, 94). Die von der ausländischen VU. nach ihrem Rechte aufgemachte Bilanz wird auch bei uns als vollgültig behandelt (VA. **08**, 8). Aus allen diesen Rücksichten haben ausländische VU. vor ihrer Zulassung Sicherheit zu leisten (§ 7 Anm. 9).

7 2. Die Erteilung der Erlaubnis zieht die Reichsaufsicht nach sich (§§ 90, 91). Sie begründet aber auch die Eintragungspflicht. Die Niederlassung, welche jede ausländische VU. haben muß (§ 86 Abs. 1 Nr. 3), ist keine Haupt-, sondern eine Zweigniederlassung (vgl. § 16 Anm. 4; RG. in VA. **07** Anh. 11 Nr. 277; a. M. VA. **06**, 31); es ergibt sich dies aus der Stellung der Bevollmächtigten (§ 87), des Hauptbevollmächtigten (§ 88), der Zuständigkeitsbestimmung (§ 89) und aus den Vorschriften über den Prämienreservefonds (§ 90). Daher muß die Firma dieser Zweigniederlassung nach § 13 HGB., § 16 Anm. 4 angemeldet und eingetragen werden, soweit nicht das ausländische Recht eine Abweichung erforderlich macht (hierüber Staub § 13 Anm. 10), wobei für die Zulässigkeit der Firma ausländisches Recht maßgebend ist (Staub § 13 Anm. 11). In das Zweigregister sind die Eintragungen zu machen, welche das deutsche Recht verlangt, soweit sie nach Maßgabe des ausländischen Rechts überhaupt gemacht werden können (hierüber §§ 30 ff. und Staub § 201 Anm. 19 ff.); spätere Eintragungen haben zu geschehen, soweit das deutsche und das ausländische Recht darin übereinstimmen und außerdem, soweit der Inhalt der ursprünglichen Eintragung sich ändert (Staub § 201 Anm. 36 u. 39). Beglaubigte Abschrift des Generalversammlungsprotokolls muß die ausländische VU. zum Handelsregister der inländischen Zweigniederlassung einreichen (§ 36 Anm. 6.) Die Anmeldungen erfolgen deutsch mit beglaubigten Uebersetzungen der Beilagen, soweit das Gericht dies fordert.

Die Anmeldung liegt lediglich dem Hauptbevollmächtigten des § 88 ob; er unterliegt dem Registerzwang (§ 14 HGB.; § 16).

IV. Uebergangsbestimmungen, §§ 92 ff., 8
wobei zu bemerken ist, daß auch die bereits zugelassenen ausländischen VU. den §§ 85, 87—91 unterliegen (KG. in VA. 08 Anh. 3 Nr. 351; vgl. jedoch § 99). Dementsprechend sind auch die Satzungen zu ändern (VA. 03, 100). Für ältere VU. besteht selbst dann eine Verpflichtung zur Bestellung eines Hauptbevollmächtigten, wenn die VU. von einem Antrag auf Zulassung absieht (KG. in VA. 08 Anh. 3 Nr. 351).

§ 86. Zur Entscheidung über den Antrag auf Erteilung der Erlaubnis ist ausschließlich der Reichskanzler zuständig.

Die Erlaubnis darf nur dann erteilt werden, wenn

1. das Aufsichtsamt für Privatversicherung nach Anhörung des Versicherungsbeirats sich gutachtlich dahin geäußert, daß keiner der im § 7 bezeichneten Gründe zur Versagung der Erlaubnis vorliegt,
2. die Versicherungsunternehmung den Nachweis führt, daß sie am Sitze des Unternehmens unter ihrem Namen Rechte erwerben und Verbindlichkeiten eingehen, vor Gericht klagen und verklagt werden kann,
3. die Unternehmung sich verpflichtet, innerhalb des Reichsgebiets eine Niederlassung zu unterhalten und für das Inland einen Haupt-

bevollmächtigten zu bestellen, der innerhalb des Reichsgebiets seinen Wohnsitz hat. Der Hauptbevollmächtigte gilt als ermächtigt, die Unternehmung zu vertreten, insbesondere die Versicherungsverträge mit Versicherungsnehmern im Inland und über inländische Grundstücke mit verbindlicher Kraft abzuschließen, auch alle Ladungen und Verfügungen für die Unternehmung in Empfang zu nehmen.

Im übrigen entscheidet der Reichskanzler nach freiem Ermessen.

1 Die Erlaubnis erteilt der Reichskanzler nach freiem Ermessen, soweit nicht Staatsverträge entgegenstehen (art. 31 EG. z. BGB.), weil es sich oft um Verbürgung der Gegenseitigkeit handelt (Abs. 2). Diese Erlaubnis ist für jede Geschäftsplanänderung (§ 13) erforderlich, und zwar auch dann, wenn die ausländische VU. sich nur noch mit Abwicklung ihres Inlandsgeschäfts beschäftigt (VA. **05**, 15 Nr. 28 und 17 Nr. 13), oder wenn die Aenderung nur das Auslandsgeschäft betrifft, z. B. ein im Inland nicht betriebener V.zweig für das Auslandsgeschäft neu eingeführt wird (VA. **04**, 96). Es erklärt sich dies aus dem Wesen der Aufsicht, § 91 Anm. 1. Will die Erlaubnis erteilt werden, so müssen folgende Voraussetzungen erfüllt sein:

2 1. Zu Nr. 1. Das AA. muß sich gutachtlich über die in § 7 aufgestellten Zulassungsbedingungen in bejahendem Sinne geäußert haben. Ueber die vom AA. hier beobachteten Grundsätze s. Anm. 3 u. 4 §§ 90, 91.

3 2. Zu Nr. 2. Die Rechtsfähigkeit der VU. muß nachgewiesen sein (hierüber § 85 Anm. 1) und zwar dem AA. (vgl. RGBl. **08**, 72).

3. Zu Nr. 3. Kommission und Regierungsvertreter waren einig (KomBer. zu § 86), daß das AA. zu prüfen habe, ob der Hauptbevollmächtigte einer Unternehmung von dieser rite bestellt sei; daß die Bescheinigung des AA. genüge zum Nachweis, daß eine bestimmte Person der Hauptbevollmächtigte einer bestimmten Unternehmung sei, sowie daß das AA. auf Verlangen Bescheinigung zu geben habe, wer der Hauptbevollmächtigte einer Unternehmung sei. Daher kann andern Behörden nicht angesonnen werden, sich aus dem RAnz. zu vergewissern, ob eine alte ihnen vorgelegte Vollmacht nicht widerrufen sei (SA. **59**, 432). Als selbstverständlich bezeichnete man, daß die Bestellung des Hauptbevollmächtigten und jeder Wechsel in der Person öffentlich bekannt gemacht werde. So erhält der Hauptbevollmächtigte eine gesetzliche, nach außen nicht beschränkbare Vollmacht, so daß die Feststellung des AA. jedermann der Prüfung enthebt, ob der Aussteller zur Ausstellung der Vollmacht befugt war, und ob die ausgestellte Urkunde in rechtsverbindlicher Weise zustande gekommen ist. Die gesetzliche Vollmacht des Hauptbevollmächtigten beschränkt sich nicht auf die Handlungen, welche zum V.geschäft gehören; sie ermächtigt auch zu außerhalb liegenden Rechtsgeschäften, zum Erwerb von Rechten und zur Uebernahme von Verbindlichkeiten jeder Art, An- und Verkauf von Grundstücken (§ 54), Stundung von Prämien, Rückkauf von Policen; selbst Bürgschaften und Schenkungen sind nicht ausgeschlossen. Zum Prozeß ist er aktiv und passiv legitimiert. Beschränkungen, welche die Unternehmung ihrem Hauptbevollmächtigten auferlegt und Instruktionen äußern ihre Wirkungen nicht Dritten gegenüber, sollten diese auch Kenntnis von der Begrenzung besitzen (KG. in VA. **08** Anh. 3 Nr. 351; vgl. VA. **06**, 33); nur kollusionsweises Zusammenwirken gibt der Unternehmung einen durchgreifenden Einwand. Der Zweck dieser strengen Vorschrift ist der, eine klare Sachlage zu schaffen, wie 4

hinsichtlich des Vorstands eines VV. a. G. und einer Aktiengesellschaft (§ 34 Anm. 2). Das AA. fordert zur größeren Sicherheit eine Erklärung, daß der ganze deutsche Verwaltungsapparat und alle seine Zweige einschließlich des gesamten Agentenwesens der Leitung und Verantwortlichkeit des Hauptbevollmächtigten untersteht, und daß alle Akten von dem Hauptbevollmächtigten geführt werden (VA. **04**, 121; **07**, 142) und müssen die ausländischen VU. ihre Verfassung danach einrichten (VA. **03**, 100). Stellung des Bevollmächtigten im übrigen §§ 87, 88. Neben diesem Hauptbevollmächtigten sind noch weitere nach § 115 Abs. 2 aufzustellen.

§ 87. Zum Geschäftsbetrieb im Inlande zugelassene ausländische Versicherungsunternehmungen dürfen die Versicherungsverträge mit Versicherungsnehmern, die im Inland ihren gewöhnlichen Aufenthalt haben, sowie Versicherungsverträge über inländische Grundstücke nur durch Bevollmächtigte abschließen, die im Inland ihren Wohnsitz haben.

Die zugelassene VU. darf V.verträge mit V.nehmern, die im Inland ihren gewöhnlichen Inhalt, und über inländische Grundstücke V.verträge nur mit Bevollmächtigten abschließen, die im Inland ihren Wohnsitz haben, um den gewerbsmäßigen Abschluß im Korrespondenzweg (§ 85 Anm. 3) zu verhüten. Diese Vorschrift ist aber nicht dahin zu verstehen, daß nicht ein in einem Bundesstaat wohnender V.nehmer bei gelegentlicher Anwesenheit in einem andern Bundesstaat mit dem dortigen Bevollmächtigten abschließen dürfte, obgleich die VU. in dem Bundesstaat des Wohnsitzes des V.nehmers nach dem Geschäftsplan nicht zugelassen ist; solche Abschlüsse müssen aber die Ausnahme bilden, d. h. es darf keine Anwerbetätigkeit stattgefunden haben (VA. **04**, 165 Nr. 26).

Die ausländische VU. darf auch dann nur durch ihren inländischen Bevollmächtigten abschließen, wenn es sich um einen nur vorübergehend im Ausland befindlichen Inländer handelt; denn das ganze Inlandsgeschäft muß unter Aufsicht stehen (VA. **07**, 127; **06**, 112 Nr. 51). Nach dem RegEntw. sollte die Rückv. (§ 116) von § 87 ausgenommen sein; allein dieser Abs. 2 wurde gestrichen. Deshalb können auch von einer zugelassenen Rück-VU. V.verträge nur nach § 87 abgeschlossen werden (VA. **04**, 120). Die von einer deutschen VU. in Rückdeckung bei einer ausländischen VU. gegebenen Risiken gehören auch zum deutschen Geschäft und muß die Prämienreserve beim Rückversicherer aufbewahrt werden (§ 90). Zur Einhaltung der in § 87 aufgestellten Vorschrift ist der Hauptbevollmächtigte (§ 88) zu zwingen. Entgegen der Vorschrift des § 87 abgeschlossene Geschäfte sind privatrechtlich gültig; denn § 87 enthält nur eine Ordnungsvorschrift (RegBegr. zu § 87). Daraus, daß im Inland mit dem daselbst wohnenden Bevollmächtigten einer ausländischen VU. abgeschlossen wird, können Schlüsse auf das anzuwendende materielle Recht gezogen werden (hierüber zu § 88).

§ 88. Die den Inhabern oder Vertretern einer inländischen Unternehmung nach diesem Gesetz obliegenden Pflichten hat der für das Reichsgebiet bestellte Hauptbevollmächtigte einer ausländischen Unternehmung zu erfüllen.

1. Die privatrechtliche Stellung des Hauptbevollmächtigten ist bereits zu § 86 Anm. 4 gekennzeichnet. Er verwaltet dem AA. gegenüber das inländische Vermögen, legt die Prämienreserve für die inländischen V. an, führt das Prämienreserveregister (§ 57), ist der alleinige Repräsentant seiner Gesellschaft 1

und tritt an Stelle des Vorstands (VA. **05**, 102 Nr. 33), der vom AA. nach § 64 Abs. 3 bezwungen wird; kann also nur eine physische Person sein. Bei ihm muß das gesamte Aktenmaterial für das Inlandsgeschäft vorhanden sein (§ 86 Anm. 4); er ist für Aufstellung von Bevollmächtigten (§ 87) und Hauptbevollmächtigten in den Einzelstaaten (§ 115) persönlich verantwortlich, als Hauptbevollmächtigter Leiter einer Zweigniederlassung seiner Gesellschaft und hat als solcher alle Pflichten gegenüber dem Registergericht zu erfüllen (§ 85 Anm. 7); er hat die Anzeige nach § 68 zu erstatten und die gewerbliche Anzeigepflicht nach § 14 GewO.; auf ihn findet § 33 GBO. Anwendung (KG. Jahrb. 33 A 138; VA. **08** Anh. 3 Nr. 351). Der Hauptbevollmächtigte darf nicht nur Strohmann sein; er muß die Police unterzeichnen und darf nicht seiner Gesellschaft seinen Faksimilestempel überlassen, so daß diese mit seinem Namen unterstempelt (VA. **07**, 142 Nr. 63). Aus dieser Stellung und dem Abschluß im Inland, der Bestimmung des § 89, kann auf den Parteiwillen geschlossen werden, daß beide Teile sich deutschem Recht unterwerfen wollten (Staub Exk. zu § 372 Anm. 6; KG. in VA. **07** Anh. 31 Nr. 295).

2 2. Seine strafrechtliche Verantwortlichkeit nach den §§ 105, 106, 108, 113 dürfte außer Zweifel sein. Es sind ihm die Pflichten des Vertreters einer VU. auferlegt; er hat also auch strafrechtlich mindestens die Stellung eines Vorstandsmitglieds. Straflos können für ihn die in den eingezogen Paragraphen bedrohten Handlungen nicht bleiben, wenn er persönlich den Tatbestand erfüllt (zweifelnd Hagen § 85 S. 328).

§ 89. Für Klagen, die aus dem inländischen Versicherungsgeschäfte gegen die Unternehmung erhoben werden, ist das Gericht zuständig, wo die Niederlassung (§ 86 Abs. 2 Nr. 3) sich befindet. Dieser

Gerichtsstand darf nicht vertragsmäßig ausgeschlossen werden.

Dieser Gerichtsstand, der schon seither anerkannt war (ROHG. **2**, 261), ist kein ausschließlicher; er kann nur vertragsmäßig nicht ausgeschlossen, wohl aber in den V.bedingungen zu einem ausschließlichen gemacht werden (JW. **91**, 485 Nr. 1; **90**, 68 Nr. 2), soweit nicht das in § 9 Anm. 12 Ausgeführte entgegensteht. Neben ihm behalten die allgemeinen und die besonderen Gerichtsstände der ZPO. ihre Geltung, so daß auch der Gerichtsstand des Vermögens angerufen werden kann; denn die ausländische VU. hat im Inland wohl eine Zweigniederlassung (§ 85 Anm. 7), aber keinen Wohnsitz nach § 23 ZPO. (RG. **27**, 421; JW. **82**, 222). Es können auch weitere Gerichtsstände, z. B. nach § 9 Anm. 12, geschaffen werden; denn an dem allgemein gültigen Grundsatz, daß ein sachlich oder örtlich unzuständiges ordentliches Gericht erster Instanz für vermögensrechtliche Ansprüche durch Vereinbarung nach §§ 38 ff. ZPO. zuständig wird, soweit kein ausschließlicher Gerichtsstand besteht, ist nichts geändert (hierüber s. zu § 115). Hinsichtlich des besonderen Gerichtsstands des § 89 ist die Niederlassung z. Zt. der Klagezustellung maßgebend. Bei alledem ist zu beachten, daß § 89 nur für die zugelassene ausländische VU. und nur für deren zulassungsbedürftiges Inlandsgeschäft gilt; eine nicht zugelassene ausländische VU., die entgegen § 85 abschließt oder die keiner Zulassung bedarf (§ 85 Anm. 3), unterliegt dem § 89 nicht. Der § 89 wird nicht dadurch anwendbar, daß der Versicherte nach Deutschland übersiedelt und durch den deutschen Hauptbevollmächtigten (§ 88) Aenderungen an dem im Ausland geschlossenen V.vertrag vornehmen läßt (RG. in VA. **10** Anh. 54 Nr. 524). Ueber den Gerichtsstand bei Klagen gegen den Versicherten enthält das VAG. nichts; es bleibt daher bei den allgemeinen prozessualen Regeln der §§ 12 ff. ZPO. über den Gerichtsstand; jedoch geändert durch § 36 VVG. (§ 9 Anm. 12). Eine klagende englische Aktiengesellschaft (nicht aber eine in England domizilierte, nicht registrierte Handelsgesellschaft, deren sämtliche Teilhaber Deutsche sind, (RG. **36**, 397) hat den Ausländervorschuß zu leisten (RG. **38**, 404). Der § 86 Abs. 1 Nr. 3 ändert nichts hieran.

§ 90. Die Vorschriften des § 56, des § 57 Abs. 1 Satz 1, Abs. 2, 3 und der §§ 58 bis 63 finden auf ausländische Unternehmungen nur hinsichtlich der im Inland abgeschlossenen Versicherungen Anwendung.

Der Prämienreservefonds für diese Versicherungen ist nach näherer Bestimmung des Aufsichtsamts für Privatversicherung in der Weise sicherzustellen, daß nur mit Genehmigung des letzteren darüber verfügt werden kann.

2 1. Der Prämienreservefonds ausländischer VU. ist im allgemeinen ebenso zu berechnen, anzulegen und zu verwalten, wie der Prämienreservefonds der inländischen Lebens-, Kranken- und Unfallv. (s. § **56** Anm. 4); die in Abs. 1 deshalb angezogenen Vorschriften gelten jedoch nur für das Inlandsgeschäft der ausländischen VU. und auch hier nur mit einigen Eigentümlichkeiten. Zunächst ist hier der Rücksichten zu gedenken, deren zu § 85 Anm. 5 und 6 schon bei der Erörterung der Zulassung Erwähnung getan ist. Daraus ergibt sich, daß ausländische VU. in ihren Bilanzen Wertpapiere nach ihrem heimatlichen Recht bewerten dürfen (VA. **08**, 8 Nr. 68; s. aber unten Anm. 2 für Schuldverschreibungen). Die in § 56 erforderlichen Nachweisungen brauchen sie nur für das Inlandsgeschäft zu beschaffen; es kann das AA. aber bestimmte Erklärungen über die

Prämienreserve des Gesamtgeschäfts verlangen (VA. **07**, 20 u. 60 f.; vgl. § 56 Anm. 3). Die Verwaltung der inländischen Prämienreserve geht nach §§ 56—63 vor sich (wegen § 57 Abs. 1 Satz 2 s. § 57 Anm. 3); wegen der in § 57 Abs. 3 Satz 3 vorgeschriebenen Beglaubigung s. § 57 Anm. 7 u. 8. Was die Rückv. angeht (§ 58), so gilt sie als im Inland auch dann abgeschlossen, wenn einer deutschen VU. Rückv. gewährt wird und die Prämienreserve vertragsmäßig beim Rückversicherer aufzubewahren ist; desgleichen die Beteiligung der ausländischen VU. an der Rückv. einer inländischen VU., nicht aber die Beteiligung der ausländischen VU. an der Rückv. einer ausländischen VU. — mag auch der Rückversicherte in Deutschland seinen Wohnsitz haben (VA. **07**, 143 Nr. 64). Ueber die Aufsicht im übrigen s. § 91 und über den Rechnungsabschluß § 55 Anm. 9. Uebergangsbestimmungen s. § 99.

2. Die Anlegung des Prämienreservefonds (§ 56 Anm. 4) erfolgt nach Maßgabe der §§ 59, 60 so, ohne daß Genehmigung des AA. darüber nicht verfügt werden kann. Der Gesetzgeber hat davon abgesehen, nach dem Vorgang anderer Länder, die Anlegung irgend eines Teils des Fonds in inländischen Staatspapieren zu fordern; er begnügt sich in Abs. 2 mit der soeben erwähnten Sicherstellung — abgesehen von der nach § 7 Anm. 9 geforderten Kaution, weil die §§ 8 u. 91 genügende Mittel gegen Belästigungen inländischer VU. durch das Ausland an die Hand geben. Diese Sicherstellung kann dadurch bewirkt werden, daß in das Reichsschuldbuch oder in ein deutsches Staatsschuldbuch Schuldverschreibungen mit dem Vermerk eingetragen werden, daß über die Forderung ohne Genehmigung des AA. nicht verfügt werden darf; ihre Bewertung in der Bilanz geschieht wie bei den Wertpapieren deutscher VU. nach deutschen Bilanzvorschriften (§ 55 Anm. 4; VA. **07**, 124). Wertpapiere und Hypothekenbriefe sind bei der Reichsbank, Seehandlung oder den Stellen, die landes-

gesetzlich zur Annahme von Hinterlegungen von zum Vermögen eines Mündels gehörigen Inhaberpapieren zuständig sind (nicht aber bei Privatbanken), so zu hinterlegen, daß die Herausgabe ohne Genehmigung des AA. nicht erfolgen darf; diese Erklärung muß in dem Depotschein oder in einer besonderen Urkunde enthalten sein; auch müssen die Wertpapiere genau einzeln nach Gattung, Serie und Nummer wegen des Vorzugsrechts des § 61 Abs. 2 aufgeführt sein (VA. **03**, 124; **04**, 121; **07**, 61). Diese Hinterlegung ist nicht nach § 2 RStempG. v. 14. 6. 00 stempelpflichtig (VA. **06**, 100). Bei der Anlegung in Hypotheken, Grund- und Rentenschulden erfolgt ein dem Abs. 2 des § 90 entsprechender Vermerk in das Grundbuch und Benachrichtigung des AA. nach § 55 GBO. (VA. **07**, 12 u. 127; **04**, 121; in Sachsen nicht stempelpflichtig; Dresden Sächs. Ann. **15**, 715). Ueber das Verhältnis der Sicherstellung nach § 7 Anm. 9 zur Prämienreserve s. § 97.

3 3. Diese Verfügungsbeschränkung (Abs. 2) enthält ein gesetzliches Veräußerungsverbot zugunsten der Versicherten (vgl. § 61 u. § 56 Anm. 4) nach § 135 BGB.; das AA. hat die Befugnis, dieses Verbot durch Erteilung seiner Genehmigung zu dem Antrag der VU., über die Bestände verfügen zu dürfen, aufzuheben (§ 182 BGB.; Hamburg OLGR. **8**, 401; ähnlich Reichel bei Gruch. **52**, 387; a. M. Dresden Sächs. Ann. **15**, 715). Werden bewegliche Sachen (Inhaberpapiere) aus dem durch Sperrvermerk gesicherten Prämienreservefonds ohne Zustimmung des AA. veräußert, so erwirbt der gutgläubige Erwerber Eigentum nach Maßgabe des § 932 BGB., § 366 HGB. (Staub § 366 Anm. 5 ff.). Bei Grundstücken und Rechten an solchen kommt es für den Erwerb in gutem Glauben auf die §§ 892, 1138, 1155 BGB. an. Man wird auch dem Schuldner, der gutgläubig eine gesperrte Forderung zahlt (allerdings gegen Mot. I 214) Schutz gemäß § 407 BGB. zu gewähren haben (a. M. v. Staudinger § 135 Bem. 2 d). Auf die gutgläubigen Pfanderwerber finden

die §§ 1207, 1208, 1244 BGB. Anwendung (vgl. Staub § 360 Anm. 53 ff.; § 368 Anm. 25 ff.).

4. Auf den **Konkurs** einer ausländischen VU. läßt § 90 Abs. 1 die Vorschriften, die für den Konkurs einer inländischen VU. (§§ 61—63) gelten, jedoch nach § 238 KO. nur für das Inlandsvermögen, Anwendung finden. Die Voraussetzungen dieser Konkurseröffnung sind nach § 85 Abs. 1 dieselben wie in § 68 KO. Das Konkursverfahren wird im Inland besonders eröffnet, einerlei, ob bereits im Ausland über die VU. Konkurs eröffnet ist oder nicht. Ist im Ausland bereits Konkurs eröffnet, so kann trotzdem die ausländische VU. noch hier verklagt und in ihr Inlandsvermögen noch vollstreckt werden (§ 237 KO.; RG. **54**, 194; vgl. Jaeger zu § 237); jedoch ist der legitimierte Vertreter der ausländischen VU. nunmehr deren Konkursverwalter (RG. **14**, 405 u. 418; **16**, 338), und genügt es zur Konkurseröffnung über das Inlandsvermögen an der Tatsache, daß im Ausland der Konkurs eröffnet ist (§ 238 Abs. 3 KO.). In diesem Inlandskonkurse sind alle (auch die ausländischen) Gläubiger zu berücksichtigen — jedoch unbeschadet des Konkursvorrechts der inländischen Versicherten am inländischen Prämienreservefonds (§§ 61, 62). Handelt es sich um ein Gebilde, welches nach unseren Rechtsbegriffen als VV. a. G. anzusehen ist, so sind auch die §§ 49—52 zur entsprechenden Anwendung zu bringen. Was ein Gläubiger durch Zwangsvollstreckung im Ausland während des Inlandskonkurses beigetrieben hat, braucht er sich nicht auf die Dividende im Inlandskonkurse anzurechnen — und zwar auch nicht auf die Zwangsvergleichsdividende des Inlandskonkurses (BayObLG. in LZ. **08**, 550). Ein im ausländischen Konkurs zustandegekommener Zwangsvergleich benimmt dem inländischen Gläubiger seinen Anspruch über die Vergleichsdividende hinaus für das Inland selbst dann nicht, wenn er auch für den Vergleich gestimmt hat (RG. **52**, 155; **24**, 333).

§ 91. Die Beaufsichtigung der zugelassenen ausländischen Versicherungsunternehmungen nach Maßgabe dieses Gesetzes wird durch das Aufsichtsamt für Privatversicherung ausgeübt.

Auf Antrag des Reichskanzlers kann auch der Bundesrat gegen zugelassene ausländische Unternehmungen die Untersagung des Geschäftsbetriebs nach freiem Ermessen beschließen. Die Ausführung eines solchen Beschlusses liegt dem Aufsichtsamte für Privatversicherung ob.

1 1. Die laufende Aufsicht wird, gerade wie bei inländischen VU. (VA. **04**, 22; **03**, 99), durch das AA. nach §§ 64 ff. mit Hilfe der Vorschriften über Rechnungsführung und Jahresberichte (§ 55 Anm. 8) ausgeübt; sie erstreckt sich auch auf alle älteren V. (KG. in VA. **08** Anh. 3 Nr. 351) und das außerdeutsche Geschäft, soweit dieses auf das Inlandsgeschäft zurückwirken kann (VA. **08**, 72; **04**, 93 u. 96) und auf das ganze Inlandsgeschäft, mag die VU. auch einen Teil aufgegeben haben (s. § 104). Ist eine VU. zum direkten Geschäft zugelassen und betreibt sie auch Rückv., so unterliegt auch die Rückv. der Aufsicht (VA. **07**, 144; **04**, 120). Ueber Geschäftsplanänderungen s. § 86 Anm. 1. Die Aufsicht kann bis zur Untersagung des Geschäftsbetriebs nach § 67 gehen, und zwar selbst noch nach freiwilliger Einstellung des Betriebs (VA. **05**, 103 Nr. 34).

2 2. Die Untersagung des Geschäftsbetriebs ist, abgesehen von § 67, völlig in das Ermessen des Bundesrats gestellt, wenn der Reichskanzler einen dahin gehenden Antrag stellt. Diese Maßregel kann als letztes Mittel nötig fallen, wenn unbillige Behandlung deutscher VU. im Ausland auf andere Weise nicht zu verhindern ist. Die Wirkung einer solchen Untersagung ist die in § 67

Anm. 3 erörterte. Zwang und Strafe richtet sich gegen den Hauptbevollmächtigten.

VII. Uebergangsvorschriften.

Den bestehenden VU. bleibt das Recht zum Fortbetrieb des V.geschäfts innerhalb der seitherigen räumlichen und sachlichen Grenzen gewahrt, ohne daß es von neuem einer behördlichen Genehmigung bedarf. Letztere ist nur für eine Erweiterung des Betriebs nötig (§§ 3 Anm. 3, 92, 96). Damit eine Anstalt sich von Beschränkungen befreien kann, welche ihr landesrechtlich bei der Zulassung auferlegt wurden, aber auf Grund des neuen Rechts weggefallen sind, wird eine sofortige Ueberführung in den neuen Rechtszustand ermöglicht (§ 96). Die §§ 93 bis 95, 97 ordnen den Uebergang aus der Landesaufsicht in die Reichsaufsicht.

Der Eintritt in die Reichsaufsicht erfordert zunächst eine Klarlegung aller Verhältnisse der bestehenden Unternehmungen (§ 98). Bestehende Gegenseitigkeitsvereine mit Rechtsfähigkeit müssen sich, sofern es sich nicht um die in § 102 erwähnten Arten von Gegenseitigkeitsvereinen handelt, ohne weiteres entsprechend den neuen Vorschriften über V.vereine umgestalten; ausgenommen sind die Vorschriften über Gründungs- und Reservefonds (§ 101). Gegenseitigkeitsvereine ohne Rechtsfähigkeit sollen zu einer Umwandlung in V. a. G. im Aufsichtsweg angehalten werden (§ 103). In Konkurs oder Liquidation befindliche VU. wickeln ihre Verhältnisse noch nach altem Recht ab (§ 104).

Die Vorschriften über die Prämienreserve finden auf Verträge, welche nach dem Inkrafttreten des Gesetzes abgeschlossen werden, in vollem Umfang Anwendung. Für ältere Verträge ist eine Uebergangszeit gewährt (§§ 99, 100).

§ 92. Die beim Inkrafttreten dieses Gesetzes in einem oder in mehreren Bundesstaaten landesgesetzlich zum Geschäftsbetriebe befugten Versicherungsunternehmungen bedürfen zur Fortsetzung ihres Geschäftsbetriebs in den von ihnen bisher eingehaltenen oder, sofern ihre Befugnis zum Geschäftsbetrieb auf besonderer Zulassung beruht, in den bisher durch die Zulassung gestatteten Grenzen keiner Erlaubnis nach Maßgabe dieses Gesetzes.

Einer Zulassung bedürfen ältere VU. nicht, obgleich sie solche beantragen können (§ 96). Sie dürfen ihren seitherigen Betrieb nur im seitherigen Umfang fortsetzen; wollen sie ihren Betrieb ausdehnen, also über die bisher genehmigten oder mit stillschweigender Duldung gebilligten Grenzen, etwa gar in Auslandgeschäfte machen (**09**, 80 Nr. 29 und S. 194), so liegt darin eine Geschäftsplanänderung, die der Genehmigung bedarf, sollte auch die vor Inkrafttreten des Gesetzes erlangte Konzession über eine räumliche Ausdehnung überhaupt schweigen (VA. **05**, 85) oder die VU. einmal nach einem früheren Geschäftsplan V.geschäfte in einem anderen Gebiet gemacht haben, auf das sie nun zurückgreifen will (VA. **03**, 33 Nr. 15). Nur die VU. sind durch § 92 geschützt, welche auch wirklich vor dem 1. Jan. 1902 einen vollkommenen Betrieb eingerichtet, also über das Versenden von Prospekten usw. hinausgekommen war (VA. **02**, 190). Die der Zulassung nicht bedürftigen älteren VU. arbeiten vom 1. Jan. 1910 an nicht etwa nach ihren alten Konzessionsbedingungen; nur die sachlich-räumliche Betriebsbegrenzung bewahrt § 92 (VA. **05**, 86); im übrigen unterliegen sie dem VAG. und dem VVG., namentlich den Vorschriften über die Prämienreserve (§ 99); die landesrechtlichen Konzessionsbedingungen sind insofern aufgehoben. Ueber ausländische VU. § 85 Anm. 8. Die Ueberleitung in die neuen Zustände hat das AA. in milder Weise aber doch mit fester Hand bewirkt (vgl. z. B. VA. **04**, 107 ff.), indem es sich auch im Notfall des § 67 bediente, obgleich die VU. sich durch freiwillige Liquidation dem Eingreifen des AA. zu entziehen suchte (VA. **05**, 103 Nr. 34).

§ 93. Diejenigen beim Inkrafttreten des Gesetzes zum Geschäftsbetriebe befugten deutschen Unternehmungen, deren Geschäftsbetrieb sich über das Gebiet eines Bundesstaats hinaus erstreckt oder welchen durch die Zulassung ein solcher Geschäftsbetrieb gestattet ist, unterstehen der Aufsicht des Aufsichtsamts für Privatversicherung; die Beaufsichtigung der übrigen deutschen Unternehmungen wird durch Landesbehörden ausgeübt.

1. Der Reichsaufsicht unterstehen die VU. im Sinne des § 1, 1

a) welche nach Satzung oder sonstigen Geschäftsunterlagen ihren Geschäftsbetrieb über das Gebiet eines Bundesstaats hinaus erstrecken (VA. **03**, 107), oder welchen durch Zulassung ein solcher Betrieb gestattet ist (§§ 2, 92, 93), sofern nicht ausnahmsweise die Uebertragung auf die Landesbehörde nach § 3 Abs. 2 stattgefunden hat;

b) welche ihren inländischen Betrieb zwar auf das Gebiet eines einzigen Bundesstaats beschränken, aber entweder daneben V.geschäfte im Ausland betreiben, oder der Reichsaufsicht nach § 3 Abs. 1 ausnahmsweise überwiesen worden sind (§§ 2, 92, 93);

c) ferner alle ausländischen Unternehmungen, welche im Inland V.geschäfte nicht bloß auf dem Korrespondenzweg abschließen (§ 85 Anm. 3). Uebergangsvorschrift § 97.

2 2. Der Landesaufsicht unterstehen:

a) alle öffentlichen VU. (§ 1 Anm. 1; § 120) nach Maßgabe der besonderen Gesetzgebung;

b) die Hilfs-, Unterstützungs- und Knappschaftskassen des § 122 nach ihrer Sondergesetzgebung;

c) die inländischen VU. im Sinne des § 1, welche nach dem für den befugten Betrieb maßgebenden Geschäftsplan (VA. **03**, 107) keine Auslandsgeschäfte betreiben und ihren Geschäftskreis auf einen Bundesstaat beschränken, ohne daß eine Uebertragung auf das Reich nach § 3 Abs. 1 stattgefunden hat, oder ihren Geschäftskreis zwar über das Gebiet eines Bundesstaats ausdehnen, aber trotzdem nach § 3 Abs. 2 der Landesaufsicht unterstellt worden sind. Die Art der Landesaufsicht ist in § 84 geregelt.

d) die in Liquidation oder Konkurs befindlichen VU. Sie bleiben in ihrem seitherigen Verhältnis.

3. Keiner Aufsicht unterliegen die in § 116 aufgeführten drei V.

§ 94. Beim Ablauf einer landesgesetzlich auf eine bestimmte Zeit erfolgten Zulassung bedarf es der Erteilung einer neuen Erlaubnis durch die Aufsichtsbehörde nach Maßgabe dieses Gesetzes.

Wenn der Zeitraum vom Inkrafttreten dieses Gesetzes bis zum Ablaufe der auf eine bestimmte Zeit erfolgten Zulassung nicht mehr als sechs Monate beträgt, so gilt die Dauer der Zulassung als um ein Jahr verlängert.

Die Zulassung nach dem neuen Recht erfolgt zeitlich unbeschränkt und für das ganze Reich, wenn die Unternehmung nichts Gegenteiliges beantragt (§ 5). Nur für ausländische Unternehmungen kann eine räumliche Begrenzung stattfinden (§ 86 Abs. 2). Wirkung des Zeitablaufs bei Gegenseitigkeitsvereinen (§§ 42, 53 Anm. 16).

§ 95. Beruht die Zulassung einer Unternehmung auf einer widerruflichen Genehmigung, so unterliegt die Ausübung des Widerrufs solange dem freien Ermessen der Aufsichtsbehörde, als die Unternehmung nicht die Erlaubnis zum Geschäftsbetriebe nach Maßgabe dieses Gesetzes erlangt hat.

Das neue Recht kennt eine widerrufliche Zulassung, abgesehen von ausländischen VU., nicht (§§ 4, 15, 91 Abs. 2). Im Fall des Widerrufs eines nach altem Recht nur widerruflich zugelassenen VU. hört die Tätigkeit des AA. noch nicht auf (§ 66).

§ 96. Versicherungsunternehmungen, die zur Zeit des Inkrafttretens dieses Gesetzes in einem oder in mehreren Bundesstaaten zum Geschäftsbetriebe befugt sind, können jederzeit die Zulassung nach Maßgabe dieses Gesetzes beantragen. Zur Ausdehnung ihres Geschäftsbetriebs auf einen anderen Bundesstaat ist die Erlaubnis des Aufsichtsamts für Privatversicherung erforderlich.

Die Vorschrift des Satzes 1 ist getroffen, damit die VU., indem sie unter Reichsaufsicht treten, von allen landesrechtlichen Aufsichtsvorschriften, mit Ausnahme der §§ 115, 121, frei werden. Will eine bestehende ausländische oder inländische VU. ihr auf einen oder mehrere Bundesstaaten beschränktes Gebiet auf andere Bundesstaaten oder auf das Reich ausdehnen, so fordert Abs. 2 die Erlaubnis des AA. (VA. **04**, 79; 80; **09**, 80 Nr. 29 u. S. **265**), die regelmäßig durch einfache Verfügung erteilt werden kann (§ 73 Anm. 5).

§ 97. Soweit ein Uebergang der Aufsicht von Landesbehörden auf das Aufsichtsamt für Privat-

versicherung stattfindet, gehen auf dieses kraft Gesetzes auch alle Rechte und Pflichten über, welche durch Kautionsbestellung, Hinterlegung, Eintragung von Schuldverschreibungen in ein Staatsschuldbuch oder in das Reichsschuldbuch oder durch sonstige Sicherungsmaßregeln für die Landesbehörden begründet sind.

In den vorstehend bezeichneten Fällen ist auf Ersuchen des Amtes der Gewahrsam und die Verwaltung der vorhandenen Kautionen durch die Landesbehörden einstweilen, jedoch auf höchstens fünf Jahre, weiterzuführen.

Das Kautions- und Hinterlegungssystem ist von dem Gesetz im allgemeinen mit Ausnahme ausländischer VU. verlassen (§ 7 Anm. 9; vgl. § 90 Anm. 2). Die Fortführung des Gewahrsams und der Verwaltung vorhandener Kautionen durch die Landesbehörden wurde vorgesehen, weil dem AA. eine Zeit zur Ordnung der Verhältnisse gewährt werden muß. Innerhalb eines Zeitraums von 5 Jahren konnte das AA. sich schlüssig machen, ob nach § 7 die Kaution entbehrlich ist. Ein Rechtsmittel gegen Einbehaltung der Kaution gibt es nicht (§ 77 vgl. mit §§ 73, 76). Kautionen von Anstalten im Sinne des § 97, welche verfallen, nachdem das Gesetz ins Leben getreten, gehören dem Reich, weil auf dieses alle Rechte übergegangen sind, und gehen, ohne daß eine Grundbuchumschreibung nötig wäre, mit dem Eintreten der Reichsaufsicht alle Rechte an der Kaution auf das Reich über (VA. **07**, 67). Die Grundsätze für Umwandlung von landesrechtlichen Kautionen in reichsrechtliche Kautionen sind in VA. **04**, 94 u. 122, **05**, 87, **07**, 66 f. bekannt gegeben; sie sind im wesentlichen nur noch für ausländische VU. von Bedeutung (§ 7 Anm. 9).

Ohne Genehmigung des AA. können solche Kautionen nicht als Bestandteile des Prämienreservefonds in das Prämienreserveregister eingetragen werden; und diese Genehmigung hängt ganz von der Lage des einzelnen Falles ab (VA. **07**, 67; **06**, 65 oben; **05**, 87; **04**, 122; vgl. § 90 Anm. 2).

§ 98. Die bereits zugelassenen Versicherungsunternehmungen haben der Aufsichtsbehörde auf Erfordern binnen einer von dieser zu bestimmenden Frist die zur Klarlegung ihres Geschäftsplans erforderlichen Angaben (§§ 4 bis 12) zu machen. Die Vorschriften des § 64 Abs. 3 finden entsprechende Anwendung.

Die erforderliche Aufforderung ist im RAnz. vom 13. 7. 01 Nr. 164, VA. **02**, 8, enthalten; vgl. auch § 125.

§ 99. Bei bereits zugelassenen Unternehmungen finden die Vorschriften der §§ 56 bis 63 auf die Prämienreserve derjenigen Lebensversicherungen sowie derjenigen Kranken- oder Unfallversicherungen der im § 12 bezeichneten Art Anwendung, welche nach dem Inkrafttreten dieses Gesetzes abgeschlossen werden.

Die Prämienreserve für die früher abgeschlossenen Versicherungen ist, dem rechnungsmäßigen Soll entsprechend, binnen drei Jahren nach dem Inkrafttreten dieses Gesetzes aus dem übrigen Vermögen einer Unternehmung auszusondern, dem nach Abs. 1 gebildeten Prämienreservefonds zuzuführen und gemäß § 57, § 61 Abs. 1 aufzubewahren, zu buchen und zu verwalten. Ausnahmsweise kann für eine bestimmte Versicherungsunternehmung die bezeichnete Frist durch den Reichskanzler auf Antrag der Landesregierung desjenigen Bundesstaats, in dessen Gebiete die Unternehmung ihren Sitz hat, verlängert werden; eine solche Verlängerung der Frist ist durch den Reichskanzler im Reichsanzeiger bekannt zu machen.

Auf den gesamten Prämienreservefonds (Abs. 1, 2) finden die Vorschriften des § 61 Abs. 2, 3 und des § 62 mit dem Ablaufe von drei Jahren nach dem Inkrafttreten dieses Gesetzes oder mit dem Ablaufe der nach Abs. 2 Satz 2 durch den Reichskanzler verlängerten Frist Anwendung, sofern sie nicht auf Antrag einer Unternehmung durch die Aufsichtsbehörde schon zu einem früheren von dieser festzusetzenden und im Reichsanzeiger bekannt zu machenden Zeitpunkt in Wirksamkeit gesetzt werden.

Die Anlegung der Prämienreserve in der durch die §§ 59, 60 vorgeschriebenen Weise ist für die älteren Versicherungen binnen einer Frist von fünf Jahren zu bewirken. Hinsichtlich bestimmter Teile der Prämienreserve können Ausnahmen durch die Aufsichtsbehörde gestattet werden.

1 1. Auf (neue) Lebens-, Kranken- und Unfallv.-Verträge, welche erst nach dem Zeitpunkt des Inkrafttretens des Gesetzes (1. Jan. 1902; § 125) abgeschlossen werden, finden die Vorschriften der §§ 56—63 über Behandlung der Prämienreserve, insbesondere über sichere Anlegung, abgesonderte Verwahrung und Verwaltung,

über das Konkursvorrecht und den Pfleger ohne weiteres Anwendung, soweit nicht § 124 kleineren Vereinen Erleichterung gewährt.

2 2. a) Auf ältere Verträge sind die Grundsätze über Aussonderung, Aufbewahrung und Buchung der Prämienreserve erst nach Umfluß von drei Jahren anzuwenden, weil namentlich Anstalten mit gemischten Betrieben, also solche Anstalten, welche mehrere V.-zweige umfassen oder neben dem V.geschäft noch Geschäfte anderer Art, z. B. Bank-, Hypotheken-, Sparkassengeschäfte betreiben, bei der Aussonderung der Prämienreserve aus dem sonstigen Vermögen und Einräumung des Vorrechts auf erhebliche Schwierigkeiten tatsächlicher und rechtlicher Art stoßen können. Die dreijährige Frist ist am 1. Jan. 1905 abgelaufen; sie kann auf Ansuchen vom Reichskanzler verlängert werden (Abs. 1). Das Vorrecht auf die Prämienreserve und das damit verbundene Verfahren findet ebenfalls nach Umfluß der 3 Jahre Anwendung, wenn nicht eine Fristverlängerung nach Abs. 1 stattgefunden hat. Die Anwendung dieser Vorschriften über das Vorrecht kann schon früher erfolgen, wenn das AA. in eine Verkürzung der 3jährigen Frist willigt. Verlängerung wie Abkürzung der Frist sind durch den Reichsanzeiger zur Kenntnis der Interessenten zu bringen, weil der Zeitpunkt des Entstehens des Vorzugsrechts an der Prämienreserve für die Versicherten wie für den Kredit der Anstalt von Wichtigkeit ist. Enthalten die Landesgesetze strengere Vorschriften, so gelten auch für die Uebergangszeit die reichsrechtlichen milderen Vorschriften (VA. **04**, 122). Erleichterungen § 124. Strafvorschriften §§ 106, 113.

b) Die Anlegung der Prämienreserve nach §§ 59, 60 muß von den VU. für die älteren V. innerhalb 5 Jahren erfolgen, die am 31. Dez. 1906 abgelaufen sind. Auch in dieser Uebergangszeit muß die Anlegung eine sichere sein (VA. **05**, 88). Von den Anlagevorschriften 3 für die Prämienreserve darf das AA. älteren Anstalten Ausnahmen bewilligen, wenn z. B. Hypothekenanlagen zwar nicht mit den Grundsätzen der §§ 59, 60 im Einklang stehen, aber doch allen Ansprüchen an Sicherheit genügen. Das AA. hat einigen österreichischen VU. gestattet, die ausländischen Werte allmählich durch deutsche zu ersetzen (VA. **07**, 59); einer österreichischen Gesellschaft ist die Frist zur Abstoßung österreichischer Werte bis 31. Dez. 1912 verlängert (VA. **10**, 129). Der Equitable und der Mutual ist gestattet, auch noch nach dem 31. Dez. 1906 in sicheren amerikanischen Werten die Prämienreserve für ältere V. anzulegen (VA. **07**, 59; **06**, 64 u. 100). Neuanlagen, die von §§ 59, 60 abweichen, dürfen unter der Herrschaft des neuen Rechts dagegen auch älteren Anstalten nicht gestattet werden, soweit nicht kleinere Vereine in Frage stehen (§§ 124, 53). Strafvorschriften §§ 106, 113; für ausländische VU. vgl. § 90 Anm. 1 u. 2.

§ 100. Erachtet die Aufsichtsbehörde die Prämienreserve zur Sicherstellung einer dauernden Erfüllung der aus den Versicherungsverträgen sich ergebenden Verpflichtungen nicht für ausreichend, so kann sie, vorbehaltlich ihrer Befugnis zum Eingreifen nach den §§ 67 bis 69, zur Aenderung der Rechnungsgrundlagen oder sonstigen Beseitigung der Mängel eine angemessene Frist gewähren.

Gegen diese Aufforderung gibt es keinen Rechtsbehelf (§ 77). Gibt die Anstalt keine Folge, so kommen die Maßregeln der Konzessionsentziehung usw. in Anwendung.

§ 101. Vereine, die zur Zeit des Inkrafttretens dieses Gesetzes die Versicherung ihrer Mitglieder nach dem Grundsatze der Gegenseitigkeit betreiben

und die Rechtsfähigkeit besitzen, unterliegen auch den Vorschriften dieses Gesetzes über die Versicherungsvereine auf Gegenseitigkeit (Abschnitt III) mit Ausnahme der Vorschriften über die Bildung eines Gründungs- und eines Reservefonds.

Auf die Anmeldung und Eintragung dieser Vereine finden die §§ 30 bis 33 entsprechende Anwendung.

Die Aufsichtsbehörde hat nach dem Ablaufe der gemäß § 98 bestimmten Frist diejenigen Vereine, welche der Eintragungspflicht unterliegen, den für die Führung des Handelsregisters zuständigen Gerichten mitzuteilen.

Versicherungsvereine mit Rechtsfähigkeit, d. h. solche VV. a. G., welche juristische Persönlichkeit besitzen (§ 22 BGB.; Art. 82 EG. z. BGB.; im Gegensatz zu Vereinen ohne Rechtsfähigkeit, § 103), werden ohne weiteres, soweit § 102 nicht den Vereinen sächsischen Rechts eine Sonderstellung verleiht, als VV. a. G. nach §§ 15—53 behandelt. Befreit sind sie nur von den Vorschriften über Gründungs- und Reservefonds und was damit zusammenhängt. Wenn also der Gründungsfonds unter Bedingungen beschafft worden ist, die mit den Vorschriften der § 22 Abs. 3 u. 4, § 47 Abs. 2 über die Verzinsung, Beteiligung am Ueberschuß und die Tilgung nicht im Einklang stehen, so bleibt es dabei (VA. **02**, 17); ebenso bleibt es bei einem vom § 37 abweichenden Reservefonds. Sie müssen sich dem neuen Recht in allen andern Punkten entsprechend umgestalten. Zum Zweck der Ueberführung in die neuen Verhältnisse müssen sie nach der in § 98 erwähnten Bekanntmachung des AA. Vorlage erstatten. Mit dieser Vorlage haben kleinere Vereine um die in § 124 ermöglichten Erleichterungen einzukommen. Sobald diese Verhältnisse geregelt sind, macht das AA. dem zuständigen Registergericht Anzeige (§ 30). Die Strafvorschriften der §§ 106, 109—112, 113 gelten für diese Vereine. Das AA. hat in VA. **02**, 10 ein Rundschreiben an die rechtsfähigen VV. a. G. — abgesehen von § 102 — erlassen, worin die Punkte bezeichnet sind, in denen die Satzungen mit den gesetzlichen Bestimmungen in Einklang zu setzen sind. Später sind jedoch eine Reihe von Mustersatzungen aufgestellt (§ 4 Anm. 3) und allgemeine V.bedingungen ausgearbeitet worden (§ 4 Anm. 4). Die Rechtsfähigkeit solcher älteren Vereine beurteilt sich nach altem Recht (vgl. Kiel OLGR. **4**, 200).

§ 102. Den Vorschriften des Abschnitts III unterliegen nicht solche eingetragene Genossenschaften und solche nach dem sächsischen Gesetze vom 15. Juni 1868, betreffend die juristischen Personen, bestehende eingetragene Vereine, welche die Versicherung ihrer Mitglieder nach dem Grundsatze der Gegenseitigkeit betreiben.

Auf die im Abs. 1 bezeichneten Genossenschaften und Vereine finden die Vorschriften des § 68 Abs. 1, 2 Satz 1 bis 3, 5, auf die bezeichneten Vereine auch die Vorschriften des § 16 und des § 68 Abs. 2 Satz 4 entsprechende Anwendung.

1 1. Die bestehenden eingetragenen Genossenschaften, welche V.geschäfte betreiben, unterstehen auch fernerhin dem Gesetz über die Erwerbs- und Wirtschaftsgenossenschaften, in der Fassung vom 20. Mai 1898, RGBl. 810. Insofern jedoch durch §§ 98, 99 Abs. 1, 100 Abs. 1 u. 2 Satz 1, 118, 140 GenGes. dem Vorstand, den Liquidatoren, Konkursgläubigern und den

Mitgliedern das Recht und die Pflicht zur Stellung des Konkursantrags unter den dort angegebenen Voraussetzungen zukommt, tritt an Stelle dieser Vorschriften die durch die Strafvorschrift des § 109 geschützte Pflicht des Vorstands und der Liquidatoren, von dem Vorhandensein der in § 68 Abs. 2 Satz 1—3 erwähnten Umstände dem AA. Anzeige zu erstatten. Damit fällt auch der § 148 Abs. 1 Nr. 2 GenGes. hinweg, welcher die Unterlassung rechtzeitigen Konkursantrags mit Strafe bedroht. Gläubigern der Genossenschaft ist das Recht, den Konkurs zu beantragen, entzogen. Durch § 68 Abs. 1 ist dieses Recht ausschließlich in die Hand des nach § 73 Abs. 1 Nr. 8 besetzten AA. gelegt. Gegen dessen Entscheidung ist ein Rekursverfahren in § 75 eingerichtet. Neugründungen eingetragener Genossenschaften sind auf dem V.gebiet nicht mehr möglich (§ 6).

2. Die bereits bestehenden Vereine **2**
sächsischen Rechts sind den §§ 15—63 selbst dann nicht unterworfen, wenn ihr Betrieb über das Königreich hinausreicht, aber sie stehen unter Aufsicht und müssen die §§ 16 und 68 Abs. 2 Satz 4 auf sich anwenden lassen. Strafvorschrift § 109.

3. Die in § 2 aufgestellten Ausnahmen von **3**
§ 6 werden in Bälde verschwinden. Denn beiden Formen ist die Möglichkeit gegeben, die Zulassung nach § 96 Satz 1 zu erlangen, und sie ist nötig, wenn eine VU. ihren Betrieb auf ein neues Gebiet ausdehnen will, oder keine Genehmigung für das ganze tatsächlich von ihnen bearbeitete Gebiet besaß (VA. **03**, 124). Es brauchen sich diese Gesellschaftsformen, wenn sie die Zulassung nachsuchen, nicht in VV. a. G. umzuwandeln, obgleich § 6 nur solche Vereine zum Betrieb von V.geschäften nach dem Grundsatz der Gegenseitigkeit zuläßt, die als VV. a. G. organisiert sind (VA. **04**, 166 Nr. 12 u. S. 88). Will sich eine dieser Gesellschaftsformen in einen VV. a. G. umwandeln, so ist die Genehmigung nicht wie bei einer Neuzulassung

erforderlich; sondern es ist damit zu rechnen, daß es sich immerhin um einen bereits zugelassenen Betrieb handelt (§ 96 Satz 1; vgl. VA. **06**, 94). Der Verein braucht sich zum Zweck der Umwandlung in einen VV. a. G. nicht aufzulösen; es genügt die Anpassung der Satzungen an die §§ 15 ff., die Genehmigung des AA., die Löschung des sächs. Vereins im Genossenschaftsregister und die Eintragung in das Handelsregister nach § 30 (VA. **07**, 128). Wollen die zwei Ausnahmeformen unverändert bestehen bleiben, so müssen sie sich doch den besonderen in Abs. 2 angezogenen Gesetzesbestimmungen anpassen.

§ 103. Auf Vereine, die, ohne die Rechtsfähigkeit zu besitzen, zur Zeit des Inkrafttretens dieses Gesetzes die Versicherung ihrer Mitglieder nach dem Grundsatze der Gegenseitigkeit betreiben, finden die Vorschriften des Abschnitts III keine Anwendung. Solche Vereine können von der Aufsichtsbehörde aufgefordert werden, binnen einer bestimmten Frist ihre Zulassung gemäß den Vorschriften dieses Gesetzes nachzusuchen; die Frist soll wenigstens sechs Monate betragen. Kommt ein Verein einer solchen Aufforderung nicht nach, so ist die Aufsichtsbehörde befugt, ihm den weiteren Geschäftsbetrieb zu untersagen; auf die Untersagung des Geschäftsbetriebs finden die Vorschriften des § 73 Abs. 1 bis 5, der §§ 74, 75 entsprechende Anwendung.

1 I. **Uebergangsvorschriften.** Die §§ 92—100 schützen die bestehenden VU. Die §§ 101—103 gelten den VV. a. G. besonders; sind sie rechtsfähig, so unterliegen sie in der Hauptsache dem VAG. (§ 101); sind sie nicht rechtsfähig, so sind sie gerade von den wesentlichen Vorschriften

der §§ 16—53 frei, wenn sie die Aufsichtsbehörde nicht mit den in Abs. 1 angegebenen Zwangsmitteln nötigt, die Zulassung nachzusuchen. Diese Nötigung wendete das AA. überall da an, wo größere Interessen, wie z. B. bei allen Feuerv.-U. auf dem Spiele stehen; sah aber von einem Zwang überhaupt ab bei kleinen, auf nachbarlicher Zusammengehörigkeit beruhenden Vereinen, wie bei den Viehv.-Vereinen, und wartete die Entwicklung ab bei Sterbe- und Krankenkassen (VA. **04**, 88). Sind Vereine genötigt, ihre Zulassung nachzusuchen, so unterliegen sie von da an auch allen Vorschriften des Gesetzes, also auch den Vorschriften über Gründungs- und Reservefonds, sofern nicht nach §§ 22, 37, 53, 124 Nachsicht stattfindet. Die nicht genötigten, also weiterhin geduldeten Vereine unterstehen zwar nicht den §§ 16—53, wohl aber den das Aufsichtsrecht regelnden Vorschriften des Gesetzes mit der Wirkung, daß ihnen der Betrieb von Geschäften, die mit dem V.geschäft in keinem Zusammenhang stehen, untersagt werden kann (VA. **06**, 112) und vom AA. die regelmäßige Vorlage von Geschäftsberichten verlangt wird (VA. **06**, 69); das AA. kann aber nicht die Vorlage v.-technischer Gutachten über die Zulänglichkeit der Beiträge verlangen (vgl. § 64 Anm. 5). Der Aufsichtsbehörde steht auch allein der Antrag auf Konkurseröffnung zu (VA. **05**, 113 Nr. 16).

II. **Vereine ohne Rechtsfähigkeit,** d. h. solche Vereinigungen, welche durch ihre Verfassung als Gegenseitigkeitsverein mit Vorstand, Mehrheitsbeschlüssen bei wechselndem Mitgliederstand, selbständigem Vermögen, zeigen, daß sie als selbständige Persönlichkeit behandelt werden wollen (vgl. RG. **60**, 99), jedoch weder vor dem 1. Januar 1900, nach art. 82 EG. z. BGB., noch nachher gemäß § 22 BGB. durch staatliche Verleihung oder nach § 15 VAG. die Rechtsfähigkeit erlangt haben, stehen im allgemeinen unter den Regeln des Gesellschaftsrechts. Jedoch ist — ohne Rücksicht darauf, ob die Aufsichtsbehörde 2 die Rechtsfähigkeit bejaht haben mag oder nicht — zu unterscheiden zwischen nichtrechtsfähigen Vereinen, die vor dem 1. Januar 1900 bereits entstanden waren, und solchen, die erst nachher bis 1. Januar 1902 entstanden sind; nach dem 1. Januar 1902 (Inkrafttreten des VAG.) können VV. a. G. nur noch nach Maßgabe der §§ 15—53 vorkommen (§ 6), abgesehen von den Gründervereinen (§ 15 Anm. 3).

3 1. Vor dem 1. Januar 1900 vorhandene Vereine stehen unter Herrschaft des alten Rechts, was das materielle Recht (Mitgliedschaft, Vereinsvermögen) angeht (RG. **51**, 161; JW. **02**, 427 Nr. 39). Nach preuß. Allg. Landrecht und nach gemeinem Recht (nicht aber nach rheinischem Recht; RG. **18**, 349; JW. **00**, 285 Nr. 33) waren solche Vereine erwerbs- und rechtsfähig (RG. **27**, 184; **26**, 257; ROHG. **4**, 202; JW. **03**, 3 Nr. 2). In Wahrheit wurde aber auch damals schon für die einzelnen Mitglieder erworben, so daß in das Grundbuch die Namen der Mitglieder als Eigentümer einzutragen sind. Dagegen kann mit Inkrafttreten der ZPO. nicht mehr davon die Rede sein, daß der Verein als solcher aktiv im Prozeß auftreten könnte; die prozessualen Vorschriften der §§ 50, 735 ZPO. gelten sofort (JW. **02**, 427 Nr. 39; **01**, 301 Nr. 1). Allgemein wird angenommen, daß auch bei einem älteren Verein aus einem Rechtsgeschäft, das in seinem Namen einem Dritten gegenüber vorgenommen wird, die Handelnden samtverbindlich haften, daß also § 54 Satz 2 BGB. auch hier gilt, weil § 54 Abs. 2 BGB. auf schuldrechtlicher Haftung beruht; es gilt also das zu § 15 Anm. 3 Ausgeführte.

4 2. Ueber die nach dem 1. Januar 1900 entstandenen Vereine, deren prozessuale Behandlung, die Stellung des Vorstands und die Eintragung der für den Verein erworbenen Grundstücke und Hypotheken (vgl. auch VA. **06**, 112) ist das Erforderliche schon zu § 15 Anm. 3 gesagt. Dem ist hier hinzuzufügen, daß auch der nach § 67

Abs. 2 aufgestellte Verwalter an Stelle des Vorstandes tritt. Tod, Austritt, Konkurs eines Mitglieds läßt den Verein unberührt, weil der Verein gerade auf dem Wechsel der Mitglieder beruht. Deshalb gehört zum Ausschluß eines Mitglieds auch nicht die Erfüllung der Voraussetzungen des § 737 BGB. Es kann mit dem Wesen des Vereins auch nicht als unverträglich bezeichnet werden, daß ein willkürliches Ausschließungsrecht durch Mehrheitsbeschluß in die Satzung aufgenommen wird (vgl. Anm. 3 und § 20 Anm. 8). Schweigen die Satzungen über den Ausschluß, so muß dem Verein wegen schwerer Verfehlung gegen Vereinspflichten (vgl. § 20 Anm. 8) auch ein der richterlichen Nachprüfung unterliegendes Ausschließungsrecht zustehen (RG. in LZ. **09**, 141 Nr. 13). Der Verein hat ein aus Mitgliederbeiträgen und sonstigen Erwerben bestehendes Vermögen als ein Sondervermögen, zu dem auch nach der Satzung die Ansprüche auf die Mitgliederbeiträge gehören können (§ 718 BGB.; RG. **54**, 300). Das einzelne Mitglied darf über den Anteil an diesem Vermögen nicht verfügen (§ 719 BGB.). Erfolgt die Auflösung durch Gesellschaftsbeschluß oder infolge Untersagung des Betriebs nach § 67, so findet eine Auseinandersetzung nach §§ 730 ff. BGB. statt, und haben die vorhandenen Mitglieder auf das Vermögen nach Maßgabe ihrer Gewinnbeteiligung Anspruch, wenn die Satzungen nichts bestimmen (§ 734 BGB.); zu einer Aenderung dieses Maßstabes bedarf es der Zustimmung der Benachteiligten. Ueber das Vermögen kann auch ein selbständiger Konkurs eröffnet werden (§ 213 KO.), jedoch nur auf Antrag der Aufsichtsbehörde (oben Anm. 1).

§ 104. Die Vorschriften dieses Gesetzes finden keine Anwendung auf Versicherungsunternehmungen, die sich bei seinem Inkrafttreten in Liquidation oder im Konkurse befinden.

Die Aufsicht erstreckt sich auch auf die Liquidation eines VU. (§ 66); dagegen stehen die VU. nicht unter Aufsicht, welche am 1. Januar 1902 sich bereits in Liquidation oder Konkurs befinden. Als Liquidation hat das AA. die tatsächliche Einstellung des Geschäftsbetriebs unter Beschränkung auf Abwicklung des V.bestands, sodaß keine neuen Mitglieder mehr aufgenommen werden, angesehen (VA. **06**, 25). Dagegen ist die Ausnahme des § 104 nicht auf solche VU. auszudehnen, die vom AA. nicht zum V.betrieb zugelassen wurden oder dem Registerrichter wegen Unzulänglichkeit des Betriebs nicht namhaft gemacht worden sind (§ 101 Abs. 3) oder nur einen V.zweig aufgegeben haben (VA. **07**, 67), und nicht mehr auf solche ausländische VU., die nur einen Teil ihres Inlandsgeschäfts liquidiert (VA. **05**, 17 Nr. 13 und 84).

VIII. Strafvorschriften.

§ 105. Wer der Aufsichtsbehörde gegenüber wissentlich falsche Angaben macht, um die Zulassung einer Versicherungsunternehmung zum Geschäftsbetriebe, die Verlängerung einer Zulassung oder die Genehmigung zu einer Aenderung der Geschäftsunterlagen oder des Versicherungsbestandes (§ 14) zu erlangen, wird mit Gefängnis und zugleich mit Geldstrafe bis zu zwanzigtausend Mark bestraft.

Auch kann auf Verlust der bürgerlichen Ehrenrechte erkannt werden.

Sind mildernde Umstände vorhanden, so kann ausschließlich auf die Geldstrafe erkannt werden.

1. Unter die Strafvorschrift fallen, ähnlich wie bei § 313 Abs. 1 Nr. 1 HGB. (Gründer, Mitglieder des Vorstandes

und des Aufsichtsrats) nur solche Personen, welche vermöge ihrer Stellung zu der Unternehmung dazu berufen sind, die Zulassung oder Verlängerung oder die Genehmigung von Aenderungen herbeizuführen und, um diese zu erlangen, die falschen Angaben machen, nicht aber dritte Personen, für die der Geschäftsbetrieb ein fremder ist; letztere können nur als Anstifter oder Gehilfen, nicht aber als Mittäter in Betracht kommen.

2. Nicht jede falsche Angabe macht straf- **2**
bar, sondern sie muß für den Ausgang als erheblich und als eine dienstliche sich darstellen. Mehrfache falsche Angaben bilden zusammen nur eine Straftat (RGSt. **18**, 115). Im Aktienrecht schon ist es nicht zweifelhaft, daß falsche Angaben über Bareinzahlung und Besitz des Grundkapitals unter § 313 HGB. fallen (RGSt. **24**, 291; **43**, 88). Noch gewisser werden unwahre Angaben über den Gründungsfonds (§ 22 Abs. 2) von dem § 105 getroffen (RGSt. **30**, 319; **26**, 66; vgl. § 31 Anm. 4 und § 106 Anm. 3). Eine Unwahrheit kann auch darin liegen, daß in Darstellungen für die richtige Beurteilung erhebliche Tatsachen verschwiegen oder verschleiert werden. Diese falschen Angaben müssen ferner bewußt unrichtig und der Aufsichtsbehörde gegenüber zu den in § 105 erwähnten Zwecken gemacht sein. Bewußt unrichtige Angaben des Vorstands gegenüber dem Aufsichtsrat oder beider gegenüber dem obersten Organ werden von § 105 nicht erreicht, wohl aber von § 111. Es können durch solche Handlungsweise außerdem allgemeine Strafgesetze verletzt werden, z. B. § 263 StGB., wenn der Registerrichter getäuscht wurde (RGSt. **2**, 91). Ueber Weiteres s. Staub § 313 Anm. 1—3.

3. Die allgemeinen Strafvorschriften **3**
des StGB. gelten für sämtliche Strafbestimmungen dieses Titels. Daher geringste Gefängnisstrafe 1 Tag, höchste 5 Jahre (§ 16 StGB.). Geringste Geldstrafe 3 M. (§ 27 StGB.). Umwandlung 3—15 M. = 1 Tag Gefängnis; Höchstbetrag ein Jahr (§ 29 StGB.). Verlust der bürger-

lichen Ehrenrechte nur bei Gefängnis über drei Monate und nur da, wo derselbe ausdrücklich zugelassen ist (§ 32 StGB., RGSt. **30**, 159). Wirkungen §§ 33—34, 36 StGB.; statt der Aberkennung kann auf Unfähigkeit zur Bekleidung öffentlicher Aemter nach § 35 StGB. erkannt werden (RGSt. **21**, 264). Da es sich überall um Vergehen handelt, ist ein Versuch ausgeschlossen nach §§ 43 Abs. 2, 1 Abs. 2 StGB. Grundsätze über die Teilnahme §§ 47—50 StGB., Verjährung § 67 StGB. In allen Fällen ist die Zuständigkeit der Strafkammer begründet, §§ 73 Nr. 1, 27 Nr. 1 u. 2 GVG. Eine Ausnahme von diesen Grundsätzen stellen Verfehlungen gegen § 112 dar.

Uebergangsvorschriften §§ 113, 104.

§ 106. Mit Gefängnis bis zu sechs Monaten und zugleich mit Geldstrafe bis zu zweitausend Mark oder mit einer dieser Strafen werden die Mitglieder des Vorstandes, eines Aufsichtsrats oder ähnlichen Organs sowie die Liquidatoren einer Versicherungsgesellschaft auf Aktien oder eines Versicherungsvereins auf Gegenseitigkeit bestraft, wenn sie wissentlich[1])

1. den Vorschriften des Gesetzes oder der Satzung über die Bildung von Reserven zuwider eine Gewinnverteilung vorschlagen oder zulassen;[2])
2. den gesetzlichen Vorschriften über die Berechnung und Buchung, Verwaltung und Aufbewahrung der Prämienreserve (§§ 56 bis 61, 63, 99) zuwiderhandeln;
3. den satzungsmäßigen Vorschriften über die Anlegung von Geldbeständen zuwiderhandeln.[3])

1. Allgemeine Strafvorschriften § 105 Anm. 3, Uebergangsvorschrift § 113.

2. Schon der Vorschlag allein macht strafbar, wie sich aus dem Wortlaut ergibt. Satzung §§ 4, 8; Reservefonds § 37.

3. Hierdurch wird § 22 Abs. 2 nochmals gedeckt; vgl. § 105 Anm. 1.

§ 107. Sachverständige, welche die Berechnung der Prämienreserve bei Lebens-, Kranken- oder Unfallversicherungsunternehmungen zu prüfen haben, werden, wenn sie die nach § 56 Abs. 2 unter der Vermögensübersicht abzugebende Erklärung wissentlich falsch abgeben, mit Gefängnis und zugleich mit Geldstrafe bis zu zwanzigtausend Mark bestraft.

Auch kann auf Verlust der bürgerlichen Ehrenrechte erkannt werden.

Sind mildernde Umstände vorhanden, so kann ausschließlich auf die Geldstrafe erkannt werden.

§ 108. Wer im Inlande das Versicherungsgeschäft ohne die vorgeschriebene Erlaubnis betreibt, wird mit Geldstrafe bis zu eintausend Mark oder mit Haft oder mit Gefängnis bis zu drei Monaten bestraft.

Die gleiche Strafe trifft denjenigen, welcher im Inlande für eine daselbst zum Geschäftsbetriebe nicht befugte Unternehmung einen Versicherungsvertrag als Vertreter oder Bevollmächtigter abschließt oder den Abschluß von Versicherungsverträgen geschäftsmäßig vermittelt.

Die Vorschrift der Nr. 9 des § 360 des Strafgesetzbuchs ist, soweit sie sich auf Versicherungsunternehmungen im Sinne dieses Gesetzes bezieht, aufgehoben.

1 I. Der konzessionslose **Betrieb** von V.geschäften im Inland steht unter Strafe (Abs. 1) und kann von der Polizei eingestellt werden (§ 5 Anm. 6). Gemeint ist hier der Betrieb eines V.geschäftes als eines selbständigen Gewerbes wie in § 147 Abs. 1 Nr. 1 GewO. Ein solcher Betrieb ist nur denkbar seitens des **Geschäftsinhabers**, des **Unternehmers** oder des **gesetzlichen Vertreters** (Vorstand, Hauptbevollmächtigter des § 86 Abs. 1 Nr. 3); sie allein sind in Abs. 1 unter dem „Wer betreibt" verstanden. Die sonstigen Vertreter und Bevollmächtigten betreiben kein Geschäft, sie schließen nur Verträge ab und fallen unter Abs. 2 (RGSt. **37**, 410). Zu einem solchen Betrieb gehört nicht notwendig, daß bereits V.verträge abgeschlossen sein müßten. Ein Betrieb liegt schon in der Vornahme äußerlich als solche hervortretenden, nach ihrem Zwecke erkennbaren Handlungen, wie das Versenden von Prospekten und V.anträgen, das Aussenden von Agenten, wenn diese Handlungen auf einen fortgesetzten Betrieb hinweisen, das Einziehenlassen von Prämien u. dgl.; hierher gehört auch das Abschließen im Korrespondenzweg (§ 85 Anm. 3), nicht aber die Tätigkeit des Gründervereins (§ 15 Anm. 3). Die Strafbarkeit erheischt ferner, daß dem Betrieb die Erlaubnis fehlt; und sie fehlt z. B., wenn eine VU., die erst mit ihrer Zulassung nach § 122 die Rechte einer eingeschriebenen Hilfskasse erlangt (§§ 1, 4, 5 Hilfskassengesetz) und dann erst aufsichtsfrei wird (§ 122), vor ihrer „Errichtung" den Betrieb beginnt (Karlsruhe VA. **09** Anh. 82 Nr. 473). Die Erlaubnis fehlt ferner, wenn sie nach § 7 überhaupt oder für den fraglichen V.zweig oder die V.art (§ 8) versagt oder gar nicht nachgesucht, oder zwar nachgesucht,

aber noch nicht erteilt ist (§§ 4, 92). Auch ein Betrieb entgegen der Genehmigungsurkunde, z. B. Ausdehnung auf ein nicht genehmigtes Gebiet (RGSt. **39**, 376), macht strafbar; insofern gehört die vorzeitig durchgeführte Geschäftsplanänderung (§ 13) hierher. Ein nicht erlaubter Betrieb liegt ferner vor, wenn die erteilte Erlaubnis nach §§ 67, 73 Abs. 1 Nr. 7, 91 wieder entzogen worden ist. Es fehlt sodann dem Betrieb auch die Erlaubnis, wenn sie von einer unzuständigen Behörde erteilt worden ist. Endlich muß es sich um genehmigungspflichtige Betriebe handeln (hierüber §§ 1, 2, 4, 85, 93, 116).

Versicherungsgeschäfte müssen Gegenstand 2
des Betriebs sein (§ 1 Anm. 5). Diese V.geschäfte müssen selbständige Bedeutung besitzen (§ 1 Anm. 6 f.) und im Sinne des Gesetzes (§ 1 Anm. 4 u. 8) betrieben werden, dürfen also nicht bloße Unterstützung bezwecken (§ 1 Anm. 9 f.).

Zum Tatbestand des gewerbepolizei- 3
lichen Vergehens des § 108 Abs. 1 ist kein Vorsatz erforderlich; es genügt schon ein fahrlässiges Handeln, und Fahrlässigkeit ist gegeben, wenn der Handelnde die nach den Umständen gebotene Sorgfalt nicht beobachtet hat. Daher gereicht es dem Vertreter oder Leiter einer VU. zur Fahrlässigkeit, wenn er seine Agenten nicht überwacht, so daß sie nicht aus einem Bezirk, für den die VU. nicht zugelassen ist, V.anträge einsenden, die die Direktion dann genehmigt; ein Irrtum wird nach § 59 Abs. 2 StGB. nur dann strafausschließend wirken, wenn dem Leiter auch bei gehöriger Sorgfalt die Staatsangehörigkeit des Ortes entgehen konnte (LG. Cleve VA. **04**, 42 Nr. 35). Man versuchte es, eine Vorschrift in das Gesetz zu bringen, wonach vorsätzliches oder wissentliches Handeln, insbesondere Kenntnis von der Notwendigkeit der Erlaubnis zum Geschäftsbetrieb, zu einer Voraussetzung der Strafbarkeit gemacht werden sollte; diese Bemühungen sind gescheitert (Prot. 2389

bis 2397). Es entschuldigt also die Unkenntnis, daß VU. konzessionspflichtig sind, oder der durch einen Delegierten des AA. erregte Irrtum, daß die VU., bis ein Verbot erfolge, arbeiten dürfe, wenn die die Konzessionspflicht begründenden Nebenumstände bekannt waren (RGSt. **37**, 411; OLG. Karlsruhe in VA. **09** Anh. 82 Nr. 473), nach der allgemeinen Regel, wonach Rechtsirrtum die Strafbarkeit nicht ausschließt, nicht, und zwar ohne Rücksicht auf den guten Glauben (RGSt. **22**, 416). Dasselbe gilt von dem guten Glauben, die bekannten Tatsachen erfüllten den Begriff eines Betriebs von V.geschäften nicht, oder es sei durch eine Satzungsbestimmung gelungen, diesen Begriff zu beseitigen (RGSt. **37**, 411; **40**, 299; **41**, 321), oder man besitze die Erlaubnis, während die Behörde nicht zuständig war (RGSt. **39**, 378). Auch eine irrige Belehrung der zuständigen Behörde, daß die VU. keiner Erlaubnis bedürfe, nutzt nichts, wenn der Handelnde den Irrtum erkannt hat (RGSt. **39**, 380). Kannte der Handelnde die Tatumstände nicht alle, welche zum Betrieb eines V.geschäfts gehören (RGSt. **39**, 379), so handelt es sich um die Unkenntnis von Tatumständen, die nach § 59 Abs. 2 StGB. einen Strafausschließungsgrund darstellt.

4 II. **Die Vertreter und Bevollmächtigten** des Unternehmers werden bestraft, wenn sie entweder für eine nicht konzessionierte aber konzessionsbedürftige VU. (Anm. 1 und 2) einen V.vertrag abschließen oder geschäftsmäßig vermitteln.

1. Der Abschluß schon eines einzigen V.vertrags macht den Vertreter oder Bevollmächtigten (§§ 87, 115), wozu auch der zum Abschluß ermächtigte Agent (§ 45 VVG.) und dessen bevollmächtigter Abschlußagent gehört, strafbar. Unter den Begriff des Abschlusses fällt auch die Aenderung oder Verlängerung des bereits abgeschlossenen Vertrags. Dagegen gehört der Abschluß unter Abweichung von den allgemeinen V.bedingungen

zuungunsten des Versicherten (§ 9 Abs. 3) nicht hierher. Die für die gegenteilige Ansicht im KomBer. zu § 108 versuchte Begründung, der Vertreter schließe insofern für eine nicht konzessionierte VU. ab, erscheint nicht haltbar. Hier reicht § 64 völlig aus. Es gehört auch nicht hierher der Abschluß für eine zugelassene VU. unter Ueberschreitung ihrer Befugnisse; diese Bestimmung ist aus der Reg.-Vorlage absichtlich entfernt worden.

2. Die Vermittlung vereinzelter Abschlüsse 5
bildet nach Abs. 2 eine besondere Art strafbarer Beihilfe, wenn sie geschäftsmäßig geschieht. Einer solchen Vermittlertätigkeit machen sich nicht nur die Agenten (§ 43 VVG.), Kolporteure (VA. **08** Anh. 4 Nr. 352), Makler und Hilfs- oder Außenbeamte (Inspektoren, Subdirektoren) schuldig, welche für ihre nicht zugelassene VU. Abschlüsse in irgend welcher Weise tätig vermitteln (§ 49 StGB.), sondern auch der Arzt, der sich als Vertrauensarzt aufstellen läßt und tätig wird (VA. **07**, 8). Die hier unter Strafe gestellte Tätigkeit muß eine gewerbsmäßige, d. h. ausgeübt sein, um eine dauernde Einnahmsquelle zu schaffen (Näheres bei Staub § 1 Anm. 6 u. 11); durch letztere Absicht unterscheidet sich die Gewerbsmäßigkeit von der Geschäftsmäßigkeit (RG. **38**, 18; § 1 Anm. 8; vgl. § 157 ZPO.; § 144 StGB.). Vermittlung für ausländische VU. s. § 85 Anm. 3.

III. **Die allgemeinen Strafgesetze** finden neben der 6
besonderen Vorschrift des § 108 Anwendung. Es kann daher § 108 ideell mit § 263 StGB. konkurrieren, wenn der Leiter einer nicht zugelassenen VU. durch die Vorspiegelung, sie besitze die Zulassung, Personen zur V.-nahme veranlaßt (OLG. Karlsruhe VA. **05** Anh. 38 Nr. 111). Neben der besonderen Art der Beihilfe des Abs. 2 des § 108 gibt es auch eine allgemeine Beihilfe nach § 49 StGB.; zieht z. B. ein Agent für eine nicht zugelassene VU. Prämien ein, so leistet er der VU. wissentlich Hilfe zu dem Vergehen nach § 108 Abs. 1; der Glaube,

daß die VU. keiner Erlaubnis bedürfe, ist ein Rechtsirrtum, der ihn so wenig entschuldigt als der Umstand, daß er für sich einen Auftrag des Versicherten anrufen kann (oben Anm. 5; OLG. Düsseldorf VA. 07 Anh. 39 Nr. 298; LG. Cleve VA. 09, 196 und Anh. 5 Nr. 427). Wegen der allgemeinen Strafvorschriften s. noch § 105 Anm. 3.

7 Eine Ausnahme von dem Grundsatz, daß die allgemeinen Strafgesetze neben § 108 Abs. 1 u. 2 zur Anwendung kommen, macht Abs. 3, indem er § 360 Nr. 9 StGB. von der Anwendbarkeit ausschließt. Diese Ausnahme ist gemacht, weil § 360 Nr. 9 StGB. in Abs. 1 des § 108 aufgeht. Ueber § 360 Nr. 9 StGB. s. § 1 Anm. 2.

8 IV. **Die privatrechtliche Gültigkeit** der entgegen § 108 Abs. 1 u. 2 abgeschlossenen Geschäfte bleibt unberührt (§ 5 Anm. 6; § 85 Anm. 4).

§ 109. Mit Gefängnis bis zu drei Monaten und zugleich mit Geldstrafe bis zu fünftausend Mark werden die Mitglieder des Vorstandes oder die Liquidatoren einer Versicherungsgesellschaft auf Aktien, eines Versicherungsvereins auf Gegenseitigkeit, einer eingetragenen Genossenschaft oder eines Vereins der im § 102 bezeichneten Art bestraft, wenn entgegen der Vorschrift des § 68 Abs. 2 der Aufsichtsbehörde eine der dort vorgeschriebenen Anzeigen nicht gemacht worden ist.

Sind mildernde Umstände vorhanden, so tritt ausschließlich die Geldstrafe ein.

Straflos bleibt derjenige, bezüglich dessen festgestellt wird, daß die Anzeige ohne sein Verschulden unterblieben ist.

Auch die Verspätung der Anzeige fällt unter Strafe wenn nachgewiesen wird, daß sie zu einem früheren Zeitpunkt im allgemeinen Interesse hätte gemacht werden müssen. Irgend eine Verschuldung, sei es auch nur Lässigkeit, muß nach Abs. 3, ähnlich wie im Fall des § 315 Abs. 1 Nr. 2 HGB., § 148 Abs. 1 Nr. 2 GenGes., §§ 64, 71 GmbHG., nachgewiesen werden. Die Anzeigepflicht ist eine persönliche, so daß die Nichtzustimmung Mitverpflichteter so wenig einen Entschuldigungsgrund abgibt, als die Rücksicht auf ein angestrebtes Moratorium oder sonstige Sanierungsmaßregeln (RGSt. **37**, 26 u. 325); selbst durch einen Beschluß des Aufsichtsrats, der Generalversammlung oder eines Gläubigerausschusses dürfen sich die bezeichneten Personen, zu denen bei ausländischen VU. auch der Hauptbevollmächtigte des § 86 gehört, von Beobachtung ihrer Pflicht nicht abhalten lassen (vgl. RG. **72**, 285). Außer der Strafe tritt aber auch Ersatzpflicht gegenüber der VU. für den Schaden, d. h. für alle seit dem entscheidenden Zeitpunkt geleisteten Zahlungen der VU., ein (hierüber § 34 Anm. 9—13; § 68 Anm. 2). Strafe wie Schadensersatz verlangen schuldhaftes Unterlassen der Anzeige, also Kenntnis oder Kennenmüssen der in § 68 Abs. 2 aufgeführten Tatsachen (Staub § 315 Anm. 4). Hier wird es nun erheblich, ob der Anzeigepflichtige nur eine vorübergehende Zahlungsstockung (im Gegensatz zu einer Zahlungsunfähigkeit oder Ueberschuldung) annehmen durfte, wenn z. B. der Kredit noch nicht erschöpft oder durch sofortige Ausschreibung von Nachschüssen die Schwierigkeiten gehoben werden konnten (vgl. RGSt. **37**, 326; RG. **50**, 40). Aufsichtsratsmitglieder haben zwar die Anzeigepflicht nicht; aber sie dürfen, wenn sie Kenntnis von den Tatsachen des § 68 Abs. 2 haben, nicht dulden, daß weitere Zahlungen geleistet werden; sonst trifft sie der § 110. Uebergangsvorschrift § 113. Allgemeine Strafregeln § 105 Anm. 3.

§ 110. Die Mitglieder des Vorstandes, eines Aufsichtsrats oder eines ähnlichen Organs sowie die Liquidatoren eines Versicherungsvereins auf Gegenseitigkeit werden, wenn sie absichtlich zum Nachteile des Vereins handeln, mit Gefängnis und zugleich mit Geldstrafe bis zu zwanzigtausend Mark bestraft.

Auch kann auf Verlust der bürgerlichen Ehrenrechte erkannt werden.

Sind mildernde Umstände vorhanden, so kann ausschließlich auf die Geldstrafe erkannt werden.

Wie in § 312 HGB., § 146 GenGes. Jedes bewußt nachteilige Handeln genügt (RGSt. **14**, 406), wenn der Nachteil auch nicht gerade bezweckt war. Zum Tatbestand reicht es hin, wenn der Handelnde sich bewußt war, daß die Handlung zum Nachteil seiner Anstalt gereichen werde und gleichwohl die Handlung auf diese mögliche Gefahr hin vorgenommen hat. Interessenkollision hebt den Tatbestand nicht auf, weil die in § 110 statuierte Pflicht allen andern Erwägungen vorgeht (RGSt. **26**, 137). Wie in § 266 Nr. 1 StGB. muß durch die Handlung irgend eine nachteilige Veränderung des Vermögensstands, z. B. Vereitelung eines sichern Gewinns, eingetreten sein (RGSt. **27**, 43). An einer Benachteiligungsabsicht fehlt es, wenn eine Ehrenpflicht erfüllt wird oder übliche Geschenke gegeben werden. Allgemeine Strafregeln § 105 Anm. 3.

§ 111. Die Mitglieder des Vorstandes, eines Aufsichtsrats oder eines ähnlichen Organs sowie die Liquidatoren eines Versicherungsvereins auf Gegenseitigkeit werden mit Gefängnis bis zu einem Jahre und zugleich mit Geldstrafe bis zu zwanzigtausend

Mark bestraft, wenn sie wissentlich in ihren Darstellungen, in ihren Uebersichten über den Vermögensstand des Vereins oder in ihren Vorträgen vor dem obersten Organe den Stand des Vereins unwahr darstellen oder verschleiern.

Zugleich kann auf Verlust der bürgerlichen Ehrenrechte erkannt werden.

Sind mildernde Umstände vorhanden, so kann ausschließlich auf die Geldstrafe erkannt werden.

Wie in § 314 Abs. 1 Nr. 1 HGB., § 147 GenGes. Nicht bloß die Berichte in den Generalversammlungen und in den Sitzungen des nicht aus einer Versammlung der Mitglieder bestehenden obersten Organs (§ 29 Anm. 2; § 36 Anm. 1; § 53 Anm. 14), sondern auch die Berichte, Bilanzvorträge und Darstellungen des Vorstands an den Aufsichtsrat fallen unter diese Bestimmung (RGSt. **5**, 147). Durch geflissentliche Duldung von Unwahrheiten und Verschleierungen in solchen Berichten usw. macht sich der Aufsichtsrat mit strafbar (RGSt. **14**, 80). Der Vorstand kann sich nicht damit entschuldigen, daß der Aufsichtsrat die Unwahrheit genehmigt habe. Der Vorstand darf sogar, wenn auch die Generalversammlung ohne Kenntnis der wahren Sachlage die falsche Bilanz genehmigt hat, die einen unrichtigen Kassenbestand aufwies, die Veröffentlichung nicht vornehmen (RG. in VA. **04**, 57 Nr. 36). Weiteres bei Staub § 214 Anm. 1 bis 9. Es ist schließlich noch darauf aufmerksam zu machen, daß § 111 als ein Schutzgesetz nach § 823 Abs. 2 BGB. anzusehen sein wird (§ 34 Anm. 13). Im übrigen vgl. wegen der allgemeinen Strafvorschriften § 105 Anm. 3. Uebergangsvorschrift § 113.

§ 112. Die Vorschriften der §§ 239 bis 241 der Konkursordnung finden gegen die Mitglieder des

Vorstandes und die Liquidatoren eines Versicherungsvereins auf Gegenseitigkeit, welcher seine Zahlungen eingestellt hat oder über dessen Vermögen das Konkursverfahren eröffnet worden ist, Anwendung, wenn sie in dieser Eigenschaft die mit Strafe bedrohten Handlungen begangen haben.

Die Uebertragung der Strafbestimmungen über einfachen und betrüglichen Bankerott (§§ 239—241 KO.) auf den VV. a. G. hat seinen Grund, wie § 244 KO., darin, daß Vorstände und Liquidatoren sonst nicht unmittelbar wie Gemeinschuldner behandelt werden könnten (RGSt. **16**, 125). Die Strafvorschriften richten sich gegen alle Personen, welche tatsächlich zur fraglichen Zeit die Stellung eines Vorstandsmitglieds (und dazu gehört auch der Hauptbevollmächtigte des § 86) oder Liquidators eingenommen haben. Ein Mangel in der Wahl oder in der rechtlichen Qualifikation des Vorstandsmitglieds oder Liquidators ist kein Strafausschließungsgrund (RGSt. **16**, 271). Jedes Vorstandsmitglied und jeder einzelne Liquidator haftet strafrechtlich für Unordnungen in der Buchführung und Bilanzziehung verantwortlich, sollte auch dieser Geschäftskreis einem Vereinsbeamten oder nach Satzung oder Vereinsbeschluß einem Vorstandsmitglied oder einem Liquidator allein und ausschließlich zugewiesen worden sein; denn es handelt sich hier um eine Unterlassung persönlicher Pflichterfüllung (§ 240 Nr. 3 u. 4 KO.). Wo aber zum Tatbestand ein bestimmter Vorsatz oder eine individuelle Tätigkeit gehört, wie im Fall der §§ 239, 240 Nr. 1 u. 2 und bei § 240 Nr. 3 KO., soweit Bücher verheimlicht oder vernichtet worden sind, trifft denjenigen die Strafe, bei welchem diese subjektiven und objektiven Tatbestandsmerkmale zutreffen (RGSt. **13**, 241). Stellvertreter können einer Strafe nur verfallen, soweit sie tatsächlich in Funktion getreten sind

(RGSt. **12**, 83). Von den allgemeinen Strafregeln (§ 105 Anm. 3) bestehen Abweichungen insofern, als im Fall des § 239 KO. schwurgerichtliche Zuständigkeit gegeben und ein Versuch zur Begehung des von § 239 KO. getroffenen Verbrechens und ein Rücktritt möglich ist (§§ 43, 46 StGB.; RGSt. **13**, 41). Mehrfache Verstöße gegen § 239 KO. oder gegen § 239 und § 240 KO. (RGSt. **6**, 94) oder gegen §§ 239, 240 und 241 KO. gelten als eine Tat (RG. Rechtspr. **6**, 633; vgl. RGSt. **29**, 305; **1**, 101; § 73 RStGB.). Die Verjährung beginnt nicht vor der Zahlungseinstellung oder der Konkurseröffnung (RG. **3**, 350). Uebergangsvorschrift § 113.

§ 113. Die Vorschriften der §§ 106, 109 bis 112 finden auch auf die Mitglieder des Vorstandes, eines Aufsichtsrats oder ähnlichen Organs sowie die Liquidatoren eines solchen Vereins Anwendung, der nach § 101 als Versicherungsverein auf Gegenseitigkeit im Sinne dieses Gesetzes gilt.

Zusammenstellung der unter das Gesetz fallenden Betriebe, § 93 Anm. 1—3. Bei Anwendung der neuen Strafgesetze ist nach § 2 StGB. die konkrete Tat mit etwaigen strafausschließenden oder strafmildernden Umständen sowohl mit dem alten als mit dem neuen Strafgesetz nach der Richtung zu vergleichen, welches Recht dem Schuldigen das günstigste ist. Letzteres ist alsdann der Beurteilung zugrund zu legen. Eine lediglich abstrakte Vergleichung des alten und neuen Rechts führt zu unrichtigen Ergebnissen (RGSt. **33**, 191).

IX. Schlußvorschriften.

§ 114. Zur Ausführung dieses Gesetzes kann der Bundesrat nach Anhörung des Versicherungsbeirats Vorschriften erlassen. Er kann insbesondere Art und Form der Rechnungslegung der Unternehmungen regeln und die näheren Voraussetzungen bestimmen, unter welchen ein Versicherungsverein auf Gegenseitigkeit als kleinerer Verein im Sinne des § 53 anzusehen ist.

Nur zur Ausführung des Gesetzes kann der Bundesrat Bestimmungen treffen; also das Gesetz kann er nicht ändern; wohl aber die Art des Vollzugs jeder einzelnen Gesetzesvorschrift in ihrem Geiste näher bestimmen. Der Bundesrat hat von seiner Befugnis noch keinen Gebrauch gemacht.

§ 115. Der Vorstand einer Versicherungsunternehmung, deren Geschäftsbetrieb sich über das Gebiet eines Bundesstaats hinaus erstreckt, hat den Landeszentralbehörden derjenigen Bundesstaaten, in deren Gebieten sie Geschäfte betreiben will, bei der Eröffnung des Geschäftsbetriebs hiervon Anzeige zu erstatten.

Jedes Versicherungsunternehmen hat in demjenigen Bundesstaat, auf dessen Gebiet es seinen Betrieb erstreckt, ohne daß sein Sitz in diesem Gebiete gelegen ist, auf Verlangen der Zentralbehörde dieses Staates unter der Voraussetzung einen Hauptbevollmächtigten zu bestellen, daß der Geschäftsbetrieb in diesem Staate von einem solchen Umfang ist oder nach dem Geschäftsplane von einem solchen Umfange werden soll, daß darnach die Bestellung eines Hauptbevollmächtigten sich rechtfertigt. Bestreitet das Unternehmen das Vorhandensein dieser Voraussetzung, so entscheidet darüber der Bundesrat auf Grund der ihm vorzulegenden Nachweise. Das Verlangen kann von den Zentralbehörden mehrerer Bundesstaaten zusammen auf Bestellung eines gemeinschaftlichen Hauptbevollmächtigten gerichtet werden. Der Hauptbevollmächtigte muß seinen Wohnsitz innerhalb des betreffenden Bundesstaats beziehungsweise der zusammengehenden Bundesstaaten haben; er gilt als ermächtigt, die Unternehmung zu vertreten, insbesondere die Versicherungsverträge mit Versicherungsnehmern des Bundesstaats beziehungsweise der zusammengehenden Bundesstaaten und über daselbst belegene Grundstücke mit verbindlicher Kraft abzuschließen, auch alle Ladungen und Verfügungen für die Unternehmung in Empfang zu nehmen. Zum Abschlusse der Lebensversicherungsverträge ist jedoch die vorausgegangene Genehmigung der Zentralleitung der Unternehmung erforderlich, die in dem Vertrage zum Ausdrucke gebracht werden muß.

Für Klagen, die aus dem Versicherungsgeschäft innerhalb des Bundesstaats beziehungsweise der zusammengehenden Bundesstaaten gegen die Unternehmung erhoben werden, ist das Gericht zuständig, wo der Hauptbevollmächtigte seinen Wohnsitz hat. Dieser Gerichtsstand darf nicht vertragsmäßig ausgeschlossen werden.

1. Bereits bestehende Anstalten sind von der Anzeigepflicht des Abs. 1 befreit (vgl. § 104 und GewO. § 14). Ausländische Unternehmungen § 88. 1

2 2. Abs. 2 u. 3 entsprechen den für ausländische Unternehmungen in §§ 86 Abs. 1 Nr. 3, 89 getroffenen Bestimmungen. Erst der Reichstag hat die Regierungsvorlage in der Hauptsache wiederhergestellt (Begr. zu § 115; Prot. 2397—2407). Wenn auch auf § 8 Ges. über das Auswanderungswesen v. 9. 6. 97 ein Seitenblick geworfen wurde, so scheinen im wesentlichen doch fiskalische Erwägungen den Ausschlag gegeben zu haben, damit Bundesstaaten, welche den Policenstempel nicht kennen, die V. zur Steuer (Gewerbesteuer) heranziehen können; denn am Ort der Niederlassung des Hauptbevollmächtigten betreiben VU. ein stehendes Gewerbe (ROHG. **17**, 316). Die Begr. weist darauf hin, daß die einzelnen Bundesstaaten die Möglichkeit des Verkehrs mit einem Vertreter der in ihrem Gebiet arbeitenden VU. haben müssen.

3 3. Nach außen ist der Hauptbevollmächtigte des § 116, sobald ihn der Einzelstaat nach Prüfung seiner Vollmacht und Persönlichkeit angenommen hat, noch vor der öffentlichen Bekanntmachung seiner Aufstellung (§ 171 BGB.) Vertreter seiner VU. in dem in Abs. 2 umschriebenen Umfang. Seine sonstige Bezeichnung als Generaldirektor, Direktor, Generalagent kommt nicht in Betracht. Das Publikum darf mit seiner Aufstellung seine Vollmacht in dem in Abs. 2 angegebenen Umfang nach der formellen und materiellen Seite hin als geordnet betrachten, wie im Falle des § 86 Abs. 1 Nr. 3. Der Umfang seiner Macht ist Dritten gegenüber unbeschränkbar und reicht über Abschlüsse, welche das V.geschäft als solches mit sich bringt, hinaus; er beschließt selbständig über V.anträge innerhalb des ihm zugeteilten Bundesstaates, kann diese Verträge kündigen, verlängern, Prämien einziehen und quittieren trotz § 86 HGB., Unteragenten und Inspektoren bestellen, ohne an § 58 HGB. sich kehren zu müssen. Er kann Darlehn und Hypotheken aufnehmen, in seinem Bezirk belegene Grundstücke veräußern und auch, soweit nicht § 54 entgegensteht, er-

werden. Zu Prozessen für und gegen seine Anstalt ist er aktiv und passiv legitimiert; ihm können alle Zustellungen rechtswirksam gemacht werden, wenn man nicht vorzieht, sich an die VU. selbst, d. h. an deren Vorstand, zu wenden. Das Gesetz kennt in seiner Stellung nach außen nur die einzige Beschränkung, daß nämlich Lebensv.-Verträge von ihm nur mit Genehmigung seiner VU. (also bei ausländischen VU. mit Genehmigung des Hauptbevollmächtigten des § 86 Abs. 1 Anm. 3) rechtswirksam abgeschlossen werden können und muß diese Genehmigung in dem V.vertrag, also in der Police, zum Ausdruck gebracht werden. Diese Beschränkung gilt aber nur für die Lebensv. (§ 6 Abs. 3), nicht für die sonst gleichbehandelte Unfall- und Krankenv. (§§ 12, 63, 107). Der Grund der Verschiedenheit liegt darin, daß das notwendige technisch geschulte Personal nur in der Zentrale vorhanden sein kann. An dem inneren Verhältnis ändert sich durch diese Entziehung der Abschlußvollmacht nichts. Nach außen ist dem Hauptbevollmächtigten von Lebensv.-Anstalten diejenige Stellung, welche dem Hauptbevollmächtigten mit Abschlußvollmacht zukommt, insofern versagt, als die Zentralleitung den V.vertrag in allen Teilen vorbereitet und ihre Abschlußgenehmigung in der Police zum Ausdruck gebracht sein muß. Daß die Genehmigung des Vertrags wirklich vorliegen müßte, verlangt das Gesetz nicht. Andernfalls hätte der V.nehmer die richtige Vertretung der Anstalt nach der formellen und materiellen Seite hin und die Echtheit ihm unbekannter Unterschriften auf seine Gefahr zu prüfen. Bedeutungsvoll werden diese Punkte, wenn es sich um Abänderung der allgemeinen Bedingungen zugunsten des V.nehmers handelt (§ 9 Abs. 3). Die Gültigkeit des Abschlusses ist schon dann gewährleistet, wenn der Hauptbevollmächtigte, der durch Besitz der Police noch besonders legitimiert erscheint, in seiner Eigenschaft als Vertreter versichert, daß die in der Police enthaltene Genehmigung von der Zentralleitung herrührt (§ 164 BGB.: bestritten). So ist der Inhalt der Vertretungsmacht nach §§ 133, 157 BGB., § 346 HGB. auszulegen. Der gutgläubige Dritte darf sich auf die bezüglichen Versicherungen des Hauptbevollmächtigten verlassen, soweit ihn der Inhalt der Police, d. h. die daraus ersichtliche Erklärung der Zentralleitung, nicht eines Besseren belehrt (vgl. §§ 122, 179 Abs. 3 BGB.; § 54 Abs. 3 HGB.). Dasselbe gilt von nachträglichen Aenderungen des Vertrags. Dem Hauptbevollmächtigten des § 115 ist somit eine noch umfassendere Stellung eingeräumt, als sie dem mit Abschlußvollmacht versehenen Agenten in § 45 VVG. gewährt ist.

4 4. Nach innen ist der Hauptbevollmächtigte Angestellter seiner VU. Seine Stellung zu seiner VU. läßt sich wohl am besten mit der eines Handlungsbevollmächtigten vergleichen, dem die Leitung einer Geschäftsstelle im ganzen Umfange übertragen ist (§ 54 HGB.), und dies gilt auch bei Gegenseitigkeitsgesellschaften (§ 16). Nur ist der Inhalt der Vollmacht nach außen durch das Gesetz unabänderlich festgelegt. Es finden also die Grundsätze über den Dienstvertrag (§§ 611 ff. BGB.) Anwendung, und zwar werden vom Hauptbevollmächtigten Dienste höherer Art gefordert. Hieraus ergibt sich für ihn die Verpflichtung, nach den Weisungen seiner VU. zu verfahren.

5 5. Die Geschäftsstelle, die der Hauptbevollmächtigte leitet, ist eine Zweigniederlassung (hierüber das Nähere zu § 16 Anm. 3 f.). Hieraus folgt die Eintragungspflicht.

6 6. Der Gerichtsstand des Abs. 3 konkurriert mit dem aus § 48 VVG. (hierüber § 9 Anm. 12) und des § 89. Dieser Gerichtsstand ist kein anderer als der Gerichtsstand der Zweigniederlassung, von der aus der Abschluß von Geschäften unmittelbar erfolgt (§ 31 ZPO.; vgl. RG. **41**, 68; ROHG. **17**, 320); daher ist das Gericht des Wohnortes des Hauptbevollmächtigten zuständig für alle

Ansprüche der Versicherten, welche mit dem von seiner Zweigniederlassung betriebenen Geschäfte im Zusammenhang stehen (vgl. VA. **07** Anh. 44). Durch Vertrag kann dieser Gerichtsstand nicht ausgeschlossen werden. Dieser Gerichtsstand ist aber kein ausschließlicher. Daher können alle übrigen Gerichtsstände gleichfalls angerufen werden (vgl. § 9 Anm. 12). Bei dem Gerichtsstand des § 115 kann der Hauptbevollmächtigte seine VU. selbst belangen (§ 21 ZPO.; vgl. RG. **20**, 264); dann kann er aber nicht an sich selbst zustellen; § 57 ZPO. gewährt Abhilfe.

§ 116. Unternehmungen, welche die Versicherung gegen Kursverluste oder die Transportversicherung oder ausschließlich die Rückversicherung zum Gegenstande haben, mit Ausnahme von Versicherungsvereinen auf Gegenseitigkeit, bedürfen keiner Zulassung. Sie unterliegen auch keiner behördlichen Beaufsichtigung ihres Geschäftsbetriebs; der Bundesrat kann jedoch anordnen, daß bestimmte Vorschriften dieses Gesetzes auch auf solche Unternehmungen Anwendung finden.

Alle VU. einschließlich der ausländischen (VA. **02**, 17), 1
welche die Kursverlust-, Transport- oder ausschließlich Rückv. betreiben, bedürfen keiner Erlaubnis und sind aufsichtsfrei, wenn sie nicht Gegenseitigkeitsgesellschaften sind. Der Bundesrat kann aber doch bestimmte Vorschriften des VAG. für anwendbar erklären (§ 117 Nr. 1). Den Befreiungsgrund bildet der internationale Charakter solcher VU., die ohnehin nur mit geschäftsgewandten? Personen in Beziehung treten; daher kommt auch § 86 für ausländische VU. nicht in Betracht. Auch das VVG. räumt diesen V. eine Ausnahmestellung ein (§§ 186

bis 188 VVG.). Will eine aufsichtspflichtige VU. einen der befreiten Betriebe des § 116 neben ihrem seitherigen Betrieb neu aufnehmen, so bedarf sie dazu, weil eine Geschäftsplanänderung vorliegt (§ 13), der Genehmigung und untersteht der Aufsicht, insofern der an sich befreite Betrieb auf den übrigen Betrieb zurückwirken kann (VA. **05**, 89; **04**, 120).

2 1. Die Transportv. genießt Freiheit von den zwingenden Bestimmungen des VVG., wenn sie sich nur auf die Güterbeförderung beschränkt (§ 186 VVG.); bei der Kaskov. (V. von Schiffen gegen die Gefahren der Schiffahrt), die zur Transportv., wenn auch nicht zur Transportv. von Gütern, gehört, kann der Bundesrat die Beschränkung der Vertragsfreiheit ganz oder teilweise außer Anwendung setzen (§ 188 VVG.). Die Kaskov. wird häufig von kleineren VV. a. G. betrieben, so daß Aufsicht stattfindet. Das AA. hat für solche VV. a. G. Mustersatzungen aufgestellt (§ 4 Anm. 3); über die V.-bedingungen s. § 4 Anm. 4.

3 2. Die Automobilv. wird vom AA. nicht als Transportv., sondern als Schadensv. und daher als in allen Teilen dem VAG. unterworfen behandelt (VA. **07**, 17 u. 102; **08**, 17, 96, 154 Nr. 28; ebenso KG. in VA. **09** Anh. 70 Nr. 470). Das AA. rückt den besonderen Umstand in den Vordergrund, daß Automobile bis jetzt immer noch ungewöhnliche, mit besonderen durch die Schnelligkeit der Bewegung hervorgerufenen Gefahren verbundene Transportmittel sind, daß diese besonderen in der Unsicherheit der Bewegung sich ausdrückenden Gefahren die Gestaltung der V.bedingungen und den ganzen Betrieb durchaus beherrschen; hieraus entnimmt das AA., daß der wirtschaftliche Zweck entscheide und danach mit der Verkehrsauffassung die Automobilv. wesentlich V. gegen die Gefahren des Zusammenstoßes sei. Diese Auffassung legt der Beurteilung also eine wirtschaftliche Begriffsbestimmung der Transportv. zu-

grunde. Diese Auffassung ist vielfach bekämpft mit der Erwägung, daß es nur einen einheitlichen Begriff eines Transports und der Transportv. gebe, die allerdings hier das Eigentümliche habe, daß sie Güter und Transportmittel versichere, und daß hier nur der Rechtsbegriff entscheide, daß also die Automobilv. eine Transportv. und daher aufsichtsfrei sei (Ehrenberg, Zeitschr. f. V.-wesen vom 22. Jan. 1908, **39**, 70; Gierke, Der Begriff der Transportv. im deutschen Recht, Festgabe f. Güterbock, 1910; Rehm, ZHR. **64**, 369; Schneider ZVersWiss. **08**, 413 und dessen Kommentar z. VVG. § 129; Gerhard, Hagen, Kommentar z. VVG. § 129 Anm. 4; Hagen, DJZ. **13**, 864). Die Ansicht des AA. läßt sich jedoch vom Standpunkt des VAG., d. h. also des öffentlichen Rechts, sehr wohl vertreten (vgl. ZVersWiss. **08**, 75). Denn das VAG. läßt sich vor allem von Zweckmäßigkeitsrücksichten und von der Verkehrsauffassung leiten. Und daß danach eine Aufsicht für alles, was nicht den eigentlichen Transport vermittelt (Automobillastzüge vermitteln den Transport), wie auch bei einer Luftschiffv. zu fordern ist; daß sie hier nur segensreich wirken kann, dürfte nicht zu bezweifeln sein. **RG. 72**, 418 = VA. **10** Anh. 77 Nr. 540, wo die Streitfrage allerdings noch nicht entschieden ist, spricht aus, daß die Automobilv. nach Tarifstelle 70 des preuß. Stempelsteuerges. vom 31. Juli 1895 zur Transportv. gehört, solche V.verträge daher Stempelfreiheit genießen; damit ist die Streitfrage aber noch nicht entschieden. Das AA. hat sich jedoch infolge des Urteils in RG. **72**, 418, um damit nicht in Widerspruch zu treten, entschlossen, die Automobilv. als aufsichtsfrei zu behandeln (VA. **10**, 122). Das AA. wäre mit diesem Urteil nicht in Widerspruch getreten, wenn es auf seiner Ansicht beharrt hätte.

3. Die R ü c k v. ist nur aufsichtsfrei, wenn eine VU. **4**
ausschließlich Rückv. oder neben der Rückv. einen andern nach § 116 aufsichtsfreien Betrieb (VA. **03**, 33 Nr. 16)

betreibt; jedoch hat der Bundesrat nach Bekanntmachung vom 18. Juni 1908 (RGBl. 409 = VA. **08**, 141) angeordnet, daß vom 1. Jan. 1909 an die Vorschriften der §§ 55, 65 Abs. 1, Abs. 2 Satz 1, Abs. 3, §§ 81, 83, 118 auf alle inländischen VU. Anwendung finden, welche die Rückv. in gesetzlich aufsichtspflichtigen V.zweigen zum Gegenstand hat. Das AA. hat in VA. **09**, 2 dementsprechende Rechnungsvorschriften erlassen, deren leitende Grundsätze in VA. **09**, 153 hervorgehoben sind. Ferner gilt auch noch § 8 ganz allgemein nach dessem Wortlaut. Betreibt eine VU. mit aufsichtspflichtigem Betrieb daneben die Rückv., so erstreckt sich die Aufsicht auch auf diese Rückv., und ist es dann einerlei, ob die Rückv. im Korrespondenzweg oder auf andere Weise betrieben wird (VA. **04**, 120). Darüber, daß Nachschußv. keine Rückv. ist, s. § 24 Anm. 5.

§ 117. **Durch Beschluß des Bundesrats kann angeordnet werden:**

1. **daß die Vorschrift des § 6 Abs. 2 auch für andere als die dort bezeichneten Versicherungszweige gilt;**
2. **daß für Versicherungszweige, für welche die Vorschrift des § 6 Abs. 2 nicht gilt, die Vorschriften dieses Gesetzes ganz oder teilweise außer Anwendung bleiben.**

Dem Bundesrat ist hiermit die Befugnis zugesprochen, das Gesetz ganz oder teilweise für inländische und ausländische VU. außer Kraft zu setzen, wenn sie die Lebens-, Unfall-, Haftpflicht-, Feuer-, Hagelv. nicht betreiben. Dieser Fall tritt ein, insofern der Konzessionszwang oder die Bestimmungen über die laufende Aufsicht sich für bestehende oder künftig erst aufkommende

V.zweige wegen geringer Bedeutung der Gefahrenübernahme oder der Betriebsausdehnung als entbehrlich erweisen. Für die Kreditv. (VA. **05**, 89) eine Befreiung zu erwirken, hat das AA. abgelehnt (VA. **07**, 105). Aehnliche Erwägungen, wie die zu § 117 führenden, haben auch zu der durch Kaiserl. VO. zu gewährenden Befreiung von den Beschränkungen der Vertragsfreiheit in § 188 VVG. geführt.

§ 118. Alle der Beaufsichtigung nach Maßgabe dieses Gesetzes unterliegenden Unternehmungen sind verpflichtet, dem Aufsichtsamte für Privatversicherung die von diesem erforderten statistischen Nachweise über ihren Geschäftsbetrieb einzureichen. Ueber die hiernach zu erfordernden statistischen Nachweise ist der Versicherungsbeirat zu hören.

Von dieser Bestimmung werden auch die der Landesaufsicht nach §§ 2, 3, 93 unterstehenden Unternehmungen betroffen. Die Art der einzufordernden Statistik ist nicht durch Zwecke der Staatsaufsicht bedingt. Es handelt sich um Herstellung einer einheitlichen Reichsstatistik in weitem Umfang. Deshalb entscheidet das Ermessen des AA. über Art und Umfang der Vorlagepflicht und sind durch § 119 auch die öffentlichen Anstalten davon nicht verschont geblieben (VA. **06**, 50); vgl. § 83.

§ 119. Die auf Grund landesgesetzlicher Vorschriften errichteten öffentlichen Versicherungsanstalten unterliegen den Vorschriften dieses Gesetzes nicht, sind jedoch verpflichtet, nach näherer Anordnung des Bundesrats bestimmte statistische Nachweise über ihren Geschäftsbetrieb an das Aufsichtsamt für Privatversicherung einzureichen.

Ueber den Begriff der öffentlichen V.anstalten und ihr Sonderrecht § 1 Anm. 1 f. Hierher gehören auch die von Korporationen des öffentlichen Rechts gegründeten und nach dem öffentlichen Recht als kommunale Einrichtung beaufsichtigten Sterbekassen, Viehv. usw. (HessVerwZ. **32**, 39).

§ 120. Unberührt bleiben die landesgesetzlichen Vorschriften, nach denen der Betrieb bestimmter Versicherungsgeschäfte öffentlichen Anstalten vorbehalten ist.

Danach bleibt nicht bloß die vorhandene Monopolstellung bereits bestehender öffentlich-rechtlicher Anstalten (§ 1 Anm. 1 f.) im Sinne des § 119 unberührt, sondern es bleibt den Einzelstaaten auch die Ausdehnung ihres Monopolsystems auf bisher davon nicht ergriffene V.-zweige, z. B. die Einführung einer Mobiliar- oder Hagelzwangsv. und die beliebige Einengung der sog. freien (privaten) V. durch Einführung eines V.zwangs unbenommen (Art. 3 EG. z. BGB.; RG. 7, 348, 399). Auch das VVG. hat in §§ 192, 193 diese V.anstalten geschützt.

§ 121. Unberührt bleiben die landesrechtlichen Vorschriften über die polizeiliche Ueberwachung der Feuerversicherungsverträge nach ihrem Abschluß und der Auszahlung von Brandentschädigungen; dagegen werden aufgehoben die landesrechtlichen Vorschriften, welche den Abschluß von Feuerversicherungsgeschäften von einer vorgängigen polizeilichen Genehmigung abhängig machen, sowie die landesrechtlichen Vorschriften, durch welche der unmittelbare Abschluß von Feuerversicherungsverträgen mit solchen Ver-

tretungen verboten wird, die sich nicht im Staatsgebiete befinden.

Unberührt bleiben ferner die landesrechtlichen Vorschriften und die mit Landesbehörden getroffenen Vereinbarungen über die Verpflichtungen der Feuerversicherungsunternehmungen in bezug auf die Leistung von Abgaben für gemeinnützige Zwecke, insbesondere zur Förderung des Feuerlöschwesens oder zur Unterstützung von Mitgliedern von Feuerwehren und sonstigen bei Hilfeleistung in Brandfällen verunglückten Personen oder ihrer Hinterbliebenen.

Unberührt bleiben auch Verpflichtungen, welche nach dem Stande vom 1. Januar 1901 Feuerversicherungsunternehmungen in einem Bundesstaate nach Landesrecht oder auf Grund von Vereinbarungen mit Landesbehörden hinsichtlich der Uebernahme gewisser Versicherungen obliegen, wenn die Unternehmung ihren Geschäftsbetrieb in dem Bundesstaate fortsetzt oder die Zulassung nach Maßgabe dieses Gesetzes erlangt. Die Erfüllung dieser Verpflichtungen wird von der Aufsichtsbehörde nach Maßgabe dieses Gesetzes überwacht.

I. **Die Präventivkontrolle**, d. h. alle landesrechtlichen 1
Vorschriften, welche der Polizei die Befugnis erteilt, alle Verhältnisse bis zum Abschluß des Feuerv.-Vertrags zu überwachen, also Vorlage der V.vertragsentwürfe zu verlangen, deren Inhalt zu genehmigen oder zu ändern, den Abschluß, die Aenderung oder Verlängerung von Bedingungen abhängig zu machen, die V.summe herab-

zusetzen u. dgl., ist durch § 121 aufgehoben. Aus den Worten des Gesetzes, es seien die landesrechtlichen Vorschriften aufgehoben, welche den Abschluß von einer vorgängigen polizeilichen Genehmigung abhängig machen, will gefolgert werden, es seien nur die Ueberwachungsvorschriften aufgehoben, die die zivilrechtliche Ungültigkeit des diesen Vorschriften zuwider abgeschlossenen V.vertrags festsetzen; die landesrechtlichen Vorschriften seien also nicht aufgehoben, soweit sie nur verkehrsbeschränkende Wirkung haben (KGJ. 29 C 11 und VA. **10** Anh. 33 Nr. 514). Es unterliegt jedoch nach der Entstehungsgeschichte des § 121 Abs. 1 Satz 2 keinem Zweifel, daß der Gesetzgeber die Präventivkontrolle als eine überlebte Einrichtung ansah, die in jeder Beziehung beseitigt werden sollte. Man hielt die Nachkontrolle für ausreichend. So mit Recht das AA. (VA. **07**, 130).

2 1. Die landesrechtlichen Strafbestimmungen gegen Ueber- und Doppelv. bleiben in Kraft, weil sie mit dem V.betrug des § 265 StGB. und den §§ 303—308, 323 StGB. nicht zusammenfallen (§§ 2, 5 EG. z. StGB.); also diese Materie nicht Gegenstand des StGB. ist. Diese Materien sind aber jetzt zivilrechtlich in §§ 51 u. 59 VVG. geregelt und hat der Reichstag (Drucks. 12. LegislPer. 07/08 Nr. 626) die Regierungen ersucht, einer reichsgesetzlichen Regelung der Bestrafung der Ueberv. näher zu treten und deshalb die landesrechtlichen Strafbestimmungen einer Prüfung zu unterziehen. Einstweilen besteht daher noch § 20 des preuß. Ges. vom 8. Mai 1837, der die Ueberv. bestraft, noch zu Recht (RGSt. **19**, 13 u. **40**, 369 = VA. **08** Anh. 61 Nr. 390).

3 2. Die Ueberwachung der Feuerv.-Agenten findet allerdings durch die V.aufsichtsbehörde ebenfalls statt (§ 64); aber die Landesrechte, welche den Agenten die Pflicht zur Buchführung auferlegen und Uebertretungen mit Strafe bedrohen, sind durch Aufhebung der Präventivkontrolle nicht betroffen, obgleich sie sich als einen Teil solcher Kontrolle darstellen; sie sind aber zugleich gewerbepolizeilicher Natur, hängen auch mit der zulässigen Nachkontrolle zusammen und sind insofern geschützt. Das VVG. berührt diese Bestimmungen gleichfalls nicht.

II. **Die polizeiliche Nachkontrolle,** d. h. die polizeiliche Ueberwachung der Feuerv.-Verträge nach ihrem 4
Abschlusse und der Auszahlung der Brandentschädigungen, ist den einzelnen Bundesstaaten durch Abs. 1 Satz 1 völlig anheimgegeben. Ueber die Auszahlung der Brandgelder bestimmen jetzt die §§ 97—99 VVG., denen in § 193 VVG. hinzugefügt wird, daß die Landesgesetze Vorschriften über die Verwendung der Entschädigungssumme, z. B. zum Wiederaufbau des Gebäudes, geben können. Eine gewisse Rechtsunsicherheit herrscht immerhin, indem oft schwer zu entscheiden sein wird, ob eine einzelne landesrechtliche Vorschrift in das Gebiet der zulässigen Nachkontrolle oder in das ihr verschlossene Gebiet der Präventivkontrolle fällt. Im allgemeinen erscheint es als zulässig, wenn die Polizei Anzeigen von jedem Vertragsschluß fordert (Mecklenburg-Schwerinsche VO. vom 4. März 1902; VA. **06**, 14 Nr. 40); solche Abschlußanzeigen sind meist den Agenten nach bestimmten Formularen auferlegt und erstrecken sich auf jede Aenderung der V.summe. Auch die Vorschrift, daß Polizenachträge bei der Ortspolizei einzureichen sind, läßt sich rechtfertigen (§§ 10, 16 Abs. 2 SächsGes. v. 28. Aug. 76 u. § 12 AusfVO. v. 20. Nov. 76, GVBl. 427, 550; SächsAnn. **30**, 315); zu § 30 SächsAVO. z. Mobiliar- u. Privat-FeuerversG. v. 20. Nov. 76 s. VA. **07**, 28 und über den Umfang der Selbstv. in Sachsen s. VA. **07**, 27. Sachsen legt durch VO. vom 20. Nov. 76 und vom 23. Nov. 01 den VU. die Einreichung gewisser Zusammenstellungen an die Brandv.-Kammer auf; diese Vorlagen gehen nunmehr durch das AA. (VA. **04**, 53

Nr. 11). Das Vorlegen von Rechenschaftsberichten kann den VU. aber nicht mehr auferlegt werden (VA. **05**, 87). Als noch zur Nachkontrolle gehörig ist die Vorschrift zu erachten, daß die nachträgliche Vorlage der Originalpolice oder einer Abschrift gefordert wird, daß die polizeiliche Genehmigung zur Verbringung des versicherten Gegenstands an einen andern Ort nötig ist (VA. **07**, 129), ebenso die Vorschrift, daß Rohbauten nicht ohne vorherige amtliche Schätzung versichert werden dürfen (Hannöv. VO. v. 24. Jan. 1828; VA. **06** Anh. 113 Nr. 255 und VA. **10** Anh. 33 Nr. 514). Es ist auch dagegen nichts zu erinnern, wenn der Polizei die nachträgliche Herabsetzung der V.summe zugestanden wird (VA. **06**, 14 Nr. 40), und wenn sie Einhalt mit Auszahlung der Brandgelder gebietet oder sie von dem Nachweis abhängig macht, daß die staatliche Feuerv.-Anstalt für ihren Anteil Zahlungsanweisung erteilt hat. Die Einzelstaaten sind nicht gehindert, neue Nachkontrollvorschriften zu erlassen; nur dürfen sie, sowenig als bestehende Vorschriften, sich mit den Bestimmungen des VVG. in Widerspruch setzen. Im ganzen genommen sind die fast in allen Staaten mit Ausnahme von Preußen (VA. **05**, 36) und Hamburg bestehenden Nachkontrollvorschriften Ueberbleibsel aus vergangener Zeit, wenn man von den Vorschriften gegen Ueber- und Doppelv. zu unlauteren Zwecken absieht. Der Polizei wird eine unerfüllbare Ueberwachungspflicht und dem freien Verkehr eine unnötige Fessel angelegt. Die VU. selbst besitzen schon die nötigen Mittel, um Spekulationsv. entgegenzutreten. Zusammenstellung der landesrechtlichen Vorschriften s. Domizlaff, Veröffentl. des Vereins f. V.wiss. Heft XIII.

5 P r i v a t r e c h t l i c h e F o l g e n haben die Verstöße gegen landesrechtliche Vorschriften für die Gültigkeit des V.vertrags nicht. In dieser Beziehung entscheidet nunmehr allein das VVG.; deshalb ist auch art. 9 Abs. 2 des württ. Ges. vom 19. Mai 1852 hinfällig, wonach

nach Ablauf von 10 Jahren der V.vertrag erlischt (WürttJ. 17, 300).

III. **Zu Abgaben für gemeinnützige,** insbesondere zu den Kosten für das Feuerlöschwesen und zu Unterstützungszwecken im Sinne des Abs. 2 des § 121 können die Feuer-VU. landesgesetzlich herangezogen werden. Ueber diese Fragen s. Veröffentl. des Vereins f. V.wiss. Heft VI. 6

IV. **Notleidende Risiken,** d. h. solche Feuersgefahren, die wegen ihrer ausnahmsweise nahe gerückten Wahrscheinlichkeit des Eintritts des V.falls von VU. gemieden werden, müssen nach besonderen landesrechtlichen Bestimmungen von Feuer-VU. noch übernommen werden, wenn sie die Zulassung in dem Bundesstaat erhalten wollen. Mitunter erfolgt diese Uebernahme nicht in Form einer Auflage bei der Zulassung, sondern im Weg der Vereinbarung mit der Regierung des Einzelstaates. Diese Auflagen und Vereinbarungen bleiben nach Abs. 3 bestehen und können auch neue Auflagen und Vereinbarungen dieser Art vorkommen. Vornehmlich hatte man hier Bayern im Auge, welches die wegen ihrer Bauart sehr feuergefährlichen Gebäude von etwa 800 Orten (die sog. gemiedenen Orte) nur dadurch unterbringen konnte, daß mit den zugelassenen Feuer-VU. eine Gemeinschaft für notleidende Risiken vereinbart wurde. Diese VU. können sich also dieser Verpflichtung nicht dadurch entziehen, daß sie sich nach § 96 unter Reichsaufsicht begeben oder ihre Vereinbarung kündigen. In Sachsen sind Gebäude mit weicher Bedachung notleidende Risiken; deshalb müssen Mobiliarv. aus solchen Gebäuden dort so lange übernommen werden, bis sie 5 Prozent ihrer in Sachsen laufenden Gesamtv.-Summe erreichen. Auch sonst kommen notleidende Risiken vereinzelt vor. Das AA. läßt sich die Unterbringung solcher Risiken angelegen sein, soweit man dies verständigerweise erwarten kann (VA. **07**, 02; **06**, 72; **05**, 36/37). 7

8 V. **Die Erfüllung der in Abs. 3 aufrechterhaltenen Verpflichtungen** überwacht nach dem Schlußsatze das AA.; also auch da, wo es sich nur um Vertragserfüllung handelt. Dieses Aufsichtsrecht ist hier nur besonders hervorgehoben, weil es sich hier eben auch um Erfüllung vertraglicher Pflichten handeln kann. Es ist somit der Schlußsatz des Abs. 3 nicht dahin zu verstehen, daß das AA. nicht auch die Erfüllung der in Abs. 1 u. 2 gegebenen Vorschriften zu überwachen hätte; diese letztere Uebewachungspflicht ergibt sich ohnehin schon aus §§ 64, 67 (VA. **04**, 57). Ein Beispiel s. VA. **04**, 53 Nr. 11. Dagegen ist das AA. nicht zuständig zur Entscheidung über die Berechnung von Ortsfeuerlöschbeiträgen (VA. **07**, 126).

§ 122. Den Vorschriften dieses Gesetzes unterliegen nicht die auf Grund des Gesetzes über die eingeschriebenen Hilfskassen vom 7. April 1876 (Reichs-Gesetzbl. S. 125) in der Fassung des Gesetzes vom 1. Juni 1884 (Reichs-Gesetzbl. S. 54) errichteten Kassen, die im § 75 Abs. 4 des Krankenversicherungsgesetzes bezeichneten, auf Grund landesrechtlicher Vorschriften errichteten Hilfskassen, die auf Grund der Gewerbeordnung von Innungen oder Innungsverbänden errichteten Unterstützungskassen sowie die auf Grund berggesetzlicher Vorschriften errichteten Knappschaftskassen.

Nach dem Entwurf eines Gesetzes über die Hilfskassen (11. LegislPer. 2. Sess. 05/06 Nr. 29) sollte das Gesetz vom 7. April 1876 aufgehoben und eine Neuordnung vorgenommen werden. Es kam aber nicht zur Verabschiedung dieses Entwurfs. Ueber den Betrieb vor der Errichtung s. § 108 Anm. 1. Unter den von Innungen oder Innungsverbänden errichteten Unterstützungskassen sind die in § 104 i GewO. beschriebenen Kassen gemeint; zu ihnen gehört ein von einer Innung errichteter Schlachtviehv.-Verein nicht (PrOVG. in VA. **06** Anh. 76 Nr. 229). Der § 122 erwähnt nicht die Kassen der Innungsausschüsse (hierüber Verf. des preuß. Min. d. Innern bei Reger **24**, 205 u. **26**, 97). Die §§ 190, 191 VVG. nehmen die hier aufgeführten Kassen wegen ihres öffentlich-rechtlichen Charakters auch von den Bestimmungen des VVG. aus. Eine Kasse, die die Rechte einer eingeschriebenen Hilfskasse erlangen will, darf den Betrieb nicht beginnen, so lange die Zulassung nach §§ 1 u. 4 HilfskassenGes. nicht erfolgt ist; sonst tritt Bestrafung nach § 108 ein (OLG. Karlsruhe VA. **09** Anh. 82 Nr. 473).

§ 123. Die Vorschrift des § 39 Abs. 3 findet auf Versicherungsaktiengesellschaften entsprechende Anwendung.

Lehnt sich an § 274 Abs. 1 Satz 2 HGB. an und soll die Uebereinstimmung mit den VV. a. G. herstellen.

§ 124. Die Aufsichtsbehörde kann für Vereine auf Gegenseitigkeit, die der Eintragungspflicht nicht unterliegen, hinsichtlich der Zulassung, der Geschäftsführung und der Rechnungslegung Abweichungen von den Vorschriften der §§ 11, 12, 55 bis 57 gestatten.

Soweit die Abweichungen sich auf die Geschäftsführung und die Rechnungslegung beziehen, können sie insbesondere davon abhängig gemacht werden,

daß in mehrjährigen Zeiträumen auf Kosten des Vereins eine Prüfung des Geschäftsbetriebs und der Vermögenslage durch einen Sachverständigen vorgenommen und der Prüfungsbericht der Aufsichtsbehörde eingereicht wird.

Der freiere Spielraum, der hier Vereinen von mehr lokaler Bedeutung mit einfacher Einrichtung, durchsichtiger Verwaltung und geringfügigen V.beträgen nach freiem Ermessen des AA. (VA. **03**, 36) gewährt ist, kommt vorzugsweise den kleinen Vereinen des § 53, den nicht rechtsfähigen Vereinen des § 103 und den Genossenschaften, insbesondere den sächs. rechtl. Genossenschaften des § 102 (VA. **04**, 19) zu statten. Die weitere Ausgestaltung des § 124 ist in § 114 vorgesehen. Die diesen Vereinen vom AA. gewährten Erleichterungen sind zu § 53 Anm. 11 (vgl. § 55) erörtert, was die Rechnungslegung, die Bilanz und die nach § 55 zu erstattenden Jahresberichte angeht. Ueber die Erleichterungen bei der Umwandlung einer Lebensv. in eine prämienfreie s. § 9 Anm. 8 und beim Rückkauf s. § 9 Anm. 9.

§ 125. **Die Vorschriften des § 70, des § 98 Satz 1 und des § 101 Abs. 3 treten mit dem 1. Juli 1901 in Kraft.**

Bis zu dem gleichen Zeitpunkte werden die zur Beaufsichtigung von Versicherungsunternehmungen zuständigen Landesbehörden durch die Landesregierungen bestimmt.

Im übrigen wird der Zeitpunkt, mit welchem das Gesetz in Kraft tritt, mit Zustimmung des Bundesrats durch Kaiserliche Verordnung bestimmt.

Im Königreiche Bayern tritt das Gesetz, soweit es sich um das Immobiliar-Versicherungswesen handelt, nur mit Zustimmung der Königlich bayerischen Regierung in Kraft.

Urkundlich unter Unserer Höchsteigenhändigen Unterschrift und beigedrucktem Kaiserlichen Insiegel.

Gegeben Hohkönigsburg, den 12. Mai 1901.

(L. S.) **Wilhelm.**

Graf von Bülow.

1. Das **VAG.** ist am 1. Jan. 1902 nach der Kaiserl. VO. vom 24. Nov. 1902 (RGBl. 489) für das ganze Reich (hierüber § 2 Anm. 1 und Vorbem. vor § 1) in Kraft getreten. Ueber das Verhältnis zum VVG. s. Vorbem. vor § 1 und zu § 9. Ueber das Verhältnis zu den öffentlich-rechtlichen V.anstalten s. § 1 Anm. 1 ff. Damit sind zugleich alle entgegenstehenden landesrechtlichen Vorschriften beseitigt, soweit nicht das VAG. selbst das Landesrecht schützt (§§ 2 u. 3, 92—96, 101—103, 115, 118—122). Nur in Bayern tritt nach dem Vorbehalt in Nr. IV des Schlußprotokolls zur Verfassung des deutschen Bundes vom 23. Nov. 1870 (BGBl. 1871 S. 9) das Gesetz, soweit es sich um das Immobiliarv.-Wesen handelt, nur mit Zustimmung Bayerns in Kraft. Dieser Vorbehalt ist auch in art. 2 EG. z. VVG. zur Geltung gekommen. Die Tragweite des bayerischen Vorbehalts ist bestritten (vgl. Silbernagel, Verhältnis des bayer. Landesversicherungsrechts zum Reichsprivatversicherungsrecht; Gierke, Zeitschr. f. V.wiss. **04**, 341; Tarnke in Tarnke Annalen **04**, 93 u. 525; Schneider Bay. RpflZ. **08**, 374). Das AA. rechnet zur Immobiliarv. die Feuer-, Hagel-, Glas-, Wasserleitungsschäden-, Sturmschäden- und I

Maschinenschadenv. (VA. **04**, 123). Nach der anderen, wohl besser zu vertretenden Ansicht gehört zur Immobiliarv. nur die Gebäudev. einschließlich der Mitversicherung von Bestandteilen und Zubehör sowie die Hagelv. Das Landesrecht kann nicht etwa das VAG. ergänzende Bestimmungen treffen; denn das VAG. wollte die ganze Materie erschöpfend ordnen. Es verhält sich gerade so wie beim VVG.

2 2. Ueber die Verteilung der Aufsicht zwischen Reich und Einzelstaaten s. §§ 1—3, 84. Die zuständigen Landesaufsichtsbehörden sind in Anm. 5 zu § 2 angegeben.

Sachregister.

(Die größeren Zahlen geben die Paragraphen, die kleineren die Anmerkungen an.)

A.

B.

H.

J.

K.

N.

O.

P.

R.

S.

T.

U.

V.

W.

Z.

Druck von Otto Walter in Berlin S. 14.

Guttentag'sche Sammlung

Deutscher Reichsgesetze.

Text-Ausgaben mit Anmerkungen. Taschenformat.

---

1. **Verfassung des Deutschen Reichs.** Von Dr. **L. von Rönne.** 9. Aufl. von Landrat **P. von Rönne.** 1904. Mit Abänderungen vom Mai 1906. 2 M. 40 Pf.
2. **Strafgesetzbuch** für das Deutsche Reich. Von Dr. **H. Rüdorff.** 23. Aufl. bearbeitet von Prof. Dr. **Fr. v. Liszt** und Dr. **Ernst Delaquis.** 1910. 1 M. 80 Pf.
3. **Militärstrafgerichtsordnung** nebst Einführungsgesetz Von Wirkl. Geheimen Kriegsrat Dr. jur. **A. Romen** u. Kriegsgerichtsrat Dr. jur. **Carl Rissom.** 1910. 6 M.
4. **Handelsgesetzbuch vom 10. Mai 1897 unter Ausschluß des Seerechts.** 14. Aufl. herausgegeben von Geh. Justizrat Prof. Dr. **A. Mosse.** Im Druck.
5. **Wechselordnung vom 3. Juni 1908.** Kommentar von Justizrat Dr. **J. Stranz** und Rechtsanwalt Dr. **M. Stranz,** und das **Wechselstempelsteuergesetz** vom 15. Juli 1909 von Geh. Regierungsrat **P. Loeck.** 10. Aufl. 1909. 3 M.

5a. **Wechselstempelsteuergesetz** apart. 10. Aufl. 1 M. 25 Pf.

6. **Reichsgewerbeordnung** nebst **Ausführungsbestimmungen.** Von **Berger** und **Wilhelmi.** 18. veränderte und sehr vermehrte Auflage von Stadtrat Dr. **Karl Flesch** in Verbindung mit Dr. **Friedr. Hiller** u. Dr. **Herm. Luppe.** 1910. 4 M.

Ergänzungsband: **Preußische Ausführungsanweisung.** 1904. 2 M.

7. **Post- und Telegraphen-Gesetzgebung.** Nebst Weltpostvertrag und internationalem Telegraphenvertrag. 6. Aufl. von Geh. Ober-Postrat Dr. **M. König.** 1908. 4 M.

8. **Die Reichsgesetze über den Unterstützungswohnsitz, die Freizügigkeit, den Erwerb und Verlust der Bundes- und Staatsangehörigkeit.** Von Geheimrat Dr. **J. Krech,** Mitglied d. Bundesamtes für das Heimatwesen. 7. Aufl. Mit Anhang: Gesetz für Elsaß-Lothringen v. 1909. 1908. 3 M.

9. **Sammlung kleinerer strafrechtlicher Reichsgesetze.** Von Dr. **N. H. Kriegsmann,** Privatdozent in Kiel. 3. Aufl. 1910 4 M.

10. **Das Reichsbeamtengesetz von J. Pieper.** 2. Aufl. 1901. 4 M. 50 Pf.

— Gesetz von 1907 siehe Nr. 82.

11. **Zivilprozeßordnung mit Gerichtsverfassungsgesetz in den neuesten Fassungen.** Von **R. Sydow.** Fortgeführt von **L. Busch.** 13. Aufl. mit Novelle betr. Zuständigkeit des Reichsgerichts v. 22. V. 1910. 8°. 1910. 7 M.

Die Novelle (als Anhang der 12. Aufl.) enth. das Gesetz v. 22. V. 1910. 25 Pf.

12. **Strafprozeßordnung und Gerichtsverfassungsgesetz** nebst den Gesetzen, betr. die Entschädigung der im Wiederaufnahmeverfahren freigesprochenen Personen und die Entschädigung für unschuldig erlittene Untersuchungshaft. Von Dr. **A. Hellweg, Reichsgerichtsrat.** 15. Aufl. 1908. 2 M.

13. **Konkursordnung und Anfechtungsgesetz.** Von **R. Sydow.** Fortgeführt von **L. Busch.** 10. Aufl. 1906. 2 M. 25 Pf.

14. **Gerichtsverfassungsgesetz** mit Einführungsgesetz. Herausgegeben von **R. Sydow.** Fortgeführt von **L. Busch.** 9. Aufl. 1905. Mit Nachtrag v. 1. VI. 1909. 1 M. 50 Pf.

15. **Das Deutsche Gerichtskostengesetz nebst den Gebührenordnungen für Gerichtsvollzieher, Zeugen und Sachverständige. Von R. Sydow. Weiter bearbeitet von L. Busch.** 8. Aufl. 1907. Mit Nachtrag v. 1. VI. 1909. 2 M.

16. **Rechtsanwaltsordnung.** Von **R. Sydow.** 5. Aufl. von Justizrat **M. Jacobsohn.** 1907. Mit Ergänzungen vom 22. V. 1910. 1 M. 20 Pf.

17. **Die Deutsche Gebührenordnung für Rechtsanwälte und das Preußische Gebührengesetz** vom 27. September/6. Oktober 1899. **Von R. Sydow.** Fortgeführt von **L. Busch.** 9. Aufl. 1910. 2 M.

18. **Reichsstempelgesetz (Börsensteuer, Frachturkunde, Kraftfahrzeuge, Personenfahrkarte, Tantieme für Aufsichtsratsmitglieder).** Vom 15. Juli 1909. Von **P. Loeck,** Geh. Regierungsrat. 10. Aufl. 1910. 8°. 6 M.

19. **Die Seegesetzgebung.** Von Dr. **W. E. Knitschky.** 4. Aufl. bearbeitet von Oberlandesgerichtsrat **Otto Rudorff** in Hamburg. 1908. Mit Anhang vom Januar und Juli 1909. 6 M.

20. **Krankenversicherungsgesetz.** Von weil. Dr. **E. von Woedtke.** 11. Aufl. von Geh. Reg.-Rat Dr. **G. Eucken-Addenhausen.** 1905. 3 M.

21. **Die Konsulargesetzgebung.** Von Professor Dr. **Ph. Zorn.** 2. Aufl. 1901. 3 M.

22. **Patentgesetz.** Nebst Ausführungsbestimmungen, völkerrechtlichen Verträgen und der Patentanwalts-Ordnung. 7. Aufl. bearbeitet von **R. Lutter,** Geh. Reg.-Rat im Kaiserl. Patentamt. 1908. 2 M. 80 Pf.

23. **Gewerbe-Unfallversicherungsgesetz.** Von weil. Dr. **E. v. Woedtke.** 9. Aufl. von **Franz Caspar,** Direktor im Reichsamt des Innern. 1907. 2 M. 50 Pf.

24. **Aktiengesellschaft und Kommanditgesellschaften auf Aktien.** Von Justizrat Dr. **H. Veit Simon** und Amtsrichter **L. Keyssner.** 1910. 6. Aufl. Im Druck.

33. **Vereins- und Versammlungsrecht.** Von Dr. **E. Ball.** 2. Aufl. von Dr. **F. Friedenthal.** 1907. 2 M. 50 Pf.

Reichs-Vereinsgesetz vom 19. April 1908 vide Nr. 88.

34. Die **Abzahlungsgeschäfte.** Gesetz vom 16. Mai 1894. 3. vermehrte Aufl. besorgt von Dr. **E. Wilke,** Landgerichtsrat. 1910. 1 M. 25 Pf.

35. Die **Reichs-Eisenbahngesetzgebung.** Von **W. Coermann,** Kaiserl. Amtsrichter. 1895. 2 M. 25 Pf.

36. Gesetze, betr. die **privatrechtlichen Verhältnisse der Binnenschiffahrt und der Flößerei.** Von **E. Löwe,** Landgerichtsrat. 4. Aufl. 1909. 3 M.

37. Gesetz gegen den **unlauteren Wettbewerb.** Von Justizrat **Pinner.** 5. Auflage. 1910. 1 M. 25 Pf.

38/39. **Bürgerliches Gesetzbuch nebst Einführungsgesetz** von Dr. **A. Achilles.** In Verbindung mit Professor Dr. **André,** Kammergerichtsrat **Ritgen,** Reichsgerichtsrat **Strecker,** Ministerialrat Dr. **Unzner** herausgegeben von Geh. Ober-Justizrat **Greiff.** 6. Aufl. 8°. 1909. 6 M. 50 Pf.

40. Gesetz, betr. die **Pflichten der Kaufleute bei Aufbewahrung fremder Wertpapiere (Depotgesetz).** Mit Erläuterungen. Von **F. Lusensky,** Geh. Ober-Regierungsrat. 2 Aufl. 1905. 1 M.

41. **Börsengesetz.** In der Fassung der Novelle vom 8. Mai 1908. 2. Aufl. Von Wirkl. Geh. Ob.-Regierungsrat **Th. Hemptenmacher,** Staatskommissar an der Berliner Börse. 1908. 2 M.

42. **Grundbuchordnung** nebst den preußischen Ausführungsbestimmungen. Mit Einleitung. Von Prof. Dr. **O. Fischer.** 5. Aufl. 1909. 2 M.

43. **Zwangsvollstreckung in das unbewegliche Vermögen** im Reiche und in Preußen. Mit Einleitung, Kosten- und Gebührentabellen. Von Dr. **J. Krech,** Kaiserl. Geh. Regierungsrat und Professor Dr. **O. Fischer.** 6. Aufl. 1910. 2 M.

44. **Das Reichsgesetz über das Auswanderungswesen** vom 9. Juni 1897. Von Professor Dr. **Felix Stoerk.** 1899. 2 M. 25 Pf.

45. **Das Entmündigungsrecht** unter Berücksichtigung der für Preußen geltenden Vorschriften nebst der preußischen Justiz-Ministerial-Verfügung vom 28. November 1899. Von Landgerichtsrat Dr. **P. Koll** in Cöln. 1900. 1 M. 50 Pf.

46. **Die Gesetze des Reiches und Preußens über die freiwillige Gerichtsbarkeit.** Von **Herm. Jastrow,** Amtsgerichtsrat. 4. Aufl. 1906. 3 M.

47. **Das deutsche Vormundschaftsrecht und das preuß. Gesetz** über die Fürsorgeerziehung Minderjähriger nebst den dazu gehörigen preußischen Nebengesetzen. Von **Max Schultzenstein**, Oberverwaltungsgerichtsrat und Amtsgerichtsrat Dr. **Paul Köhne**. 2. Aufl. 1901. 3 M.

48. Gesetze und Verordnungen, betr. den **Drogen-, Gift- und Farbenhandel** außerhalb der Apotheken. Von Dr. **Broh**, Rechtsanwalt. 1899. 1 M. 25 Pf.

49. Deutsche **Kolonialgesetzgebung**. Von Professor Dr. **Philipp Zorn**. 1901. 4 M. 50 Pf.

50. Der **Viehkauf** (Viehgewährschaft) nach dem Bürgerlichen Gesetzbuche. Nebst Verordn. betr. die Hauptmängel und Gewährsfristen beim Viehhandel. Von Rechtsanwalt Dr. **H. Stölzle** und Königl. Kreistierarzt **H. Weiskopf**. 4. Aufl. 1908. 4 M.

51. **Hypothekenbankgesetz** vom 13. Juli 1899. Von Dr. **H. Göppert**. 2. Aufl. Bearbeitet v. Geh. Reg.-Rt. Dr. **Seidel**. Im Druck.

52. **Gesetz, betreffend die gemeinsamen Rechte der Besitzer von Schuldverschreibungen.** Von Dr. **Heinrich Göppert**. 1900. 2 M.

53. **Reichspreßgesetz vom** 7. Mai 1874. **Kommentar von A. Born**, Polizeiassessor. 1900. 1 M. 50 Pf.

54. **Die Reichsgesetzgebung über den Verkehr mit Nahrungsmitteln, Genußmitteln und Gebrauchsgegenständen.** Von Dr. **Georg Lebbin**, Nahrungsmittelchemiker. 1900. 2 M. 25 Pf.

55. **Das Recht der Beschlagnahme von Lohn- und Gehaltsforderungen.** Von Justizrat **Georg Meyer.** 4. Aufl. 1910. 2 M. 60 Pf.

56. **Gesetz,** betr. die **Bekämpfung gemeingefährlicher Krankheiten.** Nebst Ausführungsbestimmungen. Von Dr. **Bruno Burkhardt,** Regierungsrat, Mitglied des Kais. Gesundheitsamts. 1900. 1 M. 40 Pf.

57. **See-Unfallversicherungsgesetz.** Von **Dr. Max Mittelstein,** Oberlandesgerichtsrat in Hamburg. 1901. 2 M.

58. **Das Recht der unehelichen Kinder** nach dem BGB. Von **Hermann Jastrow,** Amtsg.-Rat. 1901. 1 M. 80 Pf.

59. Reichsgesetz über die **Beurkundung des Personenstandes und die Eheschließung.** Von Dr. **F. Fidler,** Amtgerichtsrat. 1901. 1 M. 80 Pf.

60. **Gesetz,** betreffend das **Urheberrecht an Werken der Literatur und der Tonkunst** in der Fassung vom 22. V. 1910. Von Oberlandesgerichtsrat **Otto Lindemann.** 3. Aufl. 1910. 1 M. 60 Pf.

61. **Gesetz über das Verlagsrecht.** Von Justizrat **E. Heinitz.** 2. Aufl. Bearbeitet v. Rechtsanwalt Dr. **Marwitz.** 1910. Im Druck.

62. Ges. über **private Versicherungsunternehmungen.** Von **H. Könige,** Reichsgerichtsrat. 2. Aufl. 1910. 4 M. 20 Pf.

63. **Gesetzestafel des Deutschen Reichsrechts.** Systematisch geordnete Nachweisung des z. Z. geltenden Reichsrechts. Ergänzungsband zu der Guttentag'schen Sammlung Deutscher Reichsgesetze. Von **Hugo Bruhns,** Syndikus. 1902. 8°. 2 M. 50 Pf.

64. Gesetzsammlung betr. den **Handel mit Drogen und Giften.** Reichsgesetzl. Bestimmungen und Anhang mit den landesgesetzl. Verordnungen sämtlicher Bundesstaaten. Von Rechtsanwalt **H. Sonnenfeld,** Syndik. d. Berl. Drogisten-Innung. 1902. 3 M.

65. Das **Weingesetz** in der Fassung v. 1909. Mit Ausführungsbestimmungen von Dr. **Georg Lebbin,** Handels- u. Gerichtschemiker. 2. Aufl. 1909. 2 M. 50 Pf.

66. Die **Eisenbahn-Gesetzgebung.** Von **W. Pietsch,** Rechnungsrat im Reichs-Eisenbahn-Amt. 2. Aufl. 1910. Im Druck.

67. **Militär-Strafgesetzbuch.** Von **Romen** u. **Rißom.** In Vorbereitung.

68. Das **Fleischbeschaugesetz.** Vom 3. Juni 1900. Von Dr. **Georg Lebbin,** Gerichtschemiker und Rechtsanwalt Dr. **Georg Baum.** 1903. 4 M.

69. **Reichsgesetz über die Naturalleistungen der bewaffneten Macht im Frieden** nebst den in Preußen geltenden Bestimmungen. Von Regierungsassessor Dr. **Walter v. Hippel.** 1903. 1 M. 25 Pf.

70. **Das Reichs-Haftpflichtgesetz,** vom 7. Juni 1871. Von Regierungsrat Dr. **G. Eger.** 1903. Preis 3 M.

71. **Kinderarbeit in gewerblichen Betrieben,** v. 30. März 1903. Von **H. Spangenberg,** Oberverwaltungsgerichtsrat. 2. Aufl. 1904. 1 M. 60 Pf.

72. **Unfallversicherungsgesetz für Land- und Forstwirtschaft** von weil. Dr. **E. von Woedtke,** fortgesetzt von **Alfred Radtke,** Geh. Regierungsrat und Senatspräs. im Reichsversicherungsamt. 2. Aufl. 1904. 4 M. 50 Pf.

73. **Entschädigung für unschuldig erlittene Verhaftung und Bestrafung.** Nebst Anhang, enth. die dazu gehörigen Nebengesetze über Schadensersatz. Von Dr. jur. **A. Romen,** Wirkl. Geh. Kriegsrat. 1904. 2 M.

74. Die **Kaufmannsgerichte** nebst den preuß. Ausführungsbestimmungen. Von Prof. Dr. **Max Apt,** 3. Aufl. 1905. 2 M.

75. **Reichsgesetz über die Konsulargerichtsbarkeit.** Von Dr. jur. **A. F. Vorwerk,** Rechtsanwalt in Schanghai. 2. Ausgabe, mit dem Schutzgebietsgesetz und der Ausführungsverordnung, betr. die Rechtsverhältnisse in den Schutzgebieten. 1908. 2 M.

76. **Die Rechtshilfe im Verkehr mit den ordentlichen Gerichten nach deutschem Reichsrecht.** Von Landrichter Dr. **A. Friedländer.** 1906. 1 M. 80 Pf.

77. **Das Reichserbschaftssteuergesetz.** Vom 3. Juni 1906. Von **Ulrich Hoffmann,** Rechnungsrat im Kgl. Preuß. Finanzministerium. 2. Aufl. 1910. Im Druck.

78. **Zigarettensteuergesetz.** Vom 15. Juli 1909. Von Dr. **Cuno,** Regierungsassessor. 2. Aufl. 1909. Im Druck, nach Erlaß der sämtl. Ausf.=Best.

79. **Die Militärpensionsgesetze** vom 31. Mai 1906 nebst Ausführungsbestimmungen. Zum Gebrauch für Heer, Marine und Schutztruppe von Dr. jur. **A. Romen,** Wirklicher Geheimer Kriegsrat.

a) I. Teil: Offizierpensionsgesetz. 1907. 3 M. 50 Pf.

b) II. Teil: Mannschaftsversorgungsgesetz. 1908. 3 M. 50 Pf.

80. **Reichsgesetzgebung über gerichtliche Registerführung.** Von **Otto Lindemann,** Landrichter. 1906. 3 M.

81. Gesetz, betr. **Urheberrecht an Werken der bildenden Künste und der Photographie.** Von Dr. **Ludw. Fuld,** Rechtsanwalt. 1907. 1 M.

82. **Reichsbeamtengesetz** in der Fassung vom 18. Mai 1907 und seine Ergänzungen von Geheimrat Professor Dr. **Ad. Arndt.** 1908. 3 M.

83. Reichsgesetz über **den Versicherungsvertrag** nebst Einführungsgesetz. Von Dr. **Paul Hager** und Dr. **E. Bruck.** 2. vermehrte u. verbess. Aufl. 1910. 5 M.

84. **Sammlung kleinerer privatrechtlicher Reichsgesetze** von Landrichter **Georg Müller.** 1908. 6 M. 50 Pf.

85. **Scheckgesetz** mit Einleitung usw. Von Prof. Dr. **Max Apt.** 5. Aufl. Mit Postscheckordnung v. 6. XI. 1908 und im Anhang „Besteuerung des Schecks". 1909. 2 M.

Postscheckordnung vom 6. XI. 08. Apart mit Erläuterungen u. Ausführungsbestimmungen. (30 Pf.)

86. **Die Auslieferungsverträge des Deutschen Reiches** von Landrichter **A. Cohn.** 1908. 4 M.

87. Gesetz zum **Schutz der Warenbezeichnungen.** Von Geh. Reg.-Rat, Mitgl. des Patentamts Dr. **Freund** u. Rechtsanwalt **Magnus.** 5. Aufl. 1909. 3 M. 50 Pf.

88. **Vereinsgesetz** vom 19. April 1908. Von Dr. jur. **A. Romen,** Wirkl. Geh. Kriegsrat. 2. Aufl. 1908. 1 M. 50 Pf.

89. **Vogelschutzgesetz** vom 30. Mai 1908 nebst den das Flugwild betr Bestimmungen der Preußischen Jagdordnung von Dr. jur. **Leo von Boxberger.** 1908. 1 M.

90. Die Haager Abkommen über das **Internationale Privatrecht** von Dr. **G. A. E. Bogeng.** 1908. 2 M. 20 Pf.

91. **Eisenbahn-Verkehrsordnung** vom 23. Dez. 1908. Mit Ausführungsbestimmungen. Von Regierungsassessor bei der Eisenbahndirektion Breslau Dr. **Ernst Blume.** 1909. 2 M. 50 Pf.

92. **Gesetz, betr. den Verkehr mit Kraftfahrzeugen.** Von Amtsrichter **R. Kirchner.** 2. Ausgabe ergänzt durch die Bundesratsverordnung v. 3. Febr. 1910 u. das Internationale Uebereinkommen v. 11. Okt. 1909. 1910. 3 M.
93. **Gesetz über die Sicherung der Bauforderungen** von Justizrat Dr. **E. Harnier.** 2. Aufl. 1909. 1 M. 30 Pf.
94. **Haftpflicht der Reichs- und Staats-Beamten** v. Dr. **H. Delius.** 2. Aufl. 1909. Mit dem Nachtrag, betr. das Gesetz über die Haftung des Reichs für seine Beamten v. 22. Mai 1910. 3 M. 50 Pf.
95. Die Berner Uebereinkunft über **internationales Urheberrecht** von Dr. **Herm. Dungs,** vortrag. Rat im Reichsjustizamt. 1910. 1 M.
96. **Branntweinsteuergesetz** vom 15. Juli 1909. Unter Berücksichtigung der für das Reich erlassenen Ausführungsbestimmungen. Von Geh. Reg. Rat **Johs. Nay,** vortrag. Rat im Reichsschatzamt. 1910. 3 M. 50 Pf.
97. **Schutzgebietsgesetz** nebst der Verordnung betr. die Rechtsverhältnisse in den Schutzgebieten, dem Gesetz über die Konsulargerichtsbarkeit sowie den Ausführungsbest. u. ergänz. Vorschriften. Von **Johs. Gerstmeyer,** Wirkl. Legationsrat u. Vortrag. Rat im Reichskolonialamt. 1910. 3 M.
98. **Sechs Haager Abkommen** über **Internationales Privatrecht.** Von Dr. **Herm. Dungs,** vortrag. Rat im Reichs-Justizamt. 1910. 1 M. 50 Pf.
99. **Die Abkommen der Haager Friedenskonferenz** von Dr. jur. **Hans Wehberg.** 1910. 3 M.
100. **Gesetz über den Absatz von Kalisalzen.** Von Geh. Bergrat **Carl Voelkel.** 1910. 2 M. 40 Pf.

8. **Vormundschaftsordnung.** Von **F. Schultzenstein.** Gültiges Recht siehe: Reichsgesetze Nr. 47.

9. **Die Preußische Grundbuchgesetzgebung.** Von Prof. Dr. **Fischer.** Vergriffen. Siehe: Reichsgesetze Nr. 42.

10. **Einkommensteuergesetz.** Von **A. Fernow,** Geh. Ober-Finanzrat. 7. Aufl. 1908/9. Mit Nachtrag v. 22. III. u. 26. V. 09. 3 M. 25 Pf.

11. **Gewerbesteuergesetz.** Von **A. Fernow,** Geh. Ober-Finanzrat. 5., vermehrte Aufl. 1910. 3 M.

12. **Allgemeines Berggesetz** für die Preußischen Staaten vom 24. Juni 1865. Von **W. Westhoff** und **W. Schlüter.** 2. Aufl. 1907. Mit Nachtrag v. 1909. 5 M.

13. **Ergänzungssteuergesetz** (Vermögenssteuergesetz). Von **A. Fernow,** Geh. Ober-Finanzrat. 4. vermehrte Aufl. 1907. 2 M. 40 Pf.

14. **Kommunalabgabengesetz.** Vom 14. Juli 1893 und Gesetz wegen Aufhebung direkter Staatssteuern. Von Dr. **F. Adickes,** Oberbürgermeister. 4. Aufl. 1906. 1 M. 50 Pf.

15. **Die Kreisordnungen** für den Preußischen Staat. Von **O. Kolisch,** Landgerichtsrat. 1894. 4 M.

16. **Konzessionierung gewerblicher Anlagen.** Preuß. Ausführungs-Anweisung zu §§ 16 u. ff. der Gewerbe-Ordnung. Von Dr. **W. v. Rüdiger,** Geh. Regierungs- u. Gewerberat. 2. Aufl. 1901. 2 M.

17. **Preußisches Gerichtskostengesetz.** Vom 25. Juli 1910. Mit Kostentabellen Von Dr. **P. Siméon,** Kammergerichtsrat. 6. Aufl. 1910. 3 M. 60 Pf.

18. **Preußisches Stempelsteuergesetz vom** 30. Juni 1909. Mit Ausführungsbestimmungen und Tabellen. Von **P. Loeck,** Geh. Regierungsrat. 6. Aufl. mit Anhang. 8°. 1907/09. 6 M.

19. Das **Jagdscheingesetz.** Mit ausführlichen Erläuterungen. Von **F. Kunze,** Wirklichem Geh. Ober-Regierungsrat. 2. Aufl. 1899. 2 M.

20. Die **preußischen Erbschaftssteuergesetze.** Unter Berücksichtigung der Novelle vom 31. Juli 1895. Von **U. Hoffmann,** Rechnungsrat im Königl. preuß. Finanzministerium. 1905. 4 M. (Reichs-Erbschaftssteuergesetz s. Reichsgesetze Nr. 77).

21. Gesetz über die **Handelskammern.** Von **F. Lusensky,** Geh. Regierungsrat. 2. Aufl. 1909. 3 M.

22. Gesetz, betr. **Anstellung und Versorgung der Kommunalbeamten.** Von Dr. **W. Ledermann,** Magistratsassessor zu Berlin. 1899. 1 M. 25 Pf.

23. **Ausführungsgesetz zum Bürgerlichen Gesetzbuche.** Von Kammergerichtsrat Dr. **P. Siméon.** 2. Aufl. 1905. 1 M. 80 Pf.

24. Die **Hinterlegungsordnung** in der Fassung des Ausführungsgesetzes z. BGB. v. 20. Sept. 1899 nebst Ausführungsbestimmungen. Von Regierungsrat Dr. **Georg Bartels.** 2. Aufl. 1908. 2 M.

25. **Preußische Kommunalbeamtengesetzgebung.** Von Magistr.-Assess. Dr. **Fr. Kremski**, Berlin. 1901. 3 M.

26. **Gesetze über das Diensteinkommen der Lehrer und Lehrerinnen, Ruhegehalt und Fürsorge für Hinterbliebene.** Tabelle zur Berechnung der Ruhegehalts-, Witwen- u. Waisenbezüge. Von Dr. **Ed. Cremer**, Beigeordneter. 1900. 2 M. 40 Pf.

27. **Gesetz, betreffend die Warenhaussteuer.** Von Geh. Ober-Finanzrat Dr. **G. Strutz.** 1900. 1 M. 20 Pf.

28. **Gesetz über die Fürsorgeerziehung Minderjähriger.** Von Landgerichtsdirektor Dr. **P. F. Aschrott.** 2. umgearbeitete Aufl. 1907. 2 M. 80 Pf.

29. **Gesetz, betr. die ärztlichen Ehrengerichte, das Umlagerecht und die Kassen der Aerztekammern.** Von Amtsgerichtsrat Dr. **F. Fidler.** 1901. 1 M. 50 Pf.

30. **Das Preußische Staatsschuldbuch und Reichsschuldbuch.** Von Wirkl. Geh. Ober-Finanzrat **J. Mücke**, 1902. 2 M.

31a. **Die geltenden Preußischen Gesindeordnungen.** Herausgegeben in zwei Bänden von **Stephan Gerhard**, Rechtsanwalt in Berlin. 1902.

Band I: Gesindeordnung für die altpreußischen Provinzen vom 8. XI. 1810, mit Erläuterungen unter Berücksichtigung der Ergänzungsgesetze und der Rechtsverhältnisse der Gesindevermieter, sowie die Gesindeordnungen für Neuvorpommern und Rügen und für die Rheinprovinz. 2 M. 50 Pf

31b. **Band II:** Gesindeordnungen für Hannover, Schleswig-Holstein, Hessen-Nassau und den Regierungsbezirk Hohenzollern. 2 M. 50 Pf.
Siehe auch Seite 24: Ratgeber von Grieben.

32. **Die Städteordnung für die sechs östlichen Provinzen Preußens vom 30. Mai 1853.** Von **Dr. jur. Walter Ledermann,** Magistrats-Assessor zu Berlin. 8°. 1902. 6 M.

33. **Rentenguts- und Anerbenrechts-Gesetzgebung in Preußen.** Von Landgerichtsrat **M. Peltasohn** und Rechtsanwalt **Bruno Peltasohn.** 1903. 3 M.

34. Sammlung der wichtigsten preußischen Strafgesetze nebst Anhang: Gesetz betr. polizeiliche Strafverfügungen vom 23. April 1883. Von **Otto Lindemann,** Oberlandesgerichtsrat. 1903. 2 M. 50 Pf.

35. **Geschäftsordnung für Gerichtsvollzieher.** Gerichtsvollzieherordnung und Gebührensätze von Amtsgerichtssekretär **Emil Exner.** 1904. 3 M. 50 Pf.

36. **Polizeiverordnungen in Preußen.** Von **Otto Lindemann,** Landrichter. 1904. 1 M. 50 Pf.

37. **Gesetz über die Enteignung von Grundeigentum** vom 11. Juni 1874. Von Oberlandesgerichtsrat **O. Meyer.** 1905. 2 M.

38. **Kreis- und Provinzial-Abgabengesetz.** Vom 23. April 1906. Von **Fr. Schmidt,** Gemeindevorsteher. 1906. 1 M. 25 Pf.

39. **Gesetz** betr. die **Unterhaltung der öff. Volksschulen.** Von **Dr. A. Marcks,** Reg.-Rat. 1906. 2 M.

40. **Verwaltungsstrafverfahren** bei Zuwiderhandlungen gegen die Zollgesetze und indirekte Reichs- und Landesabgaben, sowie die Bestimmungen über die Schlacht- und Wildpretsteuer vom 26. Juli 1897. Von **Dr. Richard Katzenstein,** Gerichtsassessor. 1907. 3 M. 60 Pf.

41. **Die preußischen Jagdpolizeigesetze.** Von **Fr. Kunze,** Wirkl. Geh. Oberregierungsrat und **R. Kühnemann,** Rechtsanwalt. 2. Aufl. 1907. 3 M. 60 Pf.

42. Die Gesetzgebung über die **Allgemeine Landesverwaltung** und über die **Zuständigkeit der Verwaltungs- und Verwaltungsgerichtsbehörden.** Von Rechtsanwalt **Dr. Karl Friedrichs.** 1908. 3 M.

43. Gesetz betr. die **Zulassung einer Verschuldungsgrenze** für land- und forstwirtschaftlich benutzte Grundstücke v. 20. August 1906 nebst Ausführungsvorschriften. Von Dr. jur. **R. Leweck,** Syndikus der Ostpreuß. Landschaft. 1908. 2 M. 40 Pf.

44. **Quellenschutzgesetz** vom 14. Mai 1908 nebst den Ausführungsbestimmungen von **Carl Voelkel,** Geheimer Bergrat. 1909. 1 M.

45. **Rechtsverhältnisse der Juden in Preußen** von Dr. jur. et rer. pol. **Max Kollenscher,** Rechtsanwalt. 1910. 2 M. 40 Pf.

Invalidenversicherungsgesetz vom 13. Juli 1899. Handausgabe mit Anmerkungen herausgegeben von Dr. Richard Freund, Vorsitzendem der Landes-Versicherungsanstalt Berlin. 3 Aufl. geb. 5 M.

Wie leitet man eine Versammlung? Geschäftlicher Handweiser für Vorsitzende. Von einem Mitgliede des deutschen Reichstages und des preußischen Abgeordnetenhauses. 2. Aufl. 1908. kart. 1 M.

Praktischer Ratgeber für Dienstherrschaften nach dem Preuß. Gesinderecht unter Berücksichtigung der neueren Entscheidungen bearbeitet von H. Grieben, Verwaltungsdir. a. D. u. Bürgermeister. 1908. 1 M.

Das Recht der Handlungsgehilfen und Handlungslehrlinge. Von Rechtsanwalt Hugo Horrwitz. 2. Aufl. 1905. (203 S.) Geb. in Leinen 3 M.

Die Registratur. 2. Auflage. 1906. Von Hermann Kollrack, Kgl. Polizeisekretär am Berliner Polizeipräsidium. 8°. (84 S.) Kart. 1 M. 40 Pf.

Die Pflichten des Waisenrates. Ein praktischer Leitfaden für Waisenräte und Verwaltungsbeamte. Von F. Baum, Geh. Justizrat und Vormundschaftsrichter. Achte vermehrte und verbesserte Auflage. 1906. 8°. (46 S.) 60 Pf.

Der Vormund, Gegenvormund, Pfleger u. Familienrat. Nach dem Bürgerlichen Gesetzbuch, dem Reichsgesetz über die Angelegenheiten der freiwilligen Gerichtsbarkeit und dem Ausführungsgesetz zum BGB. Ein praktischer Leitfaden. Von F. Baum, Geh. Justizrat und Vormundschaftsrichter. 1899. 8°. (64 S.) 50 Pf.

Schlagwort-Register.

R. = Nummer der Sammlung Deutscher Reichsgesetze
P. = Nummer der Sammlung Preußischer Gesetze.
S. = Seite.

Schlagwort-Register. (R. = Reichsgesetz, P. = preuß. Gesetz.)

---

15. 185 000. XI. 10.

FSC
www.fsc.org
MIX
Papier | Fördert
gute Waldnutzung
FSC® C083411

Kolibri 360 GmbH
Ferdinand-Jühlke-Straße 7
99095 Erfurt, Deutschland
produktsicherheit@kolibri360.de